Bauen!
Das große Praxis-Handbuch für Bauherren

Immer aktuell
Wir informieren Sie über wichtige Aktualisierungen zu diesem Ratgeber. Wenn sich zum Beispiel die Rechtslage ändert, neue Gesetze oder Verordnungen in Kraft treten, erfahren Sie das unter
www.ratgeber-verbraucherzentrale.de/aktualisierungsservice

Bauen!

Das große Praxis-Handbuch für Bauherren

PETER BURK

verbraucherzentrale

Inhalt

Zu diesem Buch 8

1 Kann ich mir Bauen überhaupt leisten? 11
1.1 Grundlagen der Baufinanzierung 12
1.2 Ein ehrliches Finanzierungsbeispiel 21

2 Will ich überhaupt bauen? Die Alternative: Hauskauf 23
2.1 Will ich überhaupt bauen? 24
2.2 Die Alternative: Hauskauf 26

3 Bauen mit dem Bauträger 29
3.1 Was ist ein Bauträger? 30
3.2 Das versteckte oder verdeckte Bauherrenmodell 37

4 Bauen auf eigenem Grundstück 39
4.1 Bauen mit dem Architekten 40
4.2 Bauen mit dem Fertig- oder Massivhausanbieter 44
4.3 Bauen mit dem Bausatzanbieter 49
4.4 Bauen mit dem Baubetreuer 52
4.5 Bauen mit der Baugruppe 54

5 Von der Anbietersuche zum Vertrag – Strukturiertes Vorgehen und Zeitbedarf 59
5.1 Strukturiertes Vorgehen 60
5.2 Zeitbedarf 68

6 Der Architekten- und der Generalunternehmervertrag 73
6.1 Der Architektenvertrag 74
6.2 Grundlagen des Bauvertragsrechts 94
6.3 Der Generalunternehmervertrag 116

7	**Die Planung**	**129**
7.1	Grundstück, Entwurf und zukunftsfähiges Bauen	131
7.2	Die Baustoffe und Bauelemente – und ihre ökologischen Aspekte	145
7.3	Die Energieeinsparverordnung (EnEV), das Erneuerbare-Energien-Wärmegesetz (EEWärmeG) und KfW-Effizienzhaus-Klassifizierungen	182
7.4	Was ist ökologisches, ressourcenschonendes und energieeffizientes Bauen?	186
7.5	Baukultur und regionales Bauen	193
8	**Die Baubeschreibung**	**197**
8.1	Aufbau, Struktur und Inhalte einer Baubeschreibung	198
8.2	Überprüfung einer Baubeschreibung	200
9	**Baurecht und Baugenehmigung**	**209**
9.1	Gesetzliche Grundlagen	210
9.2	Der Bau- oder Baugenehmigungsantrag	212
10	**Die Ausführungsplanung**	**219**
10.1	Aufbau und Inhalt einer Ausführungsplanung	220
10.2	Prüfen der Ausführungsplanung auf Vollständigkeit	221
10.3	Freigabe der Ausführungsplanung	225
10.4	Abrechnung der Ausführungsplanung	225
11	**Ausschreibung und Handwerkerverträge**	**227**
11.1	Vollständige Ausschreibungsunterlagen	228
11.2	Rechtlicher Rahmen für die Zusammenarbeit	232
11.3	Auswahl von Handwerksunternehmen	235
11.4	Einholen von Angeboten	236
11.5	Auswertung von Angeboten	237
11.6	Bietergespräche	238
11.7	Auftragserteilung	238
11.8	Das Generalunternehmerangebot	240

12 Die Bauvorbereitung — 241

- 12.1 Flächenplanung der freien Grundstücksfläche — 242
- 12.2 Terminplanung — 243
- 12.3 Anträge und Anzeigen bei Behörden — 246
- 12.4 Anträge bei Versorgungsunternehmen — 248
- 12.5 Die Baustellenordnung — 250
- 12.6 Arbeitsschutz auf der Baustelle — 253
- 12.7 Versicherungsschutz auf der Baustelle — 257
- 12.8 Aufgaben des Bauleiters während der Bauphase — 260
- 12.9 Ordnerstruktur, Jour fixe, Bautagebuch, Aktennotiz — 262
- 12.10 Das sollten Sie auf der Baustelle dabeihaben — 265

13 Checklisten für alle Gewerke — 267

- 13.1 Herrichten des Grundstücks — 269
- 13.2 Wasserhaltung während der Bauphase — 270
- 13.3 Die Baustelleneinrichtung — 272
- 13.4 Aushubarbeiten — 273
- 13.5 Rohbauarbeiten: Gründung — 275
- 13.6 Rohbauarbeiten: Kellergeschoss — 278
- 13.7 Drainage — 281
- 13.8 Rohbauarbeiten: Obergeschosse — 282
- 13.9 Zimmererarbeiten — 286
- 13.10 Dachdeckerarbeiten: Steildach — 289
- 13.11 Dachdeckerarbeiten: Flachdach — 291
- 13.12 Klempner- oder Blechnerarbeiten — 296
- 13.13 Fensterarbeiten — 300
- 13.14 Rollladenarbeiten/Raffstoren — 302
- 13.15 Fassade mit Wärmedämmverbundsystem — 305
- 13.16 Putzfassade — 307
- 13.17 Klinkerfassade — 309
- 13.18 Fassade mit Holzverschalung — 312
- 13.19 Heizungsinstallation — 314
- 13.20 Zentrale Lüftungsanlage — 317
- 13.21 Sanitärinstallation — 320
- 13.22 Elektroinstallation — 323

13.23	Blitzschutzanlage	325
13.24	Schlosserarbeiten	327
13.25	Innenputzarbeiten	328
13.26	Estricharbeiten	330
13.27	Trockenbauarbeiten	333
13.28	Fliesenarbeiten	335
13.29	Malerarbeiten	339
13.30	Schreinerarbeiten	341
13.31	Parkettarbeiten	345
13.32	Teppich- und Linoleumbelagsarbeiten	346
13.33	Luftdichtigkeit allgemein	348

14 Mängel, Behinderungsanzeigen, Abschlagsrechnungen, Kostenkontrolle, Nachtragsforderungen 351

14.1	Mängel während der Bauphase	352
14.2	Behinderungsanzeigen der Unternehmer	356
14.3	Rechnungprüfung von Abschlagszahlungen	357
14.4	Kostenkontrolle und Kostensteuerung	359
14.5	Nachtragsforderungen der Unternehmer	363

15 Fertigstellung, Abnahme und Schlussrechnungen 365

15.1	Fertigstellung und Abnahme	366
15.2	Prüfung der Schlussrechnungen	370
15.3	Honorarschlussrechnung des Architekten, Bauleiters oder Fachingenieurs	371

16 Mängel und Gewährleistungssicherung nach der Abnahme 373

16.1	Mängel nach Abnahme	374
16.2	Gewährleistungssicherung	375

Zum Schluss	376

17 Anhang 377

Stichwortverzeichnis	378
Adressen	382
Impressum	384

Zu diesem Buch

Der Zeichner oder die Zeichnerin der diesem Buch voranstehenden Karikatur ist leider unbekannt. Aber ganz sicher handelt es sich um eine Person, die das Bauen aus der Praxis zumindest kennt – oder vielleicht sogar leidvoll erfahren hat. Vielleicht schmunzeln Sie jetzt noch über die Karikatur – wenn Sie jedoch mit Ihrem Bauvorhaben fertig sind, werden Sie aber ganz sicher auch Ihre Baustelle zumindest in dem einen oder anderen Detail darin wiedererkennen.

Bauen ist eine der größten Herausforderungen im Leben. Warum ist das so? Weil man beim Bauen in einen rechtlich, technisch und finanziell sehr komplexen Vorgang einsteigt, den nur die wenigsten Menschen wirklich überblicken und gut vorbereitet angehen. Viele Menschen haben zudem einen gut geschützten Alltag, nicht selten mit unbefristetem Arbeitsvertrag, Kündigungsschutz, Krankenversicherungsschutz, Arbeitslosenversicherungsschutz, privatem Mietrechtsschutz und selbst einer Pannenhilfeversicherung für das Auto. Wesentliche Lebensrisiken sind in unserer Gesellschaft bei vielen Menschen längst großräumig abgeschirmt. Darüber wird mitunter fast gänzlich vergessen, dass es große Lebensrisiken gibt, gegen die man sich nicht oder nur bedingt absichern kann – Menschen verlieren zunehmend die Sensibilität dafür, solche Risiken frühzeitig zu erkennen.

Und während heute Arbeitnehmerrechte, Mieterrechte und selbst Reiserechte vom Gesetzgeber längst mit umfassenden Schutzfunktionen ausgestattet sind, ist das beim Bauen völlig anders. Sie haben – trotz jüngster Gesetzesnovellierungen – faktisch nur wenige Schutzrechte und sind vollständig selbstverantwortlich handelnde Person. Das neue Verbraucherbauvertragsrecht, das zum 1. Januar 2018 in Kraft treten wird, bietet zwar einige Verbesserungen gegenüber dem bisherigen Bauvertragsrecht. Es ist aber teilweise doch wieder so lückenhaft, dass Ihnen nun sogar neue Risiken drohen können. Dieses Buch setzt sich umfassend und detailliert mit allen neuen Regelungen auseinander. Und auch mit dem neuen Recht bleibt das alte Problem: Sie haben die Konsequenzen der Risiken, die Sie eingehen, vollständig selbst zu tragen. Bis hin zum Risiko der Privatinsolvenz, denn es geht um sehr hohe Summen. Und das große Problem: Die Risiken, die Sie eingehen, sehen Sie

1. Wunsch des Bauherrn

2. Entwurf des Architekten

meistens gar nicht, denn Sie sind in der Regel nicht vom Fach.

Die große Kunst des Bauens besteht darin, diese Risiken frühzeitig zu erkennen und mit diesem Wissen den Bauvorgang so zu strukturieren und vorzubereiten, dass er sicher und qualitätvoll im Kosten- und Zeitrahmen ablaufen kann.

Das Buch beginnt in **Kapitel 1** mit der Klärung, ob Sie sich bauen wirklich leisten können und stellt in **Kapitel 2** die Frage, ob es – selbst wenn man es sich leisten kann – wirklich für jeden der sinnvollste Weg ist. Auch der Kauf eines gebrauchten Hauses kann eine gute Alternative sein. Anschließend widmen sich **Kapitel 3 und 4** der Klärung wesentlicher Varianten des Bauens. Denn es gibt erhebliche Unterschiede, je nachdem, ob Sie mit einem Bauträger, einem Fertighausanbieter oder einem Architekten bauen. Und zwar nicht nur technisch, sondern vor allem auch rechtlich. Die folgenden **Kapitel 5 und 6** klären, wie sie nun von ersten Angeboten zu konkreten Verträgen kommen und worauf Sie dabei achten müssen – ob Sie nun schlüsselfertig oder mit einem Architekten bauen. **Kapitel 7 und 8** helfen Ihnen dabei, Grundlagen der Hausplanung kennenzulernen und zeigen, wie man die gewünschte Planung danach auch durch eine gute Baubeschreibung sicher fixiert. Denn oft ist die Baubeschreibung Vertragsbestandteil und legt so fest, welche Leistungen als vertraglich vereinbart gelten. Die **Kapitel 9 und 10** drehen sich um das Baurecht und die Baugenehmigung sowie die daran anschließende Ausführungsplanung. Checklisten helfen Ihnen dabei, die Pläne überprüfen zu können und nichts zu vergessen. Wie Ausschreibungen für Handwerkerleistungen funktionieren erfahren Sie in **Kapitel 11**, und die folgenden **Kapitel 12 und 13** geben Ihnen einen guten Überblick über eine sorgfältige Baustellenvorbereitung und Baudurchführung. Zahlreiche Checklisten helfen Ihnen, wichtige Ausführungen eines jeden Gewerks auf einer Baustelle prüfen zu können. Die abschließenden **Kapitel 14, 15 und 16** widmen sich dann den Themen Kostenkontrolle, Rechnungsprüfung, Abnahme und Gewährleistungssicherung.

Dieses Buch soll Ihnen eine Hilfe dabei sein, dies erfolgreich zu meistern. Es steckt voller Praxisbeispiele und Praxistipps und kommt direkt aus der Verbraucherberatung und Begleitung von Verbrauchern durch Bauvorhaben. Trotz des großen Umfangs kann dieses Buch aber nicht sämtliche Informationen rund um das Bauen bereitstellen.

3. Empfehlung des Statikers

4. Von der Behörde genehmigt

Je nach Fall werden Sie auch ergänzende Beratung durch Fachleute und weitere Bücher der Verbraucherzentrale benötigen. Diese gehen auf spezielle Themen des Bauens vertieft ein, zum Beispiel auf das Bauen mit dem Bauträger oder das Bauen mit dem Fertighausanbieter. Jeweils an der richtigen Stelle in diesem Buch wird auf die Ratgeber hingewiesen, die zur Ergänzung für Sie sehr sinnvoll sein können. Außerdem wird an verschiedenen Stellen aufgezeigt, wie man Fachleute – auch der Verbraucherzentrale – in der eigenen Region finden kann. Ganz neu entwickelt, gibt es jetzt auch einen „Baustellen-Ordner", den Sie ergänzend zu diesem Buch auf der Baustelle einsetzen können. Er hilft Ihnen, Ihre Dokumente gut zu sortieren und immer den Überblick zu behalten – und bietet außerdem umfangreiche Checklisten für die Bauausführungs-Kontrolle (→ Seite 350). In dieser Kombination haben Sie gute Informations- und Beratungsmöglichkeiten.

Und dann geht es beim Bauen auch nicht nur darum, schnell in irgendein Haus zu kommen. Unsere Umwelt verdient Rücksichtnahme – und zwar sowohl ökologisch als auch baukulturell. Daher werden auch diese beiden sehr wichtigen Aspekte im Buch behandelt.

Wir hoffen, dass Ihnen dieses Buch ein guter und verlässlicher Begleiter sein kann auf Ihrem Weg zum eigenen Haus.

5. Von der Baufirma ausgeführt

6. Nach der Sanierung

1 Kann ich mir Bauen überhaupt leisten?

Bevor Sie auch nur einen Gedanken ans Bauen verschwenden, sollten Sie zunächst einmal prüfen, ob Sie sich Bauen wirklich leisten können. Viele, die zunächst glaubten, das sei kein Problem, haben später teuer nachfinanzieren müssen. Und manchen ging sogar ganz die finanzielle Puste aus.

Wenn das an einem kritischen Punkt des Bauvorhabens passiert, kann es so weit kommen, dass man mit einem halb fertigen Haus dasteht, in das man einziehen muss, weil die parallelen Mietzahlungen nicht mehr tragbar sind, zugleich aber keine finanziellen Reserven vorhanden sind, um das Haus fertigzustellen.

1.1 Grundlagen der Baufinanzierung

Um herauszufinden, wie viel Geld Sie monatlich für Zins und Tilgung eines aufgenommenen Kredits überhaupt aufwenden können, müssen Sie wissen, wie viel Geld Ihnen neben Ihren monatlichen Ausgaben als Rücklage bleibt. Falls Sie keine private Buchführung über Ihre Einnahmen und Ausgaben vornehmen, können Sie auch Ihre Kontoauszüge zur Hilfe nehmen. Dies geht am einfachsten, wenn Ihre private Geldabwicklung über ein zentrales Girokonto läuft. Wenn Sie die Kontoauszüge eines kompletten Jahres zur Hand nehmen, können Sie daraus nachträglich eine Übersicht erstellen über Ihre Jahresausgaben und -einnahmen. Es ist wichtig, dass Sie sich tatsächlich ein ganzes Jahr ansehen, weil einzelne Monate nicht unbedingt repräsentativ sein müssen. So ist es zum Beispiel so, dass es einen Sommermonat geben kann, in dem Sie kaum Ausgaben hatten, während im Januar häufig Jahresbuchungen vorgenommen werden wie Versicherungsbeiträge und Ähnliches.

Sie können bei der Überprüfung Ihrer Kontoauszüge Geldabgänge (vor allem Barabhebungen) und deren Verwendung unter Umständen nicht mehr unbedingt zweifelsfrei zuordnen, also wie viel Geld davon Sie beispielsweise für Lebensmittel oder für Kleidung oder Vergleichbares ausgegeben haben, aber Sie werden trotz allem eine Übersicht Ihres durchschnittlichen monatlichen Finanzbedarfs über das Jahr erkennen können. Und dieser Verbrauch wird sich auch nicht verringern. Im Gegenteil sollten Sie grundsätzlich immer eher mit steigenden Kosten in allen Lebenshaltungsbereichen rechnen. Neben den Abhebungen werden Sie auch die regelmäßigen Geldabgänge durch Überweisungsaufträge oder erteilte Einzugsermächtigungen sehen, von der Miete über die Mietnebenkosten, Strom, Gas, Telefon, GEZ, Zeitungsabonnement, Vereinsmitgliedschaften bis hin zur Krankenversicherung. Von Zeit zu Zeit werden auch größere Positionen auftauchen, vielleicht Autoreparatur- oder Reisekosten. Auch solche Ausgaben müssen Sie im Blick behalten. Auf eine Reise können Sie möglicherweise verzichten, aber auf ein Fahrzeug sind Sie unter Umständen angewiesen und können es nicht ohne Reparatur einfach stehen lassen. Auch der Abschluss und die laufenden Kosten einer Risikolebensversicherung, mindestens für denjenigen, der das Haupteinkommen eines Haushalts trägt, muss einkalkuliert werden, um im Fall des Falles einen Kredit weiter bedienen zu können.

> **Tipp**
>
> **Wenn Sie bei Ihrer Budgetanalyse sehr strukturiert vorgehen wollen**, können Sie auch den Beratungsbogen zur Baufinanzierungsberatung der Verbraucherzentrale Nordrhein-Westfalen im Internet abrufen und den dortigen Abschnitt Budgetbetrachtung ausfüllen:
>
> www.verbraucherzentrale.nrw/UNIQ134743335416323/baufi
>
> Dieser Bogen zeigt Ihnen auch auf, welche Informationen die Verbraucherzentrale vor einer individuellen Baufinanzierungsberatung benötigt, um Sie optimal beraten zu können. Auch andere Landesverbände der Verbraucherzentralen haben teilweise solche Beratungsbögen, die vor einer persönlichen Baufinanzierungsberatung ausgefüllt und eingereicht werden sollten. Weitere Informationen hierzu erhalten Sie im Internet unter:
>
> www.verbraucherzentrale.de

Diesen Geldabgängen stehen Geldeingänge gegenüber, bei Angestellten die Gehaltszahlungen, bei Selbständigen die Einnahmen. Während Gehaltszahlungen regelmäßig und in gleicher Höhe kommen, sind Einnahmen Schwankungen ausgesetzt und können nie sicher vorhergesagt werden. Selbstständige oder Unternehmer ohne ausreichendes Eigenkapital zum Erwerb einer Immobilie gehen daher bei Kreditaufnahmen generell ein ungleich höheres Risiko ein als

Angestellte mit sicheren Arbeitsplätzen. Wenig Gedanken müssen sich dagegen Beamte machen. Sie sind im Normalfall auch heute noch rundum abgesichert. Diese unterschiedlichen Voraussetzungen der persönlichen Risikosituation schlagen auch – in Form höherer Zinsen – auf die Kreditfinanzierung durch, weil sie nach den Basel-II-Bestimmungen bei der individuellen Kreditvergabe berücksichtigt werden müssen. Je risikoreicher das berufliche und finanzielle Lebensumfeld ist, umso schwerer ist es, einen Kredit zu erhalten. Umgekehrt: Je sicherer das berufliche und finanzielle Lebensumfeld, umso einfacher ist es.

Soweit Sie jedoch die Möglichkeit haben, regelmäßige Einnahmen auf Ihrem Konto verbuchen zu können, können Sie – mit Hilfe Ihrer Kontobelege – Monat für Monat eines Jahres die Einnahmen und Ausgaben gegenüber- und die Überschüsse feststellen. Zu diesen Überschüssen können Sie schließlich noch Ihre gegenwärtige Kaltmiete hinzurechnen, denn diese entfällt natürlich, wenn Sie in Ihrem neuen Wohneigentum wohnen. Die Nebenkosten hingegen bleiben Ihnen erhalten, können aber auch deutlich höher ausfallen, wenn zum Beispiel Ihre Wohnfläche erheblich steigt, ohne dass es eine wesentliche, energetische Verbesserung zu Ihrer bisherigen Wohnsituation gibt. Von diesem übrig gebliebenen Betrag müssen Sie noch Rücklagen für Unwägbarkeiten abziehen. Das kann zum Beispiel eine Waschmaschine sein, die plötzlich kaputtgeht, oder eine Autoreparatur, die plötzlich notwendig wird. Das heißt, ein Betrag von mindestens 200 bis 300 Euro im Monat sollte für solche Eventualitäten möglichst zusätzlich vorhanden sein oder eine ausreichende Rücklage für Eventualitäten, die beim Eigenkapital nicht berücksichtigt wird. Der Betrag, den Sie dann vor sich sehen, ist der Betrag, den Sie maximal für eine Baufinanzierung aufbringen können. Die nachfolgende Checkliste gibt Ihnen nochmals Hilfestellung bei der Überprüfung Ihrer Einnahmen und Ausgaben:

Monatliche Einnahmen / Ausgaben

Einnahmen

Nettogehalt	
Kindergeld	
Sonstige Einnahmen 1	
Sonstige Einnahmen 2	
Summe monatliche Einnahmen	

Ausgaben (bei jährlichen Beträgen den monatlichen Anteil ansetzen)

Nahrungs-, Genussmittel, Körperpflege	
Kleidung	
Anschaffungen/Rücklagen für Hausrat	
Nebenkosten (Heizung, Warmwasser)	
Strom (gegebenenfalls steigend)	
Telefon	
Müllgebühren (gegebenenfalls steigend)	
GEZ/Kabel/Internet	
Kultur/Unterhaltung	
Öffentliche Verkehrsmittel	
Kfz-Wartung	
Kfz-Tanken	
Kfz-Versicherung, Steuer	
Versicherungsbeiträge (Krankenversicherung, Hausrat, Haftpflicht, Rechtschutz, Lebensversicherung usw.)	
Gebühren für Ausbildung (Schule, Kindergarten)	
Urlaubsrücklage	
Ratenzahlungen aus bestehenden Darlehen	
Sonstige Ausgaben 1	
Sonstige Ausgaben 2	
Summe monatliche Ausgaben	
Differenz Einnahmen/Ausgaben	

Sie kennen nun die Summe (abzüglich der benannten mindestens 200 bis 300 Euro im Monat), die Sie monatlich für Zins und Tilgung zur Verfügung haben. Diese Zins- und Tilgungskosten werden natürlich umso geringer, je höher Ihr Eigenkapitalanteil ist, mit dem Sie Teile der Erwerbskosten sofort begleichen können. Um herauszufinden, welchen Immobilienpreis Sie sich noch leisten können, ist es natürlich wichtig, dass Sie auch eine Zusammenstellung Ihres Eigenkapitals vornehmen. Dies können Sparbücher, Festgeldkonten, Wertpapiere, aber auch Lebensversicherungen und Bausparverträge sein. Letztere kommen allerdings nur in Betracht, wenn sie auch zuteilungsreif sind, sonst müssen sie in aller Regel zunächst außer Betracht bleiben. Oder aber man spricht eine Kündigung aus, um an das Guthaben zu kommen. Ob man das tun sollte, hängt aber wesentlich von der aktuellen Zinssituation ab. Bevor man einen solchen weitreichenden Schritt tut, sollte man zunächst eine unabhängige Baufinanzierungsberatung bei der Verbraucherzentrale in Anspruch nehmen. Die nachfolgende Checkliste kann Ihnen dabei helfen, die Höhe Ihres Eigenkapitals zu ermitteln:

Eigenkapital	
Girokonto	Euro
Sparbücher	Euro
Festgeldkonten	Euro
Wertpapiere	Euro
Lebensversicherungen	Euro
Guthaben auf Bausparverträge (sofern zuteilungsreif beziehungsweise in Kündigungsüberlegung)	Euro
Geldgeschenke (zum Beispiel als vorgezogenes Erbe)	Euro
Eigenkapital gesamt	**Euro**

Grundsätzlich ist Vorsicht geboten bei Aktienwerten. Hier können Kursschwankungen sehr schnell zu erheblichen Wertverlusten führen. Man sollte gut darüber nachdenken, ob man diese wirklich in die Eigenkapitalermittlung mit einbezieht. Eigentlich sollte dies nur erfolgen, wenn die Aktien vorher abgestoßen werden und damit ein stabiler Rechenwert entsteht.

Ermittlung der Finanzierungsgrenzen und der Finanzierungsrisiken

Mit den beiden Ergebnissen, also der monatlich zur Verfügung stehenden Summe zur Kredittilgung und der des vorhandenen Eigenkapitals, können Sie nun relativ einfach herausfinden, welchen Immobilienpreis (inklusive aller Nebenkosten) Sie noch finanzieren können und welchen nicht mehr. Unabhängig von der Belastungsgrenze sollten Sie aber immer auch ein realistisches Auge auf die generellen Finanzierungsrisiken haben. Daher werden auch diese im vorliegenden Kapitel angesprochen.

Die Finanzierungsgrenzen

Um zu ermitteln, welchen Kreditbetrag Sie maximal ausnutzen können, hilft sehr einfach die nachfolgende Formel:

$$\frac{\text{Belastungsgrenze in EUR} \times 12 \text{ Monate} \times 100\,\%}{\text{Zinssatz in \%} + \text{Tilgungssatz in \%}} = \text{maximale Darlehenssumme}$$

Anhand eines Beispiels soll dies aufgezeigt werden. Nehmen wir an, Sie haben bei den Berechnungen der von Ihnen pro Monat maximal aufzubringenden Gelder zur Bedienung eines Kredits einen Betrag von 800 Euro herausbekommen. Nehmen wir weiter an, der Zinssatz läge bei dreieinhalb Prozent und die Tilgungsrate bei drei Prozent. Und hier ist Vorsicht geboten, denn viele Banken rechnen in ihren Angeboten fast immer mit nur einem Prozent Tilgung. Das ist nach den Empfehlungen der Verbraucherzentrale aber eine viel zu niedrige Tilgungsrate. Man kann sich damit Baufinanzierungen schnell schönrechnen. Das zeigt Ihnen folgendes Beispiel, einmal mit einem Prozent Tilgung gerechnet und einmal mit drei Prozent:

Maximale Darlehenssumme bei 800 Euro monatlicher Belastungsgrenze, dreieinhalb Prozent Zins und ein Prozent Tilgung:

$$\frac{800 \text{ EUR} \times 12 \text{ Monate} \times 100\,\%}{3{,}5\,\% + 1\,\%} = 213.333{,}33 \text{ EUR}$$

Maximale Darlehenssumme bei 800 Euro monatlicher Belastungsgrenze, dreieinhalb Prozent Zins und drei Prozent Tilgung:

$$\frac{800 \text{ EUR} \times 12 \text{ Monate} \times 100\,\%}{3{,}5\,\% + 3\,\%} = 147.692{,}30 \text{ EUR}$$

Rechnet man Ihnen also seitens eines Finanzierungsanbieters ein Beispiel mit nur einem Prozent Tilgungsanteil durch, sieht das zunächst einmal toll aus, weil Sie mit diesem Modell viel mehr Geld leihen können.

In der Realität aber zahlen Sie mit diesem Modell viele Jahre länger Ihren Kredit ab, denn der Anteil an Ihren monatlichen Zahlungen, der für die Tilgung eingesetzt wird, bleibt sehr lange sehr gering. Starten Sie hingegen mit einem Tilgungsanteil von drei Prozent, der aus Ihren Zahlungen für die Tilgung der geliehenen Summe eingesetzt wird, werden Sie viel früher Ihre Schulden los. Es geht dabei um Zeiträume von zehn und mehr Jahren. Unten auf der Seite finden Sie eine detaillierte Übersicht, die Ihnen die Vergleichszeiträume zeigt, die Sie – je nach Modell – zur Tilgung benötigen.

Das heißt, das Kreditvolumen, das Sie mit 800 Euro monatlicher Zahlung bei vereinbarten dreieinhalb Prozent Zinsen und drei Prozent Tilgung erhielten, läge bei 147.692,30 Euro.

Wenn Sie zusätzlich zu diesem Kreditrahmen noch über Eigenkapital in Höhe von insgesamt angenommenen 40.000 Euro verfügen, hätten Sie die Möglichkeit ein Finanzvolumen von 187.692,30 Euro für den Immobilienerwerb einzusetzen (147.692,30 Euro plus Ihr Eigenkapital von 40.000 Euro). Immobilien mit höherem Preis wären für Sie eher risikoreich.

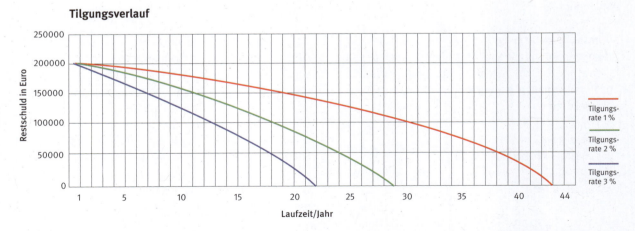

Tilgungsverlauf: Die Laufzeit für das Darlehen ändert sich erheblich – je nachdem, welche Tilgungsrate gewählt wird. Bei einem 200.000-Euro-Darlehen zu einem Zinssatz von 3,5 Prozent beträgt die Laufzeit 22 Jahre (3 % Tilgung), 29 Jahre (2 % Tilgung) oder 43 Jahre (1 % Tilgung). Entsprechend unterschiedlich ist der Gesamtzinsaufwand: 87.603 € bei 3 % Tilgung, 118.395 € bei 2 % Tilgung und 187.326 € bei 1 % Tilgung.

Interessant wird es, wenn man bei gleichen Rahmenbedingungen nun einen Zinssatz von nur zweieinhalb Prozent annimmt. Dann ergäbe sich folgende Rechnung:

$$\frac{800 \text{ EUR} \times 12 \text{ Monate} \times 100\,\%}{2{,}5\,\% + 3\,\%} = 174.545{,}45 \text{ EUR}$$

Hinzu käme Ihr Eigenkapital von 40.000 Euro, Sie könnten insgesamt also ein Volumen von 214.545,45 Euro finanzieren bei nur einem Prozentpunkt Unterschied im Zinssatz. Daran können Sie sehen, wie enorm wichtig die Verhandlungen selbst um Nachkommastellen bei den Zinssätzen sind.

Abschließend das Beispiel, wenn Sie statt 800 Euro 1.000 Euro im Monat zahlen können, bei dreieinhalb Prozent Zinsen:

$$\frac{1.000 \text{ EUR} \times 12 \text{ Monate} \times 100\,\%}{3{,}5\,\% + 3\,\%} = 184.615{,}38 \text{ EUR}$$

Rechnet man Ihr Eigenkapital dazu, so ergibt sich durch die höhere Tilgungsmöglichkeit auch ein sichtlich höheres mögliches Finanzierungsvolumen für eine Immobilie.

Monatliche Belastung

Umgekehrt können Sie natürlich immer auch die anfallende monatliche Belastung überprüfen, die sich aus Ihnen vorgelegten Angeboten ergibt, dies dann mit der Formel:

$$\frac{\text{Finanzierungsvolumen in EUR} \times (\text{Zinssatz in \%} + \text{Tilgungssatz in \%})}{12 \text{ Monate} \times 100\,\%} = \text{monatl. Belastung}$$

Nehmen wir also an, Sie benötigten ein Darlehen über 120.000 Euro bei einem Zinssatz von dreieinhalb Prozent und drei Prozent Tilgung, dann hätten Sie mit folgender monatlicher Belastung zu rechnen:

$$\frac{120.000 \text{ EUR} \times (3{,}5\,\% + 3\,\%)}{12 \text{ Monate} \times 100\,\%} = 650 \text{ EUR}$$

Ihre monatliche Belastung betrüge also 650 Euro.

Es ist allerdings bekannt, dass das Leben in aller Regel anders läuft, als man es plant. Daher kann zu dieser schön durchzurechnenden Theorie natürlich eine ganze Reihe unangenehmer Lebensereignisse stoßen, die Ihre Finanzierung infrage stellen können. Daher nun zu den Finanzierungsrisiken:

Abschätzung der Finanzierungsrisiken

Früh sollten im Rahmen von Finanzierungsüberlegungen auch die Risikoüberlegungen mit einbezogen werden. Die Rückzahlung eines Kredits kann auch bei einem hohen Tilgungsanteil länger als zwei Jahrzehnte dauern. Es ist praktisch unmöglich, einen solchen Lebenszeitraum sicher zu überblicken. Das heißt, Sie brauchen eine solide Finanzierungsgrundlage, um auch eventuelle Überraschungen auffangen zu können. Extrem knapp gerechnete Finanzierungen sind nicht zu empfehlen, da das Risiko eines Scheiterns der Finanzierung und damit erheblicher Konsequenzen bis hin zur Zwangsversteigerung einer Immobilie steigen. Wohneigentum ist und bleibt eine Frage der eigenen Finanzausstattung, so gern man sich den Traum von den eigenen vier Wänden auch erfüllen würde. Daher sollte man eine nüchterne und realistische Einschätzung der eigenen finanziellen Situation und der Risiken betreiben.

Die häufigsten Finanzierungsrisiken

Die häufigsten Risiken, die eine Finanzierung zum Scheitern bringen können, sind Scheidung, Arbeitslosigkeit und Krankheit. Aber auch ein Arbeitsplatzwechsel und eine dadurch eventuell notwendig werdende doppelte Haushaltsführung sind teuer.

Für Selbstständige oder Unternehmer mit extrem schwankenden Einnahmen, die keine dauerhaft höheren Rücklagen erlauben, ist ohnehin große Vorsicht geboten. Es ist dann in jedem Fall besser, sich zunächst auf die Bildung von Rücklagen zu konzentrieren, die auch über längere Zeiträume ohne Einnahmen Liquidität sichern.

Angestellte wiederum sollten die Stabilität ihres Arbeitsplatzes sehr kritisch hinterfragen, vor allem die Verlässlichkeit der Branche, in der sie tätig sind, und die Qualifikation, mit der sie dort tätig sind. Der Druck auf die Rationalisierung und Verlagerung von Arbeitsplätzen wird eher weiter zu- als abnehmen. Tritt die Situation eines Arbeitsplatzverlustes ein, während ein langfristiger Bankkredit zu tilgen ist, wird es finanziell sehr schnell sehr eng. Entscheidend ist auch die Frage, ob in einer Region potenziell alternative Arbeitsplätze vorhanden sind oder nicht und ob die eigenen Qualifikationen sich mit den allgemein geforderten decken. Eine wichtige Absicherung für viele Paare besteht darin, dass beide Lebenspartner eine Tätigkeit wahrnehmen und über Arbeitsplätze bei unterschiedlichen Arbeitgebern verfügen. Dies streut die Risiken.

Unerlässlich ist in jedem Fall aber der Abschluss einer Risikolebensversicherung mindestens für den Partner, der das Haupteinkommen beisteuert, damit es im schlimmsten Fall nicht zu einer Unterfinanzierung kommt. Auch eine Berufsunfähigkeitsversicherung ist wichtig, wenn der ausgeübte Beruf sehr spezielle Fähigkeiten und mentale und körperliche Fitness verlangt.

Die beste Risikoabsicherung ist generell ein möglichst hoher Eigenkapitalanteil. Je höher dieser ist, desto geringer ist das Risiko, bei Unterdeckung der Finanzierung sofort in sehr kritische Situationen zu geraten. Nach Erfahrungen der Verbraucherzentrale sollte er nicht unter 20 Prozent liegen, besser bei 25 Prozent.

Beamte haben generell die geringsten Probleme bei Finanzierungen. Sie können sich auch relativ geringe Eigenkapitalanteile leisten. Angestellte hingegen sollten zumindest auf einen angemessenen Eigenkapitalanteil achten – nicht unter 25, besser 30 Prozent – um eine möglichst sichere Finanzierung erhalten zu können. Und für Selbstständige und Unternehmer kann der Eigenkapitalanteil nicht hoch genug sein, wenn sie keine dauerhaft sicheren Zukunftsprognosen ihrer Tätigkeit geben können.

Es gibt inzwischen auch Darlehensangebote am Markt, die gänzlich ohne Eigenkapitalanteil angeboten werden. Hier müssen die Rahmenbedingungen, also zum Beispiel die Zinsbelastungen, aber sehr sorgsam abgeklärt werden. Wie Sie sehen konnten, ergeben schon kleine Zinsschritte von einem Prozent und weniger enorme Mehrbelastungen. Das Modell des eigenkapitalfreien Darlehens wird zudem mit deutlich höheren Zinssätzen und damit deutlich höherer Verschuldung bezahlt. Daher kommt dieses Modell eigentlich nur für Personen infrage, die zwar nicht über Eigenkapital, dafür aber über ausgesprochen sichere Arbeitsplätze verfügen, das heißt im Grund nur für Beamte.

Bei jeder Baufinanzierung bleibt auch ein weiteres, großes Risiko: das Risiko, dass Ihnen zahlreiche Kostenpunkte des Bauvorhabens gar nicht benannt werden und auch vertraglich gar nicht fixiert sind. Das hat beim Bauen schon vielen die Baufinanzierung zerlegt und teure Nachfinanzierungen notwendig gemacht. Es ist unmöglich, Ihnen hier alle Kostenrisiken darzulegen. Eine erste, kleine Auswahl finden Sie aber in der nachfolgenden Checkliste. Sie können ferner praktisch alle typischen Kostenrisiken detailliert überprüfen, indem Sie den Ratgeber „Kosten- und Vertragsfallen beim Immobilienkauf" der Verbraucherzentrale zur Hand nehmen. Dieser Ratgeber enthält

1 Kann ich mir Bauen überhaupt leisten?

über 120 Checkblätter, mit denen Sie alle wichtigen potenziellen Kostenrisiken Ihres Bauvorhabens aufdecken können, ganz egal, ob Sie mit dem Bauträger, dem Fertighausanbieter oder dem Architekten bauen. Diese Kostenrisiken können sowohl aus schlechten Verträgen resultieren als auch aus schlechten Vertragsanlagen, wie zum Beispiel einer unzureichenden Baubeschreibung. Oft ist es auch eine Kombination aus beiden.

Erster Check: Welche Leistungen sind überhaupt im Festpreis enthalten, der Ihnen angeboten wird?
Anhand der nachfolgenden Checkliste können Sie stichpunktweise prüfen, welche Leistungen in einem Ihnen vorliegenden Festpreisangebot eines Bauträgers, Fertighausanbieters oder Generalunternehmers enthalten sind.

Erster Check: Welche Leistungen sind im Festpreis enthalten, der Ihnen angeboten wird?

Enthalten? ja / nein

1. Planungs- und Bauleitungsleistungen:
- ☐ ☐ Entwurfsplanung
- ☐ ☐ Baugenehmigungsplanung
- ☐ ☐ Ausführungsplanung
- ☐ ☐ Leistungen von Fachingenieuren
- ☐ ☐ Bauleitung
- ☐ ☐ Koordination sämtlicher behördlicher Abnahmen

2. Grundstück:
- ☐ ☐ Vermessungskosten
- ☐ ☐ Baugrunduntersuchung
- ☐ ☐ Altlastenbeseitigung, wenn nötig
- ☐ ☐ Erschließung des Grundstücks mit Strom
- ☐ ☐ Erschließung des Grundstücks mit Gas
- ☐ ☐ Erschließung des Grundstücks mit Wasser
- ☐ ☐ Erschließung des Grundstücks mit Kabel
- ☐ ☐ Erschließung des Grundstücks mit Telefon
- ☐ ☐ Anschluss des Grundstücks an die Straßenentwässerung
- ☐ ☐ Erschließung des Grundstücks mit Straßen und Wegen
- ☐ ☐ Erschließungsbeiträge der Stadt für den Grundstückseigentümer

Erster Check (Fortsetzung)

Enthalten?
ja   nein

Gebäude:

☐ ☐ Erschließung des Gebäudes mit Strom
☐ ☐ Erschließung des Gebäudes mit Gas
☐ ☐ Erschließung des Gebäudes mit Wasser
☐ ☐ Erschließung des Gebäudes mit Kabelanschluss
☐ ☐ Erschließung des Gebäudes mit Telefonanschluss
☐ ☐ Anschluss des Gebäudes an das Kanalnetz
☐ ☐ Entwässerungsarbeiten plus Gräben und Schächte

3. Erdarbeiten:

☐ ☐ Aushub der Baugrube
☐ ☐ Abfuhr von überschüssigem Material
☐ ☐ Deponiegebühren
☐ ☐ Wiederverfüllen der Baugrube
☐ ☐ Andecken von Mutterboden
☐ ☐ Geländemodellierung an das Gebäude
☐ ☐ Füllmaterial, wenn der Aushub zum Verfüllen nicht geeignet ist
☐ ☐ Falls notwendig: Bodenaustausch zur Baugrundverbesserung
☐ ☐ Bei hohem Grundwasserstand: Grundwasserabsenkung während der Rohbauarbeiten

4. Gebäude:

☐ ☐ Kosten für Baustrom und Bauwasser während der Bauzeit
☐ ☐ Putzarbeiten im Keller
☐ ☐ Heizkörper im Keller
☐ ☐ Wasseranschlüsse im Keller (zum Beispiel Waschmaschine, WC)
☐ ☐ Genügend Elektroanschlüsse in allen Räumen und Fluren einschließlich Keller
☐ ☐ Schwimmender Estrich im Hobbyraum im Keller
☐ ☐ Estrich im Keller
☐ ☐ Bodenbeläge im Keller

Erster Check (Fortsetzung)

Enthalten?
ja   nein

- ☐ ☐ Gedämmte Kellerdecke in unbeheizten Kellerräumen
- ☐ ☐ Ausreichend große Kellerfenster
- ☐ ☐ Gitter vor Kellerfenstern
- ☐ ☐ Verputzen aller Deckenuntersichten im Haus
- ☐ ☐ Maler- und Tapezierarbeiten im gesamten Haus
- ☐ ☐ Fliesenarbeiten mit ausreichend hohen Wandverfliesungen
- ☐ ☐ Treppenbelag
- ☐ ☐ Bodenbeläge in den Wohnbereichen und im übrigen Haus
- ☐ ☐ Rolläden an allen Fenstern
- ☐ ☐ Außen liegender Sonnenschutz für Dachflächenfenster
- ☐ ☐ Be- und Entlüftungsanlagen
- ☐ ☐ Nachweis der Luftdichtigkeit der Gebäudehülle
- ☐ ☐ Eingangspodest und Vordach
- ☐ ☐ Klingelanlage/Haussprechanlage/Außenbeleuchtung/Briefkasten

5. Außenanlage:

- ☐ ☐ Bodenverbesserungen wie Düngen oder Auflockern
- ☐ ☐ Terrassenbelag inklusive Unterbau
- ☐ ☐ Zugangsweg zum Haus
- ☐ ☐ Zäune
- ☐ ☐ Tore
- ☐ ☐ Außenbeleuchtung
- ☐ ☐ Garage
- ☐ ☐ Einfahrt vor Garage
- ☐ ☐ Mülltonnenstellplatz
- ☐ ☐ Sträucher/Rasen

1.2 Ein ehrliches Finanzierungsbeispiel

Nachfolgend finden Sie ein fiktives Beispiel, wie eine Familie hinsichtlich ihrer Baufinanzierung vorgeht:

Familie Müller möchte ein Haus bauen. Es soll 280.000 Euro kosten. Ein Grundstück haben Müllers bereits. Die Familie hat 40.000 Euro Eigenkapital angespart. Zusätzlich können sie sich 20.000 Euro aus dem Familienkreis leihen. Zusammen macht dies 60.000 Euro. Daraus ergibt sich für Familie Müller zunächst ein Finanzierungsbedarf von 220.000 Euro bei der Bank. Familie Müller möchte jetzt die Höhe ihrer monatlichen Belastungen herausfinden.

Monatliche Belastung

$$\frac{\text{Finanzierungsbedarf in EUR} \times (\text{Sollzinssatz in \%} + \text{Tilgungssatz in \%})}{100 \, \% \times 12 \, \text{Monate}} = \text{monatl. Belastung}$$

Um die Formel anzuwenden, benötigt Familie Müller Angaben über den Zinssatz, der ihr von der Bank geboten wird, sowie den Tilgungssatz, den sie wählen möchte. Bei zehnjähriger Zinsbindung und einer Tilgung von einem Prozent wird Familie Müller ein Zinssatz von drei Prozent angeboten. Daraus ergibt sich folgende Rechnung:

$$\frac{220.000 \, \text{EUR} \times (3{,}5 \, \% \, \text{Sollzinssatz} + 1 \, \% \, \text{Tilgungssatz})}{100 \, \% \times 12 \, \text{Monate}} = 825 \, \text{Euro monatl. Belastung}$$

Das hört sich prima an! Die monatliche Belastung würde so nur unwesentlich höher sein als die derzeitige Miete von Familie Müller. Sie möchte am liebsten gleich loslegen. Leider wird schnell klar, dass sie einige Punkte in ihrer Berechnung vergessen hat.

Die richtige Tilgung

Würden Müllers nur mit einem Prozent tilgen, läge die monatliche Belastung zwar nur bei den errechneten 825 Euro. Aber eine Tilgung von nur einem Prozent ist auch für Familie Müller in Wahrheit keine Option. Denn letztlich verteuert es den Kredit wegen der längeren Laufzeit des Schuldenabbaus. Angenommen der Zins betrüge nach der zehnjährigen Zinsbindung durch heute nicht absehbare Entwicklungen sechs Prozent, dann dauerte es bei anfänglicher Tilgung von einem Prozent insgesamt 34 Jahre bis zur kompletten Entschuldung, bei drei Prozent anfänglicher Tilgung hingegen nur 24 Jahre. Wenn für die Anschlussfinanzierung nach zehn Jahren der Zins auf sechs Prozent stiege, eine Höhe, auf der Baufinanzierungen einmal ganz selbstverständlich waren, hat dies unabhängig von der Anfangstilgung außerdem eine erhebliche Ratensteigerung um monatlich mehrere Hundert Euro zur Folge. Würde Familie Müller dies vermeiden wollen, so könnte sie eine längere Zinsbindung wählen, müsste sich dann aber von Anfang an auf einen etwas höheren Zinssatz einlassen.

Die Nebenkosten

Mit den reinen Baukosten des Hauses ist es nicht getan. Hinzu kommen Nebenkosten: von der Grunderwerbsteuer beim Grundstückserwerb über die Notargebühren bis hin zu Gebühren für den Eintrag ins Grundbuch und auch einer möglichen Maklercourtage. Alles in allem muss Familie Müller hier mit zehn Prozent der Baukosten der Immobilie rechnen.

Zusätzliche Kostenrisiken

Nach genauerem Hinschauen erweist sich, dass in der Baubeschreibung einiges nicht festgehalten ist, was an Kosten aber trotzdem kommen wird. Dazu gehören ein Keller in WU-Beton-Ausführung, eine Hebeanlage für das gesamte Abwasser, der Hauszugang mit Treppe und die Anlage einer Terrasse auf einer

Anschüttung, zusammen satte 50.000 Euro Zusatzkosten.

Die realistische monatliche Belastung
Familie Müller rechnet zusammen

Posten	Summe
Baukosten	280.000 Euro
Nebenkosten	28.000 Euro
Zusatzkosten	50.000 Euro
Summe	**358.000 Euro**

Das ergibt folgenden Finanzierungsbedarf:

Finanzierungskosten	358.000 Euro
abzüglich Privatkapital	60.000 Euro
Finanzierungsbedarf (gesamt)	**298.000 Euro**

Monatliche Belastung (dreieinhalb Prozent Zinsen und drei Prozent Tilgung)
Die realistische monatliche Belastung für Familie Müller macht also nicht 825 Euro aus, sondern errechnet sich wie folgt:

$$\frac{298.000 \text{ EUR} \times (3{,}5\ \%\ \text{Sollzinssatz} + 3\ \%\ \text{Tilgungssatz})}{100\ \% \times 12\ \text{Monate}} = 1.614{,}17\ \text{Euro monatl. Belastung}$$

Das ist fast das Doppelte der ursprünglich errechneten Belastung. Dazu kommt, dass die Finanzierung völlig aus dem Ruder laufen würde, wenn der Zinssatz bei einer Anschlussfinanzierung auf sechs Prozent stiege. Nicht zu vergessen sind die privaten Tilgungen an den Familienkreis – je nach Vereinbarung. Falls zusätzlich eine erste größere Hausreparatur nach der Gewährleistungszeit anstünde, könnte die Finanzierung sogar akut gefährdet werden. Die umfassende Berechnung der Finanzierung inklusive aller Nebenkosten fällt nicht mehr so positiv für Familie Müller aus. Hier ist zu bedenken, dass in unserem Beispiel die Nebenkosten des Wohnens wie Wasser-, Strom- und Heizkosten noch nicht berücksichtigt wurden. Familie Müller entschließt sich deshalb, bei schnellen und schönen Finanzierungsrechnungen von Kreditanbietern sehr vorsichtig zu sein. Und eines steht auch schon fest: Die Müllers werden die Daten ihrer Baufinanzierung vor Vertragsabschluss definitiv bei einer Beratungsstelle der Verbraucherzentrale zur unabhängigen Prüfung einreichen.

2 Will ich überhaupt bauen? Die Alternative: Hauskauf

Menschen gehen aus den unterschiedlichsten Gründen in ein Bauvorhaben. Manchmal findet man einfach zufällig ein gut gelegenes Grundstück oder aber man kann ein solches im Familienumfeld günstig erhalten. Manchmal muss man vielleicht bauen, weil im Gebäudebestand und bei Bauträgern trotz langer Suche nichts Passendes zu finden ist. Und manchmal gibt es den jahrelangen Traum von einem Haus, der genau so verwirklicht werden soll. Ganz egal, wie man aufs Bauen verfällt, lange nicht jeder, der baut, würde auch wirklich bauen wollen, wenn er sich ehrlich hinterfragte.

2.1 Will ich überhaupt bauen?

Die Wahrheit ist: Kaum ein Mensch will bauen. Die meisten Menschen wollen einfach nur wohnen, und zwar gut und günstig. Wer den Satz sagt, „Ich will bauen", oder, „Wir wollen bauen", sollte hinterfragen, ob er das wirklich will oder doch eher bauen muss, um anschließend wohnen zu können.

Es gibt Hobbyhandwerker, die wollen wirklich bauen. Sie lieben es, bei Wind und Wetter auf einer Baustelle zu stehen und ein Haus zu errichten. Und keine Frage: Richtfeste gehören zu den schönsten Festen überhaupt, gerade weil sie keine glatten, durchgeplanten Festlichkeiten sind, sondern improvisiert in Rohbauten auf Bierbänken stattfinden.

Wer aber noch nie gebaut hat und glaubt, es komme eine schöne Zeit auf ihn zu, die er wirklich genießen will, der dürfte sich gewaltig täuschen. Es gibt ungezählte Bauherren, die an die Grenzen ihrer Belastbarkeit gekommen sind, nicht zuletzt auch emotional, weil sie das Bauen und damit auch einhergehende Konflikte völlig unterschätzt hatten. Viel zu schnell werden Bau- und Finanzierungsverträge unterzeichnet, ohne dass die Dinge mit der gebotenen Sorgfalt geprüft werden. Viele Verbraucher verlieben sich förmlich auch sehr früh in irgendwelche 3-D-Animationen ihres Hauses. Wer daran Kritik übt, auch aus dem privaten Umfeld, übt Kritik an einem Traum – und das lassen viele angehende Bauherren nicht zu.

Dabei könnten sie gewarnt sein, denn viele ehemalige Bauherren antworten auf die Frage, ob sie noch einmal bauen würden mit einem klaren: „Nein!"

Die Erfahrung zeigt, dass man das Bauen eigentlich nur Menschen empfehlen kann, die neben den nötigen finanziellen Ressourcen auch die vier folgenden, wichtigen Voraussetzungen mitbringen:

› Ausreichend Zeit,
› Fähigkeit zur Hinterfragung der Grenzen des eigenen Wissens und Bereitschaft unabhängige Beratung einzuschalten,
› gute Strukturierungs- und Entscheidungsfähigkeit,
› hohe emotionale Stabilität und Frustrationstoleranz.

Schon allein dadurch, dass Sie das vorliegende Buch gekauft haben und lesen, bevor Sie bauen, nehmen Sie sich Zeit und hinterfragen Ihr Wissen, bringen also bereits zwei Voraussetzungen schon einmal mit. Damit gehören Sie zu den wenigen Personen, bei denen das so ist.

Sie werden im Rahmen eines Bauvorhabens Verträge schließen, die auch Ihnen erhebliche Pflichten auferlegen, denen Sie nachkommen müssen, wenn Sie nicht in sehr rechtsnachteilige Situationen geraten wollen. Das kann einen sehr ärgern, zum Beispiel wenn man aufgrund von unzureichender Arbeit eines Unternehmens Zahlungen nicht leistet und daraufhin das Unternehmen die Weiterarbeit auf der Baustelle verweigert. Je nachdem, welche Vertragsklauseln man dann unterzeichnet hat, und je nachdem, wie wirksam sie sind, kann sich so etwas zu einem sehr großen Problem auswachsen, dem bei Weitem nicht jeder gewachsen ist, gerade auch emotional nicht. Denn wenn sich wirklich herausstellt, dass man ungünstige, aber wirksame Vertragsklauseln unterzeichnet hat, kann es selbst für einen dann eingeschalteten Fachanwalt schwer werden, zeitnah zu tragfähigen Lösungen zu kommen. Auch der beste Fachanwalt kann immer nur so gut arbeiten, wie die Grundlage, die man ihm gibt, es zulässt. Muss er auf Basis eines schlechten, aber wirksamen Vertrags einen Rechtsstreit ausfechten, ist das auch für ihn kein Vergnügen. Diese langwierigen und teuren Streitereien, bei dem parallel die Baustelle möglicherweise sogar stillsteht und Baukredit und Miete parallel nebeneinander herlaufen, sind für viele Menschen eine extreme Belastung. Man kann dann

2.1 Will ich überhaupt bauen?

auch nicht einfach einen Bauvertrag kündigen und mit einem anderen Unternehmen weiterbauen, wie das viele glauben, sondern – je nach Vertrag – kann es erhebliche Rechtsnachteile mit sich bringen, einen Bauvertrag einfach zu kündigen.

Mit solchen Situationen, in denen es monatelang kein Vor und kein Zurück gibt und in denen die Kostenbelastungen fortlaufend hoch sind, können nur die wenigsten Menschen umgehen. Auch viele Beziehungen kennen solche Belastungen aus ihrer bisherigen Geschichte gar nicht. Meist kommen dann auch Vorwürfe dazu. Denn plötzlich wird möglicherweise klar, dass der Partner, der immer sagte, er habe alles im Griff, tatsächlich nichts im Griff hatte, und dass er vor allem sein Wissen beziehungsweise Nichtwissen vor Beginn des Projektes nicht ehrlich hinterfragt hatte.

Selbst aber wenn vertraglich alles gut geht, können die Vertragsanlagen erhebliche Probleme bereiten. Wer kann schon eine Baubeschreibung wirklich lesen und beurteilen? Ist definitiv alles berücksichtigt, oder fehlen wichtige Dinge, die dann teuer nachfinanziert werden müssen? Da reicht es schon, dass man eine Kellerausführung vereinbart hat, die so auf dem Grundstück gar nicht gebaut werden kann. Solche Probleme können dazu führen, dass der ganze Finanzierungsrahmen gesprengt wird und man irgendwann in einem halbfertigen Haus sitzt, weil kein Geld mehr für den Ausbau übrig war.

Und dann können Sie natürlich noch ganz andere Probleme bekommen: Es reicht schon, wenn das von Ihnen beauftragte Bauunternehmen in die Insolvenz rutscht und Sie den falschen Zahlungsplan hatten. Dann ist Ihr Geld sehr schnell unwiederbringlich verloren, und Sie werden möglicherweise sogar mit einer Bauruine zurückbleiben, weil Sie kein Geld mehr haben, das Vorhaben fertigzustellen. Ihr Baukredit läuft aber natürlich weiter und ihre Mietbelastung auch. Irgendwann kann es dann so weit sein, dass Sie aufgrund dieser Doppelbelastung schlicht zahlungsunfähig sind. Die Bank wird Ihre Bauruine zwangsversteigern, und Sie müssen möglicherweise in die Privatinsolvenz. Auch das überstehen wahrscheinlich nur die wenigsten Beziehungen, sodass dann zu allem Überfluss auch diese gefährdet sein kann. Solche Tragödien sind leider gar nicht so selten, wie man glaubt.

Jetzt stehen Sie noch vor der Entscheidung, ob Sie bauen oder nicht. Jetzt können Sie noch hinterfragen, ob Sie wirklich bauen oder eigentlich nur wohnen wollen und ob der Weg über das Bauen der richtige für Sie ist. Wenn Sie zu dem Schluss kommen, wirkliche Lust aufs Bauen zu haben, dann ist jetzt auch der richtige Zeitpunkt, die Dinge sehr sorgfältig und strukturiert vorzubereiten, um gut durch das Vorhaben zu kommen. Wenn Sie hingegen Zweifel bekommen, ob Sie wirklich bauen wollen, muss nicht einmal ein möglicherweise bereits erworbenes Grundstück einem anderen Weg zum Haus entgegenstehen. Denn ein unangetastetes Grundstück können Sie jederzeit ja auch wieder veräußern, falls der Kaufvertrag nichts anderes festlegt.

2.2 Die Alternative: Hauskauf

Die meisten Menschen suchen auf dem Weg zum eigenen Haus einen guten und stabilen Ort zum Wohnen, häufig vor allem mit Blick auf Kinder, gepaart mit einer sinnvollen, möglichst stabilen Geldanlage.

Nur die wenigsten Menschen suchen tatsächlich das hochindividuell durchgeplante Traumhaus. Natürlich träumen viele vom individuellen, freistehenden Einfamilienhaus. Aber in einer guten Lage tut es für viele auch eine Doppelhaushälfte oder ein Reihenhaus, und zwar auch gebraucht. Es muss nicht neu sein, und das ist auch sehr nachvollziehbar. Denn in Wahrheit hat ein eigenes Haus einen relativ kurzen Lebenszyklus. Meist dient es vor allem während der Familienphase als stabiler Ort mit ausreichend Platz für die heranwachsenden Kinder. Häufig versucht man, noch vor der Einschulung der Kinder fündig zu werden, um später keine Umschulungen vornehmen zu müssen, was für Kinder sonst den Verlust von Freundeskreisen und ihrer gewohnten Umgebung bedeutet. Das heißt, von einem Lebensalter ab etwa sechs Jahren bis ungefähr Anfang 20 bildet das Haus das Lebensumfeld der Kinder. Danach ändern sich die Dinge sehr. Nicht selten brechen die Kinder dann auch in andere Städte auf und kommen nicht mehr zurück. Im Kern geht es also um etwa 15 bis 20 Jahre, für die man ein Haus sucht. Nach dieser Zeit werden nicht wenige Häuser auch wieder veräußert, und die Eigentümer „verkleinern sich", suchen sich zum Beispiel eine Eigentumswohnung in der Stadt oder Ähnliches. Wenn man das im Blick hat, relativiert sich vieles. Denn dann wird klar, dass man kein individuelles Baukunstwerk für die Ewigkeit sucht, sondern eine vernünftige Lösung für die nächsten 15 bis 20 Jahre.

Für die meisten Menschen ist daher der Markt gebrauchter Immobilien wesentlich interessanter als der Neubaumarkt. Denn Sie können über diesen Markt ihre Wohnprobleme oft wesentlich schneller und einfacher lösen als über den Neubaumarkt, zumal die Lage gebrauchter Immobilien fast immer günstiger ist als die Lage vieler Neubaugebiete. Der Neubaumarkt ist eigentlich nur für diejenigen Menschen interessant, die keine Alternative im Markt der gebrauchten Immobilien haben, weil etwa das Angebot regional zu gering ist oder Sonderlösungen gebraucht werden (zum Beispiel barrierefreies Wohnen) oder Grundstücke so günstig zu haben sind und eine so gute Lage haben, dass sich das Bauen tatsächlich lohnt.

Der Kauf eines gebrauchten Hauses ist für viele Menschen vor allem auch viel einfacher handhabbar.

Denn sie können das Haus an seinem Standort vor einem Kauf besichtigen und eine Kaufabwicklung vornehmen, die vertraglich einfacher zu handhaben ist als das komplexe Bauvertragsrecht, gerade bei Käufen von privat an privat, ohne Maklerbeteiligung und mit transparenter Auswahl eines Notars. Und auch die finanziellen Risiken sind einfacher zu handhaben, wenn man das Haus gründlich besichtigt hat und weiß, welche Modernisierungen man in Angriff nehmen muss. Denn erstens kann man diese häufig schrittweise vornehmen, und zweitens ist der Preis für das Haus selbst ja zunächst einmal ein Festpreis, sodass der wesentliche Brocken gedeckelt ist. Nur bei sehr sanierungsbedürftigen Häusern ist Vorsicht geboten, weil diese natürlich erhebliche Probleme und Kosten mit sich bringen können. Wer aber aufpasst und eine sorgfältige Besichtigung auch mit einem Fachmann vornimmt, der kann zumindest strukturell einfacher zum Ziel kommen als beim Bauen. Schneller muss es hingegen nicht sein, denn auch der Kauf eines gebrauchten Hauses braucht Zeit.

Wenn Sie also unsicher sind, ob Sie wirklich bauen wollen, und noch kein eigenes Grundstück erworben haben, dann sollten Sie sich parallel zur Grundstückssuche auch mit gebrauchten Häusern beschäftigen. Denn das kann dann möglicherweise ein guter Weg für Sie sein. Die Verbraucherzentrale bietet hierzu den Ratgeber „Kauf eines gebrauchten Hauses" an, der Sie sicher durch Suche, Besichtigung und Kaufvertrag führt.

Wenn Sie bereits ein Grundstück erworben haben und unsicher sind, ob Sie bauen sollen oder nicht, sollten Sie dies tatsächlich noch einmal gründlich abwägen. Sehr hilfreich können dabei Gespräche mit Freunden sein, die schon einmal gebaut haben und Ihnen ihre Erfahrungen ehrlich und ungeschönt schildern. Man muss allerdings sehr darauf achten, dass diese Freunde auch strukturell den gleichen Weg beschritten haben, den Sie gehen wollen. Haben ihre Freunde beispielsweise mit einem Bauträger „gebaut", dann haben sie eigentlich nicht gebaut, sondern „schlüsselfertig" gekauft. Haben sie aber mit einem Generalunternehmer oder einem Fertighausanbieter gebaut,

dann haben sie tatsächlich als Bauherren gebaut. Hatten sie einen Architekten an ihrer Seite, ist das ebenfalls etwas anderes, als wenn sie ohne Architekt gebaut hätten.

Wollen Sie also zum Beispiel mit einem Generalunternehmer auf eigenem Grundstück bauen, ist es hilfreich, mit Freunden, die das Gleiche getan haben, darüber zu reden. Behagen Ihnen die Erzählungen dann jedoch nicht, kann das auch ein Anlass sein, über alles noch einmal in Ruhe nachzudenken.

3 Bauen mit dem Bauträger

Die häufigste Art, ein Haus zu bauen, dürfte das Bauen mit dem Bauträger sein. Doch rein rechtlich baut man in diesem Fall kein Haus, sondern kauft ein neues Haus „schlüsselfertig" vom Bauträger, meist samt Grundstück oder auf einem Erbpachtgrundstück. Man ist also kein Bauherr, sondern Käufer.
Die Definition „Bauen mit dem Bauträger" ist daher eigentlich auch nicht richtig, denn es müsste heißen: „Kaufen vom Bauträger". Das ist rechtlich etwas ganz anderes und hat weitreichende Auswirkungen.

3.1 Was ist ein Bauträger?

Bauträger sind Unternehmen, die Grundstücke kaufen und darauf Ein- oder Mehrfamilienhäuser errichten. Die Einfamilienhäuser werden vom Bauträger mit Grundstück zum Kauf angeboten. Bei Reihenhäusern werden die Häuser manchmal auch nach dem Wohnungseigentumsgesetzt als einzelne Wohneinheiten auf einem gemeinsamen Grundstück angeboten. Bei Mehrfamilienhäusern werden einzelne Wohnungen entsprechend mit Grundstücksanteilen angeboten. Manche Bauträger haben sich auch darauf spezialisiert, Altbauten zu kaufen, in einzelne Eigentumswohnungen aufzuteilen, diese zu modernisieren und wieder zu verkaufen.

Arbeitsweise eines Bauträgers
Die Planungen des Bauträgers werden Kaufinteressenten in Zeitungsanzeigen und Exposés angeboten. Gebaut ist zu diesem Zeitpunkt meist noch nichts, denn der Bauträger wartet in der Regel, bis er eine ausreichende Anzahl von Käufern hat, damit seine Vorfinanzierung des Bauvorhabens möglichst gering bleibt. Nicht selten enthalten Bauträgerverträge entsprechende Klauseln, die den Baustart von der Anzahl der verkauften Einheiten abhängig machen. Wenn der Bauträger genügend Kunden gefunden hat, die einen notariellen Kaufvertrag abgeschlossen haben, beginnt er mit dem Bau des Gebäudes. Bereits mit der ersten Kaufrate nach der Makler- und Bauträgerverordnung MaBV (---> Seite 34 ff.), die meist unmittelbar nach Beginn der Erdarbeiten fällig wird und bei bis zu 30 Prozent des Kaufpreises liegen kann, sichert der Bauträger seine eigenen Risiken erheblich ab. Je nach Baufortschritt verlangt er von seinen Kunden dann weitere Zahlungsraten, bis schließlich die Schlussabnahme des Hauses erfolgt und der Bauträger fast 97 Prozent des Kaufpreises eingenommen hat, wenn keine Einbehalte wegen Mängeln vorgenommen wurden.

Das Bauträgergeschäft ist leider von sehr unterschiedlicher Qualität geprägt. So gibt es seriöse Unternehmen, zum Beispiel kommunale Wohnbaugesellschaften oder regionale Baugenossenschaften, die entweder politischer oder genossenschaftlicher Kontrolle unterliegen und teilweise sogar mit sozialem Anspruch günstigen Wohnraum zu einem fairen Preis-Leistungs-Verhältnis bieten. Es gibt aber auch zahlreiche unseriöse Unternehmen, die weder im bautechnischen noch kaufmännischen Bereich durch besondere Sorgfalt und Qualität auffallen. Nicht selten finden sich in Kaufverträgen unseriöser Unternehmen Klauseln, die den Erwerber unverhältnismäßig benachteiligen. Hier hilft nur eine genaue Überprüfung von Bauträger, Baubeschreibung und Vertrag, und zwar mit professioneller Hilfe (---> Adressen Seite 378).

Leistungsumfang des Bauträgers
In aller Regel bietet der Bauträger ein fertiges oder auch ausbaufähiges Haus inklusive Grundstück an. Damit übernimmt er sämtliche Leistungen vom Grundstücksverkauf über die Baueingabeplanung und Bauausführung bis hin zur schlüsselfertigen Übergabe des Gebäudes oder alternativ bis zur Vorbereitung für den Endausbau durch Sie. Rechtlich gesehen ist der Bauträger der Bauherr: Er beauftragt Handwerker und Subunternehmer, gegenüber den Behörden ist er für den Bauantrag und dessen Genehmigung zuständig. Als Erwerber einer Immobilie vom Bauträger haben Sie nur ihn als einzigen Vertrags- und Ansprechpartner. Diese Komplettleistung aus einer Hand macht den Hauskauf vom Bauträger sehr beliebt, weil man Grundstück und Haus zusammen kaufen kann und sich scheinbar um nichts mehr kümmern muss. Doch dieser Gedanke ist trügerisch. Denn sowohl bei den Vertragsverhandlungen als auch in der Bauphase ist Ihr Engagement gefragt – zum Beispiel in puncto Ausstattungsumfang und -qualität, Zahlungsvereinbarungen, Fertigstellungsbürgschaft und Mängelvorbehalten sowie in Sachen Ausführungsqualität und Abnahme des Bauwerks. Auch bei einem Bauvorhaben mit dem Bauträger sind Sie also ganz erheblich in den Bauprozess eingebunden, es sei denn, Sie kaufen

ein bereits fertig erstelltes Objekt. Dann allerdings haben Sie immer noch das Risiko einer mangelhaften Ausführungsqualität und auch bei der Abnahme des Hauses sind Sie gefordert.

Der Leistungsumfang des Bauträgers wird ganz wesentlich durch die Pläne und durch die sogenannte Bau- und Leistungsbeschreibung geregelt, die Vertragsanlage ist. Was dort nicht enthalten oder nur unzureichend geregelt ist, kann erhebliche Mehrkosten verursachen. Das Thema ist so wichtig, dass Sie ausführliche Informationen dazu in Kapitel 8 finden. Die Verbraucherzentrale hat außerdem speziell zu dem Thema Baubeschreibung einen eigenen Ratgeber herausgebracht: **„Die Musterbaubeschreibung"**. Dieser Ratgeber hilft, jede Baubeschreibung individuell und detailliert auf Mängel und Lücken zu überprüfen. Außerdem hat die Verbraucherzentrale den Ratgeber **„Kosten- und Vertragsfallen beim Immobilienkauf"** aufgelegt, mit dem Sie alle kostenintensiven Lücken in Baubeschreibungen und Verträgen mittels Checkblättern sehr einfach aufspüren können. Und schließlich bietet der Ratgeber **„Kauf eines Reihen- oder Doppelhauses – schlüsselfertig vom Bauträger"** der Verbraucherzentrale einen umfassenden Überblick über den gesamten Kaufvorgang und die Abwicklung eines Kaufvorhabens mit dem Bauträger. Es ist sehr sinnvoll, sich diese Informationen in Ruhe durchzulesen, bevor man weitreichende Verträge mit Vereinbarungen über Zahlung von sechsstelligen Summen unterzeichnet. Denn nur vor der Unterzeichnung haben Sie in der Regel eine Chance auf Vertrags- und Vertragsanlagenkorrektur. Die Beratung der Verbraucherzentrale zeigt leider, dass kaum ein am Markt befindliches Bauträgerangebot für Verbraucher hinreichend vertrags- und kostensicher ist.

Rolle des Erwerbers

Beim Bauen mit dem Bauträger sind Sie in der Rolle des Hauskäufers. Bauherr ist der Bauträger: Das Grundstück, auf dem gebaut wird, ist zum Zeitpunkt des Vertragsabschlusses dessen Eigentum, und das Haus, das gebaut wird, entsteht weitgehend nach dessen Planungen. Damit liegt auch die Verantwortung für den Bauablauf gegenüber den Behörden beim Bauträger. Als Hauskäufer überweisen Sie die vertraglich vereinbarten Kaufraten entsprechend dem Baufortschritt an den Bauträger und nehmen bei einer

Schlussabnahme das Gebäude ab. Da Sie als Erwerber keinen Einfluss auf den Bauablauf und die Arbeiten der Handwerker haben, sollten Sie einen erfahrenen Baubegleiter hinzuziehen – am besten einen unabhängigen Architekten oder Ingenieur (---> Adressen „Bauberatung und -information" Seite 378). Wichtig: Prüfen Sie vor jeder Ratenzahlung mit ihm zusammen nicht nur, ob der vereinbarte Baufortschritt erreicht wurde. Auch die Qualität der Ausführung muss stimmen. Und schließlich sollten Sie auch zur Schlussabnahme des Gebäudes einen Fachmann an Ihrer Seite haben, damit im Abnahmeprotokoll alle Ansprüche auf Nachbesserung schriftlich festgehalten und so gesichert werden.

Suche und Überprüfung eines geeigneten Bauträgers
Bauträgerangebote finden Sie auf Internetportalen, im Immobilienteil von Tageszeitungen, manchmal auch durch Verkaufsschilder an Baustellen oder Maklerwerbung. Beim Kauf vom Bauträger sollten Sie den Leistungsumfang und die angebotene Bauqualität genau überprüfen. Im ersten Schritt sollten Sie sich Exposés der angebotenen Objekte unverbindlich zusenden lassen. Stellen Sie dann fest, dass Ihnen Lage, Gebäude, Grundriss und Preis zusagen, müssen Sie klären, ob das angebotene Objekt schon fertiggestellt ist, gerade errichtet wird oder bislang nur projektiert ist. Ein bereits fertiggestelltes Gebäude hat für Sie den Vorteil, dass Sie es vor Ort besichtigen können. Nachteilig für Sie ist, dass Sie hier keine Sonderwünsche mehr einbringen können. Ist das Gebäude noch im Bau oder gar erst projektiert, sind solche Sonderwünsche noch möglich. Schwierig ist aber hier für Sie, dass Sie ein Objekt erwerben, das noch nicht existiert. Sie müssen sich dann auf die Beschreibung des Objekts konzentrieren. Und genau da liegt ein erheblicher Schwachpunkt vieler Bauträgerangebote: Bei noch nicht fertiggestellten Objekten gibt es häufig nur eine sehr lückenhafte Baubeschreibung. Das bedeutet für Sie: Sie wissen nicht genau, was Sie kaufen und können es auch nicht mit anderen Angeboten vergleichen. Neben dem angebotenen Objekt müssen Sie auch den Bauträger selbst überprüfen. Denn wer in Deutschland als Bauträger tätig werden will, muss keinerlei fachliche Qualifikation nachweisen, weder bautechnische noch rechtliche noch kaufmännische. Ein polizeiliches Führungszeugnis ohne Eintragungen und die Gewerbeanmeldung reichen aus, um ein Bauträgerunternehmen zu gründen. Eine Überprüfung des Bauträgers ist insbesondere für Gebäude notwendig, die gegenwärtig oder zukünftig errichtet werden. Denn gerät Ihr Bauträger während des Bauprozesses in die Insolvenz, kann das für Sie den Baustopp auf unabsehbare Zeit und erhebliche finanzielle Verluste bedeuten. Gesetzlich festgelegte Ratenzahlungen, die an den Baufortschritt gekoppelt sind, sollen Sie zwar davor schützen, doch bei einer Insolvenz des Bauträgers ist das Kostenrisiko für Sie trotzdem enorm. Wertvolle Hinweise über den Bauträger können Sie häufig von dessen früheren Kunden erhalten. Fragen Sie den Bauträger, wo er bereits Projekte verwirklicht hat. Den persönlichen Kontakt mit den Eigentümern können Sie dann selbst suchen. Vor Ort können Sie sich anhand der Klingelschilder auch die Namen der Bewohner notieren und später anrufen – dann überraschen Sie die Bewohner nicht direkt.

Oft wird auch angeregt, die Bonität des Bauträgers über sogenannte Wirtschaftsauskunfteien zu überprüfen. Solche Auskunfteien bieten Informationen über die wirtschaftliche Situation eines Unternehmens. Sie finden Wirtschaftsauskunfteien unter diesem Stichwort im Branchenfernsprechbuch „Gelbe Seiten". Wichtige Informationen sind beispielsweise das Zahlungsverhalten, Geschäftszahlen oder eine Einschätzung über die Wahrscheinlichkeit einer Insolvenz des Unternehmens. Aber: Wirtschaftsauskunfteien verlangen für Ihre Auskünfte Geld, teilweise recht hohe Beträge, und es ist fraglich, inwiefern Ihnen diese Auskünfte tatsächlich belastbar weiterhelfen können. Die Auskünfte helfen Ihnen ohnehin kaum weiter, wenn sie danach einen schlechten Zahlungsplan mit dem Bauträger vereinbaren. Das Sicherste, was Sie im Zusammenhang eines Bauvorhabens mit einem Bauträger tun können, ist die Verhandlung eines sehr guten Zahlungsplans, der alle zu erbringenden Leistungen sehr exakt und detailliert definiert und von vornherein sicherstellt, dass nur bereits erbrachte und belegte Leistungen auch bezahlt werden. Dann besteht das Risiko einer Überzahlung und eines Geldverlustes auch im Insolvenzfall nicht, wenn zusätzlich im Kaufvertrag eine ergänzende Regelung getroffen wurde, dass Sie es sind, der im Insolvenzfall oder im Fall, dass das Gebäude aus anderen Gründen durch den Bauträger nicht weitergebaut werden kann, entscheidet, ob Sie Ihr Geld von der finanzierenden Bank des Bauträgers zurückerhalten wollen oder die finanzierende Bank des Bauträgers aus dem Grundbuch weicht und Sie das Gebäude selbst fertigstellen. Solche Regelungen kann man treffen. Sie werden nur häufig zugunsten der finanzierenden Bank des Bauträgers getroffen und nicht zugunsten des Käufers. Das kann man aber vertraglich umdrehen.

Vertrag

Verträge mit Bauträgern müssen notariell beurkundet werden, da mit den Verträgen zugleich das Grundstück übertragen wird. In der Regel erhalten Sie vom Bauträger einen Vertragsentwurf, den Sie dann vor dem Notar unterzeichnen sollen. Nicht wenige Bauträger üben hier einen enormen Zeitdruck auf Interessenten aus. Dies hat einen einfachen Grund: Von einem Kaufvertrag können Sie nicht ohne Weiteres zurücktreten. Grundsätzlich gilt jedoch: Der Notar muss Ihnen den Kaufvertrag mindestens 14 Tage vor dem Notartermin zugesandt haben, ansonsten liegt eine Amtspflichtverletzung des Notars vor, die den Kaufvertrag unwirksam machen kann. Wenn Sie ein interessantes Kaufobjekt gefunden haben, sollten Sie sich bereits frühzeitig einen **Mustervertrag** des Bauträgers aushändigen lassen. Bei vielen Bauträgerverträgen wird der Käufer nämlich einseitig benachteiligt. Viele dieser Klauseln halten aber einer rechtlichen Prüfung nicht unbedingt stand, sind also zum Beispiel unwirksam. Am allereinfachsten können Sie es sich machen, wenn Sie zunächst den Ratgeber **„Kosten- und Vertragsfallen beim Immobilienkauf"** zur Hand nehmen und mit dessen über 120 Checkblättern Vertrag und Baubeschreibung intensiv prüfen. Der Ratgeber enthält eine Abfrageliste, mit der Sie alle enthaltenen beziehungsweise nicht enthaltenen Leistungen beim Bauträger sehr einfach und direkt abfragen und dann

---

Bauträgervertrag

✓

☐ Fertigstellungsbürgschaft des Bauträgers liegt vor.

☐ Zahlungsplan orientiert sich an der MaBV, möglichst mit ergänzender Detaillierung (---> Seite 34 ff.).

☐ Zahlungsvoraussetzungen sind der vereinbarte Baufortschritt und die Einhaltung der geforderten Bauqualität mit ausreichend langen Zahlungsfristen.

☐ Exaktes Datum für den Baubeginn wird genannt.

☐ Exaktes Datum für die Baufertigstellung wird genannt.

☐ Genaue Regelungen zu Schadenersatzansprüchen bei Fristenüberschreitungen werden getroffen.

☐ Alle Anlagen zum Vertrag werden genannt und werden so auch Bestandteil des Vertrags (gilt insbesondere für Baubeschreibung, Wohnflächenberechnung nach der Wohnflächenverordnung (WoFlV), Energiebedarfsausweis nach Energieeinsparverordnung (EnEV), gegebenenfalls KfW-Effizienzhausbenennung, Baupläne und Teilungserklärung bei Reihenhäusern).

☐ Der Käufer hat eine freie Zutrittsberechtigung zur Baustelle, wann und mit wem immer in seiner Begleitung.

☐ Die Messung der Luftdichtigkeit der Gebäudehülle durch einen Blower-Door-Test ist vorgesehen.

☐ Die Durchführung einer förmlichen Abnahme ist vereinbart.

diesbezügliche Kostenrisiken mit Hilfe des Ratgebers einfach überprüfen können. Außerdem enthält er Prüfungshinweise zu allen typischen Problemklauseln in Bauträgerverträgen. Eine erste, kleine Checkliste zum Bauträgervertrag finden Sie auch in diesem Kapitel. Die Baubeschreibung, als wichtigste Vertragsanlage, können Sie zusätzlich mit dem Ratgeber „**Die Musterbaubeschreibung**" prüfen. Und detaillierte Informationen zum gesamten Kauf- und Abwicklungsvorgang finden Sie im bereits erwähnten Ratgeber „**Kauf eines Reihen- oder Doppelhauses – schlüsselfertig vom Bauträger**", unter anderem auch ein umfassend erläutertes Kaufvertragsbeispiel mit den typischen Risiken.

Einigen Bauträgern reicht die Finanzierungszusage der Bank ihrer Kunden nicht aus. Sie fordern von ihren Kunden zusätzlich die Vorlage einer **Sicherungsbürgschaft** für den Fall, dass der Kunde den Hauskauf doch nicht finanzieren kann. Umgekehrt sollten Sie dann um eine **Fertigstellungsbürgschaft** des Bauträgers bitten. Die Fertigstellungsbürgschaft wird bei einer Bank hinterlegt und kann bei einer Insolvenz des Bauträgers von Ihnen in Anspruch genommen werden, um das Haus fertigzustellen. Gewährt Ihnen der Bauträger keine Fertigstellungsbürgschaft, sollten Sie ihn fragen, warum er das nicht tut. Lässt er sich hier nicht auf eine Diskussion ein, was häufig der Fall ist, ist ein exakter Zahlungsplan umso wichtiger. Als Erwerber können Sie auch eine **Baufertigstellungsversicherung** abschließen, die aber leider nur sehr schwer zu bekommen ist.

In der Praxis ergibt sich häufig das Problem, dass Forderungen gegenüber dem Bauträger nur schwer durchzusetzen sind. Gerade dort, wo die Nachfrage nach Objekten das Angebot weit übersteigt, wählen manche Bauträger fast schon nach Gutsherrenart die ihnen genehmen Kunden aus. Als kritischer Kunde haben Sie da sehr schnell schlechte Karten. Das ist auf der anderen Seite dann aber auch der Punkt, an dem man sich ehrlich fragen sollte, mit wem man im Leben Geschäfte macht. Wenn Sie alle Kröten schlucken sollen, der Bauträger jedoch keine einzige und weiter zu keinen Kompromissen bereit ist, steht die Frage im Raum, ob das tatsächlich ein Vertragspartner ist, mit dem Sie Verträge schließen wollen. Denn Sie würden ja sehr wahrscheinlich noch nicht einmal einen Ehevertrag unterzeichnen, in dem ein Ehepartner alle Vorteile erhält und der andere alle Nachteile, wenn Sie der benachteiligte Partner wären, sondern Sie würden zu Recht an der Person zweifeln, die das von Ihnen verlangt. Warum also sollten Sie Ihrem Bauträger etwas zuerkennen, was Sie noch nicht einmal Ihrem eigenen Ehe- oder Lebenspartner zuerkennen würden? Sich solche Zusammenhänge klarzumachen und sich ein gerütteltes Maß an Selbstbewusstsein und Willen zur Vertretung auch eigener Interessen anzueignen, sollte man bei Verhandlungen mit Bauträgern nicht vergessen. Sie sind kein Bittsteller, solange Sie sich nicht selber zu einem solchen machen.

Honorierung

Der Bauträger wird nach den in der Makler- und Bauträgerverordnung (MaBV) festgelegten Raten bezahlt. Das heißt, im angebotenen Preis ist in der Regel Folgendes enthalten:

> Grundstückskosten,
> Planungskosten und
> Kosten für die Errichtung des Gebäudes. Als Erwerber tragen Sie außerdem meistens noch die
> Kosten des Notars,
> kommunalen Gebühren (zum Beispiel für den Kanalanschluss),
> Anschlusskosten an die Versorgungsleitungen des Wasser- und Energieversorgers sowie
> Gewinnspanne des Bauträgers

Kosten für alles, was nicht eindeutig im Vertrag oder in der Baubeschreibung fixiert ist (zum Beispiel für Außenanlagen), ist dann auch nicht durch den Kaufpreis gedeckt.

Ist das Haus, das Sie vom Bauträger erwerben wollen, zum Zeitpunkt des Kaufs noch nicht errichtet, wird der Kaufpreis nur in Raten an den Bauträger bezahlt. Welche Raten für welchen Baufortschritt anfallen, können Sie der Tabelle „Zahlungsvorgaben nach der

Zahlungsvorgaben nach der Makler- und Bauträgerverordnung

Zur Zahlung werden fällig in Prozent der gesamten Kosten

nach Beginn der Erdarbeiten, wenn ein Grundstück mit übertragen werden soll, 30 Prozent oder nach Beginn der Erdarbeiten, wenn ein Erbbaurecht bestellt oder mit übertragen werden soll, 20 Prozent.

Rechenmodell 1

Die Raten orientieren sich an der Restsumme. Die restliche Summe (70 Prozent nach Abzug der Rate für den Beginn der Erdarbeiten) wird dann als 100 Prozent angesetzt und teilt sich in folgende Anteile auf:

nach Rohbaufertigstellung einschließlich Zimmererarbeiten 40 Prozent,

nach Herstellung der Dachflächen und Dachrinnen 8 Prozent,

nach Rohinstallation der Heizungsanlage 3 Prozent,

nach Rohinstallation der Sanitäranlage 3 Prozent,

nach Rohinstallation der Elektroanlage 3 Prozent,

nach Fenstereinbau einschließlich Verglasung 10 Prozent,

nach Innenputz außer Beiputzarbeiten 6 Prozent,

nach Estrichverlegung 3 Prozent,

nach Fliesenarbeiten im Sanitärbereich 4 Prozent,

nach Bezugsfertigkeit gegen Besitzübergabe 12 Prozent,

nach Fertigstellung der Fassadenarbeiten 3 Prozent,

nach vollständiger Fertigstellung 5 Prozent.

Rechenmodell 2

Die Raten orientieren sich an den Gesamtkosten. Gesamtpreis 100 Prozent, davon werden zur Zahlung fällig:

nach Beginn der Erdarbeiten 30 Prozent.

Der Anteil am **Gesamtpreis** beträgt dann für die Folgeraten:

nach Rohbaufertigstellung einschließlich Zimmererarbeiten 28 Prozent,

nach Herstellung der Dachflächen und Dachrinnen 5,6 Prozent,

nach Rohinstallation der Heizungsanlage 2,1 Prozent,

nach Rohinstallation der Sanitäranlage 2,1 Prozent,

nach Rohinstallation der Elektroanlage 2,1 Prozent,

nach Fenstereinbau einschließlich Verglasung 7 Prozent,

nach Innenputz außer Beiputzarbeiten 4,2 Prozent,

nach Estrichverlegung 2,1 Prozent,

nach Fliesenarbeiten im Sanitärbereich 2,8 Prozent,

nach Bezugsfertigkeit gegen Besitzübergabe 8,4 Prozent,

nach Fertigstellung der Fassadenarbeiten 2,1 Prozent,

nach vollständiger Fertigstellung 3,5 Prozent.

Gesamt 100 Prozent.

Makler- und Bauträgerverordnung" entnehmen. Danach ergibt sich folgende Aufteilung der einzelnen Raten: Die Gesamtkosten des Kaufobjekts (also Grundstück und Haus) werden als 100 Prozent angesetzt. Die erste Rate beträgt dann in aller Regel 30 Prozent dieser 100 Prozent und muss von Ihnen zu Beginn der Erdarbeiten entrichtet werden. Nach Beginn der Erdarbeiten wird die Restsumme (also die verbleibenden 70 Prozent der

> **Tipp**
>
> **Lassen Sie die Baubeschreibung und den Vertrag vor dem Vertragsabschluss fachlich prüfen.** Die Verbraucherzentralen bieten in einigen Bundesländern eine individuelle und eingehende Vertragsprüfung durch Anwälte und Ingenieure an. Auch andere Organisationen bieten solche Vertragsprüfungen an (→ Adressen Seite 208).

100 Prozent Gesamtkosten) wiederum als 100 Prozent angesetzt. Die weiteren Teilbeträge beziehen sich dann auf diese 100 Prozent (Rechenmodell 1). Diese Regelung macht die Rechnung für den Verbraucher unnötig kompliziert und führt zu großer Unübersichtlichkeit in Bauträgerverträgen. Die Tabelle „Zahlungsvorgaben nach der Makler- und Bauträgerverordnung" enthält daher ein Beispiel, bei dem sich der prozentuale Anteil der einzelnen Raten ausschließlich an den Gesamtkosten orientiert (Rechenmodell 2). Diese Prozentzahlen finden Sie daher häufig in Bauträgerverträgen. Dem Erwerber darf der Gesamtpreis nach der MaBV in höchstens sieben Teilbeträgen abverlangt werden. Das bedeutet: Die in der Tabelle genannten Teilzahlungen müssen in sieben Raten zusammengefasst werden. Sie finden diese Raten im Zahlungsplan des Vertrags, den Sie mit dem Bauträger schließen.

Die Raten erscheinen allerdings nur auf den ersten Blick vollständig und exakt. Sie sind es aber natürlich nicht. Der Gesetzgeber hat hier leider eine erhebliche Lücke gelassen. So sagt die Herstellung von Dachflächen und Dachrinnen nichts darüber aus, ob in diesem Schritt auch der Dachunterbau fertiggestellt sein muss, also etwa die gesamte Dachdämmung und unterseitige Verkleidung des Daches. Im Zweifel ist das nicht so. Dann zahlen Sie eine kräftige Summe für eine relativ magere Gegenleistung. Das zentrale Problem dabei ist immer: Was passiert, wenn der Bauträger während der Erstellung in die Insolvenz gerät? In diesem Fall ist eines klar: Das Geld, das der Bauträger von Ihnen schon hat, ist dann weg. Den Dachunterbau müssten Sie im ungünstigsten Fall später selbst noch einmal bezahlen. Es gibt nicht wenige Bauherren, die mit Insolvenzverwaltern darüber streiten, welche Leistungen in welcher Form noch zu vergüten sind. Je exakter ein Zahlungsplan ist, desto klarer sind die Lösungen. Man darf zwar die gesetzlich vorgegeben Raten der MaBV der Höhe nach und den wesentlichen Inhalten nach nicht einfach ändern, aber man darf sie natürlich ergänzen und deutlich exakter formulieren. Daher kann es zum Beispiel sinnvoll sein, dass Sie die Leistungen, für die gezahlt werden soll, deutlich exakter festlegen, zum Beispiel indem Sie die Baubeschreibung durchgehen, den einzelnen Leistungsabschnitten Nummern geben und im Zahlungsplan exakt festlegen, welcher nummerierte Teil der Baubeschreibung mit welchem Leistungspaket nach der MaBV abgeschlossen sein muss, bevor Sie zahlen müssen. Einen konkreten Vorschlag zur exakteren Definition der MaBV-Raten finden Sie im Ratgeber **„Kauf eines Reihen- oder Doppelhauses – schlüsselfertig vom Bauträger"**.

Und ein anderer wichtiger Punkt kommt im Insolvenzfall noch hinzu: Die den Bauträger finanzierende Bank lässt sich in Kaufverträge hinein häufig die Option setzen, dass sie – also die Bank – im Fall, dass das Vorhaben durch den Bauträger nicht vollendet werden kann, entscheidet, wie dann verfahren wird: Entweder werden Sie also von der Bank des Bauträgers ausgezahlt, und das Vorhaben ist für Sie beendet, oder Sie dürfen umgekehrt in Abstimmung mit dem Insolvenzverwalter das Vorhaben fertigstellen. Es kann sinnvoll sein, im Insolvenzfall schnell aus dem ganzen Trubel herauszukommen, vor allem dann, wenn ein kompliziertes Bauvorhaben im Teileigentum erstellt werden soll und noch ganz am Anfang steht. Es kann aber ja auch sein, dass das Bauvorhaben schon fast fertig ist und eine Rückabwicklung zu diesem Zeitpunkt für Sie sehr ungünstig wäre. Daher sollten Sie diese Wahl haben – und nicht die Bank des Bauträgers.

Sie sehen es schon, es gibt viele wichtige Punkte zu beachten und zu klären, bevor man einen Bauträger-Kaufvertrag unterzeichnet. Mit den beiden ergänzenden Ratgebern der Verbraucherzentrale **„Kauf eines Reihen- oder Doppelhauses – schlüsselfertig vom Bauträger"** und **„Kosten- und Vertragsfallen beim Immobilienkauf"** sind Sie aber gut gerüstet für einen gründlichen Vertragscheck.

3.2 Das versteckte oder verdeckte Bauherrenmodell

Die meisten Menschen, die mit einem Bauträger bauen, tun dies aus einem ganz einfachen Grund: Der Bauträger bietet nicht nur den Bau des Hauses an, sondern auch das Grundstück gleich mit. Das erscheint vielen als ein vermeintlich einfacher Weg zum Haus, weil man sich dann nicht um alles selbst kümmern, schon gar nicht zusätzlich ein Grundstück suchen muss, sondern in einer Paketlösung alles gemeinsam bekommt. Man ist auch nicht Bauherr, also für die Baustelle verantwortlich, angefangen von den ganzen Einzelgenehmigungen bis hin zur Absicherung und auch Versicherung der Baustelle, sondern, wenn das Haus fertig ist, übernimmt man es einfach und ist erst ab dann verantwortlich für alle Anliegerfragen, Versicherungen usw.

Sie hatten aber bereits gelesen, dass es so einfach nicht ist, wie man Sie vielleicht glauben machen möchte, und dass Sie sich durch viele Informationen arbeiten müssen, wenn Sie mit der gebotenen Sorgfalt vorgehen wollen.

Und dabei wartet auch ein ganz besonderes Risiko: das sogenannte versteckte oder verdeckte Bauherrenmodell. Was hat es damit auf sich? Bei diesem Modell verkauft Ihnen der Bauträger nicht Haus und Grundstück zusammen als Paket, sondern er verkauft Ihnen Grundstück und Hausbauleistung getrennt. Versteckt oder verdeckt wird das Modell deswegen genannt, weil dieser getrennte Kauf- und Bauvertrag von Ihnen häufig gar nicht ohne Weiteres erkannt werden kann, zum Beispiel wenn beides durch ein und denselben Vertrag vereinbart wird. Dann kaufen Sie in Wahrheit notariell nur ein Grundstück und verpflichten sich im identischen Vertrag zur Auftragsvergabe für einen Hausbau an den Bauträger. Damit haben Sie aber ein ganz anderes, sehr riskantes Rechtsmodell gewählt. Was folgt aus diesem Rechtsmodell? Sie werden rechtlich vom Hauskäufer zum Bauherrn. Die Risiken fangen dann bereits damit an: Sie sind jetzt dafür verantwortlich, dass das Ihnen angebotene Haus auf dem von Ihnen gekauften Grundstück überhaupt errichtet werden kann, und zwar rechtlich und technisch. Ist ein geplantes Geschoss nach dem Bebauungsplan gar nicht zulässig, ist das Ihr Problem. Kann der Keller in der geplanten Ausführung nicht errichtet werden, weil der Grundwasserstand zu hoch ist, ist das Ihr Problem. Sie kaufen nicht mehr ein Stück fertiges Haus auf einem Grundstück, sondern Sie kaufen ein Grundstück mit der Verantwortung, dass das von Ihnen dazu gekaufte Haus dort auch errichtet werden kann.

Die Argumentation bei der Trennung von Grundstücks- und Hauskauf, wenn sie denn überhaupt angeführt wird, ist die, dass durch die Trennung von Grundstücks- und Hauskauf wesentlich weniger Grunderwerbsteuer anfällt.

> **Beispiel**
>
> Grunderwerbsteuer von fünf Prozent bei Grundstückskosten von 60.000 Euro = 3.000 Euro
>
> Grunderwerbsteuer von fünf Prozent bei Grundstückskosten von 60.000 Euro plus Hausbaukosten von 280.000 Euro = 12.000 Euro
>
> Steuerersparnis: 9.000 Euro

Diese angebliche Steuerersparnis von 9.000 Euro kann aber ganz schnell zum Ergebnis einer Milchmädchenrechnung werden. Denn wenn es sich bei Grundstückskauf und Hausbau um ein sogenanntes „verbundenes Geschäft" handelt, kann trotzdem für beides die Grunderwerbsteuer anfallen. Hier wird auch das zuständige Finanzamt mitreden. Das ist das eine. Und das andere ist, dass die Vertragsrisiken, die Sie mit einem solchen Modell eingehen, sehr hoch sind. Inwieweit das Ihnen angebotene Hauskonzept auf dem von Ihnen zu kaufenden Grundstück dann – wie angeboten – realisiert werden kann, müssen Sie vor Vertragsunterzeichnung selbst klären. Dazu gehört unter anderem ein Bodengutachten, das auch gleich wieder zwischen 1.500 und 2.500 Euro kostet. Stellt sich in der Folge heraus, dass Sie einen anderen Keller brauchen, fallen ganz schnell weitere, mehrere Tausend Euro für eine andere Ausführung an. Dann hat sich das Vertragsmodell umgehend schon allein deswegen nicht gerechnet. Kommt schließlich noch das Finanzamt mit einer Forderung der Grunderwerbsteuer auf Grundstück und Haus auf Sie zu, haben Sie sich eigentlich nur noch Nachteile eingehandelt. Und auch die Makler- und Bauträgerverordnung gilt bei Verträgen nach dem versteckten oder verdeckten Bauherrenmodell nicht. Das heißt, es kann in diesem Fall sein, dass plötzlich frei vereinbarte, sehr gefährliche Zahlungsbedingungen im Vertrag auftauchen, gegebenenfalls mit hohen Vorauszahlungen, die Sie alle in Vertragsverhandlungen erst einmal wirksam entschärfen müssen.

Daher gilt grundsätzlich: Große Vorsicht bei Verträgen, die aus einem klassischen Bauträger-Kaufvorhaben nach der Makler- und Bauträgerverordnung ein reines Grundstücksgeschäft mit Werkvertragsvereinbarung zur Errichtung eines Hauses machen! Das birgt für Sie üblicherweise viel mehr Risiken als Vorteile. Wird Ihnen ein solcher Vertrag zur notariellen Beurkundung vorgelegt, können Sie sich auch einen Vorberatungstermin beim Notar geben lassen und diesen bitten, Ihnen die Rechtsrisiken aus einem solchen Vertragsmodell umfassend darzulegen.

4 Bauen auf eigenem Grundstück

Wer auf dem eigenen Grundstück baut, setzt das entweder in Eigenleistung oder mit einem Architekten um, mit einem Generalunternehmer oder auch mit einem Fertighausanbieter. Manchmal sogar in einer Kombination daraus: zum Beispiel mit Architekt, Fertighausanbieter und Teileigenleistungen. Das Bauen auf dem eigenen Grundstück ist der klassische Fall des Bauens und damit der eigentliche Schwerpunkt des Ratgebers.

4.1 Bauen mit dem Architekten

Hatten Architekten beim Neubau früher eine Alleinstellung am Markt, müssen sie sich heute mit vielen Anbietermodellen messen. Dies hat im Wesentlichen folgende Ursachen:

› Preisgünstige unbebaute Grundstück in guter Lage – als Voraussetzung für das Bauen mit dem Architekten – sind nur schwer zu finden.
› Individuelles Bauen mit dem Architekten kann teurer sein, als „Häuser von der Stange" zu kaufen, und meist auch zeitintensiver.
› Die tatsächlichen Baukosten erfährt man erst relativ spät während des Bauvorhabens.
› Das Honorar des Architekten erscheint vielen Menschen als sehr hoch und intransparent durch eine unnötig komplizierte Gebührenverordnung.

Anders als bei Neubauten werden bei Umbauten oder Modernisierungen nach wie vor insbesondere Architekten für die – meist nur individuell zu lösenden – Planungs- und Bauaufgaben herangezogen.

Arbeitsweise eines Architekten
Bei einem Neubau nimmt der Architekt zunächst Ihre Wünsche auf. Er begeht mit Ihnen das Grundstück und prüft die Bebauungsmöglichkeiten anhand des Bebauungsplans. Anschließend entwickelt er erste Entwurfsvarianten und spricht sie mit Ihnen durch. Fällt die Entscheidung für eine Variante, arbeitet der Architekt den Entwurf detaillierter aus, bis schließlich die Bauantragsplanung entwickelt ist. Das geschieht bereits unter Einschaltung eines Statikers. Heizungs-, Lüftungs- und Elektroingenieur werden meist erst im Zuge der Ausführungsplanung beigeholt. Während der Bauantrag den zuständigen Stellen zur Genehmigung vorliegt, fertigt der Architekt in der Regel schon die Ausführungspläne an. Sie enthalten alle notwendigen Angaben für die Handwerksunternehmen auf der Baustelle. Wenn die Baugenehmigung erteilt worden ist, erstellt der Architekt die Ausschreibungsunterlagen für die einzelnen Gewerke, sodass Sie mit seiner Unterstützung auch die ersten Aufträge an Handwerker erteilen können. In der Bauphase kontrolliert der Architekt die Baustelle vor Ort, prüft Abschlagsrechnungen, gibt sie zur Anweisung frei, führt gemeinsam mit Ihnen Abnahmen durch und treibt so Schritt für Schritt das Bauvorhaben bis zur Fertigstellung voran. In regelmäßigen und meist recht kurzen Abständen werden Sie Abstimmungstermine mit dem Architekten haben, um den weiteren Fortgang zu klären, Probleme zu besprechen und Lösungsansätze festzulegen. Beim Bauen mit dem Architekten müssen Sie als Bauherr also viele Termine einplanen und sich Zeit nehmen. Dafür erhalten Sie dann aber das optimal auf Ihre Anforderungen zugeschnittene Maßhaus.

Leistungsumfang des Architekten
Architekten arbeiten generell im Rahmen von Leistungsphasen der Honorarordnung für Architekten und Ingenieure (HOAI), nur in Ausnahmefällen nach der Stundensatzregelung der HOAI. Die HOAI regelt zwar nur die Vergütung der Architektenleistung, bildet aber zugleich auch das Leistungsspektrum eines Architekten ab (→ Übersicht Seite 41).

Wichtiger Hinweis zur HOAI:

Die Europäische Kommission hat die Bundesregierung vor dem Europäischen Gerichtshof (EuGH) verklagt, weil sie die HOAI für nicht vereinbar hält mit dem europäischen Wettbewerbsrecht. Der Generalanwalt beim EuGH teilt diese Auffassung. Sollte sich diese Meinung auch bei den EuGH-Richtern durchsetzen, könnte noch 2019 das Ende der HOAI kommen – und Honorare mit Architekten dann generell frei vereinbar sein. Bitte beachten Sie dazu die aktuelle Berichterstattung.

Ein Architekt sollte mindestens von der Vorentwurfsplanung bis zur Baugenehmigungsplanung beauftragt werden und dann wieder von der Ausschreibung bis zur Bauleitung. Theoretisch ist es möglich, ihn mit jeder Leistungsphase einzeln zu beauftragen. Aber dann kann es Ihnen passieren, dass der Architekt, der die Baueingabe macht, über den Architekten schimpft, der den Entwurf gemacht hat, und der Architekt, der die Bauleitung macht, über den Architekten flucht, der die Ausschreibung gemacht hat. Er wird aber nicht nur fluchen, sondern er wird auch Verantwortung von sich weisen. Daher ist es schon aus haftungsrechtlicher Sicht nicht sinnvoll, bestimmte Leistungsphasen unterschiedlich zu beauftragen. Wenn der Architekt – zum Beispiel in zwei Schritten – für alle Leistungsphasen beauftragt wurde, begleitet er den Bauherrn von den ersten Vorüberlegungen zunächst bis zur Baueingabe. Lief das gut, kann man ihn mit dem zweiten Schritt, von der Ausführungsplanung und Ausschreibung bis zur Bauleitung beauftragen. Im Idealfall hat er Sie dann bis zur Schlussabnahme und Gewährleistung durch alle Planungs- und Bauphasen begleitet. Er ist hierbei unter anderem zu folgenden Leistungen verpflichtet:

> Umfassende Beratung und Information des Bauherrn zu den Möglichkeiten des Planens und Bauens – von der ersten Planungsidee über die möglichen Bautechniken bis hin zu den zahllosen Varianten der Gebäudetechnik,
> Begleitung bei der Bauantragsgenehmigung,
> Erstellung der Ausführungsplanung und Ausschreibung,
> Beratung des Bauherrn und Vorbereitung aller wichtigen Entscheidungen und Verträge,
> Anwesenheit und Kontrolle bei allen wichtigen Baustellenterminen,
> Baustellenleitung und -organisation, um einen reibungslosen Ablauf der Bauarbeiten zu gewährleisten,
> fortlaufende Kosten- und Terminkontrolle, Prüfung der Rechnungen und Freigabe zur Anweisung,
> Mitwirkung bei der Abnahme aller Handwerkerleistungen und Gewährleistungssicherung.

Noch Jahre nach der Fertigstellung muss der Architekt das Gebäude vor Ablauf der Gewährleistungszeiten abschließend unter die Lupe nehmen. Voraussetzung hierfür ist, dass mit dem Architekten die Leistungsphase 9 „Objektbetreuung und Dokumentation" der HOAI vereinbart wurde.

Leistungsphasen nach §15 Absatz 2 der Honorarordnung für Architekten und Ingenieure (HOAI)

Leistungsphase Grundleistungen

1. Grundlagenermittlung. Ermitteln der Voraussetzungen zur Lösung der Bauaufgabe durch die Planung
2. Vorplanung (Projekt-Erarbeiten der wesentlichen Teile einer Lösung der Planungsaufgabe und Planungsvorbereitung)
3. Entwurfsplanung (System-Erarbeiten der endgültigen Lösung der Planungsaufgabe und Integrationsplanung)
4. Genehmigungsplanung. Erarbeiten und Einreichen der Vorlagen für die erforderlichen Genehmigungen oder Zustimmungen
5. Ausführungsplanung. Erarbeiten und Darstellen der ausführungsreifen Planungslösung
6. Vorbereitung der Vergabe. Ermitteln der Mengen und Aufstellen von Leistungsverzeichnissen
7. Mitwirkung bei der Vergabe. Ermitteln der Kosten und Mitwirkung bei der Auftragsvergabe
8. Objektüberwachung. Überwachen der Ausführung des Objekts (Bauüberwachung)
9. Objektbetreuung. Überwachen der Beseitigung von Mängeln und Dokumentation des Gesamtergebnisses

Rolle des Bauherrn
Beim Bauen mit dem Architekten nehmen Sie als Bauherr eine sehr aktive Rolle ein. Bereits in der Planungsphase müssen Sie viel mehr Entscheidungen treffen als beim Bauen mit dem Bauträger oder Fertighausanbieter. Deren Häuser gibt es zwar mit unterschiedlichen Ausstattungsvarianten, beim Bauen mit dem Architekten hingegen haben Sie die Möglichkeit, selbst aus einem riesigen Angebot jeden Baustoff oder jedes Bauelement auszuwählen – von der Grundschüttung der Sauberkeitsschicht unter

dem Fundament bis zum letzten Dachziegel auf dem Dachfirst. Das erfordert sehr viel Zeit und viele Gespräche mit dem Architekten. Während der Baueingabe ist der Bauherr Ansprechpartner der Behörden, nicht der Architekt. Das bleibt auch nachher so, während des gesamten Bauablaufs. In der Bauphase begleitet und steuert der Architekt den Bauherrn zwar durch alle Abläufe, aber rein rechtlich ist der Bauherr der Vertragspartner aller am Bau Beteiligten: Er nimmt die Bauleistungen ab und überweist die Rechnungsbeträge. Bei Nachtragsforderungen von Firmen ist er deren Ansprechpartner, nicht sein Architekt. Der Architekt ist hier allerdings durchgängig begleitend und unabhängig an der Seite des Bauherrn tätig. Rechtlich gilt er als Treuhänder des Bauherrn. Und tatsächlich hat er – anders als etwa Generalunternehmer oder Fertighausanbieter – eine Rolle an der Seite des Bauherrn. Gemeinsam mit dem Bauherrn tritt er gegenüber Handwerkern oder dem Generalunternehmer auf. Der Bauherr kauft sich mit einem Architekten im günstigsten Fall Erfahrung und Wissen ein. Ist beides nicht ausreichend vorhanden, kann es ernst werden für den Bauherrn. Dann nämlich muss er sich nicht nur mit der handwerklichen Arbeitsleistung auf der Baustelle auseinandersetzen, sondern möglicherweise auch mit der Bausteuerungsleistung des Architekten.

Suche und Überprüfung eines geeigneten Architekten

Wie Sie einen Architekten für Ihr Bauvorhaben in Ihrer Umgebung einfach und zielgerichtet suchen und finden können, erfahren Sie in Kapitel 5.

Honorierung

Auch wenn Sie einen Architekten nur um einige Grundlagenermittlungen und erste Skizzen bitten, heißt das nicht, dass Sie keinen Vertrag mit ihm haben. Denn neben schriftlichen Verträgen gibt es auch mündlich geschlossene Verträge. Beauftragen Sie einen Architekten mit einigen Leistungen, kann es sein, dass Ihnen kurz darauf eine Honorarrechnung ins Haus flattert, auch wenn Ihnen die Skizzen nicht gefallen haben und Sie längst mit einem anderen Architekten im Gespräch sind. Daher ist es besser, ein Vertragsverhältnis von vornherein klar und schriftlich zu gestalten. Dann wissen auch alle Beteiligten von Anfang an, was zu welchen Kosten beauftragt ist. Architekten und Ingenieure arbeiten nach der sogenannten HOAI, der Honorarordnung für Architekten und Ingenieure, welche die Leistungen in verschiedene Leistungsphasen und Honorarzonen unterteilt. Die Leistungsphasen gliedern die Arbeit des Architekten in die verschiedenen Phasen, die ein Bauvorhaben von der Planung bis zur Fertigstellung durchläuft. Je nachdem, welche Phasen ein Architekt betreut, erhält er dafür einen Prozentsatz des Gesamthonorars. Die Honorarzonen wiederum geben Auskunft darüber, in welcher prozentualen Höhe, orientiert an den anrechenbaren Baukosten, der Architekt mit seinem Honorar grundsätzlich beteiligt wird. Es gibt fünf Honorarzonen, die mit römischen Ziffern bezeichnet werden. Für die Errichtung beziehungsweise den Umbau eines einfachen Gebäudes wird eine niedrige Honorarzone angesetzt, für die Errichtung oder Modernisierung eines komplexen Gebäudes eine höhere. Die Honorarzonen, die für den Umbau von Wohngebäuden angewendet werden, bewegen sich üblicherweise in den Zonen III beziehungsweise IV. Jede Honorarzone untergliedert sich nochmals in drei Unterzonen: „unten", „Mitte", „oben", das heißt, die Honorarzone „III unten" führt für den Architekten oder Planer zu einem niedrigeren Honorar als die Honorarzone „III oben". Aus Honorar-

---

Die Leistungsphasen und ihre prozentuale Bewertung

1. Grundlagenermittlung 2 Prozent
2. Vorplanung 7 Prozent
3. Entwurfsplanung 15 Prozent
4. Genehmigungsplanung 3 Prozent
5. Ausführungsplanung 25 Prozent
6. Vorbereitung der Vergabe 10 Prozent
7. Mitwirkung bei der Vergabe 4 Prozent
8. Objektüberwachung 32 Prozent
9. Objektbetreuung und Dokumentation 2 Prozent

4.1 Bauen mit dem Architekten

zonen (welcher Prozentsatz wird dem Architekten an den anrechenbaren Kosten grundsätzlich zugebilligt?) und den Leistungsphasen (welche Abschnitte eines Bauvorhabens betreut der Architekt?) errechnet sich das Honorar des Architekten.

> **Beispiel**
>
> Angenommen ein Haus hat anrechenbare Kosten von etwa 300.000 Euro netto und mit dem Architekten ist ein Honorarsatz von „III unten" über alle Leistungsphasen vereinbart. Dann erhält er ein Honorar in Höhe von knapp 40.000 Euro. Beim Honorarsatz „III oben" sind es schon knapp 50.000 Euro, ein Sechstel der Hausbaukosten.

Vertrag

In aller Regel wird Ihnen der Architekt einen Vertrag für die Zusammenarbeit vorlegen. Fassen Sie diesen Vertrag als Vorschlag auf, Sie müssen ihn keinesfalls unwidersprochen unterzeichnen. Architekten verwenden manchmal auch noch den Einheitsarchitektenvertrag, der von den Architektenkammern erstellt, aber vor einigen Jahren aus rechtlichen Gründen zurückgezogen wurde. Verträge, die von der berufsständischen Vertretung der Architekten entwickelt wurden, sind grundsätzlich mit Vorsicht zu genießen, denn sie berücksichtigen naturgemäß zunächst einmal die Interessen der Architekten und nicht zuvorderst die der Bauherren. Mehr zum Thema Architektenvertrag erfahren Sie in Kapitel 5.

Fachingenieure

Der Architekt übernimmt – wenn dies vertraglich vereinbart ist – üblicherweise auch die Koordinierung der Fachingenieure. Bei den anderen Baupartnern wie Fertighaus- oder Massivhausanbietern kommt es darauf an, was im Bau- und Leistungsverzeichnis oder im Vertrag geregelt ist. Einige übernehmen zumindest die Statiker- und Haustechnik-Ingenieurleistung, manche auch den Sachverständigen für Schall- und Wärmeschutz. Vermesser und Bodengutachter werden fast nie übernommen.

Statiker

Die statische Berechnung ist Bestandteil der Bauantragsunterlagen und eine Voraussetzung für den Baubeginn. Der Statiker ermittelt die auf die tragenden Bauteile einwirkenden Lasten. Diese ergeben sich durch das Eigengewicht der Bauteile und die Verkehrslasten. Die Verkehrslast ist ein pauschaler Gewichtszuschlag für die Benutzung durch Menschen, das Gewicht von Möbeln usw., beim Dach kommt die Schneelast hinzu. Daraus resultieren die erforderlichen Abmessungen der einzelnen Bauteile. Diese Vorgaben werden in die Ausführungsplanung des Architekten übernommen. Daher kann es beispielsweise bei Wanddicken Abweichungen zwischen den Baugesuchs- und den Ausführungsplänen geben. Der Statiker erstellt für die Betonarbeiten die Positionspläne für den Baustahl und die Stahllisten, nach denen der Rohbauunternehmer den Stahl bestellt. In den Positionsplänen des Statikers sind Lage und Anzahl des Baustahls genau festgelegt. Es ist wichtig, vor dem Betonieren vom Statiker oder Bauleiter überprüfen zu lassen, ob die Bewehrung (Baustahlmatten und Stabstahl) ordnungsgemäß verlegt wurde.

Vermessungsingenieur

Zum Baugesuch gehört auch der Lageplan des Vermessungsingenieurs. Nachdem die Baugenehmigung erteilt wurde, steckt der Vermessungsingenieur mit Pflöcken das Gebäude auf dem Grundstück ab, damit der Aushubunternehmer seine Arbeiten beginnen kann (Grobabsteckung). Nach dem Aushub kennzeichnet der Vermessungsingenieur in der Baugrube am Schnurgerüst mit Nägeln die genaue Lage des Gebäudes. Nach Fertigstellung des Rohbaus erfolgt schließlich eine Gebäudeeinmessung zur Kontrolle, ob das Gebäude ordnungsgemäß errichtet wurde.

Bodengutachter

Je nach Lage und vorheriger Nutzung des Grundstücks ist es sinnvoll, vor Baubeginn ein Bodengutachten erstellen zu lassen. Das kostet zwar Geld, kann aber auch Geld und Zeit einsparen helfen. Ohne genaue Daten über die Tragfähigkeit des Baugrunds wird der Statiker beispielsweise mehr Sicherheitszuschläge in seiner Berechnung berücksichtigen, was zur Folge haben kann, dass in die Bodenplatte oder die Fundamente mehr Stahl als nötig kommt. Wichtig für Häuser mit Keller: Sie müssen den zur Zeit der Messung vorhandenen Grundwasserstand erfahren, falls dieser nahe der Oberfläche ist. Wird erst beim Aushub bemerkt, dass das Gebäude im Grundwasser steht, sind teure Wasserhaltungsmaßnahmen nötig. Manchmal geht es nur um 25 Zentimeter, die das Gebäude eventuell auch höher stehen könnte. Dies muss aber bereits beim Baugesuch berücksichtigt werden.

Staatlich anerkannter Sachverständiger für den Schall- und Wärmeschutz

Seine Aufgabe ist es, den Nachweis zu erbringen, dass das Bauwerk in der geplanten Ausführung die Anforderungen an den Schall- und Wärmeschutz erfüllt. Er ermittelt die erforderlichen wärmetechnischen Eigenschaften der Außenbauteile und legt beispielsweise fest, wie dick die Dämmung zwischen den Sparren des Dachstuhls sein muss. Der Schallschutznachweis hat ebenfalls Einfluss auf die verwendeten Baumaterialien und kann in Regionen mit hohen Anforderungen an den Schallschutz gegen Außenlärm zum Beispiel dazu führen, dass nicht jeder Außenwandaufbau geeignet ist. Gleiches gilt für Dächer und Fenster. Beide Nachweise fließen in die Ausführungsplanung ein. Oft sind Statiker oder Architekt gleichzeitig Sachverständige für den Schall- und Wärmeschutz. Es ist sinnvoll, sowohl bei der Ausführungsplanung als auch bei der Bauausführung darauf zu achten, ob die Vorgaben eingehalten werden. Die erforderlichen Nachweise gemäß der Energieeinsparverordnung (EnEV) führen üblicherweise zu einer engen Zusammenarbeit mit dem Haustechnik-Ingenieur.

Haustechnik-Ingenieur

Die Haustechnik von heute ist viel komplizierter als vor 20 Jahren. Eine umfangreiche Elektroausstattung gehört oft ebenso zum Standard wie eine Lüftungsanlage. Zentrale Lüftungsanlagen mit Wärmerückgewinnung für eine geregelte Wohnungslüftung haben mittlerweile Einzug in den Einfamilienhausbau gehalten. Zu den Aufgaben des Haustechnik-Ingenieurs gehören die allgemeine Beratung des Bauherrn zur Haustechnik und die Auswahl, Abstimmung und Dimensionierung der Geräte, Anlagen und Leitungen. Er koordiniert die Leitungsführungen von Sanitär-, Heizungs-, Lüftungs- und Elektroinstallation. Die Wegführung vieler laufender Meter verschiedenster Leitungen muss so geplant werden, dass optimale Anbindungen mit wenig Überschneidungen entstehen. Neben der Planung und zeichnerischen Darstellung der Leitungsführungen und der notwendigen Wandauslässe fertigt er auch Ausschreibungstexte an und berät bei der Auftragsvergabe.

4.2 Bauen mit dem Fertig- oder Massivhausanbieter

Neben dem klassischen Bauen mit dem Architekten gewinnt das sogenannte schlüsselfertige Bauen immer mehr an Boden. Das hat im Wesentlichen zwei Gründe: Im Gegensatz zum Architektenhaus ist eine Extraleistung eines Architekten nicht notwendig, und man erhält in einem Paket ohne Schnittstellen von Anfang an ein klares Kostenangebot. Das hört sich zunächst einmal gut an, wer aber nicht aufpasst, hat ganz schnell kein schlüsselfertiges Haus gekauft, sondern ein halb- oder dreiviertelfertiges Haus.

Die beliebtesten Anbieter von schlüsselfertigen Häusern sind Fertighausanbieter und Massivhausanbieter. Viele von ihnen tummeln sich auf diversen Plattformen im Internet, manche haben auch Musterhäuser aufgebaut, die man sich ansehen kann.

Wer aber glaubt, er könne ein Haus aus dem Internet bestellen, der sollte in aller Ruhe darüber nachdenken, ob er sich wirklich bewusst ist, was er tut. Die mit Abstand teuerste Investition im Leben eines durchschnittlichen Verbrauchers kann man nicht per Mausklick im Internet bestellen, auch wenn einen das manche Anbieter glauben machen wollen. Ein Haus ist ein viel zu komplexes Produkt für das Internet und auch von viel zu vielen örtlichen Faktoren des Grundstücks abhängig, als dass dies ginge. Kostenexplosionen und gewaltiger Ärger sind bei leichtsinnigen Internetkäufen praktisch vorprogrammiert. Zumal einige Anbieter gar nicht die Hausbauer selber sind, sondern nur Plattformbetreiber und Vertriebler, die mehr oder weniger Ahnung vom Bauen haben. Den Hausbau übernimmt dann nicht selten wieder ein anderes Unternehmen im Unterauftrag. Wenn man nicht aufpasst, entsteht am Ende eine vollkommen unübersichtliche Vertragslage und Sie sind einer Vertragssituation ausgeliefert, die Sie weitgehend ohnmächtig zurücklässt.

Nachfolgend werden die wesentlichen Anbieter schlüsselfertigen Bauens vorgestellt. Alle wichtigen Informationen zur vertraglichen Zusammenarbeit mit Anbietern schlüsselfertiger Häuser erfahren Sie dann in Kapitel 5.

Der Fertighausanbieter

Arbeitsweise eines Fertighausanbieters

Das Bauen mit dem Fertighausanbieter ist eine interessante Alternative zum klassischem Hausbau und -kauf. Die Vorteile: Eine Besichtigung des Hauses vor

dem Kauf ist möglich, es besteht ein hoher Vorfertigungsgrad, und die Preise und Termine liegen frühzeitig fest.

Ein Fertighausanbieter bietet üblicherweise Typenhäuser an, die in Fabrikhallen vorgefertigt werden. Einige Fertighausanbieter erstellen auch individuelle Häuser nach Plänen eines externen Architekten, aber das ist eher selten. Dieses Spezialgebiet beackern eher kleinere Zimmereien, zum Beispiel auch die zum Verband ZimmerMeisterHaus gehörenden. Das sind Betriebe, die sich auf den Holzhausbau spezialisiert haben (⇨ www.zmh.com). Aber auch viele andere örtliche Zimmereien bauen Häuser. Das kann ein sehr interessanter Weg zum eigenen Haus sein, weil man so die Individualplanung eines Architekten mit der Fertigbauweise kombinieren kann. Es gibt auch Architekturbüros, die eine langfristige, vertrauensvolle Kooperation mit Zimmereien haben. Solche Modelle können sonst übliche Schnittstellenproblematiken mindern. Das kann vor allem dann interessant sein, wenn die Zimmerei im Hausbau geübt ist und sogar das gesamte Leistungspaket anbietet, vom Keller über die Heizungs- und Lüftungsanlage bis zur Elektro- und Sanitärausstattung. Wer einen solchen Weg beschreiten will, kann zum Beispiel bereits bei seiner Anfrage an Architekturbüros genau diese Möglichkeit abfragen (⇨ Kapitel 5).

Manche Fertighausanbieter bieten neben dem Haus auch die Herstellung der Bodenplatte beziehungsweise des Kellers mit an. Vorteil für Sie: Der ganz wichtige Schnittpunkt zwischen Hausgründung und Haus wird nicht von unterschiedlichen Firmen ausgeführt. Treten hier Probleme auf, zum Beispiel Passungenauigkeiten oder Schäden, haben Sie nur einen Ansprechpartner und müssen keine schwierigen Haftungsnachweise führen, wer die Verantwortung trägt. Neben den klassischen, komplett ausgebauten Fertighäusern bieten manche Hersteller auch Häuser zum Selbstausbau an.

Wenn Sie einen Haustyp gewählt haben, werden Sie anschließend den Lieferumfang festlegen, also zum Beispiel, ob Sie auf einer Bodenplatte oder einem Keller bauen werden, ob Sie ein fertiges Haus oder ein Ausbauhaus erwerben, bei dem Sie den Innenausbau selbst vornehmen. Anschließend werden Sie den Haustyp gemeinsam mit dem Fertighausanbieter bemustern. Dabei werden Sie die bauliche und technische Ausstattung des Hauses aus einer Produktpalette auswählen, die je nach Hersteller kleiner oder größer sein kann.

Wichtig: Schließen Sie vor der Bemusterung keinen Vertrag mit dem Fertighausanbieter. Das Problem dabei wird aber sein, dass der Fertighausanbieter Ihnen sagen wird, er könne eine Bemusterung selbstverständlich erst nach Vertragsabschluss durchführen. Sonst hätte er ja das Problem, dass er nur noch Bemusterungen durchführen würde, ohne Häuser zu verkaufen. Diesem Argument können Sie sehr einfach begegnen: Der Fertighausanbieter soll Ihnen Angaben über den Stundensatz des Bemusterers und den Zeitbedarf für die Bemusterung machen. Üblicherweise sind das ein bis zwei Werktage, also acht bis sechzehn Stunden. Nehmen wir an, der Bemusterer hat einen Stundensatz von 60 bis 80 Euro, dann fallen 480 bis maximal 1.280 Euro an. Falls Sie das Haus nach der Bemusterung doch nicht kaufen wollen, können Sie vereinbaren, diese Beratungsleistung zu vergüten. Kaufen Sie das Haus, wird sie einfach verrechnet. Denn: Ein vorzeitiger Vertragsschluss schwächt Ihre Verhandlungsposition.

Zu einem vertraglich festgelegten Zeitpunkt wird später mit dem Bau der Bodenplatte oder des Kellers begonnen. Anschließend wird das Haus angeliefert, der Gebäudekörper wird aufgebaut. Während der Aufbau des Gebäudekörpers meist innerhalb weniger Tage abgeschlossen ist, nimmt der Innenausbau einige Wochen in Anspruch, da er meist ganz klassisch gewerkeweise erfolgt – das heißt, der Estrich oder die anderen Ausbaugewerke werden nicht anders eingebracht als bei einem normalen Bauvorhaben auch.

Rolle des Käufers

Beim Bau eines Fertighauses haben Sie eine Zwitterstellung: Sie sind Bauherr und Käufer zugleich. Das von Ihnen gekaufte Produkt wird auf Ihrem Grund und Boden erstellt, anschließend erfolgt der Innenausbau häufig in klassischer Art und Weise über einen längeren Zeitraum. Ist ein Keller oder eine Bodenplatte nicht im Lieferumfang eines Fertighausanbieters enthalten, müssen Sie sich um diesen Teil des Bauvorhabens selbst kümmern.

Trotz des hohen Vorfertigungsgrads von Fertighäusern sind Bauherren auch bei diesem Baukonzept stark in den Bauprozess eingebunden. So muss beispielsweise sehr genau darauf geachtet werden, welche Leistungen in welchem Umfang der Fertighausanbieter überhaupt erbringt. Häufig gibt die Firma nur vor, wie sie den Bauplatz vorfinden muss, um zügig arbeiten zu können, und der Bauherr muss sich vor Anlieferung

4.2 Bauen mit dem Fertig- oder Massivhausanbieter

um die Vorbereitung des Bauplatzes inklusive aller Anträge und Anschlüsse kümmern. Auch bei der Bemusterung, in der die Baustoffe, Bauteile und technischen Ausstattungen ausgewählt werden, ist der Bauherr gefordert und schließlich natürlich bei der Abnahme des Gebäudes.

Suche und Überprüfung eines geeigneten Fertighausanbieters
Wie Sie Fertighausanbieter und auch regionale Holz- oder Massivhausanbieter finden und gezielt ansprechen können, erfahren Sie in Kapitel 5.

Honorierung
Der Fertighaushersteller wird frei honoriert. In aller Regel bietet er Grundtypen von Häusern zu einem Pauschalpreis an. In diesem Pauschalpreis sollte auch sein Planungs- und Bauleitungshonorar enthalten sein. Sonderwünsche werden meistens zusätzlich vergütet, je nach Verhandlung mit dem Fertighaushersteller. Der Käufer soll nach Vertragsschluss häufig eine geforderte Anzahlung leisten, dann folgen oft wenige, aber hohe Zwischenzahlungen und nach Abnahme des Gebäudes eine Schlusszahlung. Viele Zahlungspläne von Fertighausunternehmen und Massivhausunternehmen sind riskant für Bauherren. Zahlungsraten nach der Makler- und Bauträgerverordnung wie beim Bauen mit dem Bauträger (→ Kapitel 3) sind aber weder vorgeschrieben noch üblich. Bei frei zu verhandelnden Zahlungsplänen gilt grundsätzlich große Vorsicht. In Kapitel 6 wird anhand eines Beispielvertrages ein Zahlungsplan vorgestellt und erläutert. Sie können dort die Probleme und Risiken von Zahlungsplänen im Detail nachlesen.

Der Massivhausanbieter beziehungsweise Generalunternehmer und Generalübernehmer

Neben Fertighausanbietern, die meist Häuser in Holzbauweise anbieten, gibt es auch zahlreiche Angebote in Massivbauweise. Diese werden üblicherweise von sogenannten Generalunternehmern oder Generalübernehmern angeboten.

Arbeitsweise eines Generalunternehmers und eines Generalübernehmers
Der **Generalunternehmer** erbringt seine Bauleistungen im Wesentlichen mit dem eigenen handwerklichen Betrieb. Den Rohbau übernimmt er üblicherweise selbst, Spezialleistungen, zum Beispiel die Elektroinstallation, vergibt er mitunter an Subunternehmen. In manchen Fällen bieten Generalunternehmen alle Leistungen an, also auch die kompletten Bauplanungs- und Baueingabeleistungen. Manchmal muss dies aber auch der Bauherr selbst erledigen. Bisweilen haben Generalunternehmer Modellhäuser im Angebot, die sie auf das Grundstück des Kunden anpassen können. Der **Generalübernehmer** hingegen vergibt sehr viele oder sogar alle Bauleistungen an externe Subunternehmen. Ein Generalübernehmer muss daher nicht einmal ein handwerklicher Betrieb sein, ein einfaches kaufmännisches Büro reicht aus. Nicht immer beginnt die Zusammenarbeit mit dem Generalunternehmer oder -übernehmer bereits in der Vorplanungsphase. Bauherren entscheiden manchmal auch, die Planung, Baueingabeplanung und Ausschreibung zunächst mit einem Architekten zu bewerkstelligen und erst dann einen Generalunternehmer oder -übernehmer für die Komplettleistung des Hausbaus einzuschalten. Diesen Baupartner kann zum Beispiel der Architekt per Ausschreibung suchen. Manchmal bleibt der Architekt in der Folge als Bauleiter weiter im Bauprozess, um die Ausführungsqualität des Generalunternehmers oder -übernehmers zu kontrollieren. Der Bauherr hat in diesem Fall eine große Entlastung, weil sichergestellt ist, dass er eine umfassende Planung und unabhängige Bauüberwachung erhält. Wenn im Vorfeld kein Architekt eingeschaltet werden soll, müssen die Planungsleistungen und die Baueingabe durch den Generalunternehmer oder -übernehmer erledigt werden. Außerdem muss der sich auch um die Bauvorbereitung kümmern, also alle notwendigen behördlichen Anträge stellen und das Grundstück vorbereiten. Erst dann kann er mit dem Hausbau beginnen. Während

des Bauablaufs muss der Bauherr in aller Regel Ratenzahlungen leisten.

Anders als beim Bauen mit dem Architekten und Einzelhandwerkern hat der Bauherr beim Bauen mit dem Generalunternehmer und -übernehmer nicht eine Vielzahl von Einzelabnahmen für jedes Gewerk zu absolvieren, sondern eine Schlussabnahme für alle Gewerke. Der Vorteil: Zeitersparnis bei der Abnahme und nur eine Gewährleistungszeit mit einem Unternehmen. Dem Versuch von Generalunternehmern und -übernehmern, den Bauherrn mit seinen Gewährleistungsansprüchen einfach direkt an die einzelnen Handwerksunternehmen weiterzureichen und die Ansprüche durch den Bauherrn selbst einfordern zu lassen, hat der Bundesgerichtshof (BGH) einen Riegel vorgeschoben. Generalunternehmer und -übernehmer bleiben hier in der Verantwortung.

Abschlagsrechnungen nach Baufortschritt

Beim Bauen auf dem eigenen Grundstück werden Abschlagsrechnungen normalerweise nach Baufortschritt und erbrachter Bauqualität bezahlt. Denn da beim Bauen mit dem Generalunternehmer oder -übernehmer kein Grundstück übertragen wird, handelt es sich um ein ganz normales Bauvorhaben, für das die MaBV nicht vereinbart werden muss.

Leistungsumfang des Generalunternehmers oder -übernehmers

Generalunternehmer und -übernehmer werden mindestens mit der bauhandwerklichen Erstellung eines Gebäudes beauftragt. Darüber hinaus ist bis zur Komplettleistung – von den Vorentwürfen über den Hausbau bis zur Gestaltung der Außenanlagen – alles möglich. In welchem Umfang der Vertragspartner beauftragt wird, bestimmt der Bauherr.

Rolle des Bauherrn

Eigentlich sollte der Bauherr beim Bauen mit dem Generalunternehmer und -übernehmer von den meisten Detailfragen entlastet werden. Das setzt aber voraus, dass er einen guten Vertrag hat, dessen Einhaltung einfach und gut kontrolliert werden kann. Welche Aufgaben der Bauherr übernimmt, hängt stark davon ab, ob für die Planungs- und Bauphase ein Architekt eingeschaltet wird oder der Generalunternehmer beziehungsweise -übernehmer auch diese Leistung übernimmt. Ist ein Architekt eingeschaltet, wird er gegebenenfalls neben der Planung auch den Bauablauf überwachen und mitsteuern. Der Generalunternehmer oder -übernehmer befindet sich dann eher in der Rolle eines Handwerkers. Ist im Vorfeld kein Architekt eingeschaltet und gibt es auch keine begleitende, unabhängige Bauausführungsüberwachung, ist der Bauherr direkter Ansprechpartner seines Baupartners. Ob mit oder ohne Architekt: Der Bauherr ist in jedem Fall direkter Ansprechpartner für alle Behörden und muss sich um die Sicherheit und Absicherung der Baustelle kümmern. Er muss auch alle behördlich notwendigen Zwischen- und Abnahmetermine veranlassen. Außerdem prüft er alle Rechnungen, die erbrachten Bauleistungen, die Bauqualität und nimmt die Abnahme vor.

Suche und Überprüfung eines geeigneten Generalunternehmers oder -übernehmers

Wie Sie einen geeigneten Generalunternehmer beziehungsweise -übernehmer in Ihrer Region finden können, erfahren Sie in Kapitel 5.

Vertrag

Der Vertrag mit einem Massivhausanbieter ist üblicherweise ein Werkvertrag nach dem BGB. Immer noch gibt es auch Anbieter, die Verträge nach der Vergabe- und Vertragsordnung für Bauleistungen (VOB) abschließen. Das ist gegenüber Verbrauchern schon lange gar nicht mehr ohne Weiteres zulässig, es sei denn, der Verbraucher wünscht dies von seiner Seite aus nachweislich aktiv und ausdrücklich.

Da beim Bauen mit dem Generalunternehmer beziehungsweise -übernehmer kein Grundstück mit übertragen wird, muss der Vertrag mit dem Unternehmer oder Übernehmer auch nicht notariell beurkundet werden. Und auch bei diesem Vertrag schuldet Ihnen der Anbieter den Werkerfolg. Mehr zum Thema Bauvertragsrecht erfahren Sie in Kapitel 6.

Honorierung

Den Hauspreis des Generalunternehmers oder -übernehmers können Sie frei aushandeln. Wichtig ist allerdings, dass der Preis transparent wird. Das gelingt, wenn ein Architekt die Planung, Baubeschreibung und Ausschreibung übernimmt. Wenn die Ausschreibung differenziert aufgebaut ist, werden Sie über das Ausschreibungsverfahren automatisch einen nachvollziehbaren Preis erhalten. Ist im Vorfeld kein Architekt eingeschaltet, müssen Sie selbst für Preistransparenz sorgen. Das geht am besten mit einer exakten Baubeschreibung (→ Kapitel 8).

Wichtig: Die Honorierung sollte nie vorab erfolgen, sondern grundsätzlich an den Baufortschritt gekoppelt sein.

4.3 Bauen mit dem Bausatzanbieter

Einen eher kleineren Markt nehmen Bausatzanbieter ein. Sie bieten ganze Häuser zum Selbstbau an. Wer einen solchen Schritt wagt, der braucht mindestens drei Dinge:

> sehr viel Zeit,
> umfassende handwerkliche Kenntnisse der wesentlichen Gewerke,
> Helfer über einen längeren Zeitraum, die ebenfalls Zeit und Fachkenntnisse mitbringen.

Das haben nur die allerwenigsten, und dieser Weg kann eigentlich nur ausgebildeten Handwerkern empfohlen werden, deren Ausbildungs- und Erfahrungshintergrund zumindest die Hauptgewerke abdeckt, also etwa Maurer- oder Zimmererarbeiten. Die schönen Filme einiger Anbieter, wo mit Freude und Leichtigkeit selbst unter Laienhänden in kurzer Zeit ganze Häuser entstehen, sind mit allergrößter Vorsicht zu genießen. Und selbst ausgebildete Handwerker benötigen viel Zeit, um das alles – neben einer Vollzeitbeschäftigung – zu leisten.

Arbeitsweise eines Selbstbauanbieters

Der Selbstbauanbieter ist letztlich nichts weiter als ein Materiallieferant. Allerdings liegt der Vorteil darin, dass das Material aufeinander abgestimmt und mengenmäßig genau auf das zu errichtende Haus zugeschnitten ist. Das ist nicht vergleichbar mit dem Kauf einzelner Materialien bei Baufachmärkten. Parallel zur Materiallieferung kommt in aller Regel temporär ein Bauleiter auf die Baustelle und zeigt die wichtigsten Handgriffe. Außerdem gibt es häufig einen Baustellenbegleitservice, der allerdings – je nach Anbieter – unterschiedlich intensiv ist.

Ein Selbstbauanbieter hat meistens einen oder mehrere Haustypen im Angebot und hält hierfür das Material vor. Im Rahmen dieses Materialpakets erhalten Sie von ihm meist auch eine komplette Baueingabeplanung für das Haus, manchmal bereits durch einen Architekten fertig unterzeichnet zur Eingabe bei der örtlichen Baubehörde. Der Architekt wird nicht automatisch vom Selbstbauanbieter gestellt, darum müssen Sie sich also unter Umständen selbst kümmern. Die wirkliche Ersparnis beim Bauen mit dem Selbstbauanbieter liegt darin, dass Sie das Material bezahlen, nicht aber die Arbeitsleistung, die heute sehr viel teurer ist als das Material an sich. Diese Arbeitsleistung erbringen Sie als „Muskelhypothek" selbst.

Leistungsumfang des Selbstbauanbieters

Der Selbstbauanbieter liefert, soweit vertraglich vereinbart, das Hausbaumaterial zur Baustelle des Bauherrn. Manche haben zusätzlich ein Begleitprogramm im Angebot, bei dem entweder durchgängig oder sporadisch ein oder mehrere Bauhandwerker oder Bauleiter vor Ort sind und bei der Errichtung des

Hauses helfen. Diese Regelungen sind aber sehr unterschiedlich und nicht generell im Leistungsumfang enthalten. Wenn Sie diese Unterstützung möchten, sollten Sie mit dem Selbstbauanbieter den gewünschten Leistungsumfang genau besprechen und vertraglich vereinbaren.

Rolle des Bauherrn

Der Bauherr wird bei diesem Baumodell zu seinem eigenen Bauunternehmer und Bauleiter. Wann und in welcher Weise – zum Beispiel mit welcher Verarbeitungsqualität – er den Bau abschließt, entscheidet er im Wesentlichen selbst. Den Baufortschritt bestimmt er mit seinem Organisations- und Arbeitstalent. Zwar fallen die aufwendigen Handwerkerkontrollen weg, da der Bauherr selbst der ausführende Handwerker ist, aber dafür muss natürlich auch jedes Gewerk in Eigenregie erstellt werden. Ist die Baugenehmigung erteilt, müssen Sie das Grundstück so herrichten, dass mit den Materiallieferungen begonnen werden kann. Dazu müssen Anfahrtsmöglichkeiten für Lkws und Lagerplätze für das gelieferte Material geschaffen werden. Außerdem sollten natürlich die Baugrube ausgehoben und das Erdreich auf einer nicht benötigten Fläche gelagert oder auf eine Deponie verbracht sein. Die Organisation dieser Dinge übernimmt der Selbstbauanbieter in der Regel allesamt nicht. Sehr wichtig ist auch, dass der Bauherr immer die Sicherheit und den Arbeitsschutz auf der Baustelle im Blick hat. Baustelle und Arbeitskräfte brauchen außerdem ausreichenden Versicherungsschutz. Dafür sind Sie als Bauherr allein verantwortlich. Wenn Sie der Selbstbauanbieter hierzu nicht gründlich informiert, sollten Sie die notwendigen Informationen rund um Sicherheit, Arbeits- und Versicherungsschutz auf der Baustelle direkt bei der Bauberufsgenossenschaft beziehen (www.bgbau.de).

Suche und Überprüfung eines geeigneten Bausatzanbieters

Die Suche nach einem geeigneten Bausatzanbieter ist nicht ganz so einfach wie die Suche nach anderen Baupartnern, schon deswegen, weil es nicht so viele Bausatzanbieter gibt. Die regionalen „Gelben Seiten" werden hier zum Beispiel nicht in jedem Fall weiterhelfen, sondern möglicherweise wird man die Suche auf das Internet ausdehnen müssen. Auch der Bundesverband kann eventuell weiterhelfen (→ Tipps Seite 51). Der Sitz des Unternehmens sollte trotzdem so nah wie möglich an der eigenen Baustelle sein. Entfernungen von vielen Hundert Kilometern sind beim Bauen einfach fragwürdig. Auch beim Bauen mit einem Bausatzanbieter sollten Sie so vorgehen, dass Sie sich zunächst Informationsmaterial und Referenzadressen von Bauherren zusenden lassen, die bereits mit dem betreffenden Bausatzanbieter gebaut haben. Sprechen Sie mit ehemaligen Kunden! Fragen Sie, wie groß der Zeit- und Kraftaufwand wirklich war und ob die Kunden ein solches Vorhaben wiederholen würden! Klären Sie, wie gut die Unterstützung des Anbieters in den einzelnen Bauphasen war und ob die ehemaligen Kunden mit den Materiallieferungen und -mengen und der Qualität der Bauprodukte zufrieden waren! Zusätzlich sollten Sie vor Vertragsabschluss das Unternehmen besichtigen und sich einen Eindruck von Ihrem künftigen Vertragspartner machen. Auch weitere Anfahrtswege sollten dazu in Kauf genommen werden.

Vertrag

Der Vertrag mit dem Bausatzanbieter ist ein Kaufvertrag über Baumaterial. Daraus ergibt sich ein wesentlicher Unterschied zu allen anderen Vertragsformen, die hier vorgestellt wurden: Der Bausatzanbieter schuldet dem Bauherrn die Anlieferung des Materials, nicht aber den Werkerfolg der mangelfreien Errichtung des Hauses, denn diesen Part übernimmt ja der Bauherr selbst.

> **Tipp**
>
> **Es gibt weniger Ärger mit Rechnungen für Baumaterial**, wenn Sie darauf achten, dass immer nur das Material bezahlt wird, das vom Selbstbauanbieter mangelfrei an die Baustelle geliefert wurde.

4.3 Bauen mit dem Bausatzanbieter

> **Tipp**
>
> **Beim bundesweiten Zusammenschluss der Selbstbauanbieter** können Sie eine Liste aller dort organisierten deutschen Anbieter anfordern.
> (www.selbstbauverband.de)

Auch in Verträgen mit Bausatzanbietern lassen sich aber wichtige Bestimmungen vereinbaren, die Ihnen mehr Sicherheit geben. Was in Verträgen mit Bausatzanbietern auf keinen Fall fehlen sollte, finden Sie in der Checkliste „Vertrag mit dem Bausatzanbieter".

Wichtig ist aber vor allem eines: Es kann sein, dass Sie mit einem Bausatzhaus fachlich doch nicht zurechtkommen oder die Zeitressourcen unterschätzt haben. Für einen solchen Fall ist es natürlich sehr sinnvoll, optional auch einen Bauvertrag zu haben, ähnlich dem, den man mit einem klassischen Massivbauer schließt, um gegebenenfalls „umsteigen" zu können, vom Selbst-Bauen zum Bauen-Lassen. Wenn Sie ein solches Umsteigen erst später verhandeln, kann das vor allem zu zwei Problemen führen: 1. Der Bausatzanbieter ist grundsätzlich nicht bereit umzusteigen; 2. der Bausatzanbieter ist bereit umzusteigen, aber nur gegen unverhältnismäßig hohe Kosten. Daher ist es sinnvoll, bei einem Bausatzanbieter von vornherein und vor Vertragsunterzeichnung für den Bausatz die Option zum Umsteigen von einem Baustofflieferaturvertrag auf einen klassischen Werkvertrag zur Erstellung des Hauses zu klären.

Honorierung

Die Honorierung des Bausatzanbieters erfolgt entweder pauschal (Baumaterial inklusive Baubegleitung) oder getrennt für Material und personelle Baubegleitung. Wichtig ist in jedem Fall, dass ein Zahlungsplan an die erfolgten Leistungen geknüpft wird: Material sollten Sie erst bezahlen, wenn es mängelfrei auf die Baustelle geliefert wurde, und personelle Leistungen erst dann, wenn sie mängelfrei und im vereinbarten Umfang erbracht worden sind. Achten Sie auch darauf, dass der Selbstbauanbieter die Versicherung seines Personals selbst übernimmt!

Vertrag mit dem Bausatzanbieter ✓

- ☐ Die genaue Auftragssumme mit Netto- und Bruttoangabe wird genannt.
- ☐ Es ist festgelegt, wann, wie und in welcher Form der Unternehmer Sie auf eventuell Mehrkosten aufmerksam machen muss.
- ☐ Es gibt klare Regelungen zur Abwicklung der Rechnungszahlungen nach dem Prinzip der primären Leistungserbringung und nachfolgender Zahlung.
- ☐ Es werden verbindliche Liefertermine für Baumaterialien genannt, mit Konventionalstrafe bei Nichterfüllung.
- ☐ Es gibt Regelungen für Krankheit oder Unfall, falls das Gebäude nicht in Eigenregie errichtet werden kann (unter anderem Kosten für externe Fertigstellung des Hauses ausgehend vom Stand bereits getätigter, unterschiedlicher Baufortschritte).
- ☐ Die handwerkliche Baubegleitung durch den Bausatzanbieter ist geregelt.
- ☐ Die bauleitende Baubegleitung durch den Bausatzanbieter ist geregelt.

4.4 Bauen mit dem Baubetreuer

Neben den typischen Anbietern schlüsselfertiger Angebote gibt es auch noch Sonderfälle, auf die man am Markt ebenfalls stoßen kann. Zumindest zwei solche Sonderfälle sollen nachfolgend noch näher beleuchtet werden. Das ist zuerst der sogenannte Baubetreuer, alsdann die sogenannte Baugruppe. Der Baubetreuer ist sozusagen ein Treuhänder, der das gesamte Vorhaben steuert und koordiniert. Je nach Ausstattung mit Vollmachten wirkt er auch als Treuhänder des Bauherrn. Die Baugruppe ist eine besondere Form der Organisation von Bauherren. Sie formieren sich als Gruppe, um gemeinsam effizienter und günstiger bauen zu können.

Baubetreuer

Nicht jeder will sich um die komplexe Abwicklung eines Bauvorhabens selbst kümmern. Manchmal kann man sich auch gar nicht selbst darum kümmern, weil man zum Beispiel noch an einem anderen Ort lebt. In einem solchen Fall kann die Einschaltung eines Baubetreuers interessant sein. Sinnvoll kann ein Baubetreuer auch als zusätzliche Kontrollinstanz zum Architekten sein, der zwar eigentlich auch als Treuhänder des Bauherrn auftreten soll, dies aber leider nicht immer tut. Allerdings steht dann eher die Frage im Raum, ob man den richtigen Architekten gewählt hat. Ein gutes Vertrauensverhältnis zwischen Bauherr und Architekt ist Voraussetzung für erfolgreiches Bauen. Bei großen Bauvorhaben hat sich der Baubetreuer in der Rolle des sogenannten Projektsteuerers allerdings am Markt gegen Architekten durchgesetzt.

Arbeitsweise eines Baubetreuers

Ein Baubetreuer arbeitet ähnlich wie ein Projektsteuerer. Er nimmt den Platz des Bauherrn ein und steuert für ihn und in seinem Namen das gesamte Bauvorhaben. Ist der Baubetreuer von Anfang an beauftragt, übernimmt er bereits die Suche nach einem geeigneten Baupartner, überprüft ihn, bereitet die Verträge vor und spricht sie mit dem Bauherrn und einem Juristen durch. Anschließend gehört zu seinem Leistungsspektrum je nach Vollmacht, dass er

> den oder die Baupartner beauftragt,
> alle behördlichen Anträge veranlasst und deren Erteilung kontrolliert,
> Baustart und Bauausführung überwacht,
> alle Rechnungen gegenprüft und freigibt,
> sämtliche Abnahmen vornimmt, Vorbehalte vermerkt und Gewährleistungsansprüche sichert und
> in der Gewährleistungszeit die korrekte Abwicklung aller Ansprüche des Bauherrn überwacht.

Leistungsumfang des Baubetreuers

Ein Baubetreuer kann für Umbau- und Neubauvorhaben eingesetzt werden. Er kann für Teilbereiche oder – was häufig der Fall ist – beginnend mit der Planung für das gesamte Projekt beauftragt werden. Weil Baubetreuer selbst keine umfassende Rechtsberatung durchführen dürfen, wenn sie keine Juristen sind, sollten sie einen auf Bau- und Bauvertragsrecht spezialisierten Juristen empfehlen können.

Wichtig sind neben guten baujuristischen Kenntnissen und Verbindungen zu spezialisierten Kanzleien sehr gutes bautechnisches Fachwissen und ein großer Erfahrungsschatz. Ein Baubetreuer muss in der Lage sein, alle Aussagen und Ausführungen von Handwerksunternehmen kritisch und qualitativ zu überprüfen. Baubetreuer, die nicht wissen, wie eine Kellerwandabdichtung aufgebaut und in der Praxis kontrolliert wird, wie eine Entwässerung gelegt wird oder wie lange Zementestrich austrocknen muss, werden Ihnen auf der Baustelle auch nicht weiterhelfen können. Das Gleiche gilt für Baubetreuer, die grundlegende baujuristische Sachverhalte nicht in der aktuellen Rechtsprechung und Handhabung kennen.

Rolle des Bauherrn

Wenn der Bauherr dem Baubetreuer eine Generalvollmacht über Vertragsabschlüsse und Abnahmen erteilt, muss er sich um den weiteren Bauablauf im Grund nicht mehr kümmern. Seine Rolle beschränkt sich dann auf die einmalige Beauftragung des Baubetreuers. Erhält der Baubetreuer nur in Teilbereichen Vollmacht, zum Beispiel zur Führung von Jour-fixe-Terminen auf der Baustelle und zur Begleichung von Rechnungen bis zu einer gewissen Höhe, wird der Bauherr auch bei Abnahme- und Behördenterminen auf der Baustelle sein und Rechnungen anweisen.

Suche und Überprüfung eines geeigneten Baubetreuers

„Baubetreuer" ist keine eingetragene Berufsbezeichnung. Sie sind auch nicht ganz einfach zu finden. In der Regel handelt es sich um Architekten und Bauingenieure, manchmal auch um Kaufleute und Juristen, die sich auf die unabhängige Betreuung von Bauherren spezialisiert haben. Aber bei Weitem nicht jedes Architektur- und Bauingenieurbüro bietet auch Baubetreuungsleistungen an. Da viele Architektur- und Ingenieurbüros die Baubetreuung noch nicht kennen, sollten Sie in den Büros vorher nachfragen, ob dieses Leistungspaket überhaupt angeboten wird. Bei der Suche und Auswahl des Baubetreuers sollten Sie so vorgehen, wie im Tipp und in Kapitel 5 zur Architektensuche beschrieben.

Im Gegensatz zum Architekten erhält der Baubetreuer meist weitreichende Vollmachten, zum Beispiel Konto- oder Abnahmevollmachten. Daher ist ein ganz besonderes Vertrauensverhältnis zum Baubetreuer notwendig. Unerlässlich sind:

› Erfahrung und großes Wissen in allen technischen Baubelangen,
› umfassendes und aktuelles juristisches Wissen im Bau- und Bauvertragsrecht sowie gegebenenfalls die nachgewiesene Zusammenarbeit mit einem darauf spezialisierten Juristen und
› absolute Vertrauenswürdigkeit in allen finanziellen Belangen, mindestens nachgewiesen durch mehrere Referenzbauherren, mit denen man unabhängig sprechen kann.

Tipp

Nicht nur Architekten und Bauingenieure bieten die Baubetreuung an. Sie finden Baubetreuer auch unter „Projektsteuerung" oder „Projektmanagement" im Branchenfernsprechbuch „Gelbe Seiten" Ihrer Kommune oder Ihres Landkreises, manchmal auch direkt unter dem Stichwort „Baubetreuung".

Vertrag

Anders als der Vertrag mit einem Architekten oder Ingenieur basiert der Vertrag mit einem Baubetreuer nicht auf der Honorarordnung für Architekten und Ingenieure (HOAI). Dadurch ist das Aufgabenfeld eines Baubetreuers bei Weitem nicht so exakt festgelegt wie das des Architekten. Im Vertrag mit dem Baubetreuer sollten Sie daher folgende Punkte detailliert regeln: seine Aufgaben, Zuständigkeiten, Verantwortlichkeiten, Pflichten, Zeiten der Anwesenheit auf der Baustelle, den Erfüllungsort, seine Befugnisse sowie Kontroll-, Abnahme- und Freigabepflichten. Nur auf das, was im Vertrag exakt geregelt ist, haben Sie einen Rechtsanspruch. Wenn zum Beispiel die Anwesenheitspflichten auf der Baustelle oder der Erfüllungsort nicht vertraglich festgelegt sind, kann es Ihnen passieren, dass der Baubetreuer Ihr Bauvorhaben in München von Starnberg aus leitet. Sie werden dann erhebliche rechtliche Probleme bekommen, seine Anwesenheit in München zu verlangen. Ist er nicht präsent, sind weitere Probleme vorprogrammiert: Behördliche Klärungen können schwierig werden, die außergerichtliche Sicherung von Ansprüchen des Bauherrn ist gefährdet. Legt Ihnen der Baubetreuer einen Vertrag vor, sollten Sie diesen auf jeden Fall von einem auf Bau- und Architektenrecht spezialisierten Juristen prüfen und – wenn nötig – zu Ihren Gunsten nachbessern lassen.

Honorierung

Das Honorar des Baubetreuers ist – wie erwähnt – nicht an die HOAI gebunden. Ausnahme: Er übernimmt als Architekt oder Ingenieur HOAI-Leistungen. Gerade das aber soll er ja nicht tun. Er soll vielmehr die Personen, die gegebenenfalls nach der HOAI arbeiten, überwachen. Das Honorar des Projektsteuerers kann zwar nach der Honorarordnung des Deutschen Verbands der Projektmanager (DVP, www.dvpev.de) ausgehandelt werden. Sinnvoll ist das aber nicht, da diese Honorarregelung sehr unexakt ist und mit vielen unklaren Begriffen arbeitet.

Im Übrigen gibt es – anders als bei der HOAI – keine gesetzliche Verpflichtung zu dieser Honorarregelung. Der bessere Weg: Treffen Sie klare Vereinbarungen außerhalb solcher Honorarregelungen, und koppeln Sie das Honorar des Baubetreuers nicht an die Bausumme. Ein Baubetreuer sollte keinesfalls Interesse an möglichst hohen Baukosten haben, wie das bei Honoraren nach der HOAI der Fall ist. Rechnen Sie gegebenenfalls den voraussichtlichen Zeitaufwand durch und pauschalieren Sie das Honorar! Für das Honorar sollten Sie einen Zahlungsplan vereinbaren, der eine Bezahlung nach Projektfortschritt vorsieht. Das hat den Vorteil, dass der Baubetreuer ein hohes Eigeninteresse an einem zügigen Bauablauf haben wird.

> **Tipp**
>
> **Der Vertrag mit dem Baubetreuer** sollte auch regeln, dass Sie ihn notfalls einfach und ohne zusätzliche finanzielle Belastung kündigen können.

4.5 Bauen mit der Baugruppe

Beim Bauen mit der Baugruppe schließen sich mehrere Bauherren vertraglich zusammen, um zum Beispiel gemeinsam mehrere Reihenhäuser oder auch ein größeres Gebäude zu errichten, in dem später jeder eine Eigentumswohnung bezieht. Hauptgrund für den Zusammenschluss ist, Kosten zu sparen und gegenüber den externen Vertragspartnern wie Architekt oder Bauunternehmer gemeinsam eine stärkere Verhandlungsposition zu haben.

Wenn die Baugruppe ein geeignetes Grundstück erworben hat (→ zur Grundstückssuche Seite 131), sucht sie sich ihre Baupartner: Zunächst einen Architekten (→ Kapitel 4.1), manchmal auch zusätzlich einen Baubetreuer (→ Kapitel 4.2) als Projektsteuerer, später folgen dann der Bauunternehmer und die verschiedenen Handwerker.

Arbeitsweise einer Baugruppe

Baugruppen haben in ihrer Anfangsphase häufig informellen Charakter: Man trifft sich ungezwungen, lernt sich kennen und tauscht persönliche Gedanken und Vorstellungen zum Planen und Bauen aus. Im nächsten Schritt sollten die Baufinanzierungsmöglichkeiten der einzelnen Gruppenmitglieder genau berechnet werden. Daraus ergibt sich der Finanzierungsrahmen der gesamten Gruppe. Ausgehend von dieser Basis kann die Baugruppe dann auf Grundstücks- oder auch Objektsuche gehen. Spätestens aber, wenn die ersten Grundstücke oder Objekte in die engere Wahl rücken, sollte ein Baugruppenvertrag geschlossen werden, um den informellen Charakter der Gruppe auf eine stabilere rechtliche Grundlage zu stellen. Vor dem Grundstückskauf sollte ein externer Berater, zum Beispiel ein baugruppenerfahrener Architekt, eingeschaltet werden. Gemeinsam mit ihm kann die Baugruppe die fraglichen Grundstücke oder Objekte hinsichtlich Bebauungs- oder Umbaumöglichkeiten

prüfen, vergleichen und auswählen. Vor dem Erwerb müssen von allen Baugruppenmitgliedern die schriftlichen Finanzierungszusagen ihrer Banken oder die unterzeichneten Kreditverträge vorliegen. Achtung: Fehlt dies für nur ein Mitglied der Gruppe, droht eine Finanzierungslücke und das gesamte Bauprojekt steht auf der Kippe.

Als Nächstes kann die Planung in Angriff genommen werden. Zunächst wird die Baugruppe zusammen mit dem Planer ihre Bedürfnisse klären und in einem detaillierten Anforderungskatalog zusammenstellen. Anschließend werden die verschiedenen Planungsvarianten in der Baugruppe durchgesprochen, bis eine gemeinsame Planung verabschiedet werden kann.

Tipp

Die Erfahrung zeigt: Geht die Baugruppe gemeinsam auf Grundstückssuche, hat sie häufig bessere Aussichten auf Erfolg als der einzelne Bauherr. Außerdem kann es für die Baugruppe interessant sein, ein großes gebrauchtes Haus zu erwerben und gemeinsam umzubauen.

Wenn die Planung steht und die Baueingabe (→ Kapitel 9.2) erfolgt ist, wird im nächsten Schritt die Ausschreibung der Handwerkerleistungen erstellt und versandt. Während des Bauablaufs wird die Baugruppe nach den Vorgaben des Bauleiters Rechnungen der Unternehmer bezahlen. Die Abwicklung erfolgt meist über ein spezielles Projektkonto, damit der Unternehmer nicht bei jedem einzelnen Baugruppenmitglied eine Rechnung stellen muss, sondern eine Rechnung an die gesamte Baugruppe stellen kann. Auf dieses Konto sollte von Beginn an oder auch nach einem festgelegten Zahlungsplan das Budget der Baugruppe eingestellt werden, damit es nicht zu überraschenden Zahlungsengpässen kommt. Auf das Konto können nach der Schlussabnahme auch die Sicherheitseinbehalte, die den Handwerkern erst nach Ablauf der Gewährleistung ausbezahlt werden sollen, eingezahlt werden – damit sie sich in der Verfügungsgewalt der Baugruppe befinden und nicht auf einzelnen Konten der Baugruppenmitglieder. Und schließlich wird über dieses Konto auch das Honorar der Planer, Bauleiter und Fachingenieure bezahlt.

Leistungsumfang des Vertragspartners

Der Vertragspartner einer Baugruppe ist meist ein Architekt oder ein Baubetreuer als Projektsteuerer, der für die Baugruppe den gesamten Prozess von ihrer Konstituierung bis zur Schlussabnahme steuert. Es gibt auch Büros, die sich auf die Projektsteuerung für Baugruppen spezialisiert haben. Allerdings halten bei Weitem nicht alle das, was sie versprechen. Manchmal sind diese Büros aus ehemaligen Architekturbüros entstanden, manchmal auch aus einem Zusammenschluss von Personen, die selbst einmal als Mitglied einer Baugruppe gebaut haben. Nicht immer haben diese Projektsteuerer eine Architekten- oder Ingenieurausbildung oder einen juristischen Hintergrund. Ein gutes, in der Betreuung von Baugruppen erfahrenes Architekturbüro macht die zusätzliche Einschaltung eines Projektsteuerers normalerweise überflüssig. Der Vertragspartner, ob Architekt oder Projektsteuerer, sollte der Baugruppe zu einem möglichst frühen Zeitpunkt zur Verfügung stehen, um die verschiedenen Vorstellungen zunächst einmal in ein gemeinsames Konzept zu bringen. Hierzu sind viel Fingerspitzengefühl und Einfühlungsvermögen notwendig, genauso aber fundierte Praxiskenntnisse aus der Vorbereitung und Steuerung von Baugruppen durch einen kompletten Bauablauf hindurch. Der Architekt oder Projektsteuerer tritt hier zunächst als Moderator und technischer Berater der Baugruppe auf. Er kennt auch die Fachleute für eine rechtliche Beratung und wird die Baugruppe bei der Bildung beispielsweise einer Gesellschaft bürgerlichen Rechts (GbR) auf Grundlage eines gemeinsamen Vertrags begleiten.

In der anschließenden Planungs- und Bauphase übernimmt der Architekt oder Projektsteuerer folgende Aufgaben:

› Einschaltung aller extern notwendigen Planer und Gutachter und deren Beauftragung, das Bauvorhaben zu planen und einen Bauantrag einzureichen,
› Ausschreibung von Handwerkerleistungen,
› Vorbereitung von Zuschlägen oder Ausarbeitung der Verträge zwischen den ausführenden Unternehmen und der Baugruppe,
› Überwachung des Baufortschritts und der Zahlungsfreigaben,
› Unterstützung der Baugruppe bei allen wichtigen Kontroll- und Abnahmeterminen auf der Baustelle,
› Betreuung der Baugruppe bei Schlussabnahmen und -zahlungen sowie bei der Übergabe des Gebäudes,
› wenn vereinbart: nach Fertigstellung Funktion als Ansprechpartner im gesamten Gewährleistungszeitraum, um Mängelbeseitigungen durch Handwerker sicherzustellen.

Rolle des Bauherrn

Bauherren innerhalb einer Baugruppe sind mit einem Bauvorhaben in aller Regel genauso intensiv beschäftigt wie ein einzelner Bauherr, der mit einem Architekten baut (→ Kapitel 4.1). Meist ist der Aufwand sogar noch höher, weil aufwändige Abstimmungs- und Entscheidungsprozesse notwendig sind. Der Bauherr muss sich also einerseits über seine eigenen Bedürfnisse klar werden, und er muss diese mit den anderen Mitgliedern der Baugruppe in Übereinstimmung bringen. Das ist nicht immer einfach und kann sehr zeitintensiv sein.

Suche und Überprüfung einer geeigneten Baugruppe

Baugruppen existieren sehr verstreut und machen nur zeitweilig auf sich aufmerksam. Wenn bestehende Baugruppen weitere Mitglieder suchen, schalten sie häufig eine Anzeige in einer regionalen Zeitung. Wenn Sie eine passende Baugruppe suchen, können Sie

---

Von den Anfängen...

Das Bauen mit der Baugruppe ist in Deutschland bislang wenig verbreitet. Es begann als alternative Bauform, die ein kostengünstiges Bauen ermöglicht, weil sich mehrere Bauherren zusammenschließen und gemeinsam bauen. Baugruppen sind in Süddeutschland eine beliebte Form des Bauens geworden. Die wohl umfangreichsten Baugruppenprojekte wurden in Freiburg und Tübingen umgesetzt, wo auf ehemaligen französischen Militärarealen ganz neue Stadtviertel entstanden.

4.5 Bauen mit der Baugruppe

> **Tipp**
>
> **Es gibt einen Bundesverband der Baugruppen,** den Sie im Internet unter www.bundesverband-baugemeinschaften.de erreichen. Dort erhalten Sie Informationen zum Bauen mit der Gruppe. Allerdings ist das kein Verband von Baugruppen, die unabhängig beraten und Hilfe geben, sondern ein Verband von Dienstleistern für Baugruppen, also zum Beispiel Architekten und Projektsteuerern, die natürlich auch ein Interesse an Kundengewinnung haben. Fachleute in Ihrer Umgebung, die Erfahrung mit Baugruppen haben, finden Sie genauso gut auch über direkte Anfragen bei regionalen Architekturbüros, wie in Kapitel 5 dargelegt, und mit der zusätzliche Frage nach Erfahrung und Referenzen mit Baugruppenvorhaben.

den gleichen Weg gehen. Sie können natürlich auch versuchen, selbst eine Baugruppe zu gründen. Auch hierzu können Sie eine regionale Anzeige schalten. In beiden Fällen sollten Sie mit der Gruppe oder einzelnen Interessenten sorgsame Sondierungsgespräche führen, um herauszufinden, ob die einzelnen Baugruppeninteressenten zueinander passen. Außerdem ist wichtig, dass alle Mitglieder über eine fundierte und durchgerechnete Baufinanzierung verfügen. Erst dann ist es sinnvoll, Arbeitsenergie in ein solches Projekt zu stecken.

> **Tipp**
>
> **Wer schon davor rechtlich tiefer in das Thema einsteigen will,** kann auf das Buch „Die freie Bauherrengemeinschaft" aus dem Wasmuth Verlag zurückgreifen, aktuell wahrscheinlich eines der ganz wenigen Bücher auf dem deutschen Markt zum Thema Baugruppen und Recht.

Vertrag

Die Baugruppe arbeitet in aller Regel auf zwei Vertragsebenen. Die Mitglieder schließen einen gemeinsamen Vertrag untereinander – meist bilden sie eine Gesellschaft bürgerlichen Rechts (GbR) – und die Gemeinschaft schließt einen Vertrag mit dem Architekten und später den Handwerkern. Architektenverträge werden in Kapitel 6 erläutert, Handwerkerverträge in Kapitel 11. Der GbR-Vertrag einer Baugruppe kann sehr unterschiedlich aussehen, je nach Gruppe. Es führt eigentlich kein Weg an einer individuellen Rechtsberatung vorbei. Im Idealfall spricht man mit ehemaligen Baugruppen des Architekten, mit dem man plant und die alles das bereits hinter sich haben und Erfahrung sammeln konnten. Sie können dann möglicherweise bereits auch einen Juristen empfehlen.

Wichtig: Die Baugruppe darf nicht zur Zwangsgemeinschaft werden. Einzelnen Mitgliedern muss es möglich sein, aus einer Baugruppe auch wieder auszutreten,

Vertrag über eine Planungsgemeinschaft
✓
☐ Die Planungsgrundlagen und -ziele werden genannt.
☐ Die Planungskosten und die Planungsfinanzierung mit Beiträgen und Abwicklung werden aufgeführt.
☐ Alle notwendigen Vollmachten werden erteilt.
☐ Es besteht eine Haftung nach innen und außen.
☐ Das Versammlungs- und Abstimmungsverfahren der Gemeinschaft ist geregelt.
☐ Für das Ausscheiden und die Kündigung von Mitgliedern gibt es ein geregeltes Verfahren.
☐ Der Gerichtsstand ist vereinbart.
☐ Wenn von der Planungsgemeinschaft gewünscht: Es gibt Regelungen zu einem Schiedsverfahren.

zum Beispiel in der Form, dass ein Mitglied seine Vertragsverpflichtungen verkaufen und übertragen kann. Häufig wird ein Vertrag für die Planungsphase geschlossen und ein weiterer für die Bauphase. Was in einem Vertrag über eine Planungsgemeinschaft und eine Bauherrengemeinschaft nicht fehlen darf, finden Sie in den Checklisten auf Seite 57 und unten. Für den Vertrag der Baugruppe mit dem Architekten finden Sie alle wichtigen Vertragspunkte in Kapitel 6. Wenn die Baugruppe alle Bauleistungen aus einer Hand erhalten möchte, kann sie auch einen Generalunternehmer beauftragen (→ Kapitel 6). Hinweise zur Einzelgewerkvergabe finden sich in Kapitel 11.

Honorierung

Eine Baugruppe arbeitet in aller Regel ehrenamtlich für das gemeinsame Bauprojekt, wechselseitige Vergütungen der Baugruppenmitglieder gibt es üblicherweise nicht. Honoriert werden nur extern Beteiligte wie etwa Architekt, Generalunternehmer oder Handwerker.

Vertrag über eine Bauherrengemeinschaft

✓

- [ ] Die Grundlagen und Ziele der Gesellschaft werden genannt.
- [ ] Der Vertrag enthält eine zeichnerische und textliche Zuordnung der jeweiligen Eigentumsanteile am Gebäude.
- [ ] Die maximalen Baukosten sind aufgeführt.
- [ ] Es gibt eine Regelung über die Anteile an der Bauherrengemeinschaft und deren Einfluss auf die Mitbestimmung im Bauprozess und die Finanzierung des Bauvorhabens.
- [ ] Alle notwendigen Vollmachten werden erteilt.
- [ ] Notwendige Regelungen zur Geschäftsführung sind enthalten.
- [ ] Für das Ausscheiden und die Kündigung von Mitgliedern gibt es ein geregeltes Verfahren.
- [ ] Das Versammlungs- und Abstimmungsverfahren der Gemeinschaft ist geregelt.
- [ ] Es besteht eine Haftung nach innen und außen.
- [ ] Regelungen zur Beendigung der Gesellschaft aufgrund der Zielerreichung beziehungsweise Erreichung des Gesellschaftszwecks sind getroffen.
- [ ] Der Gerichtsstand ist vereinbart.
- [ ] Wenn von der Planungsgemeinschaft gewünscht: Es gibt Regelungen zu einem Schiedsverfahren.

5 Von der Anbietersuche zum Vertrag – Strukturiertes Vorgehen und Zeitbedarf

Das große Problem für viele Bauherren besteht darin, dass sie sehr früh Verträge irgendwelcher Planer oder Hausanbieter vorgelegt bekommen und unterzeichnen sollen, ohne eigentlich genau zu wissen, welche Leistungen sie exakt bekommen und was das ganze Bauvorhaben am Ende kostet. Immer wieder werden sogar Verträge für einen Hausbau unterzeichnet, bevor überhaupt ein Grundstück gekauft ist. Hier hilft nur gut strukturiertes Vorgehen.

5.1 Strukturiertes Vorgehen

Die Erfahrung zeigt, dass viele Bauherren zu unstrukturiert an ihr Bauvorhaben gehen. Das ist auch kein Wunder, denn schließlich macht man das alles ja das erste Mal in seinem Leben. Daher ist es hilfreich, sich zunächst einmal die wesentlichen Schritte klarzumachen, die man gehen muss, um erfolgreich zunächst bis zum Baustart zu kommen.

Schritt 1:
Klärung der Frage „Kaufen oder bauen?"

Wichtig ist zunächst, dass Sie sich darüber klar werden, ob Sie ein Haus kaufen oder ein Haus bauen wollen. Kaufen Sie ein neues Haus vom Bauträger, ohne dass irgendwo das versteckte Bauherrenmodell integriert ist, läuft Ihr Weg zum Vertrag über die Makler- und Bauträgerverordnung und eine notarielle Kaufvertragsbeurkundung. Bauen Sie hingegen ein Haus, läuft Ihr Weg direkt über einen Planer und Handwerkerverträge oder einen Anbieter schlüsselfertiger Häuser. Für den richtigen Weg, um mit einem Bauträger ans Ziel zu kommen, hat die Verbraucherzentrale den Ratgeber **„Kauf eines Reihen- oder Doppelhauses – Schlüsselfertig vom Bauträger"** herausgegeben. In den nachfolgenden Schritten geht es um den Bau eines Hauses auf eigenem Grundstück.

Schritt 2:
Klärung wesentlicher Bauziele

Bevor man daran geht, sich auf einen Baupartner festzulegen, sollte man zunächst einmal Klarheit über das Bauziel schaffen. Wesentliche Grundfragen sind:

1. Wie viel Geld habe ich zur Verfügung?
2. Was darf ich nach dem Bebauungsplan bauen?
3. Will ich ein Holzhaus oder ein Massivhaus bauen?
4. Ist ein Standardhaus eine Option, oder gibt es individuelle Gestaltungswünsche oder sogar Gestaltungsnotwendigkeiten?

Mit Antworten zu diesen vier grundlegenden Fragen können Sie dann schon einmal wesentlich geordneter an die nächsten Schritte gehen.

Nehmen wir an, das Ergebnis wäre, dass Sie für maximal 280.000 Euro ein Holzhaus auf Ihrem eigenen Grundstück bauen wollen, welches von einem Fertighausanbieter kommen kann, dann ist damit bereits ein wesentlicher Rahmen umrissen. Genauso verhält es sich, wenn man zur Antwort gelangt, das Haus solle ein individuelles Massivhaus vom Architekten sein. Möglicherweise ist man auch noch unentschlossen und verfolgt zunächst noch zwei Ziele, also zum Beispiel Holzhaus und Massivhaus, vom Fertighausanbieter oder vom Architekten. Dann muss man eben mit höherem Aufwand zwei Optionen Schritt für Schritt durchgehen und vergleichen, wenn die Optionen vergleichbar vorliegen. Bis dahin ist es aber ein harter und steiniger Weg, und es ist genau der Zeitpunkt, bei dem sehr früh bereits die meisten Fehler gemacht werden.

Schritt 3:
Anbieter finden und ansprechen, Referenzen prüfen

Wenn Ihr Bauziel zumindest in diesen vier Punkten umrissen und auch geklärt ist, dass einer Bebauung Ihres Grundstücks baurechtlich grundsätzlich nichts im Weg steht, geht es darum, wie Sie nun potenzielle Vertragspartner finden und ansprechen können. Je nach Vertragspartner werden Sie dazu unterschiedlich vorgehen müssen. Grundsätzlich ist es sinnvoll, wenn Ihr Vertragspartner aus einer gewissen räumlichen Nähe zur Baustelle kommt. Im Idealfall ist er in der

Region verankert und kann Ihnen dort auch Referenzobjekte benennen.

Es verkürzt die Suchphase, wenn man von vornherein mehrere Architekten oder Hausanbieter anspricht und sich deren Leistungen ansieht. Wie findet man die Anbieter aber nun konkret? Schließlich stehen sie ja nicht samstags auf dem Wochenmarkt und bieten ihre Leistungen an.

Der einfachste Weg ist, wenn Sie sich das Branchenfernsprechbuch Ihrer Region („Gelbe Seiten") zur Hand nehmen und dort entweder unter den Rubriken „Architekten", „Architekturbüros" oder „Holzbau", „Holzhäuser" oder aber „Bauunternehmen", „Schlüsselfertigbau", „Massivhäuser" nachsehen. Sie werden dort üblicherweise Einträge finden und haben so die Möglichkeit, Unternehmen in Ihrer Region sehr gezielt zu finden und anzusprechen. Je nach gewähltem Weg, den Sie zum Bauen gehen wollen, ob mit Architekt oder mit Holzbau- beziehungsweise Massivhausanbieter, ist die Art der Ansprache unterschiedlich. Gleich ist allen aber, dass Sie am sinnvollsten mit einem Schreiben an die Architekturbüros oder Unternehmen herantreten können. In Kombination mit der Suche über die „Gelben Seiten" können Sie auch die Namen, die Sie so gefunden haben, kombiniert mit dem Standort der Büros oder Unternehmen in eine Internetsuchmaschine eingeben und gelangen so oft zielgerichtet zu den Internetseiten regionaler Architekten und Unternehmer. Dadurch können Sie sich auch dort ein erstes Bild machen.

Schreiben Sie etwa 20 bis 30 Architekturbüros oder Unternehmen an und bitten Sie diese um die Angabe von Referenzobjekten und -bauherren. Schildern Sie kurz Ihr Bauvorhaben: zum Beispiel Neubau eines Einfamilienhauses mit Keller und ausgebautem Dachgeschoss. Teilen Sie auch mit, womit Sie den Architekten eventuell beauftragen möchten, zum Beispiel Planung und Bauleitung. Nachfolgend finden Sie mögliche Musterbriefe, mit denen Sie sich an Architekturbüros und Unternehmen wenden können:

Musterbrief an regionale Architekturbüros

Familie Müller
Müllerstraße 1
12345 Müllerhausen

Architekt Meier
Meierstraße 1
12345 Müllerhausen

Müllerhausen, den

Anfrage zum Bau eines Einfamilienhauses

Sehr geehrter Herr Meier,

wir sind durch Ihre Internetseite auf Sie aufmerksam geworden. Als eine junge Familie aus Müllerhausen möchten wir auf einem bereits erworbenen Grundstück in Müllerhausen ein Einfamilienhaus errichten.

Momentan denken wir an einen unterkellerten, zweigeschossigen Massivbau mit etwa 150 Quadratmetern Wohnfläche, fünf Zimmern und möglichst optimalen Energiekennwerten. Wir streben eine Finanzierung mit dem KfW-Effizienzhaus-Programm 55 an.

Haben Sie ähnliche Projekte in der näheren Umgebung bereits umgesetzt, und können Sie uns Referenzadressen und Bauherren benennen, damit wir uns diese Objekte ansehen und mit den Bauherren sprechen können? Wir würden uns nach einer Besichtigung dann wieder bei Ihnen melden, um eventuell einen Termin zum Kennenlernen in Ihrem Büro zu vereinbaren.

Vielen Dank für Ihre Mühe.

Mit freundlichen Grüßen
Familie Müller

Tipp

Am einfachsten ist die Suche nach einem Architekten, natürlich, wenn Sie im Bekanntenkreis Bauherren haben, die in Ihrer Nähe ein Haus mit einem Architekten bauen oder geplant haben und mit dem Architekten sehr zufrieden waren.

Musterbrief an regionale Holzbauunternehmen

Familie Müller
Müllerstraße 1
12345 Müllerhausen

Holzbau Zimmermann GmbH
Holzweg 1
12344 Holzhausen

Müllerhausen, den

Anfrage zum Bau eines Einfamilienhauses

Sehr geehrte Damen und Herren,

wir sind durch Ihre Internetseite auf Sie aufmerksam geworden. Als junge Familie aus Müllerhausen möchten wir auf einem bereits erworbenen Grundstück in Müllerhausen ein Einfamilienhaus errichten.

Momentan denken wir an einen unterkellerten, zweigeschossigen Holzbau mit etwa 150 Quadratmetern Wohnfläche, fünf Zimmern und möglichst optimalen Energiekennwerten. Wir streben eine Finanzierung mit dem KfW-Effizienzhaus-Programm 55 an.

Haben Sie ähnliche Projekte in der näheren Umgebung bereits umgesetzt, und könnten Sie uns Referenzadressen und Bauherren benennen, damit wir uns diese Objekte ansehen und mit den Bauherren sprechen können? Wir würden uns nach einer Besichtigung dann wieder bei Ihnen melden, um eventuell einen Termin zum Kennenlernen in Ihrem Büro zu vereinbaren.

Vielen Dank für Ihre Mühe.

Mit freundlichen Grüßen
Familie Müller

Musterbrief an regionale Massivhausanbieter

Familie Müller
Müllerstraße 1
12345 Müllerhausen

Massivbau Stein GmbH
Steinstraße 1
12343 Steinhausen

Müllerhausen, den

Anfrage zum Bau eines Einfamilienhauses

Sehr geehrte Damen und Herren,

wir sind durch Ihre Internetseite auf Sie aufmerksam geworden. Als junge Familie aus Müllerhausen möchten wir auf einem bereits erworbenen Grundstück in Müllerhausen ein Einfamilienhaus errichten.

Momentan denken wir an einen unterkellerten, zweigeschossigen Massivbau mit etwa 150 Quadratmetern Wohnfläche, fünf Zimmern und möglichst optimalen Energiekennwerten. Wir streben eine Finanzierung mit dem KfW-Effizienzhaus-Programm 55 an.

Haben Sie ähnliche Projekte in der näheren Umgebung bereits umgesetzt, und könnten Sie uns Referenzadressen und Bauherren benennen, damit wir uns diese Objekte ansehen und mit den Bauherren sprechen können? Wir würden uns nach einer Besichtigung dann wieder bei Ihnen melden, um eventuell einen Termin zum Kennenlernen in Ihrem Büro zu vereinbaren.

Vielen Dank für Ihre Mühe.

Mit freundlichen Grüßen
Familie Müller

Tipp

Adressen von überregionalen Fertighausherstellern und Musterhausausstellungen finden Sie im Internet unter: www.fertigbau.de (Bundesverband Deutscher Fertigbau), www.d-h-v.de (Deutscher Holzfertigbau-Verband), www.guete-gemeinschaft.de (Gütegemeinschaft Deutscher Fertigbau), www.zmh.com (ZimmerMeisterHaus). Aber vergessen Sie darüber die kleinen, regionalen Anbieter nicht, die Sie in den „Gelben Seiten" Ihrer Stadt oder Ihres Landkreises suchen können.

Nicht von jedem Architekturbüro oder Unternehmen, aber wahrscheinlich doch von einigen werden Sie Antwort erhalten. Es ist sinnvoll, wenn Sie Ihre Telefonnummer zunächst ganz vorsätzlich nicht angeben, weil man dann schriftlichen Kontakt mit Ihnen aufnehmen muss. Das hat zwei Vorteile: Erstens zieht man Sie dann nicht vorschnell in Telefonate, die Sie vielleicht noch gar nicht führen möchten, und zweitens sehen Sie sofort, wer sich die Mühe macht, zeitnah schriftlich zu antworten.

Soweit Ihnen Referenzobjekte benannt werden, können Sie sich diese dann zunächst genau anschauen. Vielleicht nehmen Sie einen Kuchen oder eine gute Flasche Wein mit und setzen sich in Ruhe mit den Bauherren zusammen. Führen Sie nach Möglichkeit Gespräche mit mehreren Bauherren und in Abwesenheit des Architekten beziehungsweise Unternehmens, sodass Sie möglichst unabhängige Auskünfte erhalten. Fragen Sie nach der Qualität der Zusammenarbeit mit dem Architekten oder dem Unternehmen, wie die Beratung vor und während des Bauprozesses war, ob es Bauzeiten- oder Baukostenüberschreitungen gab und wie die Nachbetreuung des Architekten oder Unternehmens aussieht, beispielsweise bei Mängeln. Sie werden auf diese Weise den Kreis der für Sie infrage kommenden Architekten oder Unternehmen sehr wahrscheinlich bereits eingrenzen.

Der nächste Schritt ist dann ein Gespräch im Büro des Architekten beziehungsweise am Sitz des Unternehmens. Ein solches erstes Gespräch sollte unverbindlich sein und als wesentliches Ziel zwei Punkte haben: erstens eine frühe Vorklärung des möglichen Kosten- und Vertragsrahmens für Ihr Vorhaben. Häufig ist man dann mit der Situation konfrontiert, dass es heißt, das gehe nicht, da ja noch keine Planung vorliege. Das ist zwar grundsätzlich richtig; um aber irgendwelche Planungskosten in diesem frühen Stadium gar nicht erst auszulösen, ist es sehr sinnvoll, für eine erste Kostenübersicht zunächst einmal einfach ein ähnliches Vergleichsobjekt (Grundriss und Größe) heranzuziehen, welches das Büro oder das Unternehmen bereits realisiert hat und für welches die abgerechneten Kosten vorliegen. Dazu kann man sehr einfach und sehr früh eine Kostenaussage machen und relativ einfach auch darlegen, was gegebenenfalls Kostentreiber waren und wo man vielleicht Kosten reduzieren kann. Das hilft in aller Regel schon einmal sehr, und man hat dadurch relativ früh einen ersten groben Rahmen, der einen Hinweis darauf gibt, ob das Projekt im eigenen Budget liegt oder nicht.

Der zweite Punkt, den man in diesem Gespräch auch gleich ansprechen kann, ist das Thema Vertrag, sei es Architektenvertrag oder sei es Bauvertrag. Das Einfachste ist hierbei, sich zum Beispiel einfach einen üblichen Vertrag mitgeben zu lassen, auf dessen Basis der Architekt beziehungsweise das Unternehmen arbeitet. Den kann man dann mitnehmen und zu Hause in Ruhe durchsehen.

Wenn Sie diese beiden Punkte im ersten Gespräch ansprechen, haben Sie schon sehr viel sehr strukturiert getan. Wie Sie Kosten und Vertrag im Nachgang dann überprüfen können, erfahren Sie nachfolgend.

Häufig werden Bauherren unter subtilen Druck gesetzt. Da man üblicherweise sehr viele Fragen hat, kommt irgendwann der Punkt, an dem ein Bauträger oder Hausanbieter darauf verweist, dass alle Details noch nach dem Hauskauf besprochen werden können. Darauf kann man sich natürlich nicht einlassen. Ein Vertrag kann erst dann unterschrieben werden, wenn wirklich klar ist, was überhaupt gekauft werden soll, zu welchem tatsächlichen Preis mit welchen tatsächlichen Leistungen.

Schritt 4:
Erste Kostenüberprüfung vornehmen

Beim Thema Kostenüberprüfung geht es fast immer um ein Verfahren in zwei Schritten. Zunächst einmal benötigt man eine erste, grobe Überprüfung der Kosten, um zu entscheiden, ob der angefragte Architekt oder das angefragte Unternehmen überhaupt in die engere Wahl kommen soll. Ist der Architekt oder das Unternehmen dann in der engeren Wahl, ist es sinnvoll, zunächst einmal die Vertragsprüfung vorzuziehen. Denn es ist wenig hilfreich, wenn man sich in detaillierten Planungsdiskussionen verliert und später vertraglich überhaupt nicht zueinanderfindet.

Wenn Sie die Größe eines ähnlichen Hauses haben wie die dessen, das Sie bauen wollen, und dazu die Baukosten, können Sie relativ einfach die Kosten pro Quadratmeter errechnen. Hierbei sollte man differenzieren zwischen Quadratmetern Wohnraum und Quadratmetern Kellerfläche, falls ein solcher mitgebaut werden soll.

In Deutschland liegen niedrige Baupreise für einen Quadratmeter Wohnfläche bei etwa 1.400 bis 1.500 Euro. Damit entstehen in der Regel sehr einfache Häuser mit einfacher Ausstattung und einem energetischen Niveau, das den gesetzlichen Mindestanforderungen entspricht, aber nicht den erhöhten KfW-Effizienzhausklassen. Mittlere Baupreise liegen bei etwa 1.600 bis 1.700 Euro. Hier ist die Ausstattung etwas besser, und es kann auch die KfW-Effizienzhausklasse 55 schon erreicht werden. Hochwertiges Bauen beginnt ab etwa 1.800 Euro pro Quadratmeter Wohnfläche. Damit sind bereits Passivhaustechnik möglich und das Erreichen der KfW-Effizienzhausklasse 40. Hat das Haus einen nicht zu Wohnzwecken ausgebauten Keller, können Sie dafür nochmal etwa 400 Euro bis 500 Euro pro Quadratmeter kalkulieren. Dafür ist auch schon eine sogenannte „weiße Wanne" (→ Seite 149) erhältlich.

Mit diesen Daten können Sie jetzt einen ersten Abgleich machen, ob die Ihnen dargelegten Kosten vergleichbarer Häuser in einem vernünftigen Rahmen sind. Außerdem sehen Sie generell, ob die Ihnen genannten Kosten überhaupt im Rahmen Ihres Gesamtbudgets liegen (→ Kapitel 1).

Ist beides bei einigen Architekten oder Unternehmen der Fall, können Sie sich mit diesen Anbietern nun intensiver befassen, das heißt konkret anschauen, welche Verträge Ihnen diese Architekten beziehungsweise Unternehmen vorgelegt haben.

Schritt 5:
Verträge prüfen

Prüft man Verträge früh, hilft das auf dem Weg zum eigenen Bauvorhaben sehr. Es gibt hierbei einen grundsätzlichen Unterschied, ob man mit einem Architekten baut oder direkt mit einem Unternehmen, ohne Einschaltung eines Architekten.

Baut man mit einem Architekten, geht es zunächst nur um den Architektenvertrag. Die Verträge mit den Bauunternehmen folgen später, oft unter Begleitung des Architekten und dessen Erfahrung. Baut man ohne Architekt direkt mit einem Unternehmen, geht es gleich um den Bauvertrag mit dem Holz- oder Massivhausbauunternehmen.

Das Thema der Verträge ist aber so umfassend, dass es in diesem Buch mit einem eigenen Kapitel und konkreten Vertragsbeispielen behandelt wird. Sie finden alle weiteren Informationen dazu in Kapitel 6.

> **Tipp**
>
> **Vor Vertragsabschluss mit einem Fertighausanbieter** sollten Sie das Fertighauswerk besichtigen. Die meisten Fertighaushersteller bieten das mittlerweile auch an. Rufen Sie einfach an, stellen Sie sich als Hausinteressent vor und bitten Sie um einen Termin für eine Werksbesichtigung. Achten Sie bei der Besichtigung darauf, wie im Werk gearbeitet wird, ob die Produktion und die Maschinen einen geordneten und gepflegten Eindruck machen und die Mitarbeiter ausreichend und motiviert sind.

Schritt 6:
Planung und Ausstattung klären

Wenn Sie sich mit einem Anbieter durch das ganze Thema Vertrag gearbeitet haben und es am Ende tatsächlich für einen gemeinsamen Nenner gereicht hat, konkret: Sie sich auf eine gemeinsame Vertragsbasis einigen konnten, die im Idealfall auch ein Fachanwalt für Bau- und Architektenrecht noch einmal durchgesehen hat, können Sie nun an die Klärung der Vertragsanlagen gehen, vorrangig der Pläne und der Baubeschreibung. Der Vorteil des Vorgehens in dieser Reihenfolge: Sie wissen jetzt zumindest, dass von der vertraglichen Seite her alles geklärt ist und man sich nun auf die Vertragsanlagen konzentrieren kann. Deren Klärung benötigt nach aller Erfahrung mehr Zeit als die Klärung des Vertrages. Denn bei den Vertragsanlagen geht es vor allem um die Gebäude- und Ausbauplanung samt Haustechnik.

Die Anbieter gehen dabei ganz unterschiedlich vor. Einige Anbieter haben Musterhäuser, bei denen auch eine abweichende Planung möglich ist, andere haben das nicht und planen immer individuell. Dann wieder gibt es Anbieter, die zum Beispiel mit freien Architekten zusammenarbeiten und diese temporär zur Planung oder auch noch zur Erstellung des Bauantrags einschalten. Sie werden also die unterschiedlichsten Varianten finden.

Die Planung selber kann – je nachdem, wie sie angelegt ist – natürlich erheblichen Einfluss auf die Kosten haben. Ineffiziente Grundrisse, ungünstige Flächenverhältnisse von Wohn- und Nutzflächen, unnötige Leitungsführungen und anderes mehr verteuern ein Vorhaben. Nicht immer auch haben Sie Profiplaner vor sich, selbst wenn das zunächst so aussehen mag. Und eine CAD-Anlage ist immer nur so gut wie der Planer, der sie bedient. Schöne 3-D-Animationen sagen selten etwas über eine kluge Planung aus, architektonisch anspruchsvoll muss sie dadurch ohnehin noch lange nicht sein. Im Gegenteil: Unsere Neubaugebiete sind voll von Kataloghäusern, die mit der Umgebung und der Landschaft, in der sie stehen, überhaupt nichts zu tun haben. Allerdings ist das Interesse an guter Architektur und auch das Gespür dafür, also einfacher, aber in Gestalt und Materialität regional eingebundener Bauweise, in Deutschland nicht besonders ausgeprägt. Wir stehen im Urlaub zwar verzaubert vor malerischen Ortschaften aus dem landschaftstypischen Bruchstein in der Toskana oder der Provence, möchten zu Hause aber im elegant hochweiß verputzten Haustyp „Landvilla" wohnen, der weder mit der Landschaft, in die hinein er gebaut wurde, noch mit der Siedlung, in der er steht, irgendetwas zu tun hat. Und die Toskana-Urlaube der Deutschen hatten noch ganz andere Folgen: Der Haustyp „Toskana" ist heute bei vielen Herstellern fest im Programm, sodass er problemlos überall dort errichtet werden kann, wo es alles Mögliche gibt, nur keine Toskana. Auch die Grundrisse vieler Kataloghäuser sind nicht überzeugend (⟶ Kapitel 7).

Bevor Sie an die Baubeschreibung eines Hauses gehen, müssen Sie natürlich wissen, welche Planung und welche Ausstattung das Haus haben soll. Das sind so umfangreiche Themengebiete, dass sie in diesem Buch ebenfalls eigene Kapitel haben. In den Kapiteln 7 (Planung) und 8 (Baubeschreibung) erfahren Sie mehr zu den Hintergründen von Planung und Ausstattung und darüber, worauf dabei zu achten ist.

Schritt 7:
Abschließende Kostenklärung vornehmen

Wenn die Hausplanung und die Baubeschreibung detailliert geprüft sind, gegebenenfalls unter Hinzuziehung der dazu notwendigen Ratgeber der Verbraucherzentrale oder sogar einer individuellen Beratung, kann es gut sein, dass sich der Preis Ihres Hauses noch einmal ein ganzes Stück nach oben bewegt hat. Der Vorteil Ihrer gründlichen Arbeit ist nun aber: Sie haben noch keinen Vertrag unterzeichnet und können vor Vertragsunterzeichnung sehen, welche verborgenen Kosten in dem Vorhaben steckten. Sie können dann sogar frei entscheiden, ob das Vorhaben für Sie noch infrage kommt oder nicht.

Natürlich haben Sie bis zu diesem Zeitpunkt Geld in Bücher und eventuell Beratung investiert. Aber das sind sehr kleine Summen verglichen mit den Kostenrisiken, die bei einem zu früh unterzeichneten Vertrag mit unklarer Baubeschreibung auf Sie zukommen können.

Die Kosten, die nun geklärt sind, müssen klar im Vertrag fixiert werden, als Festpreis, ohne zeitliche Beschränkung. Dieser Preis muss gelten, bis das Bauvorhaben vollständig abgeschlossen ist. Der Preis muss Ihnen netto und brutto benannt werden. Für den Festpreis muss außerdem ein sicherer Zahlungsplan ausgehandelt werden (⟶ Kapitel 6), der dem Grundprinzip folgt: Erst Leistung, dann Zahlung – und zwar ohne Überzahlung.

Wenn Sie bis zum Zeitpunkt der abschließenden Kostenklärung allein durchgekommen sind, können

Sie trotzdem überlegen, das gesamte ausgehandelte Paket abschließend noch einmal unabhängig gegenprüfen zu lassen, und zwar vor einer Vertragsunterzeichnung.

Soweit Sie mit einem Architekten bauen, läuft die Kostenermittlung Ihres Bauvorhabens etwas anders ab. Architekten sind dazu verpflichtet, die Gesamtkosten auf Grundlage der DIN 276 „Kosten im Hochbau" und der DIN 277 „Grundflächen und Rauminhalte von Bauwerken im Hochbau" zu ermitteln. Dort sind vier Schritte vorgeschrieben:

› Kostenschätzung
› Kostenberechnung
› Kostenanschlag
› Kostenfeststellung

Die Kostenschätzung und -berechnung fallen in die Planungsphase, der Kostenanschlag und die Kostenfeststellung erfolgen erst nach Eingang aller Ausschreibungen beziehungsweise nach Fertigstellung des Gebäudes (→ Kapitel 11). Alle vier Schritte erfolgen auf Grundlage von festgelegten Kostengruppen. Kostengruppen sind nichts anderes als die Zusammenfassung der verschiedenen Bauteile eines Gebäudes und des Grundstückswerts.

Die Kostengruppen sind die Basis für die Kostenberechnung eines Neu- oder Umbaus durch den Architekten. Er errechnet die voraussichtlichen Baukosten unter Hinzuziehung der Flächen und Volumen, der Baumaterialien sowie von Baukostenrichtwerten zurückliegender Jahre. In der Zusammenarbeit mit dem Architekten erhalten Sie eine Aufstellung aller zu erwartenden Kosten von der Grundstücksvorbereitung bis zur Außenanlage. Der Architekt hat die Verantwortung dafür, dass alle Kosten berücksichtigt werden. Wenn Sie im Bauablauf keine Änderungen am Gebäude oder der Ausstattung vornehmen, die Kosten sorgfältig ermittelt und eine detaillierte Baubeschreibung zugrunde gelegt wurden, haben Sie eine hohe Kostensicherheit. Es liegt im Interesse des Architekten, alle Kosten zu berücksichtigen, um nicht wegen Kostenüberschreitungen angegangen zu werden.

Die größten Kostenrisiken beim Bauen

Architekt
› Fehlende Positionen in der Kostenermittlung
› Zu niedrig kalkulierte Einzelpositionen
› Änderung der Leistung ohne Kostenkontrolle
› Konjunkturschwankungen im Baugewerbe
› Unbeachtete Maßnahmen
  (zum Beispiel Grundwasserhaltung)

Bauträger
› Insolvenz
› Fehlende Leistungen in der Bau- und Leistungsbeschreibung
› Änderung der Ausstattung

Fertighausanbieter
› Insolvenz
› Änderung der Ausstattung
› Zusatzkosten neben dem Gebäude

Generalunternehmer, Generalübernehmer
› Insolvenz
› Fehlende Leistungen
› Änderung der Ausstattung
› Nachtragsforderungen des Unternehmers

Bausatzanbieter
› Insolvenz während der Bauphase
› Fehlende Leistungen
› Änderung der Ausstattung
› Krankheit/Ausfall des Bauherrn

> **Tipp**
>
> **Liegen Ihre Finanzierungsmöglichkeiten** nicht mindestens zehn bis 15 Prozent über den voraussichtlichen Gesamtkosten, sollten Sie das Bauvorhaben nicht realisieren. Unerwartete Mehrkosten könnten sonst nicht abgefangen werden.

Wenn Sie Ihre voraussichtlichen Baukosten – inklusive aller Kostenrisiken – mit Ihren Finanzierungsmöglichkeiten abgeglichen haben, kennen Sie Ihren Finanzierungsbedarf im Detail. Das ist eine gute Grundlage für ein ausführliches Finanzierungsgespräch mit Ihrer Bank. Vergleichen Sie in dieser letzten Gesprächsphase die Angebote verschiedener Banken. Berücksichtigen Sie dabei auch die Förderprogramme von Bund, Ländern und Kommunen, vor allem die Förderungen der KfW-Bank unter www.kfw.de.

Die **schriftliche Finanzierungszusage der Bank** und gegebenenfalls weiterer Institute, die an Ihrer Baufinanzierung beteiligt sind, ist die Grundvoraussetzung für den Abschluss von Verträgen, sei es mit dem Fertighausanbieter, Bauträger, Generalunternehmer, -übernehmer oder auch mit dem Bausatzanbieter. Beim Bauen mit dem Architekten können Sie das Risiko reduzieren, wenn Sie mit ihm zunächst nur einen Vertrag über den Entwurf und eine Kostenermittlung der Baumaßnahme vereinbaren.

Vertragsabschlüsse ohne vorherige schriftliche Finanzierungszusage Ihrer Bank können Sie in erhebliche Probleme bringen. Wenn Sie zum Beispiel einen notariellen Kaufvertrag für ein Bauträgerobjekt unterzeichnet haben und Ihre Bank Ihnen plötzlich schlechtere Finanzierungskonditionen vorlegt als zuvor mündlich besprochen, haben Sie das Problem, dass Sie den Objektkauf nicht mehr rückgängig machen können und sehr kurzfristig hohe Geldsummen aufbringen müssen. Schlagartig wären Sie unter hohem Zeitdruck in einer sehr schlechten Verhandlungsposition.

Schritt 8:
Vertragspartner auswählen

Möglicherweise sind bis zu Ihren letzten Prüfschritten sogar zwei oder mehrere Anbieter durchgekommen, die bereit sind, Ihnen ein vollständiges Angebot zu fairen Konditionen mit einem ausgewogenen Vertrag vorzulegen. Das ist zwar eher selten, weil Sie sehr viel eher mit dem Gegenteil konfrontiert sein und feststellen werden, dass es sehr schwer ist, überhaupt einen Anbieter zu finden, der zu fairen Preisen eine gute Qualität und einen ausgewogenen Vertrag anbietet, aber vielleicht haben Sie Glück und können am Ende immer noch zwischen verschiedenen Anbietern wählen. Dann kann man natürlich auch einmal sein Bauchgefühl sprechen lassen, denn Kosten, Umfang, Qualitäten und Verträge liegen zu diesem Zeitpunkt vergleichbar auf dem Tisch. Die rationalen Eckpunkte sind sozusagen abgearbeitet und damit wesentliche Risiken ausgeschaltet.

Bei den großen Anbietern mit Produktionsmengen von über 100 Häusern im Jahr – die ganz großen Hersteller produzieren bis zu 800 – ist es ohnehin so, dass Sie dort keine große Rolle spielen. Ob Ihr Haus nun gebaut wird oder nicht, ist dort von eher geringer Bedeutung. Das sieht bei einem Unternehmen, das vielleicht zehn oder 15 Häuser im Jahr baut, schon ganz anders aus. Trotzdem werden Sie auch hier die Erfahrung machen, dass der Kunde schnell vom König zum Bittsteller werden kann. Davon sollten Sie sich aber überhaupt nicht beeindrucken lassen. Wenn Sie merken, dass jemand mit Ihnen nicht transparent und fair umgeht, wird auch die weitere Zusammenarbeit in der Regel kein Vergnügen. Und ob Sie sich das wirklich antun wollen – und dadurch eventuell erheblichen Ärger über lange Zeit in Ihr Leben tragen – sollten Sie gut hinterfragen.

5.2 Zeitbedarf

Mit diesen acht Schritten ist Ihr Bauvorhaben natürlich noch nicht fertig, sondern das sind die Schritte, bis Ihr Bauvorhaben überhaupt einmal sinnvoll strukturiert beginnen kann. Hinzu kommen natürlich noch die Schritte, bis Ihr Bauvorhaben tatsächlich umgesetzt und abgeschlossen werden kann. Diese finden Sie in den weiteren Kapiteln dieses Buches beschrieben. Wenn man aber den Zeitbedarf für ein Bauvorhaben plant, ist es natürlich sinnvoll, sich von vornherein sämtliche Schritte bis zur Fertigstellung anzusehen und deren Zeitbedarf festzustellen. Im Bauwesen spricht man auch von Meilensteinen (wesentliche Zwischenziele). Man kann dazu verschiedene Schritte zu Meilensteinen zusammenfassen. Diese Meilensteine werden dann in Zeit- oder Terminpläne übersetzt. Ein **Terminplan** umfasst einen **Projektzeitplan** (→ Grafik Seite 243), der das gesamte Bauvorhaben inklusive Planungsphase, Behördenvorläufe und Notartermine, aber auch Nachläufe wie die Anlage der Außenfläche berücksichtigt. Zusätzlich gehört zum Terminplan ein **Bauzeitenplan**, der nur die konkrete Bauphase des Gebäudes erfasst, vom Aushub über das Richtfest bis zur Fertigstellung innen und außen.

Folgende Meilensteine können für Ihr Bauvorhaben zum Beispiel inhaltlich und nach Zeitbedarf definiert werden:

1. Meilenstein: Bedarfsanalyse
Gehen Sie von Ihrer gegenwärtigen Wohnsituation aus und klären Sie, wo Defizite liegen und welche Verbesserungen Sie wünschen.

Zeitbedarf: Die Bedarfsanalyse ist unabhängig vom Projektpartner. Hierfür müssen Sie ungefähr zwei bis vier Wochen einkalkulieren, um sich in Ruhe Klarheit über Ihre Bedürfnisse zu verschaffen.

2. Meilenstein: Finanzanalyse
Bevor Sie sich intensiv mit einem Bau- oder Kaufvorhaben auseinandersetzen, sollten Sie Ihre persönliche Finanzlage überprüfen: Können Sie sich ein solches Vorhaben überhaupt leisten, und wie hoch müsste die Fremdfinanzierung sein (→ Kapitel 1)? Nur bei einem realistischen Ergebnis sollten Sie das Vorhaben weiter verfolgen.

Zeitbedarf: Die Finanzanalyse ist ebenfalls unabhängig vom Projektpartner. Zwei bis vier Wochen sind in der Regel hierfür ausreichend.

3. Meilenstein: Suche des richtigen Projektpartners
Den richtigen Projektpartner zu finden, ist eine der langwierigsten und schwierigsten Projektphasen (→ Kapitel 3). Haben Sie Ihren Projektpartner gefunden, ist wichtig, dass Sie mit ihm keine vertraglichen Übereinkünfte treffen, bevor nicht Meilensteine vier und fünf geklärt sind.

Zeitbedarf: Bei der Suche nach einem geeigneten **Architekten** können von der ersten Kontaktaufnahme über Objektbesichtigungen und Sondierungsgespräche durchaus drei bis vier Monate vergehen, bis Sie einen oder mehrere Architekten in der engeren Auswahl haben. Auch die Suche nach einem **Fertighausanbieter** kann von der Recherche nach infrage kommenden Anbietern über den Besuch von Musterhausausstellungen bis zur Auswahl konkret infrage kommender Häuser ähnlich lange dauern. Die Suche nach einem **Bauträger** kann kurz sein, nämlich dann, wenn in guter Lage passende Häuser preiswert angeboten werden, oder aber sehr lange, wenn dies nicht der Fall ist.

4. Meilenstein: Planung, Baubeschreibung und Kostenermittlung
Unabhängig vom Baupartner benötigen Sie vor Vertragsschluss eine möglichst exakte Übersicht über

die Gesamtkosten. Grundlagen hierfür sind eine detaillierte Planung und umfassende Baubeschreibung. Beim Bauen mit dem Architekten bringt Sie das in ein Dilemma: Architekten ist es gesetzlich untersagt, Leistungen der HOAI kostenfrei zu erbringen. Das Problem für Sie als Bauherrn besteht nun darin, dass Sie vor einer Zusammenarbeit mit einem Architekten natürlich wissen wollen, was ein individuell geplantes Haus kosten würde. Hier wird Ihnen der Architekt nur sehr grobe Schätzungen geben können. Aber auch für solche Schätzungen müsste er bereits Planungen vornehmen und Ihnen in Rechnung stellen. Die Lösung kann in einem solchen Fall sein, dass Sie mit dem Architekten nur einen Vertrag über wenige Leistungsphasen der HOAI, zum Beispiel Vorentwurf und Entwurf inklusive Kostenberechnung, vereinbaren, bevor Sie an weitere, kostenintensive Planungsschritte gehen (→ Kapitel 6).

Sowohl Bauträger als auch Fertighausanbieter arbeiten häufig mit standardisierten Lösungen, mit denen sie viel Erfahrung haben. Dadurch können sie schon in Prospekten mit Festpreisen werben. Allerdings sind gerade bei Bauträgern Planungen und Baubeschreibungen häufig lückenhaft und nachbesserungsbedürftig (→ Kapitel 8). Hohe Nebenkosten werden auch von Fertighausanbietern oft nicht genannt. Diese müssen aber in jedem Fall bei den Gesamtkosten berücksichtigt werden (→ Checkliste Seite 18).

Zeitbedarf: Beim Bauen mit dem **Architekten** ist in der Regel zunächst ein Vorvertrag über die entsprechenden Leistungsphasen nötig. Ist man sich über eine grundsätzliche Zusammenarbeit einig, dauern die Vertragsverhandlungen mit dem Architekten in der Regel zwei bis vier Wochen. In diesem Zeitraum werden Vertragsentwürfe ausgetauscht, durchgesehen und von einem Anwalt geprüft. Offene Punkte können meist in dieser Zeit geklärt werden. Der Zeitaufwand für Entwurfsplanung, Baubeschreibung und Kostenermittlung beträgt für einen Architekten etwa acht bis zehn Wochen. Für den **Fertighausanbieter** sind diese Vorlagen schnell zu erstellen, da er in der Regel über alle notwendigen Informationen verfügt. Innerhalb von etwa vier Wochen werden Sie diese Unterlagen haben. Auch der **Bauträger** verfügt über Pläne, eine Baubeschreibung und eine Preisvorstellung, wenn er mit seinen Objekten an den Markt geht. Auch hier werden Sie die Unterlagen innerhalb von vier Wochen haben.

5. Meilenstein: Schriftliche Finanzierungszusage der Bank

Erst wenn Sie die Gesamtkosten kennen, können Sie detaillierte Finanzierungsgespräche mit Ihrer Bank führen. Was hierbei zu beachten ist und wie Sie die optimale Finanzierungsform finden, erfahren Sie im Ratgeber **„Meine Immobilie finanzieren"** und in den Baufinanzierungsberatungen der Verbraucherzentralen, die bundesweit angeboten werden (www.verbraucherzentrale.de). **Wichtig**: Ohne schriftliche Finanzierungszusage der Bank beziehungsweise Förderbank sollten Sie keine weiteren vertraglichen Verpflichtungen eingehen!

Zeitbedarf: Die schriftliche Finanzierungszusage der Bank ist unabhängig vom Projektpartner. Kalkulieren Sie einen Zeitbedarf von zwei bis vier Wochen ein!

6. Meilenstein: Vertragsschluss mit dem/den Projektpartner/n

Liegt die schriftliche Finanzierungszusage vor, können Sie an den Vertragsschluss mit den Projektpartnern gehen. Noch nicht abschließend geklärte Finanzierungsfragen müssen Sie nicht daran hindern, die Bau-

oder Kaufvertragsverhandlungen in der Zwischenzeit weiter voranzutreiben. Nur Ihre Unterschrift sollten Sie bis zur Klärung dieser Fragen keinesfalls leisten. Dieser Umstand ist übrigens auch eine hilfreiche Argumentationslinie, wenn Ihr Baupartner auf eine Unterschrift drängt, ein Bauträger beispielsweise einen raschen Notartermin ansetzt. Sie können dann darauf verweisen, dass Sie sich noch in intensiven Finanzierungsverhandlungen mit Ihrer Bank befinden und erst nach einer Finanzierungsvereinbarung den Kaufvertrag unterschreiben können.

Zeitbedarf: Da beim Bauen mit dem **Architekten** zu diesem Zeitpunkt bereits ein Vertrag existiert, kann dieser kurzfristig ohne großen Zeitaufwand ausgeweitet werden. Für die Vertragsverhandlungen mit dem **Fertighausanbieter** sollte man mindestens vier Wochen kalkulieren. Wichtig ist, dass ausreichend Zeit für den Anwalt (Prüfung der Verträge) und für einen Baufachmann (Prüfung der technischen Unterlagen) vorhanden ist. Für die Vertragsverhandlungen mit dem **Bauträger** gilt das Gleiche wie beim Fertighausanbieter, aber zusätzlich muss der Vertrag notariell beurkundet werden. Planen Sie insgesamt etwa fünf Wochen ein!

7. Meilenstein: Fertigstellung der Planung und Einreichen des Bauantrags

Der nächste Meilenstein nach Abschluss des Vertrags ist die Fertigstellung und Einreichung des Bauantrags, wenn Sie mit einem Architekten bauen oder umbauen. Bauen Sie mit einem Fertighausanbieter, Bauträger oder Generalunternehmer, muss bereits zum Kaufzeitpunkt eine schriftliche Bestätigung vorliegen, dass das Bauvorhaben genehmigungsfähig ist. Noch besser ist es, wenn der genehmigte Bauantrag bereits Vertragsbestandteil ist, zumindest beim Bauträger.

Zeitbedarf: Von der Aufbereitung der Entwurfspläne bis zum Einreichen des Bauantrags benötigt der **Architekt** nochmals etwa drei bis vier Wochen. Beim **Fertighausanbieter** dauert die Aufbereitung der Bauantragspläne ebenfalls etwa drei bis vier Wochen. Beim Bauen mit dem **Bauträger** sollte die Baugenehmigung bereits vorliegen.

8. Meilenstein: Genehmigung des Bauantrags

Das klassische Genehmigungsverfahren, bei dem die Behörde die Übereinstimmung Ihres Bauvorhabens mit den Regelungen aus dem Bebauungsplan prüft, wird immer seltener angewandt. Die Regel ist heute das **vereinfachte Genehmigungsverfahren** oder die **Genehmigungsfreistellung**, auch **Kenntnisgabeverfahren** genannt. Die Verantwortung für die Übereinstimmung von Bauplanung und Genehmigungsfähigkeit trägt hier der Planer, während die Behörde nur noch Einsprüche von Nachbarn zulässt und prüft (→ Kapitel 9.2). Architekt oder Fertighausanbieter werden in dieser Phase dann tätig, wenn Fragen zum Bauantrag geklärt werden müssen. Beim Bauen mit dem Bauträger gibt es Kaufangebote, bei denen noch nicht einmal eine Baugenehmigung vorliegt, und auch Angebote, bei denen der Hausbau schon begonnen oder gar fertiggestellt wurde.

Zeitbedarf: Die Genehmigung eines Bauantrags dauert unabhängig vom Projektpartner in der Regel zwischen vier Wochen und drei Monaten.

9. Meilenstein: Fertigstellung der Werkplanung und Ausschreibungen, Abgabe der Angebote

Bauen Sie mit einem **Architekten**, wird meist schon parallel zur Einreichung des Bauantrags mit der Ausführungsplanung begonnen. Mit ihr wird auch die Ausschreibung vorangetrieben, sodass diese Arbeitsschritte möglichst erledigt sind, wenn die Genehmigung des Bauantrags vorliegt. Änderungen der Behörden zum Bauantrag müssen daraufhin geprüft werden, ob sie in die Ausführungspläne eingearbeitet werden müssen. Das Gleiche gilt für die Ausschreibung. Erst wenn die schriftliche Baugenehmigung vorliegt, sollten Ausführungspläne und Ausschreibungen an Handwerker verschickt werden. Mit der Abgabe der Angebote der Handwerker endet dieser Meilenstein.

Bauen Sie mit einem **Fertighausanbieter**, fällt diese Phase weg, wenn der Fertighausanbieter auch den Keller des Hauses baut. Er kann das Haus dann komplett durch eigene oder Vertragshandwerker erstellen lassen, mit denen er längerfristige Verträge hat. Dazu ist meist keine Ausschreibung notwendig.

Der **Bauträger** arbeitet manchmal mit eigenen Handwerkern, manchmal mit vertraglich längerfristig gebundenen und manchmal auch mit Handwerkern, die erst über Ausschreibungen gefunden werden müssen. Je nachdem, zu welchem Projektstand Sie in die Kaufverhandlungen eintreten, kann diese Phase bereits abgeschlossen sein.

Zeitbedarf: Für die Werkplanung eines Einfamilienhauses benötigt der **Architekt** etwa vier bis sechs Wochen. Die Ausschreibungsunterlagen für die Rohbaugewerke erstellt er in etwa zwei bis drei Wochen, die Bearbeitung der Unternehmensauswahl bis zur Abgabe der Angebote dauert ebenfalls etwa drei Wochen. Je nach Auslastung haben **Fertighausanbieter** einen Vorlauf bei der Produktion des Hauses von etwa vier bis 12 Wochen. Ausschreibungsunterlagen für den Rohbau entfallen, da alles im eigenen Unternehmen hergestellt wird. Stattdessen bestellt der Fertighaushersteller die Grundmaterialien bei seinen Lieferanten. Der **Bauträger** benötigt die gleichen Zeiträume wie der Architekt, da er selbst in der Regel einen Architekten hierfür beschäftigt.

10. Meilenstein: Vertragsschluss mit den Handwerkern und Baubeginn

Wenn die Bauphase beginnt, muss ein Großteil der Handwerker unter Vertrag genommen (wenn Sie mit dem Architekten bauen) und alle behördlichen Hindernisse müssen aus dem Weg geräumt sein. Wenn Sie auf dem eigenen Grundstück bauen, zum Beispiel mit dem Architekten oder Fertighausanbieter, sind Sie in dieser Phase stärker involviert als beim Bauen mit dem Bauträger auf einem fremden Grundstück. In letzterem Fall kann es auch sein, dass diese Phase zum Zeitpunkt Ihres Kaufentschlusses längst beendet ist.

Zeitbedarf: Der Zeitraum für die Vertragsverhandlungen des **Architekten** mit den Unternehmern und die Auftragsvergabe beträgt in etwa zwei Wochen. Der Unternehmer benötigt ebenfalls ungefähr zwei Wochen für die Vorbereitung seiner Arbeiten. Beim **Fertighausanbieter** läuft in dieser Zeit die Produktion des Hauses. Von der Auftragsvergabe bis zur Lieferung auf die Baustelle vergehen etwa acht bis 12 Wochen. Der **Bauträger** benötigt die gleichen Zeiträume wie der Architekt von der Auftragsvergabe bis zum Baubeginn.

11. Meilenstein: Richtfest

Wenn der Rohbau fertiggestellt ist und nur noch das Dach gedeckt werden muss, kann Richtfest gefeiert werden. Damit ist ein ganz wesentlicher Abschnitt des Bauvorhabens abgeschlossen, der auch zahlreiche Risiken birgt, vor allem Zeit-, Wetter- und Kostenrisiken. Während beim Bauen mit dem Architekten das Richtfest nach wie vor mit einem Richtspruch klassisch gefeiert wird, steht ein Fertighaus so rasch samt gedecktem Dach, dass es ein klassisches Richtfest nicht gibt. Aber gerade beim Fertighausbau ist der Zeitpunkt, wenn der Rohbau ohne Zwischenfälle fertig erstellt ist, ganz wichtig. Beim Holzbau ist regnerisches Wetter besonders kritisch, und Zeitverschiebungen sind nicht immer möglich, weil die Bauelemente aus einer getakteten Produktionskette kommen. Beim Kauf vom Bauträger kann das Richtfest bereits gefeiert sein, wenn Sie sich zum Kauf entschließen.

Zeitbedarf: Vom Baubeginn bis zum Richtfest wird in der Regel ein Zeitraum von etwa drei Monaten benötigt, wenn Sie mit einem **Architekten** und einzelnen Unternehmern bauen. Der **Fertighausanbieter** errichtet den Rohbau meist innerhalb weniger Tage, wenn der Keller oder die Bodenplatte bereits erstellt wurden. Der **Bauträger** benötigt ähnliche Zeiträume wie der Architekt.

12. Meilenstein: Baufertigstellung und Bauabnahme

Die Fertigstellung des Bauvorhabens und die Bauabnahme sind ein sehr wichtiger Meilenstein, weil damit alle zeitlichen und die wesentlichen finanziellen Unwägbarkeiten ausgeschaltet sind.

Beim Bauen mit dem Bauträger und mit dem Fertighausanbieter wird das Gesamtbauwerk mit **einer Bauabnahme** abgenommen. Nehmen Sie das Bauwerk ab, gilt die vereinbarte Werkleistung als im Wesentlichen mangelfrei oder als mangelfrei erbracht, je nachdem, ob Sie noch schriftliche Vorbehalte gemacht haben oder nicht. Der Bauträger oder Fertighausanbieter hat dann Anspruch auf die Bezahlung seiner Schlussrechnung. Beim Bauen mit dem Architekten gibt es **mehrere Abnahmen**, jeweils nach der Fertigstellung eines Gewerks mit dem zuständigen Handwerksunternehmen. Wie das alles im Einzelnen abläuft, erfahren Sie in Kapitel 15.

Zeitbedarf: Ist der Rohbau fertiggestellt, dauert der Ausbau des Gebäudes beim Bauen mit dem **Architekten** etwa vier Monate. Da viele **Fertighausanbieter** ebenfalls auf klassische Art und Weise ausbauen, dauert der Ausbau genauso lange. Das Gleiche gilt für **Bauträger**.

13. Meilenstein: Fertigstellung geringer Eigenleistungen

Eigenleistungen sollten Sie erst nach der Baufertigstellung und Abnahme angehen. Häufig sind Eigenleistungen ohnehin Ausbauarbeiten, die erst nach Baufertigstellung erbracht werden können, zum Beispiel Tapezieren, Streichen oder Verlegen von Teppichboden. Tun Sie dies zu einem Zeitpunkt, zu dem noch die Handwerker Ihres Baupartners im Gebäude arbeiten, kann das zu gegenseitigen Behinderungen führen und für Sie das Risiko bergen, dass man Ihnen Schäden anlastet, für die Sie gar nicht verantwortlich sind. Ein typisches Beispiel sind tiefe Kratzer im neuen Parkett: Hat der Bauherr die Decke des Raums selbst tapeziert, ist unklar, ob er den Parkettboden – zum Beispiel durch eine Leiter – selber beschädigt hat oder ein Handwerker verantwortlich ist.

Zeitbedarf: Die Ausführung von Eigenleistungen ist unabhängig vom Projektpartner, sollte jedoch erst nach Abnahme aller Vertragsleistungen beginnen. Die Malerarbeiten, das Verlegen von Teppichböden und die Endreinigung vor dem Einzug dauern etwa vier Wochen.

14. Meilenstein: Fertigstellung der Außenanlagen

Erst wenn das Bauvorhaben vollständig abgeschlossen ist, können die Außenanlagen erstellt werden. Denn

> **Tipp**
>
> **Bevor Sie mit den Eigenleistungen beginnen,** sollten Sie durch die Abnahme der Bauleistungen eine klare rechtliche Linie ziehen. So vermeiden Sie Haftungsstreitigkeiten über mögliche Schäden.

bis zum Schluss benötigen Lkws eine Zufahrtsmöglichkeit. So muss beispielsweise ganz zum Schluss meist noch das Gerüst abgebaut und abtransportiert werden. In vielen Fällen legen Bauherren bei der Außenanlage selbst Hand an, um Geld zu sparen. Es ist allerdings nicht ganz einfach, aus einem Bauplatz einen Garten zu gestalten. Das hängt auch stark von der Jahreszeit ab. Planen Sie hierfür ausreichend Zeit ein. Mindestens ein befestigter, sicherer Zugang bis zur Haustür sollte aber bis zum Einzug vorhanden sein.

Zeitbedarf: Der Zeitaufwand für die Erstellung der Außenanlagen ist unabhängig vom Projektpartner. Die Ausführung kann je nach Jahreszeit auch nach Ihrem Einzug erfolgen. Wichtig ist nur, dass der Zugang zum Gebäude fertiggestellt ist, hierfür müssen Sie etwa eine Woche kalkulieren.

15. Meilenstein: Einzug

Wenn Sie Ihren Einzugstermin planen, müssen Sie natürlich die Kündigungsfrist Ihrer bisherigen Wohnung berücksichtigen. Aber Achtung: Wenn Sie – vielleicht aus Zeitnot, weil Sie aus der alten Wohnung ausziehen müssen – vor der endgültigen Abnahme des Gebäudes einziehen, kann das problematisch werden. Ein Einzug kann rechtlich möglicherweise als Abnahme gewertet werden. Treten dann noch Mängel auf, kann der schnelle Einzug zu erheblichen rechtlichen Nachteilen führen.

Zeitbedarf: Der Einzug ist unabhängig vom Projektpartner. Für die Vorbereitungen bis zum eigentlichen Umzug sollten Sie sich mindestens zwei bis drei Wochen Zeit nehmen, der Umzug selbst dauert meist zwei bis drei Tage.

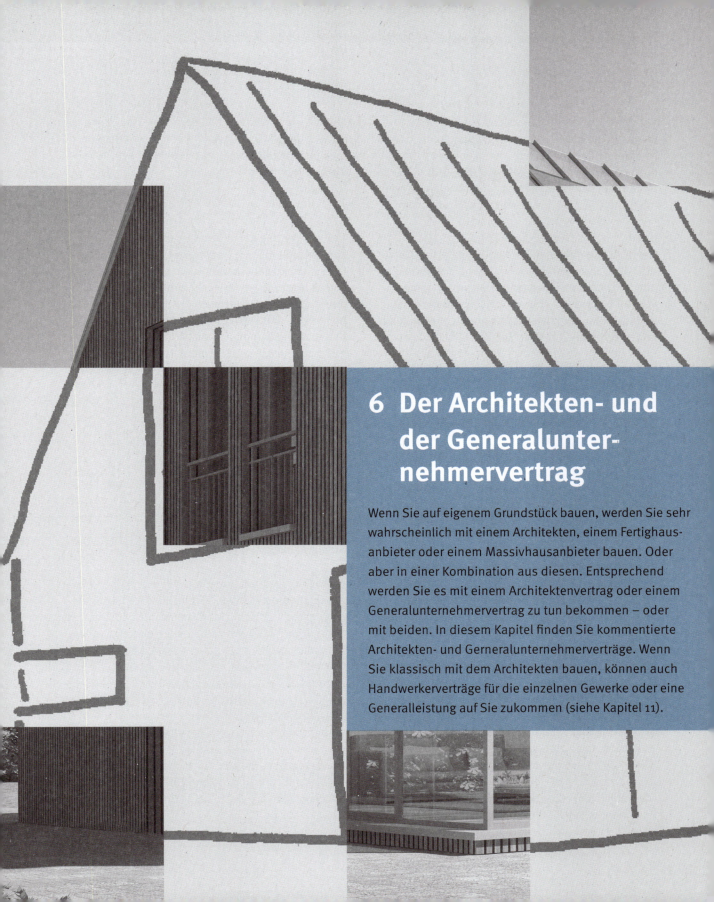

6 Der Architekten- und der Generalunternehmervertrag

Wenn Sie auf eigenem Grundstück bauen, werden Sie sehr wahrscheinlich mit einem Architekten, einem Fertighausanbieter oder einem Massivhausanbieter bauen. Oder aber in einer Kombination aus diesen. Entsprechend werden Sie es mit einem Architektenvertrag oder einem Generalunternehmervertrag zu tun bekommen – oder mit beiden. In diesem Kapitel finden Sie kommentierte Architekten- und Gerneralunternehmerverträge. Wenn Sie klassisch mit dem Architekten bauen, können auch Handwerkerverträge für die einzelnen Gewerke oder eine Generalleistung auf Sie zukommen (siehe Kapitel 11).

6 Der Architekten- und der Generalunternehmervertrag

Wichtige Vorbemerkung zu diesem Kapitel:
Im nachfolgenden Kapitel werden sowohl die Honorarordnung für Architekten und Ingenieure (HOAI) als auch das Werkvertragsrecht nach dem BGB näher erläutert. Bei beiden stehen gesichert beziehungsweise möglicherweise weitreichende Umwälzungen an.

HOAI
Die HOAI liegt momentan beim Europäischen Gerichtshof, und dort wird überprüft, ob sie überhaupt mit dem Europarecht vereinbar ist. Wesentlicher Vorwurf ist, dass sie die europäische Dienstleistungsfreiheit behindert, da sie unter anderem Vergütungshöhen verbindlich vorgibt. Der Vorwurf ist aus europa- und wettbewerbsrechtlicher Sicht – und auch aus Verbrauchersicht – sehr gut nachvollziehbar, und es kann sein, dass die HOAI daher in absehbarer Zeit fällt. Ob sie in diesem Fall überhaupt – und wenn wie – neu geregelt wird, ist momentan völlig offen. Bevor Sie einen Architektenvertrag unterzeichnen, sollten Sie sich informieren, ob es neue Entwicklungen zur HOAI gibt.

BGB
Das Werkvertragsrecht des Bürgerlichen Gesetzbuches gilt seit dem 1.1.2018 in umfassend novellierter Form. Erstmals überhaupt wurde ein eigenständiges Verbraucherbauvertragsrecht eingeführt. Da allerdings eine ganze Weile auch noch Verträge nach dem bisherigen Werkvertragsrecht des BGB Gültigkeit haben werden – nämlich alle Verträge, die bis zum 31.12.2017 geschlossen wurden – enthält dieses Kapitel auch noch Auszüge wichtiger Regelungen des bisherigen Werkvertragsrechts.

6.1 Der Architektenvertrag

Architektenverträge können grundsätzlich sehr unterschiedlich aussehen. Gemeinsam ist ihnen allerdings, dass es sich um Verträge nach dem sogenannten Werkvertragsrecht des BGB handelt. Grundlage sind die Paragrafen 631 bis 651 des BGB (⟶ Kapitel 6.2). Im Zuge der Reform des Bauvertragsrechts erhielt der Architektenvertrag erstmals eine eigenständige Gesetzesgrundlage durch Einfügung des neuen Untertitels 2 des Werkvertragsrechts des BGB. Inhaltlich ist damit aber keine wesentliche Änderung verbunden, was die vom Architekten zu lösende Aufgabe anbelangt. Das heißt im Kern, der Architekt schuldet Ihnen nicht nur eine unspezifische Planung oder Bauleitung, sondern eine solche Planung und Bauleitung, die sicherstellt, dass die festgelegten Vertragsziele mangelfrei erreicht werden. Man spricht vom Werkerfolg.

Wesentlich neu ist vor allem § 650r BGB, der ein Sonderkündigungsrecht für Architektenverträge enthält:

**§ 650r
Sonderkündigungsrecht**

(1) Nach Vorlage von Unterlagen gemäß § 650p Absatz 2 kann der Besteller den Vertrag kündigen. Das Kündigungsrecht erlischt zwei Wochen nach Vorlage der Unterlagen, bei einem Verbraucher jedoch nur dann, wenn der Unternehmer ihn bei der Vorlage der Unterlagen in Textform über das Kündigungsrecht, die Frist, in der es ausgeübt werden kann, und die Rechtsfolgen der Kündigung unterrichtet hat.

(2) Der Unternehmer kann dem Besteller eine angemessene Frist für die Zustimmung nach § 650p Absatz 2 Satz 2 setzen. Er kann den Vertrag kündigen, wenn der Besteller die Zustimmung verweigert oder innerhalb der Frist nach Satz 1 keine Erklärung zu den Unterlagen abgibt.

(3) Wird der Vertrag nach Absatz 1 oder 2 gekündigt, ist der Unternehmer nur berechtigt, die Vergütung zu verlangen, die auf die bis zur Kündigung erbrachten Leistungen entfällt.

Erläuterung:
§ 650r des BGB definiert ein Sonderkündigungsrecht nach Vorlage bestimmter Unterlagen seitens des Architekten gegenüber dem Bauherrn. Gemäß § 650p Absatz 2 des BGB handelt es sich konkret um folgende Unterlagen, Zitat:

„Soweit wesentliche Planungs- und Überwachungsziele noch nicht vereinbart sind, hat der Unternehmer zunächst eine Planungsgrundlage zur Ermittlung dieser Ziele zu erstellen. Er legt dem Besteller die Planungsgrundlage zusammen mit einer Kosteneinschätzung für das Vorhaben zur Zustimmung vor."

Das heißt, es gibt eine Sollbruchstelle für den Fall, dass es noch keine klaren Vereinbarungen mit einem Architekten gibt. Das war früher anders, und man konnte in einem mündlichen Vertragsverhältnis mit einem Architekten stehen, das dessen gesamten Leistungsumfang betraf, obwohl viele Planungsgrundlagen nicht einmal geklärt waren.

Dadurch ist zumindest das Risiko etwas gedämpft, ungewollt in einem umfassenden Architektenvertrag zu landen. Einen Architektenvertrag abzuschließen ist für darin nicht erfahrene Bauherren nicht ganz einfach. Während Architekten dies immer wieder tun und viel Erfahrung dabei sammeln, ist dies bei Bauherren natürlich nicht der Fall. Wenn überhaupt, schließen die meisten Bauherren nur einmal im Leben einen Vertrag mit einem Architekten ab. Der Architektenvertrag kann aber erhebliche Auswirkungen auf Ihr Bauvorhaben bekommen, daher ist beim Abschluss von Architektenverträgen eine gewisse Vorsicht geboten. Das geht schon damit los, dass häufig unklar ist, wann denn der Architekt in welcher Weise mit Leistungen überhaupt beauftragt wurde. Wenn Sie einen Architekten bitten, einige erste Skizzen zu machen, sind Sie damit unter Umständen bereits in einem mündlichen Architektenvertrag, obwohl Sie das vielleicht noch gar nicht sein wollten.

Wenn Sie einen Vertrag dann einfach kündigen wollen, geht das nicht so einfach, wie Sie vielleicht denken. Denn der Architekt hat in einem solchen Fall unter Umständen Anspruch auf entgangenen Gewinn. Hatte der Architekt keine anderen Aufträge und hat sich auf den Auftrag von Ihnen konzentriert und ist der mündlich geschlossene Vertrag nicht klar eingrenzbar auf einen vereinbarten Leistungsumfang, kann es schnell teuer werden. Aber: Der Architekt muss das neue Sonderkündigungsrecht nach § 650r BGB natürlich beachten. Das heißt, er muss einkalkulieren, dass er an diesem Punkt immer den Auftrag auch wieder verlieren kann.

Sie finden in diesem Buch zunächst eine Darlegung üblicher Inhalte eines Architektenvertrages und dann zwei Beispiele mit Erläuterungen sowie abschließend eine Checkliste.

Aufbau von Architektenverträgen

Es gibt in der Praxis sehr unterschiedliche Architektenverträge. Die Bundesarchitektenkammer hatte einmal einen Musterformularvertrag für Architekten empfohlen, diesen aber wieder zurückgezogen. Aktuell gibt es zum Beispiel Musterformularverträge von Landesarchitektenkammern und auch Architekten-Haftpflichtversicherern. Es kann sein, dass Ihr Architekt einen solchen Vertrag einsetzt. Manchmal verwendet er ihn auch nur als Basis und ergänzt und erweitert ihn selbst. Manchmal geschieht dies unter Beratung eines Fachjuristen, manchmal auch nicht. Dann kommt es sehr auf die Rechtskenntnisse des Architekten an, ob seine Ergänzungen so überhaupt wirksam vereinbart werden können. Selbst mit individuellen Anpassungen kann es sich übrigens um Vertragsklauseln handeln, welche als allgemeine Geschäftsbedingungen zu beurteilen und zu behandeln sind. Jedes Büro macht über die Jahre seine eigenen Erfahrungen und lässt diese in der Regel in die Verträge einfließen. Grundsätzlich geregelt werden unter anderem folgende Punkte:

- Vertragspartner,
- Vertragsgegenstand,
- Vertragsgrundlagen,
- Leistungsumfang,
- Nebenleistungen,
- Honorar.

Für Sie als Verbraucher sind weitere Punkte sehr wichtig, unter anderem:
- Termine,
- Kosten,
- Leistungsänderungen,
- Versicherung,
- Kündigungsregelungen.

Der typische Formularvertrag einer der Landesarchitektenkammern gliedert sich zum Beispiel wie folgt:
- Gegenstand des Vertrags und Leistungen des Architekten,
- Aufgaben des Bauherrn,
- Grundlagen des Honorars des Architekten,
- Schutz des Architektenwerkes und des Verfassers,
- Verlängerung der Planungs- und/oder Bauzeit, Unterbrechung des Vertrags,
- Abnahme und Verjährung,
- Mängelansprüche und Haftung,
- Haftpflichtversicherung,
- Aufrechnung,
- vorzeitige Auflösung des Vertrags,
- Herausgabe- und Aufbewahrungspflichten,
- Schlussbestimmungen,
- zusätzliche Vereinbarungen.

Man muss bei Formularverträgen, die einem vorgelegt werden, immer wissen: Diese Verträge bedienen zunächst immer vorrangig die Interessen derjenigen, von denen sie stammen. Eine Architektenkammer ist keine Verbraucherschutzeinrichtung, selbst wenn sie das behauptet, sondern zunächst eine Interessenvertretung der Architekten. Und auch ein Architektenhaftpflichtversicherer hat natürlich Interessen – beispielsweise zu Haftungsbegrenzungen. Dies reduziert die potenzielle Inanspruchnahme des Versicherers.

Das heißt, es bleibt Ihnen zunächst nichts anderes übrig, als einen Ihnen vorgelegten Vertrag – Formularvertrag als Regelfall oder Individualvertrag – sehr sorgsam durchzusehen und darauf zu achten, dass auch Ihre Interessen darin gewahrt werden.

Selbst wenn strukturell eine ganze Reihe von Punkten in einem Vertrag formal berücksichtigt ist, ist natürlich wichtig, dass diese auch inhaltlich umfassend und detailliert geregelt sind. Wenn Sie bei den Terminen zum Beispiel nur festlegen, bis wann der Architekt die Genehmigungsplanung vorbereitet haben soll, bleibt offen, bis wann das Vorhaben insgesamt abgeschlossen sein soll. Das wiederum können Sie aber nur vereinbaren, wenn der Architekt auch mit dem vollen Leistungsumfang betraut wird. Nachfolgend finden Sie daher eine Aufzählung typischerweise zu regelnder Inhalte der oben genannten Vertragspunkte:

Vertragspartner
Bei den Vertragspartnern werden der Architekt und Sie samt Partner benannt, soweit Sie den Neubau auch vertraglich gemeinsam mit einem Partner vornehmen möchten. Letzteres muss allerdings nicht sein, denn dass sich beide Partner auf Auftraggeberseite rechtlich binden wollen, ist ja nicht immer der Fall.

Vertragsgegenstand
Beim Vertragsgegenstand wird benannt, um welches Bauvorhaben es sich handelt, und insbesondere, was genau die zu lösende Planungsaufgabe ist, also zum Beispiel der Neubau eines Einfamilienhauses auf der Gemarkung der Gemeinde XY, Flurstücknummer XY und was genau gebaut werden soll, also etwa Bautyp, Bauweise, Ausstattung, technische Installationen, gegebenenfalls Zielvorgaben dazu, Dachgeschossausbau, Balkon- und Terrassenanbauten usw.

Vertragsgrundlagen
Bei den Vertragsrundlagen hält man fest, dass zum Beispiel bestimmte Pläne und eine Baubeschreibung Grundlage des Vertrages sind. Genauso aber beispielsweise Bodengutachten, vorliegende Baulasten oder Ähnliches.

Leistungsumfang

Beim Leistungsumfang wird vereinbart, mit welchen Leistungen der Architekt betraut wird. Der Leistungsumfang kann auch „stufenweise" vereinbart werden, so dass zunächst nur eine Entwurfsplanung abgefragt wird, dann gegebenenfalls eine nächste Stufe bis zur Genehmigungsplanung und schließlich Ausführungsplanung, Ausschreibung und Bauüberwachung. Außerdem können hier weitere Dinge geregelt werden, wie zum Beispiel organisatorisch ein regelmäßiger Jour Fixe auf der Baustelle oder inhaltlich zusätzlich notwendige Leistungen, die keine Grundleistung nach der HOAI sind.

Leistungsänderungen

Im Verlauf der Zusammenarbeit mit einem Architekten kann es immer zu – vor allem notwendigen – Leistungsänderungen kommen. Es ist sinnvoll, von Anfang an zu regeln, wie bei Leistungsänderungen verfahren wird. Leistungsänderungen sollten schriftlich vereinbart werden und nur bei kleinen Leistungsänderungen nach Stundenhonorar abgerechnet werden. Denn ist der Leistungsänderungsumfang größer und wird nach Stundensatz abgerechnet, können Architektenkosten extrem steigen.

Honorar

Das Honorar richtet sich bei Architekten nach der HOAI (→ Kapitel 4.1). Hier müssen Sie genau hinsehen, welche Honorarzone Ihr Architekt vereinbaren will. Für übliche Einfamilienhäuser ist die Honorarzone „III unten" beziehungsweise „III Mitte" auskömmlich. Die Zusätze „unten" und „Mitte" beziehen sich dabei auf den Honorarsatz. Dieser bestimmt die Höhe des Honorars ebenfalls mit.

Grundsätzlich Vorsicht geboten ist bei Umbauten! Das ist zwar nicht Schwerpunkt dieses Buchs, es sei aber darauf hingewiesen, dass die HOAI für Umbauten einen grundsätzlichen Zuschlag von 20 Prozent vorsieht (§ 6 Absatz 2), selbst wenn dazu keine schriftlichen Vereinbarungen getroffen wurden.

Zahlungsweise

Neben der Höhe des Honorars sollte auch dessen Zahlungsweise klar geregelt sein. Grundsätzlich gilt: erst Leistungserbringung und Abnahme der Leistung, dann Zahlung. Generell hat der Architekt keinen Anspruch auf Zahlung, bevor seine Leistung nicht vollständig erbracht und abgenommen ist. Es spricht aber andererseits auch nichts dagegen, nach Leistungsfortschritt Abschläge zu zahlen. Am einfachsten ist es, wenn jede Leistungsphase der HOAI nach Erbringung durch den Architekten vergütet wird. Dazu kann er zum Beispiel eine Abschlagsrechnung aufsetzen, die man dann prüfen und gegebenenfalls anweisen kann. Das ist auch deshalb unproblematisch, weil in der Zahlung einer Abschlagsrechnung noch keine Teilabnahme der in der Abschlagsrechnung aufgeführten Leistungen zu sehen ist. Man kann für die Abrechnung auch Leistungsphasen zusammenfassen. Wird im Vertrag schriftlich möglichst exakt fixiert, wie die Zahlung für welche Leistungen erfolgt, vermeidet das frühzeitig einen häufigen Streitpunkt.

Nebenkosten

Bei den Nebenkosten werden meist Dinge wie Telefon-, Porto- oder Kopierkosten geregelt. Also alle die Dinge, die zusätzlich zum eigentlichen Honorar anfallen können. Anfahrtkosten an die Baustelle können optional geregelt werden. Grundsätzlich ist der Architekt allerdings verpflichtet, eine ordnungsgemäße Bauleitung sicherzustellen, wenn er damit beauftragt wurde. Dessen Kosten für die Fahrten zur Baustelle sind zunächst einmal dessen interne Angelegenheit. Stehen aber zusätzliche Termine an, die zur eigentlichen Bauleitung nicht notwendig sind und zu denen Sie den Architekten dabeihaben wollen, kann es sinnvoll sein, Optionsregelungen zu treffen.

Termine

Terminregelungen betreffen alle Termine, also sowohl Planungstermine als auch Bauabwicklungstermine. Je nachdem, welcher Umfang bei den Leistungsphasen vereinbart ist, können zum Beispiel Vereinbarungen getroffen werden, bis wann Baueingabepläne erstellt sein sollen oder bis wann die Ausführungsplanung, die

Ausschreibung, der Baubeginn und der Bauabschluss erfolgt sein sollen. Da nicht immer klar ist, wie lange ein Baugenehmigungsverfahren dauert, selbst wenn es dafür gesetzliche Vorgaben gibt, kann auch vereinbart werden, dass – orientiert an der Baufreigabe beziehungsweise der Einreichung des Kenntnisgabeverfahrens – ein Nachablauf zeitlich festgeschrieben wird, zum Beispiel in der Form, dass bis spätestens drei Monate nach Baugenehmigung die Ausführungsplanung und die Ausschreibung abgeschlossen sind und spätestens weitere drei Monate danach mit den Bauarbeiten begonnen werden soll – oder äquivalent mit Einreichung der Kenntnisgabeunterlagen.

Baukostenobergrenze

Auch Baukostenobergrenzen sollten in einem Architektenvertrag festgeschrieben werden. Sind sie es nicht, gibt es faktisch keine Begrenzung derselben. Um später gegebenenfalls nachweisen zu können, dass der Architekt die Baukosten nicht eingehalten hat und das möglicherweise auch eine Kündigung rechtfertigt oder gerechtfertigt hat, muss aber natürlich klar sein, dass dem Architekten eine solche Baukostenobergrenze auch vorgegeben war. Ziehen Sie vertraglich klar eine Kostengrenze, dann ist das sehr klar. Bei den Kostengrenzen sollte man eine sehr genaue Definition wählen: Handelt es sich um die Brutto- oder Nettobaukosten? Ist das Architektenhonorar dabei oder nicht? Denn wenn solche Dinge nicht klar festgelegt sind, entsteht schnell undefinierter Spielraum in der Höhe von einigen Zehntausend Euro.

Versicherung

Bei den vertraglich zu regelnden Versicherungen im Architektenvertrag ist vor allem die Haftpflichtversicherung des Architekten wichtig. Grundsätzlich muss er eine solche haben. Wichtig ist, dass er keine Beitragsrückstände hat und dass die Versicherung eine ausreichende Deckungshöhe aufweist. Die Deckungshöhe der Versicherung sollte immer oberhalb der veranschlagten Bau- beziehungsweise Umbaukosten liegen, so dass im Zweifel das gesamte Vorhaben auch der Höhe nach abgesichert ist. Das betrifft allerdings nur die Sachschäden und noch nicht Personenschäden, die sehr schnell sehr teuer werden können. Hier sind Deckungshöhen von zwei bis drei Millionen Euro üblich und werden von den meisten Versicherern den Architekten auch so angeboten.

Am sinnvollsten ist es, wenn im Vertrag die Versicherung und die Versicherungsnummer des Architekten fixiert werden, damit Sie im Fall des Falles diese Daten zur Verfügung haben. Es gibt Bauherren, die bei Schadensfällen erhebliche Probleme hatten, an diese Daten zu kommen. Die meisten Architekten haben mit der Herausgabe der Daten aber auch kein Problem und sind ihrerseits daran interessiert, im Schadensfall vorsorglich frühzeitig ihre Versicherung einzuschalten. Wenn Sie wissen, bei welcher Versicherung Ihr Architekt versichert ist, können Sie zur Sicherheit auch nochmal bei der Versicherung anrufen und sich bestätigen lassen, dass mit dem Versicherungsvertrag alles in Ordnung ist. Seriöse Architekten haben auch damit kein Problem.

Urheber- und Nutzungsrechte an der Planung

Das Urheberrecht an der Planung verbleibt grundsätzlich beim Urheber, also dem Architekten. Das Nutzungsrecht an der Planung hingegen geht nach Erbringung und Abnahme der Leistungsphasen 3 und 4 über auf den Auftraggeber der Planung. So können Sie auch später recht frei Veränderungen am Bauwerk vornehmen. Anspruch auf einen Veränderungsschutz seines Werkes hat ein Architekt nur in Ausnahmefällen, nämlich bei besonderen schöpferischen Leistungen, wozu übliche Einfamilienhausbauten nicht gehören.

Abnahme und Mängel

Wenn eine Leistung erbracht ist, muss sie abgenommen werden. Abnehmen heißt, dass Sie die Leistung als im Wesentlichen vertragsgemäß erbracht anerkennen. Das, was Sie nicht oder als nur mangelhaft erbracht ansehen, müssen Sie mit einem Vorbehalt im Abnahmeprotokoll aufnehmen, sonst können Ihnen Gewährleistungsrechte aus einem solchen Mangel verloren gehen. Sie können eine Abnahme nicht einfach verweigern. Denn gesetzlich sind Sie zur Abnahme einer erbrachten Leistung verpflichtet. Es sei denn, dem stehen schwerwiegende Mängel entgegen. Das wäre zum Beispiel eine Planung des Architekten, die statisch so, wie sie eigentlich gedacht wäre, gar nicht umsetzbar ist.

Unterlagen/Dokumente

Während der Planung und der Bauüberwachung durch den Architekten entstehen zahlreiche Unterlagen und Dokumente, von der Genehmigungsplanung über die Ausführungsplanung bis hin zur Detailplanung. Aber auch Ausschreibungen und das Bautagebuch gehören dazu. Am besten regelt man bereits im Architektenvertrag, dass alle diese Unterlagen im Original beziehungsweise in Kopie (Bautagebuch) nach Leistungserbringung an Sie übergeben werden. Ist das nicht geregelt, kann es später zu sehr zähen Verhandlungen kommen, welche Herausgabe der Architekt am Ende schuldet und welche nicht. Zudem droht ein Tauziehen „Unterlagen gegen ausstehendes Honorar".

Werbung

Viele Architekten machen mittlerweile Werbung mit ihren Bauprojekten. Sei es auf einem Bauschild auf dem Baugrundstück, sei es auf ihrer Internetseite. Auch hierzu empfehlen sich klare und frühzeitige Regelungen. Es ist für Architekten durchaus sinnvoll, geplante Projekte zu zeigen. Auch Sie könnten davon bei der Architektensuche ja vielleicht profitieren. Und gute Architekten können auch bei schwierigen Aufgaben wirkliche Baukultur schaffen. Wenn Sie also von der Planung des Architekten bezüglich Ihres Projektes überzeugt sind und seiner Werbung nicht im Weg stehen wollen, können Sie zum Beispiel auch einschränkende Regelungen treffen, etwa keine Innenaufnahmen des Objekts zu zeigen, keine Namen und Adressen zu nennen usw.

Generelle Probleme tauchen meist dann auf, wenn es Ärger gibt, und dann – trotz Ärgers – mit Ihrem Bau geworben wird. Eine Lösung kann daher sein, dass man die Regelungen zur Werbung vertagt, bis das Vorhaben abgeschlossen ist. Lief dann alles gut, dürften Vereinbarungen dazu relativ problemlos zu treffen sein.

Schlichtungs- und Schiedsvereinbarung

Man kann überlegen, in einen Architektenvertrag auch Regelungen zur Schlichtung oder sogar zu einer Schiedsvereinbarung im Streitfall aufzunehmen. Bei Schlichtungs- und Schiedsregelungen sollte man aber darauf achten, dass der Schlichter beziehungsweise Schiedsrichter von beiden Seiten ausgesucht werden kann oder beiden Seiten gegebenenfalls sogar schon vor Vertragsabschluss bekannt ist und beide mit ihm als Person einverstanden sind. Als Schlichter oder Schiedsrichter können Fachanwälte für Bau- und Architektenrecht gut geeignet sein. Einige haben sogar eine Zusatzausbildung als Schlichter oder Mediator. Der Vorteil einer Schlichtung durch einen Fachanwalt liegt darin, dass ein solcher die Rechtsmaterie im Detail kennt und damit auch mögliche Rechtskonsequenzen überschaut, falls es nicht zu einem Vergleich kommt. Schon das kann helfen, über einen Vergleich zielorientierter nachdenken zu können.

Bei Schiedsvereinbarungen sollte man darauf achten, dass das Schiedsgericht nicht einen automatischen und verbindlichen Verzicht auf den Rechtsweg bedeutet. Das mindert zwar den Druck auf beide Parteien im Schiedsverfahren. Es hat aber auch keinen Sinn, eine Schiedsvereinbarung über Druck zu erzwingen. Schiedsvereinbarungen sollten grundsätzlich auf Freiwilligkeit basieren, für Schlichtungsverfahren ist es ohnehin Voraussetzung. Kommt man im Schlichtungs- oder Schiedsverfahren nicht weiter, kann die verbleibende Option des Rechtswegs sinnvoll sein.

Kündigungsregelungen

Klare Kündigungsregelungen fehlen in vielen Architektenverträgen. Sie sind aber sinnvoll. Wenn Sie einen Architekten nur stufenweise beauftragen, orientiert an den Leistungsphasen der HOAI, haben Sie automatisch regelmäßige Ausstiegsmöglichkeiten, da die jeweils nächste Leistungsphase dann nicht automatisch beauftragt ist. Aber Ihr Architekt hat dann natürlich auch regelmäßige Ausstiegsmöglichkeiten. Ein guter Architekt, der es mit schwieriger Bauherrenschaft zu tun hat, wird diese Chance natürlich umgekehrt dann auch gerne nutzen.

Wenn Sie mit dem Architekten von vornherein einen Vertrag über alle Leistungsphasen abschließen wollen, kommt er hingegen zwar nicht ohne Weiteres aus dem Vertrag heraus, Sie aber auch nicht. Bei solchen Verträgen sind klare Kündigungsregelungen wichtig. Es kann ja zum Beispiel sein, dass es zu einem unüberbrückbaren Zerwürfnis kommt und die weitere Zusammenarbeit nur noch eine Qual wäre, oder aber es stellen sich grobe Unzuverlässigkeiten ein und Sie möchten aus dem Vertrag aussteigen. Kündigen Sie dann einfach einen Architektenvertrag ohne ausreichenden Grund, kann der Architekt, wie bereits erwähnt, auf entgangenen Gewinn klagen. Denn er hatte eigentlich ja einen Vertrag, der alle Leistungsphasen umfasste.

Werden im Vertrag klare Kündigungsregelungen getroffen, wer unter welchen Umständen kündigen kann und wie sich die wechselseitige Anspruchsgrundlage in diesem Fall gestaltet, ist das hilfreich. Man wird nie alle Fälle regeln können, aber typische, wichtige Fälle sehr wohl. Kündigungsgründe können ebenso geregelt werden wie die formalen Anforderungen an eine Kündigung – also zum Beispiel Schriftform per Einschreiben oder Ähnliches.

Vertragsbeispiele mit Erläuterungen

Üblicherweise ist es so, dass der Architekt dem Bauherrn einen Vertragsvorschlag vorlegt. Das ist entweder ein Formularvertrag, der unverändert ist, oder ein individuell abgeänderter Formularvertrag oder aber ein ganz individueller Vertrag, den der Architekt mit oder ohne juristische Beratung entworfen hat. Allerdings gilt: Auch wenn sich der Vertragsentwurf des Architekten auf ein konkretes Bauvorhaben mit teils individuellen Regelungen bezieht, gibt es zunächst die gesetzliche Vermutung, dass es sich um einen Formularvertrag handelt.

Sie werden in der Praxis auf sehr unterschiedliche Architektenverträge stoßen. Damit Sie einmal ein Gefühl dafür bekommen, wie ein solcher Vertrag aussehen kann, finden Sie nachfolgend zwei Vertragsbeispiele, die durchgängig erläutert sind. Zunächst einen individuell entworfenen Vertrag und dann das fiktive Beispiel eines Formularvertrags.

Die Vorlage eines Architektenvertrags durch einen Architekten ist grundsätzlich als Vorschlag von dessen Seite zu betrachten. Ob es zum Abschluss auf einer solchen Vertragsbasis kommt, wird ganz wesentlich von Ihnen abhängen.

Beispiel 1: Individuell entworfener Vertrag

Architektenvertrag

Zwischen
Eheleute Paula und Paul Müller
Müllerstraße 1
12345 Müllerhausen
(nachfolgend Auftraggeber (AG) genannt)

und

Architekt Leo Meier
Meisterstraße 1
12345 Müllerhausen
(nachfolgend Auftragnehmer (AN) genannt)

wird folgender Architektenvertrag geschlossen:

§ 1 Vertragsgegenstand
Vertragsgegenstand ist der Neubau eines Einfamilienhauses auf dem Flurstück 6789 des AG in der Hausstraße 10 in 12345 Müllerhausen.

Erläuterung:
Dies ist eine übliche, kurze Regelung, mit der im Vertrag klar fixiert wird, um welches Grundstück es sich überhaupt handelt, auf dem gebaut werden soll. Was hier allerdings gänzlich fehlt, ist eine genaue Beschreibung der Planungsleistung, also welcher Neubau mit welchen Anforderungen in welcher Weise geplant werden soll, zum Beispiel Planung des Neubaus eines KfW-55-Effizienzhauses, barrierefrei nach DIN 18040, Größe 150 m² Wohnfläche,

zweigeschossig, mit Satteldach nach B-Plan, mit Einliegerwohnung im Erdgeschoss und ausgebautem Dachgeschoss.

§ 2 Vertragsgrundlagen
Vertragsgrundlagen sind die Besprechungen vom (Datum) und die Entwurfsskizzen vom (Datum).

Erläuterung:
In § 2 wird auf Vertragsgrundlagen verwiesen, die aber nicht explizit zum Vertragsbestandteil gemacht werden. Sehr wichtig ist daher, dass diese Vertragsrundlagen nochmals inhaltlich daraufhin genau überprüft werden, ob sie wirklich als solche dienen können oder überarbeitet werden müssen. Ferner sollten sie dann auch zum Vertragsbestandteil gemacht werden.

§ 3 Leistungsumfang
Als Leistungsumfang werden vereinbart die Leistungsphasen 1 bis 8 der HOAI.

Erläuterung:
Es ist die Frage, ob Sie von vornherein alle Leistungsphasen der HOAI mit dem Architekten vereinbaren wollen oder ob Sie zunächst zum Beispiel nur die Leistungsphasen 1 bis 3 oder 1 bis 4 vereinbaren wollen, also alle Entwurfsleistungen ohne oder mit der Genehmigungsplanung. Das wird natürlich zu Diskussionen mit dem Architekten führen. Sie können aber auch argumentieren, dass Sie mit den Leistungsphasen 1 bis 3 beziehungsweise 1 bis 4 ja überhaupt erst eine Näherung an die voraussichtlichen Baukosten erhalten und mit diesen Werten dann zunächst in Verhandlungen mit Ihrer Bank eintreten wollen, sodass Sie dann nach Abschluss eines Kreditvertrages die weiteren Leistungsphasen von 5 aufwärts angehen können.

Bei den weiteren Leistungsphasen ist es sinnvoll, die Phasen 6, 7 und 8 durch einen und denselben Architekten umsetzen zu lassen. Denn sonst haben Sie das Problem, dass ein Büro die Leistungsverzeichnisse erstellt (Leistungsphase 6) und gegebenenfalls noch die Vergabe betreut (Leistungsphase 7) und ein anderes die Bauleitung übernimmt (Leistungsphase 8). Dann muss der Bauleiter mit einer Ausschreibung zurechtkommen, die er nicht selbst erstellt hat und auf die er keinen Einfluss hatte. Das ist nach aller Erfahrung ungünstig. Kommt es dann zu Problemen und Mehrkosten, kann das natürlich auch schnell auf die unvollständige oder fehlerhafte Ausschreibung geschoben werden. Liegen beide Leistungen in einer Hand, ist dieses „Katz-und-Maus-Spiel" unterbunden.

§ 4 Leistungsänderungen und Zusatzleistungen
Änderungen der Leistungen müssen schriftlich vereinbart werden. Ebenso Zusatzleistungen, die nicht über die Grundleistungen der HOAI abgedeckt sind.

Erläuterung:
Dass durch den vorliegenden Vertrag nur HOAI-Grundleistungen abgedeckt werden, ist tatsächlich so. Den meisten Bauherren ist der Umfang der HOAI-Leistungsbilder allerdings gar nicht klar. Werden dann über die Grundleistungen hinaus besondere Leistungen notwendig, vielleicht sogar zwingend notwendig, ist der Ärger vorprogrammiert. Daher ist es sinnvoll, vor Vertragsabschluss gemeinsam mit dem Architekten den Umfang der HOAI-Leistungsbilder durchzugehen und zu schauen, ob für den geplanten, individuellen Neubau weitere Leistungen des Architekten notwendig werden können, die nicht über die Grundleistungen aus der HOAI erfasst sind. Ist das so, können eventuell notwendig werdende Zusatzleistungen von vornherein vertraglich fixiert werden, und auch die voraussichtlichen Kosten dafür sollten dann vom Architekten benannt werden. Das ist in einem frühen Stadium einer Planung allerdings nicht immer unbedingt möglich. So kann es ja zum Beispiel sein, der Architekt stellt erst im Rahmen der Grundlagenermittlung (Leistungsphase 1) fest, dass der Neubau erheblich aufwendiger werden wird als zunächst gedacht, beispielsweise weil es statische Probleme gibt oder weil es Probleme mit Grundwasser gibt oder ähnliches. Hat man in einer solchen Situation noch keinen Architektenvertrag über alle Leistungsphasen abgeschlossen, kann man

dann flexibel reagieren. Müssen Leistungsanpassungen erfolgen, ist zu diesem Zeitpunkt weder die Ausführungsplanung (Leistungsphase 5) vereinbart noch die Ausschreibung (Leistungsphase 6). Auch vertraglich notwendige Anpassungen für diesen Leistungsumfang können dann in einem Folgevertrag gut und problemlos aufgenommen werden.

§ 5 Nebenleistungen
Alle Nebenleistungen wie Telefon, Porto und Kopierkosten usw. werden auf Nachweis vergütet.

Erläuterung:
Man kann eine solche Vereinbarung treffen. Dann wäre es aber sinnvoll, der Architekt legte eine Kostentabelle seiner Nebenkosten vor, sodass man weiß, was in etwa dabei für die einzelnen Positionen überhaupt anfällt.

Die andere Alternative ist, eine Pauschale für diese Position zu vereinbaren. Diese muss dann aber bereits mit Vertragsschluss vereinbart werden und dies schriftlich.

§ 6 Honorar
Das Honorar richtet sich nach der HOAI. Vereinbart wird Honorarzone III Mitte.

Erläuterung:
Unter § 6 wird die HOAI-Honorarzone III Mitte vereinbart. Für den Einfamilienhausbereich sind die Honorarzonen III und IV der HOAI üblich. Es ist für Sie allerdings natürlich schon ein Kostenunterschied, ob Honorarzone III unten vereinbart ist oder Honorarzone IV Mitte oder oben. Auf Seite 43 konnten Sie ein Beispiel sehen, welche Honorarkosten anfallen, wenn Sie für einen Neubau mit Baukosten von 300.000 Euro ein Architektenhonorar nach Honorarzone III unten vereinbaren. Kommt die hier vereinbarte Honorarzone III Mitte zum Ansatz, wird es deutlich teurer. Ob Sie das wollen, ist fraglich. Wenn ein Architekt für Neubauaufgaben im Einfamilienhausbereich Honorarzone III Mitte oder auch III oben ansetzen will, sollte er das Ihnen gegenüber auch darlegen und begründen, denn die vielen Tausend Euro zusätzlich zahlen Sie. Soweit Zuschläge prozentual am Honorar hängen, steigen natürlich auch die Zuschläge an, wenn eine andere, höhere, Honorarzone oder ein höherer Honorarsatz vereinbart wird. Kommt es im Rahmen eines Neubaus beispielsweise auch zu Umbauten eines angrenzenden Bestandsgebäudes, das in den Neubau integriert werden soll oder ähnlich, hängt auch der Umbauzuschlag prozentual am Honorar. Auch der Umbauzuschlag würde dann also mit steigen.

§ 7 Zahlungen
Zahlungen erfolgen nach Rechnungslegung durch den AN. Zahlungsziel sind sieben Werktage.

Erläuterung:
Die unter § 7 vereinbarten Zahlungsmodalitäten sind unzureichend. Grundsätzlich gilt: Der Architekt hat einen Rechtsanspruch auf Honorarzahlungen erst, wenn er seine Leistungen erbracht hat und die Leistungen abgenommen sind. Viele Architekten nehmen daher die Leistungsphase 9 der HOAI, die sogenannte „Objektbetreuung und Dokumentation" entweder gar nicht in ihre Verträge auf (wie im Beispiel hier auch) oder aber schließen dafür einen separaten Vertrag ab. Denn wäre auch diese Leistungsphase 9 mit im Vertrag, hätte der Architekt streng genommen erst mit dem Ablauf der Gewährleistungszeit der Handwerkerarbeiten nach fünf Jahren Anspruch auf Zahlung seines Honorars. Denn mit Vereinbarung der Leistungsphase 9 ist unter anderem auch vereinbart, dass der Architekt vor Auslaufen der Gewährleistungsfrist überprüft, ob Baumängel aufgetreten sind, für die Rechte auf Beseitigung noch vor Ablauf der dieser Frist gesichert werden müssen.

Auf der anderen Seite steht einer ratenweisen Zahlung an den Architekten nichts entgegen, solange der Grundsatz Leistung gegen Zahlung gewahrt ist. Dann sollte man aber die Leistungsziele und die daran orientierten Zahlungen klar festlegen. Am einfachsten zum Beispiel anhand der einzelnen HOAI-Phasen. So können beispielsweise jeweils nach Abschluss einer oder auch zweier HOAI-Phasen Zahlungen geleistet werden, also etwa nach Leistungsphase 1 und 2 und dann wieder nach Leistungsphase 3 oder 3 und 4. Manchmal werden Leistungsphasen durch den Architekten auch zeitlich überlappend bearbeitet. Während also zum Beispiel der Kelleraushub schon erfolgt ist, sind die Malerleistungen erst in der Ausschreibungsphase. Dann würde der Architekt gleichzeitig zwei unterschiedliche Leistungsphasen bearbeiten, Leistungsphase 6 (Vorbereitung der Vergabe) und Leistungsphase 8 (Objektüberwachung). Im Rahmen eines Einfamilienhausbaus ist es aber so, dass eigentlich nur die Leistungsphase 8 für den Architekten zeitlich so unkalkulierbar ist, dass er auch während der Bearbeitung dieser Leistungsphase möglicherweise Zwischenabrechnungen stellen will. Falls dies so ist, kann man für die Leistungsphase 8 überlegen, die Zwischenabrechnungen des Architekten an den Baufortschritt zu koppeln und damit klare Vereinbarungen für Abschläge zu treffen, also etwa nach Kelleraushub, nach Rohbaufertigstellung, nach Schließung des Rohbaus mit Dach- und Fenstermontage etc.

Das unter § 7 angesetzte Zahlungsziel von sieben Werktagen ist sehr knapp bemessen. Ein Kompromiss in der Mitte von eventuell 14 Werktagen könnte hier eine Möglichkeit sein. Denn Sie müssen sich vor einer Zahlung ja auch mit den erbrachten Leistungen des Architekten auseinandersetzen und schauen, ob die erbrachten Leistungen auch den Vereinbarungen entsprechen und die Leistung dann abnehmen. Grundsätzlich müssen Rechnungen von Architekten prüffähig sein. Dies gilt auch für Abschlagsrechnungen. Das heißt, Sie müssen transparent und nachvollziehbar prüfen können, ob die Abrechnung sachlich und rechnerisch stimmt. Die Rechtsprechung des BGH hält für Architektenschlussrechnungen zum Beispiel einen Prüfzeitraum von maximal zwei Monaten analog der VOB/B für angemessen. Ist allerdings ein kürzerer Zeitraum für Abschlagszahlungen vereinbart, sollte man sich an ihn halten. Sieben Werktage sind jedoch definitiv viel zu kurz.

§ 8 Termine
Das Baugesuch soll bis Ende des laufenden Jahres eingereicht werden. Mit dem Bauvorhaben soll im Frühjahr nächsten Jahres begonnen werden.

Erläuterung:
Die Vereinbarung in § 8 ist unzureichend. Es sollte nach Möglichkeit ein kalendarisch fester Termin vereinbart werden, bis wann das Baugesuch eingereicht oder ein Kenntnisgabeverfahren in Gang gesetzt wird. Außerdem sollte festgehalten werden, in welcher Frist nach Erteilung des Baugesuchs oder Ingangsetzung eines Kenntnisgabeverfahrens das Bauvorhaben abgeschlossen ist.

Wird im Architektenvertrag gar kein Termin vereinbart und gibt es auch keinen verbindlichen Bauzeitenplan, der Vertragsbestandteil ist, haben Sie im Fall von Bauverzögerungen kaum Handhabe, wirksam dagegen vorzugehen beziehungsweise Schadensersatzansprüche zu stellen.

§ 9 Baukosten
Die exakten Kosten des Bauvorhabens werden zwischen AG und AN nach Rücklauf der Ausschreibungen festgelegt.

Erläuterung:
Die unter § 9 festgelegten Vereinbarungen sind unzureichend. Auch wenn zum Zeitpunkt des Vertragsschlusses mit dem Architekten noch gar keine Kostenschätzungen vorliegen, ist es ja aber doch so, dass Sie wahrscheinlich nur ein bestimmtes Budget für den Neubau zur Verfügung haben. Dann muss vereinbart werden, dass der Neubau mit sämtlichen Leistungen, inklusive Architektenhonorar und Mehrwertsteuer, diesen Betrag nicht übersteigen darf. Nur so haben Sie die Möglichkeit, im Falle von Budgetüberschreitungen, die nicht auf Ihre Eingriffe oder Wünsche zurückgehen, wirksam handeln zu können. Denn Architekten können aufgrund ihrer Vermögensbetreuungspflicht gegenüber Bauherren Budgetvorgaben

nicht einfach überschreiten. Das ist schon allein deswegen riskant, weil Architekten dann beispielsweise auch keinen Versicherungsschutz genießen.

§ 10 Versicherung
Der AN bestätigt, dass er eine Berufshaftpflichtversicherung abgeschlossen hat.

Erläuterung:
Noch besser wäre, die Versicherung des AN bestätigte die Versicherung des AN direkt. Es hat sich daher in der Praxis bewährt, dass man sich mit Vertragsschluss auch die Versicherung und die Versicherungsnummer des Architekten nennen lässt und sie einfach mit in den Vertrag aufnimmt. Es hat sich ferner bewährt, bei der Versicherung anzurufen und sich bestätigen zu lassen, dass die Versicherung auch tatsächlich besteht und keine Beiträge ausstehen.

Man sollte das ganz offen mit dem Architekten besprechen. Das soll kein Misstrauensvotum gegenüber dem Architekten sein, sondern nur eine schlichte, transparente Rückversicherung für den Bauherrn. Das wird den Architekten vielleicht nicht freuen, und in den meisten Fällen sprechen Bauherren das auch nicht an, weil es ihnen unangenehm ist. Falls dann allerdings etwas schiefgeht und die Versicherung des Architekten in Anspruch genommen werden muss, können Probleme schon damit beginnen, dass Sie den Versicherer des Architekten gar nicht kennen und auch die Versicherungsnummer nicht.

Ferner fragt sich bei der Regelung von § 10 natürlich auch, bis zu welcher Schadenshöhe der Architekt versichert ist. Die Sachschadenshöhe sollte mindestens den Wert der Baumaßnahmen umfassen. Bei Umbauten kann es auch notwendig werden, dass auch der Wert der Bestandsimmobilie in der Höhe der Versicherungssumme erfasst ist. Bei Personenschäden werden bei kleineren Bauvorhaben üblicherweise 2 Millionen Euro versichert.

§ 11 Abnahme und Gewährleistung
Der Bauherr ist verpflichtet, die Handwerker- und Architektenleistungen nach Aufforderung abzunehmen. Mit der Abnahme beginnt die Gewährleistung. Die Ansprüche des Bauherrn verjähren nach Ablauf von fünf Jahren.

Erläuterung:
§ 11 enthält keine ungewöhnliche Regelung, da sie hinsichtlich der Verpflichtung zur Abnahme der Handwerkerleistungen nur eine Aufgabenzuweisung enthält. Sie sind, wie bereits erwähnt, schon von Gesetzes wegen verpflichtet, erbrachte Leistungen auf Aufforderung abzunehmen, es sei denn, dem stehen berechtigte Gründe entgegen, also etwa eine sehr gefährlich montierte Elektroinstallation. Fachliche Mängel müssen Sie durch einen Vorbehalt im Abnahmeprotokoll sichern, damit Ihnen die Gewährleistungsrechte aus diesen Mängeln nicht verloren gehen. Bei der Abnahme von Architektenleistungen – etwa der Ausführungsplanung – müssen Sie immer kritisch hinterfragen, ob das, was beauftragt wurde, auch ordnungsgemäß erbracht ist. (→ Kapitel 10.3).

§ 12 Dokumente und Unterlagen
Die Rechte an den Planunterlagen verbleiben beim AN.

Erläuterung:
Die hier unter § 12 getroffene Regelung ist unzureichend. Denn faktisch wird damit ja festgelegt, dass alle Rechte an den Planunterlagen beim AN, also dem Auftragnehmer, also dem Architekten, verbleiben. Da Sie aber die Planung beauftragt haben, sollten Sie auch das Recht an den Plänen haben. Nicht etwa das Urheberrecht, das bleibt ganz natürlicherweise beim Architekten, aber das Nutzungsrecht an den Planunterlagen.

Selten wird auch geregelt, dass dem Bauherrn ein vollständiger Plansatz der Entwurfs- und Ausführungspläne (zum Beispiel in ausgedruckter Version, etwa im gefalteten DIN-A-4-Format, vielleicht auch zweifach) zu übergeben ist. Möglicherweise wollen Sie die Pläne zusätzlich auch elektronisch haben. Als CAD-Datei und/oder als PDF. Auch das kann man selbstverständlich vereinbaren. Eine bindende Regelung zur Übergabe von CAD-Daten ist grundsätzlich sinnvoll und sehr wichtig, falls Sie beispielsweise nach der Leistungsphase 4 zu einem anderen Architekten wechseln.

So wie mit den Plänen sollte man mit allen Unterlagen verfahren, also zum Beispiel auch mit den Ausschreibungsunterlagen. Darüber hinaus ist auch eine Kopie des Bautagebuchs des Architekten ein sehr wichtiges Dokument, dessen Übergabe man vereinbaren sollte, wenn die Leistungsphase 8 vereinbart ist.

§ 13 Urheberrecht
Das Urheberrecht an den Planungen verbleibt beim AN. Ohne dessen Einwilligung dürfen Änderungen an der Planung, Weiternutzungen der Planungen oder Umbauten an dessen Werk nicht erfolgen.

Erläuterung:
Mit § 13 werden sehr weitgehende Einschränkungen vorgenommen, die Sie bei der zukünftigen Nutzung beziehungsweise Umnutzung der Pläne und des Bauwerks stark einschränken würden. Das ist nicht gerechtfertigt. Es kann ja zum Beispiel sein, dass Sie nach Leistungsphase 4 der HOAI (Genehmigungsplanung) nicht mehr mit dem Architekten weiterarbeiten wollen und ein neuer Architekt leichte Anpassungen in der folgenden Ausführungsplanung vornehmen möchte. Dann müsste in diesem Falle Ihr bisheriger Architekt sein Einverständnis geben. Oder aber Sie wollen vielleicht einige Jahre nach Abschluss des Bauvorhabens umbauen. Auch dann müssten Sie Ihren damaligen Architekten nach den hier getroffenen Regelungen ja zunächst fragen. Das ist nicht sinnvoll. Solche Regelungen sollte man besser ersatzlos streichen.

§ 14 Werbung
Der AN darf zu Werbezwecken ein Schild auf dem Grundstück des AG bis sechs Monate nach Bauabschluss aufstellen und Bilder und Pläne des BV unbefristet zu Werbezwecken im Internet und anderen Medien publizieren.

Erläuterung:
Die hier getroffenen Regelungen sollten Sie sich gut überlegen. Das Bauschild, das noch sechs Monate lang in Ihrem Garten herumsteht, ist das eine. Das andere ist: Kommt es während der Bauzeit zu schweren Konflikten mit dem Architekten und hat er trotzdem das Recht, mit dem betreffenden Hausbau zu werben, kann das manchen Bauherrn sehr verärgern. Nach den oben getroffenen Regelungen hätte der Architekt dieses Recht unbefristet und in allen Medien. Besser ist es, solche Regelungen dann zu treffen, wenn das Bauvorhaben auch gut lief und erfolgreich abgeschlossen werden konnte.

§ 15 Schiedsvereinbarung
AG und AN unterwerfen sich im Falle von Streitfällen unwiderruflich den Schiedsspruch des Schiedsrichters Dr. Schmidt in Schmidthausen.

Der Schiedsspruch des Schiedsgerichts wird rechtlich verbindlich anerkannt.

Auf Rechtsmittel außerhalb des Schiedsgerichts verzichten AG und AN verbindlich und unwiderruflich.

Erläuterung:
Die in § 15 vorgesehene Schiedsvereinbarung wäre in dieser Form unzulässig, da § 1031 Absatz 5 der Zivilprozessordnung (ZPO) für Schiedsvereinbarungen mit Verbrauchern regelt, dass diese in einem separaten Dokument zu vereinbaren sind:

„Schiedsvereinbarungen, an denen ein Verbraucher beteiligt ist, müssen in einer von den Parteien eigenhändig unterzeichneten Urkunde enthalten sein. Die schriftliche Form nach Satz 1 kann durch die elektronische Form nach § 126a des Bürgerlichen Gesetzbuchs ersetzt werden. Andere Vereinbarungen als solche, die sich auf das schiedsrichterliche Verfahren beziehen, darf die

Urkunde oder das elektronische Dokument nicht enthalten; dies gilt nicht bei notarieller Beurkundung."

Das heißt: Schiedsvereinbarungen mit Ihnen müssen in einem separaten Dokument geschlossen werden. Einzige Ausnahme: Sie haben einen notariell beurkundeten Vertrag, zum Beispiel einen Kaufvertrag zum Kauf einer Immobilie vom Bauträger. Wäre die in § 15 vorgesehene Schiedsvereinbarung in einem separaten Dokument verfasst, wäre sie ansonsten aber eine verbindliche Regelung. Danach hätten Sie in einem Streitfall die Pflicht, sich einem Schiedsgericht zu unterwerfen und den Schiedsspruch des Schiedsrichters verbindlich anzuerkennen. Rechtsmittel dagegen wären nicht möglich.

Eine vertraglich geregelte Schiedsvereinbarung als freiwillige Option kann durchaus sinnvoll sein. Sie sollte aber nach Möglichkeiten nicht grundsätzlich den Rechtsweg versperren.

Zentral ist bei jeder Schiedsvereinbarung neben der Freiwilligkeit der Teilnahme natürlich auch die Person des Schiedsrichters. In der Regelung unter § 15 handelt es sich um einen Herrn „Dr. Schmidt in Schmidthausen". Da stellt sich natürlich sofort die Frage, ob Sie die Person überhaupt kennen und sich einen Eindruck von ihr machen konnten. Vielleicht kennt der Architekt diese Person jedoch gut und hat zu ihr bereits Vertrauen gewonnen. Ob das aber bei Ihnen auch so sein würde, ist ja völlig unklar. Die Person des Schiedsrichters sollte daher beiden Vertragspartnern entweder vor Vertragsabschluss gut bekannt sein oder später gemeinsam frei ausgewählt werden können.

§ 16 Kündigungsregelungen
Eine Vertragskündigung ist nur im Falle eines unüberbrückbaren Zerwürfnisses möglich. Dem AN ist in diesem Fall der entgangene Gewinn zu ersetzen.

Erläuterung:
Die hier getroffene Regelung zur Kündigung ist sehr zweifelhaft. Denn dann müssten Sie im Fall einer Kündigung nachweisen, dass ein unüberbrückbares Zerwürfnis vorliegt. Es kann ja auch andere Kündigungsgründe geben. Zudem wäre im Einzelfall zu prüfen, auf wessen Fehlverhalten das Zerwürfnis zurückzuführen ist.

Die Kündigung von Architektenverträgen ist ein heikles Thema. Die phasenweise Beauftragung des Architekten, also zumindest die Leistungsphasen 1 bis 4 und 5 bis 8 der HOAI separat, kann helfen, das Kündigungsproblem etwas einzuschränken. Denn Sie erhalten ja bereits während der Leistungsphasen 1 bis 4 einen Eindruck von der Arbeit des Architekten und können dann beurteilen, ob Sie mit ihm auch in die bauliche Umsetzung des Projektes gehen wollen. Haben Sie hingegen mit ihm von vornherein alle Leistungsphasen vereinbart und es kommt schon früh zu Ärger, kann eine Kündigung Probleme aufwerfen. Allerdings ist grundsätzlich zu beachten, dass Ihnen das neue Sonderkündigungsrecht nach § 650r des BGB nicht ohne Weiteres genommen werden darf.

Wenn man Kündigungsregelungen in einen Vertrag aufnimmt, dann sollten sie möglichst klar geregelt werden und einfach überprüfbar sein. Es sollte auch nicht jede Kleinigkeit zu einer Kündigung berechtigen, denn das könnte umgekehrt ja Sie ebenfalls treffen und Sie stünden dann plötzlich ohne Architekt da, weil Sie eine Kleinigkeit übersehen haben.

Sind im Vertrag keine Kündigungsrechte fixiert, gibt es natürlich trotzdem die Möglichkeit der Vertragskündigung. Dann greifen die gesetzlichen Regelungen, über deren Einschlägigkeit man im Einzelfall aber jeweils trefflich streiten wird. Die Frage ist dann immer, ob eine Vertragskündigung auch rechtmäßig und wirksam war und einer gerichtlichen Überprüfung standhält.

Aber für Vertragskündigungen gilt ohnehin: Vor einer Kündigung sollte man grundsätzlich immer mit einem Fachanwalt für Bau- und Architektenrecht über die Konsequenzen im individuellen Fall sprechen. Denn eine Kündigung kann – je nach Situation – auch ein großer Fehler sein, mit dem ein Fachanwalt im Nachgang dann unter Umständen große Mühe hat. Die wesentlichen Punkte, die zu klären sind, sind dann:

> Verwertbarkeit der bis dahin erfolgten Architektenleistungen,
> entgangener Gewinn (also im Kern die Frage, ob tatsächlich ein wirksamer Kündigungsgrund vorliegt oder nicht).

Ein weiterer wichtiger Punkt ist für Sie als Bauherrn dann auch, die fortwirkende Haftung des Architekten durch eine gute Dokumentation von dessen Arbeit sicherzustellen. Dazu gehört eine Dokumentation des Planstands bis zum Tag des Arbeitsabbruchs, außerdem, wenn der Bau schon begonnen wurde, eine Dokumentation des Baustands auf der Baustelle und im Idealfall eine Kopie des Bautagebuchs bis zum Zeitpunkt des Arbeitsabbruchs.

§ 17 Widerrufsbelehrung
Der Bauherr ist zum Widerruf des Vertrags binnen fünf Werktagen berechtigt.

Erläuterung:
Die hier formulierte Widerrufsbelehrung ist nicht ausreichend und mit der gesetzten Frist auch nicht zulässig. Der Gesetzgeber stellt an Widerrufsbelehrungen klare Anforderungen. Sie sind definiert in Artikel 249 Absatz 3 des Einführungsgesetzes zum BGB:

„(1) Steht dem Verbraucher ein Widerrufsrecht nach § 650l Satz 1 des Bürgerlichen Gesetzbuchs zu, ist der Unternehmer verpflichtet, den Verbraucher vor Abgabe von dessen Vertragserklärung in Textform über sein Widerrufsrecht zu belehren. Die Widerrufsbelehrung muss deutlich gestaltet sein und dem Ver-

---

Muster für die Widerrufsbelehrung bei Verbraucherbauverträgen

Widerrufsbelehrung

Widerrufsrecht

Sie haben das Recht, binnen vierzehn Tagen ohne Angabe von Gründen diesen Vertrag zu widerrufen.

Die Widerrufsfrist beträgt vierzehn Tage ab dem Tag des Vertragsabschlusses. Sie beginnt nicht zu laufen, bevor Sie diese Belehrung in Textform erhalten haben.

Um Ihr Widerrufsrecht auszuüben, müssen Sie uns (*) mittels einer eindeutigen Erklärung (z.B. Brief, Telefax oder E-Mail) über Ihren Entschluss, diesen Vertrag zu widerrufen, informieren.

Zur Wahrung der Widerrufsfrist reicht es aus, dass Sie die Erklärung über die Ausübung des Widerrufsrechts vor Ablauf der Widerrufsfrist absenden.

Folgen des Widerrufs

Wenn Sie diesen Vertrag widerrufen, haben wir Ihnen alle Zahlungen, die wir von Ihnen erhalten haben, unverzüglich zurückzuzahlen.

Sie müssen uns im Fall des Widerrufs alle Leistungen zurückgeben, die Sie bis zum Widerruf von uns erhalten haben. Ist die Rückgewähr einer Leistung ihrer Natur nach ausgeschlossen, lassen sich etwa verwendete Baumaterialien nicht ohne Zerstörung entfernen, müssen Sie Wertersatz dafür bezahlen.

(*) Einfügung: Namen des Unternehmers oder des Unternehmens, Anschrift, Telefonnummer, Telefaxnummer und E-Mail

braucher seine wesentlichen Rechte in einer an das benutzte Kommunikationsmittel angepassten Weise deutlich machen. Sie muss Folgendes enthalten:

1. einen Hinweis auf das Recht zum Widerruf,
2. einen Hinweis darauf, dass der Widerruf durch Erklärung gegenüber dem Unternehmer erfolgt und keiner Begründung bedarf,
3. den Namen, die ladungsfähige Anschrift und die Telefonnummer desjenigen, gegenüber dem der Widerruf zu erklären ist, gegebenenfalls seine Telefaxnummer und E-Mail-Adresse,
4. einen Hinweis auf die Dauer und den Beginn der Widerrufsfrist sowie darauf, dass zur Fristwahrung die rechtzeitige Absendung der Widerrufserklärung genügt, und
5. einen Hinweis darauf, dass der Verbraucher dem Unternehmer Wertersatz nach §357d des Bürgerlichen Gesetzbuchs schuldet, wenn die Rückgewähr der bis zum Widerruf erbrachten Leistung ihrer Natur nach ausgeschlossen ist.

(2) Der Unternehmer kann seine Belehrungspflicht dadurch erfüllen, dass er dem Verbraucher das in Anlage 10 vorgesehene Muster für die Widerrufsbelehrung zutreffend ausgefüllt in Textform übermittelt."

Nur wenn alle so vom Gesetz geforderten Kriterien eingehalten sind, ist die Widerrufsbelehrung ordnungsgemäß.

Beispiel 2: Formularvertrag

Vertragspartner:
Die Vertragspartner
_____
_____
_____

schließen folgenden Architektenvertrag:
_____

Erläuterung:
Unter dem Punkt Vertragspartner ist einzutragen, wer mit wem den Vertrag schließt. Hier muss neben Ihnen und gegebenenfalls Ihrem Partner/Ihrer Partnerin natürlich der Architekt beziehungsweise das Architekturbüro eingetragen werden, mit dem Sie das Projekt umsetzen und den Vertrag schließen wollen. Hinweis: Auch Architekten können sich in der Rechtsform einer GmbH organisieren. Diese ist haftungsbeschränkt.

_____

§ 1 Vertragsgegenstand
Gegenstand des Vertrages sind folgende Planungs- und Bauüberwachungsleistungen zur Errichtung folgenden Gebäudes:
_____
_____
_____
_____
_____

Erläuterung:
Unter § 1 sollen die Planungs- und Bauüberwachungsleistungen, die zu erbringen sind, eingetragen werden. Hierzu gehört der Planungsinhalt (Welcher Neubau soll genau geplant werden? Welche Kosten – Baukosten brutto inklusive aller Nebenkosten samt Architekten- und Fachingenieurkosten – sind gegebenenfalls einzuhalten?), außerdem können hier Planungs- und Bauüberwachungsabläufe aufgenommen werden (zum Beispiel zeitliche Vorgaben, bis wann, welcher Projektstand erreicht sein soll – Entwurf, Genehmigungsplanung, Bauumsetzung). Auch Regelungen zur Anwesenheit auf der Baustelle beziehungsweise zur Häufigkeit der Baustellenbesuche können hier Eingang finden. Nicht zuletzt die Vereinbarung wöchentlicher Jour-Fixe-Termine zwischen Ihnen und dem Architekten kann hier getroffen werden.

Die Erfahrung zeigt, dass dieser Punkt häufig viel zu oberflächlich gehandhabt wird und nachher Unklarheit darüber besteht, was genau in welchem Umfang erbracht werden sollte. Daher ist hier sehr sorgfältiges

Ausfüllen, nötigenfalls auch als umfangreichere Anlage zum Vertrag, sehr sinnvoll.

§ 2 Leistungen des Architekten

Der Architekt wird mit der Erbringung der folgenden Leistungsbilder nach der Honorarordnung für Architekten und Ingenieure in der jeweils aktuellen Fassung beauftragt:

> Leistungsphase 1
> Leistungsphase 2
> Leistungsphase 3
> Leistungsphase 4
> Leistungsphase 5
> Leistungsphase 6
> Leistungsphase 7
> Leistungsphase 8
> Leistungsphase 9

Darüber hinaus werden folgende Leistungen beauftragt:

_____
_____
_____

Erläuterung:
In § 2 wird konkret vereinbart, welche Leistungsphasen nach der HOAI der Architekt zu erbringen hat. Vergessen Sie hier ein Kreuzchen, ist diese Leistungsphase durch den Architekten auch nicht zu erbringen. Das zeigt auch das generelle Problem von Formularverträgen: Sie müssen auf der Hut sein, was Sie ankreuzen und was nicht. Denn sehr kleine gesetzte oder nicht gesetzte Kreuzchen entscheiden am Ende in erheblichem Maß über die Ausgestaltung des Architektenvertrages. Da ist natürlich schnell auch mal etwas übersehen. Auch sollte darauf geachtet werden, dass keine widersprüchlichen Regelungen getroffen werden: So verträgt sich die Vereinbarung einer Nebenkostenpauschale nicht mit einer an anderer Stelle getroffenen Klausel, dass diese Nebenkosten auf Nachweis erstattet werden.

§ 3 Leistungen des Bauherrn

Der Bauherr fördert und unterstützt die Arbeit des Architekten in allen Belangen.

Das gilt insbesondere für zügige Entscheidungsfindungen, nötigenfalls nach Fristsetzung des Architekten, Klärung und Lösung aller behördlichen Angelegenheiten, notwendige Beauftragung von Sonderfachleuten und Handwerksbetrieben, Abnahme von Architekten- und Handwerkerleistungen sowie die Zahlung fälliger Rechnungen.

Der Bauherr hat eine Bauherrenhaftpflichtversicherung abzuschließen.

Der Bauherr nimmt die Leistungen der Unternehmer rechtsgeschäftlich ab.

Erläuterung:
§ 3 enthält keine ungewöhnlichen Regelungen. Denn natürlich ist der Architekt auf Ihre Mithilfe und Unterstützung angewiesen. Es gibt in diesem Paragrafen auch keine Variantenbildung durch Ankreuzen, die Risiken bergen könnten. Die Aufgabenstellung, dass der Bauherr die Leistungen der Handwerker „rechtsgeschäftlich" abnimmt, beinhaltet, dass er die Leistung als im Wesentlichen vertragsgerecht anerkennt. Liegen Vertragsverletzungen vor (zum Beispiel eine Bauzeitenüberschreitung), sind Vorbehalte im Abnahmeprotokoll notwendig. Bei schwerwiegenden Vertragsverletzungen (beispielsweise Leistungserbringung durch Subunternehmer statt durch das eigene Unternehmen, obwohl dies vertraglich klar ausgeschlossen war) kann die Abnahme gegebenenfalls sogar ganz infrage stehen. Demgegenüber ist der Architekt dann nur zuständig für die „technische" Abnahme, also für die Beurteilung, ob die Leistung fachgemäß erbracht wurde. Das ist in der Praxis aber meist der wesentliche Part, bei dem Sie die fachliche Unterstützung durch den Architekten im Schwerpunkt benötigen.

§ 4 Honorar

Folgendes Honorar nach der HOAI in der aktuellen Fassung wird vereinbart:

Honorarzone:
- ☐ I unten
- ☐ I Mitte
- ☐ I oben

- ☐ II unten
- ☐ II Mitte
- ☐ II oben

- ☐ III unten
- ☐ III Mitte
- ☐ III oben

- ☐ IV unten
- ☐ IV Mitte
- ☐ IV oben

- ☐ V unten
- ☐ V Mitte
- ☐ V oben

Honorarsatz:
- ☐ Mindestsatz
- ☐ Mittelsatz
- ☐ Höchstsatz
- ☐ Pauschalsatz _____ Euro

Folgende Honorarzuschläge für zusätzliche Leistungen (siehe § 2) werden vereinbart:

_____
_____
_____

Für Nebenkosten werden berechnet:
- ☐ Insgesamt mit einer Pauschale von _____ Prozent des Nettohonorars.
- ☐ Wie nachfolgend aufgeführt:

Porto:
- ☐ Pauschal: _____ (Euro netto)
- ☐ Auf Nachweis

Telefon:
- ☐ Pauschal: _____ (Euro netto)
- ☐ Auf Nachweis

Kopien:
- ☐ Pauschal: _____ (Euro netto)
- ☐ Auf Nachweis

Fahrtkosten:
- ☐ Pauschal: _____ (Euro netto)
- ☐ Auf Nachweis

Erläuterung:
Die Regelungen in § 4 werden fast ausschließlich durch zu setzende Kreuzchen bestimmt, die über viele Tausend Euro entscheiden. Im Einfamilienhausbau arbeitet man üblicherweise mit der Honorarzone III (nach HOAI-Definition handelt es sich bei der Honorarzone III um „durchschnittliche Planungsanforderungen"). Will der Architekt hier die Honorarzone IV ankreuzen, sollte er begründen, warum er dies möchte, denn sie steht nach HOAI-Definition bereits für „hohe Anforderungen", die bei Neubauten von Einfamilienhäusern üblicherweise nicht vorliegen. Denken Sie daran, dass der Honorarsatz sich auch auf eine etwaige Nebenkostenpauschale auswirkt, wenn diese prozentual an das Honorar gekoppelt wurde, obwohl der Architekt mit höheren Planungsanforderungen nicht unbedingt auch einen größeren Aufwand bei den Nebenkosten verbinden muss.

§ 5 Urheberrechte, Dokumente, Werbung

Die Urheberrechte an den erstellten Plänen und dem Bauwerk richten sich nach den gesetzlichen Regelungen und verbleiben beim Architekten.

Die Leistungen des Architekten dürfen nur für das vertraglich vereinbarte Bauwerk genutzt werden.

Der Bauherr kann die Herausgabe von Dokumenten in Kopie beziehungsweise als PDF-Dokument verlangen. Originale oder Originaldateien verbleiben beim Architekten.

Der Architekt ist verpflichtet, Dokumente zehn Jahre aufzubewahren. Danach kann er sie auch ohne Einwilligung des Bauherrn entsorgen. Vor deren Vernichtung hat er sie dem Bauherrn anzubieten.

Der Architekt ist berechtigt, mit Fotos des hergestellten Werkes öffentlich und zeitlich unbeschränkt für seine Leistungen zu werben.

Erläuterung:
§ 5 enthält Regelungen, dass Sie Originaldokumente nicht erhalten, allerdings Kopien, diese jedoch nur im PDF-Format. Das ist kein bearbeitungsfähiges CAD-Format. Wenn Sie ein solches wollten, müsste dies (also das CAD-Dateiformat, in dem die Pläne übergeben werden sollen) hier vereinbart werden. Möglicherweise wollen Sie auch die Dokumentenentsorgung anders regeln, zum Beispiel so, dass die Dokumente Ihnen nach zehn Jahren übergeben werden, statt dass sie entsorgt werden. Und schließlich ist es möglich, dass sie eine Werbung mit Ihrem Haus gar nicht oder nur zeitlich beschränkt wollen.

§ 6 Termine, Verzögerungen, Unterbrechungen
Der Architekt wird einen Bauzeitplan zur Durchführung des Bauvorhabens erstellen. Der Bauherr wird sicherstellen, dass keine Handlungen oder Unterlassungen seinerseits erfolgen, die diese Termine gefährden.

Verzögert sich die Bauzeit erheblich und hat der Architekt dies nicht zu vertreten, ist ihm für die Verlängerung eine angemessene Vergütung zu zahlen, mindestens aber _____ Euro pro Woche.

Bei nicht absehbaren Unterbrechungen der Bauzeit, die der Architekt nicht zu vertreten hat, ist er berechtigt, seine bis dahin erbrachten Leistungen abzurechnen und den Vertrag zu kündigen.

Erläuterung:
Inwieweit Sie den in § 6 getroffenen Regelungen zustimmen wollen, steht dahin. Falls Sie solche Regelungen nicht haben wollen, müssen sie gut sichtbar durchgestrichen werden, um nachvollziehbar kenntlich zu machen, dass diese Regelungen nicht vereinbart wurden. Praktisch besteht die Schwierigkeit darin, dass die Ursache für Bauzeitverzögerungen oftmals nicht wirklich ausgemacht werden kann: Arbeitsverzögerungen der Handwerker können am eigenen Organisationsverschulden liegen oder an der fehlenden Zuarbeit des Architekten oder daran, dass fällige Rechnungen nicht zeitnah vom Bauherrn bezahlt wurden.

§ 7 Mängel, Haftung und Aufrechnung
Mängelansprüche des Bauherrn richten sich nach den gesetzlichen Vorgaben.

Für unwesentliche Vertragspflichtverletzungen beschränkt sich die Haftung des Architekten auf _____ Euro.

Der Bauherr kann nur mit unbestrittenen und rechtskräftig festgestellten Forderungen gegenüber dem Architekten aufrechnen.

Erläuterung:
Auch für § 7 gilt, dass Sie einer Haftungsbeschränkung des Architekten möglicherweise nicht zustimmen möchten. Dann müsste auch hier eine Streichung erfolgen. Damit wäre zugleich einem möglichen Streit, was denn wesentliche Vertragspflichten sind, die Grundlage entzogen.

Auch die Vereinbarung zum Aufrechnungsverbot möchten Sie möglicherweise nicht treffen, dann müsste auch diese gestrichen werden. Beim Aufrechnungsverbot geht es darum, dass Sie nicht bei irgendeiner Zahlung an den Architekten Kürzungen vornehmen können für schlecht oder nicht erbrachte Leistungen des Architekten an anderer Stelle, wenn diese nicht zuvor gerichtlich rechtskräftig als solche bestätigt wurden.

§ 8 Abnahme und Gewährleistung
Der Bauherr ist verpflichtet, die Handwerker- und Architektenleistungen nach Aufforderung abzunehmen. Mit der Abnahme beginnt die Gewährleistung. Die Ansprüche des Bauherrn verjähren nach Ablauf von fünf Jahren.

Erläuterung:
Sie sind schon von Gesetzes wegen zur Abnahme erbrachter Leistungen verpflichtet, wenn dem nicht schwerwiegende Gründe entgegenstehen. Das wäre zum Beispiel dann der Fall, wenn der Umbau aufgrund statischer Probleme gar nicht bezugsfähig wäre. Die Regelungen in § 8 sind weitgehend unproblematisch. Allerdings ist natürlich die Frage, in welcher Form Sie zur Abnahme aufgefordert werden (mündlich? schriftlich?) und mit welchem Vorlauf (24 Stunden? 14 Werktage?). Ferner könnte natürlich auch geregelt werden, dass der Architekt Sie bei den Abnahmen der Handwerkerarbeiten unterstützt und bei den Abnahmen generell mit vor Ort ist.

§ 9 Kündigung
Die Kündigung bedarf der Schriftform.

Kündigt der Bauherr vor abgeschlossener Vertragserfüllung durch den Architekten, steht diesem das vollständige Honorar zu. Er muss sich nur dasjenige anrechnen lassen, was ihm durch die Vertragskündigung an Aufwand erspart bleibt oder durch anderweitige Tätigkeit erworben werden kann. Kündigt der Architekt vor abgeschlossener Vertragserfüllung, ist er berechtigt, alle bis dahin erbrachten Leistungen abzurechnen.

Erläuterung:
Der Kündigungsparagraf 9 regelt die Rechte des Architekten, wenn ihm gekündigt wird und wenn er selbst kündigt. Die Rechte des Bauherrn werden nicht geregelt. Die hier getroffenen Regelungen zu den Rechten des Architekten im Kündigungsfall enthalten allerdings nichts, was nicht auch gesetzlich geregelt wäre. Gemäß Gesetz können Sie allerdings auch nach dem neuen Sonderkündigungsrecht nach § 650r BGB kündigen. Die Kündigung eines Architektenvertrags sollte nie unüberlegt aus einer Emotion heraus erfolgen. Am Ende wird immer eine Rolle spielen, ob es einen triftigen Grund für eine Vertragskündigung gibt oder ob alle Voraussetzungen für die Nutzung des Sonderkündigungsrechts nach § 650r BGB vorlagen. Und: Der Architekt schuldet Ihnen einen Werkerfolg. Kündigen Sie seinen Vertrag, werden die bis dahin erbrachten Leistungen schlussgerechnet und dem Architekten stehen möglicherweise darüber hinaus noch Schadensersatzansprüche zu. Der zu erbringende Werkerfolg muss dann auch nicht mehr fertig erbracht werden, wie er vertraglich vereinbart war. Das kann für Sie erhebliche Nachteile haben. Vor jeder Kündigung eines Werkvertrages mit einem Architekten (oder auch Handwerkern) sollte daher immer entweder ein Fachanwalt für Bau- und Architektenrecht konsultiert werden oder ein Anwalt mit Tätigkeitsschwerpunkt im Bau- und Architektenrecht. Denn wenn eine Kündigung vor einer solchen Konsultation erfolgt ist, kann es für den Anwalt ungleich schwerer werden, Ihre Ansprüche vernünftig durchzusetzen. Eine unterlassene Abmahnung oder Fristsetzung kann später einen entscheidenden Unterschied ausmachen. Aber auch bei der Kündigung selbst kann einiges schiefgehen: Schon der falsche Kündigungsadressat oder eine nicht beweisbare Zustellung können fatale Folgen haben. Da man dies nicht nachholen kann, ist ein solches Versäumnis gegebenenfalls folgenschwer.

§ 10 Versicherung des Architekten
Der Architekt ist verpflichtet, dem Bauherrn eine Haftpflichtversicherung nachzuweisen. Die Deckungssummen dieser Versicherungen betragen:

Für Personenschäden in Höhe von: _____
Für Sachschäden in Höhe von: _____

Erläuterung:
Unter § 10 ist eher unklar geregelt, wie der Architekt seine Haftpflichtversicherung nachweist. Sinnvoller-

weise sollte der Architekt Ihnen gegenüber seine Haftpflichtversicherung transparent benennen, also das Versicherungsunternehmen und die Versicherungsnummer, unter der seine Versicherung geführt wird. Noch besser ist es, wenn die Versicherung selber die Haftpflichtversicherung des Architekten bestätigt und auch feststellt, dass aktuell keine Versicherungsbeiträge ausstehen. Die Höhe der versicherten Schadenssumme richtet sich natürlich immer auch nach der Größe der Bauvorhaben, die ein Architekt üblicherweise betreut. Aber selbst bei kleinen Bauvorhaben liegen die versicherten Summen heute selten unter 2 bis 3 Millionen Euro für Personenschäden und bei Sachschäden zumindest oberhalb der veranschlagten Baukosten.

§ 11 Schlussbestimmungen
Änderungen und Ergänzungen des Vertrages sollen schriftlich erfolgen.

Erläuterung:
§ 11 enthält eine Soll-Bestimmung, keine Muss-Bestimmung. Eine Muss-Bestimmung könnte an dieser Stelle auch unwirksam sein, daher ist die Soll-Bestimmung hier als Option eine Näherung an das, woran sich beide Seiten halten sollen.

§ 12 Widerrufsbelehrung
Der Auftraggeber hat die Möglichkeit diesen Vertrag mit einer Frist von sieben Tagen zu widerrufen.

Erläuterung:
Die hier formulierte Widerrufsbelehrung ist nicht ausreichend und die gesetzte Frist so auch nicht zulässig. § 355 BGB gesteht Ihnen 14 Tage zu. Es fehlt also auch hier eine ordnungsgemäße Widerrufsbelehrung, wie Sie sie auf Seite 87 finden.

Checkliste Architektenvertrag
Nachfolgend finden Sie eine Checkliste mit einer Auswahl wichtiger Punkte, die in einem Architektenvertrag detailliert geregelt sein sollten, bevor man ihn unterzeichnet. Manchmal sind auch weitere wichtige Regelungen sinnvoll oder notwendig, etwa Vollmachtsfragen, die zum Beispiel bei Nachtragsbeauftragungen von Handwerkern durch den Architekten eine Rolle spielen können. Das hängt aber sehr vom einzelnen Bauvorhaben und dessen individuellen Umständen ab. Die nachfolgenden Regelungen hingegen sollten eigentlich in jedem Architektenvertrag geregelt sein.

Inhaltliche Regelung	Detailliert geregelt?	
	ja	nein
Vertragsgrundlagen	☐	☐
Leistungsumfang (gegebenenfalls nur phasenweise)	☐	☐
Leistungsänderungen/ zusätzliche Leistungen	☐	☐
Nebenleistungen	☐	☐
Honorar	☐	☐
Zahlungen	☐	☐
Termine	☐	☐
Kosten (Sämtliche Kosten inklusive Honorar- und Nebenkosten, Grundstückskosten und Honorarkosten als Kostengrenze brutto benannt und bindend vereinbart?)	☐	☐
Baustellen-Anwesenheit/Jour-Fixe	☐	☐
Haftpflichtversicherung Architekt	☐	☐
Dokumente und Unterlagen	☐	☐
Urheberrecht	☐	☐
Werbung	☐	☐
gegebenenfalls Schlichtungsregelungen	☐	☐
Kündigungsregelung	☐	☐

Wichtiger Hinweis:
Trotz der Hilfen in diesem Buch sollten Sie einen Architektenvertrag möglichst nicht unterzeichnen, ohne dass ein Fachanwalt für Bau- und Architektenrecht oder ein Anwalt mit diesem Tätigkeitsschwerpunkt den Vertrag präventiv durchgesehen und geprüft hat. Ein solcher Fachanwalt ist im Umgang mit Architektenverträgen geübt und kann eine Prüfung eines durchschnittlichen Vertrags in einem Zeitraum von etwa zwei Stunden gut bewältigen. Fügt sich noch eine Besprechung von ein bis zwei Stunden daran an und hat der Anwalt einen Stundensatz von 200 bis 250 Euro, investieren Sie insgesamt etwa 600 bis 1.000 Euro, die sehr gut angelegt sind. Denn Sie können dadurch frühzeitig und präventiv alle kritischen Vertragspunkte klären lassen. Sollte es später dann doch zu Auseinandersetzungen mit dem Architekten kommen, haben Sie bereits einen Fachanwalt an der Hand, der auch schon den Vertrag kennt und gegebenenfalls bereits Einfluss auf die Inhalte nehmen konnte. Die Verbraucherzentrale Nordrhein-Westfalen bietet die schriftliche Prüfung von Architektenverträgen zu Sonderkonditionen an. Sie finden das Angebot online unter: www.vz-nrw.de/Pruefung-von-Architektenvertraegen

6.2 Grundlagen des Bauvertragsrechts

Bauverträge, üblicherweise vom Generalunternehmer beziehungsweise Handwerker vorgegeben beziehungsweise entworfen, unterliegen zwar grundsätzlich der Vertragsfreiheit, allerdings können Sie nicht ohne Weiteres beliebige Bestimmungen enthalten, also zum Beispiel eine Regelung, dass der gesamte Preis vor Beginn der Bauarbeiten an das ausführende Unternehmen zu überweisen ist oder dass seitens des Bauunternehmens keine Gewährleistung gegeben wird. Es gibt für Verträge sozusagen „Leitplanken", die Sie einhalten müssen, weil vereinbarte Klauseln ansonsten unwirksam sein können. Diese „Leitplanken" setzen entweder das Bürgerliche Gesetzbuch (BGB) mit seinem Werkvertragsrecht oder aber die Vergabe- und Vertragsordnung für Bauleistungen (VOB). Beide Vertragsgrundlagen werden nachfolgend erläutert:

BGB
Bislang umfasste das BGB-Werkvertragsrecht die Paragrafen 631 bis 651 und hatte zwei Untertitel, das Werkvertragsrecht und das Reisevertragsrecht. Sie finden nachfolgend Hinweise zu den wichtigsten Regelungen dieses bisherigen Werkvertragsrechts.

Ab Seite 102 finden Sie alle wichtigen Hinweise zur aktuellen, novellierten Version.

Die vollständige, jeweils aktuelle Fassung finden Sie im Gesetzesportal der Bundesregierung unter: www.gesetze-im-internet.de. Da die bisherige Version dort zum 31.12.2017 gelöscht wurde, finden Sie von dieser Version einen vollständigen Abdruck im **„Praxis-Set Bauen"** (⟶ Seite 383).

Auszüge wichtiger Regelungen aus dem BGB Werkvertragsrecht, das für alle Verträge gilt, die bis zum 31.12.2017 geschlossen wurden:

---

§ 632a
Vertragstypische Pflichten beim Werkvertrag
(1) Durch den Werkvertrag wird der Unternehmer zur Herstellung des versprochenen Werkes, der Besteller zur Entrichtung der vereinbarten Vergütung verpflichtet.

(2) Gegenstand des Werkvertrags kann sowohl die Herstellung oder Veränderung einer Sache als auch ein anderer durch Arbeit oder Dienstleistung herbeizuführender Erfolg sein.

Erläuterung:
Das Gesetz erläutert zu Beginn die wechselseitigen Pflichten zwischen Unternehmer und Besteller. Der Besteller des Werkes sind Sie.

§ 632a
Abschlagszahlungen

(1) Der Unternehmer kann von dem Besteller für eine vertragsgemäß erbrachte Leistung eine Abschlagszahlung in der Höhe verlangen, in der der Besteller durch die Leistung einen Wertzuwachs erlangt hat. Wegen unwesentlicher Mängel kann die Abschlagszahlung nicht verweigert werden.

(...)

(3) Ist der Besteller ein Verbraucher und hat der Vertrag die Errichtung oder den Umbau eines Hauses oder eines vergleichbaren Bauwerks zum Gegenstand, ist dem Besteller bei der ersten Abschlagszahlung eine Sicherheit für die rechtzeitige Herstellung des Werkes ohne wesentliche Mängel in Höhe von 5 vom Hundert des Vergütungsanspruchs zu leisten. Erhöht sich der Vergütungsanspruch infolge von Änderungen oder Ergänzungen des Vertrages um mehr als 10 vom Hundert, ist dem Besteller bei der nächsten Abschlagszahlung eine weitere Sicherheit in Höhe von 5 vom Hundert des zusätzlichen Vergütungsanspruchs zu leisten. Auf Verlangen des Unternehmers ist die Sicherheitsleistung durch Einbehalt dergestalt zu erbringen, dass der Besteller die Abschlagszahlungen bis zu dem Gesamtbetrag der geschuldeten Sicherheit zurückhält.

(4) Sicherheiten nach dieser Vorschrift können auch durch eine Garantie oder ein sonstiges Zahlungsversprechen eines im Geltungsbereich dieses Gesetzes zum Geschäftsbetrieb befugten Kreditinstituts oder Kreditversicherers geleistet werden.

Erläuterung:
§ 632a enthält die Regelungen zu Abschlagszahlungen. Sie erfahren hier unter Absatz 1 dass der Unternehmer grundsätzlich das Recht hat, Abschlagsrechnungen zu stellen, und zwar in der Höhe, in der Sie einen Wertzuwachs erhalten haben. Unter Absatz 3 erfahren Sie aber auch, dass Sie, wenn Sie als Verbraucher agieren, also privat ein Haus bauen und nicht gewerblich, das Recht haben, von Beginn an fünf Prozent des Vergütungsanspruchs des Unternehmers zurückzuhalten, für die „rechtzeitige Herstellung des Werkes ohne wesentliche Mängel". Nicht selten wollen Unternehmer das Geld trotzdem ausgezahlt bekommen und bieten im Gegenzug eine Bankbürgschaft. Dass dies grundsätzlich möglich ist, regelt Absatz 4.

§ 633
Sach- und Rechtsmangel

(1) Der Unternehmer hat dem Besteller das Werk frei von Sach- und Rechtsmängeln zu verschaffen.

(2) Das Werk ist frei von Sachmängeln, wenn es die vereinbarte Beschaffenheit hat. Soweit die Beschaffenheit nicht vereinbart ist, ist das Werk frei von Sachmängeln,
1. wenn es sich für die nach dem Vertrag vorausgesetzte, sonst
2. für die gewöhnliche Verwendung eignet und eine Beschaffenheit aufweist, die bei Werken der gleichen Art üblich ist und die der Besteller nach der Art des Werkes erwarten kann.

Einem Sachmangel steht es gleich, wenn der Unternehmer ein anderes als das bestellte Werk oder das Werk in zu geringer Menge herstellt.

(3) Das Werk ist frei von Rechtsmängeln, wenn Dritte in Bezug auf das Werk keine oder nur die im Vertrag übernommenen Rechte gegen den Besteller geltend machen können.

Erläuterung:
Auf Baustellen gibt es viel Streit um Mängel. Wann ein Werk frei von einem Mangel ist, regelt § 633. Dabei wird differenziert zwischen Sachmängeln, das können technische Baumängel sein, zum Beispiel ein zu dünn aufgetragener Putz, und Rechtsmängeln, zum Beispiel eine nicht beachtete Baulast des Nachbargrundstücks, sodass das Gebäude zu nah an der Grundstücksgrenze errichtet wurde.

Was hier im Gesetz sehr knapp geregelt ist, entpuppt sich auf der Baustelle häufig als komplexer Klärungsvorgang. Geht ein Streit um einen Baumangel bis vor Gericht, werden häufig auch Gutachter eingesetzt, die dann Stellungnahmen dazu abgeben, ob es sich bei einem behaupteten Mangel auch tatsächlich um einen solchen handelt. Unter anderem diese Gutachten sind es, die Bauprozesse um Baumängel langwierig, teuer und unwägbar machen können.

§ 634
Rechte des Bestellers bei Mängeln
Ist das Werk mangelhaft, kann der Besteller, wenn die Voraussetzungen der folgenden Vorschriften vorliegen und soweit nicht ein anderes bestimmt ist,
1. nach § 635 Nacherfüllung verlangen,
2. nach § 637 den Mangel selbst beseitigen und Ersatz der erforderlichen Aufwendungen verlangen,
3. nach den §§ 636, 323 und 326 Abs. 5 von dem Vertrag zurücktreten oder nach § 638 die Vergütung mindern und
4. nach den §§ 636, 280, 281, 283 und 311a Schadensersatz oder nach § 284 Ersatz vergeblicher Aufwendungen verlangen.

Erläuterung:
§ 634 klärt darüber auf, welche Rechte der Besteller eines Werkes im Fall eines Mangels hat und in welchen Paragrafen des Werkvertragsrechts die detaillierten Regelungen dazu zu finden sind.

§ 634a
Verjährung der Mängelansprüche

(...)

2. in fünf Jahren bei einem Bauwerk und einem Werk, dessen Erfolg in der Erbringung von Planungs- oder Überwachungsleistungen hierfür besteht, und

(...)

Erläuterung:
Die Verjährungsregelung in § 634 a Absatz 2 ist sehr wichtig. Denn hier ist festgeschrieben, dass Mängelansprüche in fünf Jahren verjähren. Haben Sie Ihre Mängelansprüche also innerhalb von fünf Jahren nicht geltend gemacht, sind diese üblicherweise verjährt.

§ 635
Nacherfüllung
(1) Verlangt der Besteller Nacherfüllung, so kann der Unternehmer nach seiner Wahl den Mangel beseitigen oder ein neues Werk herstellen.

(2) Der Unternehmer hat die zum Zwecke der Nacherfüllung erforderlichen Aufwendungen, insbesondere Transport-, Wege-, Arbeits- und Materialkosten zu tragen.

(3) Der Unternehmer kann die Nacherfüllung unbeschadet des § 275 Abs. 2 und 3 verweigern, wenn sie nur mit unverhältnismäßigen Kosten möglich ist.

(4) Stellt der Unternehmer ein neues Werk her, so kann er vom Besteller Rückgewähr des mangelhaften Werkes nach Maßgabe der §§ 346 bis 348 verlangen.

Erläuterung:
Gibt es einen Mangel, der behoben werden muss, kommt es zur sogenannten Nacherfüllung. § 635 regelt, wie mit einer solchen Nacherfüllung umzugehen ist. Ist die Nacherfüllung mit unverhältnismäßig hohen

Kosten verbunden, kann der Unternehmer sie nach Absatz 3 sogar verweigern. Das kommt auf Baustellen immer wieder vor. Dann ist ein guter Bauleiter gefragt, der dies zum Beispiel zurückweist, weil er nachweisen kann, dass die Kostenrechnung des Unternehmers nicht stimmt.

§ 637
Selbstvornahme

(1) Der Besteller kann wegen eines Mangels des Werkes nach erfolglosem Ablauf einer von ihm zur Nacherfüllung bestimmten angemessenen Frist den Mangel selbst beseitigen und Ersatz der erforderlichen Aufwendungen verlangen, wenn nicht der Unternehmer die Nacherfüllung zu Recht verweigert.

(...)

(3) Der Besteller kann von dem Unternehmer für die zur Beseitigung des Mangels erforderlichen Aufwendungen Vorschuss verlangen.

Erläuterung:
Die Selbstvornahme ist ein Klassiker auf Baustellen. Immer dann, wenn einem Unternehmer eine Frist zur Beseitigung eines Mangels gesetzt wurde und dieser die Nacherfüllung zu Unrecht verweigert, kann mit der Selbstvornahme, gedroht werden. Das liest sich im Gesetz alles recht einfach, ist aber in der Praxis eine große Herausforderung. Denn schon mancher, der vorschnell einen Baumangel durch ein anderes Unternehmen beseitigen ließ, konnte danach gar nicht mehr nachweisen, dass zuvor ein Mangel bestand. Erfahrene Bauleiter lassen daher einen Mangel vor Beseitigung durch Dritte durch einen gerichtlich bestellten Sachverständigen dokumentieren. Dieses Verfahren nennt sich gerichtliches Beweissicherungsverfahren beziehungsweise selbständiges Beweisverfahren. Kommt es später zum Prozess, lässt das Gericht das Beweismittel zu und erkennt es als solches an.

§ 638
Minderung

(1) Statt zurückzutreten, kann der Besteller die Vergütung durch Erklärung gegenüber dem Unternehmer mindern. Der Ausschlussgrund des § 323 Abs. 5 Satz 2 findet keine Anwendung.

(2) Sind auf der Seite des Bestellers oder auf der Seite des Unternehmers mehrere beteiligt, so kann die Minderung nur von allen oder gegen alle erklärt werden.

(3) Bei der Minderung ist die Vergütung in dem Verhältnis herabzusetzen, in welchem zur Zeit des Vertragsschlusses der Wert des Werkes in mangelfreiem Zustand zu dem wirklichen Wert gestanden haben würde. Die Minderung ist, soweit erforderlich, durch Schätzung zu ermitteln.

(4) Hat der Besteller mehr als die geminderte Vergütung gezahlt, so ist der Mehrbetrag vom Unternehmer zu erstatten. § 346 Abs. 1 und § 347 Abs. 1 finden entsprechende Anwendung.

Erläuterung:
Auch die Minderung des zu zahlenden Betrages ist als Alternative zur Kündigung im BGB vorgesehen. Das regelt § 638. Bei Minderungen gibt es aber häufig Streit darüber, ob die Voraussetzungen für eine Minderung vorliegen und wie hoch der anzusetzende Minderungswert ist. Der Minderwert entspricht in der Regel oft dem Geldbetrag, der für die Beseitigung der bei Abnahme vorhandenen Mängel aufzuwenden ist. Das Gesetz sagt lapidar, der Wert sei durch Schätzung zu ermitteln. Die Frage ist dann aber natürlich sofort, wer schätzt eigentlich auf welche Grundlage und für wen? Ohne Rechtsberatung wird man hier im Einzelfall kaum rechtssicher durchkommen.

§ 639
Haftungsausschluss

Auf eine Vereinbarung, durch welche die Rechte des Bestellers wegen eines Mangels ausgeschlossen oder beschränkt werden, kann sich der Unternehmer nicht berufen, soweit er den Mangel arglistig verschwiegen oder eine Garantie für die Beschaffenheit des Werkes übernommen hat.

Erläuterung:
Die Regelung unter § 639 kann wichtig werden, wenn der Unternehmer Ihnen gegenüber einen Haftungsausschluss geltend machen will. Liegt am Bauwerk ein Mangel vor, den der Unternehmer nachweislich kannte, aber arglistig verschwiegen hat, kann sich der Unternehmer für einen solchen Mangel nicht auf den Haftungsausschluss nach § 639 berufen. Wurde zum Beispiel eine nicht geeignete Kellerwandabdichtung verbaut und der Unternehmer hatte davon nachweislich Kenntnis, hat Ihnen das aber verschwiegen, dann haftet er dafür auch, selbst wenn er diese Haftung gegenüber Ihnen vertraglich ausgeschlossen hat.

§ 640
Abnahme

(1) Der Besteller ist verpflichtet, das vertragsmäßig hergestellte Werk abzunehmen, sofern nicht nach der Beschaffenheit des Werkes die Abnahme ausgeschlossen ist. Wegen unwesentlicher Mängel kann die Abnahme nicht verweigert werden. Der Abnahme steht es gleich, wenn der Besteller das Werk nicht innerhalb einer ihm vom Unternehmer bestimmten angemessenen Frist abnimmt, obwohl er dazu verpflichtet ist.

(2) Nimmt der Besteller ein mangelhaftes Werk gemäß Absatz 1 Satz 1 ab, obschon er den Mangel kennt, so stehen ihm die in § 634 Nr. 1 bis 3 bezeichneten Rechte nur zu, wenn er sich seine Rechte wegen des Mangels bei der Abnahme vorbehält.

Erläuterung:
Die Abnahme eines einzelnen Baugewerkes oder auch eines ganzen Bauvorhabens ist ein ganz wichtiger Vorgang auf Baustellen. Mit der Abnahme erkennen Sie die Bauleistung des Unternehmers als im Wesentlichen vertragsgemäß erbracht an. § 640 des BGB regelt diesen Vorgang. In Absatz 1 wird klargestellt, dass Sie sich einer Abnahme wegen unwesentlicher Mängel nicht einfach verweigern können. Weigern Sie sich doch, kann die Abnahme auch in der Form erfolgen, dass der Unternehmer Ihnen eine Frist setzt, innerhalb derer Sie das Werk abnehmen müssen. Tun Sie dies dann unberechtigt nicht, kann das Werk mit Ablauf der gesetzten Frist als abgenommen gelten.

Und der wichtige Absatz 2 regelt, dass Sie alle Ihnen bekannten Mängel bei der Abnahme vorbehalten müssen, wenn Sie nicht Ihre Rechte zur Beseitigung dieser Mängel verlieren wollen. Was das Gesetz hier sehr kurz fasst, führte in der Rechtsprechung zu vielen detaillierten Urteilen.

§ 641
Fälligkeit der Vergütung

(1) Die Vergütung ist bei der Abnahme des Werkes zu entrichten. Ist das Werk in Teilen abzunehmen und die Vergütung für die einzelnen Teile bestimmt, so ist die Vergütung für jeden Teil bei dessen Abnahme zu entrichten.

(2) Die Vergütung des Unternehmers für ein Werk, dessen Herstellung der Besteller einem Dritten versprochen hat, wird spätestens fällig,
1. soweit der Besteller von dem Dritten für das versprochene Werk wegen dessen Herstellung seine Vergütung oder Teile davon erhalten hat,
2. soweit das Werk des Bestellers von dem Dritten abgenommen worden ist oder als abgenommen gilt oder
3. wenn der Unternehmer dem Besteller erfolglos eine angemessene Frist zur Auskunft über die in den Nummern 1 und 2 bezeichneten Umstände bestimmt hat. Hat der Besteller dem Dritten wegen möglicher Mängel des Werks Sicherheit geleistet, gilt Satz 1 nur, wenn der Unternehmer dem Besteller entsprechende Sicherheit leistet.

(3) Kann der Besteller die Beseitigung eines Mangels verlangen, so kann er nach der Fälligkeit die Zahlung eines angemessenen Teils der Vergütung verweigern; angemessen ist in der Regel das Doppelte der für die Beseitigung des Mangels erforderlichen Kosten.

(4) Eine in Geld festgesetzte Vergütung hat der Besteller von der Abnahme des Werkes an zu verzinsen, sofern nicht die Vergütung gestundet ist.

Erläuterung:
§ 641 regelt in Absatz 1 die Fälligkeit der Vergütung, die allerdings durch § 632a relativiert wird (und ab dem 01.01.2018 für Bauverträge durch § 650g Absatz 4 gänzlich neu geregelt wird). In Absatz 3 ist die wichtige Regelung fixiert, dass Sie die Zahlung eines angemessenen Teils einer fälligen Vergütung auch verweigern können. Als angemessen wird das Doppelte des zur Beseitigung des Mangels notwendigen Betrages angesehen. In der Praxis heißt das auch „Druckzuschlag". Die Frage auf Baustellen ist dann häufig: Wie hoch ist dieser Betrag? Erfahrene Bauleiter können das aber häufig gut abschätzen. Bauen Sie ohne Bauleiter wird es schon schwieriger. Dann kann man sich aber zumindest über die reinen Materialkosten des mangelhaften Bauteils nähern.

§ 642
Mitwirkung des Bestellers
(1) Ist bei der Herstellung des Werkes eine Handlung des Bestellers erforderlich, so kann der Unternehmer, wenn der Besteller durch das Unterlassen der Handlung in Verzug der Annahme kommt, eine angemessene Entschädigung verlangen.

(2) Die Höhe der Entschädigung bestimmt sich einerseits nach der Dauer des Verzugs und der Höhe der vereinbarten Vergütung, andererseits nach demjenigen, was der Unternehmer infolge des Verzugs an Aufwendungen erspart oder durch anderweitige Verwendung seiner Arbeitskraft erwerben kann.

Erläuterung:
Die Regelungen unter § 642 erfassen Ihre Mitwirkungspflichten. Dadurch soll vermieden werden, dass Sie durch willkürliche Untätigkeit den Bauablauf stören können. Für diesen Fall sind auch Entschädigungsregeln getroffen.

§ 643
Kündigung bei unterlassener Mitwirkung
Der Unternehmer ist im Falle des § 642 berechtigt, dem Besteller zur Nachholung der Handlung eine angemessene Frist mit der Erklärung zu bestimmen, dass er den Vertrag kündige, wenn die Handlung nicht bis zum Ablauf der Frist vorgenommen werde. Der Vertrag gilt als aufgehoben, wenn nicht die Nachholung bis zum Ablauf der Frist erfolgt.

Erläuterung:
Wie Sie sehen, geht die Sache sogar noch viel weiter, und der Unternehmer kann sogar den Vertrag kündigen, wenn Sie eine erforderliche Mitwirkung unterlassen.

§ 644
Gefahrtragung
(1) Der Unternehmer trägt die Gefahr bis zur Abnahme des Werkes. Kommt der Besteller in Verzug der Annahme, so geht die Gefahr auf ihn über. Für den zufälligen Untergang und eine zufällige Verschlechterung des von dem Besteller gelieferten Stoffes ist der Unternehmer nicht verantwortlich.

(2) Versendet der Unternehmer das Werk auf Verlangen des Bestellers nach einem anderen Ort als dem Erfüllungsort, so finden die für den Kauf geltenden Vorschriften des § 447 entsprechende Anwendung.

§ 645
Verantwortlichkeit des Bestellers
(1) Ist das Werk vor der Abnahme infolge eines Mangels des von dem Besteller gelieferten Stoffes oder infolge einer von dem Besteller für die Ausführung

erteilten Anweisung untergegangen, verschlechtert oder unausführbar geworden, ohne dass ein Umstand mitgewirkt hat, den der Unternehmer zu vertreten hat, so kann der Unternehmer einen der geleisteten Arbeit entsprechenden Teil der Vergütung und Ersatz der in der Vergütung nicht inbegriffenen Auslagen verlangen. Das Gleiche gilt, wenn der Vertrag in Gemäßheit des § 643 aufgehoben wird.

(2) Eine weitergehende Haftung des Bestellers wegen Verschuldens bleibt unberührt.

Erläuterung:
§ 644 und § 645 erinnern Sie schlichtweg daran, wie wichtig eine vollständige und gute Versicherung für Ihr Bauvorhaben ist (⸺› Seite 257). Denn als Bauherr sind Sie in erheblichem Umfang für das verantwortlich, was auf Ihrer Baustelle geschieht.

§ 647
Unternehmerpfandrecht
Der Unternehmer hat für seine Forderungen aus dem Vertrag ein Pfandrecht an den von ihm hergestellten oder ausgebesserten beweglichen Sachen des Bestellers, wenn sie bei der Herstellung oder zum Zwecke der Ausbesserung in seinen Besitz gelangt sind.

Erläuterung:
Nehmen wir an, ein Schreiner soll ein Türblatt liefern oder ein bereits geliefertes nochmals ausbauen und nachbessern. Begleichen Sie dessen Forderungen dann nicht, hätte er ein Anrecht darauf, das Türblatt, das zum Zweck der Herstellung beziehungsweise Nachbesserung in seinen Besitz gelangt ist – da es sich in seiner Werkstatt befindet – als Pfand zurückzuhalten, bis Sie seine Forderung begleichen.

§ 648
Sicherungshypothek des Bauunternehmers
(1) Der Unternehmer eines Bauwerks oder eines einzelnen Teiles eines Bauwerks kann für seine Forderungen aus dem Vertrag die Einräumung einer Sicherungshypothek an dem Baugrundstück des Bestellers verlangen. Ist das Werk noch nicht vollendet, so kann er die Einräumung der Sicherungshypothek für einen der geleisteten Arbeit entsprechenden Teil der Vergütung und für die in der Vergütung nicht inbegriffenen Auslagen verlangen. (...)

Erläuterung:
Diese Regelung des § 648 gibt dem Handwerker weitgehende Sicherungsrechte Ihnen gegenüber. Er kann letztlich verlangen, dass eine Hypothek im Grundbuch eingetragen wird, zur Sicherung seiner Ansprüche. Verlangt ein Unternehmer solche Sicherheiten von Ihnen, müssen Sie darüber nachdenken, umgekehrt von ihm eine Vertragserfüllungsbürgschaft zu fordern. Wenn Sie das tun wollen, muss diese Möglichkeit allerdings zuvor vertraglich geregelt werden. Geregelt sein muss dazu auch, für welchen Sicherungszweck die Bürgschaft und über welche Höhe sie gegeben wird. Mehr zum Thema Bürgschaften auch auf Seite 114.

§ 648a
Bauhandwerkersicherung
(1) Der Unternehmer eines Bauwerks, einer Außenanlage oder eines Teils davon kann vom Besteller Sicherheit für die auch in Zusatzaufträgen vereinbarte und noch nicht gezahlte Vergütung einschließlich dazugehöriger Nebenforderungen, die mit 10 vom Hundert des zu sichernden Vergütungsanspruchs anzusetzen sind, verlangen.
(...)

(2) Die Sicherheit kann auch durch eine Garantie oder ein sonstiges Zahlungsversprechen eines im Geltungsbereich dieses Gesetzes zum Geschäftsbetrieb befugten Kreditinstituts oder Kreditversicherers geleistet werden. Das Kreditinstitut oder der Kreditversicherer darf Zahlungen an den Unternehmer nur leisten, soweit der Besteller den Vergütungsanspruch des Unternehmers anerkennt oder durch vorläufig vollstreckbares Urteil zur Zahlung der Vergütung verurteilt worden ist und die Voraussetzungen vorliegen,

unter denen die Zwangsvollstreckung begonnen werden darf.

(3) Der Unternehmer hat dem Besteller die üblichen Kosten der Sicherheitsleistung bis zu einem Höchstsatz von 2 vom Hundert für das Jahr zu erstatten. Dies gilt nicht, soweit eine Sicherheit wegen Einwendungen des Bestellers gegen den Vergütungsanspruch des Unternehmers aufrechterhalten werden muss und die Einwendungen sich als unbegründet erweisen.

(4) Soweit der Unternehmer für seinen Vergütungsanspruch eine Sicherheit nach den Absätzen 1 oder 2 erlangt hat, ist der Anspruch auf Einräumung einer Sicherungshypothek nach § 648 Abs. 1 ausgeschlossen.

(5) Hat der Unternehmer dem Besteller erfolglos eine angemessene Frist zur Leistung der Sicherheit nach Absatz 1 bestimmt, so kann der Unternehmer die Leistung verweigern oder den Vertrag kündigen. Kündigt er den Vertrag, ist der Unternehmer berechtigt, die vereinbarte Vergütung zu verlangen; er muss sich jedoch dasjenige anrechnen lassen, was er infolge der Aufhebung des Vertrages an Aufwendungen erspart oder durch anderweitige Verwendung seiner Arbeitskraft erwirbt oder böswillig zu erwerben unterlässt. Es wird vermutet, dass danach dem Unternehmer 5 vom Hundert der auf den noch nicht erbrachten Teil der Werkleistung entfallenden vereinbarten Vergütung zustehen.

(6) Die Vorschriften der Absätze 1 bis 5 finden keine Anwendung, wenn der Besteller
1. eine juristische Person des öffentlichen Rechts oder ein öffentlich-rechtliches Sondervermögen ist, über deren Vermögen ein Insolvenzverfahren unzulässig ist, oder
2. eine natürliche Person ist und die Bauarbeiten zur Herstellung oder Instandsetzung eines Einfamilienhauses mit oder ohne Einliegerwohnung ausführen lässt. Satz 1 Nr. 2 gilt nicht bei Betreuung des Bauvorhabens durch einen zur Verfügung über die Finanzierungsmittel des Bestellers ermächtigten Baubetreuer.

(7) Eine von den Vorschriften der Absätze 1 bis 5 abweichende Vereinbarung ist unwirksam.

Erläuterung:
§ 648a regelt Sicherheitsleistungen für den Unternehmer. Auch diese Regelungen sind erheblich. Absatz 6 Satz 2 regelt allerdings, dass diese Vorschriften keine Anwendung finden für Einfamilienhäuser mit oder ohne Einliegerwohnung. Besteht das Haus allerdings aus zwei gleichwertigen Wohnungen greift die Regelung bereits.

§ 649
Kündigungsrecht des Bestellers
Der Besteller kann bis zur Vollendung des Werkes jederzeit den Vertrag kündigen. Kündigt der Besteller, so ist der Unternehmer berechtigt, die vereinbarte Vergütung zu verlangen; er muss sich jedoch dasjenige anrechnen lassen, was er infolge der Aufhebung des Vertrags an Aufwendungen erspart oder durch anderweitige Verwendung seiner Arbeitskraft erwirbt oder zu erwerben böswillig unterlässt. Es wird vermutet, dass danach dem Unternehmer 5 vom Hundert der auf den noch nicht erbrachten Teil der Werkleistung entfallenden vereinbarten Vergütung zustehen.

Erläuterung:
In § 649 werden die Kündigungsrechte für Sie als Besteller geregelt. Hier ist festgeschrieben, dass Sie grundsätzlich jederzeit kündigen können, dann aber auch die bis dahin dem Unternehmer angefallenen Kosten tragen müssen – und möglicherweise auch den ihm entgangenen Gewinn.

Bei Kündigungen von Werkverträgen muss man extrem vorsichtig sein. Denn wenn Sie dem Unternehmer kündigen, entlassen Sie ihn üblicherweise aus seiner Leistungserbringungspflicht. Das kann weitreichende Folgen haben und extrem ärgerlich sein. Man sollte einen Werkvertrag im Rahmen eines Bauvorhabens nie kündigen, ohne zuvor mit einem Fachanwalt für Bau- und Architektenrecht gesprochen zu haben.

§ 650
Kostenanschlag

(1) Ist dem Vertrag ein Kostenanschlag zugrunde gelegt worden, ohne dass der Unternehmer die Gewähr für die Richtigkeit des Anschlags übernommen hat, und ergibt sich, dass das Werk nicht ohne eine wesentliche Überschreitung des Anschlags ausführbar ist, so steht dem Unternehmer, wenn der Besteller den Vertrag aus diesem Grund kündigt, nur der im § 645 Abs. 1 bestimmte Anspruch zu.

(2) Ist eine solche Überschreitung des Anschlags zu erwarten, so hat der Unternehmer dem Besteller unverzüglich Anzeige zu machen.

Erläuterung:
Nehmen wir an, Sie bauen auf Grundlage eines Kostenanschlags, der sich als nicht einzuhalten herausstellt. Der Unternehmer verlangt daraufhin mehr Geld. Sie lehnen das ab und möchten kündigen. Dann können Sie genau das tun auf Basis des § 650 Absatz 1, müssen aber auch in diesem Fall dem Unternehmer das zahlen, was er bis dahin abrechnen kann. Sehr viel häufiger greift auf Baustellen § 650 Absatz 2. Dieser enthält die Ankündigungspflicht des Unternehmers bei Mehrkosten. Der Unternehmer kann also nicht einfach munter weiter drauflosbauen, wenn er Überschreitungen eines Kostenanschlages kommen sieht, sondern er muss Sie informieren.

Auszüge wichtiger Regelungen aus dem BGB Werkvertragsrecht, das für alle Verträge gilt, die **seit dem 01.01.2018 geschlossen wurden oder werden**:

Seit dem 1.1.2018 ist das BGB-Werkvertragsrecht völlig neu und folgendermaßen strukturiert:

BGB Titel 9 Werkvertrag und ähnliche Verträge
  Untertitel 1 / Werkvertragsrecht
    Kapitel 1 / Allgemeine Vorschriften
    Kapitel 2 / Bauvertrag
    Kapitel 3 / Verbraucherbauvertrag
    Kapitel 4 / Unabdingbarkeit
  Untertitel 2 / Architektenvertrag und
    Ingenieurvertrag
  Untertitel 3 / Bauträgervertrag
  Untertitel 4 / Reisevertrag.

Auszug BGB-Werkvertragsrecht Untertitel 1/Kapitel 1/Allgemeine Vorschriften

Das bisherige Werkvertragsrecht des BGB ist neu nun Kapitel 1 des Untertitels 1 des BGB-Werkvertragsrechts. Es nennt sich neu „Allgemeine Vorschriften" und ist den spezielleren Regelungen zum Bauvertragsrecht (Untertitel 1/Kapitel 2) und zum Verbraucherbauvertragsrecht (Untertitel 1/Kapitel 3) vorangestellt.

Folgende Paragrafen des bisherigen Werkvertragsrechts wurden dabei geändert:

§ 632a (novelliert)
§ 640 (novelliert)
§ 647a (neu eingefügt)
§ 648 (aufgehoben)
§ 648a (aufgehoben)
§ 649 (wird neu zu § 648)
§ 648a (neu eingefügt)
§ 650 (wird neu zu § 649)
§ 651 (wird neu zu § 650)

Alle anderen bisherigen Paragrafen bleiben bestehen. Nachfolgend finden Sie daher nur noch die aktuellen Fassungen der novellierten und neu eingefügten Paragrafen mit jeweiligen Erläuterungen zur Änderung sowie Hinweise zu den umnummerierten Paragrafen:

§ 632a
Abschlagszahlungen

(1) Der Unternehmer kann von dem Besteller eine Abschlagszahlung in Höhe des Wertes der von ihm erbrachten und nach dem Vertrag geschuldeten Leistun-

gen verlangen. Sind die erbrachten Leistungen nicht vertragsgemäß, kann der Besteller die Zahlung eines angemessenen Teils des Abschlags verweigern. Die Beweislast für die vertragsgemäße Leistung verbleibt bis zur Abnahme beim Unternehmer. § 641 Abs. 3 gilt entsprechend. Die Leistungen sind durch eine Aufstellung nachzuweisen, die eine rasche und sichere Beurteilung der Leistungen ermöglichen muss. Die Sätze 1 bis 5 gelten auch für erforderliche Stoffe oder Bauteile, die angeliefert oder eigens angefertigt und bereitgestellt sind, wenn dem Besteller nach seiner Wahl Eigentum an den Stoffen oder Bauteilen übertragen oder entsprechende Sicherheit hierfür geleistet wird.

(2) Die Sicherheit nach Absatz 1 Satz 6 kann auch durch eine Garantie oder ein sonstiges Zahlungsversprechen eines im Geltungsbereich dieses Gesetzes zum Geschäftsbetrieb befugten Kreditinstituts oder Kreditversicherers geleistet werden.

Erläuterung:
Der § 632a – vom Gesetzgeber bereits vielfach überarbeitet, weil immer wieder neu unklar und nicht eindeutig – wurde gestrafft und klarer formuliert. Neu ist, dass nicht mehr auf den Wertzuwachs beim Auftraggeber abgestellt wird, sondern auf die geschuldete Vergütung gegenüber dem Unternehmer. Es wird sich zeigen, wie lange die nun gefundene Formulierung der rechtlichen Praxis standhält.

§ 640
Abnahme
(1) Der Besteller ist verpflichtet, das vertragsmäßig hergestellte Werk abzunehmen, sofern nicht nach der Beschaffenheit des Werkes die Abnahme ausgeschlossen ist. Wegen unwesentlicher Mängel kann die Abnahme nicht verweigert werden.

(2) Als abgenommen gilt ein Werk auch, wenn der Unternehmer dem Besteller nach Fertigstellung des Werks eine angemessene Frist zur Abnahme gesetzt hat und der Besteller die Abnahme nicht innerhalb dieser Frist unter Angabe mindestens eines Mangels verweigert hat. Ist der Besteller ein Verbraucher, so treten die Rechtsfolgen des Satzes 1 nur dann ein, wenn der Unternehmer den Besteller zusammen mit der Aufforderung zur Abnahme auf die Folgen einer nicht erklärten oder ohne Angabe von Mängeln verweigerten Abnahme hingewiesen hat; der Hinweis muss in Textform erfolgen.

(3) Nimmt der Besteller ein mangelhaftes Werk gemäß Absatz 1 Satz 1 ab, obschon er den Mangel kennt, so stehen ihm die in § 634 Nr. 1 bis 3 bezeichneten Rechte nur zu, wenn er sich seine Rechte wegen des Mangels bei der Abnahme vorbehält.

Erläuterung:
In § 640 Absatz 2 wurde neu eine zusätzliche Informationspflicht für Verträge mit Verbrauchern eingefügt, und zwar für den Fall, dass diese eine Abnahme verweigern.

§ 647a
(Hier irrelevant, da es Sicherungshypotheken für Inhaber von Schiffswerften betrifft.)

§ 648
Kündigungsrecht des Bestellers
Hinweis: Der neue § 648 ist der alte § 649. Siehe daher hierzu die Erläuterungen zu § 649 auf Seite 101. § 648 ist inhaltlich aufgegangen im neuen § 650e und § 648a im neuen § 650f.

Bitte beachten Sie: Die Regelung findet keine Anwendung bei Käufern von Bauträgerobjekten (Grundstücks- und Hauskauf nach der Makler- und Bauträgerverordnung).

§ 648a
Kündigung aus wichtigem Grund
(1) Beide Vertragsparteien können den Vertrag aus wichtigem Grund ohne Einhaltung einer Kündigungs-

frist kündigen. Ein wichtiger Grund liegt vor, wenn dem kündigenden Teil unter Berücksichtigung aller Umstände des Einzelfalls und unter Abwägung der beiderseitigen Interessen die Fortsetzung des Vertragsverhältnisses bis zur Fertigstellung des Werks nicht zugemutet werden kann.

(2) Eine Teilkündigung ist möglich; sie muss sich auf einen abgrenzbaren Teil des geschuldeten Werks beziehen.

(3) § 314 Absatz 2 und 3 gilt entsprechend.

(4) Nach der Kündigung kann jede Vertragspartei von der anderen verlangen, dass sie an einer gemeinsamen Feststellung des Leistungsstandes mitwirkt. Verweigert eine Vertragspartei die Mitwirkung oder bleibt sie einem vereinbarten oder einem von der anderen Vertragspartei innerhalb einer angemessenen Frist bestimmten Termin zur Leistungsstandfeststellung fern, trifft sie die Beweislast für den Leistungsstand zum Zeitpunkt der Kündigung. Dies gilt nicht, wenn die Vertragspartei infolge eines Umstands fernbleibt, den sie nicht zu vertreten hat und den sie der anderen Vertragspartei unverzüglich mitgeteilt hat.

(5) Kündigt eine Vertragspartei aus wichtigem Grund, ist der Unternehmer nur berechtigt, die Vergütung zu verlangen, die auf den bis zur Kündigung erbrachten Teil des Werks entfällt.

(6) Die Berechtigung, Schadensersatz zu verlangen, wird durch die Kündigung nicht ausgeschlossen.

Erläuterung:
Die Kündigungsregelungen aus wichtigem Grund sind neu ins Gesetz aufgenommen worden und sollen mehr Klarheit für den Kündigungsfall bringen. Ob sie das tun werden, wird aber erst die Rechtspraxis zeigen. Aufgrund der teils sehr schwammigen Formulierungen wird – je nach Rechtsfall – weiterhin viel Unklarheit bleiben.

Bitte beachten Sie: Die Regelung findet keine Anwendung bei Käufern von Bauträgerobjekten (Grundstücks- und Hauskauf nach der Makler- und Bauträgerverordnung).

§ 649
Kündigungsrecht des Bestellers
Hinweis: Der neue § 649 ist der alte § 650. Siehe daher hierzu die Erläuterungen zu § 650 auf Seite 102.

Auszug BGB-Werkvertragsrecht Untertitel 1/Kapitel 2/Bauvertrag

Ab § 650a wurde das BGB umfassend ergänzt, mit zahlreichen neuen Bestimmungen. Das Reisevertragsrecht interessiert hier nicht weiter, aber die Neuerungen, die als Kapitel 2 und 3 des Untertitels 1 des BGB-Werkvertragsrechts aufgenommen wurden, sind wichtig. Das sind die vollständig neuen Regelungen zu Bau- und Verbraucherbauverträgen, die neu das bisherige Werkvertragsrecht ergänzen und erstmals ein Sonderrecht für Verbraucher schaffen. Daher werden sie nachfolgend auszugsweise mit kurzen Erläuterungen vorgestellt. Das gesamte neue BGB-Werkvertragsrecht finden Sie ab dem 01.01.2018 auch im Internet unter **www.gesetze-im-internet.de**.

Der neue Untertitel 3 des Werkvertragsrechts regelt Ausnahmen für Bauträgerverträge (Grundstücks- und Hauskauf nach der Makler- und Bauträgerverordnung). Viele der nachfolgenden Regelungen finden für solche Verträge keine Anwendung. Welche der Regelungen dies sind, ist jeweils vermerkt.

§ 650a
Bauvertrag
(1) Ein Bauvertrag ist ein Vertrag über die Herstellung, die Wiederherstellung, die Beseitigung oder den Umbau eines Bauwerks, einer Außenanlage oder eines Teils davon. Für den Bauvertrag gelten ergänzend die folgenden Vorschriften dieses Kapitels.

(2) Ein Vertrag über die Instandhaltung eines Bauwerks ist ein Bauvertrag, wenn das Werk für die Konstruktion, den Bestand oder den bestimmungsgemäßen Gebrauch von wesentlicher Bedeutung ist.

Erläuterung:
Das BGB definiert hier, was ein Bauvertrag ist und differenziert später noch den Verbraucherbauvertrag (---> Seite 109).

§ 650b
Änderung des Vertrags; Anordnungsrecht des Bestellers

(1) Begehrt der Besteller
1. eine Änderung des vereinbarten Werkerfolgs (§ 631 Absatz 2) oder
2. eine Änderung, die zur Erreichung des vereinbarten Werkerfolgs notwendig ist,

streben die Vertragsparteien Einvernehmen über die Änderung und die infolge der Änderung zu leistende Mehr- oder Mindervergütung an. Der Unternehmer ist verpflichtet, ein Angebot über die Mehr- oder Mindervergütung zu erstellen, im Falle einer Änderung nach Satz 1 Nummer 1 jedoch nur, wenn ihm die Ausführung der Änderung zumutbar ist. Macht der Unternehmer betriebsinterne Vorgänge für die Unzumutbarkeit einer Anordnung nach Absatz 1 Satz 1 Nummer 1 geltend, trifft ihn die Beweislast hierfür. Trägt der Besteller die Verantwortung für die Planung des Bauwerks oder der Außenanlage, ist der Unternehmer nur dann zur Erstellung eines Angebots über die Mehr- oder Mindervergütung verpflichtet, wenn der Besteller die für die Änderung erforderliche Planung vorgenommen und dem Unternehmer zur Verfügung gestellt hat. Begehrt der Besteller eine Änderung, für die dem Unternehmer nach § 650c Absatz 1 Satz 2 kein Anspruch auf Vergütung für vermehrten Aufwand zusteht, streben die Parteien nur Einvernehmen über die Änderung an; Satz 2 findet in diesem Fall keine Anwendung.

(2) Erzielen die Parteien binnen 30 Tagen nach Zugang des Änderungsbegehrens beim Unternehmer keine Einigung nach Absatz 1, kann der Besteller die Änderung in Textform anordnen. Der Unternehmer ist verpflichtet, der Anordnung des Bestellers nachzukommen, einer Anordnung nach Absatz 1 Satz 1 Nummer 1 jedoch nur, wenn ihm die Ausführung zumutbar ist. Absatz 1 Satz 3 gilt entsprechend.

Erläuterung:
Der Besteller, also der Auftraggeber – das wären Sie – erhält hier erstmals eindeutige Rechte, nach Vertragsabschluss verbindliche Anordnungen zu Änderungen geben zu können. Ein solches einseitiges Eingriffsrecht in immerhin bestehende Verträge kannte bislang nur die VOB/B. Diese musste aber explizit vereinbart werden.

Bitte beachten Sie: Die Regelung findet keine Anwendung bei Käufern von Bauträgerobjekten (Grundstücks- und Hauskauf nach der Makler- und Bauträgerverordnung).

§ 650c
Vergütungsanpassung bei Anordnungen nach § 650b Absatz 2

(1) Die Höhe des Vergütungsanspruchs für den infolge einer Anordnung des Bestellers nach § 650b Absatz 2 vermehrten oder verminderten Aufwand ist nach den tatsächlich erforderlichen Kosten mit angemessenen Zuschlägen für allgemeine Geschäftskosten, Wagnis und Gewinn zu ermitteln. Umfasst die Leistungspflicht des Unternehmers auch die Planung des Bauwerks oder der Außenanlage, steht diesem im Fall des § 650b Absatz 1 Satz 1 Nummer 2 kein Anspruch auf Vergütung für vermehrten Aufwand zu.

(2) Der Unternehmer kann zur Berechnung der Vergütung für den Nachtrag auf die Ansätze in einer vereinbarungsgemäß hinterlegten Urkalkulation zurückgreifen. Es wird vermutet, dass die auf Basis der Urkalkulation fortgeschriebene Vergütung der Vergütung nach Absatz 1 entspricht.

(3) Bei der Berechnung von vereinbarten oder gemäß § 632a geschuldeten Abschlagszahlungen kann der Unternehmer 80 Prozent einer in einem Angebot nach

§ 650b Absatz 1 Satz 2 genannten Mehrvergütung ansetzen, wenn sich die Parteien nicht über die Höhe geeinigt haben oder keine anderslautende gerichtliche Entscheidung ergeht. Wählt der Unternehmer diesen Weg und ergeht keine anderslautende gerichtliche Entscheidung, wird die nach den Absätzen 1 und 2 geschuldete Mehrvergütung erst nach der Abnahme des Werkes fällig. Zahlungen nach Satz 1, die die nach den Absätzen 1 und 2 geschuldete Mehrvergütung übersteigen, sind dem Besteller zurückzugewähren und ab ihrem Eingang beim Unternehmer zu verzinsen. § 288 Absatz 1 Satz 2, Absatz 2 und § 289 Satz 1 gelten entsprechend.

Erläuterung:
Der Unternehmer kann nicht mehr einfach irgendwelche Fantasiepreise für nachträglich erfolgte Leistungen ansetzen, sondern hier sind die tatsächlich erforderlichen Kosten geltend zu machen. Aber: Er kann – auch wenn noch keine Einigung über Vergütungen von Mehrleistungen vorliegt – diese zu 80 Prozent ansetzen. Verbraucherschutz sieht anders aus.

Bitte beachten Sie: Die Regelung findet keine Anwendung bei Käufern von Bauträgerobjekten (Grundstücks- und Hauskauf nach der Makler- und Bauträgerverordnung).

§ 650d
Einstweilige Verfügung
Zum Erlass einer einstweiligen Verfügung in Streitigkeiten über das Anordnungsrecht gemäß § 650b oder die Vergütungsanpassung gemäß § 650c ist es nach Beginn der Bauausführung nicht erforderlich, dass der Verfügungsgrund glaubhaft gemacht wird.

Erläuterung:
Mit § 650d wird die Durchsetzung einer Änderungsanordnung nach Beginn der Bauausführung vereinfacht. Zur Durchsetzung einer einstweiligen Verfügung benötigen Sie üblicherweise einen Verfügungsanspruch und einen Verfügungsgrund. Im Rahmen eines Bauvorhabens auf Grundlage eines Bauwerkvertrags nach BGB entfällt der Verfügungsgrund für Verträge, die ab dem 01.01.2018 geschlossen wurden, nun generell. Es reicht fortan also, wenn Sie einen Verfügungsanspruch haben – also zum Beispiel Bauherr einer Immobilie sind – und auf Basis des BGB-Werkvertragsrechts bauen.

Bitte beachten Sie: Die Regelung findet keine Anwendung bei Käufern von Bauträgerobjekten (Grundstücks- und Hauskauf nach der Makler- und Bauträgerverordnung).

§ 650e
Sicherungshypothek des Bauunternehmers
Der Unternehmer kann für seine Forderungen aus dem Vertrag die Einräumung einer Sicherungshypothek an dem Baugrundstück des Bestellers verlangen. Ist das Werk noch nicht vollendet, so kann er die Einräumung der Sicherungshypothek für einen der geleisteten Arbeit entsprechenden Teil der Vergütung und für die in der Vergütung nicht inbegriffenen Auslagen verlangen.

Erläuterung:
Der Unternehmer kann von Ihnen verlangen, dass zur Absicherung seiner Forderungen eine Sicherungshypothek am Grundstück grundbuchrechtlich abgesichert wird. Dies konnte er gemäß dem alten § 648 aber bislang auch schon.

Bitte beachten Sie: Die Regelung findet keine Anwendung bei Käufern von Bauträgerobjekten (Grundstücks- und Hauskauf nach der Makler- und Bauträgerverordnung).

§ 650f
Bauhandwerkersicherung
(1) Der Unternehmer kann vom Besteller Sicherheit für die auch in Zusatzaufträgen vereinbarte und noch nicht gezahlte Vergütung einschließlich dazugehöriger Nebenforderungen, die mit 10 Prozent des zu sichernden Vergütungsanspruchs anzusetzen sind, verlangen. Satz 1 gilt in demselben Umfang auch für Ansprüche, die an die Stelle der Vergütung treten.

Der Anspruch des Unternehmers auf Sicherheit wird nicht dadurch ausgeschlossen, dass der Besteller Erfüllung verlangen kann oder das Werk abgenommen hat. Ansprüche, mit denen der Besteller gegen den Anspruch des Unternehmers auf Vergütung aufrechnen kann, bleiben bei der Berechnung der Vergütung unberücksichtigt, es sei denn, sie sind unstreitig oder rechtskräftig festgestellt. Die Sicherheit ist auch dann als ausreichend anzusehen, wenn sich der Sicherungsgeber das Recht vorbehält, sein Versprechen im Falle einer wesentlichen Verschlechterung der Vermögensverhältnisse des Bestellers mit Wirkung für Vergütungsansprüche aus Bauleistungen zu widerrufen, die der Unternehmer bei Zugang der Widerrufserklärung noch nicht erbracht hat.

(2) Die Sicherheit kann auch durch eine Garantie oder ein sonstiges Zahlungsversprechen eines im Geltungsbereich dieses Gesetzes zum Geschäftsbetrieb befugten Kreditinstituts oder Kreditversicherers geleistet werden. Das Kreditinstitut oder der Kreditversicherer darf Zahlungen an den Unternehmer nur leisten, soweit der Besteller den Vergütungsanspruch des Unternehmers anerkennt oder durch vorläufig vollstreckbares Urteil zur Zahlung der Vergütung verurteilt worden ist und die Voraussetzungen vorliegen, unter denen die Zwangsvollstreckung begonnen werden darf.

(3) Der Unternehmer hat dem Besteller die üblichen Kosten der Sicherheitsleistung bis zu einem Höchstsatz von 2 Prozent für das Jahr zu erstatten. Dies gilt nicht, soweit eine Sicherheit wegen Einwendungen des Bestellers gegen den Vergütungsanspruch des Unternehmers aufrechterhalten werden muss und die Einwendungen sich als unbegründet erweisen.

(4) Soweit der Unternehmer für seinen Vergütungsanspruch eine Sicherheit nach Absatz 1 oder 2 erlangt hat, ist der Anspruch auf Einräumung einer Sicherungshypothek nach § 650e ausgeschlossen.

(5) Hat der Unternehmer dem Besteller erfolglos eine angemessene Frist zur Leistung der Sicherheit nach Absatz 1 bestimmt, so kann der Unternehmer die Leistung verweigern oder den Vertrag kündigen. Kündigt er den Vertrag, ist der Unternehmer berechtigt, die vereinbarte Vergütung zu verlangen; er muss sich jedoch dasjenige anrechnen lassen, was er infolge der Aufhebung des Vertrages an Aufwendungen erspart oder durch anderweitige Verwendung seiner Arbeitskraft erwirbt oder böswillig zu erwerben unterlässt. Es wird vermutet, dass danach dem Unternehmer 5 Prozent der auf den noch nicht erbrachten Teil der Werkleistung entfallenden vereinbarten Vergütung zustehen.

(6) Die Absätze 1 bis 5 finden keine Anwendung, wenn der Besteller
1. eine juristische Person des öffentlichen Rechts oder ein öffentlich-rechtliches Sondervermögen ist, über deren Vermögen ein Insolvenzverfahren unzulässig ist, oder
2. Verbraucher ist und es sich um einen Verbraucherbauvertrag nach § 650i oder um einen Bauträgervertrag nach § 650u handelt.

Satz 1 Nummer 2 gilt nicht bei Betreuung des Bauvorhabens durch einen zur Verfügung über die Finanzierungsmittel des Bestellers ermächtigten Baubetreuer.

(7) Eine von den Absätzen 1 bis 5 abweichende Vereinbarung ist unwirksam.

Erläuterung:
Der gesamte Paragraph 650e gilt für Sie nicht. Dies regelt Absatz 6 Satz 2 des Paragrafen, der alle Verbraucherbauverträge von dieser Regelung ausnimmt, sofern kein Baubetreuer eingeschaltet wurde, welcher Vollmacht über Ihre Finanzmittel hat (was grundsätzlich aber nicht zu empfehlen ist). Verbraucherbauverträge definiert das neue Kapitel 3 des BGB-Werkvertragsrechts (⸺> Seite 109). Das heißt, Sie müssen einem Unternehmen grundsätzlich keine Sicherheit nach § 650e BGB leisten, denn Sie sind Verbraucher und schließen einen Verbraucherbauvertrag. Macht Sie ein Unternehmen also auf Pflichten aus § 650e BGB aufmerksam, machen Sie das Unternehmen einfach auf den dortigen Absatz 6, Satz 2 aufmerksam.

§ 650g
Zustandsfeststellung bei Verweigerung der Abnahme; Schlussrechnung

(1) Verweigert der Besteller die Abnahme unter Angabe von Mängeln, hat er auf Verlangen des Unternehmers an einer gemeinsamen Feststellung des Zustands des Werks mitzuwirken. Die gemeinsame Zustandsfeststellung soll mit der Angabe des Tages der Anfertigung versehen werden und ist von beiden Vertragsparteien zu unterschreiben.

(2) Bleibt der Besteller einem vereinbarten oder einem von dem Unternehmer innerhalb einer angemessenen Frist bestimmten Termin zur Zustandsfeststellung fern, so kann der Unternehmer die Zustandsfeststellung auch einseitig vornehmen. Dies gilt nicht, wenn der Besteller infolge eines Umstands fernbleibt, den er nicht zu vertreten hat und den er dem Unternehmer unverzüglich mitgeteilt hat. Der Unternehmer hat die einseitige Zustandsfeststellung mit der Angabe des Tages der Anfertigung zu versehen und sie zu unterschreiben sowie dem Besteller eine Abschrift der einseitigen Zustandsfeststellung zur Verfügung zu stellen.

(3) Ist das Werk dem Besteller verschafft worden und ist in der Zustandsfeststellung nach Absatz 1 oder 2 ein offenkundiger Mangel nicht angegeben, wird vermutet, dass dieser nach der Zustandsfeststellung entstanden und vom Besteller zu vertreten ist. Die Vermutung gilt nicht, wenn der Mangel nach seiner Art nicht vom Besteller verursacht worden sein kann.

(4) Die Vergütung ist zu entrichten, wenn
1. der Besteller das Werk abgenommen hat oder die Abnahme nach § 641 Absatz 2 entbehrlich ist und
2. der Unternehmer dem Besteller eine prüffähige Schlussrechnung erteilt hat.

Die Schlussrechnung ist prüffähig, wenn sie eine übersichtliche Aufstellung der erbrachten Leistungen enthält und für den Besteller nachvollziehbar ist. Sie gilt als prüffähig, wenn der Besteller nicht innerhalb von 30 Tagen nach Zugang der Schlussrechnung begründete Einwendungen gegen ihre Prüffähigkeit erhoben hat.

Erläuterung:
Hier finden Sie unter anderem Regelungen für den Fall, dass Sie die Abnahme aufgrund von Mängeln verweigern. Es kommt dann zu einer sogenannten Zustandsfeststellung. Auch in dieser sollten aber unbedingt alle Mängel, die Sie sehen, aufgenommen werden. Der Unternehmer kann die Zustandsfeststellung auch einseitig durchführen. Kennen oder sehen Sie einen Mangel, der nicht in der Zustandsfeststellung aufgelistet ist – egal ob Sie bei der Zustandsfeststellung dabei waren oder nicht – sollten Sie diesen dem Unternehmer sofort schriftlich (per Brief) mitteilen und der Zustandsfeststellung widersprechen. Denn sonst greift Absatz 3 des Paragrafen, nachdem „vermutet" wird, dass dieser Mangel von Ihnen stammt. Je oberflächlicher und lückenhafter also ein Unternehmer bei der Zustandsfeststellung arbeitet, desto mehr wird er durch diese Regelung belohnt. Das wird das zukünftige Einfallstor für weitreichende Mängelabwehr von Unternehmen werden. Auch hier wären andere Regelungen natürlich deutlich hilfreicher gewesen.

Ferner finden Sie Regelungen zur Schlussrechnung und deren Fälligkeit. Fällig ist sie erst, wenn das Werk abgenommen ist und eine prüffähige Schlussrechnung vorliegt. Das heißt, bis zur Schlussrechnung dürfen auch nur maximal 90 Prozent der Vergütung in Rechnung gestellt worden sein. Das regelt § 650m Absatz 1. Und die verbleibenden zehn Prozent bleiben auch bei Ihnen bis die Abnahme durchgeführt worden und eine Schlussrechnung gestellt ist. Dies regelt Absatz 4 des § 650g. Will also ein Unternehmer vor der Abnahme von Ihnen auch die restlichen zehn Prozent der Vergütung haben, sollten Sie das klar zurückweisen. Denn erst einmal müssen Sie bei der Abnahme ja sehen, ob - und wenn, welche - Mängel vorliegen und vorbehalten werden sollen und welche Beträge dafür zurückbehalten werden müssen.

Bitte beachten Sie: Die Regelung findet keine Anwendung bei Käufern von Bauträgerobjekten (Grundstücks- und Hauskauf nach der Makler- und Bauträgerverordnung). Für diese gelten weiterhin die Ratenzahlungsvorgaben der MaBV.

§ 65oh
Schriftform der Kündigung

Die Kündigung des Bauvertrags bedarf der schriftlichen Form.

Erläuterung:
Eindeutige Regelung: Ein Bauvertrag kann nach dem BGB neu generell nur schriftlich gekündigt werden. Dies dient der Rechtsklarheit.

Auszug BGB-Werkvertragsrecht Untertitel 1/ Kapitel 3/Verbraucherbauvertrag

Kapitel 3 des 1. Untertitels des BGB-Werkvertragsrechts beginnt mit dem § 650i. Bei den nachfolgenden Paragrafen handelt es sich um ein spezielles Verbraucherbauvertragsrecht, das ebenfalls völlig neu ins BGB aufgenommen wurde. Es soll Verbraucher bei Bauverträgen deutlich besser schützen. Sie werden aber leider sehr schnell feststellen, dass das kaum der Fall ist. Manches davon hört sich zunächst gut an, aber bei näherem Hinsehen hilft es Ihnen oft nicht wirklich weiter.

§ 650i
Verbraucherbauvertrag

(1) Verbraucherbauverträge sind Verträge, durch die der Unternehmer von einem Verbraucher zum Bau eines neuen Gebäudes oder zu erheblichen Umbaumaßnahmen an einem bestehenden Gebäude verpflichtet wird.

(2) Der Verbraucherbauvertrag bedarf der Textform.

(3) Für Verbraucherbauverträge gelten ergänzend die folgenden Vorschriften dieses Kapitels.

Erläuterung:
Neu definiert das BGB hier den Verbraucherbauvertrag, für den die ergänzenden Regelungen gelten. Ein solches Sonderrecht bestand bislang nicht.

§ 650j
Baubeschreibung

Der Unternehmer hat den Verbraucher über die sich aus Artikel 249 des Einführungsgesetzes zum Bürgerlichen Gesetzbuche ergebenden Einzelheiten in der dort vorgesehenen Form zu unterrichten, es sei denn, der Verbraucher oder ein von ihm Beauftragter macht die wesentlichen Planungsvorgaben.

Erläuterung:
Erstmals überhaupt gibt es im BGB den Begriff „Baubeschreibung" und auch inhaltliche Vorgaben dazu. § 650j verweist auf Artikel 249 des Einführungsgesetzes zum BGB. Dort werden die Anforderungen an eine Baubeschreibung definiert, und zwar wie folgt:

Artikel 249
Informationspflichten bei Verbraucherbauverträgen

§ 1 Informationspflichten bei Verbraucherbauverträgen
Der Unternehmer ist nach § 650j des Bürgerlichen Gesetzbuchs verpflichtet, dem Verbraucher rechtzeitig vor Abgabe von dessen Vertragserklärung eine Baubeschreibung in Textform zur Verfügung zu stellen.

§ 2 Inhalt der Baubeschreibung
(1) In der Baubeschreibung sind die wesentlichen Eigenschaften des angebotenen Werks in klarer Weise darzustellen. Sie muss mindestens folgende Informationen enthalten:
1. allgemeine Beschreibung des herzustellenden Gebäudes oder der vorzunehmenden Umbauten, gegebenenfalls Haustyp und Bauweise,
2. Art und Umfang der angebotenen Leistungen, gegebenenfalls der Planung und der Bauleitung, der Arbeiten am Grundstück und der Baustelleneinrichtung sowie der Ausbaustufe,
3. Gebäudedaten, Pläne mit Raum- und Flächenangaben sowie Ansichten, Grundrisse und Schnitte,

4. gegebenenfalls Angaben zum Energie-, zum Brandschutz- und zum Schallschutzstandard sowie zur Bauphysik,
5. Angaben zur Beschreibung der Baukonstruktionen aller wesentlichen Gewerke,
6. gegebenenfalls Beschreibung des Innenausbaus,
7. gegebenenfalls Beschreibung der gebäudetechnischen Anlagen,
8. Angaben zu Qualitätsmerkmalen, denen das Gebäude oder der Umbau genügen muss,
9. gegebenenfalls Beschreibung der Sanitärobjekte, der Armaturen, der Elektroanlage, der Installationen, der Informationstechnologie und der Außenanlagen.

(2) Die Baubeschreibung hat verbindliche Angaben zum Zeitpunkt der Fertigstellung des Werks zu enthalten. Steht der Beginn der Baumaßnahme noch nicht fest, ist ihre Dauer anzugeben."

Erläuterung:
Erstmals werden damit direkt über das BGB inhaltliche Anforderungen an Baubeschreibungen gestellt. Leider hat der Gesetzgeber aber viel zu unklare Definitionen gewählt. Bei den Plänen ist zum Beispiel eine Vermaßung nicht zwingend vorgegeben, und beim Innenausbau und den gebäudetechnischen Anlagen und anderen Ausstattungsmerkmalen gibt es ein „gegebenenfalls", das alle Klarheit nimmt. Die Erfahrungen der Verbraucherzentrale bei Prüfungen von Baubeschreibungen zeigen, dass es mit einer solchen, viel zu schwammigen gesetzlichen Regelung kaum inhaltliche Verbesserungen von Baubeschreibungen geben dürfte (→ Kapitel 8).

§ 650k
Inhalt des Vertrags
(1) Die Angaben der vorvertraglich zur Verfügung gestellten Baubeschreibung in Bezug auf die Bauausführung werden Inhalt des Vertrags, es sei denn, die Vertragsparteien haben ausdrücklich etwas anderes vereinbart.

(2) Soweit die Baubeschreibung unvollständig oder unklar ist, ist der Vertrag unter Berücksichtigung sämtlicher vertragsbegleitender Umstände, insbesondere des Komfort- und Qualitätsstandards nach der übrigen Leistungsbeschreibung, auszulegen. Zweifel bei der Auslegung des Vertrags bezüglich der vom Unternehmer geschuldeten Leistung gehen zu dessen Lasten.

(3) Der Bauvertrag muss verbindliche Angaben zum Zeitpunkt der Fertigstellung des Werks oder, wenn dieser Zeitpunkt zum Zeitpunkt des Abschlusses des Bauvertrages nicht angegeben werden kann, zur Dauer der Bauausführung enthalten. Enthält der Vertrag diese Angaben nicht, werden die vorvertraglich übermittelten Angaben zum Zeitpunkt der Fertigstellung des Werks oder zur Dauer der Bauausführung Inhalt des Vertrags.

Erläuterung:
Das BGB regelt, dass Baubeschreibungen automatisch Vertragsbestandteil werden, es sei denn, es ist etwas anderes vereinbart. Das ist eine Umkehr zur bisherigen Situation. Bei der inhaltlichen Ausgestaltung unvollständiger Baubeschreibungen gibt es nun Regelungen, dass fehlende inhaltliche Vereinbarungen zugunsten des Verbrauchers auszulegen sind.

Ganz neu ist auch, dass ein Zeitpunkt der Fertigstellung des Werks im Vertrag genannt werden muss und ansonsten eine Ersatzlösung greift. Diese ist allerdings wieder so weich, dass es in der Praxis trotzdem zu viel Ärger kommen dürfte.

Bitte beachten Sie: Absatz 1 der Regelung findet keine Anwendung bei Käufern von Bauträgerobjekten (Grundstücks- und Hauskauf nach der Makler- und Bauträgerverordnung).

§ 650l
Widerrufsrecht
Dem Verbraucher steht ein Widerrufsrecht gemäß § 355 zu, es sei denn, der Vertrag wurde notariell beurkundet. Der Unternehmer ist verpflichtet, den

Verbraucher nach Maßgabe des Artikels 249 § 3 des Einführungsgesetzes zum Bürgerlichen Gesetzbuche über sein Widerrufsrecht zu belehren.

Erläuterung:
Ein Widerrufsrecht für Bauverträge nach § 355 BGB bedeutet, dass Sie jeden Bauvertrag binnen 14 Tagen ab Vertragsschluss widerrufen können.

Bitte beachten Sie: Die Regelung findet keine Anwendung bei Käufern von Bauträgerobjekten (Grundstücks- und Hauskauf nach der Makler- und Bauträgerverordnung).

---

§ 650m
Abschlagszahlungen; Absicherung des Vergütungsanspruchs
(1) Verlangt der Unternehmer Abschlagszahlungen nach § 632a, darf der Gesamtbetrag der Abschlagszahlungen 90 Prozent der vereinbarten Gesamtvergütung einschließlich der Vergütung für Nachtragsleistungen nach § 650c nicht übersteigen.

(2) Dem Verbraucher ist bei der ersten Abschlagszahlung eine Sicherheit für die rechtzeitige Herstellung des Werks ohne wesentliche Mängel in Höhe von 5 Prozent der vereinbarten Gesamtvergütung zu leisten. Erhöht sich der Vergütungsanspruch infolge einer Anordnung des Verbrauchers nach den §§ 650b und 650c oder infolge sonstiger Änderungen oder Ergänzungen des Vertrags um mehr als 10 Prozent, ist dem Verbraucher bei der nächsten Abschlagszahlung eine weitere Sicherheit in Höhe von 5 Prozent des zusätzlichen Vergütungsanspruchs zu leisten. Auf Verlangen des Unternehmers ist die Sicherheitsleistung durch Einbehalt dergestalt zu erbringen, dass der Verbraucher die Abschlagszahlungen bis zu dem Gesamtbetrag der geschuldeten Sicherheit zurückhält.

(3) Sicherheiten nach Absatz 2 können auch durch eine Garantie oder ein sonstiges Zahlungsversprechen eines im Geltungsbereich dieses Gesetzes zum Geschäftsbetrieb befugten Kreditinstituts oder Kreditversicherers geleistet werden.

(4) Verlangt der Unternehmer Abschlagszahlungen nach § 632a, ist eine Vereinbarung unwirksam, die den Verbraucher zu einer Sicherheitsleistung für die vereinbarte Vergütung verpflichtet, die die nächste Abschlagszahlung oder 20 Prozent der vereinbarten Vergütung übersteigt. Gleiches gilt, wenn die Parteien Abschlagszahlungen vereinbart haben.

Erläuterung:
Neu ist, dass insgesamt nicht mehr als 90 Prozent der Gesamtsumme als Abschlagszahlungen in Rechnung gestellt werden dürfen. Der neue § 650m regelt in Absatz 2, dass Verbrauchern mit der ersten Abschlagszahlung „für die rechtzeitigen Herstellung des Werkes ohne wesentliche Mängel" fünf Prozent Sicherheit zu leisten ist. Das heißt, dass Sie fünf Prozent der Gesamtsumme, die zu zahlen ist, bereits von der ersten Abschlagsrechnung abziehen können. Übersteigen die fünf Prozent die erste Abschlagsrechnung, können Sie die Restsumme dann von der zweiten Abschlagsrechnung einbehalten. Das greift schon länger bestehende Regelungen aus dem § 632a Absatz 3 auf.

Der Gesetzgeber hat leider keine klaren Regelungen zu Zahlungsplänen getroffen, sondern nur zu Abschlagszahlungen, die der Unternehmer auch ohne vertragliche Vereinbarung nach der Erbringung von Teilleistungen verlangen darf. Das sind Zwischenabrechnungen, die er stellen kann. Diese sind dann entsprechend dem Baufortschritt in dieser Form begrenzt, wenn nichts anderes vereinbart ist. Anderslautende Ratenzahlungsvereinbarungen hingegen haben weiterhin Gültigkeit. Und solche anderslautenden Ratenzahlungspläne mit sehr hohen Überzahlungsrisiken sind leider die Regel. Das große Problem der Überzahlung bleibt also. Denn Zahlungspläne, nach denen Verbraucher hohe Summen vorab zu leisten haben, werden auch durch das novellierte BGB-Werkvertragsrecht in keiner Form unterbunden. Das ist aus Verbraucherschutzsicht wenig nachvollziehbar. Denn genau das birgt mit die größten Risiken in Bauverträgen. Also werden Sie bei Vereinbarungen von Zahlungsplänen auch in Zukunft gut aufpassen müssen, dass Ihnen nicht gefährliche Zahlungspläne zur Vereinbarung vorgelegt werden (→ Kapitel 6.3). Der Gesetzgeber hat hier eine weitere große Chance zu besseren – und vor allem sichereren – Lösungen für Verbraucher verpasst und Sie werden Ihnen vorgelegte Zahlungspläne weiterhin sehr sorgfältig prüfen müssen.

Bitte beachten Sie: Absatz 1 der Regelung findet keine Anwendung bei Käufern von Bauträgerobjekten (Grundstücks- und Hauskauf nach der Makler- und Bauträgerverordnung).

§ 650n
Erstellung und Herausgabe von Unterlagen

(1) Rechtzeitig vor Beginn der Ausführung einer geschuldeten Leistung hat der Unternehmer diejenigen Planungsunterlagen zu erstellen und dem Verbraucher herauszugeben, die dieser benötigt, um gegenüber Behörden den Nachweis führen zu können, dass die Leistung unter Einhaltung der einschlägigen öffentlich-rechtlichen Vorschriften ausgeführt werden wird. Die Pflicht besteht nicht, soweit der Verbraucher oder ein von ihm Beauftragter die wesentlichen Planungsvorgaben erstellt.

(2) Spätestens mit der Fertigstellung des Werks hat der Unternehmer diejenigen Unterlagen zu erstellen und dem Verbraucher herauszugeben, die dieser benötigt, um gegenüber Behörden den Nachweis führen zu können, dass die Leistung unter Einhaltung der einschlägigen öffentlich-rechtlichen Vorschriften ausgeführt worden ist.

(3) Die Absätze 1 und 2 gelten entsprechend, wenn ein Dritter, etwa ein Darlehensgeber, Nachweise für die Einhaltung bestimmter Bedingungen verlangt und wenn der Unternehmer die berechtigte Erwartung des Verbrauchers geweckt hat, diese Bedingungen einzuhalten.

Erläuterung:
Erstmals wird damit im BGB geregelt, dass Sie Herausgabeansprüche wichtiger Unterlagen und Dokumente zu Bau und Planung des Hauses haben. Damit gab es in Vergangenheit immer wieder große Probleme, das wird sich nun möglicherweise ändern. Aber: Wichtige Unterlagen, wie zum Beispiel statische Berechnungen oder auch Subunternehmerverträge, deren Kenntnis beispielsweise bei einer Anspruchsübertragung vom Unternehmer auf den Bauherrn notwendig werden kann, erfasst das Gesetz gar nicht. In der Praxis dürften Bauherren zukünftig kaum mehr als Bauantrag und Bauantragsplanung ausgehändigt bekommen. Das ist zwar mehr, als sie bisher zumeist erhalten, aber immer noch sehr wenig. Die Regelungen von Absatz 3 helfen Ihnen, wenn Sie zum Beispiel Fördermittel der KfW in Anspruch nehmen wollen, die dafür die Vorlage entsprechender Unterlagen fordert.

Auszug BGB-Werkvertragsrecht Untertitel 1/Kapitel 4/Unabdingbarkeit

In Kapitel 4 des 1. Untertitels wird dann mitgeteilt, welche Paragrafen unter allen Umständen gelten, also auch durch Regelungen des Unternehmers nicht ausgehebelt werden dürfen. Man würde meinen, das sei bei Gesetzen generell die Grundlage. Das ist es aber nicht. Verstößt der Unternehmer nicht gegen die Regelungen zu allgemeinen Geschäftsbedingungen des BGB ist er in seiner Vertragsgestaltung relativ frei. Das neue Gesetz suggeriert zunächst Sicherheit, die nun wieder eingeschränkt wird, weil nur wenige Paragrafen unabdingbar gelten:

§ 650o
Abweichende Vereinbarungen

Von § 640 Absatz 2 Satz 2, den §§ 650i bis 650l und 650n kann nicht zum Nachteil des Verbrauchers abgewichen werden. Diese Vorschriften finden auch Anwendung, wenn sie durch anderweitige Gestaltungen umgangen werden.

6.2 Grundlagen des Bauvertragsrechts

Erläuterung:
In einem eigenen Unterkapitel des Werkvertragsrechts – „Unabdingbarkeit" – macht der Gesetzgeber hier ausdrücklich deutlich, dass es sich bei den Regelungen zur Abnahme nach § 640 des BGB und den Regelungen des Verbraucherbauvertragsrechts nach § 650 i bis 650 n, also zum Beispiel Textform des Vertrags, Baubeschreibung, Widerrufsrecht oder Herausgabe von Unterlagen, um zwingende Vorschriften handelt, von denen auch durch Einsatz von findigen Juristen nicht abgewichen werden kann. Von allen anderen Regelungen kann aber abgewichen werden, zum Beispiel auch von den Vorgaben des § 650m über Abschlagszahlungen.

Fazit:

Das neue Gesetz gibt scheinbar Sicherheit vor, die es aber faktisch nur an ganz wenigen Stellen auch tatsächlich liefert. In Wahrheit werden Sie auch mit dem neuen Verbraucherbauvertragsrecht sehr wachsam und vorsichtig sein müssen, um einen guten Bauvertrag zu erhalten. Ob es um gefährliche Zahlungspläne oder lückenhafte Baubeschreibungen geht, vieles bleibt weiter hochriskant.

Und: Falls Sie ein Bauträgerobjekt kaufen (Grundstücks- und Hauskauf vom Bauträger nach der Makler und Bauträgerverordnung), finden gemäß dem neuen § 650u BGB viele der erwähnten Paragrafen ohnehin gar keine Anwendung, nämlich die Paragrafen 648, 648a, 650b bis 650e, 650k Absatz 1 sowie die §§ 650l und 650m Absatz 1.

VOB

Die VOB ist eine Alternative zum Werkvertragsrecht des BGB. Sie ist im Gegensatz zum Werkvertragsrecht des BGB keine gesetzliche Regelung, sondern ein vom Deutschen Vergabe- und Vertragsausschuss für Bauleistungen (DVA) herausgegebenes Regelwerk. Vor allem öffentliche Auftraggeber nutzen die Regelungen in breiter Anwendung. Die VOB besteht aus drei Teilen:

› Teil A die allgemeinen Bestimmungen für die Vergabe von Bauleistungen,
› Teil B die allgemeinen Vertragsbedingungen für Bauleistungen,
› Teil C die allgemeinen Technischen Vertragsbedingungen für Bauleistungen (ATV).

Während Teil A die Vergaberichtlinien für öffentliche Auftraggeber regelt und Teil C DIN-Normen zur handwerklichen Ausführungsqualität und Abrechnung der Arbeiten enthält, regelt die VOB/B in Form einer allgemeinen Geschäftsbedingung die rechtlichen Fragen der Baudurchführung. Daher wird häufig nur ein sogenannter VOB/B-Vertrag abgeschlossen. Dieser umschließt dann aber automatisch auch den Teil C der VOB, was in § 1 der VOB/B festgelegt ist.

Die VOB/B ist letztlich nichts anderes als eine Art allgemeine Geschäftsbedingung mit 18 Paragrafen, die sehr speziell auf die Bedürfnisse auf Baustellen zugeschnitten sind. Sie konnte viele Jahre lang breit angewendet werden, auch gegenüber Verbrauchern, weil im BGB eine eigene VOB-Klausel eingebaut war, nach der alle Verträge, die nach der VOB/B abgeschlossen wurden, nicht der Inhaltskontrolle nach dem BGB unterliegen. Man sprach von der „Privilegierung" der VOB/B. Normalerweise ist es so, dass alle allgemeinen Geschäftsbedingungen (dazu gehören schon Verträge, bei denen die Absicht zur Mehrfachverwendung besteht, was gegenüber Verbrauchern gesetzlich grundsätzlich vermutet wird) der Kontrolle des Rechts der Allgemeinen Geschäftsbedingungen unterliegen, das Teil des BGB ist. Der Verbraucherzentrale Bundesverband hat gegen die Zulässigkeit der VOB/B in Verbraucherverträgen geklagt und 2008 vor dem BGH recht bekommen. 2009 wurde das BGB ohnehin geändert, und die Privilegierung der VOB/B im BGB wurde aufgehoben. Seither unterliegt die VOB/B in Verbraucherverträgen der Inhaltskontrolle nach dem BGB (§§ 307 ff BGB.). Bis heute ist aber nicht abschließend geklärt, welche Paragrafen der VOB/B in Verbraucherverträgen gegebenenfalls unwirksam sind.

Um Ihnen das an einem Beispiel zu verdeutlichen: Das BGB gewährt eine fünfjährige Gewährleistungsfrist, ie VOB/B eine vierjährige. Die Frage ist nun, ob Vereinbarungen über eine vierjährige Gewährleistungsfrist in Verbraucherverträgen überhaupt zulässig sind. Die zukünftige Rechtsprechung wird dies klären müssen. Aufgrund der Tatsache, dass mit Startdatum 01.01.2018 ein neues Verbraucherbauvertragsrecht ins BGB eingefügt wurde, dürften zahlreiche Regelungen der VOB/B diesen neuen BGB-Regelungen nicht mehr standhalten, gegebenenfalls also unwirksam sein, was die zukünftige Rechtsprechung nun Stück für Stück klären muss. Sind allerdings Sie es oder ist es Ihr Architekt, der die VOB/B als Vertragsgrundlage aktiv einsetzen will, kann es für Sie gegebenenfalls schwierig werden, sich später auf die Unwirksamkeit einzelner Klauseln zu berufen. Daher sollten Sie Vor- und Nachteile der Anwendung der VOB/B in Ihrem individuellen Fall möglichst mit einem Fachanwalt für Bau- und Architektenrecht abstimmen. Anders ist der Fall zu beurteilen, wenn die Geltung der VOB/B vom Unternehmer verlangt wird. Dann stellt sich wieder die Frage der wirksamen Einbeziehung der VOB/B und die der Wirksamkeit der einzelnen Paragrafen. Die Rechtslage, dass die VOB/B ohne Weiteres mit Verbrauchern gar nicht zu vereinbaren ist, ist nach wie vor vielen am Bau Beteiligten – vor allem kleineren Firmen – nicht bekannt und Verbraucher sind weiterhin häufig mit VOB/B-Vertragsentwürfen konfrontiert.

Es gibt Fachanwälte für Bau- und Architektenrecht, die nach wie vor auch Verbrauchern die Anwendung der VOB/B empfehlen, da sie ein sehr spezifisches Regelwerk für die Bauabwicklung ist. Nach den Erfahrungen der Verbraucherzentrale sollte die VOB/B aber auch nur in diesem Fall gewählt werden, wenn ein Fachanwalt früh eingeschaltet ist, das Verfahren mit steuern kann und die Anwendung empfiehlt. Allen anderen Verbrauchern wird die Anwendung des BGB-Werkvertragsrechts empfohlen, zumal durch die vollständige Novellierung 2018, die überhaupt erstmals ein Verbraucherbauvertragsrecht bringt, deutlich exaktere Regelungen gelten, als das bislang der Fall war.

Hinweis:
Die VOB/B finden Sie nicht im Online-Portal www.gesetze-im-internet.de, da sie kein Gesetz ist, sondern nur eine privatrechtliche allgemeine Geschäftsbedingung, die vom Deutschen Vergabe- und Vertragsausschuss für Bauleistungen (DVA) bestimmt und professionellen Baupartnern, wie zum Beispiel Bauunternehmen und Kommunen, empfohlen wird. Allerdings ist auch die VOB/B im Internet frei zugänglich. Wichtig ist nur, dass Sie darauf achten, dass – wenn Sie sich für die Regelungen der VOB/B im Detail interessieren –, Ihnen die jeweils aktuellste Version der VOB beziehungsweise VOB/B vorliegt, da die VOB regelmäßig novelliert wird.

Bürgschaften

Im Zusammenhang mit Bauverträgen geht es immer wieder auch um Bürgschaften, die Sicherheit geben sollen. Bürgschaft ist aber nicht gleich Bürgschaft, und man muss schon sehr genau hinsehen, welche Bürgschaft einem angeboten wird und ob sie überhaupt hinreichende Sicherheiten bietet. Denn bei Weitem nicht jede Bürgschaft sichert auch ausreichend ab. Grundsätzlich sollte eine Bürgschaft immer auf erstes Anfordern und auf Verzicht der Einrede der Vorausklage gezogen werden können, außerdem sollte sie unwiderruflich, unbefristet, unbedingt und selbstschuldnerisch sein. Was heißt das alles?

Bürgschaft auf erstes Anfordern:
Eine Bürgschaft auf erstes Anfordern heißt, dass Sie den Geldbetrag, der zum Beispiel von der Bank des Bauunternehmers als Sicherheit für Sie gestellt wird, bei Bedarf sofort von der bürgenden Bank des Bauunternehmers anfordern können. Die bürgende Bank verzichtet dann auf alle Einwendungen und Einreden und kann sich nur mit einem sogenannten Rückforderungsprozess wehren, muss aber zunächst zahlen.

Verzicht der Einrede der Vorausklage:
Normalerweise müssen Sie zunächst versuchen, im Wege der Zwangsvollstreckung gegenüber Ihrem Schuldner an Ihr Geld zu kommen. Erst wenn dieser Versuch scheitert, muss üblicherweise der Bürge

einstehen und bürgen. Wenn Sie diese Vorausklage gegen den Schuldner nicht erheben und direkt an den Bürgen herantreten, wird er dagegen „einreden" und Sie auffordern, zunächst die Vorausklage gegen den eigentlichen Schuldner, auch Hauptschuldner genannt, zu erheben. Verzichtet der Bürge auf diese „Einrede der Vorausklage", heißt dies, dass Sie nicht zunächst einen gescheiterten Zwangsvollstreckungsversuch gegenüber dem Hauptschuldner, also zum Beispiel einem Bauunternehmer, nachweisen müssen, sondern direkt auf dessen Bürgen, also zum Beispiel dessen Bank, zugehen können, um an Ihr Geld zu kommen.

Unwiderruflich:
Eine unwiderruflich ausgestellte Bürgschaft ist durch den Bürgen nicht widerrufbar, was entscheidend ist für Bürgschaften, die zu Ihrer Sicherheit gestellt werden.

Unbefristet:
Eine unbefristet ausgestellte Bürgschaft besteht ohne Befristung, das heißt, die mit ihr gegebene Sicherheit kann nicht irgendwann einfach ablaufen, bevor Sie diese in Anspruch nehmen können. Das ist sehr wichtig.

Unbedingt:
Eine unbedingt ausgestellte Bürgschaft ist eine Bürgschaft, die ohne jede weiteren Bedingungen ausgestellt wurde, was ebenfalls sehr wichtig ist.

Selbstschuldnerisch:
Selbstschuldnerisch heißt, dass der Bürge, also zum Beispiel die Bank des Bauunternehmers, direkt vom Gläubiger, also von Ihnen, in Anspruch genommen werden kann. Sie müssen zum Beispiel nicht erst die Zahlungsunfähigkeit des Hauptschuldners, also zum Beispiel des Bauunternehmers, nachweisen.

Die bürgende Bank ist dann nicht nur Gläubiger, sondern auch selbst Schuldner. Sie können dann beide Schuldner gleichzeitig in Anspruch nehmen.

Das Bürgschaftsrecht ist in den Paragrafen 765 bis 778 des BGB geregelt. Zusätzliche Regelungsmöglichkeiten sind durch die laufende Rechtsprechung des Bundesgerichtshofs (BGH) hinzugekommen.

Sehr wichtig bei Bürgschaften ist auch, den Sicherungszweck klar zu definieren. Der Sicherungszweck der Bürgschaft sollte zum Beispiel nicht nur einfach als Absicherung einer geleisteten Vorauszahlung definiert werden, sondern der Sicherungszweck sollte auch an die dahinterstehende Bauleistung geknüpft werden. Das heißt, der Bürge bürgt dafür, dass die beschriebene Bauleistung oder Gewährleistung gemäß Baubeschreibung auch in vollem Umfang mangelfrei und ohne Verzug erbracht wird, oder er hat umgehend die Bürgschaft auszuzahlen.

Grundsätzlich gilt: Bürgschaftsvereinbarungen müssen schriftlich erfolgen. Wenn Sie eine Bürgschaftsurkunde nicht verstehen, sollten Sie sich diese detailliert durch eine sachkundige, unabhängige Person erläutern lassen, beispielsweise durch einen unabhängigen Fachanwalt für Bau- und Architektenrecht oder einen Anwalt mit entsprechendem Tätigkeitsschwerpunkt, der sich die geplante Bürgschaft genau ansieht. Keinesfalls sollten Sie Ihnen vorgelegte Bürgschaften akzeptieren, ohne sie inhaltlich genau zu überprüfen. Und: Bürgschaften kosten Geld. Wenn Ihr Bauträger oder Bauunternehmer Bürgschaften stellen will, um früher an Geld zu kommen oder gestellt haben will, um Sicherheiten zu haben, dann sollte er deren Kosten auch tragen.

6.3 Der Generalunternehmervertrag

Wird Ihnen ein Bauvertrag vorgelegt, kann dieser entweder sehr kurz sein und damit einfach nur vereinbart werden, dass das Bauvorhaben auf Basis des Werkvertragsrechts des BGB unternommen wird. Ergänzend können noch Vertragsanlagen, Bauzeiten und Baukosten festgestellt werden. Das würde für einen Bauvertrag bereits ausreichen. Oder aber der Vertrag ist ein eigener Text, der das Werkvertragsrecht des BGB als Basis benennt. Dann muss dieser Text mit seinen Regelungen kompatibel zum BGB sein und alle dort getroffenen Regelungen einhalten. Weicht der Vertragstext unzulässig ab, kann das zur Unwirksamkeit der getroffenen Regelungen führen. Die Erfahrung zeigt, dass viele Bauverträge teils erhebliche Abweichungen von gesetzlich zulässigen Regelungen aufweisen. Eher selten erhält man sorgfältig erarbeitete Vertragsgrundlagen. Prüfen Sie daher, ob die aktuellen Vorschriften des Gesetzes auch enthalten sind. Die grundlegende Novellierung des Bauvertragsrechts hat leider auch eine Änderung der einzelnen Paragrafennummern des BGB zur Folge. Bis diese in den Verträgen sorgfältig eingearbeitet sind, wird nach allen Erfahrungen aus der Vergangenheit eine gewisse Zeit vergehen.

In vielen Verträgen geht es auch munter drunter und drüber. Da werden Verträge teils sogar gleichzeitig nach BGB und VOB formuliert und nehmen sich aus beiden die für das Unternehmen besten Regelungen. Oder BGB oder VOB werden vereinbart, mit teils völlig absurden Abweichungen und weit weg von jeder Wirksamkeit. Faire und ausgewogene Verträge sind im Bauwesen ohnehin eine große Seltenheit.

Der Vertrag mit einem Generalunternehmer, also zum Beispiel mit einem Fertighaushersteller oder einem Massivhausanbieter, ist in aller Regel ein Kaufvertrag nach dem Bürgerlichen Gesetzbuch (BGB). Da kein Grundstück mit übertragen wird, muss er auch nicht notariell beurkundet werden. Obwohl das Fertighaus oder Massivhaus mit einem Kaufvertrag erworben wird, unterliegt der Vertrag aber dem Werkvertrags- und nicht dem Dienstleistungsrecht nach BGB, denn bei der Aufstellung des Hauses vor Ort werden in ganz erheblichem Umfang Werkleistungen erbracht. Das bedeutet für Sie: Der Fertighaushersteller schuldet Ihnen nicht nur eine Dienstleistung, sondern vor allem auch deren Erfolg (Mangelfreiheit des Gebäudes).

Nachfolgend finden Sie ein Vertragsbeispiel auf Basis des BGB, das durchgängig kommentiert ist, sodass Sie zumindest ein Gefühl dafür bekommen, wie man Probleme in Verträgen erkennen kann. Die Verträge mit Generalunternehmern und -übernehmern ähneln den Verträgen mit Fertig- und Fertigmassivhausanbietern, da Ihnen beide ein Haus zu einem Pauschalpreis liefern, das auf Ihrem Grundstück errichtet wird. Das kommentierte Beispiel eines klassischen Vertrages eines Fertighausherstellers finden Sie in dem Ratgeber „Kauf und Bau eines Fertighauses" der Verbraucherzentrale. Nachfolgend das Beispiel eines Vertrages mit einem Massivhausanbieter, der das Haus schlüsselfertig anbietet:

Vertragsbeispiel: Schlüsselfertiges Massivhaus

Hauskaufvertrag

Zwischen
Massivhaus-Traum GmbH, Baustraße 3,
33333 Bauhausen,
im folgenden Auftragnehmer genannt.

und

Bauherr: Familie Müller, Wunschstraße 4,
44444 Wunschhausen,
im folgenden Auftraggeber genannt.

Tipp

Das Bauen mit dem Fertighausanbieter ist ein so spezieller Weg des Bauens, dass die Verbraucherzentrale auch einen eigenen Ratgeber für diesen Erwerbsweg herausgebracht hat: „Kauf und Bau eines Fertighauses." In eben dem Ratgeber wird auch ein typischer Vertrag eines Fertighausherstellers durchgängig erläutert, damit Sie einen Einblick in Risiken und Probleme erhalten können. Im hier vorliegenden Ratgeber wird dagegen ein typischer Vertrag eines Massivhausanbieters vorgestellt und durchgängig kommentiert. Die Verträge von Fertighausanbietern und Massivhausanbietern ähneln sich aber auch in vielen Punkten, sodass Sie durch das Durchlesen dieses Vertrages bereits einen guten Einblick bekommen, wie auch ein Kaufvertrag eines Fertighauses aufgebaut sein könnte. Alle darüber hinaus wichtigen und notwendigen Informationen erhalten Sie in dem erwähnten Spezialratgeber.

§ 1 Vertragspartner und Auftragsgegenstand

Der Auftragnehmer wird vom Auftraggeber mit der Errichtung eines Einfamilienhauses gemäß Baubeschreibung beauftragt.

Erläuterung:
Das große Problem bei diesem Vertrag ist, dass eine Baubeschreibung gar nicht als Vertragsbestandteil benannt wird. Damit ist auch die Leistungsgrundlage gar nicht klar – und zugleich auch nicht, was Zusatzleistungen sind und was nicht. Gemäß § 650 i und Artikel 249 des Einführungsgesetzes zum BGB ist vorgeschrieben, welche inhaltlichen Regelungen eine Baubeschreibung enthalten muss. Diese sind im Artikel 249 aber leider so unklar geregelt, dass sich deutlich detailliertere Regelungen empfehlen (→ Kapitel 8).

§ 650k Absatz 1 des BGB legt darüber hinaus fest, dass eine vorvertraglich vereinbarte Baubeschreibung zum Vertragsbestandteil wird, wenn nichts anderes vereinbart ist. Auch diese Regelung hilft Ihnen nur bedingt weiter, da am Ende die inhaltliche Vollständigkeit und Qualität der Baubeschreibung entscheiden. Manchmal ist es auch so, dass im Vorfeld eines Bauvorhabens mehrere Varianten von Baubeschreibungen existieren, weil man diese zum Beispiel ergänzt oder nachbessert. Daher ist es sinnvoll, genau festzulegen, welche Baubeschreibung gültig ist und dass eben genau diese zum Vertragsbestandteil wird. Beides ist hier im Beispielvertrag unter § 1 nicht geregelt. Wird eine schlechte Baubeschreibung Vertragsbestandteil, helfen Ihnen alle diese Novellierungen des BGB aber ohnehin kaum wirksam weiter. Daher empfiehlt es sich, eine sehr sorgfältig ausgearbeitete Baubeschreibung zum Vertragsbestandteil zu machen (→ Kapitel 8).

§ 2 Ausführungsort

Das Einfamilienhaus soll auf dem Flurstück Nr. 1234 in 44444 Wunschhausen errichtet werden. Der Auftraggeber versichert, Eigentümer des Grundstucks zu sein.

Erläuterung:
Die Regelung in § 2 muss daraufhin überprüft werden, ob die Flurstücknummer auch wirklich diejenige des Grundstücks des Auftraggebers ist.

§ 3 Baugenehmigung und Baubeginn

Der Auftragnehmer stellt die Baugenehmigungsunterlagen zusammen und übergibt sie dem Auftraggeber zur Durchsicht und Einreichung bei den zuständigen Behörden. Der Baubeginn erfolgt etwa zwei Monate nach Erteilung der Baugenehmigung. Der Auftragnehmer teilt dem Auftraggeber den Termin des Baubeginns rechtzeitig mit.

Erläuterung:
§ 3 regelt unter anderem, dass der Baubeginn „etwa" zwei Monate nach Erteilung der Baugenehmigung erfolgt. Bei solchen Formulierungen muss man immer auf der Hut sein. Denn die Frage taucht ja sofort auf: Was heißt „etwa"? Sind auch drei Monate noch „etwa" zwei Monate? Daher ist es immer besser, man vereinbart den Termin des Baubeginns verbindlich, wobei die Vereinbarung

über den Baubeginn eher relativ ist. Entscheidend ist vielmehr eine Vereinbarung darüber, wann das Bauvorhaben abgeschlossen sein muss, also eine Vereinbarung über die Baufertigstellung. Dazu wird im gesamten Vertrag nichts geregelt. Das ist nach dem neuen BGB-Verbraucherbauvertragsrecht aber vorgeschrieben (§ 650k Absatz 3). Das heißt, im hier vorliegenden Vertrag ist rechtswidrig völlig offen, bis wann die Leistung erbracht sein muss. Das geht auf gar keinen Fall, sondern natürlich muss bestimmt werden, wann das Gebäude fertiggestellt sein wird. Nicht selten stößt man dabei auf die Gegenargumentation von Hausanbietern, sie könnten das nicht sagen, da die Baufertigstellung ja davon abhänge, wann überhaupt die Baugenehmigung erteilt werde. Die Erteilung einer Baugenehmigung muss nach den meisten Landesgesetzten allerspätestens in einem Zeitraum von drei Monaten bearbeitet werden. Man kann sich aber ganz unabhängig davon vertraglich sehr einfach darauf verständigen, die Bauzeit an die Baugenehmigung zu koppeln. Demgemäß konnte man also zum Beispiel einfach vereinbaren, dass das Gebäude spätestens 12 oder 15 Monate nach Erteilung der Baugenehmigung vollständig errichtet sein muss. Grundsätzlich gilt: Das neue BGB-Verbraucherbauvertragsrecht ist zu beachten. Werden wesentliche Punkte, wie beispielsweise die vereinbarte Bauzeit, nicht eingehalten, kann ein wichtiger Kündigungsgrund nach § 648a vorliegen. Das Problem ist nur: Das Gesetz regelt keine wirklichen Konsequenzen, wenn der Bauzeitraum nicht vertraglich vereinbart wurde. Wenn das übersehen oder seitens des Unternehmens bewusst außen vor gelassen wurde, hat das Unternehmen keine weiteren Konsequenzen zu befürchten. Eine unterbliebene Nennung einer Bauzeitenüberschreitung allein ist noch keine Grundlage für Schadensersatzansprüche. Selbst aber eine Bauzeitenüberschreitung ist das noch nicht. Erst wenn Ihnen dadurch Schäden entstanden sind und Sie das auch ursächlich nachweisen können, haben Sie Schadensersatzansprüche. Etwas anderes ist es, wenn Sie unter Umständen eine Konventionalstrafe mit einem Bauunternehmen vereinbart haben für den Fall einer Bauzeitenüberschreitung. Dann ist bei Bauzeitenüberschreitung automatisch eine Strafe zu zahlen. Voraussetzung ist hier aber natürlich auch, dass überhaupt eine Bauzeit beziehungsweise ein klares Bauzeitende vertraglich fixiert ist. Sonst nutzt Ihnen auch eine solche Regelung wenig. Das Gesetz regelt für diesen Fall nur, dass dann vorvertraglich übermittelte Angaben zum Zeitpunkt der Fertigstellung des Werks oder zur Dauer der Ausführung Inhalt des Vertrags werden, Zitat § 650k Absatz 3:

„Enthält der Vertrag diese Angaben nicht, werden die vorvertraglich übermittelten Angaben zum Zeitpunkt der Fertigstellung des Werks oder zur Dauer der Bauausführung Inhalt des Vertrags."

Oft gibt es solche vorvertraglich übermittelten Angaben aber gar nicht. Dann läuft auch diese Regelung ins Leere. Das heißt: Da es für den Unternehmer keine Konsequenzen hat, wenn er die Bauzeit im Vertrag einfach doch nicht regelt, sollten Sie sehr darauf achten, dass die Bauzeit auf alle Fälle geregelt ist, sonst haben Sie – neues BGB hin oder her – trotzdem viel Ärger und wenig Schutz.

§ 4 Mitwirkungspflicht des Bauherrn
Die Freimachung des Grundstücks sowie die Einmessungsarbeiten und die Schnurgerüststellung obliegen dem Auftraggeber. Das Grundstück muss mit einem Lkw bis 40 t Gesamtgewicht anfahrbar sein. Ebener Kranstandplatz und Lagerplatz sind vorzuhalten. Bauwasser und Baustrom werden bauseits gestellt. Das Baugrundrisiko liegt beim Auftraggeber.

Erläuterung:
Hier wird festgehalten, dass das Baugrundrisiko beim Auftraggeber, also bei Ihnen liegt. Ferner hat der Auftraggeber das Grundstück frei zu räumen und ein Schnurgerüst zu stellen. Außerdem muss er sich darum kümmern, dass das Grundstück von schweren Lkws problemlos anfahrbar ist und einen Kran- und einen Lagerplatz aufweist. Auch Bauwasser und Baustrom sind zu stellen. Es empfiehlt sich bei

diesem Vertrag eine Besichtigung des Grundstücks gemeinsam mit dem potenziellen Auftragnehmer. Der kann dann prüfen, inwieweit Anfahrbarkeit und Lagerplatz gegeben sind. Ist das aus seiner Sicht nicht ausreichend der Fall, sollte er konkret feststellen, welche Maßnahmen noch getroffen werden müssen. Das sollte man in einem Protokoll, zumindest aber in einem Aktenvermerk festhalten. Wenn alle Maßnahmen noch vor Vertragsabschluss getroffen sind, kann die ganze Regelung schließlich aus dem Vertrag genommen werden. Denn die Voraussetzungen sind dann ja bereits geklärt und gegeben und müssen nicht mehr als Vorbehalt in den Vertrag aufgenommen werden. Das Baugrundrisiko sollte von vornherein durch ein Bodengutachten mit Angaben zu Bodentragfähigkeit, Bodenklasse und Grundwasserstand näher untersucht werden. Dieses Bodengutachten kann Vertragsbestandteil werden, und der Auftragnehmer kann verpflichtet werden, es bei seinen Planungen in vollem Umfang zu berücksichtigen. Noch besser wäre es, das Bodengutachten läge vor, bevor mit Planungen überhaupt begonnen wird, da eine schwierige Bodensituation zu ganz anderen Gründungsmaßnahmen führen kann. Das kann so weit gehen, dass man sich bei sehr problematischen Grundwasserverhältnissen zum Beispiel grundsätzlich gegen den Bau eines Kellers entscheidet. Hat man zu diesem Zeitpunkt allerdings bereits einen Kaufvertrag über ein Haus mit Keller unterzeichnet, wird es natürlich schwierig, diese Leistung wieder herauszuverhandeln.

§ 5 Festpreis und Zahlung

Der Festpreis für das Haus beträgt 250.000 Euro und wird für 12 Monate garantiert. Folgende Ratenzahlungen werden vereinbart:

5 % bei Vertragsschluss,
5 % bei Übergabe Bauantragsunterlagen,
10 % bei Erdarbeiten und Betonierung Bodenplatte,
14 % nach Rohbau Keller,
20 % nach Rohbau Obergeschoss und Dachgeschoss,
10 % nach Dachstuhl und Dachdeckung,
14 % nach Fenstereinbau,
10 % nach Rohinstallation Sanitär- und Elektro,
5 % nach Innenputz, Estrich,
5 % nach Maler- und Fliesenarbeiten,
2 % bei Übergabe.

Die Zahlungen sind binnen fünf Tagen nach Abruf fällig. Eine Aufrechnung ist nur mit unbestrittenen oder rechtskräftig festgestellten Forderungen zulässig. Zahlt der Auftraggeber eine Rate nicht, kommt er ohne weitere Mahnung in Verzug. Der Auftraggeber hat dann auch Anspruch auf Zinsen in Hohe von 5 % p.a. über dem Basiszinssatz nach § 247 BGB. Der Auftragnehmer kann darüber hinaus einen höheren Verzugsschaden nachweisen. Ferner ist der Auftragnehmer berechtigt, die Arbeiten bis zur Zahlung der Rate einzustellen.

Erläuterung:
Der Zahlungsplan, der hier unter § 5 geregelt wird, enthält vor allem das Risiko der Überzahlung, zum einen aufgrund hoher Vorauszahlungen und zum anderen aufgrund nicht ausreichend exakter Ratendefinitionen. Dieses Problem haben fast alle Zahlungspläne von Schlüsselfertigbauanbietern, und fast alle sind zum erheblichen Nachteil von Verbrauchern gestaltet. Bei dem Zahlungsplan, der hier vereinbart werden soll, würden fünf Prozent der Kaufsumme fließen, nur weil ein Vertrag geschlossen wurde. Bei einer Kaufvertragssumme von 250.000 Euro wären das 12.500 Euro. Völlig offen ist sogar, ob es sich dabei um einen Brutto- oder Nettobetrag handelt.

Die nächsten fünf Prozent der Gesamtsumme sollen gezahlt werden, wenn Sie die Bauantragsunterlagen vom Schlüsselfertigbauanbieter bekommen. Das wären in unserem Beispiel weitere 12.500 Euro. Ob der Bauantrag, den Sie dann nur noch unterzeichnen und beim Bauamt einreichen, auch genehmigt wird, ist dabei jedoch noch völlig offen. Die nächsten dann zehn Prozent sollen fällig werden „bei Erdarbeiten und Betonierung der Bodenplatte". Was heißt nun aber „bei"? Am ehesten ja „während". Es ist aber nicht sinnvoll, Arbeiten zu bezahlen, während sie ausgeführt werden. Sie zahlen den Konditor auch nicht, während er die Torte backt, sondern danach. Denn Sie müssen natürlich auch das Ergebnis des vereinbarten Werks sehen und beurteilen, bevor Sie zahlen.

Bis zum Zeitpunkt, zu dem Sie einen geschlossenen Rohbau haben (also inklusive Dachstuhl, Dachdeckung und Fenster), sollen Sie bei dem hier vereinbarten Zahlungsplan bereits 78 Prozent der Gesamtbausumme überweisen. Bei 250.000 Euro Vertragssumme brutto wären das also bereits 195.00 Euro. Für alle restlichen Arbeiten zusammen (also Sanitär, Heizung, Bäder, Elektro, Putz, Estrich, Fliesen, Maler, Bodenbelage, Innentüren, Treppe usw.) bleiben Ihnen dann gerade noch 55.000 Euro übrig. Sollte jedoch der Massivhausanbieter in diesem Moment, also unmittelbar nach Fertigstellung des Rohbaus, insolvent werden, würden Sie Probleme bekommen, mit den verbleibenden 55.000 Euro das Haus in Zusammenarbeit mit anderen Unternehmen noch fertigzustellen. Eine Faustregel ist, dass mit der Fertigstellung des Rohbaus möglichst nicht mehr als maximal 60 Prozent der Gesamtsumme überwiesen sein sollten. Denn auch der Innenausbau eines Hauses ist sehr teuer. Die Schlussrate von zwei Prozent ist viel zu gering. Denn es kann schnell passieren, dass Sie auch im Rahmen der Schlussrate noch Zahlungseinbehalte nach dem BGB vornehmen wollen, die leicht einen Betrag von 5.000 Euro übertreffen können. Das wäre dann aber gar nicht mehr möglich, weil ja gerade noch 5.000 Euro an Zahlungen ausstünden. Die Schlusszahlungsrate ist nach dem novellierten Bauvertragsrecht aber so auch gar nicht mehr zulässig, da bis zur Fertigstellung des Werks nach § 650 m Absatz 1 maximal 90 Prozent der Auftragssumme abgerechnet werden dürfen. Allerdings gilt dies – wie erwähnt – nur bis zur Fertigstellung des Gebäudes. Rein theoretisch können Unternehmer weiterhin verlangen, dass nach der Fertigstellung aber vor Abnahme auch die restlichen zehn Prozent bezahlt werden. Es kann Ihnen dann passieren, dass der Unternehmer zum Abnahmetermin mit dem Schlüssel vor der neuen Haustür steht und nur bereit ist, aufzuschließen, wenn er sieht, dass auch der letzte noch ausstehende Betrag auf seinem Konto eingegangen ist.

Wenn Sie Überzahlungsrisiken aus dem Weg gehen wollen, müssen Sie einen deutlich detaillierteren Zahlungsplan mit anderen Zahlungsraten vereinbaren, inklusive der Regelung, dass die restlichen zehn Prozent erst nach der Abnahme fällig werden.

§ 6 Baumängel und Bauabnahme
Der Rücktritt vom Vertrag wegen Baumängeln gemäß § 634 BGB wird ausgeschlossen. Der Auftragnehmer kann eine Abnahme der Leistungen innerhalb von fünf Tagen nach Fertigstellung verlangen. Kommt der Auftraggeber dieser Frist nicht nach oder wird das Bauwerk vorher bezogen, gilt es als abgenommen.

Erläuterung:
Ob Sie sich Rechte nehmen lassen wollen, wie dies hier durch § 6 erfolgt, die Ihnen das Werkvertragsrecht des Bürgerlichen Gesetzbuches (BGB) ausdrücklich gewährt, müssen Sie sich gut überlegen. Denn es kann natürlich eine Situation eintreten, bei der an eine weitere geordnete Zusammenarbeit mit einem Hausanbieter nicht zu denken ist. Anders als beim Holz-Fertighausbau ist beim Massivhausbau ein Weiterbau ohne den ursprünglichen Anbieter sehr viel eher machbar, da hier die klassischen Gewerke greifen und von anderer Seite relativ problemlos übernommen und fertiggebaut werden können. Das Problem steckt dabei eher in den Themen Beweissicherung, Kündigung des bisherigen Anbieters und Zusatzkosten bei Beauftragung eines neuen Auftragnehmers. Trotz solcher möglicher Probleme sollte man sich aber zumindest die Option auf eine Bauvertragskündigung nicht von vornherein ausschließen lassen. Auch die in § 6 getroffene Regelung zur Abnahme ist für Verbraucher sehr ungünstig. Denn es ist zum Beispiel nicht vereinbart, dass die Fertigstellung des Hauses überhaupt verkündet werden muss. Innerhalb von fünf Tagen nach der Fertigstellung soll aber die Abnahme stattfinden. Wie lange im Voraus sie auf welchem Wege anzukündigen ist, wird ebenfalls nicht geregelt. Folgt der Auftraggeber, also Sie, der Fünf-Tage-Frist nicht, gilt das Gebäude als abgenommen. Solche Regelungen sind zum erheblichen Nachteil

von Verbrauchern und gehören nicht in Bau- oder Kaufverträge von Häusern. Das novellierte BGB-Recht sieht solche Regelungen auch nicht als wirksam an. Denn gemäß § 650g Absatz 2 kann der Unternehmer bei Abnahmeverweigerung durch den Verbraucher nur eine Zustandsfeststellung verlangen oder diese auch einseitig durchführen, wenn der Verbraucher auch dazu nicht bereit ist. Er kann nicht mehr einfach eine einseitige Abnahme durchführen. Die Zustandsfeststellung muss der Unternehmer dem Verbraucher dann zusenden. Eine rechtswirksame Abnahme ist mit dieser Zustandsfeststellung zunächst einmal nicht verbunden. Allerdings wird ihr hohe Beweiskraft zukommen, wenn im Nachgang gerichtlich darüber gestritten wird, welche Mängel vorliegen und ob eine Abnahmeverweigerung durch den Verbraucher überhaupt gerechtfertigt war. Daher sollte man als Verbraucher eine zugesandte Zustandsfeststellung sofort überprüfen und nötigenfalls auch umgehend schriftlichen Widerspruch gegenüber dem Unternehmer einlegen.

§ 7 Änderung des Leistungsumfangs nach Auftragsannahme

Eine nachträgliche Änderung des Leistungsumfangs ist nur mit schriftlicher Zustimmung des Auftragnehmers möglich. Die Leistungserbringung erfolgt dann auf Nachweis.

Erläuterung:

§ 7 beschreibt sehr klar, dass nach Vertragsschluss alle dann noch notwendigen Änderungen nur vorbehaltlich der schriftlichen Zustimmung des Hausanbieters erfolgen können. Das heißt aber zugleich, dass das Unternehmen jede Änderung auch ablehnen könnte. Zwar gibt es ab 2018 neu nach § 650b das sogenannte Anordnungsrecht für den Besteller, dies aber nur, wenn binnen 30 Tagen Besteller und Unternehmer keine Einigung erzielen. In 30 Tagen ist jede Baustelle aber exakt 26 Werktage weiter vorangeschritten. Eine bis dato noch nicht verkleidete Sanitärleitung ist spätestens dann verkleidet oder auch schon unter einem Estrich verschwunden. Das Gesetz ist hier völlig pra-

xisfern. Schon aus diesem Grund ist es sinnvoll, auch hierzu alle Details vor Vertragsschluss zu regeln.

Falls es dem Unternehmen zu aufwendig ist, vor einem Vertragsschluss Änderungen oder Zusätze zur Baubeschreibung zu verhandeln, und es das nicht will, kann man es daran erinnern, dass es ja in diesem Paragrafen das Unternehmen selbst ist, welches Änderungen nach Vertragsschluss unter Vorbehalt stellt, weshalb man dann eben vor diesem Vertragsschluss eine detailliert ausgehandelte Leistungsdefinition haben will. Das hilft darüber hinaus erheblich dabei, Kostensicherheit in ein Bauvorhaben zu bringen. Zusätzlich gefährlich ist hier weiter die Regelung, dass Leistungserbringungen, die über das vereinbarte Maß hinausgehen, auf Nachweis abgerechnet werden sollen. Auch darauf sollten Sie sich nicht einlassen. Es sollte vorab festgelegt werden, welchen zusätzlichen Preis eine zusätzliche Leistung hat, sodass Sie mögliche Zusatzkosten zum Zeitpunkt der Entscheidung für oder gegen eine solche Leistung kennen.

§ 8 Eigenleistung des Bauherrn

Eigenleistungen des Bauherrn sind nur mit schriftlicher Zustimmung des Auftragnehmers möglich. Sie dürfen den Bauablauf nicht stören. Der Auftragnehmer übernimmt keine Haftung für Eigenleistung des Bauherrn. Der Bauherr hat sämtliche Versicherungspflichten zu beachten.

Erläuterung:

Auch für die Eigenleistungen gilt nach § 8, dass diese unter dem Vorbehalt der Zustimmung des Hausanbieters stehen. Wenn Sie also Eigenleistungen erbringen wollen, dann sollte dies bereits zum Zeitpunkt des Vertragsschlusses detailliert ausgehandelt sein. Denn sonst gilt hier ebenso, dass Sie abhängig sind von der Entscheidung des Hausanbieters. Bei Eigenleistungen kommt hinzu, dass damit üblicherweise ja eine Reduzierung des Hauspreises einhergeht. Die Höhe dieser Minderung sollte man kennen, um entscheiden zu können, ob sich die geplanten Eigenleistungen lohnen. Manchmal überschätzt man sich beim Thema

Eigenleistung, oder aber es kommt einem etwas dazwischen, sodass man seine Eigenleistungen zeitlich oder körperlich nicht wie geplant umsetzen kann. Für solche Fälle empfiehlt sich eine Vertragsklausel, mit der Sie Eigenleistungen, die Sie eigentlich selbst erbringen wollen, optional beim Hausanbieter abrufen können, wobei der Preis dafür von vornherein vertraglich mit fixiert sein sollte. Das hat den großen Vorteil, dass Sie später nicht auf das Wohlwollen des Hausanbieters angewiesen sind und um einen einigermaßen vertretbaren Preis für die zusätzlichen Leistungen feilschen müssen, wenn Sie merken, dass Sie das Erbringen der Eigenleistungen doch nicht selbst schaffen. Es ist immer sinnvoll, Eigenleistungen nach einem klaren Schnittpunkt, beispielsweise nach dem Abschluss grundlegender, anderer Bauschritte, zu erbringen. Wenn es sich also zum Beispiel um das Tapezieren und Streichen von Wänden und das Verlegen von Oberböden handelt, dann kann man solche Arbeiten bevorzugt nach einer zuvor erfolgten Abnahme des Hauses vornehmen. Das hat den Vorteil, dass weder der Hausanbieter Sie bei Ihren Arbeiten stört, noch umgekehrt Sie ihn stören. Auch wenn vor Ihrer Tätigkeit im Haus ein Schaden auftaucht (zum Beispiel ein Glasschaden), dann steht fest, dass Sie diesen nicht verursacht haben können. Arbeiten beide Parteien gleichzeitig am oder im Haus, also der Anbieter und Sie selbst, kann selbst eine solche Angelegenheit zu Streit führen. Liegt Ihre Eigenleistung gar als „Sandwich-Leistung" zwischen zwei Leistungen des Hausanbieters, kann es sehr komplex werden. Wollen Sie beispielsweise die Heizleitungen einer Fußbodenheizung verlegen, auf die der Anbieter später den Estrich aufbringen soll, und es kommt dann zu Mängeln im Estrich oder zum Bruch einer Heizleitung, wird sehr schnell die Frage auftauchen: Wer ist schuld? Aus solchen Gründen sind klar abgrenzbare Eigenleistungen häufig schon aus Gewährleistungsgründen sinnvoll. Eigenleistungen sollten außerdem immer sehr exakt definiert werden. So stellt sich zum Beispiel nicht selten die Frage, ob derjenige, der später tapeziert, auch den Wandputz schleift und grundiert, falls nötig, oder ob dieser bereits fix und fertig zur Aufnahme der Tapete vorbereitet ist.

§ 9 Vollmachten und Hausrecht
Der Auftraggeber bevollmächtigt den Auftragnehmer, alle öffentlich-rechtlichen Maßnahmen, die für die Bauausführung erforderlich sind, zu treffen, zu veranlassen und zu beauftragen und während der Durchführung des Bauvorhabens das Hausrecht auf der Baustelle auszuüben.

Erläuterung:
Mit Vollmachten sollte man in Verträgen äußerst sparsam umgehen. Im Rahmen üblicher Bau- oder Kaufverträge von Fertighäusern oder schlüsselfertiger Massivhäuser gibt es eigentlich überhaupt keinen Grund für irgendeine Vollmacht. Die Regelung, die hier in § 9 getroffen wird, ist viel zu weitgehend. Denn das heißt ja, dass das Bauunternehmen alles Mögliche veranlassen kann – und zwar auf Ihre Kosten. Beispielsweise könnte das Unternehmen einen Gasanschluss auf ihr Grundstück legen lassen, auch wenn ursprünglich vielleicht eine Wärmepumpe besprochen war. Denn wenn in der Bau- und Leistungsbeschreibung ein Ausführungsvorbehalt der Heizung festgeschrieben steht, heißt das im Klartext, dass Sie letzten Endes nicht unbedingt die Heizung bekommen, die Sie auch zu bekommen glauben. Man kann mit einem Hausbauunternehmen vereinbaren, dass es die Beantragung zum Beispiel von Baustrom und Bauwasser übernimmt oder auch die Abstimmung der Verlegung von Zu- und Abwasser. Das heißt aber, dass Sie darüber fortlaufend informiert werden und die Antragsformulare unterzeichnen. Dadurch behalten Sie den Überblick, was beantragt wird und welche Kosten dabei entstehen. Eine Vollmacht, wie die unter § 9 vereinbarte, ist nicht notwendig. Auch die Vereinbarung zur Übertragung des Hausrechts auf dem Grundstück ist unnötig und viel zu weitgehend. Das Hausrecht sollte grundsätzlich immer bei Ihnen verbleiben. In Streitfällen könnte das Unternehmen sonst Sie von der Baustelle entfernen, um unliebsame Überprüfungen oder Eigenleistungen zu unterbinden.

§ 10 Kündigung

Soweit der Auftraggeber den Bauvertrag kündigt, steht dem Auftragnehmer eine pauschale Vergütung in Höhe von 40 Prozent der bis zu diesem Zeitpunkt noch nicht erbrachten Bauleistungen zu. Der Auftragnehmer kann die Arbeit einstellen oder den Vertrag kündigen, wenn der Auftraggeber seinen Mitwirkungspflichten nicht nachkommt oder Ratenzahlungen nicht vollständig und/oder nicht rechtzeitig erfüllt. In diesem Falle steht dem Unternehmen eine pauschale Entschädigung von 20 Prozent der insgesamt vereinbarten Bauleistungen zu.

Erläuterung:

Die in § 10 getroffenen Kündigungsregelungen sind zum erheblichen Nachteil für Bauherren. Gemäß Vertrag kostet das Haus 250.000 Euro. Unklar ist, ob netto oder brutto. Gehen wir vom günstigeren Fall einer Bruttosumme aus: Während des Rohbaus kommt es zu einem nicht mehr überbrückbaren Zerwürfnis zwischen Ihnen und dem Hausanbieter, Sie kündigen daraufhin dem Unternehmen. Dann stehen ihm nach dem vereinbarten Zahlungsplan noch die Raten Dachstuhl/Dachdeckung, Fenstereinbau, Rohinstallation Sanitär/Elektro/Heizung, Innenputz/Estrich, Maler-/Fliesenarbeiten und Übergabe zu, alles in allem noch 46 Prozent der Hauskosten. Das sind bei einer Kaufsumme von 250.000 Euro 115.00 Euro. Auf 40 Prozent dieser 115.000 Euro hat das Unternehmen jetzt im Kündigungsfall einen pauschalen Anspruch. Das sind 46.000 Euro. Solche Regelungen sollte man in jedem Fall vermeiden. Zwar könnte das Unternehmen auch auf entgangenen Gewinn klagen, müsste das aber erst einmal tun und einen solchen Prozess auch zunächst gewinnen. Das ist ein langer Weg mit vielen Unwägbarkeiten, denn auch der Kündigungsgrund wird dann natürlich gewichtet. Wenn das Unternehmen aber in jedem Fall von Ihnen eine so hohe Summe im Kündigungsfall bekommt, kann es für dieses unter Umständen sogar lukrativer sein, eine Kündigung zu provozieren, als das Bauvorhaben überhaupt abzuschließen Auch die Kündigungsberechtigungen seitens des Unternehmens sind sehr fraglich. Es kann eine sehr diffizile Auslegungsfrage sein, ob Sie Ihren Mitwirkungspflichten nachgekommen sind oder nicht. Ob Sie diesen nachgekommen sind, wird aber im Zweifel allein das Unternehmen entscheiden und hat dann – im Kündigungsfall – einen Anspruch auf Entschädigung. Das Zurückhalten von Ratenzahlungen oder Teilen davon kann ebenso eine Einstellung der Arbeiten oder Kündigung seitens des Unternehmens auslösen.

Nun kann es aber sein, dass Sie aus gutem Grund einen Einbehalt vornehmen, der Ihnen nach dem BGB ja auch zusteht. Wenn das Unternehmen daraufhin kündigt und seine Forderungen von 20 Prozent Pauschalentschädigung vorlegt, ist der Streit vorprogrammiert. 20 Prozent hört sich zwar zunächst auch noch niedriger an als 40 Prozent, aber 20 Prozent einer Gesamtsumme von 250.000 Euro sind ganz schnell mehr als 40 Prozent einer noch zu zahlenden Baurestsumme. Man kann Kündigungsregelungen vereinbaren, wenn man dies über die gesetzlich ja bestehenden Kündigungsregelungen hinaus überhaupt tun will. Aber man sollte dann keine Pauschalvergütungen vereinbaren, die in ihrer Höhe nicht gerechtfertigt sind und ganz falsche Anreize setzen. Sehr problematisch ist darüber hinaus die Regelung, dass das Unternehmen berechtigt ist, seine Arbeiten einzustellen, wenn Sie Ihren Mitwirkungspflichten nicht nachkommen oder Ratenzahlungen nicht vollständig oder nicht rechtzeitig erfüllen. Das kann dazu führen, dass es monatelangen Streit darüber gibt, was Ihre Mitwirkungspflichten überhaupt sind, oder auch darüber, ob ein Einbehalt auch nur eines Teils einer Rate berechtigt war oder nicht. Dann kann es passieren, dass das Unternehmen in dieser Zeit einfach die Bautätigkeit einstellt. Das wird mitunter durchaus so gemacht, um Bauherren massiv unter Druck zu setzen. Denn je länger die Baustelle stillsteht, umso teurer wird das Ganze für Sie. Daher sollten Regelungen über Möglichkeiten der Einstellung von Bauarbeiten überhaupt nicht in Verträgen auftauchen. Wenn man sich auf einer Baustelle wechselseitig unwiderruflich überworfen hat, sollten klare, wechselseitige und belastungsfreie Kündigungsoptionen greifen und nicht die einseitige Möglichkeit eines Vertragspartners, eine Baustelle gegebenenfalls unbefristet stillzulegen.

§ 11 Werbung
Der Auftragnehmer darf während der Bauzeit und bis zu sechs Monate nach Fertigstellung Bauschilder und Werbetafeln auf dem Grundstück errichten beziehungsweise am Gebäude anbringen. Der Auftraggeber ist damit einverstanden, dass das Gebäude während der Bauzeit und bis zur Fertigstellung von Interessenten und Geschäftspartnern des Auftragnehmers zur Besichtigung zur Verfügung steht und danach in Bildform verwendet werden darf.

Erläuterung:
Werbetafeln während der Bauzeit sind eventuell denkbar, wenn der Hausanbieter dafür die umfassende Sicherung und Versicherung übernimmt. Denn Sie sind der Bauherr, und wenn bei Sturm dieses Schild durch die Gegend fliegt, wird man sich zunächst an Sie halten. Ob Sie noch sechs Monate lang nach der Bauphase ein Werbeschild in Ihrem Garten stehen haben wollen, ist schon fraglicher. Und noch fraglicher ist, ob Sie Ihr Haus unbefristet als Bild im Internet und in Katalogen wiederfinden wollen, und zwar auch dann, wenn sie während des Baus möglicherweise gewaltigen Ärger mit dem Hausanbieter hatten. Während des Baus ist unter Umständen gegen Rohbaubesichtigungen nichts einzuwenden. Ob Sie Besichtigungstouren durch das fertiggestellte Haus schließlich noch zulassen wollen, müssen Sie sich gut überlegen. Gerade wenn Boden, Treppe und Wände ganz neu sind, will man vielleicht nicht täglich noch Besuchergruppen im Haus haben.

§ 12 Schlussbestimmungen
Sollten einzelne Bestimmungen dieses Vertrages unwirksam sein oder werden, so wird die Wirksamkeit der übrigen Bestimmungen dadurch nicht berührt. Die unwirksamen Bestimmungen sind durch solche zu ersetzen, die dem wirtschaftlichen Zweck der ursprünglich getroffenen Bestimmungen am nächsten kommen.

Erläuterung:
Die unter § 12 vereinbarten Schlussbestimmungen werden häufig auch unter dem Begriff „salvatorische Klausel" in Verträge aufgenommen. Sie regeln, wie in dem Fall verfahren werden soll, wenn der Vertrag Regelungen enthält, die zum Beispiel durch die aktuelle Rechtsprechung für unwirksam erklärt werden. Im hier vereinbarten Fall steht dann der wirtschaftliche Zweck als Orientierung im Vordergrund. Aber auch der wirtschaftliche Zweck kann natürlich zwei Seiten haben. Nicht immer ist das, was für den Hausbauer wirtschaftlich zweckvoll ist, auch für den Käufer wirtschaftlich zweckvoll. Und umgekehrt. Zu rechtlicher Befriedung wird diese Klausel im Fall des Falles also kaum führen, auch wenn sie sehr häufig in Verträgen auftaucht.

§ 13 Auftragsannahme
Der Auftraggeber hält sich vier Wochen an diesen Auftragsantrag gebunden. Der Auftrag kann innerhalb dieser Frist vom Auftragnehmer angenommen werden. Der Auftrag wird gültig durch rechtsgültige, schriftliche Annahme einer vertretungsberechtigten Person des Auftragnehmers.

_____
Ort, Datum Bauherr

_____
Ort, Datum Massivhaus-Traum GmbH

Erläuterung:
Wenn Sie diesen Vertrag unterzeichnet haben, hat gemäß den Regelungen in § 13 der Auftragnehmer, also der Hausanbieter, vier Wochen Zeit, zu unterzeichnen oder es zu lassen. Das ist eine völlig unnötige Vertragsregelung, mit der Sie auch einseitig benachteiligt werden. Das sollten Sie nicht akzeptieren. Entweder unterzeichnen zwei Seiten einen gemeinsam ausgehandelten Vertrag auch zeitgleich, oder aber man lässt es, wenn es nicht zu einer Einigung kommt.

§ 14 Widerrufsbelehrung

Der Auftraggeber kann diesen Vertrag mit einer Frist von 14 Tagen widerrufen. Voraussetzung ist der rechtzeitige Eingang des Widerrufs beim Auftragnehmer.

Erläuterung:

Die hier formulierte Widerrufsbelehrung ist nicht ausreichend. Der Gesetzgeber stellt an Widerrufsbelehrungen klare Anforderungen. Hier ist die gleiche Widerrufsbelehrung notwendig wie auch beim Beispiel des Architektenvertrages auf Seite 87.

Was fehlt im Vertrag?

Um Ihnen vorgelegte Verträge einer allerersten, rein stichprobenhaften Überprüfung auf zehn ausgesuchte, wichtige Punkte zu unterziehen, können Sie einmal testen, ob die folgenden Punkte enthalten und klar geregelt sind:

Tipp: Referenzobjekte besichtigen

Auch beim Hauskauf vom Fertighausanbieter sollten Sie Referenzobjekte besichtigen und mit ehemaligen Käufern des Anbieters sprechen. Nach einigen Jahren der Benutzung haben frühere Kunden Erfahrung mit der Hausqualität und können Ihnen möglicherweise wichtige Tipps geben. Dafür lohnt sich auch eine weitere Anfahrt.

Checkliste zu wichtigen Vertragsinhalten: Regelungspunkt	Klar geregelt	Nicht oder unklar geregelt
Regelungen zu einer Grundstücksbegehung und einem Bodengutachten vor Hauskauf, um mögliche Kostenrisiken aus dem Grundstuck zu erfassen.	☐	☐
Option, die Bemusterung vor Vertragsunterzeichnung durchführen zu können (gegebenenfalls gegen Vergütung), damit vor Vertragsunterzeichnung der tatsächliche Hauspreis feststeht.	☐	☐
Festlegung des Termins der Fertigstellung inklusive der Regelung von Konsequenzen darüber, was passiert, wenn der Termin nicht gehalten werden kann, aus Gründen, die der Hersteller zu vertreten hat.	☐	☐
Klarer und eindeutiger Zahlungsplan ohne Überzahlungsrisiko.	☐	☐
Benennung aller Vertragsanlagen mit vollständiger Baubeschreibung inklusive vereinbarter Sonderwünsche und Bemusterungsfestlegungen.	☐	☐
Vereinbarung zur Aushändigung eines vollständigen Plansatzes des Baugesuchs (Maßstab 1:100) und der Werkplanung (Maßstab 1:50); dazu gehört auch ein vermaßter Schnittplan mit eingetragener Roh- und Fertigbauhöhe aller Räume.	☐	☐
Berücksichtigung eines Sicherheitseinbehalts für den Bauherrn bis zur Fertigstellung und Abnahme des Gebäudes in Höhe von fünf Prozent des Hauspreises.	☐	☐
Berücksichtigung eines Gewährleistungseinbehalts von bis zu fünf Prozent für die Dauer der Gewährleistung von fünf Jahren nach BGB.	☐	☐
Erfüllungsortregelung (sinnvollerweise der Ort der Baustelle, keinesfalls der Sitz des Bauunternehmens, wenn beides voneinander abweicht).	☐	☐
Verzicht auf einseitige Bevorteilung des Fertighausherstellers im Kündigungsfall, zum Beispiel durch Verzicht auf pauschale Entschädigungszahlungen	☐	☐

Gibt es Musterverträge?

Es gibt zurzeit einen interessanten Mustervertrag, der je nach Hersteller allerdings gegebenenfalls nur sehr schwer durchzusetzen sein wird. Trotzdem kann man sich an einem solchen Vertragsbeispiel orientieren. Dieser Mustervertrag ist entwickelt worden vom Zentralverband Deutsches Baugewerbe e.V. (ZDB) und der Eigentümervereinigung Haus & Grund e.V. und wird fortlaufend durch Juristen gepflegt. Der Mustervertrag ist deswegen interessant, weil ihn einerseits die Vertreter von Bauunternehmen (ZDB) und anderseits die Vertreter von Haus- und Grundbesitzern (Haus & Grund) erarbeitet haben, also die Vertreter privater Auftragnehmer und privater Auftraggeber, die dabei sehr unterschiedliche Interessen vertraten. Herausgekommen ist ein durchaus als ausgewogen zu bezeichnender Vertrag, der auch für Verbraucher wesentlich besser geeignet ist als fast alles andere, was an Verträgen von Fertighaus- oder Massivhausanbietern sonst vorgelegt wird. Aufgrund der Tatsache, dass dieser Vertrag auch vom Zentralverband des Deutschen Baugewerbes vertreten wird, haben Bauunternehmen eigentlich keinen Grund, diesen Mustervertrag abzulehnen. Tun sie es dennoch, fragt sich natürlich, warum sie das tun? Denn der Vertrag benachteiligt Bauunternehmen nicht einseitig, sondern sucht nach einer ausgewogenen Lösung zwischen Bauunternehmen und Auftraggebern auf der Grundlage der geltenden Gesetze und der fortlaufenden Rechtsprechung. Dieser Mustervertrag wird durch den ZDB kostenfrei im Internet zur Verfügung gestellt: **www.zdb.de/zdb-cms.nsf/id/bau-vertraege-de**.

Sie können dort auf der rechten Bildseite den Link „Einfamilienhaus Bauvertrag" anklicken, dann öffnet sich das PDF-Dokument. Der direkte Link zum Vertrag ist: **www.zdb.de/zdb-cms.nsf/res/3AR_EH-SF_V12-1E.PDF/$file/3AR_EH-SF_V12-1E.PDF**.

Falls Sie einen solchen Vertrag tatsächlich nutzen wollen, versichern Sie sich aber unbedingt vorher beim Herausgeber ZDB, dass alle Anpassungen, die durch die Novellierung des BGB notwendig wurden, auch vorgenommen wurden. Dies war bei Redaktionsschluss dieses Buches noch nicht überprüfbar.

Zusätzliche Vertragsbedingungen

Neben den Verträgen fügen Fertighaushersteller und Massivhausanbieter gern auch sogenannte technische Vertragsbedingungen oder technische Bau- und Lieferbedingungen als Anlage hinzu. Da auch diese somit fester Vertragsbestandteil werden, sollten Sie sie auch aufmerksam durchlesen. Sie finden nachfolgend ein Beispiel, um auch für solche Vertragsbestandteile ein Gefühl zu entwickeln und sie gezielt hinterfragen zu können.

Technische Bau- und Lieferbedingungen

Im günstigsten Fall handelt es sich bei technischen Bau- und Lieferbedingungen um eine zumindest einigermaßen übersichtliche Auflistung von Punkten, die vor, während und nach der Bauleistung zu beachten sind. Im ungünstigsten Fall sind es mehrere kleingedruckte DIN-A4-Blätter, die dann sorgfältig durchgearbeitet werden müssen, damit keine kostenintensiven Details übersehen werden. Ein Beispiel für solche technischen Bau- und Lieferbedingungen ist nachfolgend aufgeführt.

Räumung, Zufahrt, Kran

Der Bauherr hat das Grundstück baufertig vorzubereiten, eben und gerodet. Das Grundstück muss mit Schwerlastkraftwagen mit einer Gesamtlänge von bis zu 20 Metern und 40 t Gesamtlast unmittelbar anfahrbar sein.

Baustrom und Bauwasser

Baustrom und Bauwasser sind bauseits zu stellen und dürfen nicht weiter als fünf Meter von der Baugrube entfernt installiert sein.

Chemie-WC

Ein Chemie-WC ist bauseits zu stellen.

Hausanschluss

Hausanschlüsse sind bauseits zu stellen. Sie müssen zum Zeitpunkt der Aufrichtung des Hauses vollständig liegen und unter der Bodenplatte bis zum Hausanschlussraum geführt sein. Dort sind sie durch die Bodenplatte durchzuführen und dann nach Aufstellung des Hauses bis zu den herstellerseitigen Anschlusspunkten im Haus zu führen.

Einmessung
Die Einmessung des Hauses und Stellung eines Schnurgerüsts erfolgt bauseits.

Erdarbeiten
Das Erdreich muss im Bereich der Bodenplatte wieder bis an diese angeschüttet werden, sodass ein gefahrfreier Zugang vom umgebenden Erdreich auf die Bodenplatte möglich ist.

Bodenplatte
Die Bodenplatte ist exakt nach den Maßangaben der Massivhaus-Traum GmbH herzustellen und muss die statischen Anforderungen zur Aufnahme des Haustyps „Paradies" vollständig erfüllen. Die Massivhaus-Traum GmbH übernimmt keinerlei Gewährleistung für die Bodenplatte.

Schornsteinabnahme
Die Abnahme des Schornsteins durch den zuständigen Bezirksschornsteinfegermeister hat bauseits zu erfolgen.

Zusätzliche technische Bau- und Lieferbedingungen bei Kellerbau

Keller
Bei bauseitiger Errichtung des Kellers ist die Kellerdecke gemäß Plananlage mit den darin festgelegten Maßen und der darin festgelegten Treppenaussparung zu errichten.

Der Keller muss die statischen Anforderungen zur Aufnahme des Haustyps „Paradies" der Massivhaus-Traum GmbH vollständig erfüllen. Die Massivhaus-Traum GmbH übernimmt keinerlei Gewährleistung für den Keller. Die Höhenlage des Kellers muss exakt nach den im Baugesuch festgelegten Höhenmaßen erfolgen. Der Keller muss von außen wieder angeschüttet sein, sodass ein gefahrloses Betreten der Kellerdecke vom umgebenden Erdreich aus möglich ist.

Erläuterung:
Die hier als Beispiel dargelegten Lieferbedingungen lassen sehr viel offen. So sind zum Beispiel die Angaben zu Statik und Maßgenauigkeit der Bodenplatte beziehungsweise des Kellers viel zu ungenau geregelt. Wenn Sie nun selber nach einem Kelleranbieter Ausschau halten, wird dieser mit den hier gemachten Angaben relativ wenig anfangen können. Er sollte zumindest Maße des Gebäudes haben, und zwar sehr genaue Maße, auch des gesamten Wandaufbaus. Ferner sollte er Angaben darüber haben, welche Belastung später durch das Haus konkret auf eine Bodenplatte bzw. einen Keller aufgebracht wird. Denn es sind ja vor allem auch hohe Randbelastungen durch die Wände, die man kennen sollte, bevor man beispielsweise eine Bodenplatte mit Fundamentstreifen beziehungsweise einen Keller plant. Eine einfache Lösung in solchen Fällen kann sein, dass man die Planung der Bodenplatte oder des Kellers vor Ausführung an den Fertighaushersteller gibt und um schriftliche Freigabe der Planung bittet, damit es nicht nach dem Bau zu Diskussionen über Planungsfehler kommt. Auch sollte man den Fertighaushersteller vor Abnahme der Bodenplatte oder des Kellers mit auf die Baustelle nehmen, um auch mögliche Ausführungsprobleme vor der Abnahme dieser Bauteile noch zu klären, sodass sie nötigenfalls noch als Vorbehalt mit ins Abnahmeprotokoll aufgenommen werden können.

Wie schon im Vertrag selbst wird auch bei den technischen Bau- und Lieferbedingungen der Bauherr noch einmal ordentlich in die Pflicht genommen, ob es dabei nun um die Vorbereitung des Grundstücks, Anforderungen an Bodenplatte oder Keller oder auch um die Hausanschlüsse geht.

Der Fertighausanbieter, der in diesem Fall den Keller oder die Bodenplatte nicht selber mit anbietet, möchte an eine fix und fertig vorbereitete Bodenplatte oder Kellerdecke kommen und das Haus zügig aufrichten. Das ist verständlich, wird aber so nicht immer wirklich offen kommuniziert. Schon der Begriff „Fertighaus" suggeriert ja eigentlich etwas anderes. Man sollte alle die Probleme, die aus den Schnittstellen zwischen Ihren vorbereitenden Maßnahmen und der jeweils daran anschließenden Tätigkeit des Fertighausanbieters resultieren können, nicht unterschätzen. Wenn man sich solche vorbereitenden Maßnahmen selbst doch nicht sicher zutraut, kann eine Lösung sein, auch mit diesen Leistungen den Fertighausanbieter zu beauftragen. Zumindest die Errichtung der Bodenplatte oder des Kellers könnte dann mit in dessen Leistungsumfang liegen. Auch das Einmessen des Hauses könnte bei ihm liegen, sodass es an diesem wichtigen Punkt ebenso nicht zu Missverständnissen oder Unklarheiten kommt und er damit klar für die richtige Stellung des Hauses auf dem Grundstück haftet. Viele Fertighausanbieter bieten mittlerweile die Errichtung der Bodenplatte oder des Kellers mit an, Massivhausanbieter ohnehin fast immer. Manche Fertighausanbieter bieten sogar die Unterstützung bei der Grundstückssuche an. Ist dies der Fall, sollte man die Hersteller von vornherein in die Pflicht nehmen, dass das von ihnen offerierte Grundstück auch tatsächlich geeignet ist zur Aufnahme des gewünschten Haustyps. Das betrifft den Bebauungsplan und das Baurecht genauso wie die geologischen Gegebenheiten.

7 Die Planung

Die Planung kann sehr frei sein, wenn Sie mit einem Architekten bauen, oder auch sehr eingeschränkt, wenn Sie ein Haus von einem Bauträger erwerben. Freiheiten können Sie nutzen: Eine gute Planung muss Baurecht, Grundrisse, Baustoffe, Ökologie, Konstruktion, Energetik und nicht zuletzt auch Standort und Baukultur immer gleichzeitig bedenken.

Wird zu einseitig vorgegangen – ob über bemühte Landhaus-Romantik oder angestrengtes Bauhaus-Plagiat –, baut man ganz schnell eher Fassadeninszenierungen und künstliche Lebensbühnen als ein wirklich durchdachtes Haus.

Wenn Sie nicht individuell mit einem Architekten bauen, werden Sie feststellen, dass viele Häuser heute als Typenhäuser verkauft werden, das heißt, die Planung ist weitgehend vorgegeben. Meist gibt es dann noch bestimmte Varianten, aber wer diesen Planungskorridor verlässt, muss meist auch mit höheren Kosten rechnen. Leider sind bis heute die meisten Typenhäuser abgestimmt auf eine einzige Lebensphase und das klassische Familienbild: Die Familie besteht dabei aus zwei Erwachsenen und zwei Kindern, und schon das dritte Kind ist in vielen Grundrissen nicht ohne Weiteres unterzubringen. Dass aus Kindern auch Teenager werden, die sich ganz gerne mal abnabeln, sehen Grundrisse nicht vor. Dass Kinder irgendwann ausziehen und man das Haus dann vielleicht ganz anders nutzen will, sehen Grundrisse erst recht nicht vor. Eine vollständige Lebenszyklusbetrachtung einer Immobilie findet bis heute bei praktisch keinem Grundriss statt. Die Häuser sind auf eine Mononutzung ausgelegt. Und diese Mononutzungsphase dauert bei vielen Familien nur etwa 14 bis 18 Jahre.

Häufig wird eine Immobilie gesucht, wenn die Kinder kurz vor dem Kindergarten oder der Einschulung stehen, um ihnen einen späteren Kindergartenwechsel, vor allem aber Schulwechsel aufgrund Umzuges zu ersparen. Sie sind dann etwa drei bis sechs Jahre alt. Mit etwa 18 bis 20 Jahren verlassen viele Kinder das Haus aber schon wieder in Richtung Ausbildungsplatz, Studium usw. Häufig gibt es dann noch eine Übergangsphase, in der sie zwar ihr Kinderzimmer bei Heimatbesuchen nutzen, aber mit 22 bis 25 Jahren räumen viele Kinder endgültig ihr Nest. Die Eltern bleiben in den Häusern dann meist noch sehr lange wohnen, wenn nicht zuvor ein Arbeitsplatz- und Ortswechsel oder eine Scheidung neue Orientierung erzwang. Die Phase, in der die Eltern in einem Haus allein wohnen, ist sehr oft deutlich länger als die Phase, in der sie mit den Kindern zusammen im Haus wohnen. Das heißt, wir planen Häuser für eine Familiennutzungsphase von etwa 14 bis 18 Jahren bei einer Lebensdauer der Häuser von 80 bis 100 Jahren. Das ist nur dann sinnvoll, wenn das Haus nach der Familiennutzungsphase wieder weitergegeben werden kann an die nächste Familie. Das kann funktionieren, wenn man sich emotional einfach vom Gebäude trennen kann und wenn dessen Lage so gut ist, dass ein Verkauf werterhaltend möglich ist. Das ist heute bei vielen Einfamilienhäusern aber nicht mehr ohne Weiteres der Fall. Daher sollte man sich schon sehr genau überlegen, was man eigentlich plant. Eine klassische Familienimmobilie sieht in der Werbung schön aus, ist im Alltag und über den Lebenszyklus betrachtet aber selten die ideale Lösung.

Auch die technische Ausstattung ist neben der Grundrissgestaltung ein wichtiges Element, das von Anfang an bei der Grundrissentwicklung mitberücksichtigt werden sollte. Die Zeiten, in denen man zunächst einen Grundriss entwickelte und sich später um die Leitungsführung von Heizung und Wasser kümmerte, sind lange vorbei. Hinzu kommen heute auch Anforderungen an die Gebäudehülle und die Lüftung. Moderne Technik wie zum Beispiel Passivhaustechnik, bei der die Lüftungsanlage gleichzeitig die Heizungsfunktionen übernimmt, bedingt zudem eine intelligente und kurze Lüftungsrohrführung von Zu- und Abluft mit großen Rohrquerschnitten. Ein Entwurf muss daher von Anfang an auf verschiedenen Ebenen gedacht werden, was nach wie vor aber viel seltener passiert, als man vermuten würde.

Darüber hinaus müssen die Baustoffe mit bedacht werden, die zum Einsatz kommen. Ein Gebäude aus Holz bedingt von Anfang an natürlich ein ganz anderes Herangehen an die Planung als ein Massivbau. Aber auch die Frage, welcher Stein für Außenwände eingesetzt und wie gedämmt werden soll, muss in der Planung früh berücksichtigt werden.

Und schließlich geht es bei dem Thema Planung auch um Baukultur. Diese spielt heute – gerade in Deutschland – praktisch überhaupt keine Rolle mehr. Die meisten Neubaugebiete nehmen auf ihre Umgebung entsprechend keine Rücksicht. Schon die Bebauungspläne geben fast immer nur einen einfachen baurechtlichen Rahmen vor, der mit regionaler Baukultur nicht das Geringste zu tun hat. Die Bebauungspläne und in der Folge die Neubaugebiete sind beliebig austauschbar und sehen aus wie eine schachbrettartige Ansammlung gebauter Beispiele aus Hausbaukatalogen. Der Drang zur Individualisierung und Abgrenzung des eigenen Geschmacks gegenüber dem des Nachbarn kommt hinzu und mündet am Ende in völlige Wahllosigkeit und Beliebigkeit. Ein ruhiges, einheitliches und mit einer Landschaft verwobenes Siedlungsbild kennen wir fast gar nicht mehr.

Eine gute Hausplanung auf Basis eines schlechten Bebauungsplans ist daher immer nur ein Tropfen auf den heißen Stein und rettet kein Neubaugebiet mehr. Aber es ist trotz allem zumindest mehr als nichts.

7.1 Grundstück, Entwurf und zukunftsfähiges Bauen

Die Suche nach dem Baugrundstück

Attraktives Bauland ist knapp. In Innenstadtlagen oder am Stadtrand von Ballungsräumen sind nur selten freie Grundstücke zu finden, die sich auch bezahlen lassen. Häufig muss man für das Bauen relativ weit in ländliche Gebiete ausweichen. Bei der Grundstückssuche können Sie sich von Ihren zukünftigen Baupartnern helfen lassen. Das kann ein Architekt, Generalunternehmer oder Fertighausanbieter sein. Findet allerdings Ihr Architekt ein Grundstück, auf dem Sie bauen möchten, so ist es ihm untersagt, dass er Sie – zum Beispiel über den Grundstückskaufvertrag – verpflichtet, nur mit ihm auf diesem Grundstück zu bauen (Kopplungsverbot). Tut er es dennoch, ist der Grundstückskaufvertrag zwar wirksam, die Verpflichtungsklausel im Zweifel aber nicht. Weitere Anlaufstellen für die Grundstücksuche sind Internetportale, der Immobilienteil von Tageszeitungen, Makler sowie Banken und Sparkassen mit ihren Immobilienabteilungen.

Achten Sie bei der Grundstückssuche unbedingt auf die Bebauungsmöglichkeiten! Die Vorgaben, wie auf einem Grundstück gebaut werden darf, finden Sie im Bebauungsplan. Er wird in Form einer Satzung von der zuständigen Gemeinde erlassen und regelt im Detail, wie Sie ein Grundstück bebauen dürfen – von der

zulässigen Geschossanzahl bis zur vorgeschriebenen Dachneigung. Wird beim Grundstückskauf nicht darauf geachtet, können Sie Ihre baulichen Vorstellungen möglicherweise nicht realisieren. Besorgen Sie sich daher vor einer Kaufentscheidung beim zuständigen Bauamt einen aktuellen Bebauungsplanauszug. Wie Sie diesen lesen, erfahren Sie auf Seite 132 ff.. Bei der zuständigen Gemeinde sollten Sie außerdem folgende Unterlagen einsehen:

› Der **Flächennutzungsplan** zeigt Ihnen grob, wo Flächen für Gewerbe, Wohnungsbau, Verkehrswege und Freizeit geplant sind.

- Im **Verkehrsplan** können Sie sehen, was noch an Straßen geplant ist.
- Die **Kaufpreissammlungen** der Gemeinden geben Aufschluss über das Preisniveau von Grundstücken. Sie werden herausgegeben vom örtlichen Gutachterausschuss, angesiedelt beim örtlichen Landratsamt oder der örtlichen kreisfreien Stadt.

Wichtig ist außerdem, dass das Grundstück frei von **Altlasten** ist. Stand beispielsweise vorher eine Tankstelle oder Autowerkstatt auf dem Grundstück, ist Vorsicht geboten. Das gilt auch für ehemaliges Militär- oder Industriegelände, das nun als Wohngebiet genutzt werden soll (Konversion). Auch Grundstücke, auf denen Gärtnereien standen, können in Teilbereichen erhebliche Bodenbelastungen durch die verwendeten Pflanzenschutzmittel aufweisen. Fragen Sie vor dem Kauf, ob Bodenuntersuchungen gemacht wurden. Ist dies der Fall, lassen Sie sich die Ergebnisse vor dem Kauf aushändigen. Und schließlich sollten Sie vor dem Grundstückskauf prüfen, ob **Baulasten** im Baulastenverzeichnis eingetragen sind. Dabei handelt es sich um Eintragungen, die die Bebauungsmöglichkeiten des Grundstücks einschränken können.

Beispiel: Der Verkäufer eines Grundstücks hat dem Grundstücksnachbarn gegen einen finanziellen Ausgleich erlaubt, sehr dicht an die Grundstücksgrenze heran zu bauen. Dazu hat er im Baulastenverzeichnis eintragen lassen, dass ein Teil der nötigen Abstandsfläche zwischen den zukünftigen Gebäuden auf dem zum Verkauf stehenden Grundstück liegt. Das heißt konkret: Der Käufer kann nicht mehr – so wie es im Bebauungsplan eigentlich vorgesehen ist – bis an die maximal zulässige Bebauungsgrenze bauen, sondern muss unter Umständen deutlich davor bleiben. Sehen Sie daher vor einem Grundstückskauf auch das Baulastenverzeichnis bei der zuständigen Kommune ein. Sie können dies zum Beispiel sehr gut gemeinsam mit dem Vorbesitzer tun.

Was ist möglich? Die zulässige Bebauung des Grundstücks

Den Rahmen für jede Entwurfsplanung bildet die zulässige **Bebauung** des Grundstücks, die üblicherweise im Bebauungsplan geregelt ist. Der Bebauungsplan ist ein Planausschnitt eines bestimmten Gebiets einer Stadt oder Gemeinde, für das per Satzungserlass durch den Stadt- oder Gemeinderat eine bestimmte Bebauungsvorschrift gilt. Diese kann sehr strenge Vorgaben mit nur wenig Gestaltungsfreiraum enthalten, sie kann aber auch Planungsfreiheit lassen. Plansymbole im Bebauungsplan veranschaulichen das detailliert, zum Beispiel die zulässige Dachform und Dachneigung oder die Anordnung des Gebäudes auf dem Grundstück. Ein Bebauungsplan besteht aus einem zeichnerischen und einem schriftlichen Teil. Im Planteil werden die Bebauungsvorgaben über Symbole festgehalten, im Textteil werden die Vorgaben auch schriftlich dargelegt. Die Vorgaben aus dem Bebauungsplan müssen Sie bei Ihrem Bauvorhaben einhalten. Anderenfalls laufen Sie Gefahr, dass die Stadt oder Gemeinde Ihren Bauantrag nicht genehmigt und Korrekturen Ihrer Planung verlangt. Nicht immer ist ein Bebauungsplan vorhanden. So kann es Lagen innerhalb bebauter Ortsteile geben, für die kein Bebauungsplan existiert. In diesen Fällen wird **§ 34 des Baugesetzbuchs (BauGB)** angewandt. Er lautet, Zitat:

„*Innerhalb der im Zusammenhang bebauten Ortsteile ist ein Vorhaben zulässig, wenn es sich nach Art und Maß der baulichen Nutzung, der Bauweise und der Grundstücksfläche, die überbaut werden soll, in die Eigenart der näheren Umgebung einfügt und die Erschließung gesichert ist.*"

In jüngerer Zeit gibt es Gemeinden, die damit experimentieren, ganze Baugebiete ohne Bebauungsplan

> **Tipp**
>
> **Vereinbaren Sie generell ein Wandlungsrecht des Kaufvertrags** aufgrund von Altlasten auf dem Grundstück, über die Sie vor dem Kauf nicht informiert wurden.

7.1 Grundstück, Entwurf und zukunftsfähiges Bauen

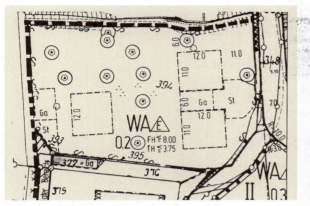

Beispiel Bebauungsplan

auszuweisen. Hier werden nur noch bestimmte Rahmenvorgaben gemacht, innerhalb derer dann relativ frei gebaut werden kann. Das sind aber Sonderfälle. In aller Regel werden Baugebiete mit einem Bebauungsplan ausgewiesen, der dann Grundlage für die Entwurfsplanung ist. Nimmt man alle diese Vorschriften zusammen, ergibt sich die Bebauungsmöglichkeit, die in der Grafik „Bebaubarkeit des Grundstücks" dargestellt ist.

Zusätzlich sollten alle Punkte untersucht werden, die mit der Lage des Grundstücks zusammenhängen und einen Einfluss auf den Gebäudeentwurf haben: Die Himmelsrichtung sowie sonnige und verschattete Grundstücksteile können die Lage von Balkonen oder Terrassen beeinflussen, die Zufahrtsmöglichkeiten können die Lage des Eingangs und von Garagen bestimmen, die Umgebungsbebauung kann für die Position des Baukörpers ebenso eine Rolle spielen wie geschützter Baumbestand, der nicht gefällt werden darf. Auch die Umgebung kann Einfluss auf die Position und Größe von Fenstern im Gebäude nehmen. Diese Punkte können in den Lageplan des Grundstücks eingezeichnet werden, wie das in der Skizze „Einflüsse auf die Bebauung des Grundstücks" dargestellt ist.

Ein ganz wesentlicher Aspekt bei der Lage eines Gebäudes auf einem Grundstück sind auch die sogenannten **Abstandsflächen**. Üblicherweise ist bei frei stehenden Gebäuden von der Grundstücksgrenze eine

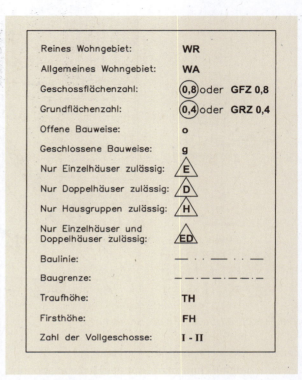

Symbole im Bebauungsplan

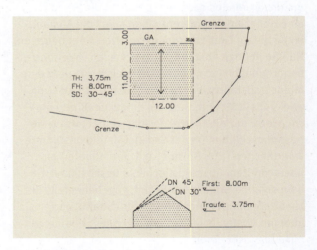

Bebaubarkeit des Grundstücks

Mindestabstandsfläche einzuhalten, die sich nach der Wandhöhe des Gebäudes richtet. Die Wandhöhe definiert sich als die Höhe vom Schnittpunkt einer Außenwand mit der Geländeoberfläche am unteren

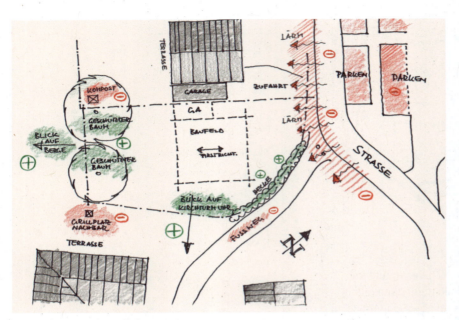

Einflüsse auf die Bebauung des Grundstücks

Ende und dem Schnittpunkt mit dem Dach am oberen Ende. Die Abstandstiefe zur Grundstücksgrenze muss 0,4 dieses Maßes betragen. Beispiel: Die Wand hat eine Höhe von fünf Metern, dann muss die Abstandstiefe bis zur Grundstücksgrenze zwei Meter betragen. Nur: So geringe Abstandsflächen lassen viele Landesbauordnungen gar nicht zu. Die meisten fordern eine Mindestabstandstiefe zum Nachbargrundstück von zweieinhalb Metern. Garagen hingegen dürfen üblicherweise auf die Grenze gesetzt werden, wenn sie bestimmte Höhen (meist drei Meter) und bestimmte Wandflächen (zum Beispiel 25 Quadratmeter) nicht überschreiten. Abstandsflächen müssen immer auf dem eigenen Grundstück liegen, gegebenenfalls bis zur Straßenmitte einer öffentlichen Straße, dürfen sich aber mit Abstandsflächen umliegender Bebauungen nicht überschneiden.

Außerdem kann die Abstandsfläche beeinflusst werden durch sogenannte Baulasten (→ Seite 132).

Auch die sogenannten **Gebäudeklassen** spielen bei der Planung eine Rolle. Die Landesbauordnungen der Länder regeln diese für jedes Bundesland. Die Regelungen sind aber sehr ähnlich. Man unterscheidet fünf Gebäudeklassen, die sich meist wie folgt definieren:

Gebäudeklasse 1:
Freistehende Gebäude mit einer Höhe bis zu sieben Metern und nicht mehr als zwei Nutzungseinheiten von insgesamt nicht mehr als 400 Quadratmetern und freistehende land- oder forstwirtschaftlich genutzte Gebäude;

Gebäudeklasse 2:
Gebäude mit einer Höhe bis zu sieben Metern und nicht mehr als zwei Nutzungseinheiten von insgesamt nicht mehr als 400 Quadratmetern;

Gebäudeklasse 3:
Sonstige Gebäude mit einer Höhe bis zu sieben Metern;

Gebäudeklasse 4:
Gebäude mit einer Höhe bis zu 13 Metern und Nutzungseinheiten mit jeweils nicht mehr als 400 Quadratmetern;

Gebäudeklasse 5:
Sonstige Gebäude einschließlich unterirdischer Gebäude.

Höhe im Sinn des Satzes 1 ist üblicherweise das Maß von der Geländeoberfläche im Mittel bis zur Fußbodenoberkante des höchstgelegenen Geschosses, in dem ein Aufenthaltsraum möglich ist. Grundflächen von Nutzungseinheiten sind üblicherweise die Brutto-Grundflächen (also Flächen inklusive Wandgrundflächen), wobei Flächen in reinen Kellergeschossen üblicherweise außer Betracht bleiben. In den meisten Fällen werden Sie es mit der Gebäudeklasse 1 oder 2 zu tun haben.

Und auch Regelungen zu **Stellplätzen** werden Sie im Rahmen Ihrer Hausplanung beachten müssen. Dies ist ebenfalls in den Landesbauordnungen der Länder geregelt. Üblicherweise ist pro Wohneinheit – also pro abgeschlossener Wohnung in einem Haus – der Nachweis eines Stellplatzes auf dem eigenen Grundstück gefordert.

Die Ermittlung des Raumbedarfs

Wenn Sie das nicht schon bei der Auswahl des Grundstücks getan haben, ist der nächste Schritt bei der Entwurfsplanung die Ermittlung des Raumbedarfs: Wie viele Räume werden benötigt, wie groß sollen sie sein, und wo sollen sie im Gebäude liegen? Gehen Sie dabei von Ihrer gegenwärtigen Wohnsituation aus, aus der heraus Sie sich ja verändern wollen. So können Sie zum Beispiel sehr gut beurteilen, ob Ihnen Ihr gegenwärtiges Wohnzimmer zu groß oder zu klein ist, ob Balkon oder Terrasse ausreichen oder größer sein sollen und ob die Belichtung günstig oder eher ungünstig ist. Wichtig für die Ermittlung des Raumbedarfs ist auch, dass Sie die Höhe der Räume, die Sie gegenwärtig bewohnen, ausmessen und überlegen, ob sie zu hoch oder zu niedrig sind. Schon acht bis zehn Zentimeter sind bei der Raumhöhe ein großer Unterschied.

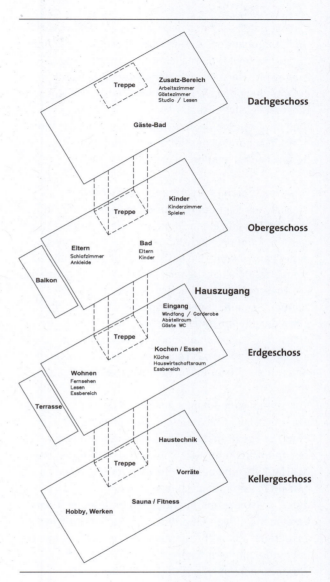

Die Grundriss- und Schnittentwicklung

Bei der Grundriss- und Schnittentwicklung spielen – neben den Ergebnissen aus der Entwicklung der Funktionszuordnung (→ Seite 136) – die bereits genannten Umgebungsfaktoren eine wichtige Rolle. Der wichtigste ist die **Ausrichtung des Baukörpers** auf dem Grundstück. Hier fließen vor allem Überlegungen zur Belichtung des Gebäudes, zur Stellung von Nachbargebäuden, zu Gartenanteilen, Zuwegen und Zufahrten sowie zu möglichen zukünftigen Erweiterungen ein. Bei manchen Haustypen, die die Nutzung solarer Energie zur Voraussetzung haben wie zum Beispiel Passivhäuser muss auch die Sonneneinstrahlung in das Gebäude beachtet werden. Diese Faktoren müssen schon bei der Prüfung des Bebauungsplans berücksichtigt werden (→ Seite 132 ff.).

Funktionsbereiche bestimmen den Grundriss

Die sich aus der Bedarfsermittlung ergebenden Räume müssen nun einzelnen **Funktionsbereichen** zugeordnet werden. Reibungslose Abläufe für die Bewohner sind dabei ganz wichtig. Ein typischer Funktionsbereich besteht aus Küche, Essbereich und Hauswirtschaftsraum. Ein anderer Funktionsbereich besteht aus Schlafzimmer, Ankleide und Badezimmer. Aber auch die einzelnen Räume innerhalb eines Funktionsbereichs müssen so zugeordnet sein, dass sich keine Störungen ergeben. So sollte das Esszimmer nicht durch einen Hauswirtschaftsraum von der Küche getrennt sein.

Ausgehend vom Beispiel der Bedarfsermittlung lassen sich diese Funktionsbereiche sehr einfach auflisten. Sind alle Funktionsbereiche bekannt, können sie zeichnerisch dargestellt werden. Häufig werden bei der Hausplanung bestimmte Funktionsbereiche auf einzelnen Gebäudegeschossen zusammengelegt und durch die Treppe miteinander verbunden: der **Wohnbereich** mit Eingang, Garderobe, Gäste-WC, Küche, Essbereich und Wohnzimmer oder der **Schlafbereich** mit Kinderzimmern, Elternschlafzimmer und Bad. Würde zum Beispiel das Bad im Schlafbereich nicht auf der gleichen Geschossebene angeordnet werden wie die übrigen Räume dieses Funktionsbereichs, müsste man für jeden Gang vom Schlafzimmer ins Bad eine Treppe überwinden. Auch eine falsche Anordnung mehrerer Funktionsbereiche auf einer Ebene kann unangenehme Dauerfolgen haben. Viele Bauträgerwohnungen zum Beispiel sind ungünstig geschnitten. Häufig gibt es keine separate Gästetoilette, jeder Gast muss dann das WC im privaten Badezimmer nutzen. Intelligente Grundrisslösungen vermeiden das.

Veränderbarkeit des Gebäudegrundrisses

Dass ein Gebäude im Laufe seiner Lebenszeit unterschiedlichen Nutzungsanforderungen unterliegen kann, wird bei Entwurfsplanungen – auch von Architekten – oftmals wenig beachtet. So kann das Gebäude für eine junge Familie geplant werden, muss später aber auch jüngeren und älteren Erwachsenen paralleles Wohnen ermöglichen und schließlich vielleicht Senioren und Mietern Raum bieten. Um Anpassungen von vornherein zu berücksichtigen, kann man bei der Planung variable und fixe Elemente definieren. **Fixe Elemente** (zum Beispiel Treppenhäuser, Fenster, Installationsschächte) können nicht geändert werden, auch wenn die Gesamtfunktionen des Gebäudes neu geordnet werden. **Variable Elemente** (zum Beispiel nicht tragende Innenwände) können Veränderungen unterliegen. An einem Beispielentwurf wird im Unterkapitel „Intelligente Grundrisslösungen" (→ Seite 139 ff.) dargestellt, wie ein und dieselbe Hausstruktur sehr unterschiedlich genutzt werden kann, selbst wenn es sich dabei um eine Reihenhausbebauung handelt, die nur zwei befensterte Fassaden zulässt.

Barrierefreiheit

Eine wichtige Rolle bei der Planung spielt auch die Barrierefreiheit. Leider ist das bis heute bei vielen Architekten keine Selbstverständlichkeit, obwohl kaum Mehrkosten damit verbunden sind. Bei den anderen Baupartnern wie Fertig- oder Massivhausanbietern ist sie sogar praktisch nie zu finden. Ziel einer barrierefreien Planung ist die Nutzbarkeit des Wohnraums für möglichst alle Menschen. Viele Aspekte, die zum Beispiel für ältere Menschen erforderlich sind, haben auch für jüngere Menschen einen Komfortwert: So brauchen zum Beispiel Rollstühle und Kinderwagen ähnlich viel Platz. Bereits bei der Planung eines Hauses an Barrierefreiheit zu denken muss nicht zwangsläufig Mehrkosten nach sich ziehen. Ist jedoch später ein umfangreicher Umbau erforderlich, bei dem Türen verbreitert oder Wände versetzt werden müssen, kann es schnell teuer werden. Durch eine barrierefreie Gestaltung können Sie die Immobilie auch im Alter optimal nutzen, außerdem haben Sie bei einem Wiederverkauf bessere Verkaufschancen. Barrierefreiheit kann auch auf ein Geschoss konzentriert werden, im Idealfall das Geschoss, das eine gute, barrierefreie Zugänglichkeit von außen problemlos zulässt.

Zum barrierefreien Planen und Bauen gibt es derzeit folgende DIN-Norm:

DIN 18040-1 Barrierefreies Bauen
Planungsgrundlagen Teil 1: Öffentlich zugängliche Gebäude

DIN 18040-2 Barrierefreies Bauen
Planungsgrundlagen Teil 2: Wohnungen

DIN 18040-3 Barrierefreies Bauen
Planungsgrundlagen Teil 3: Öffentlicher Verkehrs- und Freiraum

Während sich Teil 1 mit öffentlich zugänglichen Gebäuden befasst und Teil 3 mit öffentlichen Verkehrs- und Freiraumflächen, ist Teil 2 für Wohnungen ausgelegt. DIN-Normen haben allerdings keinen Gesetzes- oder Verordnungscharakter, sondern sind privatrechtliche Regelungen. Ob Sie bei Ihrem Hausbau DIN-Normen anwenden möchten oder nicht, können Sie entscheiden. Verpflichtet sind Sie dazu nicht. Auch der Handwerker nicht, wenn die Normen nicht ausdrücklich vereinbart sind. Bei VOB/B-Verträgen sind zahlreiche Normen vereinbart, weil bei Vereinbarungen nach der VOB/B automatisch auch die VOB/C vereinbart ist, die die Allgemeinen Technischen Vertragsbedingungen in Form von zahlreichen DIN-Normen enthält (→ Seite 113). Nach der Rechtsprechung muss sich ein Handwerker, mit dem keine DIN-Normen vereinbart sind, nur an die sogenannten allgemein anerkannten Regeln der Technik halten. Diese definieren sich nach verbreiteter juristischer Meinung etwa wie folgt:

Als **allgemein anerkannte Regeln der Technik** sind die Regeln der Technik zu verstehen, die auf wissenschaftlicher Grundlage und/oder fachlichen Erkenntnissen (Erfahrungen) beruhen, in der Praxis erprobt und bewährt sind, Gedankengut der auf dem betreffenden Fachgebiet tätigen Personen geworden sind und von deren Mehrheit als richtig anerkannt und angewandt werden.

Das heißt, allgemein anerkannte Regeln der Technik unterliegen drei wesentlichen Kriterien:

› Sie müssen wissenschaftlich theoretisch als richtig angesehen werden,
› sie müssen in der Praxis tätigen technischen Experten bekannt sein,
› sie müssen sich aufgrund praktischer Erfahrung bewährt haben.

Das wiederum heißt, wie Sie für sich Barrierefreiheit im Detail gestalten, ist zunächst einmal Ihnen überlassen. Es kann allerdings sehr sinnvoll sein, in den Vertrag mit dem Architekten oder Hausanbieter aufzunehmen, dass zumindest ein Geschoss des Hauses barrierefrei nach DIN 18040 Teil 2 gestaltet sein soll. Denn dadurch geben Sie automatisch zahlreiche detaillierte Vorgaben, die dann ebenso detailliert und klar umsetzbar und überprüfbar sind.

Einige wesentliche Empfehlungen für verschiedene Räume finden Sie nachfolgend. Einen ersten Überblick über die DIN 18040 können Sie sich im Internet zum Beispiel unter www.din18040.de verschaffen.

> **Tipp**
>
> **Weitere Informationen zur Barrierefreiheit** finden Sie im Internet unter www.barrierefrei-bauen.de

PKW-Stellplatz und Hauszugang

Der Stellplatz sollte so breit sein, dass ein bequemes Öffnen der Türen und Aussteigen aus dem Fahrzeug möglich sind. Die übliche Stellplatzbreite von zweieinhalb Metern ist dafür ungeeignet – besonders dann, wenn beispielsweise eine Wand den Stellplatz begrenzt. Besser ist eine Stellplatzbreite von drei Metern. Der Hauszugang sollte stufenfrei gestaltet sein. Ist durch einen Höhenunterschied zwischen Fußweg und Hauseingang eine geneigte Fläche nötig, sollte die Neigung nicht mehr als sechs Prozent betragen. Dies entspricht sechs Zentimetern Höhenunterschied pro Meter. Um einen Höhenunterschied von 30 Zentimetern zu überbrücken, ist eine Weglänge von fünf Metern erforderlich. Sinnvoll sind auch eine Überdachung des Eingangsbereichs und eine große, kontrastreich gestaltete und beleuchtete Hausnummer, die nicht nur ein Notarzt bei Dunkelheit sehen kann, sondern auch Menschen mit Seheinschränkungen.

Türen
Die lichte Durchgangsbreite bei allen Türen sollte mindestens 90 Zentimeter betragen, auch beim WC.

Diele und Flure
Ein zweiter Türspion in geringer Höhe, der die Kontrolle auch im Sitzen möglich macht, ist günstig. Dann können beispielsweise auch Kinder sehen, wer vor der Tür steht. Achten Sie auf ausreichende Bewegungsflächen in der Diele und den Fluren im möblierten Zustand. Die verbleibende Restbreite sollte nicht schmaler sein als die Türdurchgänge im Haus. Die Gegensprechanlage sollte von jedem Geschoss aus bedienbar sein.

Flure
Flure sollten mindestens 120 Zentimeter breit sein und abgehende Türen ein Öffnungsmaß von mindestens 90 Zentimetern lichte Breite haben. Ist der Flur schmaler, etwa nur 90 Zentimeter breit, müssen umgekehrt die abgehenden Türen eine größere Breite haben, also etwa 120 Zentimeter.

Küche
Auch in der Küche sollte vor den Schränken eine ausreichend breite Bewegungsfläche von etwa 120 Zentimetern, für Rollstuhlfahrer von 150 Zentimetern, vorhanden sein.

Wohnzimmer
Mindestens ein Fenster im Wohnzimmer sollte eine so niedrige Brüstung aufweisen, dass die Möglichkeit besteht, im Sitzen hinauszublicken. Elektrisch betriebene Rollläden sind vor allem bei großen Fenstern komfortabel und können auch von älteren Menschen einfach bedient werden. In die Wand eingelassene Kurbeln mit einer einfachen Übersetzung sind eine gute Alternative. Der Austritt auf den Balkon oder die Terrasse sollte schwellenfrei geplant werden oder einen Höhenunterschied von nicht mehr als zwei Zentimetern aufweisen.

Bad und WC
Die Türen in Bad und WC sollten sich nach Möglichkeit nach außen öffnen und von außen entriegeln lassen, damit der Raum im Notfall betreten werden kann, ohne eine am Boden liegende Person zu verletzen. Die Dusche sollte schwellenfrei geplant werden oder einen Höhenunterschied von nicht mehr als zwei Zentimetern zum Badezimmerboden aufweisen. Bei einer Größe von etwa 150 x 150 Zentimetern kann auch ein Hocker in den Duschbereich gestellt werden. Eine Bewegungsfläche von 150 x 150 Zentimetern im Badezimmer ist sinnvoll. Das Waschbecken sollte unterfahrbar sein, sodass man zum Beispiel auf einem Stuhl vor dem Waschbecken sitzen kann. Der Spiegel sollte ausreichend tief angebracht werden können.

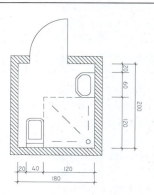

Barrierefreies Duschbad

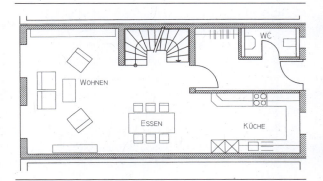

Grundriss Erdgeschoss

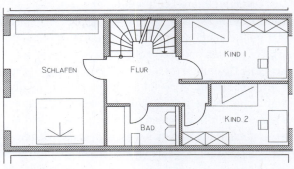

Grundriss Obergeschoss

Schlafzimmer

Die Schlafzimmergröße sollte so bemessen sein, dass ausreichend Platz vor dem Schrank und neben dem Bett vorhanden ist, mindestens 90 bis 120 Zentimeter, für Rollstuhlfahrer jeweils 150 Zentimeter.

Treppe

Enge Spindeltreppen sind für ältere Menschen nur schwer zu begehen. Es sollte möglich sein, auf beiden Seiten der Treppe Handläufe anzubringen. Denn wenn Probleme mit einem Arm bestehen, kann bei nur einem Handlauf dieser aufwärts oder abwärts nicht benutzt werden. Auch die Treppenbreite sollte von vornherein auf zwei Handläufe ausgelegt sein. Außerdem ist die Nachrüstbarkeit der Treppe mit einem Treppenlifter wichtig. Stufen innerhalb einer Wohnebene sind immer ungünstig, weil ständig eine Treppe benutzt werden muss – zum Beispiel bei Splitlevel-Grundrissen von Hangbebauungen.

Die Schnittentwicklung

Der Gebäudeschnitt ist eine Seitenansicht in das Gebäude hinein, sodass man Treppenläufe, Tragwerk, Raumhöhen und Installationsführungen beurteilen kann. Er sollte immer gleichzeitig mit den Grundrissen entwickelt werden, da der Gebäudeschnitt sehr früh Planungsprobleme aufdecken kann, an die bei der reinen Grundrissplanung nicht gedacht wurde, zum Beispiel Durchgangshöhen bei Treppenläufen oder Höhen unter Dachschrägen.

Intelligente Grundrisslösungen – von der Immobilie zur „Multimmobilie"

Viele Grundrisse, die auf dem Markt angeboten werden, berücksichtigen wichtige Aspekte des Planens kaum. Dabei wäre es ganz anders möglich.

Typischer Reihenhausgrundriss

Man sollte meinen, ein gut durchdachtes Reihenhaus stelle keine planerische Herausforderung mehr dar. Das ist leider falsch. Der klassische Reihenhausgrundriss, der bis heute bundesweit von praktisch allen Bauträgern angeboten wird, ist in den Grafiken auf dieser Seite dargestellt.

Ein solcher Reihenhausgrundriss hat eine ganze Reihe von Nachteilen und ist für eine Familie in den unterschiedlichen Lebensabschnitten wenig geeignet. Er diktiert den Bewohnern einen bestimmten Wohnablauf, weil er kaum Entwicklungs- und Entfaltungsmöglichkeiten zulässt und auch nicht flexibel auf Nutzungsveränderungen reagieren kann. Das Hauptproblem solcher Grundrisse bilden die wenig durchdachte Anordnung des Hauszugangs, der Treppe, das Außer-Acht-Lassen des Raumbedarfs für barrierefreie Wohnabläufe und schließlich unflexible Installationszonen.

Musterbeispiel eines guten Reihenhausgrundrisses

Ein guter Reihenhausgrundriss zeichnet sich dadurch aus, dass er den unterschiedlichsten Nutzergruppen maximale Flexibilität für die persönliche Entfaltung gewährt und auch dann noch funktioniert, wenn die Bewohner nur noch eingeschränkt mobil sind oder aber die Familienstruktur sich ändert, sei es, weil die Kinder aus dem Haus ziehen, sei es, weil später vielleicht eines der Kinder samt eigener Familie wieder ins Haus einziehen will. Aber auch die gesellschaftlichen Strukturen wandeln sich, und bei Weitem nicht nur klassische Familien suchen geeigneten Wohnraum, auch Alleinerziehende oder sogenannte Patchworkfamilien tun dies, ebenso Singles und Senioren. Immer mehr Menschen arbeiten im Homeoffice zu Hause, andere würden gerne eine Einliegerwohnung vermieten können, um die Baufinanzierung einfacher zu stemmen. Für diese Varianten bietet der typische Reihenhausmarkt kaum Antworten. Anstelle von alten Konzepten müssten längst „Multimmobilien" angeboten werden, die die unterschiedlichsten Nutzergruppen auch langfristig integrieren können. Dies würde auch helfen, den immensen Flächenverbrauch für Neubauten in Deutschland einzudämmen. Denn bislang bezieht nahezu jede Generation neu errichtete Häuser. So gibt es ganze Neubaugebiete – nur bewohnt von Jungfamilien – und ganze Bestandssiedlungen – ausschließlich bewohnt von Senioren. Denn die heutigen Bestandsgrundrisse lassen intelligente Grundrissaufteilungen meist nicht zu. So kommt es, dass schließlich ein Senior allein ein ganzes Haus bewohnt – häufig ungewollt mangels Alternativen –, während eine junge Familie ein neues Haus baut oder kauft, dabei aber meist den gleichen Grundrissfehler wiederholt. Wie eine intelligente Grundrisslösung aussehen kann, ist nachfolgend an vier Beispielen dargestellt, bei denen sehr unterschiedliche Anforderungssituationen in ein und derselben Gebäudestruktur Platz finden: Von der klassischen Kleinfamilie über die Großfamilie mit drei Generationen bis hin zur Familien- und Büronutzung oder auch der Nutzung für drei Wohneinheiten.

Und was im Reihenhausbau mit nur zwei befensterten Fassaden möglich ist, ist bei frei stehenden Häusern erst recht möglich. Für das Fehlen einer intelligenten Planung, die den gesamten Lebenszyklus einer Immobilie berücksichtigt, gibt es eigentlich keine Entschuldigung: Weder beim Reihenhaus, noch bei der Doppelhaushälfte und erst recht nicht beim frei stehenden Haus.

Grundrisse: Familie großzügig

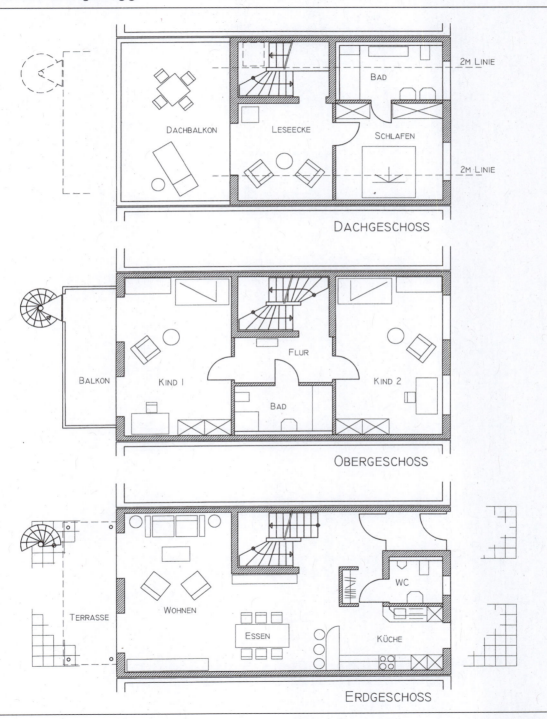

Grundrisse: Großfamilie mit Großeltern im Erdgeschoss

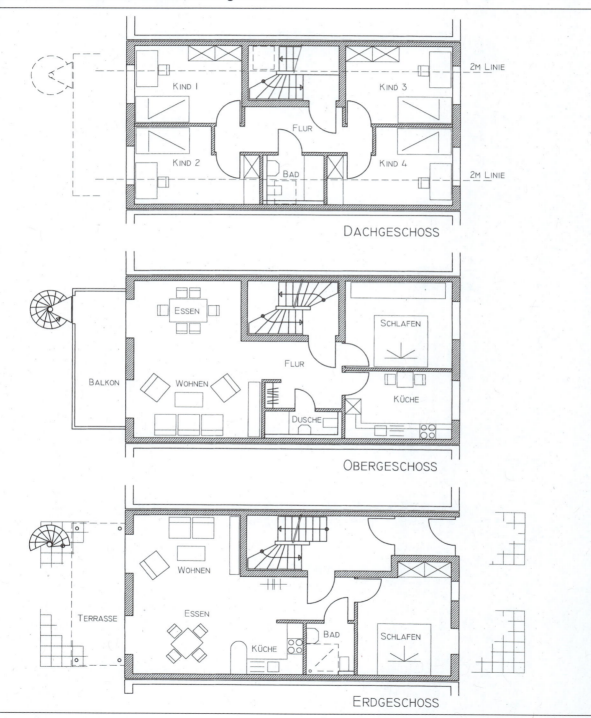

7.1 Grundstück, Entwurf und zukunftsfähiges Bauen

Grundrisse: Familie mit Büronutzung im Erdgeschoss

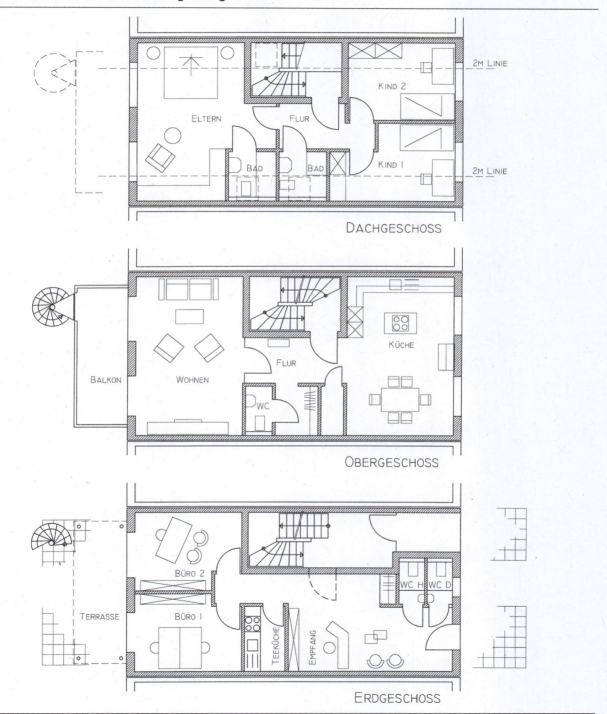

Grundrisse: Drei Wohneinheiten mit barrierefreier Nutzung im Erdgeschoss

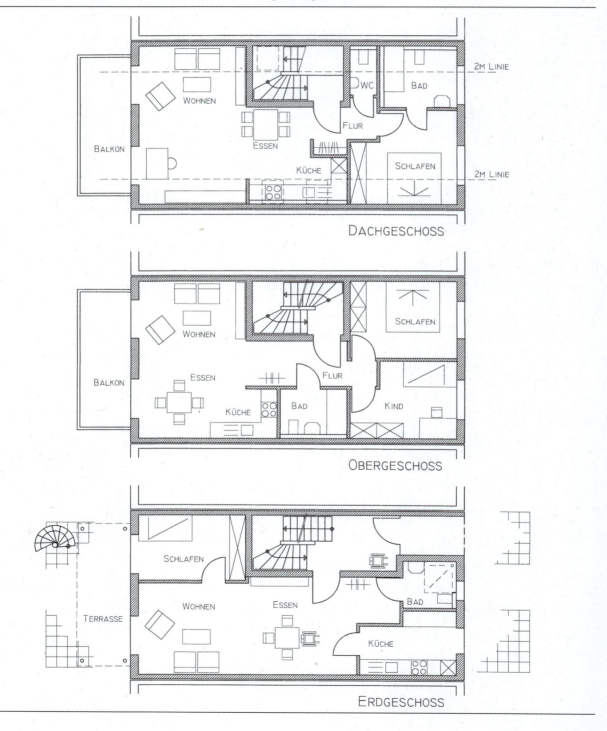

7.2 Die Baustoffe und Bauelemente – und ihre ökologischen Aspekte

Voraussetzung für die Auswahl von Baustoffen und Bauelementen ist, dass man schon eine Vorstellung vom Gebäudeentwurf hat. Umgekehrt kann ein Gebäudeentwurf nicht unabhängig von den zu verwendenden Baustoffen und Bauelementen entwickelt werden. Das liegt daran, dass zum Beispiel im Holzbau andere Rastermaße benutzt werden als im Massivbau, dass Holzdecken andere Spannweiten haben als Betondecken und dass Wandstärken bei unterschiedlichen Baumaterialien natürlich unterschiedlich dick sind. Bei der Auswahl der Baustoffe und Bauelemente für Ihr Haus werden Sie – je nach Baupartner – unterschiedlich intensiv in Entscheidungen eingebunden sein. Kaufen Sie vom Bauträger, können Sie möglicherweise nur die Fliesen für das Bad und den Bodenbelag in den Räumen aussuchen. Beim Kauf eines Fertighauses können Sie die Ausstattung üblicherweise bei der Bemusterung festlegen – innerhalb des Auswahlangebots. Nur beim Bauen mit dem Generalunternehmer, Architekten oder der Baugruppe können Sie über alle Baustoffe und -elemente frei entscheiden.

Auch Baukonstruktion und Bauphysik spielen bei der Auswahl der Baumaterialien eine wichtige Rolle, ebenso die rechtlichen Rahmenbedingungen, Umwelteinflüsse und natürlich die Wünsche der späteren Bewohner. Für die rechtlichen Rahmenbedingungen heißt dies zum Beispiel, dass in einem Baugebiet bestimmte Dachdeckungsmaterialien vorgeschrieben sein können. Bauphysikalische Rahmenbedingung kann ein im Grundwasser stehender Keller sein, der aus Stahlbeton hergestellt werden muss.

Ein Haus besteht im Wesentlichen aus folgenden Bauelementen:

› Fundamenten,
› Keller,
› Außenwänden,
› Fenstern, Fenstertüren,
› Dach,
› Geschossdecken, Estrich und Oberbelag,
› Treppen,
› Innenwänden,
› Türen,
› Heizungs- und/oder Lüftungsanlage und Warmwasserversorgung,
› Elektroinstallation.

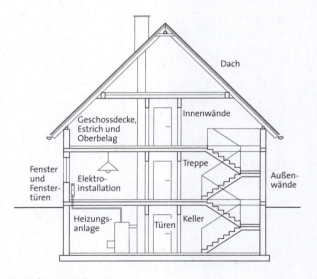

Bauelemente eines Hauses

Fundamente

Das Fundament trägt später das gesamte Gebäude, stabilisiert die Gebäudehülle und verteilt die Lasten so auf den Untergrund, dass Setzungen und ein Absinken des Gebäudes verhindert werden. Wird ein Ge-

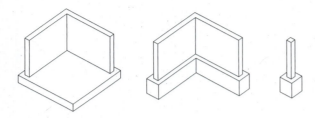

Plattenfundament, Streifenfundament, Punktfundament

bäude nicht unterkellert, ist vor allem Bodenfrost eine große Gefahr für das Gebäude: Wenn Wasser im Erdreich zu Eis gefriert, vergrößert sich sein Volumen. Das Erdreich unter dem Fundament dehnt sich aus und kann es dabei anheben. Dieser Gefahr beugt man vor, indem man **Fundamente „frostfrei" gründet**: In einer Tiefe von 80 bis 100 Zentimetern gefriert der Boden in unseren Breitengraden nicht mehr. Die **Bodenbeschaffenheit** im Baugebiet kann erheblichen Einfluss auf die Wahl eines Fundaments haben. Während bei Felsgrund mitunter gar keine spezielle Fundamentierung erforderlich ist, kann bei tief sandigem Boden die Tragfähigkeit so schlecht sein, dass sogar eine Pfahlgründung notwendig wird, bei der Betonpfähle senkrecht in den Boden eingebracht werden, um in tieferen Schichten Halt zu finden. Für Gebäude-, Garagen- und Terrassengründungen werden Streifenfundamente und Fundamentplatten verwendet. **Streifenfundamente** sind in der Regel mindestens 40 Zentimeter breit, können je nach Untergrund und Belastung durch das Gebäude aber auch wesentlich breiter werden. Auf Streifen- und Punktfundamenten wird eine Bodenplatte mit einer Stärke von etwa 15 Zentimetern betoniert, auf der dann das Gebäude aufgebaut wird. **Plattenfundamente** übernehmen gleichzeitig die Funktion der Bodenplatte. Sie sind mit einer Stärke von etwa 30 Zentimetern wesentlich dicker als normale Bodenplatten. **Punktfundamente** kommen beispielsweise bei Carports zum Einsatz, bei denen einzelne Stützen im Boden verankert werden müssen. Die Kosten für die Erstellung der verschiedenen Fundamente können nahezu gleich sein. Zwar wird für Streifen- und Punktfundamente weniger Beton benötigt als bei reinen Plattenfundamenten, dafür ist der Zeitaufwand für die Schalung und Herstellung höher. In Kombination mit einem Keller, der im Grundwasser steht, wird nahezu immer ein reines Plattenfundament erstellt.

Fundamente: Die häufigsten Baustoffe und ihre ökologischen Aspekte

Fundamente werden in Deutschland durchweg aus Stahlbeton erstellt. Das heißt, ein Stahlgeflecht wird mit Beton umgossen. Wie viel Stahlgeflecht in die Fundamente eingebaut werden muss, hängt vom Gebäude und vom Untergrund ab. Müssen große Lasten verteilt werden, wird viel Stahl eingebaut. Bei Bodenplatten, die im Grundwasser liegen und wasserdicht sein müssen, wird ebenfalls viel Stahl verwendet, um die Rissbildung innerhalb der Bodenplatte so gering wie möglich zu halten. Der Einsatz von Beton und Stahl ist im Fundamentbau alternativlos.

Beton

Beton wird im Wesentlichen aus Sand, Kies, Zement und Wasser hergestellt. Meist werden allerdings auch chemische Zusätze verwendet, zum Beispiel um die Fließfähigkeit zu verbessern. Beton hat eine hohe Rohdichte und muss zusätzlich gedämmt werden. Ökologisch bedenklich sind der hohe Zementanteil und die chemischen Zuschlagsstoffe. Abriss und Entsorgung sind aufwendig, vor allem bei Stahlbeton, da hier der Beton von den Armierungseisen getrennt werden muss. Aufgrund der Zuschlagsmittel ist Beton auch nicht einfach zu recyceln. Beton sollte daher möglichst nur dort eingesetzt werden, wo er wirklich notwendig ist, also etwa beim Fundament- oder Bodenplattenbau, beim Kellerbau im Grundwasser oder beim Geschossdeckenbau.

> **Tipp**
>
> **Wenn die Bodenbeschaffenheit es erlaubt,** können Sie sich auch verschiedene Fundamentvarianten anbieten lassen und dann die Kosten vergleichen.

7.2 Die Baustoffe und Bauelemente – und ihre ökologischen Aspekte

Herstellung der Fundamentplatte

Bewehrungsstahl

Zement

Zement wird im Wesentlichen aus Kalkstein, Kreide, Hochofenschlacke, kieselsäurehaltigen Stoffen, Flugasche, gebranntem Schiefer und Silikatstaub hergestellt. Schon die Zusätze machen die ökologische Bedenklichkeit hoher Zementanteile klar. Hinzu kommt ein relativ aufwendiger Produktionsprozess mit entsprechend hohem Energieaufwand. Zement ist allerdings aus dem Bauwesen kaum wegzudenken, er sollte jedoch sehr sparsam eingesetzt werden – nämlich nur dort, wo es keine Alternativen gibt.

Stahl

Stahl wird aus Eisenerzen gewonnen, die unter hohen Temperaturen in Hochöfen zum Schmelzen gebracht werden. Je nach verwendeten Erzen und erfolgten Zuschlägen entstehen unterschiedliche Stahlsorten. Aufgrund des hohen Energiebedarfs zur Herstellung von Stahl ist dies kein ökologisch empfehlenswerter Baustoff. Er ist allerdings in vielen Einsatzgebieten (zum Beispiel beim Stahlbeton) alternativlos, weil er sehr gute statische Eigenschaften mitbringt.

Keller

Bis hinein in die 1950er-Jahre wurde ein Keller vor allem als Lager- und Abstellfläche genutzt, häufig für Lebensmittel, die eine kühle und dunkle Lagerung benötigten. Viele Keller dieser Baujahre hatten keinen befestigten Boden, sondern nur einen Naturboden. Heute befinden sich immer öfter Hobbyräume, Arbeitszimmer oder ganze Souterrainwohnungen im Kellerbereich. Aus dem Keller ist häufig ein erweiterter Wohnraum, mindestens aber ein Freizeitraum geworden. Die Planung des Kellers hängt davon ab, wie er genutzt werden soll. Soll er nur als Lagerraum dienen, und wenn ja, für welche Art der Lagerung? Werkzeug, Fahrräder, Möbel oder nicht benötigte Bekleidung zum Beispiel sollten trocken gelagert werden. In einem feuchten, kühlen Klima lassen sich wiederum Lebensmittel besser lagern. Wenn der Keller zum Waschen und Trocknen genutzt werden soll oder ein Hobbyraum geplant ist, sind zusätzliche Maßnahmen wie ein wärmegedämmter Estrich erforderlich. Will man im Keller gar Wohnraum schaffen, muss eine aufwendige Kellerplanung von einer ausreichenden Belichtung über die Raumhöhen bis hin zu Abdichtungsmaßnahmen und Installationen durchgeführt werden. Nicht auf jedem Baugrundstück lässt sich ein Keller einfach erstellen. Wenn der Grund extrem hart ist, zum Beispiel aus Felsboden besteht, können die Kosten für eine Baugrube so hoch sein, dass man besser auf den Keller verzichtet. Maßgeblich bestimmt auch der Grundwasserpegel den Bauaufwand. Muss der Grundwasserpegel zeitweise abgesenkt werden, um den Keller bauen zu können, wird es teuer. Wenn ein Gebäude am Hang gebaut wird, hat der Keller häufig eine

Doppelfunktion: Gegen den Hang ist er Keller, mit dem Hang ist er Wohngeschoss. An Hanglagen muss im Untergrund besonders auf eine gute Wasserabführung vom Gebäude weg geachtet werden.

Während die Bodenplatte in aller Regel aus Beton ist, können die Kelleraußenwände gemauert, aus Betonfertigteilen zusammengesetzt oder vor Ort betoniert werden. Auch Mischformen sind denkbar, beispielsweise bei Hanggrundstücken, bei denen die Kellerwände im Erdreich betoniert und die später sichtbaren Kellerwände gemauert werden. Einer der wichtigsten Punkte ist die Abdichtung der Kellerwände gegen Feuchtigkeit, vor allem bei gemauerten Kellern. Eine fehlerhafte Abdichtung verursacht immense Sanierungskosten, wenn die Kellerwände später wieder freigelegt werden müssen. Und fehlerhafte Kellerabdichtungen gehören zu den häufigsten Ursachen von Bauschäden. Die Art der Ausführung hängt davon ab, ob ein Schutz vor allgemeiner Bodenfeuchte, vor nicht drückendem Wasser oder vor drückendem Wasser erforderlich ist.

Abdichtungen gegen Bodenfeuchte sind generell für erdberührte Bauteile erforderlich. Diese Feuchtigkeit entsteht durch versickerndes Regenwasser oder kapillar aufsteigende Feuchte aus tieferen Schichten. Gemauerte Keller erhalten in der Regel auf der Außenseite zunächst einen Zementmörtelputz. Auf diesen wird dann meist ein bitumengebundener Anstrich oder eine zementgebundene Dichtungsschlämme aufgebracht. Wird direkt ein sogenannter Sperrputz aufgebracht, ist die Behandlung mit Dichtungsschlämmen nicht unbedingt notwendig.

Abdichtungen gegen nicht drückendes Wasser sind bei bindigen Böden wie zum Beispiel Lehmböden oder bei Hanglagen auf der Bergseite des Kellers erforderlich. Hier kann es kurzfristig zu Stauwasser vor der Abdichtung kommen. Eine solche Abdichtung besteht häufig aus einer Bitumendickbeschichtung oder aus zwei bis drei Lagen vollflächig verklebter und mindestens zehn Zentimeter überlappender Bitumenbahnen. Vor diese Abdichtung wird als Schutz vor mechani-

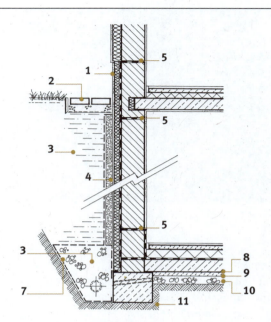

Abdichtung einer Kelleraußenwand

1. Im Sockelbereich Zementputz
2. Spritzschutz aus zwei Reihen Pflastersteinen im Splittbett
3. Sandiger Boden, schichtenweise verdichtet
4. Drainplatten sowie Dämmplatten (bei beheizten Räumen)
5. Horizontale Sperrschichten
6. Umlaufende Drainage als Kiesschüttung mit Drainrohr
7. Filterflies
8. Sauberkeitsschicht aus Magerbeton
9. PE-Folie
10. Flächendrainage als Kiesschüttung
11. Erdreich

schen Beschädigungen eine Noppenfolie gestellt, alternativ auch eine Drainplatte mit außenseitigem Schutzvlies, die ins Erdreich dringendes Wasser nach unten abführen.

Am Fußpunkt der Kelleraußenwand wird in Höhe der Bodenplatte eine Drainage verlegt, die in der Regel aus einem gelochten Kunststoffrohr in einem umlaufenden Kiesbett besteht. **Abdichtungen gegen drückendes Wasser** sind erforderlich, wenn das Gebäude im Grundwasser steht oder Wasser sich über einen längeren Zeitraum vor der Kellerwand stauen kann.

7.2 Die Baustoffe und Bauelemente – und ihre ökologischen Aspekte

Die Ausführung kann als **weiße Wanne** erfolgen, bei der das ganze Bauteil wasserundurchlässig ausgeführt wird – zum Beispiel aus wasserundurchlässigem Beton (WU-Beton), der zum Erdreich hin abschließend eine porenschließende Zementschlämme erhält. Alternativ kann die Ausführung auch als **schwarze Wanne** erfolgen, bei der die Kellerwand von außen mit wasserdruckhaltenden Baustoffen abgedichtet wird.

Kellerwände: Die häufigsten Baustoffe und ihre ökologischen Aspekte

Beton
Beton ist kein ökologisch optimaler Baustoff. Je nach örtlicher Gegebenheit ist er jedoch unverzichtbar.

Bimsstein
Zur Herstellung von Bimssteinen wird Naturbims eingesetzt, der nur an sehr wenigen Stellen in Deutschland zu finden ist. Der körnige Naturbims wird unter Zugabe von Zement, Bindemitteln und Wasser weiterverarbeitet. Der eher geringe Einsatz von Energie bei der Herstellung und die guten Dämmeigenschaften des Steins sind ökologische Vorteile. Die unter Umständen langen Transportwege und die bei der Herstellung eingesetzten Bindemittel (chemische Zusätze) sind die ökologischen Nachteile. Letzteres gilt auch für den Fall, dass das Gebäude ganz oder teilweise abgerissen wird.

Kalksandstein
Kalksandsteine werden aus Kalk, Wasser und Sand hergestellt. Das Gemisch wird kalt zu Rohlingen gepresst und dann bei Temperaturen um die 200 °C und unter Dampfdruck gehärtet. Kalksandsteine werden aus den unbedenklichen Rohstoffen Kalk, Sand und Wasser hergestellt. Zur Herstellung ist ein gewisser Energiebedarf notwendig. Die Herstellung erfolgt an vielen Standorten in Deutschland, sodass die Lieferwege in der Regel nicht allzu lang sind. Kalksandstein hat eine hohe Rohdichte, er muss daher generell zusätzlich gedämmt werden. Beim Abriss von Kalksandsteinen können diese – wenn sie frei von anderen Baustoffen sind – recycelt werden.

Porenbetonstein
Porenbetonsteine werden aus quarzhaltigem Sand, Wasser und in der Regel Zement hergestellt. Zu der Masse wird Aluminiumpulver gegeben, um sie zum Aufblähen zu bringen. Die vorgeformten Elemente werden dann – ähnlich wie der Kalksandstein – bei Temperaturen um die 200 °C unter Dampfdruck gehärtet. Porenbetonsteine besitzen eine geringe Rohdichte und haben daher gute Dämmeigenschaften. Nachteilig sind die zur Herstellung benötigten Stoffe Zement und Aluminiumpulver. Im Abbruchfall sind Porenbetonsteine nicht ohne Weiteres zu recyceln.

Abdichtung
Kellerabdichtungen, ob zement- oder bitumengebunden, stellen keine optimale Lösung dar, da die Herstellung, Verarbeitung und Entsorgung ökologisch problematisch sind. Sie haben sich allerdings über Jahrzehnte als feuchteresistent und feuchteschützend erwiesen. Sie sind daher heute noch nahezu alternativlos. Einzig der Verzicht auf den Keller selbst oder

Bimsstein

Kalksandstein

Porenbetonstein

aber die Ausbildung des Kellers in WU-Beton wären Alternativen. Letzteres wird aber mit einem hohen Stahlanteil oder Kunststoffen im Beton erkauft.

> **Tipp**
>
> **Empfehlenswert ist die Ausführung des Kellers in WU-Beton,** da auch die Gefahr von Ausführungsfehlern geringer ist. Sie ist aber auch teurer.

Außenwände

Außenwände müssen die statischen Lasten des Gebäudes aufnehmen und sicher in den Boden ableiten, die Bewohner vor Umweltbedingungen (also vor Kälte, Hitze, Wind, Regen, Lärm) sowie vor Einblicken von außen schützen und nicht zuletzt Sicherheit gegen unbefugtes Eindringen in den Privatbereich gewährleisten. Wichtig für die **Planung und Materialauswahl** ist, welche Funktionen eine Außenwand konkret erfüllen soll. Bei Außenwänden muss man besonders auf eine gute Wärmedämmung und den Feuchteschutz im Sockelbereich achten. Große Fensterflächen sind an Nordseiten nicht unbedingt sinnvoll. An einer anderen Stelle wird man vielleicht ganz auf eine Außenwand verzichten und diese durch eine Glasfront ersetzen, weil dort eine besonders schöne Aussicht vorhanden ist. Bei Grenzwänden zu Nachbarhäusern ist hingegen ein besonders guter Schallschutz notwendig, dafür entfallen aufwendige Wärmedämmung und der Außenputz. Auch ein vorgegebener **Bebauungsplan** (→ Seite 211) kann die Ausführung der Außenwände beeinflussen, wenn darin Gestaltungsvorgaben für die sichtbaren Flächen gemacht werden. Bebauungspläne können zum Beispiel Putzfassaden oder die Verblendung der Fassade (etwa mit Klinker) vorschreiben. Ist kein Bebauungsplan vorhanden und muss das Gebäude harmonisch in die Umgebung eingefügt werden, wird man sich an der Nachbarbebauung orientieren, sodass ein Gebäude mit Holzverschalung nicht unbedingt neben Gebäuden mit Putz- oder Klinkerfassade errichtet werden wird.

Außenwände in Massivbauweise

Die **einschalige Massivwand** ist auf der Innen- und Außenseite verputzt. Der Mauerstein hat hierbei gleichzeitig tragende und dämmende Funktion. Mit einem äußeren **Wärmedämmputz** lässt sich die Dämmwirkung zusätzlich verbessern. Eine häufige

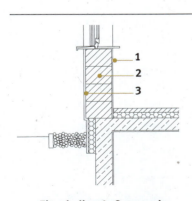

Einschalige Außenwand

1 Innenputz
2 Mauerwerk
3 Außenputz

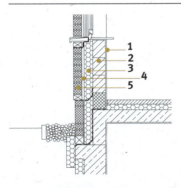

Mehrschalige Außenwand

1 Innenputz   4 Luftschicht
2 Mauerwerk   5 Klinker
3 Dämmung

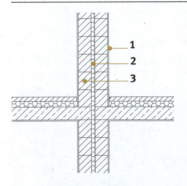

Gebäudetrennwand

1 Mauerwerk Haus 1
2 Kerndämmung (Schallschutz)
3 Mauerwerk Haus 2

Variante ist die **Massivwand mit Wärmedämmverbundsystem**. Hier übernimmt der Mauerstein nur die tragende Funktion, während das außenseitig angebrachte Wärmedämmverbundsystem die dämmende Funktion übernimmt. Eine eher seltenere Variante der Massivbauweise sind **Schalungssteine aus Polystyrol** mit Betonfüllung, die vor Ort wie Bausteine ineinander gesteckt und anschließend mit Beton ausgegossen werden. Bei **mehrschaligen Wandkonstruktionen** werden Wetterschutz, Dämmung und tragende Funktion von einzelnen Wandschalen übernommen: Bei der **zweischaligen Wand mit Luftzwischenraum** ist die innere, beidseitig verputzte Wand die tragende und dämmende Schale. Die äußere Schale dient meist nur als vorgelagerter Wetterschutz. Beide Schalen sind auf Abstand konstruiert, sodass dazwischen eindringendes Regenwasser abgeführt wird und Feuchtigkeit ablüften kann. Die äußere, sichtbare Schale besteht meist aus einem Klinkerstein. Eine Variante ist die **zweischalige Wand mit Dämmung und Luftschicht im Zwischenraum**. Hier übernimmt die innere Wand ebenfalls die tragende Funktion, der Dämmstoff zwischen den Schalen die Wärmedämmung. Der Luftraum zwischen Dämmstoff und Außenschale soll verhindern, dass eindringendes Regenwasser die Dämmung durchnässt. Wird die Dämmung dennoch einmal feucht, kann sie durch den Luftraum relativ gut wieder abtrocknen. Bei der zweischaligen Massivwand mit Kerndämmung ohne Luftschicht liegt die Dämmung direkt zwischen innerer und äußerer Wand. In diesem Fall wird mit feuchtigkeitsunempfindlichen Dämmmaterialien gearbeitet, sodass auf die Luftschicht verzichtet werden kann. **Trennwände zu Nachbarhäusern** – zum Beispiel bei Reihenhäusern – sind ein Sonderfall. Hier steht der Schallschutz im Vordergrund. Zwischen Gebäudetrennwänden dürfen keine Schallbrücken durch Mörtel oder Steine entstehen. Zwischen diese Trennwände werden daher vier bis fünf Zentimeter starke Dämmplatten gestellt.

Außenwände in Holzbauweise

Die **Holztafel**- oder **Holzrahmenbauweise** ist die geläufigste Konstruktionsart im modernen Fertighausbau. Die Wandelemente bestehen aus einem Holzrahmen

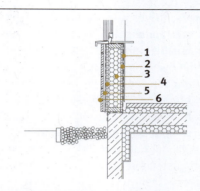

Außenwandkonstruktion aus Holz

1 Gipskarton
2 Dampfbremse
3 Holzrahmen mit Dämmung
4 Spanplatte
5 Hinterlüftung
6 Außenverkleidung

aus Holzbalken mit einer Dämmfüllung der Zwischenräume. Den Abschluss nach außen bildet häufig eine Holzverschalung, aber auch ein Wärmedämmverbundsystem oder eine Verblendung mit Klinkern ist möglich, jedoch nicht wirklich haustypgerecht. Die **Skelett- beziehungsweise Holzständerbauweise** besteht aus Holzbalken in waagerechter und senkrechter Stellung, die zu einem Traggerüst verschraubt werden. Dieses Holzskelett ist meist sichtbar und wird mit großflächigen geschlossenen Elementen oder Verglasungen bestückt. Außenwände in **Blockbauweise** bestehen aus liegenden und an den Ecken ineinander verfachten, speziell geformten massiven oder geleimten Rund- oder Vierkantblockbohlen. Zwischen die Bohlen werden Dichtungsbänder montiert, damit die Konstruktion winddicht ist.

Außenwände: Die häufigsten Baustoffe und ihre ökologischen Aspekte

Kalksandsteine

Nicht nur im Keller, auch in Erd- und Obergeschossen werden Kalksandsteine eingesetzt. Für sie gelten die gleichen Eigenschaften, wie sie bereits im Kapitel „Kellerwände" dargestellt sind (→ Seite 149). Eine zusätzliche Variante der Kalksandsteine findet in

Erd- und Obergeschossen Anwendung, das sind die sogenannten **Kalksandleichtsteine**. Diese werden hergestellt, indem Blähtone und Kalk als Bindemittel zusammengeführt werden. Die Blähtone gehen bei hoher Temperatur auf, verlieren Wasseranteile und hinterlassen Hohlräume. Der eingesetzte Kalk als Bindemittel ist unbedenklich. Kalksandleichtsteine sind unter ökologischen Gesichtspunkten empfehlenswert, da sie die Vorteile des Kalksandsteins mit den Vorteilen des Leichtbausteins verbinden, auch wenn beim Herstellungsprozess teilweise hohe Temperaturen für die Ton-Blähung aufgewendet werden müssen. Leider werden Kalksandleichtsteine momentan in Deutschland nicht produziert, was sich aber aufgrund von Verbraucherinteresse wieder ändern kann.

Ziegelsteine
Ziegelsteine werden im Wesentlichen aus Ton und Lehm hergestellt. Die in der Natur abgebauten Rohstoffe werden zunächst durch Walzen auf einheitliche Korngröße gebracht. Danach wird die Masse gepresst, getrocknet und gebrannt. Für den Brennvorgang sind sehr hohe Temperaturen erforderlich, die einen hohen Energieeinsatz erfordern. Die Ziegelherstellung erfolgt in der Regel dort, wo auch ausreichende Ton- und Lehmvorkommen vorhanden sind. Hochlochziegel mit Luftporen müssen nicht zwingend nachträglich gedämmt werden. Ziegel können problemlos recycelt werden.

Bimssteine
Für Bimssteine, die in Erd- und Obergeschossen eingesetzt werden, gilt das Gleiche wie für die bereits im Unterkapitel „Kellerwände" dargestellten Bimsteine (→ Seite 149).

Porenbetonsteine
Porenbetonsteine werden sowohl im Keller- wie im Erdgeschoss- und Obergeschossbau eingesetzt. Auch für diese gelten alle im Unterkapitel „Kellerwände" dargestellten Eigenschaften (→ Seite 149).

Liapor-Bausteine
Liapor-Bausteine werden aus Lias-Ton und Wasser hergestellt. Die Ton-Wasser-Masse wird bei hohen Temperaturen gebrannt, wobei das eingeschlossene Wasser verdampft und so zahlreiche Hohlräume hinterlässt, die zu einer geringen Rohdichte des Materials und damit zu guten Dämmeigenschaften führen. Ökologisch nachteilig ist der für den Brennvorgang benötigte hohe Energieeinsatz. Die Produktionsstätten in Deutschland richten sich nach den Lias-Ton-Vorkommen. Beim Abriss des Gebäudes kann man Liapor-Bausteine recyceln.

Beton
Beton wird im Erdgeschoss- und Obergeschossbau genauso eingesetzt wie im Keller. Es gelten alle schon erwähnten Eigenschaften (→ Seite 146).

Holz
Holz ist ohne Frage gemeinsam mit Lehm einer der ökologisch vernünftigsten Baustoffe. Häuser aus Holz haben eine sehr gute Ökobilanz, da Holz ein nachwachsender Rohstoff ist und während seiner

Ziegelstein

Liapor-Stein

FSC-Siegel

Lebensdauer große Mengen CO_2 speichert, die auch im verbauten Zustand gebunden bleiben. Es sollte allerdings nur FSC-zertifiziertes Holz zum Verbau kommen, das heißt, dass Anbau und Abbau den Kriterien der Nachhaltigkeit unterliegen. Holzanbau- und Holzbaubetriebe, die das Zertifikat erhalten wollen, müssen sich laufenden Prüfungen unterziehen (www.fsc-deutschland.de). Greenpeace, Mitinitiator des Siegels, sieht dieses zwischenzeitlich allerdings sehr kritisch und hat den Kreis der Träger verlassen. Nach Möglichkeit sollte ohnehin einheimisches, regionales Holz eingesetzt werden.

> **Tipp**
>
> **Holzhausbau erfordert sehr gute Materialkenntnisse und viel Erfahrung.** Geübt sind Betriebe, die sich auf den Holzhausbau spezialisiert haben und mehrfach im Jahr Holzhausbauten umsetzen. Wenn nur der Dachstuhl aus Holz gefertigt werden soll, haben auch die klassischen Zimmereibetriebe Erfahrung.

Lehm

Ein wiederentdeckter Baustoff im Hausbau ist Lehm. Aufgrund seines natürlichen Vorkommens und seiner einfachen Verarbeitung ohne größere Aufwendung von Energie ist Lehm ein sehr ökologischer Baustoff.

Lehm kann als Stampflehm oder auch in Form von Lehmbausteinen verbaut werden. In beiden Fällen werden dem Lehm meist noch Zusatzstoffe, zum Beispiel Stroh, beigegeben. Lehmbau sollte – ähnlich wie der Holzbau – allerdings nur mit ausgewiesenen Spezialisten angegangen werden, denn schon kleine Fehler können große Folgen haben. Daher sind sehr gute Materialkenntnis und große Erfahrung enorm wichtig.

> **Tipp**
>
> **Informationen und Adressen zum Lehmbau** in Deutschland erhalten Sie beim Dachverband Lehm e. V. (www.dachverband-lehm.de).

Außenwanddämmung

Die Außenwanddämmung richtet sich im Wesentlichen danach, in welcher Konstruktionsweise und aus welchem Baustoff die eigentliche Hauswand errichtet werden soll. Die Entscheidung über den geeigneten Dämmstoff muss immer im Zusammenhang mit baukonstruktiven und -physikalischen Anforderungen getroffen werden. So ist es beispielsweise ein Unterschied, ob ein Dämmstoff außen vor eine gemauerte Außenwand montiert wird und dadurch gleichzeitig die Außenhaut eines Gebäudes darstellt oder ob er in vorbereitete Kammern zwischen einer inneren und äußeren Außenwandschale eingebracht wird. Ein Dämmstoff vor der Wandscheibe ist Feuchtigkeit und Witterung ebenso ausgesetzt wie mechanischen Belastungen (zum Beispiel weil ein Fahrrad oder ein Fußball gegen die Hauswand knallt), während Dämmstoff in einer Kammer trocken und vor Verformung geschützt liegen kann. **Dämmmaterial** kann in Platten, Rollen oder als Schüttung geliefert werden. Als Materialien stehen zur Auswahl:

› natürliche, nachwachsende Dämmstoffe (zum Beispiel Hanf oder Schafwolle),
› Recycling-Dämmstoffe (zum Beispiel auf Altpapierbasis),
› mineralische Dämmstoffe (zum Beispiel Mineralwolle) oder
› Dämmstoffe auf Erdölbasis wie Polystyrol oder Polyurethan.

Unter ökologischen Gesichtspunkten sind ganz klar die natürlichen und nachwachsenden Rohstoffe vorzuziehen, gefolgt von den recyclebaren Dämmstoffen. Dämmungen auf mineralischer Basis und auf Erdölbasis sind wegen ihrer Inhaltsstoffe (unter anderem Mineralöle und chemische Treibmittel) und ihrer Herstellungsprozesse (teilweise sehr energieintensiv) ökologisch bedenklich.

Informationen zu ökologischen Baustoffen

Die Fachagentur Nachwachsende Rohstoffe e.V. hat eine Internetseite mit Informationen rund um nach-

7 Die Planung

Natürliche, nachwachsende Dämmstoffe

Kokos

Korkschrot

Holzfaser

Flachs

Hanf

Schafwolle

Mineralische Dämmstoffe

Perlite

Glimmer

Blähton

Dämmstoffe aus Recycling

Schaumglas

Zellulose

Mineralwolle

Dämmstoffe auf Erdölbasis

Polystyrol-Hartschaum

Polyurethan-Hartschaum

Polyester

haltige Baustoffe eingerichtet – zu finden unter: www.baustoffe.fnr.de

Fenster und Fenstertüren

Fenster sollen Innenräume belichten und belüften. Fenstertüren haben zusätzlich eine Durchgangsfunktion. Die Rohbauöffnungsmaße von Fenstern dürfen nicht weniger als zehn Prozent der Grundfläche eines Raums betragen, da sonst keine ausreichende **Belichtung** erfolgt. Oberlichter, also Fenster in Flach- oder Schrägdächern, ergeben bei gleicher Fensterfläche eine ungleich höhere Belichtungsintensität als Fenster in den Außenwänden. Fenster haben bei bestimmten Haustypen, zum Beispiel beim Passivhaus, darüber hinaus die Funktion, möglichst viel Sonnenstrahlung ins Haus eindringen zu lassen. Daher sind diese Häuser auf der Südseite meist großflächig verglast, was aber nicht zwingend notwendig ist. Gerade das kann in anderen Häusern auch unerwünscht sein, zum Beispiel wenn wärme- und strahlungsempfindliche Gegenstände in den betreffenden Räumen stehen oder wenn diese Räume für künstlerische Arbeiten genutzt werden sollen, für die man generell eher das Nordlicht bevorzugt. Bei alten Fabrikhallen mit **Sheddächern** kann man die Nordlichtnutzung sehr schön sehen. Sheddächer liegen in Wellenform auf Fabrikhallen auf, wobei die Südseite einer jeden Welle ein geschlossenes, flach geneigtes Dachprofil aufweist und die Nordseite steil geneigt verglast ist. So fällt nur das Nordlicht in die Fabrikhallen und führt dort den ganzen Tag über zu einer gleichmäßigen Beleuchtung ohne Blendungen oder Überhitzungen.

Die zweite wichtige Funktion von Fenstern und Fenstertüren ist die **Belüftung,** die bei der Planung heute oft vernachlässigt wird. So haben nur wenige Häuser eine Grundrissplanung, die eine einfache Querlüftung ermöglicht, bei der die Außenluft durch eine Hausseite eindringen und ungehindert zur anderen Seite wieder austreten kann. Dabei ist die Querlüftung sehr wichtig und kann gerade in heißen Sommern äußerst angenehm wirken. Im Winter ermöglicht die Querlüftung einen effizienten Austausch der Luft im Gebäude.

Größe, Art und Aufbau eines Fensters, einer Fenstertür oder einer Tür hängen ganz wesentlich davon ab, wo sie eingebaut werden. Es gibt Fenster, die in erster Linie der Belüftung und weniger der Belichtung dienen, zum Beispiel WC-Fenster. Sie sind daher häufig sehr klein und mit mattiertem Glas versehen. Andere Fenster sollen in erster Linie für eine gute Belichtung sorgen und werden nur selten geöffnet. Nordfenster sind wegen der im Vergleich zur Außenwand schlechteren Wärmedämmeigenschaften in aller Regel kleiner als Südfenster. Fenstertüren dienen vor allem dem Durchgang, deshalb ist hierbei der Öffnungs- und Schließmechanismus besonders wichtig. Das Rah-

Sheddach

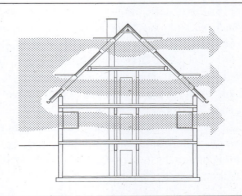

Querlüftungsschema

menmaterial der Fenster kann bei Keller-, Obergeschoss- und Dachfenstern ganz unterschiedlich ausfallen (→ Baustoffe, Seite 157).

Beim Fensterbau müssen neben der Belichtung und Belüftung auch **Lärmquellen** im Umfeld des Gebäudes beachtet werden, zum Beispiel Flughäfen, Bahnlinien, Straßen und Gewerbeansiedlungen. Die Schallschutzanforderungen bestimmen die Auswahl der Fenstermaterialien mit. Meist sind im Bebauungsplan die Lärmpegelbereiche genannt, die in Abhängigkeit vom Außenlärm die erforderliche Schalldämmung des Außenbauteils bestimmen. Nach der DIN 4109 gibt es sieben Lärmpegelbereiche. Die Bereiche I und II entsprechen ruhigen Wohngebieten, hier genügen Schalldämmwerte von 30 dB bei den Außenbauteilen. Mit der Zunahme der Verkehrsbelastung steigen auch die Anforderungen an die Schalldämmung. So sind beispielsweise im Bereich III 35 dB und im Bereich IV 40 dB gefordert. **Wichtig**: Für die Schalldämmung bestimmend ist nicht nur das Fensterelement allein, sondern auch eine sorgfältige Planung und Ausführung der Fuge zwischen Fensterelement und Außenwand.

Auch die **Nutzung der Räume** spielt eine wichtige Rolle: Soll ein Fenster im Kinderzimmer bis auf den Boden reichen, damit auch Kleinkinder hinaussehen können? Soll ein Fenster im Schlafzimmer bis auf den Boden reichen, damit man auch im Liegen hinaussehen kann? Wie tief soll ein Küchenfenster hinunterreichen, damit man es noch öffnen kann, ohne vorher die Arbeitsplatte abräumen zu müssen? Und schließlich wird man auch die **Öffnungsfunktionen** genau überdenken müssen. Reicht ein einfacher Dreh-Beschlag? Oder ist ein **Dreh-Kipp-Beschlag** sinnvoller? Muss einer oder müssen zwei Fensterflügel eingebaut und zu öffnen sein? Wo ist eine Schiebetür sinnvoll? Die meisten Fenster haben heute einen Dreh-Kipp-Beschlag, bei dem sich das Fenster sowohl kippen als auch durch horizontales Drehen des Beschlags vollständig öffnen lässt. Dreh-Kipp-Beschläge kosten meist nicht mehr als reine Dreh- oder reine Kipp-Beschläge. Bei größeren Fensterfronten werden neben zu öffnenden Elementen auch Festverglasungen ein-

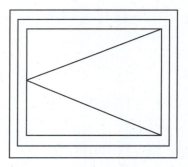

Planerische Darstellung der Fensterschwenkrichtung, von außen auf die Fassade gesehen. Hätte das Fenster zusätzlich eine Kippfunktion, wäre in der Plandarstellung ein zweites, stehendes Dreieck eingezeichnet (siehe Darstellung unten).

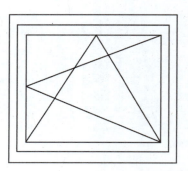

gesetzt. Achten Sie darauf, dass sich diese Fensterelemente auch von außen reinigen lassen. Die Öffnungsarten der Fenster werden in den Ausführungsplänen dargestellt (→ Grafik Seite 156).

Fenstertüren können auch als **Schiebetüren** ausgeführt werden. Vorteil: In geöffnetem Zustand ragen sie nicht in den Raum hinein. Sie sind allerdings deutlich teurer als Drehtüren. Die meisten **Fensterrahmen** werden aus Kunststoffprofilen oder Holz gefertigt. Kunststofffenster gelten als etwas pflegeleichter, weil Holzfenster regelmäßig gestrichen werden müssen. Aber Holzfensterrahmen aus Hartholz sind auch sehr langlebig und haben eine ganz andere Ästhetik als Kunststofffenster. Den Unterschied in diesem Detail sieht man einem Haus sofort an. Dunkle Rahmenfarben können bei Kunststofffenstern im Sommer zu Größenänderungen des Fensterflügels und damit zu Öffnungs- und Schließproblemen führen. Fensterrahmen, die aus einer Kombination von innen sichtbarem Holzrahmen und einem außen aufgebrachten Aluminiumprofil bestehen, verbinden die Vorteile dieser beiden Materialien miteinander. Fensterrahmen aus reinen Aluminiumprofilen sind im Eigenheimbau eher selten.

Der **Sonnenschutz** sollte immer von außen vor der Verglasung erfolgen, damit die Wärme gar nicht erst in den Raum gelangt. Außenjalousien bieten abends zusätzlich einen Sichtschutz. Außenrollläden können mit entsprechenden Aufschiebesicherungen den Einbruchschutz erhöhen. Während Rollläden früher häufig in Rollladenkästen getrennt von den Fenstern eingebaut wurden, finden sich heute immer häufiger Konstruktionen, die beide Einheiten vereinen. Dies ist aber nicht zwingend. Wichtig ist nur, dass die Rollladenkästen gut abgedichtet sind und einen guten Wärmeschutz bieten. Klapp- oder Schiebeläden vor der Fassade sind weitere, jedoch teure Varianten. Sie haben häufig auch den Nachteil, dass man mit ihnen die Räume nicht vollständig abdunkeln kann.

Bei der Planung sollten immer auch **einbruchhemmende Maßnahmen** berücksichtigt werden. Der überwiegende Anteil der Einbrüche erfolgt über Fenster

> **Tipp**
>
> **Unter www.einbruchschutz.polizei-beratung.de** oder direkt unter www.k-einbruch.de finden Sie mehr Informationen zum Einbruchschutz rund um das Haus sowie die Adressen von bundesweit etwa 200 Beratungsstellen der Polizei. Die KfW hat zwischenzeitlich ein spezielles Förderprogramm zum Einbruchschutz aufgelegt (www.kfw.de).

und Terrassentüren (über 80 Prozent), wobei in den meisten Fällen nicht die Glasscheibe eingeschlagen, sondern der Fensterflügel aus dem Rahmen gehebelt wird. Die Sicherung gegen das Aufhebeln kann durch einbruchhemmende Beschläge oder zusätzliche Sicherungen erfolgen. Darüber hinaus sind abschließbare Fenstergriffe sinnvoll sowie einbruchhemmende Gläser, die mit speziellen Folien beklebt sind. Auch Dachflächenfenster sollten abschließbare Beschläge haben. Es gibt für einbruchhemmende Fenster sechs Widerstandklassen (früher WK, heute RC für Resistance Class). Die Klassen reichen von RC 1 bis RC 6. RC 1 ist die geringste, RC 6 die höchste Widerstandsklasse. Die Polizei empfiehlt, mindestens Fenster der Widerstandsklasse RC 2 zu verwenden. Alle einbruchhemmenden Maßnahmen nützen jedoch nichts, wenn Terrassentüren offen stehen oder Fenster gekippt sind. Viele Einbrüche erfolgen nämlich tagsüber, zum Beispiel während die Bewohner bei der Arbeit sind, kurz einkaufen gehen oder die Kinder in die Schule fahren. In diesen Situationen, in denen man „ja nur mal kurz weg ist", bleiben Fenster und Türen schnell mal offen.

Fenster und Fenstertüren: Die häufigsten Baustoffe und ihre ökologischen Aspekte

Kunststoffrahmen
Fensterrahmen aus Kunststoff sind in Deutschland sehr weit verbreitet. Die wesentlichen Gründe hierfür liegen im Preis, der einfachen Verarbeitbarkeit, dem geringen Gewicht und dem geringen Pflegeaufwand. Unter ökologischen Gesichtspunkten sind Kunststoffe, häufig handelt es sich um thermoplastisch geformtes PVC, aber keine optimale Wahl. Die Herstellung ist

energieintensiv, das Material wird aus Erdölprodukten hergestellt und mit chemischen Zusätzen versehen. Sehr helle Kunststofffensterrahmen können über die Jahre ausbleichen. Dunkle können sich bei sehr starker Sonneneinstrahlung verziehen.

Metallrahmen

Rahmen aus Metall sind häufiger im Büro- oder Gewerbebau zu finden, im Wohnungsbau sind sie eher selten. Dort werden sie meist nur eingesetzt, wo – konstruktiv bedingt – größere Spannweiten überbrückt werden müssen, zum Beispiel beim Bau von Wintergärten. Metallrahmen sind relativ aufwendig in der Herstellung und benötigen auch gute Isolierungen zwischen Außen- und Innenrahmen, denn Metall ist ein exzellenter Wärmeleiter und damit auch eine klassische Wärmebrücke, die vermieden werden sollte. Unter ökologischen Gesichtspunkten sind insbesondere Aluminiumfensterrahmen nicht zu empfehlen.

Holzrahmen

Viele Jahrhunderte lang war Holz der einzige Baustoff für Fensterrahmen, den man hatte. Er ist heute von Kunststoffen und Metall stark verdrängt worden. Bis heute aber ist Holz das mit Abstand ökologischste Material für den Fensterrahmenbau. Holzrahmen haftet der Ruf der Pflegeintensität und des hohen Preises an. Beides ist nicht richtig. Holzrahmen, die gut geschützt in die Fassade eingebaut werden, brauchen nur sehr wenig Pflege. Auch der Preis von Holzrahmen liegt kaum über dem von Kunststoffrahmen, häufig ist er sogar vergleichbar. Holzfenster sind eine gute Gelegenheit, den Anteil natürlicher und ökologischer Baustoffe beim Hausbau zu erhöhen. Allerdings sollte darauf geachtet werden, dass Hölzer aus heimischer Forstwirtschaft verwendet werden. Der Gebrauch von Tropenhölzern sollte vermieden werden, denn zum einen sind lange Transportwege erforderlich, zum anderen stammen sie meist nicht aus einer nachhaltigen Waldbewirtschaftung. Auch Plantagenholz als Alternative zum Tropenholz hat gegenüber heimischen Hölzern den Nachteil des langen Transportwegs. Bei heimischen Hölzern kann zusätzlich das FSC-Siegel abgefragt werden (→ Seite 152).

Metall-Holz-Kombinationen

Seltener, weil deutlich teurer, gibt es auch Metall-Holz-Kombinationen. Meist ist dann auf die Rahmenaußenseite eines Holzrahmens eine Verblendung aus Metall gesetzt, zum Beispiel aus Aluminium, die das Holz vor der Witterung schützt. Für den üblichen Einfamilienhauswohnbau ist dies aber eine recht aufwendige Konstruktion, deren Einsatz man überdenken sollte, da auch hier wieder hohe Metallanteile die ökologischen Aspekte negativ belasten.

Einfachverglasungen

Für unbeheizte Räume, zum Beispiel Kellerräume, werden manchmal noch Einfachverglasungen in die Rahmen eingesetzt. Aus ökologischen Gründen sollten sie im modernen Hausbau nicht mehr verwendet werden, da auch der Keller meist zur gedämmten Gebäudehülle gehört.

Isolierverglasung

Die Isolierglasscheibe ist für die Verglasung beheizter Räume Mindeststandard und wird von der Wärmeschutzverglasung zunehmend abgelöst. Einfache Isolierverglasungen bestehen aus einer inneren und einer äußeren Scheibe mit einer Edelgasfüllung im Luftzwischenraum.

Wärmeschutzverglasung

Wärmeschutzverglasungen sind hochwertige Isolierverglasungen. Sie bestehen heute meist aus drei Scheiben mit Edelgasfüllungen in den Zwischenräumen. Verglasungen dieses Typs werden vor allem bei besonders hohen Anforderungen an die Gebäudehülle – zum Beispiel im Passivhausbau (→ Seite 188) – eingesetzt. Die Dicke der einzelnen Glasscheiben und der Abstand der Scheiben zueinander hängen von den Anforderungen an den Schall-, Wärme- und Einbruchschutz ab. Bei einbruchhemmender Verglasung kann die äußere Scheibe zusätzlich aus einer Verbundglasscheibe mit Zwischenfolie bestehen.

Dämmstoffe über den Sparren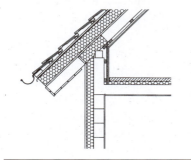

Dämmstoffe zwischen den Sparren

Dämmstoffe unter den Sparren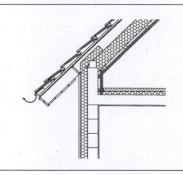

Dach

Ein nicht ausgebautes geneigtes Dach muss nicht nur vor Witterungseinflüssen schützen, also vor Regen, Schnee und Wind, es muss zusätzlich zur Belastung durch die Dachdeckung weitere statische Lasten aufnehmen und sicher in den Boden ableiten, zum Beispiel die Schneelast. Regenwasser muss sicher und schnell abgeführt werden. Flachdächer und geneigte Dächer, die ausgebaut sind, bilden die Wohnraum-Abschlussdecke. Sie müssen deshalb zusätzlich wärmegedämmt und luftdicht sein und bei Bedarf auch einen erhöhten Schallschutz gewährleisten. Waren Flachdächer früher eher den südlichen Regionen rund um das Mittelmeer und dem arabisch-persischen und indischen Raum vorbehalten, wo die Dächer bis heute auch als Schlafstätten unter freiem Himmel genutzt werden, haben sie seit den 1960er-Jahren in unseren Breitengraden Einzug gehalten. Als neue Bauform und Modeerscheinung waren Flachdächer von Beginn an mit zahlreichen Baumängeln behaftet. Mittlerweile konnten die meisten konstruktiven Probleme gelöst werden. Bei Flachdächern ist für den konstruktiven Aufbau und für die Auswahl der Baustoffe entscheidend, ob und wie die Oberfläche des Dachs genutzt werden soll, zum Beispiel als begehbare oder begrünte Fläche.

Bei geneigten Dächern ist die wichtigste Frage, ob der Dachraum unter ihnen zu Wohnzwecken ausgebaut werden soll oder nicht. Für die Überlegungen, welche Dachform zum Einsatz kommen soll, wird im Wesentlichen die Vorgabe aus dem Bebauungsplan (→ Seite 211) entscheidend sein, also etwa, ob ein Flachdach oder ein geneigtes Dach errichtet werden darf. Anforderungen im Bebauungsplan zu First- und Traufhöhen sowie zur Dachneigung müssen beachtet werden und können dazu führen, dass eine Nutzung als Wohnraum nicht möglich ist. Auch die Dachdeckung und Dachform unterliegen häufig Vorgaben aus dem Bebauungsplan. Wenn kein Bebauungsplan existiert, muss die Dachform in der Regel der umgebenden Bebauung angepasst werden. Es gibt eine Vielzahl von möglichen **Dachformen**. Neben dem Flach- und Satteldach werden häufig auch Pultdächer gebaut. Weitere Varianten sind das Mansard-, Walm- und Krüppelwalmdach (siehe Grafik Seite 161).

Eine **Dämmung** des Dachs kann oberhalb der Tragkonstruktion angebracht werden, bei Holzkonstruktionen auch zwischen den Konstruktionselementen (zum Beispiel zwischen den Sparren) oder unterhalb der Konstruktion im Innenraum. Da die erforderlichen Dämmstoffdicken häufig größer sind als der statisch notwendige Querschnitt der Tragkonstruktion, wird zusätzlich im Innenraum meist noch flächig unterhalb der Sparren gedämmt. Wichtig für den Dachbau sind natürlich auch statische Erwägungen; neben den Eigenlasten des Dachs spielen auch externe Lasten eine Rolle. So ist Deutschland zum Beispiel in verschiedene **„Schneelastzonen"** eingeteilt, die für die statische Berechnung eines Dachs wichtig sind. Diese Schneelastzonen rei-

chen von I bis III, also zum Beispiel von Flachlandgebieten mit wenig Schneefall wie die Kölner Bucht (I) über etwas höhere, aber noch nicht gebirgige Lagen wie zum Beispiel den fränkischen Raum um Würzburg und Nürnberg (II) bis in Gebiete mit teilweise hohen Lagen und viel Schneefall wie den Schwarzwald (III) oder die Alpen (III). Auch Eislasten spielen hierbei eine Rolle. In Küstengebieten wiederum können starke **Winde** großen Einfluss auf die Dach-konstruktion haben. So sind in der Normandie die
Giebelwände höher aufgemauert als die Dachflächen. Dadurch kann der Wind an den Giebelfronten nicht unter die Dachziegel greifen und sie abwehen. Bei der Gestaltung des Dachs spielt schließlich auch der Schutz der darunter liegenden Fassade eine Rolle. Ausreichende **Dachüberstände** zum Schutz vor Regen und Sonne können – je nach Fassade – wichtig sein.

Dächer: Die häufigsten Baustoffe und ihre ökologischen Aspekte

Die **tragende Konstruktion** besteht bei geneigten Dächern in der Regel aus Holz, bei Flachdächern aus Holz oder Beton. Es gibt jedoch auch Tragkonstruktionen aus vorgefertigten Ziegel- oder Holzelementen. Als Dachdeckung kommen bei geneigten Dächern Dachziegel aus gebranntem Ton, Betondachsteine oder Metalldeckungen zum Einsatz, bei Flachdächern Bitumen- oder Kunststoffabdichtungen mit oder ohne Kiesschüttung.

Tondachziegel

Dachdeckungen aus Tondachziegeln sind sehr bewährt. Zwar ist ein beachtlicher Energieaufwand beim Brennen des Tonmaterials notwendig, aber das Material ist lokal herstellbar, in kleinen Mengen lieferbar, gut zu reparieren und auszuwechseln und ohne aufwendige Klebe- oder Montageverfahren zu verlegen. Nur Reet- und Holzschindeldächer haben eine bessere Ökobilanz, sind jedoch aus dem modernen Hausbau leider fast völlig verschwunden (→ Seite 193 ff.).

Betondachsteindächer

Dachsteine aus Beton sehen Tondachziegeln sehr ähnlich, sind aber aus ökologischen Gesichtspunkten nicht empfehlenswert. Sie verwittern häufig schneller als Tondachziegel. Ältere Betondachsteindächer haben häufig einen starken Moosbefall.

Schieferdächer

Dachdeckungen aus Schieferschindeln sind regional eine interessante Alternative. So finden sich in der

Tondachziegel

Biberschwanz

Betondachstein

Schieferdach

Extensive Begrünung

Intensive Begrünung

7.2 Die Baustoffe und Bauelemente – und ihre ökologischen Aspekte

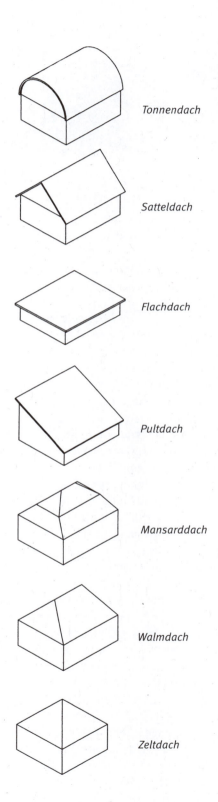

Tonnendach

Satteldach

Flachdach

Pultdach

Mansarddach

Walmdach

Zeltdach

Eifel ganze Dörfer und Städte mit dieser Dachdeckung, weil der Schiefer in der Region gebrochen wird. Schiefer ist zwar ein nicht nachwachsender Rohstoff, er muss aber nach dem Brechen nicht aufwendig weiterbearbeitet werden, sondern kann nach der Verarbeitung direkt zu Schindeln verbaut werden. Da er auch sehr langlebig ist, ist er dort, wo sich Abbaugebiete befinden (zum Beispiel Mosel- und Mittelrheinregion), eine gute Materialwahl.

Gründächer
Flachdächer und Dächer bis zu einer gewissen Neigung können auch begrünt werden. Bei einer **extensiven Begrünung** wird eine etwa zehn Zentimeter hohe Substratschicht verteilt und mit kleineren Pflanzen bestückt. Bei einer **intensiven Begrünung** wird das Flachdach mit einer etwa 20 bis 40 Zentimeter hohen Erdschicht bedeckt und mit Büschen oder kleineren Bäumen bepflanzt. Die Begrünung muss frühzeitig in der Planung berücksichtigt werden, da die Tragkonstruktion darauf abgestimmt werden muss.

Zinkblechdächer
Metalldächer sind häufig aus Zink und eher selten aus Edelstahl, da dieser recht teuer ist. Kleinere Dächer, zum Beispiel Vordächer, sind manchmal auch aus Aluminium gefertigt. Metalldächer sind unter ökologischen Gesichtspunkten keine gute Wahl, weil im Herstellungsprozess viel Energie verbraucht wird. Zinkbleche sind ökologisch auch bedenklich, weil im Herstellungsprozess giftige Rückstände nicht zu vermeiden sind.

Bitumendächer
Dachabdeckungen mit Bitumenbahnen sind meist großen Flachdächern oder Garagen vorbehalten. Häufig wird der Bitumen noch mit einer Kiesellage als Schutz vor Sonneinstrahlung und Hagelschlag bedeckt. Eine Bitumenabdichtung ist keine ökologisch gute Lösung. Da aber weitere Schutzschichten – zum Beispiel eine Tonziegellage – bei Bitumendächern fehlen und es sich häufig um Flachdächer handelt, auf denen das Wasser mitunter auch steht, gibt es keine wirklichen

Zinkdach

Bitumendach mit Kiesbelag

Flachziegel

Alternativen. Es bleibt nur die Wahl einer anderen Dachkonstruktion.

Dämmung

Bei der Dämmung von Dächern können in aller Regel ohne Weiteres natürliche, nachwachsende Rohstoffe eingesetzt werden. Dies hat einen einfachen Grund: Dächer haben fast immer eine äußere harte Schale aus Dachziegeln, Metall oder anderen Werkstoffen. Da die meisten dieser Hartschalenverkleidungen auf Holzkonstruktionen aufliegen, lassen sich oft problemlos in den Zwischenräumen unter den Hartschalen und zwischen den Holzbalken leicht verformbare natürliche Dämmstoffe einbauen. Diese Chance sollte unbedingt genutzt werden. Die ökologische Bewertung der einzelnen Dämmstoffe finden Sie im Unterkapitel „Außenwände" (⸺▶ Seite 150).

> **Tipp**
>
> **Sehr angenehm und leicht wirken Flachziegel.** Sie haben nur eine geringe Aufbauhöhe und nehmen dem Dach die sonst übliche Schwere. Meist sind sie mit leichten Mehrkosten verbunden, es lohnt sich aber, sich solche Dächer zeigen und alternativ anbieten zu lassen.

Geschossdecken, Estrich und Bodenbeläge

Geschossdecken sind Decken zwischen Keller und Erdgeschoss, Erd- und Obergeschoss, zwischen Obergeschossen und zwischen Ober- und Dachgeschoss. Die wesentlichen Unterschiede bei den verschiedenen Decken liegen in der statischen Dimensionierung und der Wärme- und Schalldämmung. Beides ergibt sich aus der konkret geplanten Nutzung. Neben den geschosstrennenden Decken gibt es auch **abgehängte Decken**, die einem Raum die Höhe nehmen oder Installationen verbergen, und **Akustikdecken**, die der besseren Akustik eines Raumes dienen. Im Wohnungsbau sind diese Deckenarten eher selten anzutreffen. Als „Decke" werden hier – wenn nicht anders bezeichnet – geschosstrennende Decken verstanden. Die **statischen Anforderungen** spielen heute nur eine untergeordnete Rolle. Im Wohnungsbau geht man normalerweise von einer durchschnittlichen Deckenbelastung (Verkehrslast, zum Beispiel Personen, und Nutzlast, zum Beispiel Mobiliar) von etwa 350 Kilogramm pro Quadratmeter aus. Diese Belastungen können Holz-, Stein- und Betondecken problemlos tragen. Sind Balkone geplant, die mit der Geschossdecke verbunden sind und nicht außen gestützt werden, gelten für diese höhere Lastannahmen, da man hier von höheren Maximalbelastungen ausgehen muss. Dies wäre zum Beispiel der Fall, wenn bei einem Fest im Sommer alle eingeladenen Gäste auf den Balkon drängen und dann eng zusammenstehen. In diesem Moment kann die Gewichtsbelastung pro Quadratmeter höher werden. Besondere Beachtung erfordert der Wärmeschutz, wenn Wohnräume direkt über dem Erdreich oder über einem unbeheizten und ungedämmten Keller liegen. Decken zwischen getrennten Wohneinheiten (in sich abgeschlossene Wohnungen) müssen darüber hinaus **Brandschutzbestimmungen** erfüllen, damit sich ein Feuer nicht von einer Wohneinheit in die nächste ausbreiten kann. Heutige Holz-, Stein- oder Betondecken können diese Anforderungen leicht erfüllen. Innerhalb einer Wohneinheit, zum Beispiel einem Einfamilienhaus, werden keine besonderen Anforderungen an den Brandschutz von Geschossdecken gestellt. Hier stehen Anforderungen an Rettungswege aus den oberen Geschossen im Vordergrund. Auf der Rohzwischendecke von Wohnräumen sorgt eine **Dämmlage** für den **Trittschall**- und **Wärmeschutz**, darüber folgt eine Estrichschicht. Dieser Aufbau ist nach unten ein Schall- und Wärmeschutzelement und nach oben Tragschicht für die Oberbeläge, zum Beispiel Fliesen oder Teppichböden. **Oberbeläge** bilden die abschließende Deckenschicht. Geschossdecke, Estrich und Oberbelag bilden eine funktionelle Einheit und werden bei der Planung des Wärme-, Schall- und Brandschutzes immer gemeinsam betrachtet. Beispiel Wärmeschutz: Bei einer Geschossdecke aus Holz können die Zwischenräume zwischen den Balken gedämmt werden, bei einer Betondecke fehlen solche Zwischenräume. Die Gesamtkonstruktion sieht daher jeweils anders aus. Beispiel Brandschutz: Eine 18 Zentimeter starke Stahlbetondecke erfüllt die Anforderungen an den Brandschutz zwischen zwei Wohneinheiten ohne weitere Maßnahmen. Eine Holzdecke benötigt dagegen zusätzliche Brandschutzmaßnahmen, zum Beispiel eine unterseitige Verkleidung mit Gipskartonplatten. Estriche in Kellerräumen ohne Wohnnutzung werden häufig als einfache **Estriche auf** einer **Trennlage** (meist eine Folie) ausgeführt. In Wohnräumen wird in Neubauten meist **schwimmender Estrich** verlegt. Auf dem Rohboden wird zunächst eine Ausgleichsschüttung aufgebracht, um Unebenheiten auszugleichen. Darauf wird eine Trennlage verlegt, auf die Trittschall-Dämmplatten kommen, welche ebenfalls mit einer Folie oder Bitumenpappe abgedeckt werden. Darauf wird dann die eigentliche Estrichmasse auf Zement- oder Gipsbasis vergossen, die keinen Kontakt zum Boden oder zu den umgebenden Wänden hat und sozusagen auf der Dämmschicht „schwimmt".

Die **Wahl des Oberbelags** hängt wesentlich davon ab, ob er besonders pflegeleicht, fußwarm oder leicht austauschbar sein soll, aber auch der Schallschutz kann eine Rolle spielen. Entscheidend ist zunächst die geplante Raumnutzung. In Bädern, WCs, Nassräumen und Küchen werden meist Fliesen verlegt. Sie bieten sich auch für Eingangsbereiche, Windfänge und Foyers an, also überall dort, wo der Boden häufig in Kontakt mit Feuchtigkeit kommt. Parkettboden wird in aller Regel in Wohn- und Essräumen verlegt, Teppichboden meist in Schlaf- und Kinderzimmern. Ein Konfliktpotenzial besteht immer dann, wenn sich Anforderungen gegenseitig ausschließen: Soll ein Raum beispielsweise als Badezimmer genutzt werden, wäre ein pflegeleichter Fliesenboden geeignet. Wenn sich aber darunter ein Schlafraum befindet, muss der Boden im Badezimmer einen hohen Trittschallschutz aufweisen. Fliesenboden überträgt Trittschall aber besonders gut. In solchen Fällen müssen eine besonders sorgfältige Planung und Ausführung sichergestellt sein.

Bei **Fußbodenheizungen** sollte ein Oberbelag verwendet werden, der Wärme gut leitet und in den Raum abgibt. Fliesen eignen sich sehr gut dafür, dicke Teppich- oder Parkettböden weniger, weil sie die Reaktionszeit der Fußbodenheizung verlängern und die Wärmeabgabe eher dämpfen.

Geschossdecken: Die häufigsten Baustoffe und ihre ökologischen Aspekte

Für **tragende Geschossdecken** gibt es im Wesentlichen drei Ausführungsvarianten:

> **Hinweis:**
> **Estrichhöhe bei unterschiedlichen Bodenbelägen**
> Treffen unterschiedliche Oberbeläge in einem Geschoss aufeinander, muss das bei der **Estrichhöhe** berücksichtigt werden. Beispiel: Ein Parkettboden mit einer Gesamtaufbauhöhe von 22 Millimetern grenzt an einen Fliesenbelag mit einer Aufbauhöhe von 12 Millimetern. Um einen Höhenversatz am Materialübergang zu vermeiden, muss der Estrich unterhalb der Fliesen zehn Millimeter stärker sein. Bei der Planung müssen auch die Aufschlagrichtungen der Türen beachtet werden, damit der Höhenversatz des Estrichs und damit der Materialwechsel im Oberbelag unter dem Türblatt liegt.

- Einbau von Fertigteilen,
- Einbau von Teilfertigteilen, die vor Ort fertiggestellt werden müssen,
- komplette Anfertigung vor Ort.

Geschossdecken bestehen im Wohnungsbau in der Regel entweder aus Beton, aus Ziegel- oder anderen Hohlblocksteinen oder aus Holz.

Betondecken

Betondecken sind aus mehreren Gründen beliebt: Sie weisen eine hohe Belastungsfähigkeit auf und bieten einen guten Schall- und Brandschutz. Aus ökologischen Erwägungen sind sie keine optimale Lösung, da hohe Beton-, Zement- und Stahlanteile verbaut werden. Geschossdecken aus Beton gibt es in drei konstruktiven Varianten:

- **Fertigteildecken** werden als komplette Fertigteile angeliefert und verlegt.
- **Halbfertigteildecken** bestehen nur aus der unteren Deckenschale. Diese Elemente werden vor Ort verlegt und dann noch mit Ortbeton vergossen.
- **Ortbetondecken** werden vor Ort komplett geschalt, mit Eisen bewehrt und dann mit an die Baustelle geliefertem Beton vergossen.

Ziegeldecken

Ziegeldecken waren in den Fünfzigerjahren in Deutschland eine weit verbreitete Form des Deckenbaus. Sie sind durch Betondecken aber stark zurückgedrängt worden. Bei klassischen Ziegeldecken werden die einzelnen Ziegelsteine zwischen zwei Träger, meist aus Beton, gehängt, die auf zwei gegenüber gesetzten Außenmauerwerken des Gebäudes aufliegen. Meist werden Ziegeldecken dann von oben noch mit einer dünnen Betonschicht vergossen. Moderne Ziegeldecken kommen als Halbfertigteile auf die Baustelle. Hier sind größere Mengen von Ziegelsteinen bereits zu einzelnen Platten vergossen, die ohne Träger direkt auf das Mauerwerk aufgelegt werden können. Ziegeldecken erreichen nicht ganz die Schalldämmwerte wie massive Betondecken, stehen diesen aber im Brandschutz nicht nach. Der ökologische Vorteil von Ziegeldecken ist, dass sie den Betonanteil von Decken deutlich reduzieren.

Holzdecken

Während Holzgeschossdecken in früheren Jahrhunderten – auch bei Massivbauten – die einzige Möglichkeit der Deckenkonstruktion waren, werden sie heute fast nur noch im Holzbau, zum Beispiel bei Fertighäusern oder individuellen Holzhäusern, eingesetzt. Im kleineren Einfamilienhausbau wären Holzdecken aber problemlos stärker einsetzbar, als dies bislang der Fall ist. Häufig wird nicht einmal die Gebäudeabschlussdecke unter dem Dachboden als Holzdecke ausgeführt, sondern betoniert und darauf dann der Dachstuhl gesetzt. Moderne Holzdecken kommen häufig bereits als Fertigteile auf die Baustelle und können sehr schnell verlegt werden. Manchmal haben sie eine tragende Balkenlage und eine beidseitige Holzverkleidung. Die so zwischen den Balken entstehenden Zwischenräume können optimal mit nachwachsenden Rohstoffen gedämmt werden (→ Seite 153 f.). Manchmal sind es aber auch sogenannte Brettstapeldecken, bei denen Balken an Balken direkt verleimt wird und so eine massive Holzdecke entsteht. Holzdecken bieten nicht den gleichen Schallschutz wie Betondecken, haben aber eine wesentlich bessere Ökobilanz.

Estriche: Die häufigsten Baustoffe und ihre ökologischen Aspekte

Zementestrich

Zementestrich besteht aus Zement, einem Sandgemisch unterschiedlicher Korngröße, Wasser und – falls erforderlich – weiteren Zusätzen, die die Fließfähigkeit, Erhärtungsdauer und Festigkeit beeinflussen. Zementestrich kann im Innen- und Außenbereich eingesetzt werden. Er ist unempfindlich gegen Feuchtigkeit. Da die Aufbauhöhe mit zehn bis 12 Zentimetern relativ groß ist und die Estriche feucht eingebaut werden, sind sie für Modernisierungen von Bestandsgebäuden nur bedingt geeignet. Die Trockenzeit von Zementestrich beträgt drei bis fünf Wochen. Er ist – aufgrund der im Zusammenhang mit Zement bereits geschilderten Probleme – aus ökologischen Erwägungen keine optimale Lösung. Nach Möglichkeit sollte er nur in Bad- und Nassräumen eingesetzt werden.

Anhydritestrich
Estriche aus Anhydrit bestehen heute in den seltensten Fällen aus natürlichem Anhydrit (gebrannter Gips), sondern meist aus synthetischem. Diesem Anhydrit werden Wasser und – falls erforderlich – weitere Zusätze zugegeben, die die Fließfähigkeit, Erhärtungsdauer und Festigkeit beeinflussen. Anhydritestrich ist empfindlich gegen anhaltende Feuchtigkeit. Er wird daher vornehmlich in Wohnräumen eingesetzt. Anhydritestrich lässt sich einfacher verarbeiten als Zementestrich, hat aber eine ähnlich lange Trocknungszeit (drei bis fünf Wochen). Der Energieaufwand bei der Herstellung ist deutlich geringer als bei Zementestrich.

Gussasphaltestrich
Gussasphaltestrich ist ein Gemisch aus schmelzbarem Bitumen und Zuschlagstoffen wie Sand, Splitt oder Steinmehl unterschiedlicher Korngröße. Gussasphalt wird in beheizten Rührwerkkochern zur Baustelle gebracht und mit einer Temperatur von etwa 250 °C eingebaut. Wird Gussasphaltestrich schwimmend verlegt, muss die Dämmung dieser Hitze standhalten können. Als Dämmstoffe eignen sich zum Beispiel Perlite, Mineralfaser und Schaumglasdämmplatten. Nach dem Erkalten (begehbar nach einigen Stunden, erkaltet nach etwa zwei Tagen) kann der Estrich mit einem Oberbelag versehen werden. Gussasphaltestrich kommt mit Aufbauhöhen von etwa sechs Zentimetern inklusive Dämmschicht aus, weshalb er auch bei Umbauten beliebt ist. Ökologisch ist Gussasphalt keine optimale Lösung, weil er problematische Zuschlagstoffe enthält und unter hohem Energieaufwand hergestellt und transportiert werden muss.

Magnesiaestrich
Diese früher weit verbreitete Estrichart ist fast ganz aus dem Baugeschehen verschwunden. Magnesiaestrich besteht aus Holzgranulat, Sand und Magnesia als Bindemittel. Der Estrich wird feucht eingebaut und hat ähnlich lange Trocknungszeiten wie der Zementestrich. Unter ökologischen Gesichtspunkten ist er eine sehr interessante Alternative zu den anderen Estricharten, weil er mit natürlichen Rohstoffen auskommt und durch die Verwendung von Holzgranulat sogar nachwachsende Rohstoffe mit einbezieht.

Trockenestrich
Diese Estrichart besteht aus vorgefertigten Platten, die nach dem Verlegen sofort begehbar sind. Trockenestriche werden aufgrund des hohen Vorfertigungsgrads und der raschen Einbaumöglichkeit häufig bei Umbauvorhaben eingesetzt. Für Bad- und Nassräume ist Trockenestrich allerdings nicht geeignet. Trockenestrichplatten können aus verschiedenen Materialien bestehen. Ökologisch interessant sind Gipsfaserplatten oder auch Holzhartfaserplatten, die ohne Zusatz von Klebern oder Leimen hergestellt wurden.

Bodenbeläge: Die häufigsten Baustoffe und ihre ökologischen Aspekte

Fliesen
Bei Fliesen unterscheidet man zwischen **Steingutfliesen** (nicht frostbeständig, mäßig belastbar, meist nur als Wandfliese in Innenräumen genutzt), **Irdengutfliesen** (belastbar) und **Steinzeugfliesen** (hoch belastbar, auch im Außenbereich). Keramische Fliesen bestehen hauptsächlich aus Ton, die Glasuren aus Quarz, Metalloxiden und anderen Stoffen. Irdengutfliesen werden bei etwa 800 bis 900 °C gebrannt, Steinzeugfliesen bei etwa 1.200 °C. Meist gibt es einen ersten Brand zur Verfestigung des Tons und einen anschließenden Glasurbrand. Der Herstellungsprozess von Fliesen ist energieaufwendig, von der ökologischen Seite her also nicht optimal. Fliesen sind an vielen Stellen im Hausbau allerdings sehr beliebt. Eine Alternative ist Naturstein, der nur gebrochen und beschlagen werden muss, bevor er zum Einsatz kommen kann. Ökologisch vorteilhaft sind regionale Natursteine, die nicht erst über lange Strecken transportiert werden müssen.

Parkett und Parkettdielen

Parkett gibt es in den unterschiedlichsten Holzmaterialien. Sehr verbreitet sind Harthölzer wie Eiche oder Buche. Zwischen den einzelnen Holzarten, den Holzstärken und den Verlegeformen (vom Leitermuster bis zur Parkettdiele) gibt es große Unterschiede, auch preislich. Ökologisch interessant ist Parkett dann, wenn es ohne lösemittelhaltige Kleber verklebt und ohne lösemittelhaltige Lacke versiegelt wird. Sehr beliebt sind Parkettdielen, die wie normales Parkett verlegt werden.

Holzdielen

Eine Alternative zu Parkett sind Holzdielen. Sie können auf eine Unterkonstruktion genagelt oder geschraubt werden. Heute gibt es auch „Klicksysteme", bei denen links und rechts vom Raumboden Klickbänder ausgelegt werden, in welche die Dielen dann nur noch eingeklickt werden. Geht eine Diele kaputt oder wird sie stark verunreinigt, kann sie einfach ausgewechselt werden. Die Dielen sind auch von Laien leicht zu verlegen. Das Klicksystem arbeitet zwar mit geringen Metallanteilen, dafür aber ohne Kleber. Wird das Holz schonend behandelt (zum Beispiel nur gewachst und geölt statt lackiert), kann es später relativ einfach entsorgt werden. Holzdielen sind eine gute ökologische Variante zu Parkett.

Kork

Kork wird meist in Platten oder Bahnen geliefert und verlegt. Da Kork aus Naturkork gewonnen wird und so wie Holz ein nachwachsender Rohstoff ist, ist er ökologisch dann interessant, wenn er ohne lösemittelhaltigen Kleber verlegt und ohne lösemittelhaltigen Lack versiegelt wird.

Teppich

Bei den Teppichmaterialien gibt es große Unterschiede. Vom Schafwollteppich bis zum synthetischen Kunstfaserteppich ist am Markt alles zu erhalten. Orientierung bietet die Teppichkennzeichnung, die Sie auf der Unterseite von Teppichen finden. Sie enthält Informationen zu den Produkteigenschaften, zum Beispiel zur Belastbarkeit und den Eignungsbereichen.

Linoleum

Linoleum ist ein leinöl- und harzgebundener Bodenbelag. Er war früher sehr beliebt, geriet dann fast in Vergessenheit und feiert heute eine Renaissance. Er ist eine exzellente Alternative zu PVC, da er auf natürlichen Rohstoffen basiert und damit ökologisch vorteilhaft ist.

Kautschuk

Auch Kautschukbodenbeläge gibt es, und auch sie bieten erhebliche ökologische Vorteile gegenüber PVC-Bodenbelägen.

> **Tipp**
> **Bei lose liegenden Teppichen** sollten Sie auf das GoodWeave-Siegel achten, das fairen Teppichhandel dokumentiert. Weitere Informationen finden Sie auch unter www.goodweave.de

PVC

Bodenbeläge aus Polyvinylchlorid, kurz PVC, sind chemisch aufwendig und ökologisch sehr bedenklich. PVC-Bodenbeläge sollten im Hausbau nicht mehr eingesetzt werden. Hier gibt es gute Alternativen (→ Linoleum).

Laminat

Bei Laminat handelt es sich um einen Verbundwerkstoff aus einer Trägerplatte und einer Deckschicht. Die Nutzschicht aus imprägniertem Dekorpapier zeigt Holz, Keramik oder Stein. Darüber liegt eine Schicht Kunstharz, darunter ein Träger aus hochverdichteter Holzfaserplatte (HDF). Laminat hat eine harte Oberfläche. Dies erzeugt laute Gehgeräusche. Die meisten Laminatböden sind heute bereits von unten gegen Trittschall gedämmt. Bei Laminatböden ohne Trittschalldämmung sollte Rippenpappe, Schaumvlies, Gummi oder Kork als Schalldämmung unterseitig verlegt werden. Laminat ist nicht für Feuchträume geeignet (Aufquellen bei Feuchtigkeit). Das Material kann formaldehydbelastet sein; ein Recycling ist nicht möglich. Aus ökologischen Erwägungen ist es keine gute Wahl.

Treppen

Die einzelnen Geschossdecken des Hauses werden durch Treppen verbunden. Es ist wichtig, dass diese Treppen sicher und bequem zu begehen sind. Obwohl man meinen müsste, dass sich diese beiden Funktionen unter Planern im Laufe der Zeit herumgesprochen haben, werden bis heute bei Weitem nicht alle Treppen sicher und bequem begehbar geplant. Zum Beispiel kann längst nicht jeder Anbieter die Stufenverziehung einer gewendelten Treppe korrekt planen. Die Gründung eines eigenen Instituts für Treppensicherheit (**www.treppensicherheit.de**) zeugt von der Dimension des Problems. Die Treppenplanung und Baustoffwahl unterscheiden sich je nach Einsatzort und Nutzung der Treppe ganz erheblich. Die vorhandenen Rahmenbedingungen bestimmen sehr oft die Treppenart und die Materialwahl. Grundsätzlich lassen sich Innen- und Außentreppen, bei den Innentreppen nochmals Wohn- und Nutztreppen unterscheiden. Wenn zum Beispiel wenig Platz vorhanden ist und lediglich eine Spindeltreppe installiert werden kann, wird sie nur in den seltensten Fällen als Massivbetontreppe ausgeführt werden. Meist werden hier leichte und offene Holz- oder Stahlkonstruktionen eingesetzt. Dacheinschubtreppen werden fast immer Holz- oder Leichtmetallkonstruktionen sein. Ist im räumlichen Umfeld hingegen viel Platz oder soll die Treppe in einem separaten Treppenhaus sitzen und mehrere voneinander getrennte Wohneinheiten

Tipp

Sehr angenehm zu begehen sind zweiläufige Treppen mit geraden Läufen und einem Zwischenpodest, wenn die Stufentiefe etwa bei 28 Zentimetern liegt und der Höhenunterschied zwischen den Stufen etwa 18 Zentimeter beträgt. Das ist aber nicht in allen Grundrissen umsetzbar.

Treppenvarianten

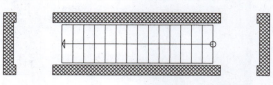

Einläufige, gerade Treppe

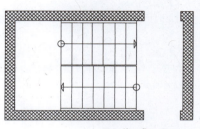

Zweiläufige Treppe

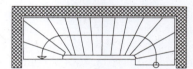

Einläufige, zweifach gewendelte Treppe

Einläufige, gerade Treppe

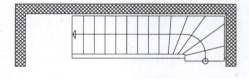

Einläufig einfach gewendelte Treppe

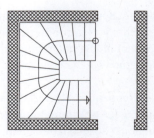

Zweiläufig, zweifach gewendelte Treppe

Montage einer Holztreppe

Stahltreppe als Rohbautreppe

erschließen, wird man nicht zuletzt aufgrund brandschutztechnischer Vorschriften sehr wahrscheinlich eine Massivtreppe aus Beton, möglicherweise mit einer Natursteinauflage, einbauen.

Wenn die **Treppe im Außenbereich** installiert wird und zum Beispiel den Keller von außen erschließt, wird meistens eine Betontreppe, häufig sogar ohne weitere Stufenauflage, gebaut. Wenn Obergeschosse über Außentreppen erschlossen werden, können neben Beton- auch Stahltreppen verwendet werden.

Bei **Treppenkonstruktionen** unterscheidet man

› geradläufige Treppen (einläufig oder zweiläufig mit Zwischenpodest),
› gewendelte Treppen (einfach oder zweifach gewendelt) und
› Spindeltreppen.

Weitere Bauvarianten sind Einschubtreppen für den Speicher und besonders raumsparende Treppen, sogenannte Sambatreppen, die jedoch für häufiges Begehen nicht geeignet sind.

Bei **Treppen mit einer Stahlunterkonstruktion und Stufen aus Holz oder Naturstein** wird die Unterkonstruktion meist nach der Rohbaufertigstellung montiert und mit provisorischen Trittstufen versehen. Dadurch dient die Treppe während der Erstellung des Gebäudes als Bautreppe. Achten Sie darauf, dass erst kurz vor Fertigstellung des Gebäudes die provisorischen gegen die richtigen Stufen ausgetauscht werden. Andernfalls müssten Sie Verschmutzungen und Beschädigungen der endgültigen Treppenstufen befürchten.

Das Geländer sollte bei fest eingebauten Treppen mindestens 90 Zentimeter hoch sein und keine Öffnungen aufweisen, die weiter als 12 Zentimeter sind. Sonst passt ein Kinderkopf hindurch. Da der Kopf bei Kleinkindern der breiteste Körperteil ist, könnten sie sich andernfalls hindurchzwängen und abstürzen. Geländerstäbe sollten möglichst senkrecht angeordnet sein, um Kindern das Klettern am Geländer zu erschweren. Der Handlauf sollte gut in der Hand liegen und ohne Unterbrechung von einem Geschoss zum anderen verlaufen.

Tipp

Die Möglichkeit, später einmal einen zweiten Handlauf auf der anderen, meist der Wand zugewandten Treppenseite anzubringen, sollte von Beginn an ebenso berücksichtigt werden wie Stromanschluss und Tragfähigkeit der Treppenbegleitwände, damit später eventuell auch einmal ein Treppenlifter montiert werden kann.

Treppen: Die häufigsten Baustoffe und ihre ökologischen Aspekte

Treppen werden als Massiv-, Holz- oder Stahltreppen gefertigt.

Beton
Massivtreppen sind meist aus Beton und werden bereits im Rohbau vor Ort eingeschalt und betoniert oder als Fertigteilelemente angeliefert und montiert. Sie können mit allen Oberbelägen versehen werden. Der hohe Beton- beziehungsweise Zementanteil dieser Treppen weist sie als ökologisch nicht optimale Lösung aus.

Holz
Treppen aus Holz bestehen zum Beispiel aus Holzwangen, in die die einzelnen Stufen eingelassen sind. Allerdings gibt es längst auch moderne Varianten, die der Treppe schon durch die Bauart die Schwere nehmen, indem die Treppe vorsätzlich von den Begleitwänden gelöst wird und auf einer nicht sichtbaren Holzunterkonstruktion aufliegt, mit geschlossenen oder offenen Tritt- und Stellstufen. Holztreppen sind ökologisch sehr interessant, wenn sie nicht mit bedenklichen Lacken behandelt werden und wenn ihr Holz über ein FSC-Siegel (⸺⟶ Seite 152) zertifiziert ist.

Stahl
Stahl ist unter ökologischen Aspekten keine optimale Lösung. Der Rohstoffgewinnungs- und Herstellungsprozess ist sehr viel energieaufwendiger als bei der Nutzung von Holz. Stahltreppen werden aber nicht nur im Innenbereich, sondern – wie Betontreppen – häufig auch im Außenbereich eingesetzt. Da das Metall von Außentreppen meist noch zusätzlich behandelt wird (zum Beispiel verzinkt wird), stellen Stahltreppen ökologisch generell keine gute Lösung dar. Sie sind an manchen Außenstellen aber alternativlos.

Holz-Stahl-Kombination
Die Kombinationsform der Holz-Stahl-Treppe findet sich in sehr vielen Häusern. Die Stahlelemente übernehmen hierbei meist die tragende Funktion, während die Trittstufen aus Holz gefertigt werden. Diese Treppenform ist preislich meist günstiger als eine reine Holztreppe. Ökologisch sinnvoller ist sie nicht.

Innenwände

Die wichtigste Funktion von **tragenden Innenwänden** ist, die statische Stabilität des Gebäudes zu sichern. Tragende Innenwände müssen alle Lasten aufnehmen und ins nächste Bauteil ableiten, entweder in die Decke oder durch die Decke in die darunter stehende tragende Innenwand.

Daneben **haben tragende und nicht tragende Innenwände** im Wesentlichen vier Funktionen als:

› Sichtschutz,
› Schallschutz,
› Temperaturschutz (um einzelne Räume unterschiedlich temperieren zu können),
› Montageflächen für Heizkörper, Wasserleitungen, Elektroleitungen usw.

Tragende Innenwände sind generell breiter als nicht tragende und werden meist auch aus anderen Baustoffen erstellt: entweder aus statisch tragenden Mauersteinen oder Beton. Bei tragenden Innenwänden wird man bei der Baustoffwahl vorwiegend darauf achten, dass die statische Funktion einwandfrei erfüllt werden kann und dennoch ein späterer Umbau an der einen oder anderen Stelle möglich ist. Bei wohnungsabschließenden Wänden muss der Brandschutz berücksichtigt werden. Die Wände müssen vor allem feuerfest und rauchdicht sein, damit ein Feuer nicht von einer Wohneinheit in die nächste gelangen kann. Dies ist zum Beispiel bei 24 Zentimeter starken, beidseitig verputzten Kalksandsteinwänden gegeben. Bei der Materialwahl spielt auch der **Einsatzort** eine große Rolle. So sind für Trockenbauwände in Küchen und Bädern feuchteresistente Gipskartonplatten notwendig (häufig grünlich – im Gegensatz zu den sonst üblichen grauen). Auch die Montage von Hängeschränken und Sanitärgegenständen wie auch von Fliesen an den Platten ist mittlerweile technisch möglich.

Bei der Wahl der Materialien für die Innenwände muss auch berücksichtigt werden, dass sich die **Nutzung der Räume** im Lauf der Zeit ändern kann. Ein typisches Beispiel ist das große Kinderzimmer, das später in zwei getrennte Zimmer geteilt wird. Oder umgekehrt: Zwei kleine Räume sollen später zu einem großen zusammengelegt werden. Ist eine solche Nutzungsänderung in Sicht und vom Grundriss her denkbar, sollte das bereits beim Bau potenziell herausnehmbarer Innenwände berücksichtigt werden. Ein weiteres Kriterium für die Materialwahl bei Innenwänden ist der **Schallschutz**. Trockenbauwände ohne Innenbefüllung und mit einfacher Beplankung durch Gipskartonplatten bieten fast keinen Schallschutz zwischen Räumen mit unterschiedlicher Lärmbelastung (zum Beispiel zwischen Wohn- und Arbeitszimmer oder Kinder- und Elternschlafzimmer). Selbst wenn sie doppelt beplankt und mit Weichfaserdämmung gefüllt sind, bieten sie keinen optimalen Schallschutz. Das gilt auch für massive Trennwände aus leichten Materialien, zum Beispiel Gipsdielen. Ideal sind hierfür entweder sehr dicke Wände aus einem massiven, schweren Baumaterial, das nicht ohne Weiteres in Schwingung zu bringen ist, oder Trockenbauwände mit Doppelschale und spezieller Innenraumbefüllung (zum Beispiel Sandpackungen). Bei Wänden zwischen beheizten und unbeheizten Räumen kann eine **Wärmedämmung** erforderlich sein. Hier müssen die Anforderungen der Energieeinsparverordnung (EnEV) beachtet werden (→ Seite 182 ff.).

Innenwände: Die häufigsten Baustoffe und ihre ökologischen Aspekte

Innenwände können in Massiv- oder Trockenbauweise erstellt werden. Wände in **Massivbauweise** werden auf der Rohdecke aufgemauert oder betoniert. Die Wahl des Materials richtet sich danach, ob die Wand tragend oder nicht tragend sein soll. Je nach Material fällt die Wand dann nach den statischen Anforderungen breiter oder dünner aus. Allgemein gilt die Regel: Je höher das Eigengewicht einer Massivwand, desto besser der Schallschutz. Für tragende Innenwände wird häufig Mauerwerk aus Kalksandstein verarbeitet.

Bei nicht tragenden Innenwänden werden häufig massive Gipsbausteine verwendet, da sie aufgrund ihrer glatten Oberfläche nicht mehr zusätzlich verputzt, sondern nur gespachtelt werden müssen.

Gipsbausteine (Gipsdielen)

Bausteine aus Gips, die auch Gipsdielen genannt werden, sind großformatige Steine, fast plattenähnlich, die sehr schnell und einfach verarbeitet werden können. Gips ist ein ökologisch interessanter Baustoff, da seine Gewinnung und Verarbeitung keine hohen Energieaufwendungen erfordert. Die ökologischen Eigenschaften **weiterer Massivbaustoffe,** die für Innenwände infrage kommen, zum Beispiel Ziegel, Porenbetonsteine, Bimssteine oder Beton, finden Sie im Unterkapitel „Außenwände" (→ Seite 150).

Trockenbauwände

Trockenbauwände, die auf dem fertigen Boden aufgebaut werden, eignen sich sehr gut, um Räume zeitweise abzuteilen, weil sie schnell und ohne große Schmutzentwicklung auf- und abgebaut werden können. Bei zeitlich begrenzten Raumteilungen können Trockenbauwände auf den Bodenbelag – zum Beispiel Parkett- oder Fliesenboden – oder Estrich gestellt werden, auch wenn sich der Schallschutz dadurch verschlechtert. Dauerhaft montierte Trockenbauwände werden auf den Rohboden gestellt.

Trockenbau

Innenwände in Trockenbauweise bestehen aus einer Unterkonstruktion aus Holzständern oder Metallprofilen, auf die beidseitig eine oder mehrere Lagen Trockenbauplatten auf Gips- oder Faserzementbasis, sehr selten auch Lehmbauplatten, geschraubt werden. Die Hohlräume werden vor dem Verschließen meist noch mit Weichfaserdämmung gefüllt. Der Schallschutz hängt bei Wänden in Trockenbauweise wesentlich vom Konstruktionsaufbau ab: Zwischen die Unterkonstruktion und die angrenzenden Gebäudeteile werden Dichtungsbänder eingelegt, um den Schallschutz zu verbessern. Zum Schluss werden die Plattenstöße und Wandanschlüsse verspachtelt. Trockenbauwände aus Metallständern und Faserzementplatten sind ökologisch wenig geeignet. Trockenbauwände aus Holzständern, einer Innendämmung aus nachwachsenden Rohstoffen und einer Verkleidung mit Lehmbauplatten sind ökologischer.

Zementputz

Zementputz besteht im Wesentlichen aus Zement (⸺▷ Seite 147). Auch Putz aus Zement ist ökologisch bedenklich und sollte nur dort eingesetzt werden, wo es unbedingt notwendig ist – zum Beispiel in Bädern mit bodengleichen Duschen oder Nassräumen mit Bodenablauf, wo es auch im Boden-Wandbereich häufig nass wird.

Gips- und Kalkputz

Da Gipsputze feuchteempfindlich sind, sollten sie nur in Wohnräumen eingesetzt werden. Putze aus Gips und Kalk sind ökologisch vorteilhaft.

Lehmputz

Der wohl interessanteste Putz, nicht nur aus ökologischer, sondern auch aus raumklimatischer Sicht, ist Lehm. Lehm kann überschüssige Raumluftfeuchte bestens aufnehmen und auch trockene Raumluft durch Abgabe von Feuchte sehr gut anreichern. Dadurch wirkt Lehmputz fast wie ein Raumluftregulierer. Darüber hinaus zeichnet sich der Baustoff Lehm durch eine ausgezeichnete Ökobilanz aus.

Türen

Als Verbindungselemente zwischen Räumen oder zwischen Außenbereich und Gebäudeinnerem müssen Türen folgende Funktionen erfüllen: Sie müssen Wärmeschutz, Schallschutz, Wind-/Luftzugschutz, Sichtschutz, Einbruchschutz und Brandschutz bieten. In Gebäuden mit Lüftungsanlagen kann es sein, dass die Türen in offenem und geschlossenem Zustand eine Lüftungsfunktion haben, was durch Belüftungselemente in den Türen sichergestellt wird. Türen im Innenbereich sollten sich abschließen und von beiden Seiten entriegeln lassen (wichtig zum Beispiel bei Kinderzimmertüren). Türen haben darüber hinaus

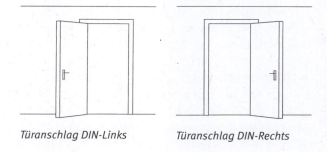

Türanschlag DIN-Links   *Türanschlag DIN-Rechts*

teilweise auch Schleusenfunktionen, zum Beispiel bei Verbindungstüren zwischen Garage und Haus.

Außentüren, zum Beispiel Hauseingangstüren, müssen vor allem einbruchhemmend (⸺▷ Seite 157) und winddicht sein sowie die Anforderungen der Energieeinsparverordnung an Außenbauteile erfüllen (⸺▷ Seite 182 ff.). Bei Außenlärmbelastungen kann der Schallschutz eine wichtige Rolle spielen.

Für **Innentüren** sollten die gleichen Prioritäten gelten, die man bei der Planung der entsprechenden Innenwände bereits definiert hat. Wenn zum Beispiel bei einer Innenwand zu einem unbeheizten Treppenhaus besonders auf die Wärmedämmung geachtet wurde, sollten diese Anforderungen genauso für die Tür zum Treppenhaus gelten. Meist spielt der Schallschutz die wichtigste Rolle, zum Beispiel bei Kinder- oder Arbeitszimmern. Bei Heizungsraumtüren oder Zugangstüren zur Garage vom Haus aus müssen Brand-

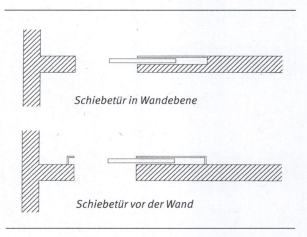

Schiebetür in Wandebene

Schiebetür vor der Wand

schutzbestimmungen beachtet werden. Bei Türen zu fensterlosen Räumen muss eine Belüftung des Raums bei geschlossener Tür sichergestellt sein.

Ein **Türelement** besteht in der Regel aus Türblatt und Türzarge. Die **Türzarge** wird in die Wandöffnung eingesetzt, das **Türblatt** darin eingehängt. Die häufigste Zargenart bei Innentüren ist die **Umfassungszarge**, die U-förmig die Türöffnung umschließt und auf beiden Wandseiten zirka drei Zentimeter vorsteht. Alternativ dazu kommen auch Blockzargen zum Einsatz, die in die Türöffnung eingestellt werden und bündig mit der Wandfläche abschließen. Sie sind in der Regel mit einer Schattenfuge von der Wandfläche abgesetzt. Bei der Planung von Türen müssen die **Schwenkbereiche** des Türblatts ebenso berücksichtigt werden wie die **Aufschlagrichtung** der Türen. Das ist insbesondere in Küchen, WC-Bereichen, Treppenhäusern und beim barrierefreien Bauen sehr wichtig. Es ist in der Regel günstiger, wenn sich die Türen nicht in einen Flur, sondern in einen Raum öffnen. Beim barrierefreien Bauen jedoch sollten sich Türen beispielsweise nicht in Bäder hinein öffnen.

Innentüren werden meist als **Drehtüren** eingebaut. Dabei werden Türen mit einem Anschlag „DIN-Links" und „DIN-Rechts" unterschieden, je nachdem auf welcher Seite die Türbänder befestigt (angeschlagen) sind. Die Betrachtung erfolgt von der Seite aus, zu der sich die Tür hin öffnet (→ Grafik Türanschläge, Seite 171). Zwischen Wohnräumen und Küchen werden manchmal Schiebetüren eingebaut. Sie sind platzsparend, weil sie in offenem Zustand in der Wand verschwinden und nicht in den Raum hineinstehen. **Schiebetüren** können in der Wandebene laufen, sichtbar vor der Wand oder in einem verkleideten Kasten. Sie sind aber meist teurer, (Grafik Seite 171).

Neben diesen Ausführungsvarianten gibt es weitere **Sonderausführungen**, zum Beispiel Falttüren, die beim Öffnen nur zu etwa einem Drittel der Türblattbreite in den Raum drehen. Sie lassen sich in beengten Raumsituationen einsetzen und ermöglichen dennoch eine große Türöffnung (→ Grafik Sondertüre). Der **Türrahmen** besteht in der Regel aus Holz oder Stahl. In der Türzarge sollte umlaufend ein Dichtungsprofil vorhanden sein. Die Qualität eines Türblatts wird durch den inneren Aufbau und die Oberfläche definiert. Der einfachste Türblattaufbau ist der Wabenkern. Ein Türblatt mit Wabenkern ist sehr leicht und hat daher einen schlechten Schallschutz. Etwas besser ist ein Röhrenspantürblatt, hochwertige Türblätter haben aber einen Massivkern. Je schwerer das Türblatt ist und je dichter es abschließt, desto besser ist in der Regel der Schallschutz.

Innentüren von Passivhäusern, aber auch Innentüren anderer Häuser, die eine raumübergreifende Lüftungsanlage haben, benötigen einen Luftdurchlass, entweder im Türblatt oder als sogenannte Unterschneidung des Türblatts. Das Türblatt läuft dann etwa eineinhalb Zentimeter über dem Boden. Durch diesen Spalt muss die Luft in einem Passivhaus von einem Raum (Zuluft/Wohnraum) in den anderen (Abluft/Bad oder Küche) wechseln können (→ Seite 188). Ein zusätzlicher **Schall- und Windschutz** kann bei Türblättern zum Beispiel durch absenkbare Bodendichtungen auf der Türblattunterseite erreicht werden. Die **Oberfläche des Türblatts** kann aus einem Echtholzfurnier bestehen, einfach lackiert oder – bei preiswerten Türen – mit einer Kunststofffolie beschichtet sein. Keller- und Brandschutztüren sind häufig aus Stahlblech. **Türen aus Glas** sollten nicht durchgängig aus Klarglas ge-

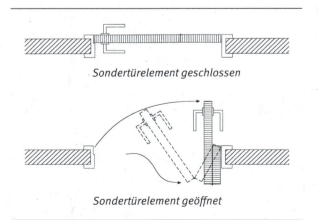

Sondertürelement geschlossen

Sondertürelement geöffnet

fertigt sein. Man übersieht schnell eine geschlossene Klarglastür und läuft dagegen. Glastüren sollten daher in verschiedenen Höhen zumindest Mattierungen oder andere Kennzeichnungen erhalten.

> **Tipp**
>
> **Achten Sie darauf, dass die Schwenkbereiche und Aufschlagrichtungen** von Türen in den Bauplänen richtig eingetragen sind. Raumhohe Türen sind eine interessante Alternative zum Standard und vermitteln Großzügigkeit.

Türen: Die häufigsten Baustoffe und ihre ökologischen Aspekte

Holz

Holztüren können aus Vollholz oder aus Holzmaterialkombinationen bestehen. Vollholztüren ohne Behandlung mit kritischen Lacken sind ökologisch vorteilhaft. Auch Holzmaterialkombinationen können umweltverträglich sein, wenn bei der Herstellung nicht zu viele Kleber- oder Leimzusätze verwendet wurden. Gut ist außerdem, wenn der Hersteller eine Holzverwendung nach dem FSC-Holzsiegel (---> Seite 152) vorweisen kann.

Metall

Türen aus Metall sind im Vergleich zu Holztüren in ökologischer Hinsicht klar im Nachteil. Metall ist in der Rohstoffgewinnung und Verarbeitung weit energieintensiver als Holz. Es ist außerdem kein nachwachsender Rohstoff. Außer bei speziellen Anforderungen, zum Beispiel Garage oder Heizungskeller, sollten Metalltüren daher eher nicht in Erwägung gezogen werden. Häufig findet man die Kombination aus Holztüren mit Metallzargen (Türrahmen). Wo es möglich ist, sollten keine Metallzargen eingesetzt werden.

Kunststoff

Türen aus Kunststoff sind eher selten, außer bei Fenstertüren. Meist ist Kunststoff im Türbau nur ein ergänzendes Material (für Oberflächenbeschichtungen, Innenfüllungen, Türgriffe oder Dichtungen). Innentüren mit Kunststoffbeschichtungen sind gegenüber Holztüren ökologisch nachteilig.

Lüftungsanlage, Heizungsanlage und Warmwasserversorgung

Der Stand der Technik ist heute so weit, dass man eigentlich an jedem Standort in Deutschland auf eine klassische Heizungsanlage verzichten kann, wenn man eine moderne Bauweise wie die Passivhausbauweise plant. Bei der Passivhausbauweise ist nur eine **Lüftungsanlage** notwendig, die die Funktion der Heizung mit übernimmt (---> Seite 188). Klassische Elemente der Heizungsanlage, wie zum Beispiel eine Heizwasserführung durchs ganze Haus, hat sie nicht mehr. Bei einem Passivhaus wird im Haustechnikraum ein Lüftungszentralgerät aufgestellt, bei vielen Herstellern kombiniert mit einem Wärmetauscher und einer Wärmepumpe. Die Außenluft wird dann angesaugt, durch einen Wärmetauscher geführt und so vorerwärmt, um dann über die Lüftungszentralanlage in alle Zulufträume geführt zu werden, üblicherweise die Wohnräume. Diese werden durch den kontinuierlichen und warmen Luftstrom erwärmt. Über die Ablufträume, üblicherweise Küchen und Bäder, wird die Luft dann wieder abgeführt, über die Lüftungszentrale zurückgeführt durch den Wärmetauscher, wo sie ihre Restwärme abgibt an die neue Luft, die angesaugt wird.

Das Warmwasser wird bei diesen Systemen mit der elektrischen Wärmepumpe produziert und im Trinkwasserspeicher eingelagert, von wo es zu den einzelnen Entnahmestellen gelangen kann. Die Wärmepumpe kann durch eine Solarkollektoranlage bei der Warmwasserbereitung auch unterstützt, ferner kann durch eine Photovoltaikanlage auch der Strombedarf selbst produziert werden, wobei Passivhäuser insgesamt keinen höheren Strombedarf haben als alle anderen Häuser auch. Denn die Lüftungsanlagen laufen mit großen Rohrquerschnitten und ganz einfachen Ventilatoren. Die großen Rohrquerschnitte der Lüftungsanlage müssen allerding von vornherein berücksichtigt werden. Sogenannte Wickelfalzrohre, die dafür gut eingesetzt werden können, sind durchaus auch offen unter eine Decke führbar. Eine kluge Grundrissplanung macht aber jeden Raum auch direkt und ganz unauffällig anfahrbar.

Der Luftansaugstutzen außen am Haus kann vor jeder Fassade aufgestellt werden. Im Idealfall steht er im Gartenbereich. Er ist zwar sichtbar, aber nicht störend. Die Abluftanlage kann man meist sehr unauffällig auch auf Kelleraußenwandhöhe nach außen führen.

Das Passivhauskonzept wird seit vielen Jahren deutschlandweit erfolgreich umgesetzt. Trotzdem, werden bis heute sehr viele neue Häuser noch immer mit Gas- oder Ölheizungen ausgestattet. Das ist eigentlich wenig sinnvoll, soll aber nachfolgend dennoch behandelt werden.

Ein **klassisches Heizsystem**, das aus der Verbrennung von Energieträgern Wärme gewinnt, besteht in der Regel aus mehreren Komponenten, die aufeinander abgestimmt sein müssen:

› Tanklager (bei Ölheizung), sichere Gaszuführung (bei Gasheizung), Lagerraum (bei Holzheizungen),
› Brenneranlage (verbrennt den Heizstoff),
› Kesselanlage (erwärmt das Heizwasser),
› Abgasführung (leitet die Verbrennungsgase an die Außenluft),
› Heizungspumpen (verteilen das Heizwasser in Rohre und Heizkörper),
› Regel- und Steuerungseinrichtungen (regeln die Heizleistung),
› Sicherheitseinrichtungen (wie das Ausdehnungsgefäß zur Aufnahme entstehenden Überdrucks oder auch Sicherheitsventile, durch die bei geschlossenen Systemen Überdruck entweichen kann),
› Heizungsrohre (leiten das Heizwasser zu den Heizflächen und zurück zur Kesselanlage),
› Heizflächen (geben die Wärme des heißen Wassers an den Raum ab).

Mindesttemperaturen in beheizten Gebäuden
Raum-Norm-Innentemperatur

Die DIN 4701 „Wärmebedarf von Gebäuden" legt die „Norm-Innentemperaturen" für beheizte Gebäude fest, die durch die Beheizungssysteme auch bei sehr kaltem Außenklima erreicht werden müssen:

Wohnraum 20 °C,
Schlafraum 20 °C,
Küche 20 °C,
Bad 24 °C,
WC 20 °C,
geheizter Nebenraum (zum Beispiel Vorraum, Flur) 15 °C,
Treppenraum 10 °C.

Beim Warmwasser muss im Vorlauf und im Warmwasserspeicher mindestens regelmäßig temporär eine Temperatur von 70 °C erreicht werden können, um die Gefahr von Legionellenbildung auszuschließen.

Die meisten Elemente der Heizungsanlage wie Öltank, Brenneranlage, Heizkessel, Pumpen oder Heizkörper bestehen aus vorgefertigten Bauteilen, die vor Ort montiert werden. Welche Art von Heizungsanlage zum Einsatz kommt, hängt ganz wesentlich vom Hauskonzept ab. Grundsätzlich gilt: Je besser die Dämmung ist, desto weniger leistungsstark muss die Heizungsanlage sein. Neubauten müssen die Anforderungen der Energieeinsparverordnung (EnEV) und des Erneuerbare-Energien-Gesetzes (EEG) einhalten. In Letzterem ist festgelegt, dass mindestens 15 bis 50 Prozent des Energiebedarfs eines Neubaus aus erneuerbaren Energien stammen müssen (→ Seite 182 ff.). Der Anteil ist abhängig von der eingesetzten Art der erneuerbaren Energie. Wird beispielsweise Solarenergie eingesetzt, also vielleicht Solarkollektoren, gelten 15 Prozent als Größe; wird feste Biomasse eingesetzt, also etwa Holzpellets, müssen 50 Prozent des Energiebedarfs des Neubaus daraus abgedeckt werden.

Bei der Dimensionierung einer Heizungsanlage sind zu berücksichtigen: zu beheizendes Raumvolumen, Verhältnis von Grundfläche zu Höhe, Verhältnis von Raumvolumen zu Außenflächen sowie Häufigkeit der Nutzung der Räume in der kalten Jahreszeit. Wenn die

Raumluft indirekt über Heizkörper erwärmt wird, kann der Heizwasserkreislauf durch Öl-, Gas- oder Pelletbrenner beheizt werden, oder aber es gibt eine Option oder sogar die verbindliche Vorgabe, das Haus an ein Fernwärmenetz anzuschließen. In einigen Regionen ist auch die Nutzung von Geothermie möglich (→ Seite 191 ff.).

Bei der Dimensionierung und Auslegung der **Warmwasserversorgung** muss vor allem beachtet werden, wofür sie genutzt wird. Ob nur Badezimmer und Küche oder auch ein Schwimmbad im Haus mit Warmwasser versorgt werden sollen, macht natürlich einen erheblichen Unterschied und muss bei der Anlagenplanung berücksichtigt werden. Für die Planung der Heizungsanlage und Warmwasserversorgung muss man die vor Ort **zur Verfügung stehenden Energieträger** kennen. Gibt es Anschlussmöglichkeiten an ein Erdgas oder Fernwärmenetz? Wie sieht es mit der Versorgung durch Flüssiggas, Öl oder Festbrennstoffe aus? Wie sind die Bedingungen zur Nutzung von Sonnenenergie und Umweltwärme?

Für den Betrieb einer **Heizungsanlage mit Gasbrenner** muss eine Gasleitung in der Nähe des Hauses liegen oder die Möglichkeit bestehen, einen Gastank (Flüssiggas) neben das Haus zu stellen. Moderne Gasheizungen arbeiten mit Brennwertkesseln, die über die Verbrennung von Gas hinaus die Abwärme der Verbrennungsluft nutzen, die sonst durch den Kamin entweichen würde. Das erhöht den Wirkungsgrad der Anlage.

Bei **Ölheizungen** ist man örtlich unabhängig. Das Brennmaterial wird mit dem Tankwagen angeliefert. Im Keller muss Platz für den oft mehrere Tausend Liter fassenden Tank eingeplant werden, der beim Anschluss an andere Versorgungsnetze entfällt. Brennwertkessel sind auch bei Ölheizungen mittlerweile Standard. Aus ökologischer Sicht sollten Ölheizungen heute jedoch nicht mehr eingebaut werden.

Moderne Festbrennstoffheizungen für Holz, auch **Holzpelletheizungen** genannt, haben einen ähnlichen

Holzpellets

Bedienungskomfort wie Gas- oder Ölheizungen. Sie verfügen ebenfalls über einen Brenner, nur dass in diesem nicht Öl oder Gas verfeuert wird, sondern Holz. Sie werden meist mit kleinen, zylindrischen Presslingen aus naturbelassenem Restholz, so genannten Holzpellets, betrieben. Die Holzpellets werden in einem Tankwagen geliefert, in einen Lagerraum im Haus eingeblasen und von dort aus über eine Förderschnecke vollautomatisch dem Brenner zugeführt. Beim Betrieb einer Festbrennstoffheizung muss man lediglich ab und zu den Auffangbehälter für die Asche leeren. Holzpelletheizungen sind deswegen interessant, weil keine fossilen Brennstoffe verheizt werden, sondern ein nachwachsender Rohstoff. Dadurch ist die Kohlenstoffbilanz für die Umwelt ausgeglichen: Die Menge CO_2, die ein Baum während seines Wachstums aus der Luft gebunden hat, wird beim Verbrennungsvorgang wieder an diese abgegeben.

Der Betrieb von **Kachelöfen** ist in der Regel nur eine zusätzliche Heizmöglichkeit für einzelne Räume.

> **Tipp**
>
> **Wenn Sie sich für eine Holzpelletheizung entscheiden,** sollten Sie darauf achten, dass es in der Umgebung mehrere Lieferanten für Holzpellets gibt. In Süddeutschland üblicherweise kein Problem, das kann jedoch in einigen Regionen in Norddeutschland anders aussehen.

Fernwärme ist die Abwärme von Kraftwerken sowie von industriellen oder gewerblichen Fabrikationsabläufen. Der sehr heiße Wasserdampf wird nicht einfach in die Atmosphäre geleitet, sondern in eine Fernwärmeleitung eingespeist, die den Wasserdampf zu den Wohngebieten transportiert. Bei der Nutzung von Fernwärme wird eine Übergabestation im Gebäude eingebaut, ein eingebauter Zähler ermittelt die abgenommene Wärmeenergie. Es wird kein Heizkessel, Heizraum, Kamin oder Lagerraum für den Brennstoff benötigt. Dafür sind Sie aber an die Preisgestaltung eines einzigen Anbieters gebunden.

Die **Wärmepumpe** ist ein System zur Nutzung von Energie aus der Umwelt. In der Regel ist sie als Luft- oder Erdwärmepumpe ausgelegt: Sie entzieht der Außenluft oder dem Erdreich Wärme und führt sie der Heizungsanlage zu. Wärmepumpen arbeiten meist mit strombetriebenen Kompressoren, um die der Umwelt entzogene Wärme auf das benötigte Temperaturniveau zu bringen. Wärmepumpen sind mittlerweile sehr beliebt. Entscheidend ist ihr Wirkungsgrad, die sogenannte Jahresarbeitszahl JAZ beziehungsweise ß. An dieser Zahl hängen auch Förderkriterien der KfW für die Förderung von Wärmepumpen (siehe Seite 185).

Lüftungsanlagen, die zugleich auch die Raumheizung übernehmen, werden nur bei hoch gedämmten Gebäuden wie Passivhäusern eingesetzt (⟶ Seite 188). Wenn der Garten groß genug ist, kann die Luftzuführung über eine Erdleitung verlaufen, durch die im Winter die kalte Außenluft vorgewärmt wird. Moderne Lüftungsanlagen verfügen zudem über einen Wärmetauscher, der die Energie der warmen Abluft an die Zuluft abgibt. Zur Erwärmung des Frischwassers nutzen moderne Lüftungsanlagen integrierte Wärmepumpen und angebundene Warmwasserspeicher.

Eine Grundüberlegung, die sich auf den Installationsaufwand und die gesamte Bauablaufplanung auswirkt, ist die Frage nach den **Raumheizungsflächen**: **Sichtbare Wärmeabgabeflächen**, zum Beispiel Heizkörper, sind kostengünstig und haben den Vorteil einer kurzen Reaktions- also Aufheizzeit des Raums. Weil die Austauschflächen klein sind, sind dafür höhere Vorlauftemperaturen im Heizsystem erforderlich. Da Heizkörper und -leitungen frei zugänglich sind, sind sie grundsätzlich reparaturfreundlicher als nicht sichtbare Wärmeabgabeflächen. **Nicht sichtbare Wärmeabgabeflächen** wie Fußboden- und Wandheizungen können aufgrund ihrer großen Fläche mit niedrigeren Wassertemperaturen im Heizsystem betrieben werden, was die Aufwirbelung von Staub reduziert und die Behaglichkeit vergrößert. Dafür brauchen sie erheblich länger als normale Heizkörper, um einen Raum zu temperieren. Fußbodenheizungen bestehen aus aufeinander abgestimmten Komponenten wie Dämmung, Trägerplatte für die Heizschleifen und den wasserführenden Heizschleifen selbst. Die Heizschleifen können aus Kunststoff oder Kupfer sein. Wichtig für die Planung: Bei einer Verlegung der Heizschläuche im Estrich kann ein spezieller Heizestrich verwendet werden. Die Warmwasserbereitung für Heiz- und Frischwasser kann als zentrale oder dezentrale Warmwasserbereitung erfolgen. Bei der **zentralen Warmwasserbereitung** werden Heiz- und Warmwasser fast immer über eine gemeinsame Wärmequelle erwärmt und über Leitungssysteme im Haus verteilt.

Zentrale Warmwasserbereitungsanlagen haben immer den Nachteil, dass das Warmwasser über teils lange Leitungsstrecken an den Ort des Bedarfs transportiert werden muss. Ein ausreichend dimensionierter Warmwasserspeicher in Kombination mit einer Zirkulationsleitung, die das warme Wasser in den Leitungsrohren zirkulieren lässt, gleicht diesen Nachteil aus, verbraucht dafür aber mehr Energie für die Umwälz-

---

Wandheizungen

Kommen Wandheizungen zum Einsatz, sollten vor beheizten Wandflächen keine Schränke oder geschlossenen Regale stehen, um die Wärmeabgabe in den Raum nicht zu behindern. Außerdem sollte die genaue Lage der Heizleitungen bekannt sein, damit man später beim Bohren in diesen Wänden nicht versehentlich Heizleitungen beschädigt.

7.2 Die Baustoffe und Bauelemente – und ihre ökologischen Aspekte

> **Tipp**
>
> **Elektrische Warmwasserbereitung** ist unter ökologischen Gesichtspunkten sehr bedenklich, da hier normalerweise zunächst unter hohem Energiebedarf Strom im Kraftwerk erzeugt, zum Haus geleitet und dort wiederum unter hohen Energieverlusten heißes Wasser erzeugt wird. Sie kann allerdings dann gerechtfertigt sein, wenn zum Beispiel ansonsten alternativ eine sehr aufwendige Wasserversorgung für ein selten genutztes Handwaschbecken installiert werden müsste. Wenn der Strom aus einer eigenen Photovoltaikanlage stammt, sieht die Ökobilanz des Stroms ohnehin ganz anders aus.

pumpe und die permanente Aufheizung des Wassers auf Solltemperatur.

Die **dezentrale Warmwasserbereitung** erfolgt meist über Elektro-Durchlauferhitzer, die an den Verbrauchsstellen montiert sind. Zu den Entnahmestellen müssen nur Kaltwasserleitungen verlegt werden, was den Installationsaufwand verringert. Moderne elektronische Durchlauferhitzer können das Wasser auf einer voreingestellten Temperatur halten, auch wenn zusätzliche Zapfstellen (zum Beispiel an Dusche und Handwaschbecken) geöffnet werden und sich dadurch der Wasserdruck ändert. Elektronische Durchlauferhitzer sind jedoch deutlich teurer als einfache Geräte. Manchmal werden auch kleine elektrische Heißwasserspeicher mit fünf oder zehn Litern Volumen eingesetzt, sodass an der Entnahmestelle ohne Verzögerung heißes Wasser zur Verfügung steht.

Für die **Erwärmung von Frischwasser** spielen die regionalen Rahmenbedingungen eine große Rolle. Häufig werden Sonnenkollektoren zur Frischwassererwärmung auf Hausdächern und an Hausfassaden montiert. Hierbei wird, vereinfacht gesagt, Wasser in Glasröhren über sonnenexponierte Flächen geführt, das sich dabei erwärmt und die Wärme über einen Wärmetauscher an das Frischwasser abgibt. In der Regel reicht die Sonneneinstrahlung zur Erwärmung des Frischwassers während des ganzen Jahres nicht aus. Um den Bedarf einer vierköpfigen Familie zu decken, muss das Frischwasser meistens auch noch konventionell, das heißt über eine Warmwasserbereitungsanlage, erwärmt werden. Neben der Grundsatzentscheidung, welche Energiequellen genutzt werden sollen – zum Beispiel möglichst nur regenerative, auch ökologische oder erneuerbare genannt –, spielen folgende Kriterien eine wichtige Rolle: Anschaffungskosten, Lebenserwartung, Wartungs- und Reparaturfreundlichkeit, Unterhaltungskosten der Anlage. Nicht immer werden Sie die Heizungsanlage frei wählen können. In der Regel ist dies nur beim Bauen mit dem Architekten der Fall. Fertighaushersteller bieten meist nur eine begrenzte Auswahl an Systemen an, Bauträger bauen häufig einfach einen Standard ein.

Trotzdem liegt in der Gebäudegerätetechnik die Chance, auch ökologische Aspekte aufzugreifen. Denn auch ein Bauträger wird Ihnen voraussichtlich die Heizungsanlage Ihrer Wahl einbauen, wenn Sie bereit sind, dafür einen Aufpreis zu zahlen – wohingegen er bei den Hausbaustoffen praktisch nicht abweichen kann und wird. Diese Chance sollten Sie nutzen.

Elektroinstallation

Die Elektroausstattung eines Hauses muss Steckdosen, Schalter und Lichtauslässe mit Strom versorgen. Dazu sollen auch elektrische Antriebe von Rollläden, Toren und Markisen sowie Beleuchtungen außen am Haus und im Garten Strom erhalten. Immer öfter kommt auch die Stromversorgung von Lüftungsanlagen und Wärmepumpen hinzu. Bei der Versorgung der Wohnbereiche muss zunächst geklärt werden, welche technischen Installationen mit Strom betrieben werden sollen: Das sind in jedem Fall die Steckdosen und Beleuchtungsauslässe. Darüber hinaus sind zahlreiche weitere Nutzungen zu berücksichtigen, zum Beispiel:

› Lüftungsanlage,
› Wärmepumpe,
› elektrisch betriebene Dachfenster,

- elektrisch betriebene Rollläden,
- elektrisch betriebene Tore,
- elektrisch betriebene Markisen,
- Alarmanlage,
- Gartenbeleuchtung,
- Telefon-/Internetanschlüsse.

Die Elektroinstallation kann erst geplant werden, wenn ihr Umfang feststeht. Zur Planung der Elektroausstattung sollten Sie deshalb eine Kopie der Vorentwurfs- oder Entwurfsplanung des Gebäudes zur Hand nehmen und alle elektrisch betriebenen Anlagen sowie alle notwendigen Steckdosen und Lichtauslässe handschriftlich eintragen. Zur Orientierung können die in der DIN 18015-2 vorgegebenen Mindestanzahlen verwendet werden (Spalte rechts). Besser ist allerdings, wenn Sie die voraussichtlich notwendigen Steckdosen und Beleuchtungsauslässe nach Ihrem Bedarf Raum für Raum planen. Nehmen Sie als Minimum die von Ihnen bereits jetzt genutzten Geräte und gehen Sie davon aus, dass die Zahl der mit Strom betriebenen Geräte in einem Haushalt weiter deutlich zunehmen wird. Denken Sie auch an künftige Umnutzungen von Räumen. Es ist empfehlenswert, ein Zimmer generell mit nicht weniger als fünf Steckdosen auszustatten und mindestens zwei Beleuchtungsauslässe vorzusehen.

Der **Stromkreisverteiler** ist gemäß DIN 18015-1 im Wohnbereich in der Nähe des Belastungsschwerpunkts zu installieren. Das ist in der Regel im Flur

Anzahl der Steckdosen nach DIN 18015-2

Fläche des Wohn- oder Schlafraums	Anzahl der Steckdosen	Anzahl der Beleuchtungsauslässe
Bis 20 m²	4	1
Über 20 m²	5	2 bzw. 3

in der Nähe von Bad oder Küche. Bei Einfamilienhäusern wird der Stromkreisverteiler häufig auch zusammen mit dem Stromzähler in einem Schrank im Keller untergebracht. Die Anzahl der Stromkreise, die vom Stromverteiler zu den Beleuchtungen und Steckdosen laufen, richtet sich gemäß DIN 18015-2 nach der Wohnfläche. Sie können hier aber natürlich abweichende, sinnvolle Stromkreise festlegen. Die Leitungsführung von Stromleitungen erfolgt vom Hausanschluss in Installationszonen entlang der Raumwände. Diese Installationszonen haben eine Breite von 30 Zentimetern und laufen als horizontale Installationszone entweder 15 oder 90 Zentimeter über dem Fertigboden oder aber 15 Zentimeter unter der Decke. In der Senkrechten laufen sie 15 Zentimeter seitlich von Raumecken entfernt und zehn Zentimeter seitlich von Fenster oder Türleibungen. Diese Installationszonen müssen Sie zum Beispiel beachten, wenn Sie Löcher in Wände bohren. In Bädern gibt es darüber hinaus vier Installationsbereiche. Wichtig: Nur in Bereich 3 dürfen Beleuchtungsmittel und Steckdosen gesetzt werden.

- **Bereich 0** sind die Wasserwannenbereiche (Duschtasse, Badewanne),
- **Bereich 1** sind die wannenbegrenzenden Wände (Duschwände, Badewannenwände),
- **Bereich 2** ist das nähere Umfeld der wannenbegrenzenden Wände (bis 60 Zentimeter über die wannenbegrenzenden Wände hinaus),
- **Bereich 3** sind die restlichen Bereiche.

> **Tipp**
>
> **Wenn die Anordnung des Stromkreisverteilers geplant wird,** sollten Sie darauf achten, dass Schaltmittel (zum Beispiel Relais oder Schaltuhren) nicht zu einer Geräuschbelastung für angrenzende Zimmer werden können. Stromkreisverteilerkästen sollten daher schallentkoppelt in die Wand gesetzt oder vor die Wand gehängt werden. In Schlafzimmerwände sollten sie grundsätzlich nicht gesetzt werden.

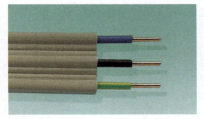
Stegleitung

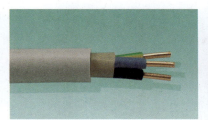
Mantelleitung

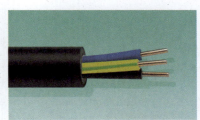
Erdkabel

Zusätzlich sind in Bädern Fehlerstrom-Schutzschalter zwingend vorgeschrieben (FI- Schutzschalter), denn hier besteht besondere Gefahr durch das Aufeinandertreffen von Strom und Wasser, das Strom besonders gut leitet. Fehlerstrom-Schutzschalter unterbrechen den Stromfluss bei Kontakt mit dem Stromnetz und können dadurch einen tödlichen Stromschlag verhindern. Sie werden in den Sicherungskasten eingebaut und müssen nach einem Auslösevorgang per Hand wieder zugeschaltet werden. In Küchen ist zusätzlich ein Drehstromanschluss (380 V) für den Herd und Backofen vorzusehen. Im Wohnungsbau werden Lichtschalter und -auslässe üblicherweise einander fest zugeordnet. Bei einer nachträglichen Veränderung müssen dann meist neue Leitungen verlegt werden. Für komplexere Funktionssteuerungen von Lichtsystemen oder Elektrogeräten werden spezielle Elektroinstallationen benötigt, sogenannte **BUS-Systeme.** Bei dieser Installationsart werden in den Elektroverteilern Steuer- und Eingabegeräte untergebracht, von denen aus die Zuordnung von Schaltern und Steckdosen flexibel und immer wieder neu gesteuert werden kann. Auch Steckdosen können dann einem Schalter zugeordnet werden. So kann beispielsweise eine Stehleuchte, die an einer Steckdose hängt über einen fest installierten Schalter bedient werden.

Bei der Elektroinstallation werden Steg- oder Mantelleitungen verwendet. **Stegleitungen** bestehen aus einzelnen Adern, die mit einem Kunststoffsteg zusammengefasst sind. Sie sind flach und werden auf Wänden verlegt, die später verputzt werden. In Feuchträumen werden häufig **Mantelleitungen** verwendet, die einen zusätzlichen Kunststoffmantel als Schutz haben. Sie können unter Putz, im Putz oder – zum Beispiel im Keller – auf Putz verlegt werden. Werden sie unter Putz verlegt, müssen die Wände zur Aufnahme der Leitungen geschlitzt werden, da Mantelleitungen im Gegensatz zu Stegleitungen rund sind und damit einen höheren Aufbau haben. Auch die Leitungsführungen von BUS-Systemen bestehen aus Mantelleitungen.

Die Auswahl der **Schalter und Steckdosenprogramme** bleibt Ihrem Geschmack und dem Angebot Ihres Baupartners überlassen. Ein Vorteil von Markenherstellern ist – neben der Qualität –, dass die Programme

> **Tipp**
>
> **Fehlerstrom-Schutzschalter** sollten nicht nur für Badezimmer und Außensteckdosen vorgesehen werden. Auch Kinderzimmer sollten mit FI-Schutzschaltern abgesichert werden.

> **Tipp**
>
> **Eine spätere, komplexe Elektroinstallation** können Sie schon bei der Planung berücksichtigen. Dazu reicht es, in jedem Raum ein Leerrohr für eine nachträgliche BUS-Leitung vorzusehen und die Elektroverteiler größer zu dimensionieren, um später die Steuer- und Eingabegeräte einbauen zu können.

Beispiele für die Elektroplanung

- **Küche:** Anschlüsse für Dunstabzughaube, Spülmaschine, Kühlschrank, Beleuchtung der Arbeitsplatte, Elektrogeräte auf der Arbeitsplatte (zum Beispiel Mikrowelle, Kaffeemaschine, Wasserkocher)
- **Wohnzimmer:** schaltbare Steckdosen, Wandleuchten, alternative Anschlüsse für Fernsehen, Musik, Computer, Leerrohre für Lautsprecherkabel oder Nachrüstung von Leitungen
- **Flur:** Steckdosen neben Telefonanschluss für Elektroversorgung von Telefon und Anrufbeantworter
- **Schlafen:** Anschlüsse für Fernsehen, Musik, Computer, Netzfreischaltung gegen Elektrosmog

Anzahl der Stromkreise nach DIN 18015-2

Wohnfläche	Anzahl der Stromkreise für Beleuchtung und Steckdosen
Bis 50 m²	3
Über 50 bis 75 m²	3
Über 75 bis 100 m²	4
Über 100 bis 125 m²	5
Über 125 m²	6

meist lange im Angebot bleiben und Sie später bei Reparaturen oder Erweiterungen auf die gleichen Produktreihen zurückgreifen können.

Wenn Sie mit einem Architekten bauen, sollte die gesamte Elektroinstallation von einem Fachingenieur geplant und ausgeschrieben werden. Zur Erdung der Installation muss bei allen Neubauten ein **Fundamenterder** installiert werden. Dazu wird Bandstahl in die Fundamente eingelegt, der als Potenzialausgleich dient. Ein Stück dieses Bandstahls wird als Anschlussfahne im **Hausanschlussraum** aus dem Fundament nach oben in den Raum geführt. Alle Heizungs-, Gas- oder Wasserrohre aus Metall, die Blitzschutz-, Fernmelde- und Antennenanlage sowie alle Sanitärgegenstände aus Metall werden mit dieser Anschlussfahne geerdet. Zur Elektroplanung gehören Überlegungen zum Blitz- und Überspannungsschutz der Elektroinstallation und der angeschlossenen Geräte. Der **äußere Blitzschutz** schützt vor mechanischer Zerstörung und Brand durch direkten Blitzschlag. Er besteht aus den Auffangeinrichtungen am Dach, den Ableitungen und der Erdungsanlage. Der innere Blitzschutz besteht aus dem Blitzschutz-Potenzialausgleich an allen metallischen Anlagen wie Rohrleitungen, Betonbewehrungen, Elektroleitungen und einem Überspannungsschutz zum Schutz der Elektrogräte. Er schützt vor Schäden aufgrund der hohen Spannungen bei einem direkten oder indirekten Blitzeinschlag.

HEA/RAL RG 678

Es kann sein, dass Sie bei der Elektroplanung auch auf die Richtlinie RAL RG 678 stoßen. Diese Richtlinie geht über die DIN hinaus und sieht drei Ausstattungsstufen vor, die mit einem, zwei oder drei Sternen gekennzeichnet sind. Aber auch hier sollten Sie sich die Elektroausstattung durch die Elektroplanung detailliert vorlegen lassen und überprüfen, ob der festgelegte Ausstattungsumfang auch Ihrem Bedarf entspricht. Weitere Informationen hierzu erhalten Sie auch bei der „HEA – Fachgemeinschaft für effiziente Energieanwendung e. V." (www.hea.de/projekte/ral-rg-678).

> **Tipp**
>
> **Sie können natürlich auch von Anfang an** ein paar Steckdosen und Schalter mehr bestellen, als unmittelbar benötigt werden, und sich einen „Vorrat" für späteren Bedarf anlegen.

Kommunikations- und Medientechnik

Zur Kommunikations- und Medientechnik gehören im Wesentlichen drei Bereiche:

> **Klingel- und Haussprechanlage:** Nach DIN 18015-2 ist für jede Wohnung eine Klingelanlage vorzusehen, für Gebäude mit mehr als zwei Wohnungen zusätzlich eine Gegensprechanlage mit Türöffner. Aber auch für Einfamilienhäuser ist die Installation von Gegensprechanlagen sinnvoll. Hauskommunikations- und Türsprechanlagen werden über einen eigenen Stromkreis versorgt. Es ist sinnvoll, auf allen Geschossebenen eine solche Gegensprechanlage zu installieren, damit man – wenn es an der Haustür klingelt – nicht erst noch eine Treppe hinauf- oder hinunterlaufen muss.

> **Telefon- und Internetanschluss:** Nach DIN 18015-2 ist pro Wohnung ein Telefonanschluss vorzusehen. Doch die Kommunikationstechnologie und deren Nutzung schreiten rapide voran, sodass hier weiter gedacht werden sollte. Telefondosen sollten in alle Wohnräume gelegt werden, mindestens Leerrohre für eine einfache spätere Nachrüstung. Da heutzutage immer mehr Telefone mit Akkus betrieben und auch Faxgeräte und Computer an Telefonanschlüsse angebunden werden, sollte jeweils neben die Telefondosen mindestens eine, besser sollten mehrere Steckdosen gesetzt werden. Man kann in Hinsicht auf Internet natürlich auch mit WLAN (wireless local area network) arbeiten, also Lösungen, die ohne Kabelverlegung im Haus auskommen. Wenn man aber neu baut, ist es sinnvoll, dass jeder Wohnraum auch einen leitungsgebundenen Internetzugang erhält. Zumindest sollte man diese Option mit der Verlegung von Leerrohren vorbereiten, denn eine spätere Verlegung ist ungleich teurer.

> **Antennenanlage und Kabelanschluss:** Bei Antennen- und Kabelanlagen unterscheidet man zwischen Ton- und Bildempfangsanlagen. Antennen können in Form von klassischen Dach- oder Satellitenantennen am Gebäudekörper montiert werden. Kabelanschlüsse werden durch das Erdreich ins Haus geführt. Gemäß DIN 18015-1 ist ein Leerrohr zwischen dem obersten Wohngeschoss und dem Dachgeschoss vorzusehen. Dadurch ist es möglich, den Ton- und Bildempfang sowohl über Antennensysteme auf dem Dach wie auch über einen Kabelanschluss im Keller in das ganze Haus zu leiten. Nach der DIN 18015-2 sind für Wohnungen mit bis zu drei Aufenthaltsräumen eine, für Wohnungen mit mindestens vier Aufenthaltsräumen zwei und für größere Wohnungen mindestens drei Antennensteckdosen vorzusehen. Es kann darüber hinaus aber sehr sinnvoll sein, eine Kabel- oder Antennensteckdose in jeden Wohnraum zu legen. Direkt daneben sollte jeweils mindestens eine Steckdose für die Gerätetechnik, besser sollten gleich mehrere installiert werden.

Rauchmelder

Sehr wichtig für die Sicherheit der Bewohner sind Rauchmelder. Diese können meist sehr preiswert und unabhängig von der übrigen Elektroplanung installiert werden. Rauchmelder sind bei Neubauten nach den Landesbauordnungen zwingend vorgeschrieben. Das Innenleben eines Rauchmelders besteht im Wesentlichen aus einer Leuchtdiode und einem Fotoelement. Die Leuchtdiode sendet in regelmäßigen Abständen einen Lichtstrahl aus, der im Normalfall nicht auf eine Fotolinse im Fotoelement trifft. Dringt bei einem Brand jedoch Rauch in das Gehäuse des Rauchmelders ein, werden die Lichtstrahlen vom Rauch abgelenkt und treffen auf die Fotolinse. Der Alarm wird ausgelöst.

> **Tipp**
>
> **Auch wenn Ihr Vertragspartner keine Rauchmelder vorsieht,** sollten Sie diese umgehend selbst installieren. Optimalen Schutz bietet ein Gerät in jedem Schlafraum, Wohnraum und in den Fluren, die zum Ausgang führen. Die Installation erfolgt üblicherweise unter der Decke.

Günstig sind batteriebetriebene Rauchmelder, weil sie auch bei Stromausfall funktionieren. Bei diesen Geräten wird ein Warnsignal ausgelöst, bevor die Batterien leer sind. Rauchmelder sind preiswert im Fachhandel oder in Baumärkten zu erhalten.

7.3 Die Energieeinsparverordnung (EnEV), das Erneuerbare-Energien-Wärmegesetz (EEWärmeG) und KfW-Effizienzhaus-Klassifizierungen

Seit dem 1. Februar 2002 gilt in Deutschland die „Verordnung über energiesparenden Wärmeschutz und energiesparende Anlagentechnik bei Gebäuden (Energieeinsparverordnung – EnEV)", die seither mehrfach novelliert wurde. Durch diese Verordnung wurden die bis dahin geltende Wärmeschutz- und die Heizungsanlagen-Verordnung in eine Verordnung zusammengeführt. Die EnEV ist seither die wesentliche energetische Planungsgrundlage für alle neu zu errichtenden Gebäude. Sie stellt dabei eine gesetzliche Mindestanforderung dar, die nicht ohne Weiteres überschritten werden darf. Hinzu gekommen ist 2008 auch noch das „Gesetz zur Förderung Erneuerbarer Energien im Wärmebereich (Erneuerbare-Energien-Wärmegesetz – EEWärmeG)", das den Einsatz erneuerbarer Energien bei der Wärmeproduktion regelt.

Anforderungen der EnEV

Die Energieeinsparverordnung schreibt im Wesentlichen eine Zielvorgabe vor: Den maximal zulässigen Jahres-Primärenergiebedarf. Wie dieses Ziel erreicht wird, ist dem Planer weitgehend freigestellt. Grundsätzlich stehen ihm drei Wege offen: Eine optimale Wärmedämmung, eine optimale Heizungstechnik oder eine Kombination aus beidem. Dieses strukturelle Vorgehen ist durchaus sinnvoll, wurde vom Gesetzgeber im Detail nur leider so kompliziert geregelt, dass die Einhaltung der EnEV weder für Bauämter noch für Laien letztlich wirksam überprüfbar ist. Wichtig für Sie als Bauherrn oder Hauskäufer ist, zu wissen, dass die Einhaltung der Energieeinsparverordnung für Neubauten gesetzliche Vorschrift ist. Egal, ob Sie ein Haus mit einem Architekten bauen oder ein Haus vom Bauträger oder Fertighausanbieter kaufen: Alle sind verpflichtet, die Energieeinsparverordnung in ihrer Hausplanung zu berücksichtigen. Dazu wird eine Energiebedarfs-

Jahres-Primärenergiebedarf

Unter Jahres-Primärenergiebedarf versteht man den Bedarf an primärer Energie (zum Beispiel Kohle eines Kraftwerks oder Öl einer Ölheizung zur Erzeugung von Heizenergie), die ein Gebäude zu seiner Beheizung im Lauf eines Jahres benötigt. Wenn Sie ein neues Haus kaufen oder bauen, finden Sie Angaben über den zulässigen Jahres-Primärenergiebedarf im Energiebedarfsausweis. Wird ein Haus weder indirekt über ein Kohlekraftwerk beheizt (Beispiel Stromheizung: der benötigte Strom zum Heizen wird im Kraftwerk hergestellt und dann ans Haus geleitet) noch direkt (Beispiel Gas- oder Ölheizung: hier ist der Brenner im Haus selbst), sondern zum Beispiel ausschließlich durch Solarenergie, sinkt der Jahres-Primärenergiebedarf dieses Hauses nach der EnEV gegen null. Zwar ist die Sonnenenergie auch eine Primär-Energieform, aber nach der Energieeinsparverordnung fällt sie nicht unter die fossilen (begrenzt vorhandenen) Primärenergieträger wie etwa Kohle, Gas und Öl.

Da die meisten Häuser nicht auf den Einsatz von Primärenergie verzichten können, sind beim Neubau komplexe Abstimmungsprozesse zwischen der Dämmung der Gebäudehülle und der Auslegung der Heizungsanlage notwendig.

7.3 EnEV, EEWärmeG und KfW-Effizienzhaus-Klassifizierungen

> **Tipp**
>
> **Lassen Sie die Energiebedarfsberechnung** bei auftauchenden Zweifeln von einem Energieberater überprüfen. Die Energieberater mit der höchsten Qualifikation sind die vom Bundesamt für Wirtschaft und Ausfuhrkontrolle (Bafa) zugelassenen Energieberater. Die Adressen finden Sie im Internet unter **www.energie-effizienz-experten.de**. Ausführliche Erläuterungen zum Energieausweis erhalten Sie außerdem auf der Seite **www.verbraucherzentrale. nrw/energieausweis**.

berechnung angefertigt, die den voraussichtlichen Energiebedarf des geplanten Gebäudes ermittelt. Die Daten aus dieser Berechnung werden in einen Energiebedarfsausweis eingetragen, um auch behördlicherseits überprüft werden zu können. Soweit die Theorie. Die Praxis sieht leider anders aus: Das Berechnungsverfahren zur Einhaltung der Energieeinsparverordnung ist so kompliziert, dass die meisten Baubehörden mit der Überprüfung überfordert sein dürften und viele Behörden die Vorlage des Energieausweises im Rahmen der Baugenehmigung auch gar nicht verlangen (→ Kapitel 9.2). Und schließlich ist immer noch fraglich, ob das, was theoretisch gerechnet wurde, später auf der Baustelle auch umgesetzt wird.

Daher ist für Sie wichtig, dass Sie sich von Ihrem Vertragspartner nicht nur den **Energiebedarfsausweis**, sondern auch die **Energiebedarfsberechnung** aushändigen lassen. Falls später Zweifel auftauchen, können Sie den Rechenweg von einem unabhängigen Sachverständigen überprüfen lassen. Die Einhaltung der Energieeinsparverordnung sollten Sie zum Vertragsbestandteil machen, zum Beispiel indem Sie sie in die Baubeschreibung aufnehmen (→ Kapitel 8). Dadurch wird die Einhaltung der Verordnung zur vereinbarten Werkerfüllungspflicht Ihres Vertragspartners, für die er haftet. Erfüllt er sie nicht, liegt ein Mangel vor. Er ist aber auch gesetzlich ohnehin verpflichtet, diese einzuhalten. Die unnötig komplizierten Detailregelungen der EnEV zur Energiebedarfsberechnung müssen Sie sich nicht merken. Für die korrekte Einhaltung haftet Ihr Baupartner und wenn Zweifel auftauchen, ist die Einschaltung eines Fachmanns, der eine unabhängige Kontrolle vornimmt, ohnehin der beste Weg. Soweit Sie der vollständige und aktuelle Gesetzestext der EnEV interessiert, finden Sie diesen unter folgendem Link: **www.gesetze-im-internet.de**.

Anforderungen des EEWärmeG

Neben der Energieeinsparverordnung ist auch das Gesetz zur Förderung Erneuerbarer Energien im Wärmebereich, kurz: Erneuerbare-Energien-Wärmegesetz (EEWärmeG) relevant. Vor allem § 5 des Gesetzes ist entscheidend. Der Paragraf legt fest, wie hoch der Anteil an erneuerbaren Energien sein muss, je nach eingesetzter Energieart. Klingt kompliziert, gliedert sich aber relativ einfach wie folgt:

- solare Energienutzung – mindestens 15 Prozent,
- gasförmige Biomasse – mindestens 30 Prozent,
- feste Biomasse – mindestens 50 Prozent,
- Geothermie – mindestens 50 Prozent.

Es ist durchaus sinnvoll, hier zu differenzieren, denn solare Energiegewinnung zur Nutzung von Wärme – zum Beispiel über Solarkollektoren – ist nicht so einfach durchgängig sicherzustellen wie der Einsatz fester Biomasse, beispielsweise mit einem Pelletbrenner. Für die mit Abstand meisten Bauherren wird das Thema solare Energiegewinnung im Vordergrund stehen, eventuell auch kombiniert mit einer Biogasheizung oder einem Pelletbrenner. Für Solarkollektoranlagen hält das EEWärmeG eine relativ einfache Vorgabe parat. Gemäß Anlage 1 des Gesetzes gilt der Mindestanteil als erfüllt, wenn:

- bei Wohngebäuden mit höchstens zwei Wohnungen solarthermische Anlagen mit einer Fläche von mindestens 0,04 Quadratmetern Aperturfläche je Quadratmeter Nutzfläche installiert sind und
- bei Wohngebäuden mit mehr als zwei Wohnungen solarthermische Anlagen mit einer Fläche von mindestens 0,03 Quadratmetern Aperturfläche je Quadratmeter Nutzfläche.

Beispiel: Ihr Haus hat eine Wohneinheit und 120 Quadratmeter Grundfläche und Sie installieren fünf Quadratmeter Solarkollektoranlage, dann erfüllen Sie das Gesetz. Man könnte allerdings über die Begrifflichkeit „Nutzfläche" stolpern. Sind 120 Quadratmeter Wohnfläche nach der Wohnflächenverordnung auch 120 Quadratmeter Nutzfläche nach dem EEWärmeG? Um es kurz zu machen: nein. Die eine Berechnungsmethode der Wohnfläche steht in keinem Zusammenhang mit der anderen, beide haben eigene Berechnungsgrundlagen. Warum einfach, wenn es auch kompliziert geht, werden Sie fragen und liegen mit der Frage genau richtig. Hintergrund der gesamten Gebäudeenergiegesetzgebung war die Intention, den Ausstoß von CO_2 zu reduzieren. Die Idee war, die energetische Qualität der Gebäudehülle gesetzlich mit komplizierten Formeln in jedem Detail festzulegen, anstatt ganz einfach den eingesetzten Brennstoff direkt zu besteuern. Das Ergebnis ist, dass die Politik ihre eigene, komplizierte Gesetzgebung gar nicht wirksam überprüfen kann und die Gesetzgebung letztlich eben auch gar nicht durchgängig eingehalten wird, wie Praxisuntersuchungen schon vor Jahren zeigten.

Neuere Untersuchungen erweisen nun, dass das energetische Verhalten der Bewohner in hochwärmegedämmten Häusern keinesfalls effizienter ist als das in weniger gedämmten Häusern. Man kann ein Haus noch so sehr dämmen, wenn die Bewohner später die Fenster offen stehen lassen und die Heizung angestellt ist, verpufft der gesamte Effekt. Der CO_2-Ausstoß des Gebäudebestands sinkt daher auch nicht etwa, sondern er steigt. Die Gebäudeenergiesetze haben ihn nicht wirksam reduzieren können. Wäre hingegen ganz einfach der Brennstoff selber besteuert und würde er bei absinkenden Marktpreisen automatisch höher besteuert, wäre das Verhalten der Bewohner wesentlich einfacher und effizienter steuerbar. Nun ist Politik nicht immer logisch und unterliegt auch Lobbyinteressen, und Sie wiederum müssen sich an die Gesetzgebung selbstverständlich halten. Sie brauchen sich allerdings nicht in die völlig unnötige Formelflut der Gesetze zu begeben. Dafür haben Sie beim Bauen Fachleute. Sie müssen nur die Grundforderungen der Gesetze verstehen, dürfen die Logik der Gesetze dabei aber selbstverständlich hinterfragen.

Nach dem EEWärmeG sind Sie übrigens auch verpflichtet, den zuständigen Behörden Ihre Energieabrechnungen vorzulegen. Das ist leider kein Witz. Zitat §10 Absatz 2 EEWärmeG:

„(2) Die Verpflichteten müssen bei Nutzung von gelieferter

1. *gasförmiger und flüssiger Biomasse die Abrechnungen des Brennstofflieferanten nach Maßgabe der Nummer II.4 der Anlage zu diesem Gesetz*

a) *für die ersten fünf Kalenderjahre ab dem Inbetriebnahmejahr der Heizungsanlage der zuständigen Behörde bis zum 30. Juni des jeweiligen Folgejahres vorlegen,*
b) *für die folgenden zehn Kalenderjahre*
aa) *jeweils mindestens fünf Jahre ab dem Zeitpunkt der Lieferung aufbewahren und*
bb) *der zuständigen Behörde auf Verlangen vorlegen,*

2. *fester Biomasse die Abrechnungen des Brennstofflieferanten für die ersten 15 Jahre ab dem Inbetriebnahmejahr der Heizungsanlage*

a) *jeweils mindestens fünf Jahre ab dem Zeitpunkt der Lieferung aufbewahren und*
b) *der zuständigen Behörde auf Verlangen vorlegen."*

Solche Regelungen sind an Lebensfremdheit eigentlich kaum zu übertreffen. Kein Mensch wird fünf Jahre lang jährlich zu einer Behörde gehen, um ihr eine Brennstofflieferungs-Abrechnungen vorzulegen. Anstatt ganz einfach den Brennstoff selbst von vornherein angemessen energetisch zu besteuern und damit die Steuerungswirkung des Gesetzes sicherzustellen, soll die Wirksamkeit über zu kontrollierende Abrechnungen hergestellt werden. Es fragt sich dabei auch, wer diese Abrechnung eigentlich wie inhaltlich kontrolliert. Und die Abrechnungen bei lagerfähigen Festbrennstoffen beispielsweise sagt ja auch überhaupt nichts über den Verbrauch der Anlage aus, sondern höchstens etwas über eine Lagerkapazität. Wenn Sie das ganze Gesetz im Wortlaut interessiert, finden Sie es unter: **www.gesetze-im-internet.de** .

Eine für viele Bauherren wichtige Regelung beim EEWärmeG gilt den Wärmepumpen, in diesem Gesetz unter den Begrifflichkeiten Geothermie und Umweltwärme zusammengefasst. Wärmepumpen sind inzwischen weit verbreitet. Da Wärmepumpen aber mit Strom betrieben werden und das Heizen unter Einsatz von Strom eigentlich unwirtschaftlich ist, weil zur Herstellung des Stroms bereits Energie eingesetzt werden musste, suchte man nach einer Regelung, die die Effizienz der Anlagen festlegte. Das geschah über die Aufnahme der sogenannten Jahresarbeitszahl (JAZ oder auch ß) ins Gesetz. Die Jahresarbeitszahl besagt, wie viel Einheiten Wärme (in Kilowattstunden) mit einer Einheit Strom (in Kilowattstunden) produziert werden können. Je höher die Jahresarbeitszahl, desto effizienter die Wärmepumpe. Das Gesetz regelt hierzu im Anhang III Folgendes:

> Die Jahresarbeitszahl muss bei Luft/Wasser- und Luft/Luft-Wärmepumpen mindestens 3,5 betragen. Bei allen anderen Wärmepumpen 4,0.
> Wird mit der Wärmepumpe nicht nur die Heizung, sondern auch die Warmwasserbereitung betrieben, ist bei Luft/Wasser- und Luft/Luft-Wärmepumpen eine Jahresarbeitszahl von mindestens 3,3 vorgegeben, für alle anderen Wärmepumpen mindestens 3,8.

Messungen an Wärmepumpen im Praxisbetrieb haben allerdings ernüchternde Ergebnisse zutage gefördert. Die gesetzlichen Vorgaben werden mitunter rechnerisch erreicht, aber nicht im Praxisbetrieb. Für die Erlangung von möglichen Fördermitten reicht zwar der Nachweis des Rechenwertes aus. Für Ihre Stromrechnung – und damit Ihre Stromkosten – wird aber später natürlich nur der Praxisbetrieb zählen.

KfW-Effizienzhaus-Klassifizierungen

Die Kreditanstalt für Wiederaufbau (KfW), eine Förderbank im Bundeseigentum, bietet interessante Förderungen und Kredite beim Bau oder Kauf neuer Immobilien, die bestimmte energetische Standards voraussetzen. Diese Förderungen und Kredite können Sie kombinieren mit Krediten Ihrer baufinanzierenden Bank. Die KfW unterscheidet aktuell zwischen folgenden sogenannten Effizienzhaustypen bei Neubauten:

> KfW-Effizienzhaus 55,
> KfW-Effizienzhaus 40,
> KfW-Effizienzhaus 40 Plus.

Was heißt das? Das Prinzip hinter der Klassifizierung ist eigentlich ganz einfach: Die KfW nimmt die EnEV als Basis und legt auf dieser Grundlage fest, welchen Primärenergiebedarf ein Haus haben darf, wenn es besondere Förderungen erhalten soll. Ein KfW-Effizienzhaus 55 durfte nach dieser Vorgabe nur 55 Prozent des Primärenergiebedarfs benötigen, die ein EnEV-Haus benötigt, ein KfW-Effizienzhaus 40 nur 40 Prozent. Durch die Verschärfung der EnEV Anfang 2016 ist diese einfache Logik etwas durcheinandergeraten, da die KfW diese Verschärfung bei den KfW-Effizienzhäusern nicht in gleicher Weise mitging. Die KfW hat einen anderen Weg gewählt. Sie hat das KfW-70-Haus abgeschafft und bietet heute nur noch die Varianten 55, 40 und – neu – 40 Plus zur Förderung an. Da die EnEV-Anforderungen an Neubauten um etwa 25 Prozent verschärft wurden, heißt dies, ein aktuelles KfW-55-Effizienzhaus benötigt nicht mehr 55 Prozent des Primärenergiebedarfs eines EnEV-Gebäudes, sondern knapp 75 Prozent und ein KfW-40-Haus etwas über 50 Prozent. Ein KfW-Effizienzhaus 40 Plus muss darüber hinaus einige weitere Kriterien erfüllen. Es muss bieten:

> eine Strom erzeugende Anlage auf Basis erneuerbarer Energien,
> ein stationäres Batteriespeichersystem (Stromspeicher),

› eine Lüftungsanlage mit Wärmerückgewinnung,
› eine Visualisierung von Stromerzeugung und Stromverbrauch über ein entsprechendes Benutzerinterface.

Die KfW knüpft an ihr Programm allerdings eine Reihe von Voraussetzungen. Die beiden wichtigsten sind, dass mit dem Bau noch nicht begonnen worden sein darf und dass ein qualifizierter Sachverständiger aus der Expertenliste www.energie-effizienz-experten.de zu beauftragen ist. Grundlage ist immer eine Energiebedarfsberechnung. Außerdem gelten folgende Vorgaben für den Sachverständigen, Zitat KfW:

„Der Sachverständige ist für das Bauvorhaben wirtschaftlich unabhängig zu beauftragen. Neben einer Beratung, Planung und Baubegleitung für das Vorhaben darf der Sachverständige nicht
- *in einem Inhaber-, Gesellschafts- oder Beschäftigungsverhältnis zu den bauausführenden Unternehmen oder Lieferanten stehen oder*
- *von diesen Unternehmen oder Lieferanten beauftragt werden oder Lieferungen oder Leistungen vermitteln.*

Nicht unter diese Regelung zur wirtschaftlichen Unabhängigkeit fallen:
- *beim Antragsteller oder Verkäufer (z. B. Bauträger) von neuen Wohneinheiten angestellte Sachverständige*
- *angestellte Sachverständige von Bau- oder Handwerksunternehmen (z. B. Fertighausbauer), deren Produkte und Leistungen nach einer Gütesicherung definiert und überwacht werden."*

Da die KfW ihre Programme immer wieder weiterentwickelt und anpasst, ist es unerlässlich, dass man sich auf der KfW-Internetseite jeweils einen aktuellen Überblick zu den Programmen verschafft: **www.kfw.de.**

Und entscheidend ist natürlich immer auch, dass man im Hauskauf- beziehungsweise Hausbauvertrag oder in der dazugehörigen Baubeschreibung klar fixiert, dass man zum Beispiel ein KfW-Effizienzhaus 55 kauft oder baut, sodass später keinerlei Zweifel mehr darüber aufkommen kann, mit welcher energetischen Klassifizierung das Haus ausgestattet sein muss.

7.4 Was ist ökologisches, ressourcenschonendes und energieeffizientes Bauen?

Beim ökologischen Planen und Bauen geht es nicht nur darum, umweltverträgliche Baustoffe einzusetzen. Vielmehr lautet der Grundsatz bei allen Überlegungen: Was ist ressourcenschonend, emissionsarm und schadstoffminimiert, sowohl beim Bau des Gebäudes, beim Betrieb als auch beim Abriss und Rückbau?

Geringe Bodenversiegelung
Das ressourcenschonende Bauen setzt schon bei der durch eine Bebauung versiegelten Bodenfläche an: Freistehende Einfamilienhäuser haben beispielsweise den höchsten Flächenverbrauch pro Einwohner. In Deutschland werden immerhin jeden Tag zwischen 120 und 130 Hektar Freifläche überbaut, das sind 1,2 bis 1,3 Millionen Quadratmeter jeden Tag, was einer Fläche von 200 Fußballfeldern entspricht. Demgemäß wäre es bereits zweifelhaft, ein freistehendes Einfamilienhaus überhaupt als ökologisch zu bezeichnen, denn dessen Grundflächenbedarf pro Bewohner ist sehr hoch.

Regionale und ressourcenschonende Baustoffe

Auch bei der Auswahl der Bauelemente und Baustoffe gilt, dass ökologisches Bauen im Wesentlichen ressourcenschonendes Bauen ist. Die eingesetzten Baustoffe sollten keinen unnötigen Rohstoffabbau hervorrufen, keine hohen Energieaufwendungen oder große Schadstoffemissionen bei ihrer Produktion verursachen, keine langen Transportwege benötigen, einfach und gefahrlos auf der Baustelle zu verarbeiten sein, während ihrer Nutzung keine schädlichen Emissionen (zum Beispiel giftige Ausgasungen) haben und im Falle des Abbruchs einfach recycelbar sein.

Sie werden allerdings schnell feststellen, dass es schwierig ist, auch nur diese berechtigten und sinnvollen Vorgaben beim Bauen vollständig einzuhalten. Kaufen Sie beispielsweise ein Haus vom Bauträger oder Fertighausanbieter, haben Sie nur sehr geringen Einfluss auf die Auswahl der Baustoffe. Aber überall dort, wo Sie die Produktauswahl beeinflussen können, können Sie auch verlangen, dass die genannten Kriterien eingehalten werden, zum Beispiel beim Bauen mit dem Generalunternehmer oder Architekten. Hier können Sie bereits in der Baubeschreibung festlegen, welche Stoffe oder Materialien (→ Kapitel 8) nicht eingesetzt werden dürfen.

Das fordert der Naturschutzbund

Der Naturschutzbund Deutschland NABU (www.nabu.de) fordert bei der Auswahl von Baustoffen generell den Verzicht auf:

- asbesthaltige Produkte,
- formaldehydhaltige Produkte,
- chlorhaltige Produkte,
- schwermetallhaltige Produkte,
- lindanhaltige Schutzmittel,
- FCKW-haltige Materialien,
- stark lösemittelhaltige Baustoffe und Farben,
- Aluminium und Kunststoff, wenn gleichwertige Materialien zur Verfügung stehen,
- nicht FSC-zertifizierte Hölzer.

Energiesparende Gebäudehülle

Um einen niedrigen Heizenergieverbrauch zu realisieren, sind zwei Dinge besonders wichtig: eine möglichst optimale Gebäudedämmung und eine effiziente Anlagentechnik. Die Dämmung der Gebäudehülle kann heute so gut erfolgen, dass nur noch geringe Energieaufwendungen notwendig sind, um das Gebäude zu beheizen. Längst werden neben den klassischen Dämmungen auch völlig neue Dämmkonzepte entwickelt. Hier sind unter anderem die transparente Wärmedämmung und die Vakuumdämmung zu nennen.

Es ist möglich, dass Sie bei der Gebäudeplanung oder Objektsuche mit technischen Begriffen konfrontiert werden, die ein Gebäude energetisch einordnen, zum Beispiel „Niedrigenergiehaus", „Energiesparhaus", „Passivhaus", „EnEV-Haus", „Plusenergiehaus". Nicht alle Begriffe sind klar definiert oder gar sinnvoll: So gibt es für die Begriffe „Niedrigenergiehaus" und „Energiesparhaus" keine präzise Definition. Ein Neubau muss heute mindestens die Anforderungen der Energieeinsparverordnung (→ Seite 182 ff.) erfüllen. Darüber hinaus kann man natürlich freiwillig auch sehr viel mehr machen.

Der Begriff des **Passivhauses** beispielsweise definiert ein Gebäude, dessen Heizwärmebedarf 15 kWh pro Quadratmeter Wohnfläche und Jahr nicht überschreitet. Das entspricht einem Heizölverbrauch von etwa eineinhalb Litern pro Quadratmeter und Jahr zum Heizen des Gebäudes. Immer mehr Architekten bieten mittlerweile die Planung und den Bau von Passivhäusern an, aber auch Fertighaushersteller und die ZimmerMeisterHaus-Betriebe offerieren zunehmend diesen Haustyp. Bei Bauträgern sind Passivhäuser noch eher selten anzutreffen (siehe Seite 188).

Eine Stufe weiter als das Passivhaus gehen **energieautarke Häuser.** Diese Gebäude stellen die Energie, die sie benötigen, selbst her. Um aber wirklich autark zu sein, muss die selbst hergestellte Energie auch über lange Zeiträume gespeichert und bei Bedarf abgerufen werden können. Das erste Gebäude in Deutschland, das als energieautarkes Haus ge-

Das Passivhaus

Wer heute neu baut und nach wie vor Öl- oder Gasheizungen wählt beziehungsweise Holzpelletbrenner oder andere Systeme der Rohstoffverbrennung zur Wärmeerzeugung, greift faktisch auf veraltete Technologien zurück. Denn Häuser ohne fossile Heizungstechnik zu bauen ist längst möglich und tausendfach umgesetzt. Es handelt sich dabei um die Passivhaustechnologie, die letztlich nichts anderes ist als die kluge Kombination aus Lüftungs- und Heizungstechnik mit guter Dämmung. Beim Passivhausbau geht die wesentliche Investition in eine hoch wärmedämmende Außenhülle. Das ist generell sinnvoller, als eine mäßig gedämmte Außenhülle zu wählen, deren Nachteile dann durch eine konventionelle Heizungsanlage unter teurem Betrieb künstlich wieder ausgeglichen werden müssen.

Durch die gute Wärmedämmung benötigt ein Passivhaus generell keine allzu große Heizleistung. Das heißt, die Lüftungsanlage, die bei modernen Gebäuden ohnehin benötigt wird, um alle Räume geregelt mit frischer Luft zu versorgen, wird beim Passivhaus kombiniert mit einem Wärmetauscher, der die von außen angesaugte Frischluft vorerwärmt. Dadurch erhält man fortlaufend frische, aber warme Luft. Die Luft wird über die Wohnräume zu- und über Küchen und Bäder abgeführt. Eine zusätzliche Heizquelle ist nicht notwendig, und eine konventionelle Heizung kann entfallen. Die Warmwasserproduktion erfolgt oft über eine kleine Wärmepumpe, die in vielen Lüftungsanlagen für Passivhäuser bereits integriert ist und zusätzlich über Solarkollektorflächen unterstützt werden kann. Die Zusatzkosten, die man in die Gebäudehülle investiert, holt man über die entfallenden Betriebskosten meist sehr schnell wieder herein. Ein Passivhaus benötigt kaum mehr elektrische Energie als jedes konventionelle Haus. Und die Installationskosten einer Passivhauslüftungsanlage liegen fast immer unter den Kosten einer konventionellen Heizungsanlage.

Das Passivhaus kämpft aber bis heute mit zahlreichen Vorurteilen. Das gängigste ist: In einem Passivhaus könne beziehungsweise dürfe man die Fenster nicht öffnen. Das ist natürlich Unsinn. Sie können die Fenster in einem Passivhaus öffnen wie in jedem anderen Haus auch. Und wie jedes andere Haus auch kühlt dann in der kalten Jahreszeit die Innentemperatur herunter, bis Sie das Fenster wieder schließen. Danach steigt sie wieder an. Im Gegensatz zu einem konventionellen Haus müssen Sie im Passivhaus nur das Fenster gar nicht mehr öffnen, um frische Luft zu bekommen, denn diese wird Ihnen über die Lüftungsanlage ja automatisch und ständig geliefert, nur statt kalt eben warm. Viele Bauherren, die skeptisch waren, was die Errichtung eines Passivhauses angeht, sind später überzeugte „Passivhäusler" geworden. Und das Sinnvollste, was man tun kann, wenn man unentschlossen ist, ein Passivhaus zu bauen, ist es, mit Bauherren zu sprechen, die bereits eines gebaut haben. Bietet einem ein Architekt, ein Generalunternehmer oder ein Fertighausanbieter die Errichtung eines Passivhauses an, hat er üblicherweise immer auch Referenzbauherren, mit denen man sprechen und deren Haus man sich auch ansehen kann. Das sollten Sie dann auf alle Fälle tun und sich das Konzept im Praxisbetrieb zeigen und erklären lassen. Auch längere Anfahrtswege lohnen sich dafür.

Die KfW fördert gleichfalls Passivhäuser, wobei sie den identischen Energieeffizienzhaus-Klassifizierungen unterliegen wie alle anderen Häuser. Es gibt Passivhäuser, die nach KfW-55-Richtlinie errichtet werden, ebenso wie es Passivhäuser gibt, die die KfW-40-Plus-Kriterien erfüllen. Das Passivhaus Institut in Darmstadt (www.passiv.de), das den Planungsansatz des Passivhauses in Deutschland entscheidend vorangetrieben und in Darmstadt-Kranichstein auch die ersten Passivhäuser in Deutschland errichtet hat, bietet die Zertifizierung von Passivhäusern an. Das kostet allerdings einiges und ist meist gar nicht notwendig. Viele Energieberater können die Energiebedarfsberechnung für Passivhäuser problemlos durchführen, was für die Beantragung der KfW-Fördermittel üblicherweise völlig ausreicht.

---

plant und gebaut wurde und von allen Leitungen der Energieversorger auch tatsächlich gekappt wurde, ist das energieautarke Haus des Fraunhofer Instituts für Solare Energiesysteme (www.ise.fraunhofer.de) in Freiburg. Es gewinnt seine Energie ausschließlich durch solare Energieeinstrahlung und speichert die gewonnene solare Energie – ganz grob gesagt – durch Trennung von Wasser in Wasserstoff und Sauerstoff (technische Hydrolyse). Wird Energie im Haus benötigt, werden beide Stoffe wieder zusammengeführt. Bei diesem Vorgang, der auch als Knallgasreaktion bekannt ist, wird Energie freigesetzt, die dann genutzt werden kann. Durch diese Speicherform sind sehr lange Speicherzeiträume möglich.

7.4 Was ist ökologisches, ressourcenschonendes und energieeffizientes Bauen?

Energieautarkes Haus (Freiburg)

Es gibt sogar bereits Häuser, die mehr Energie produzieren, als sie selbst benötigen. Manchmal als **Plusenergiehäuser** bezeichnet. Allerdings sind diese Häuser meist trotzdem an das Versorgungsnetz der Energiedienstleister angeschlossen: Sie speisen überschüssige Energie im Sommer ganz einfach in das Netz und ziehen sich im Winter die Energie aus dem Netz, die sie benötigen. Nur ist die Gesamtbilanz positiv, es wird also über ein Jahr gemittelt mehr Energie eingespeist, als aus dem Netz entnommen wird. Aber das Versorgungsnetz selbst ist notwendig. Häuser dieses Bautyps werden bislang nur sehr vereinzelt angeboten. Die Verbraucherzentrale bietet mit dem Ratgeber „Strom und Wärme – Wege zum energieautarken Haus" allen interessierten Bauherren die Möglichkeit, dieses spezielle Thema zu vertiefen.

Unabhängig von diesen Idealhaustypen sollten Sie bei jeder Planung grundsätzlich auf eine gute Dämmung achten. Der Gebäudekörper muss außerdem fugenfrei und dicht sein, was Sie durch einen Blower-Door-Test (⟶ Seite 348) überprüfen lassen können, und die Fenster sollten möglichst gute Dämmwerte haben (⟶ Seite 158).

Emissionsarme Gebäudetechnik

Bei der Gebäude- und Haustechnik haben Sie im Gegensatz zu den Hausbaustoffen selbst bei Fertighausanbietern und Bauträgern durchaus Chancen, innovative Produkte einzusetzen. Denn es spielt nur eine untergeordnete Rolle, welche Heizungsquelle der Bauträger einbaut. Er muss dadurch nicht sein Haus- und Baustoffkonzept ändern. Diesen Spielraum können Sie nutzen: Statt eines klassischen Heizungs- und Warmwasserbereitungssystems können Sie eine innovative Anlage für regenerative Energiegewinnung installieren lassen – zum Beispiel eine effiziente Wärmepumpe, gekoppelt mit Solarkollektoren und Photovoltaik, die zumindest teilweise das benötigte Warmwasser und den benötigten Strom erzeugen.

Photovoltaikanlagen

Solare Technologien haben sich am Markt längst weit verbreitet und sind auch erschwinglich geworden. Im Wesentlichen handelt es sich hierbei um Photovoltaikanlagen zur Stromerzeugung und um Solarkollektoren zur Warmwasserbereitung. Photovoltaikanlagen bestehen häufig aus Siliziumschichten, an deren Grenzflächen sich bei Sonneneinstrahlung ein elektrisches Feld bildet. Dieses elektrische Spannungsfeld kann zur Stromerzeugung genutzt werden. Der erzeugte Gleichstrom muss über einen Wechselrichter in Wechselstrom umgewandelt werden. Bei den gegenwärtig auf dem Markt befindlichen Systemen kann bei einer installierten Photovoltaikfläche von einem Quadratmeter mit einer Energieleistung von etwa 1.000 Kilowattstunden im Jahr gerechnet werden. Eine Fläche von zehn Quadratmetern für ein Einfamilienhaus reicht schon aus, um die Stromkosten spürbar zu senken. Weitere Vorteile ergeben sich, wenn die Photovoltaikanlage mit einem Batteriespeicher gekoppelt wird. Batteriespeicher machen Solarstrom flexibel. Mit ihrer

Photovoltaikanlage

Hilfe können Besitzer einer Solaranlage die Energie vom eigenen Hausdach jederzeit einsetzen – und nicht nur dann, wenn die Sonne gerade scheint. Damit es mit dem Eigenverbrauch gut klappt, ist die richtige Dimensionierung entscheidend. Das heißt: Die Solaranlage und der Speicher müssen zum Stromverbrauch des Haushalts passen. Als Richtwert gilt: Pro 1.000 Kilowattstunden (kWh) Stromverbrauch im Jahr sollte die Photovoltaikanlage etwa ein Kilowattpeak (kWp) Nennleistung haben und der Speicher etwa eine Kilowattstunde nutzbare Kapazität.

Solarkollektoren
Solarkollektoren sind wasserführende Systeme, die zum Beispiel auf dem Dach liegen und in denen das Wasser der Sonneneinstrahlung ausgesetzt wird. Das dadurch aufgeheizte Wasser erwärmt dann seinerseits über einen Wärmetauscher das Trinkwasser, das für den Warmwasserbedarf und/oder die Heizung in einem Speicher bevorratet wird. Ist das Trinkwasser dann noch nicht warm genug, wird es über die Heizzentrale nacherwärmt. Ist es wärmer als 50 °C, ist eine Nacherwärmung in der Regel nicht erforderlich. Die Energieersparnis dieser Systeme gegenüber konventionellen Häusern liegt für die Warmwassererwärmung zwischen 50 und 70 Prozent. Für die benötigten Kollektorflächen müssen Sie mit einem bis eineinhalb Quadratmetern Kollektorfläche je Person rechnen. Hier sind aber auch die Vorgaben aus dem EEWärmeG einzuhalten (→ Seite 183). Außerdem benötigen Sie 70 bis 80 Liter Solarspeicherinhalt pro Person. Für einen Vier-Personen-Haushalt ergibt das etwa sechs Quadratmeter Kollektorfläche auf dem Dach und einen etwa 300-Liter-Solarspeicher im Haus. Für einen optimalen Wirkungsgrad sollten die Kollektorflächen in einem Winkel von 40° bis 45° montiert sein und nach Süden oder Südwesten ausgerichtet werden. Wenn die Sonnenkollektoren zum Beispiel jahreszeitlich bedingt nicht ausreichen, um den Warmwasserbedarf zu decken, wird konventionell zugeheizt. Neben der Nutzung solarer Energien treten auch andere Formen regenerativer Energienutzung in den Vordergrund. Von Holzpelletanlagen, (→ Seite 175) über Wärmepumpen (→ Seite 176) bis hin zum Einsatz von Brennstoffzellen und der Nutzung der Geothermie (→ Seite 191).

Brennstoffzelle
Das Prinzip der Brennstoffzelle ist eigentlich sehr alt und geht auf eine Erfindung aus dem Jahr 1838 beziehungsweise 1839 zurück. Eine Brennstoffzelle ist eine elektrochemische Zelle, die die Reaktionsenergie eines kontinuierlich zugeführten Brennstoffs und eines Oxidationsmittels in nutzbare elektrische Energie umwandelt. Als „Abfallprodukt" bleibt nichts weiter übrig als Wasser beziehungsweise Wasserdampf. Um diesen Reaktionsprozess aufrechtzuerhalten, muss die permanente Zufuhr von Wasserstoff und Sauerstoff sichergestellt werden. Dies wird bei den Brennstoffzellen, die gegenwärtig für die Haustechnik entwickelt werden, durch den Einsatz von Erdgas erreicht. In einem vorgeschalteten Prozess wird aus Erdgas (Hauptbestandteil: Methan CH_4) elementarer Wasserstoff (H_2) erzeugt. In der Haustechnik befinden

---

Von den Anfängen ...
Schon in den 1970er-Jahren gab es in Deutschland Ansätze, die Solarenergie für Gebäude zu nutzen. Das Pionierprojekt auf diesem Gebiet war das mit Bundesforschungsmitteln geförderte Solarhaus in Freiburg-Tiengen. Bei diesem Forschungsprojekt kamen erstmals in Deutschland überhaupt in größerem Umfang solare Technologien wie Photovoltaikanlagen und Solarkollektoren zum Solarhaus-Einsatz.

Solarhaus (Freiburg-Tiengen)

sich heute Weiterentwicklungen wie die PEM-Brennstoffzelle (Polymer-Elektrolyt-Membran) in ersten Einsätzen. Die Brennstoffzelle soll in Zukunft nicht nur für die Heizungs- und Warmwasserversorgung eingesetzt werden, sondern auch für die häusliche Stromerzeugung. Es ist also gut möglich, dass man in Zukunft sehr viel unabhängiger von überregionalen Energieanbietern wird.

Brennstoffzellen für die Haustechnik gibt es mittlerweile bereits in Serienproduktion am Markt. Die meisten Geräte benötigen aber einen Erdgasanschluss und separieren dann den Wasserstoff, der im Erdgas enthalten ist, zum Betrieb der Brennstoffzelle. Es gibt auch Kombinationsgeräte, bei denen zusätzlich ein klassischer Gasbrenner mit eingebaut ist. Und einige Hersteller bieten auch modulare Systeme, sodass ein Gas-Brennwertsystem später einmal ohne größere Probleme umgerüstet werden kann. Wenn Sie also heute den Einbau eines Gas-Brennwertsystems planen, können Sie danach fragen, ob die Anlage später auch mit einer Brennstoffzelle nachgerüstet werden kann. Viele Brennstoffzellen sind so ausgelegt, dass sie parallel Strom produzieren und den laufenden Strombedarf eines Haushalts auch durchgängig abdecken können. Wirklich ökologisch interessant werden Brennstoffzellen aber wohl erst, wenn sie gar nicht mehr auf die Zufuhr von Erdgas angewiesen sind, sondern ökologisch hergestellten Wasserstoff auf anderem Weg erhalten und einsetzen können.

Definition
Im Sprachgebrauch steht Brennstoffzelle meist synonym für die Wasserstoff-Sauerstoff-Brennstoffzelle.

Pilotprojekt Brennstoffzelle
Deutschlands wohl bekanntestes und gelungenstes Beispiel für den Brennstoffzelleneinsatz dürfte der Rappenecker Hof im Hochschwarzwald bei Freiburg sein. Es wäre viel zu teuer geworden, diesen abgelegenen Schwarzwaldhof an die moderne Energieversorgung anzuschließen. So installierte das Fraunhofer Institut für Solare Energiesysteme in den 1980er-Jahren zunächst eine Photovoltaikanlage zur Stromgewinnung. 2003 wurde zusätzlich eine PEM-Brennstoffzelle installiert, um den Energiebedarf des Gebäudes möglichst weitgehend zu decken. So wurde aus einem sehr alten Gebäude aus dem 17. Jahrhundert ein technisch hochinnovatives Haus des 21. Jahrhunderts, ein gutes Beispiel dafür, was auch bei Bestandsgebäuden alles möglich ist.

Rappenecker Hof mit Solardach und PEM-Brennstoffzelle

Geothermie
Bislang noch selten und mit Rückschlägen, aber auch Erfolgen wird die Geothermie für die **Heizwassererwärmung** eingesetzt. Sie steht im Gegensatz zur Solarenergie zwar wetter- und tageszeitunabhängig zur Verfügung, ist aber in einigen Regionen Deutschlands leichter zu erschließen als in anderen. Die Oberrheinregion zwischen Karlsruhe und Basel eignet sich beispielsweise für geothermische Nutzungen. Hier werden bereits erste Neubaugebiete komplett zum Einsatz dieses Heizsystems verpflichtet. Die Geothermik ist die Lehre von der Temperaturverteilung und den Wärmeströmen im Erdinnern. Geothermie ist daher nicht zu verwechseln mit der einfachen Erdwärmenutzung in wenigen Metern Tiefe, zum Beispiel zum Vorerwärmen von Raumluft in Passivhäusern (→ Seite 188). Man kann verallgemeinert sagen, dass sich auf dem Weg von der Erdkruste zum Erdkern die Temperatur alle 33 Meter um etwa 1 °C erhöht, bei 100 Metern also um etwa 3 °C. Dies hängt jedoch wesentlich von der jeweiligen Beschaffenheit des Untergrunds ab. In Vulkangebieten kann die Temperatur bereits alle fünf

Geothermische Bohrung

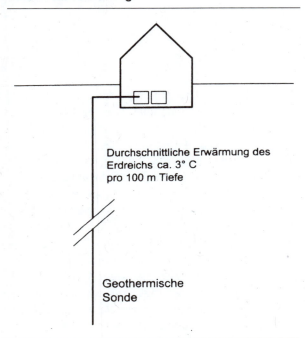

Durchschnittliche Erwärmung des Erdreichs ca. 3° C pro 100 m Tiefe

Geothermische Sonde

Meter Richtung Erdtiefe um etwa 1 °C ansteigen. In jungen Faltengebieten kann sie alle 20 Meter um etwa 1 °C steigen. Die Nutzung von Geothermie zur Heizwassererwärmung hängt also ganz wesentlich vom **Standort des Gebäudes** ab.

Es gibt zwischenzeitlich in Deutschland erste geothermische Karten, auf denen eben diese geothermischen Eigenschaften verzeichnet sind. Um die Wärme aus dem Erdinneren über Sonden nutzen zu können, wird

> **Tipp**
>
> **Die Stiftung Warentest** testet von Zeit zu Zeit Heizungstechnik, Photovoltaikanlagen und Solarkollektoren. Wenn Sie unentschlossen sind hinsichtlich Ihrer Anlagenauswahl, können Sie auch auf www.test.de nachsehen, ob es aktuelle Tests gibt. Bitte beachten Sie aber: Die Testergebnisse sind teilweise kostenpflichtig.

> **Tipp**
>
> **Weitere Informationen zur Geothermie** finden Sie auch beim Bundesverband Geothermie e.V. (www.geothermie.de).

eine Bohrung tief in das Erdreich bis zu sehr heißen Bereichen geführt. In diese Bohrung wird dann zum Beispiel eine doppelwandige Rohrleitung eingebracht. Im Zwischenwandbereich der Rohre wird kaltes Wasser nach unten geführt, erhitzt sich, steigt im inneren Rohr wieder nach oben und kann zur Beheizung des Gebäudes genutzt werden. Auch erste **Geothermiekraftwerke** entstehen in Deutschland. Sie haben den Vorteil, dass nur für das Kraftwerk und nicht für jedes Haus eine Bohrung angelegt werden muss. Für diese Kraftwerke sind natürlich ganz andere und tiefere Bohrungen notwendig. Die Gebäude im Umfeld können dann ähnlich wie bei der Fernwärme versorgt werden.

Einen guten Marktüberblick über die Haustechnik können Sie sich auf **Fachmessen** verschaffen. Die größte deutsche Fachmesse zur Haus- und Gebäudetechnik ist die ISH in Frankfurt am Main (www.ish.messefrankfurt.com). Sie findet alle zwei Jahre im Frühjahr statt und hat an einigen Tagen auch für das allgemeine Publikum geöffnet. Eine weitere Option ist der Besuch der Intersolar in München, die jährlich stattfindet und die größte Solarfachmesse in Deutschland ist (www.intersolar.de). Bauträger und Generalunternehmer bieten meist aber ohnehin nur eine bestimmte Hersteller- und Produktbandbreite an, sodass Sie meist nur zwischen diesen wählen können. Die angebotenen Produkte können Sie dann über die Herstellerseiten im Internet genauer nachrecherchieren. Bauen Sie mit einem Architekten, wird dieser Erfahrungen mit Herstellen und Produkten haben, sodass er Sie nicht nur beraten, sondern auch Referenzen vorweisen kann, die sich auf den Betrieb dieser Technik beziehen.

Ressourcenschonender Wassereinsatz

Neben den Fragen der Energiegewinnung, zum Beispiel für Raumheizung und Strombedarf, stehen beim ökologischen Planen und Bauen Fragen des schonenden Einsatzes von Trinkwasser im Vordergrund. Jeder Bundesbürger verbraucht rund 140 Liter Trinkwasser pro Tag, etwa ein Drittel davon zum Duschen und Baden, ein weiteres Drittel für die Toilettenspülung und ein letztes Drittel zum Waschen, Spülen und Kochen. Wichtigstes Instrument zur Reduzierung dieses hohen Verbrauchs ist der Einsatz von Regenwasser für Funktionen, in denen nicht zwingend Trinkwasserqualität benötigt wird – zum Beispiel für die WC-Spülung oder Gartenbewässerung.

Es kann allerdings sein, dass der Regenwassernutzung Bestimmungen aus dem örtlichen Bebauungsplan entgegenstehen. Denn nicht überall, wo man will, kann man beispielsweise Zisternen errichten, um Regenwasser zu nutzen. Andererseits wiederum kann es sein, dass man nach dem Bebauungsplan sogar verpflichtet ist, eine Zisterne zu bauen und das Regenwasser zu nutzen oder auch für eine natürliche Versickerung des Regenwassers im Gartenbereich zu sorgen oder Rigolen, also Pufferspeicher für Regenwasser, zu bauen hat und Ähnliches. Der Bedarf des Wasservolumens zur Bewässerung des Gartens hängt wesentlich von der Gartengröße und der Bepflanzung ab. Wenn ein Zisternenbau geplant ist, muss er ohnehin bereits sehr früh im Planungsstadium berücksichtigt werden. Üblicherweise bereits beim Entwässerungsgesuch, das Teil des Bauantrags ist.

In diesem Zusammenhang sollten dann auch schon Bedarfs- und Volumenberechnungen gemacht werden, damit die Zisterneninvestition wirtschaftlich ist. Eine zu kleine Zisterne, die Ihnen bei längerer Trockenzeit nicht ausreichend Wasser spenden kann, sondern schnell erschöpft ist, hilft Ihnen nicht allzu viel. Die genaue Lage der Zisterne sollte frühzeitig festgelegt werden, damit sie einerseits gut erreichbar ist, andererseits nicht stört. Das gilt auch für unterirdische Zisternen. Werden diese unterhalb einer PKW-Einfahrt eingebaut und sind nicht ausreichend belastbar, ist das erste Problem da. Sind sie dem Wurzelwerk eines Baums im Weg, haben Sie das nächste Problem.

7.5 Baukultur und regionales Bauen

Über viele Jahrhunderte bildete sich auch in Deutschland ganz automatisch eine regionale Baukultur. Die Menschen konnten an den jeweiligen Orten nur mit den Materialien bauen, die sich in der näheren Umgebung fanden. Lange Materialtransporte waren ausgeschlossen, weil dazu die Transporttechnik fehlte. Das allein führte bereits dazu, dass die Gebäude praktisch automatisch in die Gegenden passten, in denen sie standen, denn sie bedienten sich aus diesen Gegenden, ob als Holz- oder Massivbau – oder häufig auch als Mischform. Da es für die Bauten der einfachen Bevölkerungsschichten keine spezialisierten Bauberufe gab und die Häuser meist in Eigenleistung errichtet wurden, mussten Handwerk und handwerkliche Technik genutzt werden, die im Umfeld vorhanden und überliefert waren. Und als Drittes kam hinzu, dass die Häuser selten nur reine Wohnhäuser waren. Es waren landwirtschaftliche Gebäude oder Gebäude des Handwerks, industrielle Gebäude kamen erst später hinzu. Die Gebäudeformen waren von den Nutzungen geprägt und hatten durch die Begrenzung handwerklicher Maschinen und Bearbeitungsmöglichkeiten automatisch das, was man als menschliches Maß bezeichnen könnte. Und schließlich mussten die Gebäude ganz essentiell und existentiell Schutz vor den Unbilden der Natur bieten. Ein schwerer Herbststurm in Norddeutschland oder extreme Schneefälle in süddeutschen Hochlagen forderten ganz bestimmte Gebäudetypen.

Beispiel 1

Haus in Darß/
Mecklenburg-Vorpommern
Planer: Möhring, Berlin

Ein einfaches Reetdach – das sich an den alten Dächern der Region orientiert – wird über zwei Hauswände bis zum Boden gezogen und schafft eine ganz ruhige Hauskubatur. So entsteht eine regionale und zeitgemäße Bauweise, die allen heutigen Nutzungsanforderungen gerecht wird.

Das ist heute alles Geschichte. Unsere Häuser haben fast immer eine Mononutzung als reine Wohnhäuser, und die Materialien zu ihrer Erbauung sind Katalogware der Baustoffindustrie. Alles ist an allen Orten möglich. Regionale Beziehungen zwischen Haus und Umfeld gibt es nicht mehr. Und so sind unsere Neubaugebiete völlig gesichtslos geworden, beliebig austauschbar zwischen Hamburg und München. Sie werden nur definiert über örtliche Bebauungspläne, welche Geschosszahlen, Dachneigungen oder Baugrenzen festlegen. Das hat aber mit Architektur zunächst einmal wenig zu tun, schon gar nicht mit regionaler, dafür aber mit zumeist von Juristen ausgearbeitetem Baurecht, das es der überwachenden Behörde ermöglicht, juristische Überprüfungen vorzunehmen, jedoch nicht regionale Architektur zu fördern. Im Gegenteil: Man kann unumwunden behaupten, dass Architekten oft trotz der Baugesetzgebung – und nicht wegen der Baugesetzgebung – Architektur mit regionalen Bezügen geschaffen haben.

Selbstverständlich kann man das zur Seite wischen und fragen, was denn heute noch regionale Baukultur soll? Es ist doch wunderbar, dass man das Smartphone zücken kann, im Internet ein Haus im elektronischen Katalog findet, bestellt und es sich dann liefern lässt. Aber erstens funktioniert Hausbau doch nicht ganz so einfach, wie es mancher Katalog behauptet, und zweitens wäre das dann tatsächlich auch nur ein Bau und noch lange keine Baukultur. Baukultur hingegen ist etwas anderes. Sie ist es, die unsere Dörfer und Städte aus- und lebenswert macht. Nur in sehr wenigen Gemeinden hat man dies allerdings erkannt. Ungezählte Dörfer, Gemeinden und Städte haben längst ihr Gesicht verloren und wirken teils förmlich entstellt, oft mit einem Ring von wahllos gestalteten Neubaugebieten um sie herum.

Ein Kreis, in dem man im Gegenteil das jedoch verstanden hat, ist der Kreis Ahrweiler im nördlichen Rheinland-Pfalz. Kaum einem Leser dürfte dieser Landkreis auf Anhieb ein Begriff sein, kaum jemand auch dürfte eine Vorstellung des Bauens oder der Baukultur dort haben – manchmal nicht einmal mehr die Einwohner des Landkreises selbst, anders als etwa in Landkreisen im Schwarzwald, in Oberbayern

Beispiel 2

Haus in Oberstdorf/Allgäu
Planer: Noichl und Blüml, Oberstdorf

Den Strukturen und Materialitäten der alten Allgäuer Häuser spürt dieses Haus nach, ohne dabei zu historisieren, und schafft genau dadurch zeitgemäße regionale Baukultur und Raum für heutige Wohnbedürfnisse.

oder an der Nordseeküste, wo man sehr schnell Bilder regionaler Baukultur vor sich hat. So hat der Landkreis Ahrweiler eine Broschüre entwickelt, die sich mit der Baukultur im Landkreis auseinandersetzt – und zwar so, dass man gut nachvollziehen und verstehen kann, was das traditionelle Bauen dort einmal ausgemacht hat und wie man es modern interpretieren kann. Die Broschüre findet sich frei zugänglich für alle Bürgerinnen und Bürger nicht nur des Landkreises im Internet und ist auch so etwas wie eine kleine Schule des Sehens: **http://www.kreis-ahrweiler.de/pdf/Baukulturen2.pdf.**

Ein gelungenes Beispiel, wie man an das Thema herangehen und Baukultur vermitteln kann! Auch einige andere Landkreise haben dies zwischenzeitlich erkannt, allerdings sind es leider noch immer viel zu wenige.

Ein sehr schönes und sehr gelungenes Beispiel, wie eine ganz kleine Gemeinde sich dem Thema angenähert hat, zeigt die Broschüre der Gemeinde Burbach im Siegerland in Nordrhein-Westfalen. Auch zu diesem Ort wird kaum ein Leser zunächst ein Bild der regionalen Baukultur vor Augen haben. Aber die Gemeinde schafft es, mit ihrer ebenfalls kostenfrei zugänglichen Broschüre dieses Bild sehr gut zu vermitteln: **https://www.burbach-siegerland.de/media/custom/2505_98_1.PDF?1430814770.**

Es ist gut, sinnvoll und wichtig, dass sich Gemeinden in dieser Weise mit ihrer regionalen Baukultur auseinandersetzen. Viel zu wenige Gemeinden tun das und setzen in der Folge völlig gedankenlos ein Neubaugebiet neben das nächste. Wichtig wäre, dass die Gemeinden flächendeckend baukulturelle Informationen zusammenstellen und diese Aspekte dann vor allem auch bei der Aufstellung ihrer eigenen Bebauungspläne selber in der Praxis berücksichtigen, mit verbindlichen Anforderungen an das Siedlungsbild sowie die Gebäudestrukturen und zulässige Materialien. Dann hätte Baukultur wahrscheinlich auch wieder eine gewisse Chance. Solange das aber alles nicht passiert, bleibt es bei Einzelinitiativen mutiger Bauherren und findiger Architekten, die regionale und nachhaltige Bauweisen wertschätzen und neu interpretieren. Drei besonders gelungene Beispiele dazu sollen hier Raum finden: Ein Beispiel aus Norddeutschland und zwei aus Süddeutschland. Alle Bei-

Beispiel 3

Haus in Allensbach/
Bodensee
Planer: Schaudt, Konstanz

Ein ganz leichtes Haus am See, abgelöst vom Boden, das die Bauweise einfacher Bootshäuser aufgreift und dabei alle Voraussetzungen für zeitgemäßes Wohnen schafft.

spiele zeigen sehr schön, wie man regionales Bauen modern interpretieren kann, für heutige, moderne Wohn- und Nutzungsanforderungen.

Fazit:

Baukultur und regionales Bauen sind möglich, und zwar in jeder Region in Deutschland. Dazu muss man sich aber auch als Bauherr von den üblichen bunten Hauskatalogen und Internetseiten lösen und den Gebäudestrukturen und Gebäudematerialitäten der eigenen Heimat nachspüren. Nicht immer werden einem der eigene Landkreis oder die eigene Gemeinde dabei so helfen wie in den aufgeführten Beispielen. Sondern man wird auch mühsam selber auf die Suche gehen müssen, was für Laien nicht ganz einfach ist. Selbst viele Architekten haben diese Fähigkeit längst verloren und erkennen die baukulturelle Handschrift der Region gar nicht mehr, in der sie leben. Historisieren ist dabei keine Lösung. Alte Holzhäuser nur nachzubauen, auch mit allen ihren Nachteilen, die dann überladen mit Holzzierwerk förmlich „jodeln", hilft nicht weiter. Gefragt ist eine Architektur, die das Alte aufgreift und in eine vernünftig nutzbare Architektur für heutige Anforderungen führt. Ein sehr schmaler Grat, den nicht viele Architekten beherrschen. Aber wer das Bauen nicht nur als Last, sondern auch als Lust und Chance begreift, in der eigenen Lebenszeit selber Baukultur errichten zu können, der wird sich vielleicht auch die Zeit für das Aufspüren baukultureller Zusammenhänge der eigenen Heimat nehmen und es gern tun.

Anfangen kann man dabei – gerade im ländlichen Raum – gut damit, dass man einfach einmal einen Tag in einem Heimatmuseum seiner Region verbringt und die Gebäude dort und vor allem ihre Baudetails in Ruhe auf sich wirken lässt. Den Weg zur Baukultur kann man auf diese Weise gleichsam körperlich greifbar beim baukulturellen Erbe der eigenen Region beginnen. Viele der Museen findet man im Internet gesammelt unter: **www.vl-freilichtmuseen.de**.

8 Die Baubeschreibung

Oft völlig unterschätzt: Die Baubeschreibung, auch Bau- und Leistungsbeschreibung genannt. Dabei ist sie einer der wichtigsten Vertragsbestandteile. Neben den Plänen legt nur sie detailliert die Ausführung des gesamten Hauses fest: Von der Sauberkeitsschicht unter der Bodenplatte bis zum Dachfirst. Vor allem im Schlüsselfertigbau – also zum Beispiel bei Bauträgern oder Fertighausanbietern – spielt sie eine große Rolle. Wer hier nicht sorgfältig prüft, legt bereits den Grundstein für hohe Kostenrisiken. Denn was in der Baubeschreibung nicht erfasst ist, ist üblicherweise auch nicht geschuldet.

Es ist nicht einfach, ein ganzes Haus sicher so zu beschreiben, dass es am Ende auch vollständig beschrieben ist und keine Leistung vergessen wurde. Denn Leistungen, die nicht in der Baubeschreibung erfasst sind, die Vertragsbestandteil ist, sind dann auch kein Vertragsbestandteil. Das ist der Grund, warum die Baubeschreibung so wichtig ist und so gründlich erarbeitet werden muss. Auch der Gesetzgeber hat diese Bedeutung zwischenzeitlich erkannt und inhaltliche Festlegungen zur Baubeschreibung erstmals direkt ins BGB aufgenommen (→ Seite 109 f.).

Die Verbraucherzentrale kennt das Problem rund um unzulängliche Baubeschreibungen schon sehr lange. Daher wurde dazu unter anderem ein spezieller Ratgeber entwickelt. **„Die Muster-Baubeschreibung"** ist ein Arbeitswerkzeug, mit dem auch Laien in die Lage versetzt werden, eine vorgelegte Baubeschreibung einer ersten, intensiven Überprüfung zu unterziehen. Ein anderer Weg, um zu überprüfen, ob wesentliche, kostenintensive Punkte vergessen wurden, ist der Ratgeber **„Kosten- und Vertragsfallen beim Immobilienkauf"** der Verbraucherzentrale. Er enthält eine Checkliste, die Sie Ihrem Hausanbieter vorlegen können. Er kann dort einfach ankreuzen, welche Leistungen bei Ihrem Vorhaben enthalten sind und welche nicht. Für jeden dieser kostenrelevanten Punkte finden Sie im Buch genaue Darlegungen, auch zu den potenziellen Mehrkosten. So können Sie früh viele Kostenrisiken aufdecken und ausschalten.

Denn erst wenn alle Leistungen in einer Bau- und Leistungsbeschreibung vollständig und in der gewünschten Qualität erfasst sind, haben Sie einen Vertrag, der auch das verspricht, was Sie bestellen wollten. Und die Erfahrung zeigt auch, dass während der Diskussion zum Ausstattungsumfang häufig noch eine ganze Reihe von zusätzlich gewünschten Leistungen hinzukommt, die dann natürlich Kosten verursachen, häufig bei der Heizungs-, Elektro- oder Sanitärausstattung, aber auch bei energetischen Maßnahmen, zum Beispiel um KfW-Effizienzhausklassen zu erreichen. Erst wenn eine wirklich vollständige Baubeschreibung mit der von Ihnen gewünschten Bauqualität vorliegt, kann man eine belastbare Kostenaussage treffen. Haben Sie zu früh einen Bauvertrag mit einer zu lückenhaften und oberflächlichen Baubeschreibung unterzeichnet, drohen Mehrkosten bei zugleich einer schlechten Verhandlungsposition für Sie. Die Prüfung von Baubeschreibungen durch die Verbraucherzentralen einiger Bundesländer über viele Jahre hinweg zeigt, dass die meisten Baubeschreibungen viel zu ungenau sind und teils erhebliche Lücken aufweisen.

8.1 Aufbau, Struktur und Inhalte einer Baubeschreibung

Damit Sie einmal ein Gefühl für Aufbau, Struktur und Inhalt einer guten Baubeschreibung erhalten, finden Sie nachfolgend wichtige Informationen dazu.

Eine Baubeschreibung sollte grundsätzlich eine klare Gliederung haben. Zunächst sollte sie alle wichtigen Rahmendaten zum Grundstück enthalten: Flurnummer, Lage, Größe, Grundwasserstand und Bodenkonsistenz. Notwendige Anlagen sollten aufgeführt sein, zum Beispiel die Dokumente des Vermessers oder Bodengutachters. Danach wird das Gebäude beschrieben: Um welchen Bautyp handelt es sich (zum Beispiel Reihenhaus in Massivbauweise), und welche technischen Berechnungen liegen ihm zugrunde?

Teil 1: Allgemeine Angaben zum Grundstück

Teil 2: Allgemeine Angaben zum Gebäude; Nennung aller Unterlagen, die zur Baubeschreibung gehören

Teil 3: Leistungsbeschreibung der einzelnen Gewerke
- Baustelleneinrichtung
- Erdarbeiten
- Gründung (Fundamente) und Bodenplatte
- Kellerwände und Abdichtung gegen drückendes/ nicht drückendes Wasser
- Drainage
- Kellerfenster und Lichtschächte
- Außenwände
- Decken
- Innenwände (im Erdgeschoss und Dachgeschoss)
- Innentreppe(n)
- Dachkonstruktion
- Balkon
- Klempner- beziehungsweise Blechnerarbeiten
- Fenster und Fenstertüren, Fensterbänke
- Rollladenkästen, Rollläden
- Hauseingangsbereich mit Haustür
- Telefon-/Internetanschlüsse, Fernseh-/Kabelanschlüsse, gegebenenfalls Antennenanschlüsse
- Elektroinstallation innen und außen (einschließlich Fundamenterder und Blitzschutzanlage)
- Hausanschlüsse Elektro, Telefon, Wasser, unter Umständen Gas/Fernwärme
- Klingel-/Gegensprechanlage
- Heizungsinstallation
- Warmwasserbereitung
- Sanitärinstallation
- Sanitärgegenstände
- Innenputz, Außenputz
- Estrich
- Trockenbau
- Innentüren
- Bodenbelagsarbeiten (Fliesenarbeiten, Parkettarbeiten usw.)
- Malerarbeiten (innen und außen)
- Teppicharbeiten
- Terrasse
- Wintergarten
- Garage/Carport
- Außenanlage
- Berechnungen (unter anderem Statik, Wohnfläche, Energiebedarf)

In der Baubeschreibung selbst werden die einzelnen Gewerke genau beschrieben. Das betrifft jeweils die Konstruktionsweisen, Materialien und technischen Ausstattungen sowie die zu erbringenden Leistungen.

Die Berechnungen hingegen können dem Vertrag als Anlage beigefügt werden. Solche Berechnungen sind zum Beispiel die

- Statik und, falls notwendig, Prüfstatik
- Energiebedarfsberechnung nach Energieeinsparverordnung (EnEV) samt Energiebedarfsausweis,
- Schallschutzberechnung mit Berechnungsgrundlage,
- Wohnflächenberechnung nach der Wohnflächenverordnung (WoFlV),
- Plananlagen mit sämtlichen Raumdaten, insbesondere exakte Angaben zu Raumhöhen als Roh- und Fertigmaße und
- Angaben zu Brandschutzvorkehrungen.

Wie Sie auch selbst eine erste Überprüfung einer Baubeschreibung vornehmen können, erfahren Sie nachfolgend.

8.2 Überprüfung einer Baubeschreibung

Werden in der Baubeschreibung wichtige Punkte vergessen oder nicht exakt benannt, sind sie in aller Regel auch in der Kostenkalkulation nicht berücksichtigt, was die große Gefahr von Mehrkosten birgt. Es besteht zum Beispiel ein großer Preisunterschied, wenn Sie im ganzen Haus Linoleum- oder Parkettboden verlegen lassen, und selbst zwischen Fertigparkett und klassischem Parkett gibt es erhebliche Preisunterschiede, schließlich sogar beim klassischen Parkett selbst: Ob Sie ein Eichen- oder Buchenparkett wählen, welche Holzstärke und welches Verlegemuster Sie wünschen, wie viele Schleifgänge vereinbart werden und welche Versiegelung aufgebracht werden soll, führt zu großen Preisdifferenzen. Während ein Architekt ein Eigeninteresse an einer genauen Baubeschreibung für seinen Bauherrn hat, um ihm frühzeitig die voraussichtlichen Baukosten zu benennen, ist das beim Bauträger eher umgekehrt. Er wird in der Regel alles versuchen, um eine möglichst ungenaue Baubeschreibung anzufertigen, damit er bei den Baumaterialien flexibel bleibt und eine möglichst große Gewinnspanne realisieren kann.

Würde man die Qualität einer durchschnittlichen Baubeschreibung von Bauträgern auf die technische Beschreibung eines Autos übertragen, würde sich das etwa so lesen:

„Sie erhalten zum Preis von 20.000 Euro ein formschönes Fahrzeug in einer hellen Farbe mit einem Fahrgestell, einem Motor und einer Karosserie. Das Fahrgestell wird mit vier Rädern geliefert, der Motor ist ein Diesel oder Benziner und hat mehrere Zylinder. Das Fahrzeug verfügt über eine Lenkung und moderne Türen zum Einsteigen. Es hat außerdem eine Beleuchtung für Nachtfahrten und einen Kofferraum für Gepäck. Die Innenausstattung ist freundlich, Personensicherheit ist gegeben nach gültigen Normen. Änderungen in Farbe, Form, Ausstattung, Motorisierung und Zubehör aufgrund ökonomischer Vorteile des Herstellers sind möglich und berechtigen nicht zu einer Minderung des Kaufpreises. Bezahlt werden muss das Fahrzeug während der Herstellung, die letzte Rate ist bei Übergabe des Fahrzeugs fällig. Wann Sie das Fahrzeug erhalten, steht noch nicht fest, die Fertigstellung wird Ihnen aber eine Woche vor Übergabe mitgeteilt. Sollten Sie zur Übergabe verhindert sein, gilt das Fahrzeug als wunschgemäß angenommen."

Dieses Beispiel ist leider kein Witz und auch keine Übertreibung, sondern verbreitete Realität der inhaltlichen Qualität von Baubeschreibungen.

Mithilfe der Checkliste „Erster Check Baubeschreibung" können Sie kontrollieren, ob die Baubeschreibung, die Sie mit Ihrem Architekten oder Generalübernehmer aufgestellt haben, erste, wichtige Sachverhalte dokumentiert.

Erster Check Baubeschreibung

✓

Baustelleneinrichtung

☐ Welche Sicherungsmaßnahmen wie Aufstellen von Zäunen, Absperrungen, Installation von Beleuchtung usw. müssen getroffen werden?

☐ Müssen Maßnahmen getroffen werden, damit das Grundstück für den Baustellenverkehr erreichbar ist?

☐ Wo kann ein WC aufgestellt werden?

☐ Sind zusätzlich Tagesunterkünfte während des Rohbaus nötig?

☐ Wo kann Baustrom während der Bauzeit bezogen werden?

☐ Wo kann Bauwasser während der Bauzeit bezogen werden?

☐ Sind Baumschutzmaßnahmen auf dem Grundstück erforderlich?

Erdarbeiten

☐ Sind Sicherungsmaßnahmen an benachbarten Bäumen und Gebäuden nötig?

☐ Kann der Oberboden auf dem Grundstück gelagert werden?

☐ Ist das Aushubmaterial für eine spätere Wiederverfüllung geeignet, und kann es auf dem Grundstück zwischengelagert werden? Oder muss es abgefahren und deponiert werden?

☐ Ist für die Verfüllung der Baugrube die Anfuhr geeigneten Materials nötig?

☐ Müssen Bodenbelastungen besonders entsorgt werden?

Gründung und Bodenplatte

☐ Erfolgt die Gründung als Plattengründung oder mittels Fundamenten?

☐ Wie ist der Schichtenaufbau unter der Bodenplatte?

☐ Liegt die Wärmedämmung beheizter Kellerräume oberhalb oder unterhalb des Kellerbodens?

Kellerwände und Abdichtung gegen nicht drückendes Wasser

☐ Aus welchem Material sind die Kellerwände?

☐ Wo liegt die Wärmedämmung beheizter Kellerräume?

☐ Auf welche Weise erfolgt die Abdichtung gegen Feuchtigkeit?

☐ Aus welchem Material sind die Kellerinnenwände?

Drainage

☐ Wie wird die Drainage ausgeführt?

Erster Check Baubeschreibung (Fortsetzung)

Kellerfenster und Lichtschächte
- [ ] Aus welchem Material sind Kellerfenster unbeheizter Räume (Rahmen, Verglasung)?
- [ ] Aus welchem Material sind Kellerfenster beheizter Räume (Rahmen, Verglasung)?
- [ ] Aus welchem Material sind die Lichtschächte?

Außenwände allgemein
- [ ] In welcher Weise werden die Außenwände ausgeführt?
- [ ] Welche Materialien werden verwendet?

Decken
- [ ] Auf welche Weise werden die einzelnen Geschossdecken ausgeführt?
- [ ] Welche Materialien werden verwendet?

Innenwände in Erdgeschoss, Obergeschoss und Dachgeschoss
- [ ] Aus welchem Material sind die tragenden Innenwände?
- [ ] Aus welchem Material sind die nichttragenden Innenwände?

Innentreppe
- [ ] Aus welchem Material wird die Innentreppe ausgeführt?
- [ ] Wie viele Stufen haben die einzelnen Läufe?
- [ ] Wie ist das Steigungsverhältnis der Treppenläufe (Auftritt und Steigung)?
- [ ] Werden Zwischenpodeste ausgeführt?
- [ ] Aus welchem Material ist der Oberbelag der Treppe?
- [ ] Aus welchem Material sind die Brüstung und der Handlauf?
- [ ] Wie wird der Zugang in einen eventuellen Spitzboden hergestellt?

Dachkonstruktion
- [ ] In welcher Konstruktion wird der Dachstuhl ausgeführt?
- [ ] Welche Dachneigung hat der Dachstuhl?
- [ ] Aus welchem Material bestehen die Mittelpfetten (zum Beispiel Leimbinder)?
- [ ] Welche Holzquerschnitte sind vorgesehen?
- [ ] Welche Dachüberstände sind geplant?

Erster Check Baubeschreibung (Fortsetzung)

- [ ] In welcher Weise wird die Untersicht der Dachüberstände ausgeführt und mit welchen Oberflächenbehandlungen werden sie versehen?
- [ ] Aus welchem Material besteht die Dachdämmung (Material, Dicke, Wärmeleitfähigkeit)?
- [ ] Wie ist der Dämmschichtaufbau (Sparren-Zwischendämmung, oberhalb der Sparren, unterhalb der Sparren)?
- [ ] Aus welchem Material ist die Dampfbremse?
- [ ] Aus welchem Material ist die Verkleidung der Dachschrägen?
- [ ] Aus welchem Material ist die Unterkonstruktion?
- [ ] Aus welchem Material ist die Dachdeckung?
- [ ] Werden Schneefanggitter, Sicherheitstritte oder ein Standrost für den Schornsteinfeger benötigt?
- [ ] Wird ein spezielles Austrittsfenster für den Schornsteinfeger benötigt?

Balkon

- [ ] Ist ein Balkon vorgesehen?
- [ ] Wie wird der Balkon ausgeführt?
- [ ] Wie wird die Abdichtung des Balkons ausgeführt?
- [ ] Wie wird der Balkon entwässert?
- [ ] Welcher Oberbelag wird verwendet?
- [ ] Wie wird das Balkongeländer ausgeführt?

Klempner- beziehungsweise Blechnerarbeiten

- [ ] Aus welchem Material sind Dachrinnen, Fallrohre, Kehlbleche?
- [ ] Mit welchem Material werden Gauben verkleidet?
- [ ] Aus welchem Material sind die Befestigungsmittel und -elemente?

Fenster und Fenstertüren, Fensterbänke

- [ ] Aus welchem Material sind Fenster und Fenstertüren (Holz, Kunststoff, Aluminium)?
- [ ] Welche Qualität hat die Verglasung (U-Wert, Schalldämm-Maß, Einbruchschutz)?
- [ ] Welche Beschläge kommen zum Einsatz (Dreh-Beschlag, Dreh-Kipp-Beschlag)?
- [ ] Wie werden die Zwischenräume zwischen Fenster und Bauwerk gefüllt?
- [ ] Wie wird die Luftdichtigkeit des Bauwerksanschlusses hergestellt?
- [ ] Welche Fenstergriffe werden verwendet?
- [ ] Wie werden die Außenfensterbänke ausgeführt (Material, Tiefe)?
- [ ] Wie werden die Innenfensterbänke ausgeführt (Material, Tiefe)?

Erster Check Baubeschreibung (Fortsetzung)

Rollladenkästen, Rollläden, Raffstoren

- [ ] Welche Rollläden (Raffstoren) kommen zum Einsatz?
- [ ] Wo kommen Rollläden (Raffstoren) zum Einsatz?
- [ ] Wie werden die Rollläden (Raffstoren) bedient?
- [ ] Sind elektrische Rollläden (Raffstoren) vorgesehen?

Hauseingangsbereich

- [ ] Soll ein Vordach vorgesehen werden?
- [ ] Aus welchem Material ist das Vordach?
- [ ] Sind Briefkasten, Hausnummer und Beleuchtung berücksichtigt?
- [ ] Welche Klingelanlage kommt zum Einsatz?
- [ ] Wie soll das Eingangspodest ausgeführt werden?
- [ ] Was für ein Hauseingangstürelement kommt zum Einsatz (Material, U-Wert bei Verglasung, Beschläge, Schloss, Griffe außen und innen)?

Telefon, Antenne, Klingelanlage, Elektroinstallation

- [ ] In welchen Räumen soll ein Telefonanschluss vorgesehen werden?
- [ ] In welchen Räumen soll ein Antennenanschluss vorgesehen werden?
- [ ] Wie viele Gegensprechstellen für die Klingelanlage sollen vorgesehen werden?

Elektroinstallation

- [ ] Wie viele Schalter und Steckdosen werden benötigt?
- [ ] Welches Schalterprogramm wird verwendet?
- [ ] Wie viele Deckenauslässe für Lampen werden benötigt?
- [ ] Wie viele Wandauslässe für Lampen werden benötigt?
- [ ] Werden Außensteckdosen benötigt?
- [ ] Werden Dimmer oder Taster benötigt?

Zentrale Lüftungsanlage

- [ ] Welche Lüftungsanlage welches Herstellers kommt zum Einsatz?
- [ ] Wo wird das Gerät aufgestellt?
- [ ] Sind Luftfördervolumen der Anlage und Luftvolumen des Hauses aufeinander abgestimmt?
- [ ] Hat die Lüftungsanlage einen Wärmetauscher?

Erster Check Baubeschreibung (Fortsetzung)

- [ ] Sind die Luftfilter einfach austauschbar?
- [ ] Aus welchem Material sind die Lüftungsrohre (z.B. Kunststoff- oder Wickelfalzrohr)?
- [ ] Sind die Rohrdurchmesser ausreichend bemessen?
- [ ] Gibt es im Rohrnetz zugängliche Revisionsöffnungen?
- [ ] Sind die Ein- und Auslassdüsen in den Räumen richtig platziert, so dass eine gute Durchströmung ohne störende Luftzüge erfolgen kann?

Heizungsinstallation

- [ ] Welches Heizmedium kommt zum Einsatz (Öl, Gas, Fernwärme, Strom, Holz)?
- [ ] Welche Heizzentrale welches Herstellers kommt zum Einsatz?
- [ ] Wo wird das Gerät aufgestellt?
- [ ] Wie werden die Räume beheizt (Heizkörper, Fußbodenheizung, Wandheizung, Luftheizung/Passivhaus)?
- [ ] Aus welchem Material sind die Heizwasserleitungen?

Warmwasserbereitung

- [ ] Wie wird das Warmwasser erwärmt?
- [ ] Wird eine Solaranlage vorgesehen?
- [ ] Aus welchem Material sind die Wasserleitungen?
- [ ] Wie groß ist der Warmwasserspeicher?

Sanitärinstallation

- [ ] Aus welchem Material sind die Abflussrohre?
- [ ] Sind Bodeneinläufe vorgesehen (Waschküche, Bäder)?
- [ ] Aus welchem Material sind die Zuleitungen?
- [ ] Wie ist die Schallentkopplung der Leitungen vorgesehen?
- [ ] Wird eine Zirkulationsleitung für die Wasserversorgung vorgesehen?
- [ ] Wird eine Außenzapfstelle benötigt?

Sanitärgegenstände

- [ ] Welche Sanitärgegenstände kommen im Badezimmer zum Einsatz (WC, WC-Sitz, Toilettenpapierhalter, Waschbecken, Badewanne, Dusche, Duschtrennwand, Einhand-Waschtischbatterie für Dusche, Badewanne und Waschbecken, Handbrausegarnitur mit Stange, Handtuchhalter, Ablage, Kristallspiegel)?
- [ ] Welche Sanitärgegenstände kommen im Gäste-WC zum Einsatz (WC, WC-Sitz, Urinal, Toilettenpapierhalter, Waschbecken, Einhand-Waschtischbatterie, Handtuchhalter, Ablage, Kristallspiegel)?

Erster Check Baubeschreibung (Fortsetzung)

- ☐ Von welchem Hersteller und aus welcher Serie sind die Gegenstände?
- ☐ Wie viele Anschlüsse werden in der Küche benötigt (Geschirrspülmaschine, Spüle)?
- ☐ Welche Gegenstände werden in der Waschküche benötigt (Ausgussbecken, Einhand-Spültisch-Wandbatterie)?

Innenputz
- ☐ In welchen Räumen werden Wände beziehungsweise Decken verputzt?
- ☐ Aus welchem Material ist der Innenputz?

Estrich
- ☐ Aus welchem Material ist der Estrich (Zementestrich, Anhydritestrich, Gussasphaltestrich)?
- ☐ Wie ist der Estrich aufgebaut (schwimmender Estrich, Verbundestrich, Estrich auf Trennlage)?

Trockenbau
- ☐ Aus welchem Material erfolgen die Trockenbauarbeiten an Dachschrägen, Installationsschächten usw.?

Innentüren
- ☐ Aus welchem Material sind die Innentüren?
- ☐ Welche Anforderungen werden an die Innentüren gestellt (Schallschutz, Wärmeschutz)?
- ☐ Von welchem Hersteller sind die Innentüren?
- ☐ Welche Drückergarnituren kommen zum Einsatz?

Fliesenarbeiten
- ☐ Wo werden Bodenfliesen verlegt?
- ☐ Wo werden Wandfliesen verlegt?
- ☐ Wie hoch werden Wandfliesen verlegt?
- ☐ Welche Fliesen kommen zum Einsatz?
- ☐ Aus welchem Material sind die Sockel?
- ☐ Kommen Sonderfliesen zum Einsatz?

Parkettarbeiten
- ☐ Welches Material kommt zum Einsatz (Fertigparkett, massives Parkett)?
- ☐ In welchen Räumen wird Parkett verlegt?
- ☐ Wie werden die Sockel ausgebildet?

Erster Check Baubeschreibung (Fortsetzung)

Malerarbeiten, innen und außen

- [ ] Welche Wände werden tapeziert?
- [ ] Welche Decken werden tapeziert?
- [ ] Welche Flächen werden gestrichen?
- [ ] Müssen Geländer oder Dachüberstände gestrichen werden?
- [ ] Welche Tapeten werden verwendet?
- [ ] Welche Farbe wird verwendet?

Teppicharbeiten

- [ ] Welches Material kommt zum Einsatz?
- [ ] In welchen Räumen wird Teppich verlegt?
- [ ] Wie werden die Sockel ausgebildet?
- [ ] Wie wird der Teppich verlegt (verklebt, verspannt)?

Terrasse

- [ ] Wie wird die Terrasse ausgeführt (Holz, Stein, Fliesen)?
- [ ] Wie ist der genaue Bodenaufbau?
- [ ] Wie groß ist die Terrasse?

Wintergarten

- [ ] Aus welchem Material ist die Konstruktion des Wintergartens?
- [ ] Wie groß ist der Wintergarten?

Außenanlage

- [ ] Wie soll die Außenanlage ausgeführt werden (Rasen, Pflanzen, Büsche, Bäume)?
- [ ] Werden Wege im Garten vorgesehen?
- [ ] Aus welchem Material sind Wege und Unterbau?
- [ ] Werden Zäune an der Grundstücksgrenze vorgesehen?
- [ ] Aus welchem Material sind Zäune und Gartentor (Holz, Metall)?
- [ ] Wie wird der PKW-Stellplatz ausgebildet (Garage, Carport, einfacher Stellplatz)?
- [ ] Wird eine Beleuchtungsanlage vorgesehen?

Bauberatungsangebote

In einigen Bundesländern gibt es Bauberatungen der Verbraucherzentrale, so beispielsweise in Baden-Württemberg an den Standorten Stuttgart, Karlsruhe, Ulm und Freiburg. Auch in Bremen, Niedersachsen (an den Standorten Braunschweig, Celle, Göttingen, Hannover, Lüneburg, Osnabrück und Stade) und Rheinland-Pfalz (am Standort Mainz) sowie in Thüringen (am Standort Erfurt). Alle Angebote finden Sie unter: **www.verbraucherzentrale.de**

Eine fertig erstellte Bau- und Leistungsbeschreibung sollte nach Möglichkeit noch einmal von einem unabhängigen Fachmann durchgesehen werden, bevor sie zur Vertragsanlage wird. Falls es in Ihrem Bundesland kein Bauberatungsangebot der Verbraucherzentrale gibt, können Sie auch auf folgende Einrichtungen ausweichen, die die Prüfung von Baubeschreibungen anbieten:

› **Bauherrenschutzbund e.V.** (Mitgliedschaft notwendig), www.bsb-ev.de
› **Institut Bauen und Wohnen** (Keine Mitgliedschaft notwendig/Prüfung mit anschließender telefonischer Beratung zum Festpreis), www.institut-bauen-und-wohnen.de
› **Wohnen im Eigentum e.V.** (Mitgliedschaft notwendig), www.wohnen-im-eigentum.de
› **Verband privater Bauherren e.V.** (Mitgliedschaft notwendig), www.vpb.de

---

Einen sehr intensiven Check zur Überprüfung von Baubeschreibungen bieten die Ratgeber **„Die Muster-Baubeschreibung"** und **„Kosten- und Vertragsfallen beim Immobilienkauf"** der Verbraucherzentrale. Der letztgenannte Ratgeber macht es Ihnen. Denn er enthält eine Abfrageliste, die Sie ganz einfach dem Bauträger, Fertighaus- oder Massivhausanbieter aushändigen können. Darin kann dieser ankreuzen, welche Leistungen enthalten sind und welche nicht. Diese Liste erhalten Sie zurück und können mit Hilfe des Ratgebers überprüfen, was die möglicherweise noch fehlenden Leistungen üblicherweise beinhalten, was sie kosten und welche Alternativen es gibt.

Eine weitere Möglichkeit ist, Baubeschreibungen direkt bei der Verbraucherzentrale oder anderen Einrichtungen prüfen zu lassen, siehe oben. In Kapitel 6 hatten Sie bereits erfahren, dass der Gesetzgeber ab dem 1. Januar 2018 für Baubeschreibungen zwingend bestimmte inhaltliche Angaben fordert (→ Seite 110). Und der neue § 650k Absatz 2 BGB regelt dazu ergänzend, was passiert, wenn die Beschreibungen unvollständig oder unklar sind (→ Seite 110).

Die Vorgaben – Sie haben es schon in Kapitel 6 bemerkt – sind allerdings so schwammig und allgemein formuliert, dass sie die Qualität von Baubeschreibungen in keiner Weise verbessern dürften. Sie werden also auch in Zukunft Baubeschreibungen sehr genau auf Vollständigkeit und Qualität prüfen müssen.

Baubeschreibung und gesundheitliche Aspekte

Vor allem Bauprodukte, die Kontakt mit der Raumluft haben, sollten möglichst wenig Schadstoffe an diese abgeben. Ob Sie Baustoffe und -produkte selbst auswählen können, hängt allerdings ganz stark davon ab, ob Sie zum Beispiel schlüsselfertig vom Bauträger kaufen oder individuell bauen und auch Eigenleistungen erbringen können. Eine gute Orientierung bei der Auswahl schadstoffarmer Produkte bieten Siegel wie natureplus®, das Eco Institut-Label und der Blaue Engel (www.verbraucherzentrale.nrw/gesundes-zuhause). Außerdem informiert das ökologische Baustoffinformationssystem WECOBIS des Bundesbauministeriums und der bayerischen Architektenkammer Profis und interessierte Laien kostenfrei zu Bauprodukten und Siegeln und kann helfen gesundheitsverträglichere Alternativen auszuwählen: www.wecobis.de

Und schließlich bietet auch die Verbraucherzentrale ein Hinweisblatt, dessen Vorgaben in eine individuelle Bauplanung mit einbezogen werden können. So können diese zum Beispiel als Teil der Planungs- oder Ausführungsvorgaben in Architekten- oder Handwerkerverträgen berücksichtigt werden: www.verbraucherzentrale.nrw/schadstoffarm-bauen

9 Baurecht und Baugenehmigung

Baugesetze und örtlicher Bebauungsplan regeln teilweise sehr detailliert, wie gebaut werden muss. Schöner hat das unsere Dörfer und Städte nicht gemacht, da vor allem maßlich Prüfbares wie Abstandsflächen, Dachneigungen, Garagenstandorte und Ähnliches geregelt werden.
Regionale Material- und Gestaltungsfragen, die unsere Dörfer und Städte eigentlich ausmachen, kommen da nicht vor. Es nutzt aber nichts: Sie müssen das teilweise kaum nachvollziehbare Baurecht einhalten, sonst erhalten sie keine Genehmigung.

Je nachdem, mit welchem Vertragspartner Sie bauen, müssen Sie sich im Rahmen der Baugenehmigung um vieles selber kümmern. Üblicherweise ist es nur beim Hauskauf vom Bauträger so, dass er sich um die gesamte baurechtliche Abwicklung kümmert, vor allem also um die Baugenehmigung. Bauen Sie mit einem Architekten wird dieser Sie dabei intensiv unterstützen. Bauen Sie hingegen mit einem Fertig- oder Massivhausanbieter kann das Maß der Unterstützung sehr unterschiedlich sein. Welches Maß an Unterstützung Sie erhalten wird meist in der Bau- und Leistungsbeschreibung oder im Vertrag fixiert. Ist dort eine Unterstützung bei der Bauantragstellung nicht fixiert, ist sie auch nicht geschuldet, sondern eben nur die reine Planerstellung für den Bauantrag. Damit ist der Bauantrag selber aber noch lange nicht erstellt. Daher sollten Sie die baurechtlichen Hintergründe zumindest in groben Zügen kennen.

9.1 Gesetzliche Grundlagen

Das Baurecht ist ein Mix aus Bundes-, Landes- und Kommunalrecht. Auf Bundesebene gelten das Baugesetzbuch (BauGB) und die Baunutzungsverordnung (BauNVO), auf Landesebene gelten die Landesbauordnungen (LBOs) und auf kommunaler Ebene die Bebauungspläne (B-Pläne).

Das Baugesetzbuch (BauGB)

Das Baugesetzbuch ist ein Bundesgesetz. Es regelt unter anderem Verfahrensabläufe zur Bauleitplanung, also zum Beispiel zur Aufstellung von Flächennutzungs- und Bebauungsplänen durch Kommunen und die zu beteiligende Bürgerschaft. Es regelt ferner ganz grundsätzliche rechtliche Zulässigkeiten baulicher Nutzungen in oder außerhalb von Ortschaften und auch Entschädigungs- und Ausgleichsmaßnahmen und einiges mehr. Das BauGB gilt bundesweit, und es ist die Grundlage für die Aufstellung von Bebauungsplänen durch die Kommunen.

Sehr bekannt ist der § 34 des BauBG. Er regelt, was passiert, wenn kein Bebauungsplan vorliegt, und wie in einem solchen Fall gebaut werden kann (→ Seite 212).

Momentan ist ein wichtiger Sachverhalt nicht bundeseinheitlich geklärt. Dabei geht es um die Frage, welches Baurecht für welchen Bebauungsplan anzuwenden ist. Liegt also etwa für ein Grundstück in einer Gemeinde ein Bebauungsplan aus dem Jahr 1975 vor, stellt sich die Frage, ob dann auch das Baurecht, das in diesem Jahr galt, weiter gilt. Also vor allem die entsprechende Baunutzungsverordnung und die entsprechende Landesbauordnung. Dann wäre nämlich Ihr Bauantrag auf anderer Rechtsgrundlage einzureichen. Das kann zum Beispiel Abstandsflächenberechnungen oder Vollgeschossberechnungen betreffen. Man spricht von der sogenannten „statischen Verweisung", wenn dasjenige Baurecht weiter gilt, das zum Zeitpunkt der Inkraftsetzung des Bebauungsplans galt. Gilt das jeweils aktuelle Baurecht, spricht man von der „dynamischen Verweisung".

Für Baden-Württemberg hat der dortige Verwaltungsgerichtshof (VGH) zwischenzeitlich zumindest festgestellt, dass diejenige Baunutzungsverordnung und Landesbauordnung gilt, die zum Zeitpunkt der Aufstellung des Bebauungsplans und seiner Verkündung galt. In anderen Bundesländern ist aber selbst das noch offen. Die Entscheidung aus Baden-Württemberg ist gut nachvollziehbar. Denn wenn eine Gemeinde einen Bebauungsplan aufstellt – auf Basis einer geltenden Baunutzungsverordnung und Landesbauordnung – dann könnte eine spätere, novellierte Baunutzungsverordnung und Landesbauordnung zu gar nicht absehbaren Widersprüchen zwischen einem alten

Bebauungsplan und den novellierten Verordnungen führen.

Die Baunutzungsverordnung (BauNVO)

Auch die Baunutzungsverordnung ist ein Bundesgesetz. Sie heißt eigentlich „Verordnung über die bauliche Nutzung der Grundstücke" – und genau das regelt sie auch. Sie regelt die Art der baulichen Nutzung eines Grundstücks, etwa als Wohngebiet, Gewerbegebiet, Mischgebiet etc. Des Weiteren regelt sie das Maß der baulichen Nutzung eines Grundstücks, also zum Beispiel Obergrenzen für maximal zulässige Grund- oder Geschossflächenzahlen (GRZ und GFZ). Diese besagen, welcher Anteil eines Grundstücks überbaut werden darf und welche Gesamtfläche alle Geschosse zusammen haben dürfen, bezogen auf die Größe des Grundstücks. Auch geregelt wird beispielsweise, was Vollgeschosse sind oder auch offene und geschlossene Bauweisen. Der Bebauungsplan einer Stadt oder Gemeinde hat sich der Baunutzungsverordnung unterzuordnen. Da, wie erwähnt, in einigen Bundesländern ungeklärt ist, welche Baunutzungsverordnung gilt, wenn es sich um einen älteren Bebauungsplan handelt („statische" oder „dynamische Verweisung"), sollte in diesen Fällen immer bei den zuständigen Baurechtsämtern nachgefragt werden, auf Basis welchen Baurechts („statische" oder „dynamische Verweisung") der Bauantrag eingereicht werden soll. Die erste Baunutzungsverordnung trat am 1. August 1962 in Kraft und wurde bislang dreimal novelliert: 1968, 1977 und 1990. Liegt nun ein Bebauungsplan aus dem Jahr 1975 vor, müsste der Bauantrag zum Beispiel in Baden-Württemberg auf Basis der Baunutzungsverordnung von 1968 eingereicht werden („statische Verweisung").

Die Landesbauordnungen (LBOs)

Die Bauordnung ist Landesgesetz. Alle 16 Bundesländer in Deutschland haben eine jeweils eigene Landesbauordnung. Die Landesbauordnungen regeln allgemeine Grundlagen der zulässigen Gebäudeplanung. Sie regeln zum Beispiel Vorgaben zu Mindestraumhöhen und notwendigen Belichtungen oder Brandschutzbestimmungen. Sie regeln aber auch detailliert die sogenannten Abstandsflächen, die Gebäude zur Grundstücksgrenze halten müssen und anderes mehr. Die Landesbauordnungen gelten jeweils bundeslandweit in Verbindung mit den übergeordneten Bundesrechten. Auch für die Landesbauordnungen gilt, dass bislang kein Landesgesetzgeber geklärt hat, welche Landesbauordnung für welche Bebauungspläne gilt: Ist die zum Zeitpunkt der Inkraftsetzung des Bebauungsplanes gültige Landesbauordnung maßgebend („statische Verweisung") oder die jeweils aktuelle Fassung („dynamische Verweisung")? Auch hier muss man daher die jeweils zuständige Baurechtsbehörde anfragen, auf welcher Grundlage sie den Bauantrag prüft. In Baden-Württemberg ist dies, wie erwähnt, zwischenzeitlich gerichtlich abschließend geklärt, zugunsten des statischen Verweises.

Der Bebauungsplan (B-Plan)

Ein Bebauungsplan ist rechtlich eine kommunale Satzung, die vom Stadt- bzw. Gemeinderat einer Kommune aufgestellt und beschlossen wird. Er gilt üblicherweise für ein klar eingegrenztes Gebiet, zum Beispiel ein Neubaugebiet. Gemeinsam mit ihm gilt in einigen Bundesländern als Planungsgrundlage jeweils die Landesbauordnung, die zum Zeitpunkt der Aufstellung des Bebauungsplans gültig war. Baut man also beispielsweise in einem älteren Baugebiet, kann es durchaus sein, dass nicht die aktuelle LBO gilt, sondern eine ältere Fassung. Der Bebauungsplan regelt detailliert wie die Gebäude errichtet werden dürfen. Das kann so weit gehen, dass exakt vorgeschrieben wird, dass alle Gebäude auf einer Linie zur Straße stehen und Pultdächer mit einer exakt vorgegebenen Neigung haben müssen. Das führt dazu, dass B-Pläne häufig der eigentliche Architekt sind. B-Pläne geben fast immer nur geometrische Gebäudevorgaben vor, fast nie Baumaterialien oder Musterdetails zur Gestaltung. Das führt dazu, dass am Ende der Haustyp „Oberbayern" neben dem Haustyp „Ostfriesland" steht. Beide haben dann die exakt gleiche Dachneigung und die exakt gleiche Hauslänge und Hausbreite, von ihrem baulichen Charakter her aber überhaupt nichts miteinander zu tun. B-Pläne nach dem klassischen Muster waren und sind wenig geeignet, gute Dorf- und Gemeindeentwicklungen zu sichern. Viele Gemeinden lassen sich die B-Pläne ohne Wettbewerb und ohne wesentliche Ansprüche durch externe Planungsbüros erstellen und segnen sie dann im Gemeinderat nur noch ab. Die meist traurigen Ergebnisse dieser Politik kann man sich in Neubaugebieten bundesweit ansehen.

§ 34 Baugesetzbuch

Überall dort, wo kein B-Plan existiert, kommt der sogenannte § 34 des Baugesetzbuchs zur Anwendung. Er besagt in Absatz 1:

„Innerhalb der im Zusammenhang bebauten Ortsteile ist ein Vorhaben zulässig, wenn es sich nach Art und Maß der baulichen Nutzung, der Bauweise und der Grundstücksfläche, die überbaut werden soll, in die Eigenart der näheren Umgebung einfügt und die Erschließung gesichert ist. (...)."

Man spricht auch vom sogenannten Gummiparagrafen, weil mit dieser wachsweichen Formulierung alle möglichen Vorhaben erfolgreich durch die Genehmigung gebracht werden können. Und fast jeder kennt aus seiner eigenen Umgebung Beispiele katastrophaler Anwendungen des Paragrafen.

Bei einem Grundstück, das in einem §-34-Gebiet liegt, müssen Sie sich mit Ihrem Vorhaben also an der umgebenden Bebauung orientieren. Sie haben planerisch dadurch mehr Freiheiten als mit einem klassischen Bebauungsplan als Grundlage der Planung.

Nur eines ist bei § 34 des Baugesetzbuchs klar: Wer nach § 34 baut, muss immer die aktuelle BauNVO und die aktuelle Landesbauordnung berücksichtigen, hat also nicht mehr die Frage zu klären, ob er beide nach dem „dynamischen" oder „statischen Verweis" zu berücksichtigen hat.

9.2 Der Bau- oder Baugenehmigungsantrag

Die Genehmigungsplanung muss der Baubehörde in Form eines **Bauantrags** vorgelegt werden, und zwar unabhängig vom Baupartner, mit dem Sie bauen. Es gibt allerdings einen wesentlichen Unterschied für Sie: Bauen Sie auf dem eigenen Grundstück, zum Beispiel mit einem Generalübernehmer, Architekten oder Fertighausanbieter, sind Sie der Ansprechpartner der Behörden und in hohem Maß für die korrekte Abwicklung verantwortlich. Erwerben Sie dagegen ein Haus samt Grundstück von einem Bauträger, muss er sich um die **Genehmigungsplanung** und Baueingabe kümmern. Da die Genehmigungsplanung manchmal zum Vertragsbestandteil gemacht wird, sollten Sie diese Pläne sorgsam kontrollieren (siehe Seite 214). Denn so, wie die Baubeschreibung alle wichtigen Angaben und Daten in Bezug auf Bauelemente und Baustoffe enthalten muss, so muss die Baueingabeplanung alle wichtigen Maße, Höhen und die Lage des Gebäudes exakt darstellen. Bei Plänen, die Vertragsbestandteil von Bauträgerkaufverträgen werden, fehlen beispielsweise häufig Schnittpläne – das heißt, Sie wissen nicht, welche Höhe Ihre Räume später haben werden. Ein gravierender Nachteil für Sie, wenn die Raumhöhe dann nur im Bereich der gesetzlich vorgeschriebenen Mindesthöhe für Wohnräume liegt. In Nordrhein-Westfalen sind das zum Beispiel nur 2,40 Meter lichte Raumhöhe, in Berlin aber schon 2,50 Meter und in Baden-Württemberg nur 2,30 Meter.

Formen der Baueingabe

Baueingaben können heute auf unterschiedliche Weise erfolgen. Die klassische Baueingabe wird dabei mehr und mehr durch neue Formen ersetzt. So sind das vereinfachte Genehmigungsverfahren und die Genehmigungsfreistellung, auch als Kenntnisgabeverfahren bekannt, zwei Verfahren, die eingeführt wurden, um den Arbeitsaufwand der Ämter zu reduzieren, die staatliche Bauaufsicht abzubauen und die Verantwortlichkeit der am Bau Beteiligten zu stärken. Wenn diese Möglichkeiten bestehen, sollten Sie sie nutzen.

Antrag auf Vorbescheid

Wenn zunächst grundsätzliche Fragestellungen zur Bebaubarkeit des Grundstücks geklärt werden müssen, wird bei der zuständigen Baubehörde meist in einem ersten Schritt ein Antrag auf Vorbescheid eingereicht. Beispiel: Sie wollen die zulässige Firsthöhe überschreiten, um das Dachgeschoss besser nutzen zu können. Damit weichen Sie vom Bebauungsplan ab, der für Ihr Grundstück gilt. Das sollten Sie besser per Vorbescheid klären lassen. Auch beim Bauen mit dem Fertighausanbieter kommt es vor, dass der gewünschte Haustyp nicht alle Vorgaben aus dem Bebauungsplan einhalten kann. Auch dann muss im Vorfeld geklärt werden, ob Abweichungen zulässig sind, bevor das Haus gekauft wird. Der Vorteil dieser Verfahrensweise liegt darin, dass Sie den Behörden nur die Unterlagen einreichen müssen, die für die Beantwortung Ihrer Fragen notwendig sind – also beispielsweise nur Ansichtspläne. An einen positiven Vorbescheid ist die Kommune dann zwei Jahre gebunden.

Die Genehmigungsfreistellung/Kenntnisgabeverfahren

Die Möglichkeiten der Genehmigungsfreistellung – auch Kenntnisgabeverfahren genannt – ist auf Länderebene in den Landesbauordnungen festgelegt. Das Kenntnisgabeverfahren ist üblicherweise nur für kleinere Wohngebäude, also für Ein- oder Zweifamilienhäuser, anwendbar. Viele Gemeinden haben die notwendigen Formulare für einen Bauantrag nach dem Kenntnisgabeverfahren als Download auf ihre Internetseiten gestellt. Die Kenntnisgabeunterlagen können üblicherweise an die zuständige Gemeinde gerichtet werden, wenn:

> ein Bebauungsplan vorliegt und die Festsetzungen des Bebauungsplans vollständig eingehalten werden,
> das Bauvorhaben örtlichen Bauvorschriften nicht widerspricht,
> die Erschließung des Grundstücks gesichert ist und
> die Gemeinde nicht innerhalb eines Monats ein Genehmigungsverfahren fordert.

Die eingereichten Unterlagen werden dann von der zuständigen Behörde der kreisfreien Stadt oder des Landkreises nicht geprüft, sondern die Verantwortung für die Richtigkeit liegt beim Entwurfsverfasser und Bauherrn. Die angrenzenden Nachbarn werden über das Vorhaben informiert und haben die Möglichkeit, innerhalb einer kurzen Widerspruchsfrist Einwände vorzubringen. Nur wenn diese begründet sind, muss der Sachverhalt rechtlich geklärt werden. Wenn die Gemeinde nicht widerspricht, kann ein Monat nach Einreichen der Unterlagen mit dem Bau begonnen werden. Die Genehmigung ist drei Jahre gültig. Innerhalb dieser Zeit muss mit dem Bau begonnen werden, wenn man die Genehmigung nutzen will.

Das vereinfachte Genehmigungsverfahren

Wenn die Genehmigungsfreistellung nicht in Anspruch genommen werden kann, also zum Beispiel bei Abweichungen vom Bebauungsplan, kommt das vereinfachte Genehmigungsverfahren in Frage. Die Baubehörden prüfen dann nur eingeschränkt, nämlich unter anderem:

> die Erschließung des Grundstücks,
> die Einhaltung der Abstandsflächen,
> die Zahl der Stellplätze und
> die Einhaltung der Brandschutzbestimmungen.

Bauantragspläne

✓ **Grundrisspläne**

☐ Angaben zu Verfasser/Planer, Bauherr, Lage und Ort, Maßstab, Änderungsvermerke mit Datum und Namenszeichen sowie laufender Plannummerierung und klarer Planangabe (zum Beispiel Grundriss EG) im Plankopf

☐ Nordpfeil deutlich und klar

☐ Im Erdgeschossgrundriss die Erschließung (Außentreppen, Terrassen, Gartenwege, Zufahrten, Grundstücksgrenzen usw.)

☐ Alle Geländehöhen

☐ Gesamtmaße über die volle Hausbreite und -tiefe

☐ Sämtliche Teilmaße (zum Beispiel von Hauskante zu Fenster, von Fenster zu Fenster)

☐ Alle Öffnungsmaße in Höhe und Breite des Rohbaumaßes (Türen, Fenster usw.)

☐ Alle Brüstungshöhen

☐ Alle Wandstärken mit Materialsymbolik

☐ Maße von Vor- und Rücksprüngen in Wänden (Wandnischen, Erker usw.)

☐ Soweit vorhanden, alle Dehnungsfugen und Achsmaße (Achsen sind Orientierungslinien in Zeichnungen, die beispielsweise in allen Grundrissen gleich dargestellt sind und auf der Baustelle die Orientierung erleichtern)

☐ Öffnungsviertelkreise mit Öffnungsrichtung sämtlicher Türen beziehungsweise Fenstertüren

☐ Treppenlauf mit ordnungsgemäßer Grundrisskonstruktion der Treppe bei Wendelungen sowie Steigungsangaben, Stufenzahl und Gehlinie

☐ In gestrichelter Linie alle auskragenden Bauteile oberer oder unterer Geschosse (Balkone, Dach usw.)

☐ Lage von Rollläden und Gurtbändern

☐ Alle Raumgrößen in Quadratmetern mit Bezeichnung und Angabe der Berechnungsgrundlage (zum Beispiel Wohnflächenverordnung, Zweite Berechnungsverordnung, DIN 277)

☐ Oberkante Rohfußboden und Oberkante Fertigfußboden pro Geschoss

☐ Lage und Art von Bodeneinläufen (Abflussmöglichkeit in Bädern oder Waschküchen)

☐ Wo nötig, Verlegepläne für Boden- und Wandfliesen

☐ In den Bädern: Lage, Form und Art sämtlicher sanitärer Einrichtungsgegenstände

☐ In Dachgeschossgrundrissen: Kniestocklinie (Stoßlinie von aufgehender Wand und Dachschräge), Dachspitzbodenlinie (Stoßlinie von aufgehender Dachschräge mit Zimmerdecke Dachgeschoss), Dachgaubenlinien, Lage und Anordnung von Bodeneinschubtreppen

☐ Lage und Durchmesser der Kaminzüge und/oder Lüftungskanäle inklusive Reinigungs- beziehungsweise Austrittsöffnungen

☐ Lage von Kellerlichtschächten

☐ Fundamentlage

☐ Bei Heiztechnikräumen: Stellung, Lage, Installation und Anschlüsse der Heizzentrale sowie eventuell benötigter Tanklager- beziehungsweise Gaszuführungen

Bauantragspläne (Fortsetzung)

- [ ] Angaben über Be- und Entlüftung im Heizraum
- [ ] Ausstattung des Hausanschlussraums
- [ ] Eventuell Revisionsschacht (vertikaler Schacht durch mehrere Geschosse, in dem Leitungen verlegt werden, mit Öffnungen in jedem Geschoss)
- [ ] Bezeichnung und Lage von Schnittlinien, die aussagen, wo der Vertikalschnitt des Schnittplans durchs Haus gelegt wurde (zum Beispiel Schnitt A-A)

Schnittpläne

- [ ] Angaben zu Verfasser/Planer, Bauherr, Lage und Ort, Maßstab, Änderungsvermerken mit Datum und Namenszeichen sowie laufender Plannummerierung und klarer Planangabe (z. B. Schnitt A-A) im Plankopf
- [ ] Höhenlage des Gebäudes über Meereshöhe bezogen auf die Oberkante des Fertigfußbodens des Erdgeschosses
- [ ] Bezeichnung der Geschosse
- [ ] Alle Höhenmaße über die komplette Haushöhe
- [ ] Alle lichten Rohbau- und Fertigbaumaße
- [ ] Durchgangshöhen von Türen, Fenstertüren oder Treppenunterläufen
- [ ] Alle Deckenstärken mit Maßangaben des gesamten Bodenaufbaus (Rohdecke, Trittschalldämmung, Estrich, Bodenbelag usw.)
- [ ] Bei Außenwänden im Fensterbereich Brüstungshöhen (Wandanteil unterhalb des Fensters) und Sturzhöhen (Wandanteil oberhalb des Fensters) inklusive ihrer Konstruktion
- [ ] Stärken, Aufbau und Konstruktion von Wänden
- [ ] Lage und Ausbildung von Ringankern (Betonstreifen oberhalb von Mauerwerk unter anderem zur Verteilung von Lasten oberhalb von Wänden)
- [ ] Lage, Anordnung, Konstruktion und Höhenverlauf von Treppen, inklusive sämtlicher Zwischenpodeste mit Art und Ausformung aller Anschlusspunkte der Treppen an bestehende Bauteile, wie eventuell Wände oder Geschosszwischendecken
- [ ] Lichtschächte, Außentreppen, Terrassen, Balkone usw.
- [ ] Verankerungen, Verlauf und Maße der Dachbinder sowie des Dachtragwerks
- [ ] Aufbau, Montagepunkte und Ausbildung des gesamten Dachaufbaus inklusive Lattenlage und Ziegeleindeckung sowie Traufanschlusspunkt mit Ausladung und Ausbildung des Sparrenfußes, Montage der Dachrinne sowie Firstanschluss mit Firstlinie
- [ ] Konstruktive Ausformung von Gauben oder Dachausstiegen inklusive sämtlicher Anschlusspunkte an die Dachhaut
- [ ] Höhenlage und Anschlüsse der Hauszuleitungen für Gas, Wasser, Strom usw., Lage und Verlauf der Grundleitung
- [ ] Fundamentschnitte mit eindeutiger Darstellung und Bezeichnung der Materialien und Konstruktionsweisen der Fundamentierungen, der aufgehenden Kellerwände, der vorgesehenen Abdichtung der Kellerwände gegen Feuchtigkeit von außen (Sperrschichtenaufbau), der Lage und Stärke des Drainagerohrs (Kunststoffrohr im Erdreich, das Sickerwasser ableitet), der Kiesverfüllung sowie des maximal gemessenen Grundwasserstands

Bauantragspläne (Fortsetzung)

Ansichtspläne

- [ ] Angaben zu Verfasser/Planer, Bauherr, Lage und Ort, Maßstab, Änderungsvermerken mit Datum und Namenszeichen sowie laufender Plannummerierung und klarer Planangabe (zum Beispiel Ansicht Südwest) im Plankopf
- [ ] Gestrichelt die Höhenlinien der Ober- und Unterkanten der einzelnen Geschossdecken
- [ ] Lage und Anordnung von Fenstern und Türen inklusive eingestrichelter Öffnungssystematik
- [ ] Lage und Anordnung von Rollläden, Jalousien, Markisen usw.
- [ ] Lage und Anordnung von Außentreppen und Terrassen
- [ ] Lage und Anordnung von Regenfallrohren
- [ ] Trauf-, Kehl-, Grat- und Firstlinien
- [ ] Kniestocklinie gestrichelt
- [ ] Schornsteine, Gauben, Dachausstiege
- [ ] Gesimse, Balkone, Geländer
- [ ] Sockelverlauf
- [ ] Besondere Fassadenbekleidungen wie zum Beispiel Verputzungen, Verklinkerungen oder Holzverkleidungen
- [ ] Gründungstiefe der Fundamente gestrichelt
- [ ] Erdreichverlauf und Geländehöhen
- [ ] Höhenlinie des Straßenverlaufs der Erschließungsstraße

Ein solcher Antrag muss von den Behörden üblicherweise innerhalb von sechs Wochen bearbeitet werden, in Ausnahmefällen ist eine Verlängerung um bis zu sechs weitere Wochen möglich. Die Genehmigung ist drei Jahre gültig. Innerhalb dieser Zeit muss mit dem Bau begonnen werden, wenn man die Genehmigung nutzen will.

Bestandteile des Bauantrags

Was bei einer Baueingabe eingereicht werden muss, regeln die Landesbauordnungen der einzelnen Bundesländer. In den meisten Fällen sind das die Unterlagen, die im Kasten „Das gehört zum Bauantrag" aufgeführt sind. Viele Gemeinden sind zwischenzeitlich allerdings zu einem gewissen Service übergegangen und bieten auf Ihren Internetseiten teilweise sogar Formulare zum Download für Bauanträge. Das ist sehr hilfreich, und Sie können sich frühzeitig ansehen, ob Ihre Gemeinde das auch bietet. Viele Dinge, die Sie einreichen müssen, werden über das Bauantragsformular direkt abgefragt. Auch das ist sinnvoll. Und viele Gemeinden halten mittlerweile auch online Listen vor, was alles eingereicht werden muss und in welcher Anzahl die Unterlagen einzureichen sind. Außerdem werden oft Ansprechpartner für Rückfragen benannt. Zwar ist es so, dass nur kreisfreie Städte mit eigenen Baugenehmigungsbehörden direkt für die Baugenehmigung zuständig sind und bei kleineren Gemeinden der Landkreis, in dem sie liegen. Meist wird das Baugesuch aber bei der örtlichen Gemeinde eingereicht, die es dann weiterleitet an die Baugenehmigungsbehörde des Landkreises.

9.2 Der Bau- oder Baugenehmigungsantrag

Das gehört zum Bauantrag:
- Bauantragsformular
  (heute oft online erhältlich bei der zuständigen Gemeinde),
- Baubeschreibungsformular
  (oft im Bauantragsformular enthalten)
- Statistischer Erhebungsbogen (oft ebenfalls bereits im Bauantragsformular enthalten)
- Wenn der Bauherr nicht selber einreicht, sondern sein Architekt, Fertig- oder Massivhausanbieter: Vollmacht des Bauherrn für den planenden Architekten/Fertighausanbieter/Massivhausanbieter zur Bauantragstellung in seinem Namen
- Bauvorlageberechtigung des Entwurfsverfassers (wird üblicherweise im Baugenehmigungsformular direkt abgefragt)
- Entwässerungsgesuch
- technische Angaben zur Feuerungsanlage
- Mitunter Angabe der Fußbodenhöhe im höchsten Aufenthaltsraum (also dem höchsten Wohnraum, der die für Wohnräume nach Landesbauordnung geltende Raumhöhe, Belichtung etc. einhält)
- Berechnung des umbauten Raumes
- Berechnung der Wohnfläche
- Statische Berechnung
- Bauzeichnungen
- Lageplan mit Abstandsflächen
- Eventuell Antrag für Baumfällungen entsprechend örtlichen Vorschriften

Wenn Sie ein Bestandsgebäude abreißen wollen, dessen Abbruch genehmigungspflichtig ist, sind außerdem einzureichen:
- Antragsformular (meist online erhältlich bei der zuständigen Gemeinde)
- Auszug aus dem Liegenschaftskataster (erhältlich beim Katasteramt)
- Fotos des bestehenden Gebäudes (Außenansichten aller Fassaden)
- Abrissplan mit gelb markierten Bauteilen, die abgerissen werden sollen

Erkundigen Sie sich vorab bei der örtlichen Gemeinde, ob weitere Unterlagen verlangt werden. Sie können dazu auch zunächst auf die Internetseite der Gemeinde gehen und schauen, ob dort Informationen hinterlegt sind. Möglicherweise finden Sie dort sogar Bauantragsformulare als Download, die Sie verwenden müssen. Wenn Sie mit einem Architekten bauen, der aus der Region kommt, weiß er dies in aller Regel. Bei einem Fertighausanbieter, der aus einer anderen Region Deutschlands kommt, können Sie das nicht ohne Weiteres voraussetzen, aber auch dort hat man Erfahrung und weiß, wo man die notwendigen Informationen erhält.

Sind die Bauantragspläne vollständig?

Die Baugenehmigungspläne müssen alle notwendigen zeichnerischen Darstellungen und alle wichtigen Maße enthalten. Ob alles vollständig ist, können Sie mit der Checkliste „Bauantragspläne" kontrollieren. Wenn die Bauantragspläne Bestandteil des Kaufvertrags eines Bauträgerobjekts sind, sollten sie entsprechend geprüft werden. Sind sie es nicht, sollten sie möglichst zum Vertragsbestandteil gemacht und ebenso geprüft werden.

Entwässerungspläne
Zusätzlich dazu ist das Entwässerungsgesuch in Form von Entwässerungsplänen einzureichen. In den Plänen des Entwässerungsgesuchs wird dargestellt, wie das Wasser von allen Abflussstellen im und am Haus – also beispielsweise Waschbecken, WCs, Duschen, Wannen, Waschmaschinen, aber auch Regenrinnen – das Haus und das Grundstück sicher verlässt und in die öffentliche Kanalisation eingeleitet wird. Manchmal gibt es getrennte öffentliche Kanäle für Regen-

wasser und Schmutzwasser (Trennsystem), manchmal wird auch beides in ein Kanalsystem eingeleitet (Mischsystem). Bei der Darstellung muss beachtet werden, dass alle Vorschriften – zum Beispiel solche zu Rohrdimensionierungen, Rohrgefälle, Rohrabzweigen, Schächten – beachtet werden, die der öffentliche Versorger verlangt. Er kann das Entwässerungsgesuch sonst zurückweisen oder mit Auflagen belegen. Das Entwässerungsgesuch wird üblicherweise mit dem Baugesuch eingereicht und dann von der Baugenehmigungsbehörde an den öffentlichen Erschließungsträger weitergeleitet. Der prüft das Entwässerungsgesuch separat. Selbst bei einem Kenntnisgabeverfahren wird das Entwässerungsgesuch klassisch geprüft. Es kann jedoch passieren, dass man zwar sehr rasch eine Baufreigabe erhält, aber erst später ein Entwässerungsgesuch beschieden wird, das Auflagen enthält.

Neben öffentlichen Kanälen gibt es auch private Kanäle, die man möglicherweise zunächst für öffentliche hält. Die öffentlichen Erschließungsträger können hier Auskunft geben. Manche haben sogar schon im Internet zugängliche Pläne hinterlegt, über die man die Lage der öffentlichen Kanäle und Schächte einsehen kann.

Es kann auch sein, dass über den örtlichen Bebauungsplan eine natürliche Versickerung auf dem Grundstück oder eine Regenwasserzisterne gefordert wird. Selbst wenn man das nicht möchte, muss man es dann trotzdem erbringen. Für die Umwelt hat beides Vorteile, weil das Wasser dann dort versickert, wo es auch abregnet oder aber zumindest gesammelt wird für eine zeitversetzte Bewässerung.

10 Die Ausführungsplanung

Die Ausführungsplanung oder Werkplanung ist die Planung, nach der später in der Montagehalle oder auf der Baustelle das Bauvorhaben umgesetzt wird. Anders als die Baueingabeplanung, die meist im Maßstab 1 : 100 gefertigt wird, wird die Ausführungsplanung im Maßstab 1:50 gezeichnet und enthält auch die komplette Detailplanung.

Die Ausführungsplanung wird üblicherweise ausgeführt, wenn das Baugesuch gestellt und genehmigt ist. Denn es kann sein, dass im Genehmigungsverfahren noch Planungsanpassungen erfolgen müssen.

10.1 Aufbau und Inhalt einer Ausführungsplanung

Wenn der Bauantrag zur Prüfung und Genehmigung bei der Baubehörde liegt (Dauer: vier bis 12 Wochen), werden in aller Regel die Ausführungs- beziehungsweise Werkpläne erstellt. Beim Fertighausanbieter geht das häufig sehr rasch, da es sich meist um Typenhäuser handelt, die längst detailliert durchgeplant sind. Bauträger und Architekt brauchen dafür etwas länger. Während der Bauträger möglicherweise auf Werkplanungen bereits fertiggestellter Projekte zurückgreifen kann, wird der Architekt in aller Regel eine neue, individuelle Werkplanung vornehmen. Entsprechend benötigt er am meisten Zeit für die Ausführungsplanung. Optimal für Sie ist es, wenn die Werkpläne bei Vertragsschluss vorliegen und Bestandteil des Vertrags werden können. Das ist aber fast nie möglich. Grundsätzlich sollte vertraglich vereinbart werden, dass die Werkpläne direkt nach ihrer Fertigstellung auch dem Bauherrn überlassen werden. Werkpläne enthalten ausführungsspezifische Eintragungen, Angaben zu den Baumaterialien und Konstruktionsweisen. Die Planunterlagen aus dem Bauantrag reichen für die Erstellung des Gebäudes nicht aus. Neben den Übersichtsplänen im Maßstab 1:50 werden für alle wichtigen Details je nach Erfordernis Detailpläne im Maßstab 1:20 bis 1:1 erstellt.

Zu den **Übersichtsplänen** gehören:

> alle Grundrisse (zum Beispiel Kellergeschoss, Erdgeschoss, Obergeschoss, Dachgeschoss),
> mindestens ein Gebäudeschnitt in Haus-Längsrichtung oder Haus-Querrichtung (mit Treppenhaus),
> alle Ansichten des Gebäudes (in der Regel vier Ansichten),
> eine Dachaufsicht.

Die **Detailpläne** können – je nach Gebäudetyp – darstellen:

> Schnitt durch die Kelleraußenwand mit Abdichtung und Drainage,
> unterschiedliche Bodenaufbauten,
> Treppen mit Geländern und Stufendetails,
> Balkone mit Anschlüssen an das Bauwerk und Bodenaufbauten,
> Dachelemente wie Gauben und deren Anschlüsse,
> Untersichten von Dachüberständen,
> Anschlüsse von Fenstern an die Fassade,
> Schichtaufbau der Außenwand,
> Schichtaufbau der Dachkonstruktion,
> Vordachkonstruktionen.

Eine Einfamilienhausplanung kann leicht aus 15 bis 25 Plänen bestehen. Wenn Sie mit einem Architekten bauen, sollten Sie gemeinsam mit ihm alle zu erstellenden Pläne auflisten und festlegen, welche Punkte im Detail dargestellt werden. Insbesondere komplizierte Details sollten nicht auf der Baustelle gelöst werden, denn das führt schnell zu einer mangelhaften Bauausführung.

Auch die Fachingenieure für Statik, Heizung, Lüftung und Sanitär sowie Elektro erstellen Pläne mit spezifischen Angaben, die zur Ausführungs- beziehungsweise Werkplanung gehören. Das betrifft beispielsweise die Lage und Größe von Deckendurchführungen für die Versorgungsleitungen oder die Dicke und das Material von Wänden und Decken. Architekt und Fachingenieure arbeiten hier eng zusammen. Fehler in den Ausführungsplänen führen schnell zu Fehlern bei der Bauausführung. Hat der Handwerker zum Beispiel keine Maß- oder Materialangaben, kann dies dazu führen, dass er „nach Gefühl" oder „Erfahrung" arbeitet. Das kann im Einzelfall gut gehen, führt aber meist zu Folgeproblemen. Denn der einzelne Handwerker hat verständlicherweise nur sein Gewerk im Blick und bedenkt nicht unbedingt die Auswirkungen auf andere Gewerke.

> **Beispiel**
> Angaben zur genauen Position von Rollladenbändern fehlen. Dadurch werden diese auf die Wand seitlich von einer Fenstertürseite gesetzt, vor die später aber ein Heizkörper montiert werden soll. Oder: Fehlerhafte Eintragungen zu Sanitäranschlüssen führen dazu, dass mit großem Aufwand und hohen Kosten alle Anschlüsse nochmals gelegt werden müssen.

Wenn die Ausführungspläne fertiggestellt sind, ist die Planungsphase abgeschlossen.

10.2 Prüfen der Ausführungsplanung auf Vollständigkeit

Als Erstes muss geprüft werden, ob geeignete Planunterlagen angefertigt wurden, aus denen der Unternehmer alle Informationen entnehmen kann, die er für eine mangelfreie Ausführung seiner Arbeiten benötigt. Diese Pläne werden als **Ausführungspläne** oder **Werkpläne** bezeichnet. Es handelt sich um Grundrisse, Ansichten, Schnitte und Detailpläne im Maßstab 1:50 bis 1:1. Ein **Grundrissplan** stellt den horizontalen Schnitt in etwa einem Meter Höhe durch das jeweilige Geschoss (Kellergeschoss, Erdgeschoss, Obergeschoss usw.) dar. Auf diesen Plänen werden Wände, Öffnungen, Treppen usw. von oben gesehen dargestellt. Ein **Schnittplan** stellt den vertikalen Schnitt durch ein Gebäude dar, in der Regel innerhalb eines Treppenhauses, da hier wichtige Detailpunkte dargestellt und benannt werden müssen. **Ansichtspläne** stellen die Fassaden des Gebäudes mit der Lage der Fenster, Türen, First- und Traufhöhen usw. dar.

Ohne Ausführungsplanung sollte grundsätzlich kein Bauvorhaben begonnen werden. Trotzdem kommt es hin und wieder vor – vor allem bei Massivbauten – , dass außer den Plänen im Maßstab 1:100, die für die Baugenehmigung eingereicht werden müssen, keine weiteren Pläne erstellt werden und dann versucht wird, nach diesen Plänen zu bauen. Die Folge ist, dass den ausführenden Unternehmern wichtige Angaben auf der Baustelle fehlen, denn Ausführungspläne sind wesentlich mehr als vergrößerte Baugesuchpläne. Sie enthalten wichtige Angaben, die in Baugesuchplänen nicht enthalten sind, weil diese Zeichnungen für einen anderen Zweck erstellt werden. Aber auch so manche Ausführungsplanung hat große Informationslücken. Die folgenden Checklisten dienen dazu, Ausführungspläne auf ihre Vollständigkeit hin zu überprüfen.

Grundrisspläne bei Neubaumaßnahmen

✓

- [ ] Angaben zu Verfasser/Planer, Bauherr, Lage und Ort, Maßstab, Änderungsvermerke mit Datum und Namenszeichen sowie laufender Plannummerierung und klarer Planangabe (zum Beispiel Grundriss EG) im Plankopf
- [ ] Nordpfeil deutlich und klar
- [ ] Im Erdgeschossgrundriss die Erschließung (Außentreppen, Terrassen, Gartenwege, Zufahrten)
- [ ] Gesamtmaße über die volle Hausbreite und -tiefe
- [ ] Sämtliche Teilmaße (zum Beispiel von Hauskante zu Fenster, von Fenster zu Fenster)
- [ ] Alle Öffnungsmaße in Höhe und Breite des Rohbaumaßes (Türen, Fenster)
- [ ] Alle Brüstungshöhen
- [ ] Alle Wandstärken mit Materialsymbolik
- [ ] Maße von Vor- und Rücksprüngen in Wänden (Wandnischen, Erker usw.)
- [ ] Soweit vorhanden, alle Dehnungsfugen und Achsmaße (Achsen sind Orientierungslinien in Zeichnungen, die beispielsweise in allen Grundrissen gleich dargestellt sind und auf der Baustelle die Orientierung erleichtern)
- [ ] Öffnungsviertelkreise mit Öffnungsrichtung sämtlicher Türen und Fenstertüren
- [ ] Treppenlauf mit ordnungsgemäßer Grundrisskonstruktion der Treppe bei Wendelungen sowie Steigungsangaben, Stufenzahl und Gehlinie
- [ ] In gestrichelter Linie alle auskragenden Bauteile oberer oder unterer Geschosse (Balkone, Dach usw.)
- [ ] Lage von Stürzen, Kanälen, Unterzügen, Durchlässen als gestrichelte Linie mit Bezug auf die lichten Raumhöhen
- [ ] Lage von Rollläden und Gurtbändern
- [ ] Alle Raumgrößen in Quadratmetern mit Bezeichnung und Angabe der Berechnungsgrundlage (zum Beispiel Wohnflächenverordnung, Zweite Berechnungsverordnung, DIN 277)
- [ ] Oberkante Rohfußboden und Oberkante Fertigfußboden in allen Räumen
- [ ] Lage und Art von Bodeneinläufen (Abflussmöglichkeit in Bädern oder Waschküchen)
- [ ] Wo nötig, Verlegepläne für Boden- und Wandfliesen
- [ ] In den Bädern: Lage, Form und Art sämtlicher sanitärer Einrichtungsgegenstände
- [ ] In Dachgeschossgrundrissen: Kniestocklinie (Stoßlinie von aufgehender Wand und Dachschräge), Dachspitzbodenlinie (Stoßlinie von aufgehender Dachschräge mit Zimmerdecke Dachgeschoss), Dachgaubenlinien, Lage und Anordnung von Bodeneinschubtreppen
- [ ] Lage und Durchmesser der Kaminzüge und/oder Lüftungskanäle inklusive Reinigungs- beziehungsweise Austrittsöffnungen
- [ ] Lage von Kellerlichtschächten

Grundrisspläne bei Neubaumaßnahmen (Fortsetzung)

- [ ] Fundamentlage
- [ ] Bei Heiztechnikräumen: Stellung, Lage, Installation und Anschlüsse der Heizzentrale sowie eventuell benötigter Tanklager- oder Gaszuführungen
- [ ] Angaben über Be- und Entlüftung im Heizraum
- [ ] Ausstattung des Hausanschlussraums
- [ ] Eventuell Revisionsschacht (vertikaler Schacht durch mehrere Geschosse, in dem Leitungen verlegt werden, mit Öffnungen in jedem Geschoss)
- [ ] Hinweis auf jeweils zugeordnete Detailpläne (zum Beispiel durch Einkreisung eines Details mit zugeordneter Plannummer, wo dieses im größeren Maßstab zu finden ist) sowie Pläne der Fachingenieure wie Elektro-, Sanitär- und Heizungsplanung (enorm wichtig beispielsweise für Lage und Anzahl Ihrer Steckdosen und Lichtschalter beziehungsweise Heizkörper und sämtliche Wasser- und Abwasseranschlüsse)
- [ ] Bezeichnung und Lage von Schnittlinien, die aussagen, wo der Vertikalschnitt des Schnittplans durchs Haus gelegt wurde (zum Beispiel Schnitt A-A)

Schnittpläne bei Neubaumaßnahmen

✓

- [ ] Angaben zu Verfasser/Planer, Bauherr, Lage und Ort, Maßstab, Änderungsvermerken mit Datum und Namenszeichen sowie laufende Plannummerierung und klare Planangabe (zum Beispiel Schnitt A-A) im Plankopf
- [ ] Höhenlage des Gebäudes über Meereshöhe bezogen auf die Oberkante des Fertigfußbodens des Erdgeschosses
- [ ] Bezeichnung der Geschosse
- [ ] Alle Höhenmaße über die komplette Haushöhe inklusive der lichten Raummaße
- [ ] Alle lichten Rohbau- und Fertigbaumaße
- [ ] Durchgangshöhen von Türen, Fenstertüren oder Treppenunterläufen
- [ ] Alle Deckenstärken mit Maßangaben des gesamten Bodenaufbaus (Rohdecke, Trittschalldämmung, Estrich, Bodenbelag usw.)
- [ ] Bei Außenwänden im Fensterbereich Brüstungshöhen (Wandanteil unterhalb des Fensters) und Sturzhöhen (Wandanteil oberhalb des Fensters) inklusive ihrer Konstruktion
- [ ] Stärken, Aufbau und Konstruktion von Wänden
- [ ] Lage und Ausbildung von Ringankern (Betonstreifen oberhalb von Mauerwerk und anderes zur Verteilung von Lasten oberhalb von Wänden)
- [ ] Wo notwendig, Wandabwicklungen (zum Beispiel Zeichnungen von gefliesten Böden und Wänden mit Darstellung aller Fugen und Fliesengrößen)
- [ ] Lage, Anordnung, Konstruktion und Höhenverlauf von Treppen, inklusive sämtlicher Zwischenpodeste mit Art und Ausformung aller Anschlusspunkte der Treppen an bestehende Bauteile, wie eventuell Wände oder Geschosszwischendecken
- [ ] Anschlüsse von Lichtschächten, Außentreppen, Terrassen, Balkonen usw.
- [ ] Verankerungen, Verlauf und Maße der Dachbinder sowie des Dachtragwerks

Schnittpläne bei Neubaumaßnahmen (Fortsetzung)

- [ ] Aufbau, Montagepunkte und Ausbildung des gesamten Dachaufbaus inklusive Lattenlage und Ziegeleindeckung sowie Traufanschlusspunkt mit Ausladung und Ausbildung des Sparrenfußes, Montage der Dachrinne sowie Firstanschluss mit Firstlinie (Dachgrafik, ⟶ Seite 298)
- [ ] Konstruktive Ausformung von Gauben oder Dachausstiegen inklusive aller Anschlusspunkte an die Dachhaut
- [ ] Hinweis auf jeweils zugeordnete Detailpläne (zum Beispiel durch Einkreisung eines Details mit zugeordneter Plannummer, wo dieses im größeren Maßstab zu finden ist) sowie Pläne der Fachingenieure wie Elektro-, Sanitär- und Heizungsplanung (enorm wichtig beispielsweise für Lage und Anzahl Ihrer Steckdosen und Lichtschalter beziehungsweise Heizkörper oder aber auch sämtlicher Wasser- und Abwasseranschlüsse)
- [ ] Höhenlage und Anschlüsse der Hauszuleitungen für Gas, Wasser, Strom usw.
- [ ] Lage und Verlauf der Grundleitung
- [ ] Fundamentschnitte mit eindeutiger Darstellung und Bezeichnung der Materialien und Konstruktionsweisen der Fundamentierungen, der aufgehenden Kellerwände, der vorgesehenen Abdichtung der Kellerwände gegen Feuchtigkeit von außen (Sperrschichtenaufbau), der Lage und Stärke des Drainagerohrs (Kunststoffrohr im Erdreich, das Sickerwasser ableitet), der Kiesverfüllung sowie des maximal gemessenen Grundwasserstands, Lage und Ausbildung von waagerechten Sperrschichten (unterhalb der Grundplatte, in den aufgehenden Wänden)

Ansichtspläne bei Neubaumaßnahmen

✓

- [ ] Angaben zu Verfasser/Planer, Bauherr, Lage und Ort, Maßstab, Änderungsvermerken mit Datum und Namenszeichen sowie laufende Plannummerierung und klare Planangabe (zum Beispiel Ansicht Südwest) im Plankopf
- [ ] Gestrichelt die Höhenlinien der Ober- und Unterkanten der einzelnen Geschossdecken
- [ ] Lage und Anordnung von Fenstern und Türen inklusive eingestrichelter Öffnungssystematik
- [ ] Lage und Anordnung von Rollläden, Jalousien, Markisen usw.
- [ ] Lage und Anordnung von Außentreppen und Terrassen
- [ ] Lage und Anordnung von Regenfallrohren
- [ ] Trauf-, Kehl-, Grat- und Firstlinien (Dachgrafik ⟶ Seite 284)
- [ ] Kniestocklinie gestrichelt
- [ ] Schornsteine, Gauben, Dachausstiege
- [ ] Gesimse, Balkone, Geländer
- [ ] Sockelverlauf
- [ ] Besondere Fassadenbekleidungen wie zum Beispiel Verputzungen, Verklinkerungen oder Holzverkleidungen
- [ ] Hinweis auf zugeordnete Detailpläne (zum Beispiel durch Einkreisung eines Details mit Plannummer, wo dieses im größeren Maßstab zu finden ist)
- [ ] Gründungstiefe der Fundamente gestrichelt
- [ ] Erdreichverlauf
- [ ] Höhenlinie des Straßenverlaufs der Erschließungsstraße

10.3 Freigabe der Ausführungsplanung

Viele Fertighaushersteller und Massivhausanbieter verlangen die schriftliche Freigabe der Ausführungsplanung, auch viele Architekten verlangen das. Hintergrund ist, dass irgendwann ein abgestimmter Planungsstand erreicht sein muss, der dann in die Produktion oder Ausschreibung gehen kann. Hier benötigen die Hersteller und auch Architekten Sicherheit, dass abschließend alle Punkte mit dem Bauherrn geklärt sind und die letzte Planvariante als dieser Stand von allen Vertragspartnern verbindlich anerkannt wird. Das ist aus Sicht der Hersteller und Architekten nachvollziehbar. Bauträger gewähren diesen Zwischenschritt eigentlich nie. Oft sind dort noch nicht einmal die Bauantragspläne Vertragsbestandteil, sondern nur Entwurfspläne, sehr oft nicht einmal vermaßt. Es ist daher dringend anzuraten, bei einem Hauskauf vom Bauträger zumindest das vermaßte Baugesuch zum Vertragsbestandteil zu machen. Beim Bauen auf dem eigenen Grundstück haben Sie bessere Gestaltungsmöglichkeiten. Werden Ihnen hierbei von einem Massivhausanbieter, Fertighaushersteller oder von einem Architekten Ausführungspläne zur Freigabe vorgelegt, ist das ein üblicher Vorgang. Es ist nur sehr wichtig, dass Sie die Pläne sehr sorgfältig durchgehen, um zu sehen, ob alle Ihre Wünsche berücksichtigt wurden. Ein einfaches Beispiel: Sie wollten ein eingeschossiges, barrierefreies Haus haben, nach DIN 18040. Jetzt liegen die Pläne vor Ihnen, und nun müssen Sie natürlich auch überprüfen, ob die Planung diesen Anforderungen gefolgt ist, bevor Sie sie freigeben, sonst könnte der Hausanbieter oder Architekt später bei möglichen Differenzen behaupten, Sie hätten explizit eine von den Vereinbarungen abweichende Planung freigegeben. Daher ist mit einer Planungsfreigabe sehr sorgfältig umzugehen. Bauen Sie mit einem Massiv- oder Fertighausanbieter, ist sogar eine Gegenprüfung durch einen unabhängigen Fachmann denkbar. Allerdings ist es nicht ganz einfach, einen solchen zu finden. Denn wenn Sie beispielsweise ein Holzfertighaus bauen, sollte es schon ein Holzbaufachmann sein, der die Pläne prüft. Wenn Sie eine externe Baubegleitung gebucht haben, zum Beispiel über einen Verband (→ Seite 378), können Sie die Pläne auch dort gut prüfen lassen.

10.4 Abrechnung der Ausführungsplanung

Von einigen Vertragspartnern erhalten Sie zu diesem Zeitpunkt die nächsten Honorarrechnungen (zur Honorierung → Kapitel 3 und 4), beim **Bauträger** bezahlen Sie einen Pauschalpreis. Die Bezahlung erfolgt in einzelnen Raten, die in der Makler- und Bauträgerverordnung (MaBV) festgelegt sind (→ Seite 35). Am Ende der Planungsphase ist noch keine Rate fällig. Die erste Rate wird frühestens mit Beginn der Erdarbeiten fällig, also während der Bauausführung. Kleinere Summen wie Reservierungsgebühr oder Notarkosten können aber bereits vor der Bauphase fällig werden.

Auch einem **Fertighausanbieter** zahlen Sie in der Planungsphase in aller Regel nichts. Hohe Rechnungen sind erst zu erwarten, wenn das Gebäude aufgestellt wird. Da Fertighäuser sehr zügig aufgestellt werden, kommen die Rechnungen dann aber kurz hintereinander. Lassen Sie eine Bodenplatte oder einen Keller unabhängig vom Fertighausanbieter von einem Architekten erstellen, wird der entsprechend seiner Architektenrechnung honoriert (→ Seite 42). Ist der **Generalunternehmer** oder **-übernehmer** für die Planung und den Bau Ihres Hauses zuständig, sind die Planungskosten meist in dessen Pauschalangebot enthalten. Die Zahlungen erfolgen dann manchmal erst mit Beginn der Bauphase, ähnlich wie beim Bauen mit dem Bauträger. Übernimmt der Generalunternehmer oder -übernehmer Ihr Bauvorhaben erst nach der Planungsphase, kommen auch dann erst Ratenzahlungen auf Sie zu. Die Planungsleistung des Architekten müssen Sie in diesem Fall natürlich, entsprechend seiner Architektenrechnung (→ Seite 371), gesondert bezahlen. Wenn Sie einen **Baubetreuer** beauftragt haben, übernimmt er Koordinationsaufgaben zur Abwicklung des Bauvorhabens, Planungsleistungen erbringt er nicht. In der Regel werden Ratenzahlungen für bestimmte Leistungsschritte vereinbart, zum Beispiel für alle Koordinationstätigkeiten bis zur Erteilung der Baugenehmigung.

Einige Generalunternehmer und -übernehmer bevorzugen die Abrechnung nach dem Ratenzahlungssystem der MaBV. Manche argumentieren sogar, dass dies gesetzlich vorgeschrieben sei. Dies ist jedoch nicht der Fall. Die MaBV gilt nur dann, wenn Sie ein neu zu errichtendes Gebäude samt Grundstück erwerben. Bauen Sie hingegen ein Gebäude auf eigenem Grundstück, können Sie die Raten frei vereinbaren. Gemäß § 632 a BGB gilt allerdings, dass der Unternehmer ein Recht auf Abschlagszahlungen in Höhe des Wertes der von ihm erbrachten und nach dem Vertrag geschuldeten Leistungen hat.

Generell gilt: Bei Zahlungsplänen, bei denen Sie für die Ausführungsplanung Abschlagszahlungen leisten sollen, können Sie sich an den Prozentsätzen der HOAI orientieren.

Beispiel: Kostet ein Haus 300.000 Euro und erhält der Architekt ein Gesamthonorar von knapp 40.000 Euro (HOAI-Honorarzone III unten), davon für die Ausführungsplanung 25 Prozent, dann sind das etwa 10.000 Euro für die Ausführungsplanung. Mehr sollten Sie auch bei anderen Vertragspartnern für diesen Zwischenschritt nicht akzeptieren – und können bei Ihrer Argumentation auf die HOAI verweisen.

11 Ausschreibung und Handwerkerverträge

Eine fachlich gute und rechtssichere Ausschreibung zu erstellen, ist eine hohe Kunst. Hier helfen die besten Ausschreibungsprogramme nicht, wenn der Ausschreibende nicht viel Bauleitungserfahrung hat und die technischen und rechtlichen Herausforderungen von Baustellen gut kennt.
Was in der Ausschreibung unzureichend oder gar nicht berücksichtigt ist und was in Verträgen nicht klar geregelt wurde, rächt sich später auf der Baustelle meist bitter – und ist fast immer mit Zusatzkosten verbunden.

11 Ausschreibung und Handwerkerverträge

Die Ausschreibung von Handwerkerleistungen als Einzelgewerke und die separate Beauftragung unterschiedlicher Gewerke werden nur dann auf Sie zukommen, wenn Sie mit einem Architekten bauen. Bauen Sie mit einem Fertighaus- oder Generalunternehmer ist in dessen Paket meist eine Gesamtleistung kalkuliert. Sie müssen dann die Arbeiten nicht mehr einzeln vergeben und kaufen sozusagen alle in einem Korb. Auf dieser Basis ist üblicherweise auch der Festpreis kalkuliert. Anders beim Architekten: Er fängt meist erst nach Anfertigung der Ausführungsplanung an, auch die Ausschreibungstexte für alle Gewerke zu erstellen. Diese Ausschreibungen sendet er dann an Handwerker und bittet um Abgabe eines Angebotes. Erst nach Rücklauf dieser Angebote wissen Sie dann letztlich, wie viel Ihr Haus am Ende kosten wird – ein Grund, warum viele Bauherren die Zusammenarbeit mit dem Architekten scheuen. Was ein Nachteil ist, kann aber auch ein Vorteil sein: Das Haus kann auch günstiger werden. Hinzu kommt, dass man sehr flexibel ist. Zeigt der Ausschreibungsrücklauf, dass es teurer wird als geplant, kann man beim Architekten noch Plananpassungen machen lassen.

11.1 Vollständige Ausschreibungsunterlagen

Ausschreibungen sind grundsätzlich gewerkeweise gegliedert. Alle zu erbringenden Bauleistungen werden in Leistungsverzeichnissen positionsweise aufgelistet. Diese Leistungsverzeichnisse gehen dann an Unternehmer mit der Bitte um Abgabe eines Angebots zur Erbringung der beschriebenen handwerklichen Leistung. Manchmal verwenden Architekten in Ausschreibungsunterlagen Vertragsbedingungen, ohne dass diese regelmäßig von einem auf diesem Gebiet erfahrenen Anwalt geprüft wurden. In der Folge kommt es vor, dass diese als zusätzliche oder besondere Vertragsbedingungen bezeichneten Vorbemerkungen in sich widersprüchlich sind, im Widerspruch zur aktuellen Gesetzgebung oder auch Rechtsprechung stehen oder dass wichtige Punkte fehlen. Nachfolgend finden Sie, was bei einer Ausschreibung berücksichtigt werden muss.

Bestandteile vollständiger Ausschreibungsunterlagen:
- Anschreiben,
- Deckblatt,
- Bewerbungsbedingungen,
- Bietererklärung,
- zusätzliche Vertragsbedingungen,
- besondere Vertragsbedingungen,
- zusätzliche technische Vertragsbedingungen,
- Leistungsverzeichnis,
- Anlagen.

> **Tipp**
>
> **Lassen Sie rechtliche Bedingungen eines Leistungsverzeichnisses** vor dem Versand von einem Fachanwalt für Bau- und Architektenrecht prüfen. Durch diese vorbeugende Maßnahme haben Sie bei späteren rechtlichen Auseinandersetzungen eine günstigere Position.

Anschreiben
In einem kurzen Anschreiben werden Baumaßnahme und Bauherr, ein Ansprechpartner bei weiteren Fragen sowie die Frist zur Angebotsabgabe benannt und die dem Anschreiben beigefügten Anlagen erwähnt.

Deckblatt
Das Deckblatt enthält folgende Informationen:

- Lage des Bauvorhabens,
- Namen des Bauherrn,
- Namen des Architekten beziehungsweise Nennung der ausschreibenden Stelle,
- Gewerk,
- Abgabefrist,
- Angebotsgrundlagen,
- Ausführungstermine.

Außerdem gibt es Felder, in die der Unternehmer seinen Angebotspreis eintragen kann (Netto-, Mehrwertsteuer, Bruttopreis). Weiter kann dem Unternehmer die Möglichkeit gegeben werden, einen Nachlass oder ein Skonto mit zugehöriger Frist zu benennen.

Dieses Deckblatt muss vom Unternehmer mit Ort, Datum, Firmenstempel und Unterschrift versehen werden.

Bewerbungsbedingungen

Legen Sie wichtige Rahmenbedingungen für die Angebotsabgabe fest. Hierzu einige Beispiele:

- Häufig verwenden Unternehmen eigene Ausschreibungstexte mit eigenen Geschäftsbedingungen, anstatt das zugesandte Leistungsverzeichnis auszufüllen. Sie können das ganz ausschließen oder die Verfahrensweise regeln.
- Manchmal werden Leistungen plötzlich von Arbeitsgemeinschaften oder Subunternehmern ausgeführt. Legen Sie die Zulässigkeit oder Ankündigungspflicht von AGBs oder Subunternehmen im Angebot fest, oder schließen Sie sie aus.
- Legen Sie eine Vergütung beziehungsweise die Kostenfreiheit für das Erarbeiten und Einreichen des Angebots fest.
- Geben Sie vor, welche Unterlagen bei Abgabe des Angebots vorzulegen sind (zum Beispiel Referenzliste mit Ansprechpartnern).
- Beschreiben Sie, welche Unterlagen vor Auftragserteilung vorzulegen sind (zum Beispiel Anmeldung Gewerbeaufsichtsamt, Berufsgenossenschaft, Haftpflichtversicherung, Freistellungserklärung).

Bietererklärung

Mit der Bietererklärung bestätigt der Unternehmer, dass von seiner Seite bestimmte Voraussetzungen gegeben sind. Der Unternehmer sollte folgende Angaben machen:

- Bestätigung, dass bei Angebotsabgabe keine Pfändungen wegen rückständiger Steuern oder sonstiger Zahlungsverpflichtungen bestehen,
- Bestätigung, dass keine Preisabsprachen getroffen wurden,
- Dauer der Mitgliedschaft in der Berufsgenossenschaft, Mitgliedsnummer und Name der Berufsgenossenschaft,
- Bestätigung und Vorlage einer Freistellungserklärung zur Bauabzugsteuer durch das zuständige Finanzamt,
- Bestätigung, dass eine Versicherung für Personen- und Sachschäden vorhanden ist,
- Namen der Handwerkskammer, in der die Mitgliedschaft besteht,
- Dauer der Mitgliedschaft und Bezeichnung des Handwerks, das eingetragen ist,
- Bestätigung, dass der Betrieb in der Lage ist, die Leistungen auszuführen,
- Bestätigung, dass keine Arbeitnehmer eingesetzt werden, die nicht zu den üblichen Tarifen entlohnt werden,
- Bestätigung, dass generell keine Subunternehmer beschäftigt werden oder alternativ keine Subunternehmer, die nicht zu den üblichen Tarifen entlohnen,
- Bestätigung, dass wissentlich falsche Angaben zur Kündigung des Vertrags berechtigen,
- auch die Bietererklärung muss vom Handwerker unterzeichnet und gestempelt werden.

Zusätzliche Vertragsbedingungen

In den zusätzlichen Vertragsbedingungen werden die Rahmenbedingungen genauer gefasst. Soll beispielsweise die VOB/B vereinbart werden, kann auf einzelne Bestimmungen der VOB/B Bezug genommen werden beziehungsweise können diese spezifiziert werden:

- Vertragsart (zum Beispiel Einheitspreisvertrag nach BGB oder VOB/B),
- Vorbehalt einer losweisen Vergabe,
- Vertragsbestandteile,
- Gerichtsstand,
- Ausführungsfristen, alle Termine (auch Zwischen- und Einzeltermine) sind Vertragstermine,
- Einsatz von Subunternehmern,
- Vertragsstrafen,
- Art der Abnahme (zum Beispiel förmliche Annahme),
- Gewährleistungszeit,
- Abrechnung und Zahlungsmodalitäten mit Skonto-Vereinbarungen,
- Hinterlegung der Urkalkulation,
- Verpflichtung zur Ortsbesichtigung vor Angebotsabgabe,
- nur schriftliche Auftragserteilungen,
- Regelungen über Bürgschaften und Gewährleistungen,
- Haftung.

Besondere Vertragsbedingungen
Die besonderen Vertragsbedingungen beschreiben Regelungen für Ihre spezielle Baustelle. Einige empfehlenswerte Vereinbarungen sind:

- die Verpflichtung zur Teilnahme am Jour fixe,
- die Verpflichtung des Auftragnehmers, eine bestehende Baustellenordnung einzuhalten,
- Regelungen zum Nachweis der Eignung eingebauten Materials,
- die Verpflichtung des Auftragnehmers, einen Bauleiter für seine Arbeiten zu benennen.

Zusätzliche technische Vertragsbedingungen
Hierbei handelt es sich um gewerkespezifische Vertragsbedingungen für das Bauvorhaben.

Vielleicht gibt es Besonderheiten oder Erschwernisse, die für die Kalkulation des Unternehmers von Bedeutung sind. Werden diese nicht benannt, kann es Nachforderungen des Unternehmers geben, mit denen Sie sich auseinandersetzen müssen. Diese zusätzlichen technischen Vertragsbedingungen beinhalten beispielsweise:

- Beschreibung des Objekts und der Lage,
- Zufahrtsmöglichkeiten auf die Baustelle,
- Schutzmaßnahmen/Sauberkeit der Baustelle,
- Inhalte des zu führenden Bautagebuchs,
- Arbeitsschutzhinweise für das jeweilige Gewerk,
- Regelungen zur Bauwassernutzung und Abwassereinleitung,
- Abfallentsorgung des jeweiligen Gewerks,
- Ablauf technischer Abnahmen,
- zulässige GISCODES (Gefahrstoff-Informationssystem-Code → Seite 253) der zu verarbeitenden Produkte,
- Ankündigung eines Blower-Door-Tests (→ Seite 348)/Kostenumlage für eventuell erforderliche Nachmessungen,
- Maschinenbetriebszeiten,
- Bestandsschutzmaßnahmen.

Leistungsverzeichnis
Das Leistungsverzeichnis beinhaltet die detaillierten Leistungsbeschreibungen aller vom Unternehmer auszuführenden Arbeiten und bildet das Kernstück der Angebotsunterlagen.

Wenn ein Unternehmer verschiedene Arbeiten ausführen soll, die unabhängig voneinander erbracht werden können, ist es sinnvoll, diese Arbeiten in **Teillose** zu gliedern. Sollen beispielsweise die Innenputz- und die Außenputzarbeiten gemeinsam ausgeschrieben werden, wird das Leistungsverzeichnis in das Teillos „Innenputz" und das Teillos „Außenputz" unterteilt. Der Vorteil liegt darin, dass Sie in den Vorbemerkungen festlegen können, Teillose auch einzeln zu vergeben. Das heißt: Wenn eine Firma ein günstiges Angebot für die Innenputzarbeiten abgegeben hat und eine andere Firma ein günstiges Angebot für die Außenputzarbeiten, können Sie beide Firmen mit den jeweiligen Teillosen beauftragen. Die Struktur der Teillose entspricht der Reihenfolge der einzelnen Arbeitsgänge. Es beginnt mit den vorbereitenden Arbeiten, dann werden die auszuführenden Arbeiten beschrieben und schließlich zusätzliche Arbeiten wie beispielsweise Stundenlohnarbeiten. Der Text wird analog zu den einzelnen Arbeitsgängen in einzelne Positionen unterteilt.

Neben den normalen Positionen gibt es auch **Eventualpositionen** und Alternativpositionen. Eventualpositionen werden für Leistungen verwendet, bei denen noch nicht klar ist, ob diese ausgeführt werden sollen. **Alternativpositionen** werden für Leistungen verwendet, die anstelle anderer, vorher beschriebener Leistungen ausgeführt werden können. Es ist wichtig, diese Unterschiede genau zu beachten. Jede Position wird mit einem **Mengenansatz** versehen und mit zwei Feldern, in die der Unternehmer seinen Einheits- und seinen Gesamtpreis eintragen kann. Der **Gesamtpreis** der jeweiligen Position ergibt sich aus der Multiplikation des Mengenansatzes mit dem Preis pro Einheit (Einheitspreis). Bei Eventualpositionen kann es sinnvoll sein, neben dem Einheits- auch den Gesamtpreis der jeweiligen Position abzufragen, damit dieser Betrag in der Gesamtsumme berücksichtigt wird. Bei Alternativpositionen wird nur der Einheitspreis abgefragt. Der Mengenansatz wird je nach auszuführender Tätigkeit in Stück, in Flächen- oder Raummaßen oder Gewichten angegeben. Ist dies im Einzelfall nicht möglich, kann stattdessen auch der Begriff „Pauschal" eingesetzt werden. Achten Sie darauf, dass die Mengen möglichst genau angegeben werden, denn bei Mengenunter- beziehungsweise -überschreitungen von mehr als zehn Prozent kann der Unternehmer gegebenenfalls seine Einheitspreise nachträglich ändern (→ Seite 233 ff.). Wenn also Preise für Arbeiten abgefragt werden sollen, aber noch nicht klar ist, ob die Leistung überhaupt ausgeführt wird, sollten Sie die Position als Eventualposition ausschreiben. Die Leistungsbeschreibung jeder einzelnen Position sollte so eindeutig wie möglich erfolgen, damit der Unternehmer genau weiß, was von ihm erwartet wird, und er dies auch kalkulieren kann. Das Leistungsverzeichnis wird vom Unternehmer nach dem Ausfüllen unterzeichnet und gestempelt.

Anlagen
Bei den Anlagen zum Angebot handelt es sich um alle Unterlagen, die notwendig sind, damit sich der Unternehmer ein Bild von den zu erbringenden Leistungen machen kann. Neben einem **Lageplan des Grundstücks**, auf dem er die Zufahrt und die Lage des Gebäudes erkennen kann, sollten ein **Bauzeitenplan**, die **Ausführungspläne** und die **Baustellenordnung** beigefügt werden. Dies ist deshalb wichtig, weil diese Anlagen damit Kalkulationsgrundlage werden. Manchmal lassen Architekten und Bauleiter von verschiedenen Firmen ein Angebot erstellen, ohne dass zuvor eine Leistungsbeschreibung ausgearbeitet wurde. Da in einem solchen Fall die einzelnen Angebote in Aufbau und Inhalt stark voneinander abweichen werden,

Beispiel einer Position aus einem Leistungsverzeichnis

Lfd. Nr.	Anzahl	Beschreibung	EP	GP
9.01	2,0 STK	Klosettanlage weiß, bestehend aus: Wand-Tiefspülklosett aus Porzellan für Wandeinbau-Spülkasten Fabrikat: Keramag, Serie: Renova Nr. 1, Farbe: weiß		
		Schallschutzset DAL für Wand-WC-Anlagen, Abdeckplatte Geberit, Highline weiß, für UP-Spülkasten		
		WC-Sitz mit Deckel und Kunststoffscharnieren Fabrikat: Keramag, Modell: Renova Nr. 1, Farbe: weiß		
		Einschließlich Kleinmaterial liefern und komplett fertig montieren.	__,__ EUR	__,__ EUR
EP: Einheitspreis für ein Stück, GP: Gesamtpreis dieser Position				

sollten Sie das ablehnen. Für Sie als Auftraggeber hat diese Vorgehensweise erhebliche Nachteile: Es ist oft schwirig, den günstigsten Anbieter herauszufiltern, denn es gibt eine Reihe von Möglichkeiten, ein Angebot auf den ersten Blick preisgünstig aussehen zu lassen. Die nebenstehenden Beispiele sollen das verdeutlichen. Der Zeitaufwand, der notwendig ist, um Angebote ohne Leistungsbeschreibung miteinander vergleichbar zu machen, ist in der Regel nicht geringer als der Zeitaufwand, einheitliche Unterlagen zu erstellen und an Unternehmer zu versenden. Es werden zumeist keine einheitlichen Baustoffe oder Arbeitsweisen angeboten, und die Preise sind dadurch gar nicht vollständig vergleichbar. Außerdem finden sich bei Handwerkerangeboten häufig allgemeine Geschäftsbedingungen oder zusätzliche Bestimmungen, die selten zum Vorteil des Auftraggebers sind.

Möglichkeiten, den Angebotspreis bei fehlenden Vorgaben niedrig zu halten
> Die angebotenen Mengen sind zu gering (angebotene Menge 45 Quadratmeter – benötigte Menge 50 Quadratmeter).
> Es fehlen Positionen im Angebot, die dann im teuren Stundenlohn ausgeführt werden.
> Teure Positionen werden im Stundenlohn angeboten, aber zu wenige Stunden veranschlagt.
> Positionen, die auf jeden Fall nötig sind, werden nur als Eventualposition angeboten und in der Gesamtsumme des Angebots nicht berücksichtigt.

11.2 Rechtlicher Rahmen für die Zusammenarbeit

Bei der Regelung der rechtlichen Zusammenarbeit mit einem Handwerker gibt es unterschiedliche Vorgehensweisen. Man kann entweder zunächst die rein technische Ausschreibung laufen lassen und danach mit einem Handwerker einen Vertrag aushandeln. Oder aber man nimmt bereits in die Ausschreibung selber auch die vertraglichen Grundlagen direkt mit auf und erteilt später nur noch einen Zuschlag auf das Angebot. Letzteres Vorgehen hat den Vorteil, dass der Handwerker von vornherein sieht, auf welcher vertraglichen Basis die Zusammenarbeit stattfinden soll.

Bei allen Verträgen, die Sie für den Bau Ihres Hauses abschließen, handelt es sich um **Werkverträge**. Der Auftragnehmer gewährleistet Ihnen darin nicht nur ein Tätigsein, sondern den **Erfolg** seiner Tätigkeit (→ Kapitel 6.2). Das bedeutet zum Beispiel, dass der Fliesenleger sich nicht nur dazu verpflichtet, Fliesen zu verlegen, sondern dass er diese Leistung mangelfrei nach den allgemein anerkannten Regeln der Bautechnik, innerhalb der vereinbarten Zeit und im Rahmen der vereinbarten Vertragsbedingungen erbringen muss. Damit später in den Ausschreibungsunterlagen keine widersprüchlichen Aussagen stehen, die Ihnen bei Auseinandersetzungen mit dem Unternehmer Nachteile bescheren, ist es wichtig, im Vorfeld den rechtlichen Rahmen zu klären. Im Wesentlichen handelt es sich dabei um zwei Bausteine, die festgelegt werden müssen:

> Soll es sich um einen Werkvertrag nach **BGB** (Bürgerliches Gesetzbuch) handeln oder wird die **VOB/B** (Vergabe- und Vertragsordnung für Bauleistungen) vereinbart?
> Soll ein **Einheitspreisvertrag** oder ein **Pauschalpreisvertrag** vereinbart werden?

BGB und VOB wurden bereits in Kapitel 6.2 ausführlich dargelegt. Nachfolgend geht es daher nur noch um die Differenzierung von Einheitspreisvertrag und Pauschalpreisvertrag.

Einheitspreisvertrag oder Pauschalpreisvertrag

Basierend auf einer Rechtsgrundlage (BGB oder VOB) können Sie einen Einheitspreisvertrag oder einen Pauschalpreisvertrag vereinbaren.

Der Einheitspreisvertrag

Beim Einheitspreisvertrag wird auf Grundlage des vorliegenden Angebots bei den Vergabeverhandlungen zunächst eine vorläufige Vertragssumme vereinbart. Der Einheitspreis jeder Position wird als Festpreis pro Mengeneinheit für die gesamte Bauzeit vereinbart, die Menge ist variabel. Kommt es während des Bauablaufs zu einer Über- oder Unterschreitung der vereinbarten Mengen um mehr als zehn Prozent, berechtigt das zu einer Anpassung der vertraglich vereinbarten Einheitspreise auf der Grundlage der tatsächlichen Mengen.

Beispiel: Wurden Fliesenarbeiten in einer Größenordnung von 100 Quadratmetern ausgeschrieben, ergeben sich jedoch auf der Baustelle Arbeiten in einer Größenordnung von 130 Quadratmetern, berechtigt das den Handwerker, den Preis dieser Leistung generell neu zu kalkulieren. Gleiches gilt für den Fall, dass sich statt 100 Quadratmetern Fliesenarbeiten nur 70 Quadratmeter ergeben.

Soweit sich die Leistungen allerdings im Korridor von zehn Prozent unter oder über dem ausgeschriebenen Leistungsumfang bewegen, berechtigt dies nicht zur Neukalkulation des Einheitspreises. Nach Fertigstellung der Arbeiten werden die Mengen der einzelnen Positionen des Angebots aufgemessen. Man spricht vom sogenannten Aufmaß. Diese Daten dienen dann als Grundlage, um den endgültigen Betrag zu ermitteln.

Beispiel: Wurden bei Fliesenarbeiten statt der ursprünglich geschätzten Menge von 100 Quadratmetern tatsächlich 105 Quadratmeter verlegt, müssen diese zusätzlichen fünf Quadratmeter dem Handwerker gemäß seinem ursprünglich angesetzten Einheitspreis vergütet werden; sind es dagegen nur 95 Quadratmeter, muss der Handwerker seine Abrechnung um diese Summe reduzieren. Der Endpreis kann also niedriger oder höher sein als die vorläufige Vertragssumme.

Der Pauschalpreisvertrag

Beim Pauschalpreisvertrag wird bei Vertragsschluss ein Pauschalpreis vereinbart, der alle Nebenleistungen enthält, die zur ordnungsgemäßen Erbringung der Leistungen notwendig sind. Es findet kein Aufmaß der tatsächlich erbrachten Leistung mehr statt. Mehr- oder Minderleistungen in geringem Umfang werden nicht mehr berücksichtigt. Dies gilt allerdings nur in einem bestimmten Rahmen.

Vor- und Nachteile der Vertragsformen

Während Sie beim **Einheitspreisvertrag** Glück haben können, zum Beispiel weil sich ganze Positionen als überflüssig herausstellen und wegfallen, kann es umgekehrt sein, dass Sie eine ganze Reihe von notwendigen Positionen übersehen haben und nun viele Nachforderungen auf Sie zukommen. Das passiert Ihnen beim **Pauschalpreisvertrag** nicht, hier steht vorrangig das Ergebnis im Vordergrund, und dieses muss vom Unternehmer erbracht werden, auch wenn das in einem gewissen Rahmen zusätzliche Arbeiten erfordert. Allerdings hilft Ihnen auch der Pauschalpreisvertrag nicht in jeder Situation. Haben Sie in Ihrer Ausschreibung für Erdarbeiten zum Beispiel den Aushub einer Baugrube vereinbart und das Erdreich als Tonerde deklariert, dann wird es auch beim Pauschalpreisvertrag zu Mehrkosten kommen, wenn sich plötzlich herausstellt, dass es sich um Felsboden handelt.

Auch bei einem Pauschalpreisvertrag darf sich der auf der Baustelle anfallende Leistungsumfang nicht beliebig erhöhen oder verringern, ohne dass dem Unternehmer eine Neukalkulation seines Pauschalpreises möglich wäre. Das kann bereits bei einer Erhöhung oder Verringerung des Leistungsumfangs von 20 Prozent der Fall sein. Die Rechtsprechung ist hier nicht einheitlich.

Beispiel: Wurden bei Fliesenarbeiten 130 Quadratmeter statt der ausgeschriebenen 100 Quadratmeter verlegt, ist der Unternehmer auch bei einem Pauschalpreisangebot zur Neukalkulation seines Angebots berechtigt, ebenso, wenn statt 100 nur 70 Quadratmeter verlegt wurden.

Nicht berechtigt zur Neukalkulation ist er hingegen bei Änderungen des Leistungsumfangs geringer Größenordnung.

Beispiel: Wurden bei Fliesenarbeiten statt der vertraglich vereinbarten Menge von 100 Quadratmetern tatsächlich 105 oder 95 Quadratmeter verlegt, ergibt sich hieraus keine höhere oder niedrigere Vergütung.

Handwerkervertragsmuster

Damit Sie einmal ein Gefühl für einen Handwerkvertrag erhalten, können Sie sich einen Mustervertrag im Internet ansehen. Bei diesem Vertrag handelt es sich um ein Muster, das der „Zentralverband Deutsches Baugewerbe" (ZDB) und der Verein „Haus & Grund" gemeinsam entwickelt und herausgegeben haben. Das ist insofern bemerkenswert, als der ZDB ja die Auftragnehmerseite, also Bauunternehmen und Handwerker, vertritt und Haus & Grund die Auftraggeberseite, also Immobilieneigentümer. Das heißt, beide vertreten eigentlich entgegengesetzte Interessengruppen, haben sich aber dennoch zusammengesetzt, um einen Vorschlag zu erarbeiten, wie die Interessen beider Seiten ausgewogen berücksichtigt werden können. Dementsprechend ist dieses Muster besser als fast alles, was man von Handwerkern sonst vorgelegt bekommt, muss aber nicht besser sein als das, was ein erfahrener Architekt als Vertragsgrundlage vorschlägt, die er regelmäßig und fortlaufend mit einem Fachanwalt für Bau- und Architektenrecht pflegt.

Entscheidend ist vor allem natürlich die technische Ausschreibung selber. Der Vertrag kann noch so gut sein, wurden Leistungen bei der Ausschreibung vergessen, müssen sie auch zusätzlich bezahlt werden. Im Mustervertrag von ZDB und Haus & Grund ist natürlich kein Musterleistungsverzeichnis enthalten, denn dieses muss ja sehr individuell für jedes Bauvorhaben und jedes Gewerk gefertigt werden. Ein solches, individuell gefertigtes Leistungsverzeichnis kann aber sehr einfach Vertragsbestandteil des Mustervertrages von ZDB und Haus & Grund werden. Daher sehen Sie im Mustervertrag von ZDB und Haus & Grund auch einen Punkt „Vertragsbestandteile". Dort wird aufgeführt, was alles Vertragsbestandteil ist, also zum Beispiel welche Pläne und welches Leistungsverzeichnis. Wird auf diese Weise ein Leistungsverzeichnis als Vertragsbestandteil benannt, ist klar, welchen Leistungsumfang der Handwerker erbringen muss.

Den Mustervertrag von ZDB und Haus & Grund im Internet finden Sie unter: **http://zdb.de/zdb.nsf/0/ A5160FB9A4144973C12574B0003037D1** .

Dort können Sie den Einzelgewerkvertrag anklicken und öffnen. Das Angebot des ZDB ist kostenfrei.

Wichtig für die Vertragsgestaltung

Bei Mehrfachverwendung eines Vertragstextes durch einen Handwerker oder ein Bauunternehmen kann man nicht mehr von einem individuellen Vertrag sprechen, man hat dann vielmehr „Allgemeine Geschäftsbedingungen". Diese dürfen nicht im Widerspruch zu den Bestimmungen des Gesetzes zur Regelung des Rechts der Allgemeinen Geschäftsbedingungen (AGB-Gesetz) stehen, die zwischenzeitlich ins BGB integriert wurden. Es kann sonst sein, dass der Ihnen vom Handwerker oder Unternehmer vorgelegte Vertrag in diesen Punkten unwirksam ist. Auch die VOB/B ist eine solche Allgemeine Geschäftsbedingung.

Bauabzugsteuer für Bauleistungen

Am 30. August 2001 wurde das Gesetz zur Eindämmung illegaler Betätigung im Baugewerbe („Schwarzarbeit") verabschiedet. Zur Sicherung von Steueransprüchen bei Bauleistungen wurde ein Steuerabzug bei der Unternehmerrechnung eingeführt.

Seit 1. Januar 2002 müssen **unternehmerisch tätige Bauherren** nach § 48 EStG von der Bruttorechnungssumme des Unternehmers 15 Prozent einbehalten und an das zuständige Finanzamt des Unternehmers abführen. Als Bauleistungen gelten alle gewerblichen Leistungen am Bau, nicht dazu gehören freiberufliche Leistungen (Architekt, Statiker und Fachingenieure) sowie reine Materiallieferungen. Ausnahmen bestehen dann, wenn die Leistungen des Unternehmers 5.000 Euro nicht übersteigen oder wenn dieser eine Freistellungsbescheinigung seines Finanzamts vorlegen kann. Die Freistellungsbescheinigung muss ein Dienstsiegel und eine Sicherheitsnummer enthalten. Lassen Sie sich bereits bei Vertragsschluss das Original vorlegen und heften Sie eine Kopie zum Bauvertrag.

Private Bauherren sind von dieser Regelung ausgenommen. Allerdings werden Sie schon dann zum

> **Tipp**
>
> **Vereinbaren Sie grundsätzlich,** dass Ihnen der Unternehmer bei Auftragsvergabe eine Freistellungsbescheinigung vorlegt. Machen Sie das zur Voraussetzung für das Zustandekommen des Bauvertrags.

Unternehmer, wenn Sie eine Einliegerwohnung in Ihrem Einfamilienhaus einplanen und diese vermieten möchten. Müssen Sie als Bauherr die Bauabzugsteuer bei den Rechnungen berücksichtigen und versäumen Sie es, die Abzüge an das Finanzamt abzuführen, können Sie zur Nachzahlung verpflichtet werden. Außerdem begehen Sie eine strafbare Steuerhinterziehung. Klären Sie deshalb bereits im Vorfeld mit Ihrem Steuerberater, ob Sie als Unternehmer gelten. Sind Sie von der Bauabzugsteuer betroffen, sollten Sie die Vorgehensweise bei Zahlungen mit Ihrem Steuerberater oder Anwalt klären.

11.3 Auswahl von Handwerksunternehmen

Die Auswahl von Handwerksunternehmen kann sowohl durch einen von Ihnen beauftragten Baubetreuer, Architekten oder auch durch Sie selbst erfolgen. Diese Aufgabe entfällt für Sie nur dann, wenn Sie mit einem Bauträger oder Generalübernehmer bauen, aber auch diesen müssen Sie ja auswählen. Daher ist das folgende Kapitel wichtig für Sie, unabhängig davon, mit welchem Baupartner Sie Ihr Bauvorhaben umsetzen, es sei denn, es ist ein Bauträger, der auf seinem eigenen Grundstück baut und Ihnen das Objekt dann verkauft. Ein qualifiziertes Handwerksunternehmen zu finden, das zu einem angemessenen Preis zuverlässig, pünktlich und mangelfrei seine Leistungen erbringt, ist nicht immer ganz einfach. Im Branchenbuch finden Sie eine Übersicht vieler regionaler Unternehmen (Internet: www.gelbeseiten.de). Wenn Sie unbekannte Unternehmen ansprechen, bitten Sie um eine Referenzliste von Bauherren mit Telefonnummern. Fragen Sie im Bekanntenkreis nach Empfehlungen! Bei Empfehlungen sollte unbedingt auch geklärt werden, welcher Mitarbeiter beim Empfehlungsgeber gearbeitet hat. Stellen Sie sicher, dass eben der auch bei Ihnen tätig sein kann. Denn letztlich ist der Mitarbeiter vor Ort für die Qualität der Leistung ausschlaggebend.

Daher kann es sein, dass selbst ein Unternehmen, welches Ihnen empfohlen wurde, bei Ihnen keine gute Arbeit erbringt, weil ein anderer Mitarbeiter auf Ihrer Baustelle tätig ist. Bei Firmen, die neu auf dem Markt sind, haben Sie durchaus die Chance auf einen günstigen Preis. Liegen noch keine Referenzen vor, weil die Firma neu auf dem Markt ist, sollten Sie auch bei einem verlockenden Angebot achtsam sein. Hinweise zur Qualifikation des Unternehmens sollten auf jeden Fall vorliegen. Der Unternehmer war in der Regel vor seiner Selbstständigkeit bei einem Betrieb angestellt und hat dort Arbeiten ausgeführt, die besichtigt werden können.

Ein gutes Unternehmen hat in der Regel auch gefüllte Auftragsbücher. Daher sollten Sie rechtzeitig anfragen, ob Kapazitäten für den fraglichen Zeitraum frei sind. Lassen Sie sich vor Baubeginn von Ihrem Bauleiter oder Architekten Listen mit Unternehmen für jedes Gewerk vorlegen. Sie können dann die Auftragslage etwa drei Monate vor dem geplanten Baubeginn abfragen lassen. Damit vermeiden Sie, dass das Unternehmen Ihrer Wahl plötzlich keine Zeit mehr hat und deshalb kein Angebot abgibt. Vor Versendung der Angebotsunterlagen sollte mit diesen Firmen Kontakt aufgenommen und geprüft werden, ob das Unternehmen für die Arbeiten infrage kommt. Soweit Sie die Auswahl selbst durchführen möchten, kann diese Kontaktaufnahme anhand einer Telefonliste geschehen.

Telefonanfrage für das Gewerk:		
Firma:	Straße / Ort:	Tel. / Ansprechpartner:

Fragen zur telefonischen Handwerkerauswahl:	Ja	Nein
Größe des Auftrages ist interessant für das Unternehmen	☐	☐
Firma ist bei der Handwerkskammer eingetragen	☐	☐
Firma hat freie Kapazitäten im fraglichen Zeitraum	☐	☐
Referenzobjekte liegen vor	☐	☐
Tätigkeitszeitraum der Firma seit:		
Anzahl der Mitarbeiter:		

Referenz 1:	
Bauherr / Telefon:	
Straße:	
Ort:	
Referenz 2:	
Bauherr / Telefon:	
Straße:	
Ort:	
Referenz 3:	
Bauherr / Telefon:	
Straße:	
Ort:	

Telefonliste

11.4 Einholen von Angeboten

Das Einholen von Angeboten kommt nur dann auf Sie zu, wenn Sie zum Beispiel mit einem Architekten oder Bauleiter individuell oder in Eigenregie bauen. Bauträger und Generalübernehmer unterbreiten Ihnen in aller Regel ein Pauschalangebot und kümmern sich selbst um das Einholen von Angeboten bei Handwerkern. Die Erfahrung zeigt, dass bei Angeboten für identische Leistungen Preisunterschiede von bis zu 30 Prozent und mehr möglich sind. Manchmal liegt es daran, dass ein Unternehmer beim Ausfüllen des Angebots einen Rechenfehler gemacht hat. Firmen, die dringend einen Auftrag brauchen, werden niedrigere Preise einsetzen. Eine Firma, die wenig Interesse am Auftrag hat, wird sehr hohe Preise einsetzen oder gar kein Angebot abgeben. Um die Preise vergleichen zu können, sollten mindestens drei, besser fünf Angebote vorliegen. Geht es um höhere Auftragssummen wie bei der Vergabe der Maurer- und Betonarbeiten, sollten Ihnen fünf bis acht Angebote vorliegen. Lassen Sie sich von Ihrem Bauleiter eine Kopie des Anschreibens und ein Blanko-Leistungsverzeichnis geben, außerdem eine Liste der Firmen, an die er Ausschreibungsunterlagen verschickt hat. Vereinbaren Sie, dass die Angebote bei Ihnen eingehen, damit sichergestellt ist, dass alle Angebote berücksichtigt werden, und vermerken Sie das Eingangsdatum jedes Angebots auf dem Deckblatt. Auf dem Deckblatt sollte eine Frist für die Angebotsabgabe stehen. Die Firmen sollten allerdings je nach Gewerk mindestens zwei bis vier Wochen Zeit haben, ein Angebot auszuarbeiten. Eine Firma, die sich vorab zur Angebotsabgabe bereit erklärt hat und innerhalb der Frist kein Angebot einreicht, hat schon den ersten Beweis von Unzuverlässigkeit erbracht.

11.5 Auswertung von Angeboten

Die Auswertung der Angebote kommt auf Sie nur zu, wenn Sie individuell mit einem Architekten oder Bauleiter oder in Eigenregie bauen, außerdem dann, wenn Sie bei Generalunternehmern Angebote für die komplette Bauleistung ausgeschrieben haben. Wenn Sie einen Baubetreuer, Bauleiter oder Architekten

Preisspiegel		Leistungsverzeichnis über Dachdecker- und Klempnerarbeiten						
Bauherr:		Bernd Mustermann						
Bauvorhaben:		Einfamilienhaus Torfstr. 7, Musterhausen						
Dachdeckungsarbeiten			Fa. Mayer		Fa. Müller		Fa. Schmidt	
Pos.	Menge	Leistung	EP:	GP:	EP:	GP:	EP:	GP:
1	250,00 m²	diffusionsoffene Unterspannbahn	4,99 €	1.247,50 €	4,50 €	1.125,00 €	2,33 €	582,50 €
2	250,00 m²	Konterlattung	3,14 €	785,00 €	2,25 €	562,50 €	1,18 €	295,00 €
3	250,00 m²	Tragelattung	5,22 €	1.305,00 €	3,66 €	915,00 €	3,21 €	802,50 €
4	250,00 m²	Dachfl. eindecken "Laumanns, Tifa 2000",	22,60 €	5.650,00 €	29,76 €	7.440,00 €	14,95 €	3.737,50 €
5	1,00 m²	Alternativ: "Nelskamp Flachdachziegel"	19,30 €	nur EP.	29,19 €	nur EP.	18,46 €	nur EP.
6	20,00 m	Deckung der Firste	38,50 €	770,00 €	24,62 €	492,40 €	18,59 €	371,80 €
7	4,00 Stk	Firstanfänger, Firstendstein als Zulage	24,36 €	97,44 €	20,37 €	81,48 €	24,39 €	97,56 €
8	52,00 m	Ortgang mit Giebelsteinen	39,93 €	2.076,36 €	23,01 €	1.196,52 €	33,81 €	1.758,12 €
9	34,00 m	seitl. Bekl. Ortgangsparren m. Schiefer	25,51 €	867,34 €	17,74 €	603,16 €	12,83 €	436,22 €
10	32,00 m	Anarbeiten der Dachsteine	14,14 €	452,48 €	7,36 €	235,52 €	17,18 €	549,76 €
11	4,00 Stk	Einzelformteile als Dunstrohraufsatz	43,72 €	174,88 €	33,18 €	132,72 €	39,64 €	158,56 €
12	4,00 m	Flexibler Schlauchanschluß	24,70 €	98,80 €	13,45 €	53,80 €	13,70 €	54,80 €
13	1,00 Stk	Dachaustieg, VELUX GVT 103,	279,68 €	279,68 €	253,09 €	253,09 €	210,32 €	210,32 €
14	1,00 Stk	Wohnraumfenster WC, VELUX GPU 206	943,33 €	943,33 €	736,26 €	736,26 €	624,80 €	624,80 €
15	3,00 Stk	Wohnraumfenster, VELUX GPU 406	1.082,40 €	3.247,20 €	874,31 €	2.622,93 €	731,15 €	2.193,45 €
16	5,00 m²	Verschalung von zwei Schornsteinköpfen	29,81 €	149,05 €	30,93 €	154,65 €	18,36 €	91,80 €
17	5,00 m²	Verkleidung des Schornsteinkopfes	75,62 €	378,10 €	68,87 €	344,35 €	64,96 €	324,80 €
17a	8,00 m²	Verkleidung der seitlichen Gaubenwände	75,62 €	604,96 €	68,87 €	550,96 €	64,96 €	519,68 €
		Summe Dachdeckungsarbeiten		19.127,12 €		17.500,34 €		12.809,17 €
		MwSt. 16%		3.060,34 €		2.800,05 €		2.049,47 €
		Gesamt		22.187,46 €		20.300,39 €		14.858,64 €

Beispiel für einen Preisspiegel

mit diesen Aufgaben beauftragt haben, leiten Sie nach Ablauf der Frist zur Angebotsabgabe die eingegangenen Leistungsverzeichnisse zur Prüfung und Auswertung an ihn weiter. Übernehmen Sie diese Arbeiten selbst, werden die Angebote zunächst daraufhin geprüft, ob sie ordnungsgemäß ausgefüllt und unterschrieben sind. Manchmal fehlen Angaben oder Nachweise, die in den Vorbemerkungen gefordert wurden. Vor einer weiteren Prüfung muss dann eine Rücksprache mit dem Unternehmer erfolgen, damit man die Gründe dafür erfährt. Ist es kein Versehen, sondern verweigert der Unternehmer beispielsweise ohne hinreichende Gründe die Anerkenntnis der Vorbemerkungen mit seiner Unterschrift, sollte das Angebot nicht weiter berücksichtigt werden. Dann folgt die rechnerische Prüfung der Angebote. Das heißt, die ausgefüllten Angebote werden nachgerechnet. Schließlich wird ein Preisspiegel erstellt, um die einzelnen Positionen der verschiedenen Angebote zu vergleichen. Durch den Preisspiegel werden die Unterschiede der einzelnen Positionen deutlich und Rechenfehler erkennbar. Bei erheblichen Abweichungen einzelner Positionen sollten Sie Rücksprache mit dem Anbieter nehmen, um die Gründe zu erfragen. Am Ende der Auswertung liegen mehrere vergleichbare Angebote vor.

11.6 Bietergespräche

Nach der Auswertung der Leistungsverzeichnisse werden üblicherweise mit den Bietern, die in der engeren Wahl sind, Bietergespräche geführt. Neben einer möglichen Preisverhandlung geht es hier auch darum, sich Klarheit über ein vorliegendes Angebot zu verschaffen. Außerdem können Sie sich ein persönliches Bild vom Unternehmer machen. Preisverhandlungen während Bietergesprächen sind bei privaten Bauherren im Unterschied zu solchen bei öffentlichen Auftraggebern erlaubt. Am besten werden solche Gespräche direkt vor Ort auf dem Grundstück oder der Baustelle geführt. Hierbei sollten alle kritischen Punkte angesprochen werden, die die jeweiligen Leistungen und deren Grundlagen und Voraussetzungen betreffen. Ihr Architekt oder Bauleiter sollte hierzu ein Protokollformular vorbereiten, in dem alle problematischen Positionen oder unklaren Leistungswünsche aus dem Leistungsverzeichnis vor Ort durchgegangen werden. Fragen Sie den Handwerker, welche Unklarheiten er im Leistungsverzeichnis bemerkt hat, welche Lösung er vorschlägt und ob daraus Mehrkosten entstehen. Das Protokoll dieses Gesprächs über die zu erbringenden Leistungen sollte unmittelbar danach vom Handwerker gegengelesen, unterschrieben und im Auftragsfall Vertragsbestandteil werden.

11.7 Auftragserteilung

Mit der Auftragserteilung an den Handwerker, Bau- oder Generalunternehmer kommt ein rechtsverbindlicher Werkvertrag zwischen Ihnen als Bauherrn und dem beauftragten Unternehmer zustande. Der Unternehmer verpflichtet sich zur mangelfreien Erbringung seiner Leistung und Sie sich zur Zahlung des vereinbarten Werklohns nach Fertigstellung und Abnahme dieser Leistung. Die Auftragserteilung kann nach § 650i Absatz 2 BGB nur schriftlich erfolgen. Kein Unternehmer sollte mit seinen Arbeiten beginnen oder Material an die Baustelle liefern, bevor der Bauvertrag unterzeichnet wurde. Beinhaltet das Leistungsverzeichnis in seinen Vorbemerkungen bereits alle für das Bauvorhaben relevanten Punkte (→ Kapitel 11.1) und wurde ein Bietergespräch geführt und protokolliert, so genügt es, mit einem Schreiben einen Zuschlag auf das vorliegende Angebot innerhalb der Bindefrist zu erteilen. Auch hierdurch kommt ein rechtsverbindlicher Bauvertrag zustande. Dieses Vorgehen hat den Vorteil, dass nicht noch einmal ein Bauvertrag ausgehandelt werden muss, sondern ein exaktes Leistungsverzeichnis automatisch zur Vertragsgrundlage wird. Der Unternehmer kann dann später nicht behaupten, irgendwelche Regelungen nicht vor Vertragsschluss gekannt zu haben. Im Zuschlagsschreiben müssen nochmals alle Bestandteile beziehungsweise Grundlagen inklusive des Bietergesprächs benannt werden. Außerdem muss hier die exakte Vertragssumme in netto, brutto und mit Währungsangabe genannt sein, des Weiteren – soweit nicht bereits über das Leistungsverzeichnis geregelt – eine Skonto-Vereinbarung. Bevor dem Unternehmer das Zuschlagsschreiben geschickt wird, sollte es präventiv von einem Fachanwalt oder Anwalt mit entsprechendem Tätigkeitsschwerpunkt geprüft werden. Das Zuschlagsschreiben sollte der Unternehmer in doppelter Ausfertigung erhalten, damit er ein Exemplar gegenzeichnen und Ihnen zurückschicken kann. Wenn bei einem Neubau eines Hauses zu Beginn schon die Angebote für Aushub, Rohbau, Zimmermann, Dachdecker, Klempner und Fenster vorliegen, sind damit etwa 50 Prozent der zu erwartenden Baukosten bekannt. Dadurch können Sie vergleichen, ob die in der Kostenberechnung veranschlagten Kosten für diese Gewerke mit der aktuellen Marktlage, also den Ihnen vorliegenden Angeboten, übereinstimmen. Ergeben sich bis dahin keine Kostenüberschreitungen gegenüber der ursprünglichen Kalkulation, ist die Wahrscheinlichkeit hoch, dass das Bauwerk mit den veranschlagten Kosten erstellt werden kann.

Ein wichtiges Instrument der Kalkulationsüberprüfung des Unternehmers ist auch die sogenannte Urkalkulation. Die Urkalkulation ist die Kalkulationsgrundlage, die der Unternehmer für seine Angebotsermittlung zugrunde gelegt hat. Sie sollte bei Angebotsabgabe mit abgegeben werden. Der Hintergrund ist, dass im Fall einer Nachforderung dann überprüft werden kann, ob die Kalkulation der Nachforderung sich auch im Rahmen der Urkalkulation bewegt. Eine Urkalkulation wird allerdings im verschlossenen Umschlag abgegeben und so auch hinterlegt. Sie dürfen eine Urkalkulation auch nur in bestimmten Fällen öffnen und auch nur im Beisein des Unternehmers. Etwa zur Überprüfung einer Nachforderung.

Um bei Angebotsabgabe sicherzustellen, dass im Umschlag der Urkalkulation kein leeres Blatt steckt, sondern tatsächlich eine Urkalkulation, kann man den Umschlag auch gleich am Anfang im Beisein des Unternehmers kurz öffnen und schauen, ob auch tatsächlich eine Urkalkulation im Umschlag liegt. Der Umschlag ist dann gleich wieder zu verschließen. Nach Beendigung der Arbeiten ist die Urkalkulation auch wieder an den Unternehmer zurückzugeben.

Übersicht aller am Bau Beteiligten
Lassen Sie eine Adressliste anlegen, die regelmäßig aktualisiert wird, wenn neue Gewerke beauftragt wurden. Es empfiehlt sich, diese Liste auch an alle Handwerksunternehmen auszugeben, damit die am Bau Beteiligten gegenseitig Kontakt aufnehmen können. Eine Gliederung kann folgendermaßen aussehen:

> Bauherr,
> Architekt,
> Nachbarn,
> Behörden,
> Versorgungsunternehmen,
> Fachingenieure,
> beteiligte Firmen.

Insgesamt werden bei einem Neubau leicht bis zu 40 Beteiligte zusammenkommen. Von jedem Partner sollten stets folgende Informationen zur Verfügung stehen:

- Funktion beziehungsweise Gewerkbezeichnung,
- Firmenname beziehungsweise Behördenstelle,
- Name des Ansprechpartners,
- Anschrift,
- Telefonnummer,
- Faxnummer,
- Mobiltelefonnummer,
- E-Mail-Adresse.

Diese Liste sollten Sie auch stets dabeihaben, wenn Sie auf der Baustelle sind.

11.8 Das Generalunternehmerangebot

Eine ganz andere Vorgehensweise als die klassische Ausschreibung ist die Einholung eines Generalunternehmerangebots. Hierbei wird meist kein klassisches Leistungsverzeichnis erstellt, sondern die Planung und eine detaillierte Baubeschreibung dienen als Grundlage. Im Bauwesen spricht man auch von einer funktionalen Ausschreibung. Dieses Vorgehen kann für Bauherren interessant sein, die die Tätigkeit eines Architekten und die Tätigkeit eines Generalunternehmers kombinieren wollen. Das kann zum Beispiel der Fall sein, wenn man zunächst eine individuelle Planung von einem Architekten haben will und dann eine schlüsselfertige Ausführung durch einen Generalunternehmer. Es gibt mittlerweile eine ganze Reihe von Architekturbüros, die das anbieten. Umgekehrt gibt es auch Generalunternehmer, die Architekten für eine vorlaufende Individualplanung empfehlen. Manchmal – und vor allem im Holzbau – trifft man sogar auf eingespielte Teams von Architekten einerseits und regionalen Holzbaubetrieben andererseits. Gegen solche Strukturen spricht zunächst einmal nichts, sie können sogar Vorteile haben, weil es dann bereits viel Schnittstellenerfahrung zwischen Planung des Architekten und Werkhalle des Holzbauers gibt. Außerdem muss dann der Architekt nicht mit allen Leistungsphasen der HOAI beauftragt werden, sondern zum Beispiel nur mit den ersten vier Leistungsphasen. Die Werkplanung und alle weiteren Schritte kann dann schon der Holzbauer übernehmen. Man kann dabei, je nach Modell, also sogar Kosten sparen.

Sehr wichtig ist nur, darauf zu achten, dass der Architektenvertrag nicht über den Holzbauer läuft oder an diesen gekoppelt ist, sondern dass man mit der Planung durch den Architekten auch einen Werkvertrag mit einem anderen Holzbauer treffen könnte. Denn es könnte ja sein, dass man – trotz Empfehlung durch den Architekten – mit dem Holzbauer des Architekten nicht zurechtkommt, sei es vertraglich, sei es finanziell, sei es aus anderen Gründen.

Wenn Sie mit einem Generalunternehmerangebot arbeiten wollen, sind vor allem die Informationen aus Kapitel 6.3 wichtig für Sie.

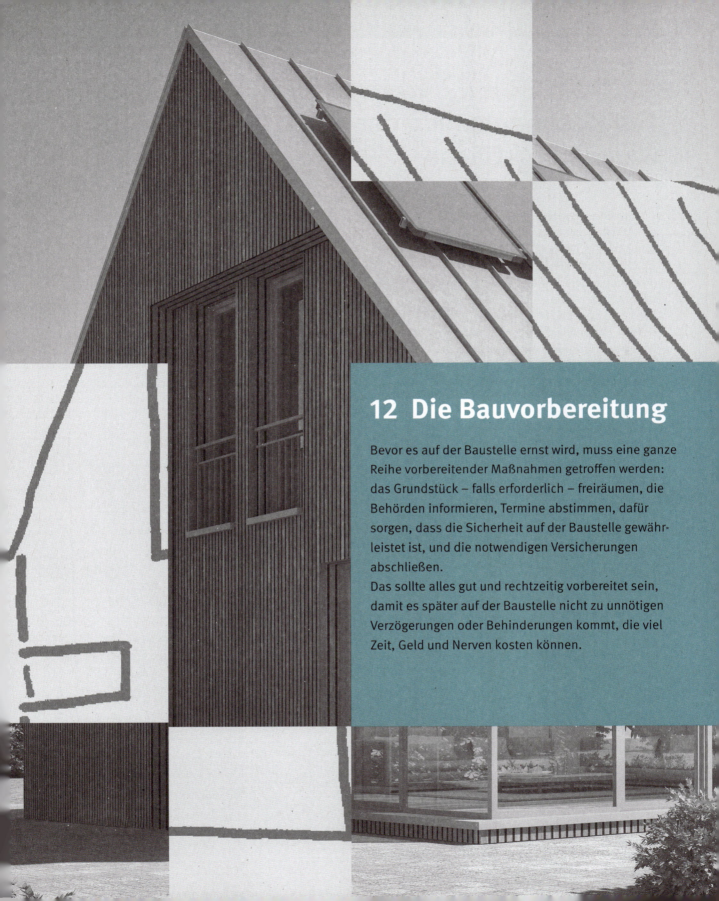

12 Die Bauvorbereitung

Bevor es auf der Baustelle ernst wird, muss eine ganze Reihe vorbereitender Maßnahmen getroffen werden: das Grundstück – falls erforderlich – freiräumen, die Behörden informieren, Termine abstimmen, dafür sorgen, dass die Sicherheit auf der Baustelle gewährleistet ist, und die notwendigen Versicherungen abschließen.

Das sollte alles gut und rechtzeitig vorbereitet sein, damit es später auf der Baustelle nicht zu unnötigen Verzögerungen oder Behinderungen kommt, die viel Zeit, Geld und Nerven kosten können.

12.1 Flächenplanung der freien Grundstücksfläche

Zur vorbereitenden Baustellenorganisation gehören auch Überlegungen, wie die zur Verfügung stehende Restfläche des Grundstücks optimal genutzt werden kann. Das liegt normalerweise im Aufgabenbereich Ihres Baupartners, soweit dieser Architekt, Bauleiter, Bauträger oder Generalübernehmer ist. Bauen Sie in Eigenregie, werden Sie sich hierum selbst kümmern müssen. Unabhängig davon sollten Sie die Hintergründe der Flächenplanung kennen, zumal wenn auf Ihrem eigenen Grundstück gebaut wird. In Ballungsräumen sind aufgrund der hohen Grundstückspreise die bebaubaren Grundstücke immer kleiner geworden. Gängige Größen liegen heute zwischen 300 und 500 Quadratmetern.

Beispiel: Für ein Haus mit einer Grundfläche von 10 x 10 Metern wird bei Berücksichtigung des Arbeitsraums je nach Bodenbeschaffenheit eine Baugrube von etwa 16,5 x 16,5 Metern, also etwa 270 Quadratmetern benötigt. So verbleibt bei einer Grundstücksgröße von 500 Quadratmetern bis zum Verfüllen des Arbeitsraums nach erfolgter Kellerabdichtung eine Restfläche von etwa 230 Quadratmetern. Auf dieser Fläche müssen der Kran, das Bau-WC, der Stromanschluss und eventuell ein Bauwagen für den Rohbauunternehmer stehen. Der Rohbauunternehmer benötigt außerdem Lagerflächen für Stahl, Steine, weiteres Arbeitsmaterial und eine befestigte Freifläche, um beispielsweise Stahl zu biegen oder zu sortieren. Mutterboden muss

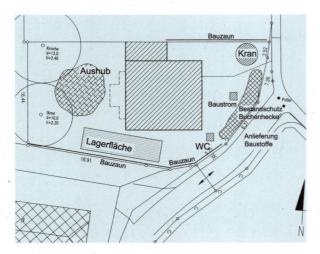

Vorüberlegungen zur Baustelleneinrichtung

Flächenplanung		
✓	festgelegt am	
☐	☐	Genauer Kranstandort
☐	☐	benötigte Länge des Kranauslegers
☐	☐	Standort des Baustromverteilers
☐	☐	Bezugspunkt für Baustrom
☐	☐	Bezugspunkt für Bauwasser
☐	☐	Leitungsführung Baustrom auf Grundstück
☐	☐	Leitungsführung Bauwasser auf Grundstück
☐	☐	Schutzmaßnahmen für Stromleitungen
☐	☐	Schutzmaßnahmen für Wasserleitungen
☐	☐	Standort der Bautoilette
☐	☐	Lage der befestigten Freifläche
☐	☐	Lagerplatz für Mutterboden
☐	☐	Zufahrt für Baustofflieferungen
☐	☐	Schutz bestehender Bäume (wenn nötig)
☐	☐	Antrag auf Nutzung von öffentlichem Verkehrsraum (wenn nötig)

zwischengelagert werden, damit er nicht später teuer dazugekauft werden muss. Je nach Lage kann es sein, dass Teile des Grundstücks nicht genutzt werden können, weil der Ausleger des Krans diese nicht erreicht oder die Flächen nach Erstellung des Rohbaus nicht mehr zugänglich sind.

Es ist zu spät, erst vor Ort auf der Baustelle zu überlegen, wie die Flächen am besten zu nutzen sind, denn möglicherweise reichen die freien Flächen nicht aus, sodass Sie zusätzlichen Straßenraum benötigen. Das wiederum muss vom Bauherrn beantragt werden. Haben Sie einen Bauleiter beauftragt, kümmert dieser sich darum. Wenn Sie erst beim Bauablauf feststellen, dass eine Anlieferung von Beton oder Stahl den gesamten Straßenverkehr vor der Baustelle lahmlegt, werden Sie es gleich zu Beginn mit dem Ordnungsamt oder einer Behinderungsanzeige des Unternehmers (⟶ Seite 356) zu tun bekommen. Sie können dann sicher sein, dass die Behörden während des restlichen Bauablaufs ein besonderes Augenmerk auf Ihre Baustelle haben werden.

12.2 Terminplanung

Manchmal reicht es, wenn Sie einen Fertigstellungstermin vertraglich vereinbaren, zum Beispiel wenn Sie mit einem Bauträger oder Generalübernehmer bauen. Bauen Sie jedoch individuell, zum Beispiel mit

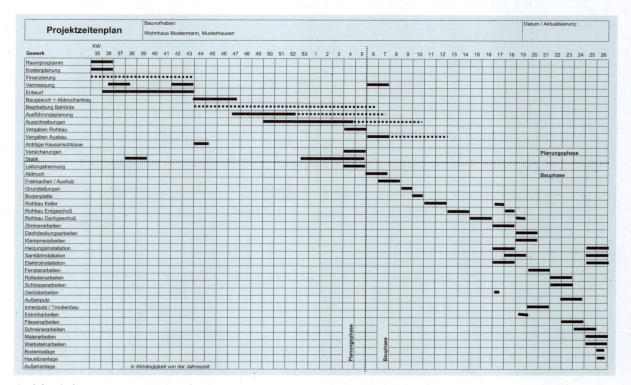

Projektzeitplan

einem Architekten oder Bauleiter, sollten Sie dessen Terminplanung auch überprüfen können. Eine der ersten Leistungen, die im Rahmen der Vorplanung unbedingt erbracht werden sollte, ist die Erstellung eines **Projektzeitenplans**, der vom Entwurfsbeginn bis zur Fertigstellung alle notwendigen Abläufe in einen zeitlichen Rahmen bringt. Wenn Sie mit einem Architekten bauen, gehört dies zur Leistungsphase 2 „Entwurfsplanung". Ein Bestandteil des Projektzeitenplans ist der **Bauzeitenplan**, der den zeitlichen Ablauf der Baustelle und die Verflechtungen der einzelnen Gewerke untereinander darstellt (Kapitel 5.2). Der Bauzeitenplan gehört zur Bauvorbereitung und muss vor Baubeginn vorliegen. Dieser Bauzeitenplan sollte sorgfältig geprüft werden: Kann zum geplanten Zeitpunkt mit der Baustelle begonnen werden? Ist der Fertigstellungstermin realistisch? Vielleicht hat es Änderungen in der Bauplanung gegeben, die noch nicht berücksichtigt wurden. Lassen Sie sich den Bauzeitenplan ausführlich erläutern und klären Sie die vorgenannten Punkte mit Ihrem Architekten. In der Regel wird der Bauzeitenplan in Form eines Balkendiagramms erstellt. Auf der linken Seite stehen in der Vertikalen alle Gewerke in der Reihenfolge ihres Beginns auf der Baustelle. Oben werden auf der Horizontalen die Kalenderwochen eingetragen. Für jedes Gewerk wird dann ein Zeitbalken eingetragen, dessen Länge die voraussichtliche Dauer der Arbeiten darstellt. So entsteht ein Diagramm, das einer abwärts führenden Treppe von links oben nach rechts unten ähnelt. Der Bauzeitenplan macht die Abhängigkeit der einzelnen Gewerke voneinander sichtbar. Solange der Elektriker beispielsweise seine Leitungen nicht verlegt hat, können die Wände nicht verputzt werden.

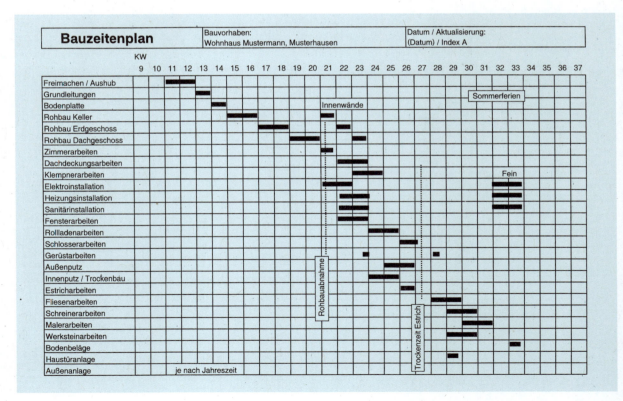

Bauzeitenplan

Alle Anträge eintragen

Wenn für den Beginn von Arbeiten Leistungen von Fachingenieuren und Planern benötigt werden oder Genehmigungen der Behörden vorliegen müssen, sollte auch das im Bauzeitenplan eingetragen werden. Alle notwendigen Anträge bei Behörden und Versorgungsunternehmen sollten zeitlich berücksichtigt werden. Das gilt auch für Lieferzeiten für benötigtes Material und für Trockenzeiten.

Davon hängt wiederum der Beginn der Fliesenarbeiten ab und anderes mehr. Zeitverzögerungen bei einem Gewerk führen häufig zu Verzögerungen bei allen folgenden Gewerken. Ein Bauzeitenplan muss regelmäßig kontrolliert und gegebenenfalls überarbeitet werden. Dazu werden sogenannte Meilensteine für Leistungen festgelegt, die zu einem bestimmten Zeitpunkt fertiggestellt sein müssen. Meilensteine bei einem Massivhaus können sein:

› Fertigstellung Rohdecke Kellergeschoss,
› Fertigstellung Rohdecke Obergeschosse,
› Richtfest,
› Einbau der Fenster und Fenstertüren.

Werden diese Termine nicht eingehalten, muss geprüft werden, inwiefern das Einfluss auf die Termine anderer Gewerke und vor allem auf den Zeitpunkt der Fertigstellung hat. In einem Bauzeitenplan sollten die in der Checkliste genannten Eintragungen vorgenommen werden.

> **Tipp**
>
> **Anhand des Terminplans** kann auch ein Zeitplan für den Geldmittelfluss erstellt werden, da oft mit der Fertigstellung eines bestimmten Bauabschnitts oder Gewerks Zahlungen an Generalunternehmer oder Handwerker fällig werden.

Bauzeitenplan

✓	geprüft am	
☐	☐	Datum der Erstellung beziehungsweise Datum der letzten Aktualisierung
☐	☐	Auflistung aller Gewerke, die zum Einsatz kommen
☐	☐	Einteilung in Kalenderwochen bis zum Fertigstellungstermin
☐	☐	Eintragung der geschätzten Zeit für die jeweiligen Gewerke mit festem Start- und Fertigstellungstermin
☐	☐	Eintragung von Zeiten, in denen die Baustelle nicht begangen werden kann (zum Beispiel Trockenzeiten für Estrich)
☐	☐	Eintragung der Ferienzeiten des Bundeslands
☐	☐	Festlegung von Meilensteinen, das heißt von festen Terminen, an denen ein bestimmtes Ziel erreicht sein muss, damit der Fertigstellungstermin gehalten werden kann
☐	☐	Eintragung von Vorlaufzeiten, wenn Material vom Bauleiter bestellt werden muss
☐	☐	Eintragung von Terminen für behördliche Abnahmen oder Anträge bei Versorgungsunternehmen
☐	☐	Eintragung von Planlieferungsterminen für Fachingenieure und Planer

12.3 Anträge und Anzeigen bei Behörden

Abhängig davon, mit welchem Baupartner (→ Kapitel 3 und 4) Sie bauen, werden Sie mehr oder weniger intensiven Kontakt mit den Behörden haben. Wichtig ist, dass die zuständigen Stellen im Vorfeld über alles informiert werden. Beziehen Sie die Sachbearbeiter dort frühzeitig mit ein, und versuchen Sie gemeinsam, das Bauvorhaben so reibungslos wie möglich abzuwickeln. Betrachten Sie die Behörden als Partner, nicht als Gegner. Mit der Erteilung der Baugenehmigung durch die Baubehörde haben Sie die Erlaubnis, das Gebäude in der beantragten Weise zu errichten. Vor Baubeginn und während der Bauphase muss die Genehmigungsbehörde über den Stand der Arbeiten informiert werden. Je nach Situation vor Ort kann es sein, dass einige Punkte berücksichtigt werden müssen: Achten Sie darauf, dass Ihr Baupartner alle notwendigen Anträge und Anzeigen so rechtzeitig für Sie stellt, dass eventuelle Fristen eingehalten werden beziehungsweise Bearbeitungszeiten vonseiten der Behörden ausreichend berücksichtigt sind. Bauen Sie in Eigenregie, müssen Sie sich selbst darum kümmern. Teilweise kosten diese Anträge nichts, teilweise müssen Sie für bestimmte Anträge Gebühren bezahlen, die von Gemeinde zu Gemeinde unterschiedlich hoch sind. Erkundigen Sie sich daher vor Ort bei Ihrer Gemeinde über die entsprechenden Gebühren.

Vor Baubeginn

Baubeginnanzeige
Spätestens eine Woche vor Baubeginn muss der Genehmigungsbehörde der geplante Beginn mitgeteilt werden, außerdem der Name des verantwortlichen Bauleiters und der Name des Rohbauunternehmers. Das entsprechende Formular liegt in der Regel der Baugenehmigung bei.

Antrag auf das Fällen von Bäumen
Es kann sein, dass Bäume gefällt werden müssen, damit das Bauwerk errichtet werden kann. Je nach Größe und Umfang des Stammes kann es sein, dass diese Bäume geschützt sind und nicht ohne Zustimmung gefällt werden dürfen. Ein solcher Antrag wird in der Regel bereits dem Bauantrag beigefügt. Meist wird die Genehmigung unter der Bedingung erteilt, dass eine Ersatzpflanzung vorgenommen werden muss. Manchmal ist es auch möglich, einen Baum zu versetzen, statt ihn zu fällen.

Benutzung von öffentlichem Verkehrsraum
Manchmal ist das Grundstück so klein, dass nach dem Aushub nicht mehr genügend Freifläche für Kran, Lagerflächen und Anlieferung von Materialien usw. bleibt. In diesem Fall muss die zeitweise Nutzung öffentlicher Verkehrsflächen beantragt werden.

Sperrung öffentlicher Verkehrsflächen
Es kann auch sein, dass durch die Anlieferung von Baumaterial ein Weg oder eine Straße zeitweise gesperrt werden muss. Auch das muss im Vorfeld mit den Behörden besprochen werden – gegebenenfalls im Rahmen eines gemeinsamen Ortstermins.

Die Baugenehmigung

Wird die Baugenehmigung erteilt, ist Folgendes zu beachten:

- Die Baugenehmigung kann Auflagen enthalten, die unbedingt zu berücksichtigen sind. Geänderte Vorgaben für das Bauvorhaben müssen in die Unterlagen (Entwurfszeichnungen, Statikberechnung usw.) eingearbeitet werden.

- Die Baugenehmigung gilt nur für einen bestimmten Zeitraum (in der Regel drei Jahre). In dieser Zeit muss mit dem Bau begonnen werden, sonst verfällt sie.

- Die Baugenehmigung enthält auch Vorschriften über die Einbeziehung und Information der Genehmigungsbehörde während der Bauphase (Auskunft über den bestellten Bauleiter, Baubeginnanzeige, Rohbaufertigstellung, Endfertigstellung usw.). Die Genehmigungsbehörde behält sich dabei eigene Kontrollen vor.

Grundwasserabsenkung

Eine vorübergehende Absenkung des Grundwassers im Bereich der Baugrube muss ebenfalls rechtzeitig vor Baubeginn beantragt werden. Da Grundwasserabsenkungen das Risiko von Setzungen der umliegenden Häuser und der damit verbundenen Entstehung von Rissen mit sich bringen, kann eine Beweissicherung bestehender Risse und Schäden notwendig sein, um unberechtigte Regressansprüche der Nachbarn abzuwehren.

Einleitung von Grundwasser in die öffentliche Kanalisation oder in öffentliche Gewässer

Beides muss beantragt werden. Während jedoch das Einleiten in einen nahe liegenden Bach meist kostenfrei ist, lassen sich die Kommunen die Einleitung in die öffentliche Kanalisation teuer bezahlen.

Während der Bauphase

Rohbauabnahme

Eine Woche vor Fertigstellung des Rohbaus muss dies der Genehmigungsbehörde mitgeteilt werden. Das Formblatt dafür liegt in der Regel der Baugenehmigung bei. Das Bauaufsichtsamt prüft nun während eines Ortstermins die Übereinstimmung der Baugesuchspläne mit dem bestehenden Rohbau. Abweichungen von den Baugesuchsplänen wie beispielsweise das Erstellen eines zusätzlichen Erkers oder ein zu hoher First können dazu führen, dass die Baustelle stillgelegt wird, bis hin zu der Forderung, die nicht genehmigten Bauteile abzureißen.

Anträge bei Behörden

✓	beantragt am	erhalten am	
			Vor Baubeginn
☐			Baubeginnanzeige (falls notwendig)
☐			Antrag auf das Fällen von Bäumen
☐			Benutzung von öffentlichem Verkehrsraum
☐			Sperrung öffentlicher Verkehrsflächen
☐			Grundwasserabsenkung
☐			Einleitung von Grundwasser in die öffentliche Kanalisation oder öffentliche Gewässer
			Während der Bauphase
☐			Rohbauabnahme
☐			Rohbauabnahme Kamin
☐			Schlussabnahme Heizungsanlage
			Nach Fertigstellung
☐			Amtliche Gebäudeeinmessung und Herstellung der Grundstücksgrenzen
☐			Schlussabnahme des Gebäudes

Rohbauabnahme Kamin und Schlussabnahme Heizungsanlage

Nach Erstellung des Rohbaus prüft der Bezirksschornsteinfeger die ordnungsgemäße Erstellung des Kamins, nach Fertigstellung der Heizungsanlage deren ordnungsgemäße Ausführung.

Nach Fertigstellung

Amtliche Gebäudeeinmessung und Herstellung der Grundstücksgrenzen

Die amtliche Gebäudeeinmessung dient der Kontrolle, ob das Gebäude an der vorgesehenen Stelle in den vorgesehenen Abmessungen errichtet wurde. Wurden durch die Bauarbeiten Grenzsteine beschädigt oder entfernt, werden diese neu eingemessen und gesetzt.

Schlussabnahme des Gebäudes

Nach Fertigstellung erfolgt nochmals eine Begehung durch das Bauaufsichtsamt zur Kontrolle des nun fertigen Bauwerks auf Übereinstimmung mit dem Baugesuch. Zu diesem Termin müssen vorliegen:

- die Unternehmerbescheinigungen für die ordnungsgemäße Erstellung der Heizungs- und Sanitäranlagen,
- die Bescheinigung der Schlussabnahme des Schornsteinfegers,
- die Bestätigung des Sachverständigen für Schall- und Wärmeschutz, dass das Gebäude nach den Vorgaben errichtet wurde,
- das Protokoll der Dichtigkeitsprüfung der Abwasserkanäle, zum Beispiel durch eine Fachfirma für Kanalarbeiten.

12.4 Anträge bei Versorgungsunternehmen

Auch bei der Beantragung von Bauwasser, Baustrom usw. werden Sie je nach Baupartner mehr oder weniger involviert sein. Bauen Sie in Eigenregie, müssen Sie sich hierum vollständig selbst kümmern.

Die Versorgungsunternehmen müssen frühzeitig über Ihr Bauvorhaben informiert werden, damit Sie mit Bauwasser und Baustrom beliefert werden. In Einzelfällen kann die Bearbeitungszeit von Anträgen durchaus drei Monate dauern. In der Regel wird Ihnen der Bauleiter diese Anträge vorbereiten und zur Unterschrift vorlegen. Sie sollten sich auf jeden Fall ein Belegexemplar geben lassen.

Vor Baubeginn

Bauwasser und Baustrom

Damit Ihnen von Beginn an Strom und Wasser zur Verfügung stehen, sollten zeitgleich mit dem Einreichen des Baugesuchs die entsprechenden Anträge gestellt werden. Sofern das Grundstück bereits erschlossen ist, sich also die Anschlüsse für Strom, Wasser und eventuell Gas bereits auf dem Grundstück befinden, ist die Bereitstellung während der Bauzeit unkompliziert. Schwieriger und vor allem teurer wird es, wenn das Grundstück noch nicht erschlossen ist und sich die nächste Verteilerstation für Strom oder Zapfstelle für Wasser in größerer Entfernung befindet. Klären Sie dies alles möglichst frühzeitig mit den Versorgungsunternehmen.

Trassenanfrage bei den Versorgungsunternehmen

Besonders wichtig ist die Klärung der Frage, ob im Bereich der Baugrube Techniktrassen der Versorgungsunternehmen liegen. Schicken Sie hierzu einen Lageplan mit dem eingetragenen Gebäude an die jeweiligen Unternehmen. Eine gekappte Telefonleitung mag noch relativ harmlos sein und trübt vielleicht nur das nachbarschaftliche Verhältnis. Beschädigt der Baggerführer beim Aushub jedoch eine Gasleitung, wird es gefährlich und außerdem teuer.

Vor Baubeginn

Trassenanfrage bei den Versorgungsunternehmen für
> Telefon,
> Elektrizitätsversorgung,
> Gasversorgung,
> Fernwärmeversorgung,
> Wasserversorgung,
> städtisches Kanalnetz;
> Antrag für Baustrom,
> Antrag für Bauwasser.

Während der Bauphase

Erschließungsanträge bei den Versorgungsunternehmen für
> Telefon,
> Elektrizitätsversorgung,
> Gasversorgung,
> Wasserversorgung,
> Anschluss an städtisches Kanalnetz,
> Fernwärmeversorgung.

Anträge auf Zählermontage für
> Telefon,
> Strom,
> Gas,
> Wasser,
> Fernwärme;
> Abmelden von Baustrom,
> Abmelden von Bauwasser.

Erschließung des Grundstücks und Hausanschluss

Ist das Grundstück noch nicht erschlossen, wird dies in der Regel zusammen mit dem Hausanschluss durchgeführt. Hierzu kommen die einzelnen Versorgungsunternehmen und verlegen ihre Leitungen über das Grundstück in den Hausanschlussraum, der sich meist im Keller befindet. Beides sollte ebenfalls frühzeitig beantragt werden. Es muss geklärt werden, wer die Leitungsgräben und Hauswanddurchbrüche koordiniert und erbringt und über wen sie abgerechnet werden.

Kanalanschluss

Die Schmutzwasser- und Regenwasserleitungen werden oft vom Rohbauunternehmer verlegt. Er führt die Leitungen vom Haus weg zu einem privaten Revisionsschacht, üblicherweise in der Nähe der Grundstücksgrenze. Von dort aus verlegt manchmal die örtliche Gemeinde eine Leitung bis zum Straßenkanal, aber nicht immer. Es kann durchaus sein, dass die Gemeinde ihre Leitungen nur direkt bis an die Grundstücksgrenzen führt und Sie dort anschließen müssen. Beim Bauen in Bestandsgebieten ist es fast immer so, dass Sie als Bauherr den Anschluss bis an das öffentliche Netz bereitstellen müssen.

Zählermontage

Strom, Wasser und Gas im Haus können Sie erst nutzen, wenn die Zähler montiert sind. Auch dies muss beantragt werden. Der öffentliche Versorger führt die Leitungen üblicherweise bis zum Hauptzähler ins Haus, von wo die Leitungen dann unterverteilt werden. Die Leitungsgräben und Hauswanddurchführungen müssen Sie ihm allerdings zur Verfügung stellen.

Abmelden von Baustrom

Da die Preise für Baustrom wesentlich höher sind als für normalen Strom, sollten Sie darauf achten, Baustrom nicht länger als nötig zu nutzen. Sobald der Elektriker die notwendigen Voraussetzungen geschaffen hat und die Zähler im Haus montiert wurden, sollte der Baustrom abgemeldet werden.

12.5 Die Baustellenordnung

Eine Baustelle, die sich auf Ihrem Grundstück befindet, sollte so sicher wie irgend möglich geführt werden. Wenn Sie mit einem Bauträger auf dessen Grundstück bauen, muss Sie dieses Kapitel nur bedingt beschäftigen. Alle anderen Formen von Bauvorhaben aber bergen für den Bauherrn erhebliche Sicherungspflichten und Haftungsrisiken, die er gut kennen sollte.

Immer wieder kommt es auf Baustellen zu schweren Unfällen. Anschließend wird in der Regel genau untersucht, ob alle Unfallschutzrichtlinien eingehalten wurden. Wenn dann der Bauleitung und dem Auftraggeber Versäumnisse bei der Baustellensicherung und Unfallverhütung nachzuweisen sind, hat das ernste rechtliche Konsequenzen. Am 1. Juli 1998 trat die Verordnung über Sicherheit und Gesundheitsschutz auf Baustellen (BaustellV) in Kraft. Sie schreibt vor, dass auf allen Baustellen, auf denen Beschäftigte mehrerer Arbeitgeber tätig werden, ein sogenannter Sicherheits- und Gesundheitsschutzkoordinator (SIGEKO) bestellt werden muss. Auf fast allen Baustellen ist die Einschaltung eines SIGEKO damit Pflicht. Bereits beim Bau eines Einfamilienhauses sind diese Voraussetzungen meist erfüllt. Ist kein SIGEKO erforderlich, liegt die Verantwortung für Sicherheit und Unfallschutz allein beim Bauleiter und Bauherrn. Aufgabe des SIGEKO ist es, alle relevanten Sicherheits- und Gesundheitsrisiken für auf der Baustelle Tätige sowie diese Passierende zu minimieren beziehungsweise auszuschließen und die Baustelle in dieser Hinsicht zu überwachen. Die SIGEKO-Qualifikation beruht auf einer Zusatzausbildung, die mittlerweile viele Architekten und Bauleiter besitzen.

Mögliche Gliederung einer Baustellenordnung

Allgemeine Informationen zur Baustelle
Hierzu gehören die Anschrift der Baustelle sowie die Anschriften und Telefonnummern von Auftraggeber, Bauleiter, Rettungsdiensten sowie des nächsten Krankenhauses mit Notaufnahme.

Vereinbaren Sie einen Termin vor Beginn der Arbeiten, um vorgesehene Sicherheitsmaßnahmen zu besprechen und regelmäßige Baustellenbegehungen zu deren Überprüfung. Unfälle oder Schadensereignisse müssen Ihnen beziehungsweise der Bauleitung sofort mitgeteilt werden. Behalten Sie sich vor, Personal von der Baustelle zu verweisen, wenn es gegen Arbeitsschutzbestimmungen verstößt oder Unfallverhütungsvorschriften missachtet.

Verpflichten Sie den Auftragnehmer, vor einer Weitergabe von Leistungen an andere Unternehmer Ihre schriftliche Zustimmung einzuholen.

Baustelleneinrichtung
Legen Sie Bereiche fest, durch die die Baustelle betreten und verlassen werden darf. Weisen Sie darauf hin, dass Zufahrtswege für Rettungsfahrzeuge von Fahrzeugen und Material frei zu halten sind und dass nur mit Einweiser rückwärts gefahren werden darf. Auf der Baustelle sollte grundsätzlich Alkoholverbot bestehen. Behalten Sie sich das Recht vor, Alkohol kon-

> **Tipp**
>
> **Machen Sie eine Baustellenordnung zum Bestandteil des Bauvertrags.** Sie kann problemlos bereits Bestandteil der Ausschreibung sein. So kommen Sie, Ihr Architekt oder auch Bauleiter frühzeitig und schriftlich Ihren Verpflichtungen zur Baustellen- und Unfallverhütungseinweisung nach. Grundlage hierfür ist die Baustellenverordnung, die Sie beispielsweise im Internet unter www.gesetze-im-internet.de und dort unter BaustellV finden.

sumierende Personen unverzüglich von der Baustelle zu verweisen.

Sicherheit auf der Baustelle
Bei **Erdarbeiten** sind die Grubenwände und Verbaumaßnahmen regelmäßig zu überwachen. Alle Öffnungen müssen stets tragfähig abgedeckt sein. Arbeitsgeräte und Maschinen müssen dem Stand der Technik entsprechen.

Gerüste und hochgelagerte Arbeitsplätze dürfen erst benutzt werden, wenn alle Sicherheitseinrichtungen gegen Absturz montiert sind. Gerüste müssen mit einer Prüfplakette gekennzeichnet sein. Jeder Benutzer hat die Pflicht, Gerüste vor Betreten auf einen ordnungsgemäßen Zustand zu überprüfen. Änderungen dürfen nur durch den Ersteller des Gerüsts vorgenommen werden. Anlagen, die überwacht werden müssen, sollten nur in Abstimmung mit der Bauleitung aufgestellt und betrieben werden. Die Lagerung und Verwendung wassergefährdender, brennbarer oder anderer gefährlicher Stoffe muss vorher mit der Bauleitung abgestimmt werden.

Personen ohne Sicherheitsschuhe sollten Sie nicht auf der Baustelle arbeiten lassen. Erfordern die Arbeiten zusätzliche Sicherheitsausrüstungen wie Kopfschutz, Hörschutz, Atemschutz oder Warnkleidung, so sind diese unaufgefordert zu tragen. Handwerker, die ohne notwendige Schutzausrüstungen arbeiten, sollten von der Baustelle verwiesen werden.

Schutz vor Bränden, Explosionen und Blitzeinschlag
Leicht entzündliche Stoffe dürfen nur in den benötigten Mengen vorgehalten werden. Bei Arbeiten mit Brandgefahr sind vor Beginn Maßnahmen zur Brandbekämpfung, an Kränen oder Masten sind erforderlichenfalls Blitzschutzmaßnahmen zu treffen.

Maßnahmen für den Umweltschutz
Verbieten Sie das Verbrennen von Abfällen, verpflichten Sie die Unternehmer zur Abfallbeseitigung. Behalten Sie sich vor, die Abfallbeseitigung auf Kosten des Unternehmers durchführen zu lassen, wenn dieser seinen Pflichten nicht nachkommt. Arbeiten mit erheblicher Lärmerzeugung sollten vorher mit der Bauleitung abgesprochen werden.

Besucher
Besucher sollten die Baustelle nur mit Zustimmung der Bauleitung betreten. Dabei gilt auch für Besucher die Pflicht, Helm, Schutzkleidung und Sicherheitsschuhe zu tragen.

Absicherung der Baustelle nach außen
Die Absicherung der Baustelle nach außen hat zwei Gründe: Einerseits sollen Passanten vor unbeabsichtigtem Betreten der Baustelle geschützt, andererseits sollen mutwilliges Betreten der Baustelle, Einbrüche und Diebstähle möglichst verhindert werden. Baustellen sind daher grundsätzlich mit einem **Bauzaun** zu sichern. Bauzäune bestehen aus einzelnen Elementen, die auf die Baustelle gebracht und dort zusammengefügt werden, in der Regel mit einem Steck- oder Schraubsystem. In jedem Fall müssen sie untereinander fest verbunden sein und dürfen nicht losgelöst von Nachbarelementen stehen. Aufrecht gehalten werden die Elemente durch Beton- oder Metallfüße, die frei auf dem Gelände aufgestellt werden. Bauzäune, die im öffentlichen Verkehrsraum stehen, müssen gut ausgeschildert und mit Warnlampen beleuchtet sein. Klar definierte Zu- und Ausgänge für Personal, die ein gefahrloses Betreten und Verlassen der Baustelle er-

Beleuchtete Baustellenabsicherung

möglichen, und Lkw-Zufahrten bestehend aus Torelementen, die mit Kette und Vorhängeschloss gesichert werden. Zufahrtstore zur Baustelle dürfen nicht im Straßenraum stehen und Passanten behindern, sie müssen ins Baufeld öffnen oder als Schiebeelemente angebracht werden. Am Zaun selbst müssen in regelmäßigen Abständen Schilder montiert werden, die auf das Verbot des Betretens der Baustelle ebenso aufmerksam machen wie auf die Haftungsfolgen. Sind solche Schilder nicht montiert, können sich Unbefugte sonst darauf berufen, dass ja nirgendwo stand, das Betreten sei verboten.

Ein Bauzaun sollte an Übergängen zu Hauswänden so dicht an diese angeschlossen werden, dass niemand eindringen kann. Hier kann beispielsweise ein Holzpfahl kurz vor der Hauswand in die Erde gerammt werden, an dem das letzte Bauzaunelement fixiert wird. Die Zugänge zur Baustelle müssen abends nach Beendigung der Arbeiten grundsätzlich abgeschlossen werden. Dies sollte durch einen Verantwortlichen kontrolliert und im Baustellentagebuch protokolliert werden.

Bei Gefahr für Passanten durch herabfallende Gegenstände sollte ein **Schutzdach** erstellt werden, welches in der Breite auch das Passieren zweier sich entgegenkommender Passanten, Kinderwagen oder Rollstuhlfahrer ermöglichen sollte. Müssen Passanten den Gehweg vor und nach der Baustelle wechseln, weil es keine Möglichkeit gibt, sie auf der Gehwegseite der Baustelle passieren zu lassen, müssen rechtzeitig vor und hinter der Baustelle übersichtliche, kindersichere und gut ausgeschilderte **Übergänge** geschaffen werden. Das muss im Einzelnen mit den zuständigen Behörden vor Ort abgesprochen und protokolliert werden. Soweit **öffentlicher Verkehrsraum** für die Baustelleneinrichtung benötigt wird, sind die Richtlinien für die Sicherung von Arbeitsstellen an Straßen (RSA) und kommunale beziehungsweise ordnungspolizeiliche Vorschriften einzuhalten. Es empfiehlt sich, mit den zuständigen Genehmigungsbehörden einen Vor-Ort-Termin zu vereinbaren und über die besprochenen Absicherungsmaßnahmen ein gemeinsames Protokoll anzufertigen. Bei längeren Abwesenheitszeiten von Handwerkern (bei zum Beispiel Handwerkerferien) oder dem Bauherrn sollte darüber nachgedacht werden, einen Wachdienst zur Kontrolle der Baustelle einzusetzen.

Gefahrstoffe auf der Baustelle

Wird auf Ihrem eigenen Grundstück gebaut, sind Sie als Bauherr dafür verantwortlich, dass Zwischenfälle mit Gefahrstoffen vermieden werden. Sie und Ihr Bauleiter und Architekt sollten wissen, ob für den Umgang mit den zu verarbeitenden Materialien und Stoffen gesetzliche Schutzvorschriften für Mensch und Umwelt bestehen. Aber auch wenn Sie mit einem Bauträger oder Generalübernehmer bauen, sollten Sie sich darüber informieren, mit welchen chemischen Stoffen die Kelleraußenwände behandelt werden, ein Parkettboden versiegelt oder eine Wand gestrichen wird.

Gefahrstoffverordnung (GefStoffV)

Die GefStoffV regelt die Kennzeichnungspflichten und den Umgang mit Gefahrstoffen. Der Text ist im Internet unter www.gesetze-im-internet.de einsehbar.

Technische Regeln für Gefahrstoffe (TRGS)

Die TRGS untergliedern sich in mehrere Zahlengruppen, wobei die Zahlengruppe 400 bis 699 den Umgang mit Gefahrstoffen beschreibt (Beispiel: TRGS 519 den Umgang mit Asbest) und die Zahlengruppe 900 bis 999 unter anderem Grenzwerte und Einstufungen von Gefahrstoffen regelt. Alle TRGS finden Sie auf der Webseite der Bundesanstalt für Arbeitsschutz und Arbeitsmedizin unter www.baua.de.

Tipp

Um zu prüfen, ob die auf der Baustelle zum Einsatz kommenden Materialien und Stoffe den Vorgaben aus dem Leistungsverzeichnis entsprechen und ob bei der Verarbeitung die nötigen Schutzmaßnahmen getroffen werden, können Sie oder Ihr Bauleiter den GISCODE des verarbeiteten Produkts notieren und im Internet unter www.gisbau.de die notwendigen Informationen abrufen.

Gefahrstoff-Informationssystem-Code (GISCODE)
Die Bauberufsgenossenschaften haben ein Informationssystem entwickelt, das die zu verarbeitenden Produkte mit dem GISCODE kennzeichnet, einem Produktcode. In den Produktgruppen sind jeweils alle Produkte mit verwandter Gesundheitsgefährdung zusammengefasst, bei denen die gleichen Schutzmaßnahmen oder Verhaltensregeln erforderlich sind. Dadurch verringert sich die große Zahl chemischer Produkte auf wenige Produktgruppen. Der GISCODE befindet sich (leider noch viel zu selten) auf den Herstellerinformationen (Sicherheitsdatenblätter, Technische Merkblätter) und auf den Gebindeetiketten (→ Tipp Seite 252).

12.6 Arbeitsschutz auf der Baustelle

Wie alle gewerblichen Produktionsstätten unterliegen auch Baustellen gesetzlichen Arbeitsschutzvorschriften. Das betrifft die Einhaltung von Arbeits- und Ruhezeiten ebenso wie Schutzausrüstung und sanitäre Vorschriften. Bauen Sie auf fremdem Grund, zum Beispiel mit einem Bauträger auf dessen Grundstück, muss er sich im Wesentlichen um die Einhaltung dieser Bestimmungen kümmern. Bauen Sie auf Ihrem eigenen Grund, zum Beispiel mit einem Architekten, muss sich dieser zwar um die Einhaltung der Bestimmungen kümmern, aber auch Sie als Bauherr können für Unfälle auf der Baustelle gegebenenfalls in Anspruch genommen werden. Wesentliche Grundlagen des Arbeitsschutzes sind:

- das Arbeitsschutzgesetz (ArbSchG),
- die Arbeitsstättenverordnung (ArbStättV),
- die Arbeitsstättenrichtlinien (ASR), hier insbesondere die Regeln für Arbeitsschutz auf Baustellen (RAB),
- das Arbeitssicherheitsgesetz (ASiG),
- das Arbeitszeitgesetz (ArbZG),
- die allgemeinen Unfallverhütungsvorschriften (UVV),
- das Gerätesicherheitsgesetz (GSG),
- die Technischen Regeln für Gefahrstoffe (TRGS, → Seite 252),
- die Gefahrstoffverordnung (GefStoffV, → Seite 252),
- das BGV-Regelwerk für Unfallverhütungsvorschriften.

Aus ihnen ergibt sich eine Vielzahl von Vorschriften, die auf Baustellen zwingend einzuhalten sind. Es ist an dieser Stelle nicht möglich, die Gesetzes-, Verordnungs- und Richtlinientexte hier im Wortlaut abzudrucken. Die meisten finden Sie aber über die Seite www.gesetze-im-internet.de im vollen Wortlaut. Im Baustellenalltag müssen aber vor allem folgende Dinge beachtet werden:

Arbeits- und Ruhezeiten
Auf Baustellen sind bestimmte Arbeits- und Ruhezeiten einzuhalten, nicht nur für die Beschäftigten selbst, sondern auch aus Rücksicht auf Anwohner. Wenn zum Beispiel die Arbeit auf Ihrer Baustelle morgens um sieben Uhr beginnt, können Sie – vor allem samstags – Ärger mit den Nachbarn bekommen. Wenn die Arbeiten im Winter sehr früh aufgenommen werden und erst spät enden, muss eine gute Baufeldbeleuchtung eingerichtet werden, was mit zusätzlichen Kosten verbunden ist.

Wichtig: Nehmen Sie Regelungen über den frühesten Arbeitsbeginn und spätesten Arbeitsschluss sowie zur Samstagsarbeit bereits in den Ausschreibungstext mit auf, denn diese Informationen muss das Handwerksunternehmen in seiner Angebotskalkulation berücksichtigen. Mittags sollte für die am Bau Beschäftigten zur Erholung eine angemessene Ruhezeit eingehalten werden. Das dient auch der Rücksicht auf Nachbarn. Für die Mittagspause müssen den Handwerkern angemessene Tagesunterkünfte mit Bestuhlung und nach Bedarf mit einer Beheizungsmöglichkeit zur Verfügung gestellt werden. Auch das sollten Sie in die Ausschreibung mit aufnehmen, sodass beispielsweise der Rohbauer die Unterkunft bis zum Ende der Baustelle vorhält. Die Reinigung der Tagesunterkunft sollte wöchentlich wechselnd von den beteiligten Unternehmen durchgeführt werden, damit Diskussionen vermieden werden, wer Abfall in der Unterkunft hinterlassen und zu entsorgen hat.

Schutzausrüstung

Zur üblichen Schutzausrüstung auf Baustellen gehören Stahlkappenschuhe mit Stahlsohlen, Bauhelm und eine Signaljacke oder ärmellose Signalweste. Helmfarben haben auf Baustellen eine alte Ordnungsfunktion: Gelbe Helme werden von Werktätigen getragen, weiße von Führungspersonal.

Schutzkleidung

Je nach Tätigkeit können gemäß den Vorschriften aus dem Arbeitsschutzgesetz, der Gefahrstoffverordnung und den Vorschriften der Gewerbeaufsicht sowie der Bauberufsgenossenschaften zusätzlich Schutzbrille, Gehörschutz, Atemmaske und Schutzhandschuhe oder auch ein Vollkörperschutz vorgeschrieben sein. Für die Einhaltung dieser Vorschriften sind die am Bau arbeitenden Unternehmen verantwortlich. Wenn Ihnen grobe Verstöße gegen die Arbeitsschutzvorschriften auffallen, sollten Sie den Bauleiter informieren.

Sicherheitseinrichtungen

Alle Arbeitsplätze und Verkehrswege auf Baustellen müssen abgesichert, ausgeschildert, beleuchtet und überlegt eingerichtet sein. Die Sicherheitseinrichtungen sollten vom Bauleiter verantwortlich und fortlaufend überprüft werden. Das sind zum Beispiel Erste-Hilfe-Punkte, Absturzsicherungen oder die unfallvermeidende Einrichtung von Maschinenstandpunkten. Einige dieser Sicherheitseinrichtungen sind zwingend vorgeschrieben. Grundsätzlich müssen auf Baustellen alle zur Ersten Hilfe notwendigen Mittel an einem entsprechend gekennzeichneten und leicht zugänglichen Ort bereitgehalten werden. Wenn mehr als 50 Arbeitnehmer eines Arbeitgebers auf einer Baustelle arbeiten, muss zum Beispiel zwingend ein Sanitätsraum eingerichtet, bei mehr als 20 Arbeitnehmern müssen Krankentragen vorhanden sein.

Auch ein **Feuerlöscher** sollte sich an einem gekennzeichneten Ort auf der Baustelle befinden. Alle auf der Baustelle Beschäftigten sollten mit seiner Funktionsweise und Handhabung vertraut sein. Am besten verpflichten Sie bereits in der Ausschreibung für den Rohbau den Unternehmer dazu, bis zum Ende der Bauzeit einen funktionsfähigen Feuerlöscher zur Verfügung zu stellen. Gleiches kann für den Erste-Hilfe-Kasten vereinbart werden. Die Erfahrung zeigt, dass die Handwerker mit eigenem Gerät sorgfältiger umgehen als mit Material und Geräten, die vom Bauherrn gestellt werden.

Maschinenstandpunkte sind unter Beachtung der möglichen Gefährdungen festzulegen. So sollte eine Kreissäge nicht aus Bequemlichkeit vor einem Gerüstzugang oder mitten auf einer Baustraße stehen, sondern an einem gut zugänglichen, aber sicheren

> **Tipp**
>
> **Machen Sie die Bestimmungen zum Arbeitsschutz** gegebenenfalls bereits im Ausschreibungstext zur Grundlage für den Auftrag, den Sie später vergeben.

Ort aufgestellt werden. Die Kabelzuleitungen müssen geschützt gelegt werden, zum Beispiel auf Verkehrswegen unter einem – meist hölzernen – Kabeltunnel.

Sanitäreinrichtungen

Für Sanitäreinrichtungen auf Baustellen gibt es zwingende Vorschriften. So müssen bei einer mindestens 14-tägigen Beschäftigung von zehn und mehr Arbeitnehmern eines Arbeitgebers auf einer Baustelle **Waschräume** zur Verfügung gestellt werden, wenn die Arbeitnehmer nicht jeden Abend Waschräume des Betriebsgebäudes des Arbeitgebers nutzen können. Werden 15 Arbeitnehmer unter den gleichen Bedingungen auf der Baustelle beschäftigt, müssen auch **Toiletten** in ausreichender Anzahl zur Verfügung gestellt werden. Bei einem kleinen Einfamilienhausbau werden selten so viele Arbeitnehmer eines Unternehmens arbeiten. Aber auch für kleine Baustellen gilt, dass grundsätzlich mindestens eine abschließbare Toilette vorhanden sein muss. Berücksichtigen Sie das bei der Ausschreibung zur Baustelleneinrichtung und vergessen Sie nicht, auch gleich die Entsorgung, Pflege und Wartung der Toilette für die Dauer der Baustelle festzuschreiben. Im Fall von gesundheitsbelastenden Arbeiten auf Baustellen (zum Beispiel Schadstoffsanierungen) kommen weitere spezifische Anforderungen der Gewerbeaufsicht und der Berufsgenossenschaften hinzu, die dann einzuhalten sind.

Maschinensicherheit

Maschinen sollten auf ebenen, rutschfesten, nach Möglichkeit auch wettergeschützten Flächen aufgestellt werden. Prüfen Sie bei Bedarf nach, ob die Standsicherheit gewährleistet ist. Wenn auch bei Dunkelheit an den Maschinen gearbeitet wird, muss der Arbeitsraum hell und schattenfrei ausgeleuchtet sein. Alle Maschinen müssen die vorgeschriebenen technischen Wartungen und Überprüfungen erfolgreich absolviert haben. Achten Sie darauf, dass die Maschinen grundsätzlich mit den notwendigen Schutzeinrichtungen betrieben werden, dass zum Beispiel der Sägeblattschutz bei Kreissägen nicht abmontiert ist. Auch die Personen, die an den Maschinen arbeiten, sind Sicherheitsbestimmungen unterworfen. Oberbekleidung mit weiten Ärmeln, die leicht in das Sägeblatt einer Kreissäge oder andere bewegliche Maschinenteile geraten können, sollte generell untersagt werden. Lange Haare sollten während der Tätigkeit auf Baustellen aus dem gleichen Grund zusammengebunden werden.

Gegen die Lärmbelastungen bei laufenden Maschinen ist ein Gehörschutz zu tragen. Bei Arbeiten, die die Augen gefährden können, zum Beispiel Schweiß- oder auch Meißelarbeiten, sind Schutzbrillen zu tragen, bei staubintensiven Arbeiten entsprechende Staubfiltermasken (⟶ „Schutzausrüstung", Seite 254).

Stromsicherheit

Der **Baustromverteiler** sollte in gutem Zustand sein, eine Metallummantelung und abschließbare Fronttür haben und standsicher aufgestellt werden. Er muss wasserdicht, alle Stromleitungen müssen Gummischlauchleitungen, die Steckdosen an den Enden müssen mit Kappen versehen und spritzwassergeschützt sein. Der Baustromkasten muss durch einen Verantwortlichen jeden Abend verschlossen werden. Er sollte während der Bauphase regelmäßig durch einen Elektriker überprüft werden. Arbeiten am Baustromverteiler sowie Wieder- oder Neueinstellungen dürfen nur durch den verantwortlichen Elektriker ausgeführt werden. Am Baustromverteiler sollten die Telefonnummern (auch Mobiltelefonnummern) des Verantwortlichen und des zuständigen Elektrikers

Kennzeichnung auf Stromgeräten

angegeben sein, damit diese bei einem Stromausfall schnell erreicht werden können.

Verlängerungskabel und Kabeltrommeln müssen einen Überhitzungsschutz haben und sich für den Einsatz in Feucht- und Nassbereichen eignen.

Auf Baustellen verwendete **Leuchten** müssen mindestens wassergeschützt, mobil eingesetzte Leuchten oder Bodenleuchten müssen auch schutzisoliert und strahlwassergeschützt sein.

Hilfsmittelsicherheit

Hilfsmittel auf Baustellen sind zum Beispiel Leitern, Stege, Geländer und Gerüste. Die Einhaltung der Sicherheitsvorschriften muss während der gesamten Bauzeit immer wieder überprüft werden.

Nach Möglichkeit sollten nur stabile **Metallleitern** eingesetzt werden, die in gutem Zustand sind. Schadhafte Leitern mit brüchigen oder fehlenden Sprossen sind sofort von der Baustelle zu entfernen. Generell müssen Leitern auf glattem Boden gegen Abrutschen oder auf weichem, morastigem Untergrund gegen Einsinken gesichert werden. Sie sollten nur an stabile Punkte gelehnt werden und mindestens einen Meter über den oberen Auftrittspunkt hinausragen.

Ein **Baugerüst** erhält nach jedem Aufbau grundsätzlich eine Freigabe durch den Gerüstbauer; erst danach darf es betreten werden. Auf dem Gerüstfreigabeschein, der für die gesamte Standzeit des Gerüsts wetterfest anzubringen ist, ist die maximal zulässige Belastung für jeden sichtbar einzutragen. Gerüste

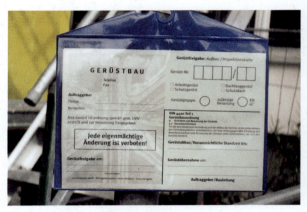

Noch auszufüllender Gerüstschein

müssen auf sicherem Untergrund aufgebaut werden, am besten auf einer Bohlenunterlage zur Höhennivellierung und gleichmäßigen Druckverteilung auf den Untergrund. Sie müssen gut verankert und verstrebt sein und dürfen maximal 30 Zentimeter von der Hauswand entfernt aufgebaut werden. Die **Laufstege** müssen über stabile Leitern sicher erreichbar sein, sollten eine rutschfeste, tragfähige Holz- oder Metallbohlenplattform haben und seitlich durch Geländer gesichert sein. Statt Leitern können auch Gerüsttreppen Einsatz finden. Diese sind teurer und aufwändiger zu montieren, aber sicherer zu begehen. Die Mindesthöhe für Geländer beträgt einen Meter; mindestens drei waagerecht laufende Bretter dienen als Fangvorrichtung, wobei das unterste zur Absicherung gegen Fehltritte direkt auf der Bodenbohle sitzen muss.

Bodenöffnungen sollten mit Bohlen abgedeckt und zusätzlich durch ein Geländer (Mindesthöhe ein Meter mit mindestens drei waagerecht durchlaufenden Streben) gesichert werden. Das einfache Abdecken solcher Öffnungen durch lose Bohlen ist riskant, weil diese schnell verrutschen oder weggenommen werden können. Während des Baufortschritts müssen Gerüste manchmal umgestellt werden. Gerüstumstellungen sollten nur durch den verantwortlichen Gerüstbauer erfolgen und niemals eigenmächtig vorgenommen werden. Auch nach Umstellungen darf das Gerüst nicht benutzt werden, bevor der Gerüstfreigabeschein angebracht ist.

> **Tipp**
>
> **Nehmen Sie von Anfang an** alle rechtlichen und behördlichen Bestimmungen zum Arbeitsschutz mit in den Ausschreibungstext auf und machen Sie die uneingeschränkte Einhaltung derselben durch die Handwerksbetriebe zum festen vertraglichen Bestandteil im Auftragsfall.

Wenn Baugerüste bei Dunkelheit genutzt werden, müssen alle Steig- und Laufwege ausreichend beleuchtet sein. Die Einstiegsleiter in ein Gerüst sollte so montiert sein, dass sie nach Beendigung der Arbeiten nach oben geklappt und gesichert werden kann, sodass ein unbefugtes Betreten des Gerüsts nicht ohne Weiteres möglich ist. Die Einhaltung der Arbeitsschutzbestimmungen wird durch die regional zuständigen Gewerbeaufsichtsämter kontrolliert, deren Vertreter Baustellen auch unangekündigt aufsuchen. Leicht zu kontrollieren ist zum Beispiel, ob bei der Entfernung von Stoffen, deren Inhalation zu gesundheitlichen Beeinträchtigungen führen kann, geeignete Atemschutzmasken getragen werden. Tragen die Handwerker solche Masken mit den jeweils vorgeschriebenen Filterklassen nicht oder wurden sie ihnen durch das Handwerksunternehmen gar nicht zur Verfügung gestellt, ist das ein klarer Verstoß gegen Arbeitsschutzvorschriften. Gleiches gilt zum Beispiel für Sicherheitsausrüstung wie Schutzhelm, Sicherheitsschuhe oder auch für Gehörschutz und Schutzbrillen.

Notrufinformationen bei Feuer oder Unfällen

Bei Feuer oder Unfällen ist schnelle Hilfe nötig. Viele Menschen stehen jedoch bei einem solchen Ereignis unter Schock und wissen nicht, was sie unternehmen sollen. Fertigen Sie daher einen Notrufplan an. Dieser wird dann beispielsweise mehrfach kopiert, in Folie eingeschweißt und an verschiedenen Stellen aufgehängt.

Noch auszufüllender Notrufplan

12.7 Versicherungsschutz auf der Baustelle

Alle Personen, die auf einer Baustelle arbeiten, sich dort vorübergehend aufhalten oder diese passieren, benötigen einen Versicherungsschutz, der nicht nur den gesetzlichen Anforderungen nachkommt, sondern noch darüber hinausgeht. Neben Personenschäden können Schäden durch Diebstahl oder Unwetter auf der Baustelle entstehen. Auch vor diesem finanziellen Risiko kann sich der Bauherr durch verschiedene Versicherungen schützen. Soweit auf dem Grund und Boden des Bauherrn gebaut wird, egal, mit welchem Baupartner, kommen auf den Bauherrn grundsätzlich Haftungsrisiken zu, die unbedingt abgesichert werden sollten.

Versicherung des Bauherrn und seiner Familie

Der Bauherr und seine Familie sollten in zweierlei Hinsicht versichert sein. Gegen eigene Unfälle kann sich ein Bauherr durch eine **Unfallversicherung** absichern, gegen fremdverschuldete Unfälle Dritter, die Schadenersatzansprüche anderer Personen oder Unternehmen begründen, durch die **Bauherren-Haftpflichtversicherung**. Beide Versicherungen sollten Sie unbedingt abschließen. Bei kleineren Baustellen kann unter Umständen eine vorhandene Privathaftpflicht das Risiko für den Bauherrn abdecken. Hier lohnt sich die Nachfrage beim Versicherungsunternehmen.

Versicherung von Helfern bei Selbstbaumaßnahmen

Planen Sie die Beschäftigung von Helfern aus Ihrem Bekannten- oder Freundeskreis ein, müssen Sie die Baustelle vor Beginn der Arbeiten bei der örtlichen Bauberufsgenossenschaft anmelden (**www.bgbau.de**). Ihre Helfer sind dann bei Unfällen versichert. Die Höhe des Versicherungsbeitrags ermittelt sich aus der Anzahl der Helfer und deren Arbeitsleistung auf der Baustelle. Die Berufsgenossenschaften sind gesetzlich vorgeschriebene Versicherungsanstalten für verschiedene Gewerbebereiche. Für den Baubereich gibt es die Berufsgenossenschaften für die Bauwirtschaft, kurz Bau-BG. Wollen Sie also Eigenleistungen am Bau erbringen, sind Sie dazu verpflichtet, die Baustelle bei der Bau-BG zu melden und einen Versicherungspflichtbeitrag an die Bau-BG zu entrichten. Die Beiträge hierfür sind regional unterschiedlich, sie orientieren sich in der Regel an der Anzahl der auf der Baustelle geleisteten Stunden. Es empfiehlt sich daher, für diese Arbeiten ein Bautagebuch zu führen, das Sie später der Bau-BG vorlegen können, damit der exakte Versicherungsbeitrag für die geleisteten Arbeitsstunden auf Ihrer Baustelle errechnet werden kann. Die Beitragspflicht entfällt, wenn alle Helfer zusammen insgesamt nicht mehr als 39 Stunden auf der Baustelle geholfen haben. Darüber hinaus sollten Helfer unbedingt eine Haftpflichtversicherung haben, die Sach- und Personenschäden durch ihre Tätigkeit auf der Baustelle trägt.

Versicherung der Handwerker

Wenn Sie für Ihr Bauvorhaben gewerbliche Unternehmer mit der Ausführung der Bauleistungen beauftragen, müssen diese ihre Beschäftigten bei der Bau-BG melden und dort gegen Unfallgefahren absichern, indem die Unternehmer für jeden Werktätigen Pflichtbeiträge an die Berufsgenossenschaften entrichten. Wichtig ist darüber hinaus, dass Ihnen die Handwerker mit Abgabe des Angebots einen Nachweis über einen Versicherungsschutz für Sach- und Personenschäden abgeben. Dieser hat in der Regel einen Haftungsschutz von mindestens 3 Millionen Euro für Personen- und Sachschäden.

Bauleistungsversicherung

Nicht zwingend vorgeschrieben, aber sehr empfehlenswert ist der Abschluss einer Bauleistungsversicherung. Diese Versicherung tritt für jeden Schaden ein, der durch ein unvorhergesehenes Ereignis anfällt, unabhängig davon, von wem der Schaden verursacht wurde. Hierzu gehören zum Beispiel Schäden durch Vandalismus oder unvorhersehbare Witterungseinflüsse. Da die Handwerksunternehmen auch davon profitieren, wird der Beitrag zu diesem Versicherungsschutz meist bereits über die Ausschreibung auf alle Beteiligten umgelegt, ähnlich wie die Kosten für Baustrom oder Bauwasser.

Feuerrohbauversicherung

Eine Feuerrohbauversicherung schützt von Baubeginn an gegen Brandschäden. Sie kann oft sogar beitragsfrei abgeschlossen werden, wenn von Baubeginn an eine Wohngebäude- oder Brandschutzversicherung abgeschlossen wird.

Verbundene Wohngebäudeversicherung

Eine verbundene Wohngebäudeversicherung schützt nach der Fertigstellung vor Folgeschäden durch Brand, Blitzschlag, Explosion, Leitungswasser, Sturm, Hagel usw. Weitere Elementarschäden – zum Beispiel durch Überschwemmung, Lawinen oder Erdbeben – können gegen Zuschlag eingeschlossen werden (**Elementarschadenversicherung**). Es ist sinnvoll, die Höhe der Versicherungssumme vom Unternehmen bestimmen zu lassen, damit im Schadenfall der Ersatz nicht mit der Begründung einer Über- oder Unterdeckung gemindert werden kann.

Eine **Gebäudefeuerversicherung** schützt speziell vor Folgeschäden durch einen Hausbrand nach Fertigstellung eines Gebäudes. Die meisten Kreditgeber verlangen die Vorlage einer Versicherungspolice zumindest gegen Feuer.

Gewässerschaden-Haftpflichtversicherung

Beim Heizen mit Öl kann durch Tanklecks Öl austreten und das Erdreich verseuchen. Da der Besitzer des Tanks unabhängig von der Schadenursache dafür haftet und die Beseitigung eines solchen Umweltschadens extrem teuer sein kann, empfiehlt sich beim Einsatz von Ölheizungen der Abschluss einer Gewässerschaden-Haftpflichtversicherung.

Die Beiträge der genannten Versicherungen können sich – je nach Versicherungsgesellschaft – für identische Leistungen um bis zu 300 Prozent unterscheiden! Finanztest veröffentlicht regelmäßig Preisvergleiche zur Wohngebäudeversicherung inklusive Gewässerschaden-Haftpflichtversicherung. Bei den übrigen Policen ist es sinnvoll, Preisvergleiche anzustellen; am schnellsten und einfachsten geht das im Internet. Rechtsschutz für Streitigkeiten mit Unternehmen am Bau gibt es bislang nicht. Dieses Risiko können Sie nicht versichern, aber durch gute Verträge erheblich verringern.

So viel Schutz muss sein

Versicherung	Schutz	Bedeutung
Bauherrenhaftpflicht	Für Bauherren. Versicherung zahlt, wenn Fremde auf der Baustelle zu Schaden kommen.	•••
Unfallversicherung	Versichert Unfälle vom Bauherrn und seinen Familienangehörigen, wenn Eigenleistungen erbracht werden.	•••
Helferversicherung	Versichert Unfälle von Helfern am Bau, auch von Freunden und Bekannten, wenn diese auf der Baustelle mithelfen.	•••
Haus- und Grundbesitzerhaftpflicht	Für Besitzer unbebauter Grundstücke und von Mehrfamilienhäusern. Versicherung zahlt, wenn Dritte auf dem Grundstück zu Schaden kommen.	•••
Feuerrohbauversicherung	Für Bauherren. Versicherung zahlt bei Schäden in der Bauphase durch Brand	•••
Bauleistungsversicherung	Für Bauherren. Versicherung zahlt für unvorhersehbare Bauschäden.	•
Gewässerschadenhaftpflicht	Für Öltankbesitzer. Versicherung zahlt, wenn Grundwasser oder Erdreich durch Heizöl verschmutzt wird.	•••
Wohngebäudeversicherung	Für Hauseigentümer. Möglich ist die Absicherung gegen Feuer-, Sturm- und Leitungswasserschäden in beliebiger Kombination.	••
Elementarschadenversicherung	Für Hauseigentümer Sinnvoll in durch Hochwasser, Lawinen, Erdrutsche oder Erdbeben gefährdeten Gebieten.	••

••• = unverzichtbar •• = sehr sinnvoll • = sinnvoll

Mit einer guten Bauvorbereitung haben Sie die Basis für einen reibungslosen Bauablauf geschaffen. Je nachdem, auf welche Weise Sie bauen, ist es wichtig, dass Sie einen erfahrenen Bauleiter an der Seite haben, der für eine mangelfreie Ausführung der Arbeiten sorgt. Beim Bauen mit einem Architekten, Baubetreuer oder Generalunternehmer haben Sie Einfluss darauf, wer die Bauleitung übernimmt. Es spricht übrigens nichts dagegen, mit dem Entwurf und der Werkplanung für das Gebäude einen darauf spezialisierten Architekten zu beauftragen und mit der Ausschreibung und Bauleitung einen Architekten oder Bauleiter mit Bauleitungserfahrung. Größere Architekturbüros beschäftigen häufig Entwurfs- und Bauleitungsarchitekten und teilen so die Arbeitsgebiete auf.

Bei einem Bauträgerobjekt, einem Fertighaus oder dem Bauen mit dem Generalübernehmer wird der Bauleiter von Ihrem Vertragspartner gestellt, Sie haben darauf keinen Einfluss. Trotzdem können Sie überlegen, vor der Bezahlung von Teilrechnungen gemeinsam mit einem von Ihnen beauftragten unabhängigen Fachmann eine Begehung vor Ort durchzuführen, um die Qualität der Leistung zu prüfen. Eine solche Beauftragung erfolgt dann in der Regel auf Stundenbasis. Das gilt auch, wenn Sie in Eigenregie bauen und gelegentlich fachlichen Rat benötigen. Achten Sie in jedem Fall darauf, dass Sie stets über den Stand der Arbeiten im Bild sind und dass alle wichtigen Vorgänge über Ihren Tisch laufen.

12.8 Aufgaben des Bauleiters während der Bauphase

Der Bauleiter muss das geplante Bauvorhaben so umsetzen, dass ein mangelfreies Bauwerk entsteht. Den Bauleiter kann eine Mitschuld am Entstehen von Mängeln treffen, wenn er wesentliche Bereiche seiner Arbeit nicht sorgfältig genug erbracht hat. Die Aufgaben des Bauleiters sind in der Leistungsphase 8 der HOAI aufgeführt. Wenn Sie also mit einem Architekten diese Leistungsphase vereinbart haben, muss er in seiner Funktion als Bauleiter die entsprechenden Leistungen erbringen:

› **Planprüfung**: Wenn die Erstellung der Werkpläne und die Bauleitung nicht von derselben Person erbracht werden, muss der Bauleiter die ihm zur Verfügung gestellte Planung von sich aus überprüfen. Er ist für Mängel auf der Baustelle selbst verantwortlich und kann sich nicht auf eine fehlerhafte Planung berufen.

› **Prüfung der Baugrundverhältnisse**: Der Bauleiter muss Kenntnis über die Baugrundverhältnisse haben und gegebenenfalls eine Untersuchung in die Wege leiten.

› **Koordination**: Sein Aufgabengebiet umfasst auch die Koordination sämtlicher Beteiligter und die fortwährende Überwachung der Unternehmer.

› **Terminplanung und -überwachung**: Als weitere Grundleistung muss er einen Zeitplan erstellen und überwachen. Dabei handelt es sich in der Regel um ein Balkendiagramm, in dem die Ausführungsfristen der Unternehmer und Planer eingetragen werden. Der Terminplan muss ständig kontrolliert und dem aktuellen Istzustand angepasst werden.

› **Bautagebuch**: Der Bauleiter muss ein Bautagebuch führen, in dem unter anderem der Baufortschritt, die Witterungsverhältnisse und die Anwesenheit der beauftragten Firmen festgehalten werden (⟶ Kapitel 12.9).

› **Sicherheit auf der Baustelle**: Bei Verstößen gegen Arbeitsschutzbestimmungen muss er dafür sorgen, dass diese abgestellt werden. Er muss außerdem dafür sorgen, dass vom Bauvorhaben keine Gefahren ausgehen, durch die Dritte zu Schaden kommen können, und dass die Baustelle gegen unbefugten Zutritt abgesichert ist.

> **Sicherungsmaßnahmen**: Besteht die Gefahr, dass zum Beispiel Aushubarbeiten die Standsicherheit eines Nachbargebäudes beeinträchtigen, muss er für entsprechende Sicherungsmaßnahmen sorgen.

> **Überwachung der Ausführung**: Der Bauleiter muss sicherstellen, dass alle Arbeiten in Übereinstimmung mit der Ausführungsplanung erbracht, dass Auflagen aus der Baugenehmigung berücksichtigt werden und das Bauvorhaben nach den allgemein anerkannten Regeln der Technik (gegebenenfalls DIN-Normen, Richtlinien für die Verarbeitung von Werkstoffen usw.) erstellt wird.

> **Beauftragung von Eignungsprüfungen**: Bei komplizierten Ausführungsarbeiten muss der Bauleiter die Einschaltung eines Fachingenieurs empfehlen, wenn seine eigenen Kenntnisse nicht ausreichen. Wenn er zum Beispiel nicht selbst prüfen kann, ob die erbrachten Leistungen mit den statischen Berechnungen übereinstimmen, muss er dafür sorgen, dass ein Fachingenieur mit diesen Aufgaben betraut wird.

> **Eignungsprüfung von Baustoffen**: Die Überwachungspflicht beinhaltet auch zumindest in Stichproben eine Qualitätsprüfung der Baustoffe, soweit das ohne Spezialkenntnisse möglich ist. Der Bauleiter ist verpflichtet, Baustoffe und Bauteile auf ihre Eignung für die geplante Baumaßnahme zu überprüfen. Das gilt vor allem bei der Verwendung neuartiger Baustoffe. Hier muss er gegebenenfalls den Bauherrn darauf hinweisen, dass noch keine langjährigen Erfahrungswerte vorliegen.

> **Anwesenheit bei kritischen Bauphasen**: Bei kritischen Bauphasen muss der Bauleiter anwesend sein und die mangelfreie Erstellung der Leistung kontrollieren. Das gilt beispielsweise dann, wenn die erbrachten Leistungen später nicht mehr kontrolliert werden können, weil sie von Erdreich oder anderen Bauteilen verdeckt sind. Besondere Aufmerksamkeit ist erforderlich bei Abdichtungsarbeiten gegen Feuchtigkeit und im Hinblick auf Wärmeschutz, Schallschutz und Luftdichtigkeit der Gebäudehülle (→ Seite 348).

> **Behördliche Abnahmen**: Alle notwendigen Anträge auf behördliche Abnahmen müssen vom Bauleiter gestellt werden. Damit sind alle durch die Landesbauordnung vorgeschriebenen Teil- und Schlussabnahmen gemeint.

> **Technische Abnahmen**: Weitere wichtige Grundleistungen sind die technische Abnahme von Bauleistungen, die Feststellung von Mängeln und die Überwachung der Beseitigung dieser Mängel durch die Unternehmer.

> **Mängelrügen**: Der Bauleiter muss festgestellte Mängel rügen und die Unternehmen zur Mängelbeseitigung auffordern. Weigert sich ein Unternehmer, einen Mangel zu beseitigen, muss der Bauleiter den Bauherrn umfassend über weitere Vorgehensmöglichkeiten beraten.

> **Rechnungsprüfung**: Der Bauleiter muss eingehende Rechnungen daraufhin kontrollieren, ob der Unternehmer seine Leistungen vertragsgemäß erbracht und abgerechnet hat.

> **Aufmaß**: Werden Leistungen nach Einheitspreisverträgen (→ Seite 233 ff.) abgerechnet, muss der Bauleiter den Umfang der erbrachten Leistungen feststellen. Ideal ist die gemeinsame Durchführung des Aufmaßes mit dem Unternehmer.

> **Kostenfeststellung**: Der Bauleiter hat die Pflicht, dem Bauherrn einen aktuellen Überblick über die tatsächlich entstandenen Kosten zu verschaffen.

> **Kostenkontrolle**: Der Bauleiter muss die Rechnungen der Unternehmer mit den Vertragspreisen und den veranschlagten Kosten vergleichen und

den Bauherrn rechtzeitig informieren, wenn sich Kostensteigerungen ergeben.

> **Übergabe des Bauwerks**: Nach Beendigung der Bauarbeiten und Fertigstellung des Bauwerks erfolgt die Übergabe an den Bauherrn. Dazu gehört die Übergabe aller geprüften und freigegebenen Rechnungen, der Abnahmeprotokolle, Bedienungsanleitungen und eine Auflistung der Gewährleistungsfristen der einzelnen Gewerke.

Wie findet man einen guten Bauleiter?
Da die Tätigkeit eines Bauleiters einen hohen Grad an Erfahrung erfordert, sollten Sie bei der Auswahl besonders aufmerksam sein. Lassen Sie sich Referenzen von fertiggestellten Häusern der letzten Jahre vorlegen, sprechen Sie mit den Bauherren und besichtigen Sie diese Häuser!

Architekten, Bauingenieure und Baubetriebsingenieure sind die klassischen Berufe für professionelle Bauüberwachung. Ein Bauleiter benötigt Kenntnisse in Bauphysik, Bauausführung und rechtssicherem Schriftverkehr. Er sollte eine gute Dokumentation und Ordnungsstruktur in seinen Projekten haben. Ihr Bauleiter sollte nicht zu viele Projekte parallel bearbeiten. Ausreichend Zeit ist neben der Qualifikation die wichtigste Voraussetzung für eine gute Bauüberwachung. Ein Bauleiter, der nur einmal in der Woche kurz auf der Baustelle vorbeischaut, kann im Vorfeld keine Probleme vermeiden. Baustellen sollte er so betreuen, als entstände sein eigenes Haus. Er sollte sich mit der Baustelle persönlich identifizieren.

Wichtige Auswahlkriterien für Bauleiter
- Empfehlungen anderer Bauherren liegen vor,
- gute Büroausstattung ist vorhanden,
- berufliche Qualifikation vorhanden,
- mehrjährige Berufserfahrung,
- Berufshaftpflichtversicherung liegt vor und ist gültig,
- ausreichend Zeit vorhanden,
- nicht zu viele Baustellen parallel,
- Rücksprache mit anderen Bauherren Ihrerseits ist erfolgt.

Lassen Sie sich vom Bauleiter auf jeden Fall den Nachweis vorlegen, dass er eine Berufshaftpflichtversicherung abgeschlossen hat. Lassen Sie sich sicherheitshalber auch von der Versicherungsgesellschaft schriftlich bestätigen, dass dies der Fall ist, und prüfen Sie, ob Laufzeit und Höhe der Deckungssummen stimmen. Vereinbaren Sie mit Ihrem Bauleiter ein Honorar, das die vorgeschriebenen Sätze der Honorarordnung für Architekten und Ingenieure (HOAI) nicht unterschreitet (⟶ Kapitel 4.1). Zum einen ist dies nicht zulässig, zum anderen sparen Sie am falschen Ende. Ein guter Bauleiter kann Ihnen durch aufmerksames Arbeiten und geschicktes Verhandeln mit den Firmen durchaus mehr Geld einsparen, als Sie ihm bezahlen.

12.9 Ordnerstruktur, Jour fixe, Bautagebuch, Aktennotiz

Abhängig vom Baupartner, mit dem Sie bauen (⟶ Kapitel 3 und 4), werden Sie mehr oder weniger intensiv im Rahmen der Baustellenabwicklung mitwirken. Eine gute Baustellenbeobachtung und Dokumentation sind aber auch dann sinnvoll, wenn Sie selbst eher wenig in die Baustellenabwicklung eingebunden sind. Daher ist das folgende Kapitel generell für jeden Bauherrn von Interesse, unabhängig von seinem Baupartner.

Ordnerstruktur für alle Bauunterlagen
Während der Bauzeit werden Sie viele Unterlagen, Verträge, Informationen, Abnahmeprotokolle usw. erhalten. Damit sich diese Unterlagen nicht in einer

Ecke stapeln und Sie dadurch die Übersicht verlieren, empfiehlt es sich, auf das **„Praxis-Set-Bauen"** der Verbraucherzentrale zurückzugreifen (→ Seite 383). So können Sie alle Unterlagen sofort abheften und haben alles stets griffbereit.

der Müll nicht regelmäßig entsorgt wird und ein Handwerker dem anderen die Schuld dafür in die Schuhe schiebt, ist ein solches Treffen eine gute Gelegenheit, die Firmenchefs selbst Stellung beziehen zu lassen. Dazu sollte ein Ergebnisprotokoll geführt werden,

Mögliche Ordnerstruktur für Bauvorhaben		
Ordner 1	Adressen	alle beteiligten Firmen, Ämter, Versorgungsträger, Nachbarn
	Bauleitung	Schriftverkehr
	Bauamt	Baugenehmigung, Schriftverkehr
	Versorgungsträger	Anträge, Schriftverkehr
Ordner 2	Verträge	alle Werkverträge, Leistungsverzeichnisse
	Abnahmen	alle Abnahmen
	Gewährleistungspflichten	Übersicht
Ordner 3	Gewerke	Schriftverkehr, Mängelrügen, sortiert nach Gewerken
Ordner 4	Fachingenieure (Statik, Haustechnik, Elektro, Lüftung, Bodengutachten usw.)	Schriftverkehr, Berechnungen
Ordner 5	Planunterlagen	Ausführungspläne, statische Pläne, Haustechnik-Pläne
Ordner 6	Bautagebuch	Bautagebuch der Bauleitung, eigenes Bautagebuch
	Fotodokumentation	
Ordner 7	Rechnungen	nach Eingang sortiert, Übersichtsblatt, Kostenkontrolle

Jour fixe

Vereinbaren Sie einen festen Termin pro Woche für eine Baustellenbesprechung, an dem Sie mit Ihrem Bauleiter und den Verantwortlichen aller zu diesem Zeitpunkt auf Ihrer Baustelle tätigen Unternehmen anwesend sind. Die Anwesenheitspflicht des Unternehmers oder eines Vertreters sollte bereits im Werkvertrag beziehungsweise in der Leistungsbeschreibung geregelt sein. Bei diesen Treffen können Fragen der Unternehmer geklärt, Probleme im Bauablauf angesprochen und die Tätigkeiten und Vorgehensweisen der nächsten Tage geplant werden. Dadurch haben Sie einen optimalen Überblick über die Situation auf Ihrer Baustelle und die Möglichkeit, selbst Dinge anzusprechen, die Ihnen am Herzen liegen. Wenn beispielsweise

das alle Beschlüsse enthält. Sind Dinge zu erledigen, sollten der Zuständige und die vorgesehene Frist benannt sein. Wichtig ist auch hier, dass alle Beteiligten unterschreiben und eine Kopie erhalten. Ein Formblatt könnte beispielsweise wie auf der folgenden Seite abgebildet aussehen.

Bautagebuch

Das Führen eines Bautagebuchs gehört zu den HOAI-Grundleistungen eines Bauleiters in der Leistungsphase 8 und ist ein wichtiges Hilfsmittel zur Ablaufdokumentation. Da mithilfe eines Bautagebuchs der gesamte Bauablauf dokumentiert wird, können Sie jederzeit nachvollziehen, was wann passiert ist. Dadurch kann diese Dokumentation ein wichtiges

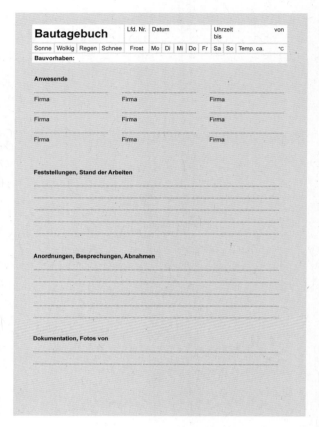

Beispiel für ein Jour-fixe-Protokollblatt

Beispiel für ein Bautagebuchblatt

Beweismittel sein. Lassen Sie sich das Bautagebuch des Bauleiters regelmäßig vorlegen beziehungsweise faxen und heften Sie es zu Ihren Unterlagen.

Wenn Sie selbst auf die Baustelle gehen, sollten Sie Ihr eigenes Bautagebuch führen. Fotografieren Sie neben dem allgemeinen Bauablauf besonders alles, was Ihnen nicht ordnungsgemäß erscheint. Es lohnt sich auch, Leistungen zu dokumentieren, die zu einem späteren Zeitpunkt nicht mehr sichtbar sind, zum Beispiel die Leitungsführung der Elektroleitungen oder die Verlegeanordnung der Schleifen für die Fußbodenheizung. Diese Aufnahmen können später einmal wertvoll werden, wenn zum Beispiel an der Fußbodenheizung Reparaturen auszuführen sind.

Aktennotiz

Während der Bauzeit besteht ein ständiger Abstimmungsbedarf. Es passiert häufig, dass vieles im Laufe der Zeit aus Bequemlichkeit nur noch mündlich besprochen wird. Bedenken Sie, dass mündliche Absprachen später unterschiedlich ausgelegt werden können. Den dann entstehenden Ärger und Zeitaufwand können Sie sich durch das nur wenige Minuten dauernde schriftliche Festhalten von Besprechungen, Telefonaten und Verhandlungen ersparen. Halten Sie neben dem eigentlichen Besprechungsinhalt auch Eckdaten fest, die später wichtig werden können, zum Beispiel: Wer erarbeitet was bis wann, wann und wo findet der nächste Termin statt?

Beispiel für ein Aktennotizblatt

> **Tipp**
>
> **Alle Formulare zum Ausfüllen,** die Checklisten aus dem Kapitel 13 und viele weitere nützliche Hilfen für Ihr Bauprojekt finden Sie im „Baustellen-Ordner". Der Ordner hilft Ihnen, Ihre Unterlagen von Anfang an gut zu sortieren und immer den Überblick zu behalten. Weitere Hinweise finden Sie auf Seite 350. Sie erhalten den Ordner im Shop der Verbraucherzentrale: www.ratgeber-verbraucherzentrale.de

Ganz wichtig: Lassen Sie alle Teilnehmer unterschreiben. Sie werden feststellen, dass dieses kleine Detail erheblich zur termingerechten Erledigung vereinbarter Aufgaben beiträgt.

12.10 Das sollten Sie auf der Baustelle dabeihaben

Regelmäßige Begehungen der Baustelle sind auch dann wichtig, wenn Sie einen Bauleiter mit der Koordinierung und Überwachung der Baumaßnahme beauftragt haben. Wenn Sie auch nicht täglich einen Blick auf den Fortgang der Arbeiten werfen können, sollten Sie doch zumindest zwei Mal wöchentlich einen Rundgang machen. Diese Möglichkeit sollten Sie sich auch beim Bauen mit dem Bauträger vertraglich zusichern lassen.

Es ist sinnvoll, sich zu Beginn der heißen Bauphase ein kleines Köfferchen mit den wichtigsten Utensilien für diese Baustellenvisiten zusammenzustellen und dieses immer greifbar aufzubewahren oder es von vornherein zum Beispiel im Auto zu deponieren. Weit verbreitet sind heute Smartphones. Für die Baustelle durchaus interessant, weil Sie damit fotografieren und auch diktieren können. Da viele Menschen ein Smartphone ohnehin ständig dabei haben, muss man es auch nicht extra im Auto deponieren.

Man kann Baustellen aber selbstverständlich und völlig problemlos auch ohne Smartphone sicher begleiten.

Nützliches für die Baustellenbegehung

✓ vorhanden

- [ ] Telefonnummern aller Beteiligten
- [ ] Aktueller Bauzeitenplan
- [ ] Aktueller Planstand
- [ ] Schreibutensilien oder ein Diktiergerät beziehungsweise Smartphone
- [ ] Fotoapparat beziehungsweise Smartphone
- [ ] Bauhelm
- [ ] Baustellenschuhe mit Stahlkappen und -sohlen
- [ ] Arbeitshandschuhe
- [ ] Zollstock beziehungsweise Rollmaßband
- [ ] Wasserwaage
- [ ] Grundausrüstung an Werkzeug (Schraubenzieher, Schraubenschlüssel, Hammer, Zange)
- [ ] Fenstergriff (für Fenster, bei denen die Griffe noch nicht montiert wurden)
- [ ] Taschenlampe
- [ ] Taschenmesser
- [ ] Wetterfestes Klebeband
- [ ] Absperrband
- [ ] Pflaster, Verbände usw.
- [ ] Feuchte Tücher zur Handreinigung
- [ ] Kleiderbürste

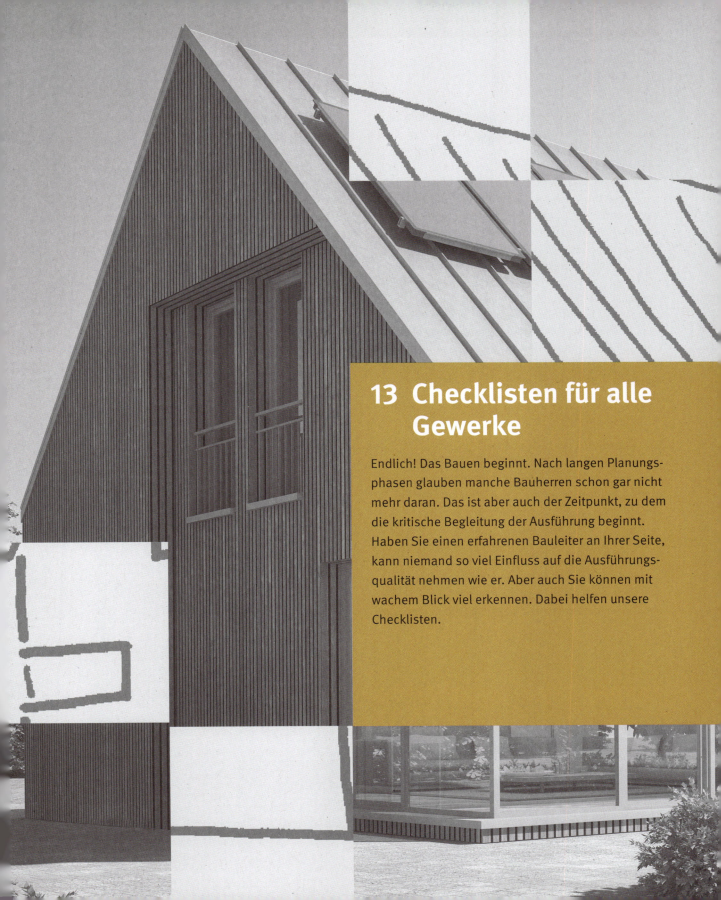

13 Checklisten für alle Gewerke

Endlich! Das Bauen beginnt. Nach langen Planungsphasen glauben manche Bauherren schon gar nicht mehr daran. Das ist aber auch der Zeitpunkt, zu dem die kritische Begleitung der Ausführung beginnt. Haben Sie einen erfahrenen Bauleiter an Ihrer Seite, kann niemand so viel Einfluss auf die Ausführungsqualität nehmen wie er. Aber auch Sie können mit wachem Blick viel erkennen. Dabei helfen unsere Checklisten.

Wenn alle Genehmigungen eingeholt und alle Vorbereitungen getroffen sind, wird es ernst, und das Bauen auf der Baustelle geht los. Bauen Sie in Eigenregie, werden Sie sich um die Kontrolle der Ausführungsarbeiten selbst kümmern. Bauen Sie mit einem Architekten oder Bauleiter, wird dieser die Kontrolle zwar für Sie durchführen, aber Sie werden die Bauleistung der einzelnen Gewerke rechtlich abnehmen. Bauen Sie mit einem Generalunternehmer, nehmen Sie meist nur zum Schluss das Gesamtwerk ab, ähnlich wie beim Bauträger. Da Sie aber zwischendurch immer wieder Abschlagszahlungen leisten müssen, sollten diese an eine Qualitätskontrolle der Arbeiten vor Ort geknüpft sein. So kann man vor Zahlungen an Bauträger oder Generalübernehmer eine technische Begehung (keine Abnahme!) der Baustelle durchführen. Hierbei können Sie allein oder in Begleitung eines Bausachverständigen die Qualität der Ausführungsarbeiten überprüfen.

Die Gewerke im Überblick

Unabhängig davon, mit wem Sie bauen, sollten Sie wissen, wie die handwerklichen Arbeiten kontrolliert werden, selbst wenn ein Architekt diese Kontrollen für Sie vornimmt.

Die Reihenfolge der Checklisten folgt der üblichen Gewerkeabfolge während der Bauzeit. Da eine Vielzahl der Prüfpunkte nicht nur einmal, sondern mehrfach geprüft werden muss, sind die Checklisten der einzelnen Gewerke so ausgelegt, dass die Punkte erst *nach* Fertigstellung abgehakt werden und das Datum der abschließenden Prüfung eingetragen wird.

Einige Punkte müssen bei nahezu allen Gewerken geprüft werden. Diese finden Sie in der Checkliste auf Seite 269. Die Checklisten sollen Ihnen helfen, die Arbeiten vor Ort gezielt zu kontrollieren, unabhängig davon, mit welchem Vertragspartner Sie Ihr Bauvorhaben umsetzen. Wenn Sie einen erfahrenen Bauleiter an Ihrer Seite haben, wird es vornehmlich dessen Aufgabe sein, diese Punkte zu prüfen. Aber auch beim Bauen in Eigenregie helfen Ihnen die Checklisten bei der Kontrolle Ihrer Arbeit. Wenn Sie einzelne Prüfpunkte nicht einordnen können, ist das möglicherweise ein Hinweis darauf, dass eine fachliche Unterstützung bei der Kontrolle sinnvoll sein kann.

> **Tipp**
>
> **Alle Checklisten zu den einzelnen Gewerken**, weitere Formulare zum Ausfüllen (wie etwa Bautagebuchblätter), und viele weitere nützliche Hilfen für Ihr Bauprojekt finden Sie im „Baustellen-Ordner". Der Ordner hilft Ihnen, Ihre Unterlagen von Anfang an gut zu sortieren und immer den Überblick zu behalten. Weitere Hinweise finden Sie auf Seite 350. Sie erhalten den Ordner im Shop der Verbraucherzentrale:
> www.ratgeber-verbraucherzentrale.de

13.1 Herrichten des Grundstücks

Als erster Schritt wird das Grundstück für die kommende Baumaßnahme vorbereitet. Zu den vorbereitenden Maßnahmen gehören:

> **Sicherungsmaßnahmen**: Schutz vorhandener Gebäude, gegebenenfalls auch Nachbargebäude, außerdem der Schutz von Versorgungsleitungen und Baumbestand
> **Abbruchmaßnahmen**: Abbruch von Gebäuden, Gebäudeteilen oder Wegen beziehungsweise Bodenschichten
> **Altlastenbeseitigung**: Altlasten sind vorrangig Verunreinigungen von Böden. In seltenen Fällen und in Großstadtnähe müssen ab und zu auch Kampfmittel aus dem letzten Krieg geräumt werden.
> **Herrichten der Geländeoberfläche**: Rodung und Entsorgung von störendem Bewuchs

Abbruchmaßnahmen oder das Herrichten der Geländeoberfläche können vom Aushubunternehmer mit übernommen werden. Für den Schutz oder das Zurückschneiden von Bäumen sollte jedoch ein Grünbaubetrieb eingesetzt werden. Dieser kann Ihnen auch sagen, wie die Wurzeln stehender Bäume am besten geschützt werden. Der Abbruch von Gebäuden oder Gebäudeteilen muss in der Regel bei den Behörden beantragt werden. Klären Sie spätestens beim Einreichen des Baugesuchs mit dem Umweltamt oder der Abfallrechtsbehörde, wo und auf welche Weise in Ihrer Gemeinde Abbruchmaterial entsorgt werden muss. Das muss Vertragsbestandteil zwischen Ihnen und dem Abbruchunternehmer werden. Der Abbruch selbst kann aufwendig sein, da das Abbruchmaterial möglicherweise getrennt entsorgt werden muss. Ein Fertighaus mit einem hohen Anteil an Dämmstoffen und behandeltem Holz beispielsweise kann nicht

Checkliste: Allgemeine Prüfpunkte für alle Gewerke	
✓ erledigt am	
	Lassen Sie sich vor Beginn der Arbeiten vom Unternehmer schriftlich bestätigen, dass keine Bedenken gegen die Art der Ausführung bestehen und die Leistungen der Vorunternehmer ordnungsgemäß ausgeführt wurden.
	Vor Arbeitsbeginn muss der ausführenden Firma der aktuelle Planstand vorliegen. Kontrollieren Sie regelmäßig, ob die Handwerker vor Ort aktuelle Planunterlagen bei sich haben.
	Lassen Sie sich alle Lieferscheine in Kopie vorlegen und prüfen Sie, ob das gelieferte Baumaterial den Vorgaben der Leistungsbeschreibung entspricht.
	Achten Sie darauf, dass der Unternehmer seinen Abfall beseitigt.

einfach mit dem Bagger umgerissen werden, sondern muss Stück für Stück demontiert, sortiert und fachgerecht entsorgt werden. Wenn Bäume mit größerem Stammdurchmesser gefällt werden müssen, kann ebenfalls vorab eine Genehmigung der Behörden erforderlich sein. Informieren Sie sich dort und schaffen Sie nicht einfach Tatsachen, indem ohne Genehmigung gefällt wird. Das kann durchaus mit empfindlichen Geldstrafen und weiteren Auflagen geahndet werden.

Checkliste: Herrichten des Grundstücks	
✓ erledigt am	
☐ _____	Vor Beginn von Abbrucharbeiten muss die Genehmigung der zuständigen Behörde vorliegen.
☐ _____	Vor Beginn von Baumfällarbeiten muss die Genehmigung der zuständigen Behörde vorliegen.
☐ _____	Werden Bäume gefällt, lassen Sie diese mit Wurzel entsorgen.
☐ _____	Je nach vorheriger Nutzung sollte eine Baugrunduntersuchung auf Altlasten durchgeführt werden.
☐ _____	Besprechen Sie mit Ihrem Bauleiter, ob Nachbargebäude geschützt werden müssen und ob eine Beweissicherung schon bestehender Schäden sinnvoll ist.
☐ _____	Klären Sie – im Verdachtsfall – beim Bauaufsichtsamt, ob das Grundstück durch Kampfmittel belastet sein könnte.

13.2 Wasserhaltung während der Bauphase

Ist das Erdreich so beschaffen, dass Regenwasser nicht oder nur schlecht versickert, kann bei Regenfällen die Baugrube mit Wasser volllaufen, sodass weitere Arbeiten nicht mehr möglich sind. Um das zu verhindern, muss eine **offene Wasserhaltung** vorbereitet werden, indem der Unternehmer innerhalb der Baugrube Randkanäle anlegt, die das Wasser in einen Pumpensumpf leiten. Dort wird es mit einer Pumpe aus der Baugrube entfernt. Problematisch ist auch ein Grundwasserspiegel, der höher liegt als die Baugrubensohle. Dann muss für eine begrenzte Zeit eine **Grundwasserabsenkung** vorgenommen werden. Ob das in einem finanziell tragbaren Rahmen überhaupt möglich ist, hängt von der Höhe des Grundwasserspiegels und der Durchlässigkeit des Bodens ab. Auf jeden Fall muss vorher eine Baugrunduntersuchung durchgeführt werden, um die geeignete Methode der Absenkung wählen zu können.

Grundsätzlich ist bei Grundwasserabsenkungen eine Genehmigung durch die Baubehörde erforderlich. Dies beinhaltet eine Untersuchung von Wasserproben auf Schadstoffe. Da eine Absenkung Schäden an umliegenden Gebäuden verursachen kann, empfiehlt sich ein vorheriges Beweissicherungsverfahren, bei dem bereits bestehende Schäden an umliegenden Gebäuden dokumentiert werden.

Kann das abgepumpte Wasser nicht in einen Bach geleitet werden oder anderweitig versickern, muss man eine Einleitung in die öffentliche Kanalisation beantragen. Das ist dann in der Regel mit erheblichen Kosten verbunden. Häufig wird eine Grundwasserabsenkung mit Vakuumlanzen durchgeführt. Dabei werden rund um die Baugrube etwa alle zwei Meter Kunststoffrohre mit einem Durchmesser von etwa acht Zentimetern in den Boden getrieben und über eine Ringleitung an eine Pumpe angeschlossen, die das Wasser aus dem Boden saugt. Durch die hohe Anzahl der Absaugpunkte ergibt sich eine relativ gleichmäßige Absenkung im gesamten Baugrubenbereich.

Eine weitere Möglichkeit ist, je nach Größe der Baugrube ein oder zwei Bohrlöcher mit einem Durchmesser von etwa 60 Zentimetern bis in eine Tiefe von etwa sechs Metern zu bohren und gegen Einsturz zu sichern. In diese Bohrlöcher werden Pumpen gesetzt, die das im Bohrloch aufsteigende Grundwasser absaugen und dadurch den Grundwasserspiegel im Bereich der Grube absenken. Die Dauer der Grundwasserabsenkung hängt davon ab, wann das Gebäude schwer genug ist, um nach Abschalten der Pumpen und dem damit verbundenen Ansteigen des Grundwassers nicht aufzuschwimmen. Es ist Aufgabe des Statikers, diesen Zeitpunkt zu berechnen. Je länger die Pumpen laufen müssen, desto teurer wird die Grundwasserhaltung. Stromkosten für den Betrieb der Pumpen können durchaus 50 Euro pro Tag erreichen.

Checkliste: Wasserhaltung

✓ erledigt am

☐ ☐ Bei Arbeiten im Grundwasser muss eine Grundwasserabsenkung bei der Baubehörde beantragt werden. Die Genehmigung muss vor Beginn der Arbeiten vorliegen.

☐ ☐ Lassen Sie eine Baugrunduntersuchung durchführen, um die geeignete Absenkungsmaßnahme zu finden.

☐ ☐ Lassen Sie Wasserproben auf Schadstoffe untersuchen.

☐ ☐ Prüfen Sie, ob Behinderungen im Bauablauf durch die Wasserleitungen für die Wasserabführung entstehen.

☐ ☐ Klären Sie, welche kostenfreien Möglichkeiten es gibt, das abgepumpte Wasser abzuleiten (zum Beispiel in einen nahe gelegenen Bach).

☐ ☐ Beim Vergleich von Angeboten ist darauf zu achten, ob die Stromkosten im Angebotspreis enthalten sind oder von Ihnen zusätzlich getragen werden müssen.

☐ ☐ Besprechen Sie, welche Sicherheitsmaßnahmen beim Ausfall der Pumpen getroffen werden, um Schäden am Baukörper durch Aufschwimmen zu vermeiden.

☐ ☐ Klären Sie, ob ein Beweissicherungsverfahren notwendig ist.

13.3 Die Baustelleneinrichtung

Während bei größeren Bauvorhaben darauf spezialisierte Firmen mit der Baustelleneinrichtung beauftragt werden, gehören diese Arbeiten bei kleineren Baustellen zum Aufgabengebiet des Rohbauunternehmers, wenn er entsprechend beauftragt wurde. Die Baustelleneinrichtung ist eine der ersten Maßnahmen des Unternehmers, vor oder begleitend zum Aushub. Gerade bei kleinen Grundstücken ist es sinnvoll, bereits vorher anhand eines Baustellenplans festzulegen, wie die freien Restflächen des Grundstücks vom Unternehmer genutzt werden können. Mehr dazu erfahren Sie im Kapitel „Flächenplanung der freien Grundstücksfläche" (→ Kapitel 12.1). Zur Baustelleneinrichtung gehören:

› **Schutzeinrichtungen**: Sie bestehen aus dem Bauzaun zum Schutz der Baustelle gegen das Eindringen Unbefugter, klaren Beschilderungen und Beleuchtungen im Sinn der Verkehrssicherungspflicht zum Schutz von Passanten sowie Vorrichtungen zum Schutz der Arbeitskräfte wie Absturzsicherungen, Baustromsicherungen. Auch der Schutz von altem Baumbestand oder Rasenflächen gegen Beschädigungen fällt in diesen Bereich, soweit dieser nicht bereits durchgeführt wurde. Weitere Informationen auch in den Kapiteln 12.4, 12.5 und 12.6.

› **Lagereinrichtungen**: Das sind alle Stellen, auf denen Material gelagert wird. Diese sollten nach Möglichkeit befestigt und gut zugänglich sein.
› **Transporteinrichtungen**: Dazu zählen sowohl Maschinen wie Bagger und Kräne als auch Baustraßen, Bautreppen und Gerüste.
› **Fertigungseinrichtungen**: Das sind alle Einrichtungen, die zur Vorfertigung von Materialien auf der Baustelle dienen, zum Beispiel Kreissägen für den Holzverbau oder Stahlbiegebänke für den Bewehrungsverbau (Armierungen im Beton).
› **Versorgungseinrichtungen**: Dazu gehört vor allem die Bereitstellung von Baustrom und Bauwasser. Beides muss rechtzeitig bei den zuständigen Behörden beantragt werden.
› **Sanitär- und Unterkunftseinrichtungen**: Das sind zum Beispiel das Chemie-WC und der Bauwagen, in dem sich die Bauarbeiter während ihrer Pausen aufhalten können.
› **Baufreigabe**: Die Kennzeichnung der Baufreigabe leistet ein DIN-A4-Papier mit einem großen, früher roten, heute vermehrt grünen Punkt. Dieses Papier mit der Baufreigabe muss gut sichtbar an der Baustelle angebracht sein. Nicht zu vergessen: Wurden eventuell benötigte Flächen eines Nachbarn oder der Kommune rechtzeitig zur Nutzung beantragt?

Und dann die Nachbarn ...
Haben Sie all dies überprüft, denken Sie bitte zum Schluss auch an die Nachbarn. Neben der Tatsache, dass ihnen durch das Bauvorhaben vielleicht ein Stück Natur oder eine schöne Aussicht geraubt wird, beschert man ihnen für eine gewisse Zeit auch noch Dreck und Lärm. Es ist daher sinnvoll, sich vor Baubeginn allen Nachbarn vorzustellen und die eigene Adresse beziehungsweise Telefonnummer oder aber die eines Ansprechpartners zu hinterlassen.

Checkliste: Baubeginn

✓ erledigt am

- [ ] [ ] Spätestens eine Woche vor Baubeginn müssen die Baubeginnanzeige eingereicht und ein Bauleiter bestimmt werden.
- [ ] [ ] Auflagen der Baugenehmigung müssen berücksichtigt werden und in die weiterführende Planung einfließen.
- [ ] [ ] Ein Bauzaun muss die Baustelle gegen das Eindringen sichern. Verbotsschilder „Unbefugtes Betreten der Baustelle verboten" sollten überall gut sichtbar angebracht sein.
- [ ] [ ] Es muss geklärt werden, ob der Rohbauunternehmer oder Sie selbst für Strom und Wasser auf der Baustelle sorgen. Je weiter die nächstgelegenen Anschlussmöglichkeiten entfernt sind, desto umfangreicher und schwieriger wird es. Es ist einfacher, diese Leistung dem Unternehmer zu überlassen.
- [ ] [ ] Vor Beginn des Aushubs muss sichergestellt sein, dass keine Versorgungsleitungen auf dem Grundstück liegen, die bei den Erdarbeiten beschädigt werden können (Anfrage bei den Versorgungsunternehmen).
- [ ] [ ] Wenn geschützte Bäume gefällt werden sollen, muss das vorher bei der zuständigen Behörde beantragt werden.
- [ ] [ ] Baumbestand, der erhalten werden soll, muss ausreichend geschützt werden.
- [ ] [ ] Müssen während der Bauzeit öffentliche Verkehrsflächen in Anspruch genommen werden, ist eine vorherige Zustimmung der Behörde notwendig.
- [ ] [ ] Klären Sie, ob auf öffentlichen Verkehrsflächen Absperrungen vorgenommen werden müssen.
- [ ] [ ] Gerade bei kleinen Grundstücken ist es wichtig, mit Architekt und Bauunternehmer die Baustelleneinrichtung zu besprechen (Kranstandort, Platz für Lagerflächen, Zwischenlagerung von Mutterboden und Aushub usw.).
- [ ] [ ] Die Bautoilette sollte so stehen, dass die Nachbarn nicht belästigt werden und dass sie für die Reinigungsfirma gut erreichbar ist. Der Service-Lkw hat nur eine begrenzte Schlauchlänge zur Verfügung.
- [ ] [ ] Stellen Sie sich den Nachbarn vor. Benennen Sie Ihren künftigen Nachbarn einen Ansprechpartner, an den sie sich bei Schwierigkeiten wenden können. Ein gutes Verhältnis zu den Nachbarn kann Ihnen viel Geld und Ärger sparen und schafft Vertrauen für die Zukunft.

13.4 Aushubarbeiten

Sind die für den Aushub notwendigen Sicherungsmaßnahmen beendet, kann mit den Aushubarbeiten begonnen werden. Als Vorbereitung wird vom Vermessungsingenieur die Lage der späteren Gebäudeecken auf dem Grundstück mit Pflöcken fixiert. Das bezeichnet man als Grobabsteckung. Daraus kann der mit dem Aushub beauftragte Unternehmer ersehen, wie er die Baugrube anlegen muss. Vor Beginn der Aushubarbeiten muss unbedingt geklärt sein, ob **Leitungen von Versorgungsunternehmen** im Bereich der Baugrube verlaufen. Auch wenn Ihr Bauleiter längst angefragt hat, kann es sein, dass noch nicht von allen Versorgungsunternehmen eine Rückmeldung erfolgt ist. Diese soll-

13 Checklisten für alle Gewerke

- **Gewachsene Böden** unterteilen sich in nicht bindige (Kiesböden, Sandböden usw.), bindige (Lehmböden, Tonböden) und organische Böden (Schlammböden, Torfböden). Letztere sind als Baugrund ungeeignet.
- **Felsböden** bestehen aus festem Gesteinsuntergrund. Hier ist der Aushub zwar aufwendig, aber die Gründungsvoraussetzungen sind sehr gut.
- **Geschütteter Boden** ist künstlich aufgeschütteter Boden (zum Beispiel durch das Aufschütten von Geländevertiefungen oder Gruben). Er ist nur bedingt als Baugrund geeignet.

ten aus haftungsrechtlichen Gründen auf jeden Fall komplett vorliegen.

Bodenarten

Wichtig sind zuverlässige Informationen über die Beschaffenheit des Untergrunds. Um hier vor kostspieligen Überraschungen wie verunreinigtem Boden oder aufwendigen Gründungsmaßnahmen sicher zu sein, empfiehlt sich im Zweifelsfall ein Bodengutachten. Vor dem Aushub muss klar sein, welche Bodenart vorhanden ist. Nach DIN 1054 unterscheidet man zwischen gewachsenem Boden, Fels und geschüttetem Boden:

Aushub

Beim Aushub arbeitet sich der Bagger Schicht um Schicht so weit in den Boden vor, bis die Tiefe der Grube erreicht ist, die für den geplanten Keller notwendig ist. Wichtig sind ein ausreichender Arbeitsraum um das Fundament herum und ein Böschungswinkel, der an die Bodenverhältnisse angepasst ist. Bei zu steiler Abböschung besteht die Gefahr, dass die Böschung der Baugrube einstürzen kann. Das kann für alle Mitarbeiter, die in der Baugrube zu tun haben, lebensgefährlich sein. Außerdem sollte die Böschung von Anfang an mit einer Folie gegen Regen geschützt werden.

Checkliste: Aushubarbeiten

✓	erledigt am	
☐	☐	Wenn bestehende Gebäude an die Baugrube angrenzen, ist zu kontrollieren, ob diese unterfangen werden müssen. Liegen deren Fundamente höher als die Baugrubensohle, kann es sonst zu Setzungsschäden kommen.
☐	☐	Das Vermessungsbüro muss beauftragt werden, die Lage des Gebäudes auf dem Grundstück mit Pflöcken abzustecken (Grobabsteckung).
☐	☐	Klären Sie, wo auf dem Grundstück der Humusboden zur späteren Wiederverwendung gelagert werden kann. Ist auf dem eigenen Grundstück kein Platz, können Sie auch die Nachbarn fragen.
☐	☐	Wenn der Bodenaushub später für die Verfüllung der Arbeitsräume genutzt werden kann, müssen ausreichende Mengen auf dem Grundstück zwischengelagert werden.
☐	☐	Der Böschungswinkel der Baugrube darf nicht zu steil und muss den vorhandenen Bodenverhältnissen angepasst sein (Abrutschgefahr).
☐	☐	Die Böschung sollte mit einer Folie vor Aufweichen durch Regenfälle geschützt werden.
☐	☐	Das Vermessungsbüro muss beauftragt werden, nach der Fertigstellungsanzeige des Aushubunternehmers die Höhe der Baugrubensohle zu kontrollieren.

13.5 Rohbauarbeiten: Gründung

Sind die Aushubarbeiten abgeschlossen, sollte möglichst zügig mit den Rohbauarbeiten begonnen werden. Sonst besteht die Gefahr, dass der Baugrund durch Regenfälle aufgeweicht wird und seine Tragfähigkeit verliert. Das führt zu unnötigen Mehrkosten, weil dann die Baugrube tiefer ausgehoben und mit geeignetem Material (zum Beispiel Kies) aufgefüllt werden muss.

Schnurgerüst

Der Unternehmer erstellt in der Baugrube nun Vorrichtungen für das Schnurgerüst. Darunter versteht man die Markierung von Gebäudeecken durch jeweils drei vertikal in den Boden getriebene Holzpflöcke, die durch zwei horizontal angenagelte Bretter ergänzt werden. Ein solcher Schnurbock kennzeichnet noch recht grob jeweils eine Gebäudeecke. Feinjustiert wird nun vom Vermesser, der in gegenüberliegende Schnurböcke Kerben beziehungsweise Nägel exakt so einschlägt, dass sie sowohl die genauen Wandfluchten als auch das Fußbodenniveau eindeutig markieren. Zwischen den Schnurböcken werden anschließend Schnüre gespannt, die den Verlauf der Außenwand zeigen. Zur Sicherung wichtiger Messpunkte ist es sinnvoll, in der Verlängerung der Hauptfluchten des geplanten Gebäudes weitere Punkte zu markieren, falls durch Baumaßnahmen Messpunkte verloren gehen.

Gründung

Im Einfamilienhausbereich hat man es fast ausschließlich mit Flachgründungen zu tun, die oft aus einer Kombination von umlaufenden Streifenfundamenten und einer aufliegenden Bodenplatte bestehen. Wird das Gebäude ohne Keller ausgeführt, sollten die Streifenfundamente 80 bis 120 Zentimeter tief im Boden gründen. Vor allem in nicht bindigen Böden kann Frost bis zu 120 Zentimeter tief in den Boden eindringen. Das Wasser gefriert im Boden und dehnt sich dabei aus. Wenn diese Ausdehnung im Po-

renraum des Bodens nicht aufgefangen werden kann, dehnt sich der Boden insgesamt aus, meist hebt er sich nach oben. Ist das Gebäude nicht tief genug gegründet, wird es mit angehoben oder erleidet andere Schäden.

Der Fundamenterder

Der Fundamenterder ist ein in den Fundamenten der Außenwände verlegter verzinkter Bandstahl. Im Hausanschlussraum wird vom Fundamenterder eine Anschlussfahne hinauf in die Kellerwand geführt. An die Anschlussfahne werden über eine Metallschiene später sämtliche Neutral- und Schutzleiter und alle metallenen Leitungen des Hauses, ob Heizungs- und Wasserleitungen oder auch Antenne und Blitzschutzerder, angeschlossen.

Die Bodenplatte

Auf der Baugrubensohle wird zunächst der Untergrund für die Bodenplatte vorbereitet: Der Schichtaufbau besteht aus einem Filtervlies, hierauf eine Kiesschicht (kapillarbrechend) und über dieser eine Dichtungsfolie, die den Kies vor Verschmutzung mit frischem Beton schützt. Meist folgt dann erst noch eine Sauberkeitsschicht (zum Beispiel aus Magerbeton), damit die Bewehrung besser verlegt werden kann. Bei hochwärmegedämmten Kellern wie im Passivhausbau erfolgt dann eine Lage Dämmung, sodass die Bodenplatte später auch von unten gedämmt ist. Darauf kommt die betonierte Bodenplatte. Bei stark bindigen Böden ist eine weitere Sperrschicht zwischen Betonplatte und Estrich sinnvoll. An diese innere Sperrschicht wird später die Horizontalsperre der Außenwände angeschlossen (→ Seite 279 ff.).

Die **Grundleitung** ist die zentrale Abwasserleitung für das Schmutzwasser, die in das Kanalsystem führt. Je nach Lage und Höhe des öffentlichen Abwasserkanals kann die Grundleitung unterhalb der Fundamentplatte liegen. Hierbei kommt es besonders auf die Kontrolle des Leitungsgefälles (etwa zwei Prozent und nicht wesentlich mehr, damit die Leitung nicht „trockenläuft" und Fäkalien nicht im Rohr liegen bleiben) und einen sorgfältig ausgebildeten Durchstoßpunkt durch die Fundamentplatte an. Steht das Gebäude im Grundwasser, werden Wände und Bodenplatte als weiße Wanne aus Spezialbeton gefertigt, sodass kein Wasser eindringen kann. Die wasserundurchlässige Herstellung von Kellerwänden und Sohle muss besonders sorgfältig geschehen: Größere Nachbesserungen sind später nicht oder nur mit sehr hohem Aufwand möglich. Leitungsdurchführungen durch die Bodenplatte sollten nach Möglichkeit vermieden werden.

Baustoffkunde Beton

Beton ist ein Gemisch aus Zement, Zuschlägen, Zugabewasser, Zusatzmitteln und Zusatzstoffen. Es gibt verschiedene Zementsorten, Portlandzement (CEM I) und Hochofenzement (CEM III) sind die bekanntesten. Der Zement stellt das Bindemittel im Beton dar, das heißt, er ist für die Festigkeit verantwortlich. Aus dem Bindemittel Zement kann zwar mithilfe von Wasser ein Zementstein entstehen, der aber nicht die Eigenschaften von Beton hat. Deshalb wird Zement mit Zuschlägen vermischt, meist Sand und Kies in bestimmten Körnungen. Als Sand bezeichnet man Korngrößen von null bis vier Millimetern, während man bei Korngrößen von mehr als vier Millimetern von Kies spricht. Für einen Normalbeton für Bodenplatten wird ein Kies-Sand-Gemisch bis zu einer Nenngröße von 25 Millimetern verwendet. Der Wasseranteil ist für jede Betonsorte vorgeschrieben: Zu viel Wasser vermindert die Festigkeit, zu wenig kann ebenfalls zu Festigkeitsminderung (Vertrocknung) führen. Da dieser Frischbeton bei einer Außentemperatur über 5 °C schnell auszuhärten beginnt, könnte er in den meisten Fällen schon nicht mehr aus dem Transportfahrzeug laufen. Deshalb werden Zusatzmittel zugegeben, die den Aushärtungsvorgang verzögern.

Checkliste: Rohbauarbeiten – Gründung

✓	erledigt am	
☐	☐	Lassen Sie vom Vermessungsbüro das vom Unternehmer erstellte Schnurgerüst einmessen.
☐	☐	Die Tragfähigkeit der Baugrubensohle muss vom Auftragnehmer auf Übereinstimmung mit den angesetzten Werten des Statikers kontrolliert werden.
☐	☐	Wird das Gebäude ohne Keller errichtet, ist auf frosttiefe Gründung der Fundamente zu achten.
☐	☐	Bei hohem Grundwasserstand, geringer Wasserdurchlässigkeit des Bodens oder Hanglage mit dem Architekten oder Bauleiter besprechen, welche zusätzlichen Wasserableitungs- beziehungsweise Dichtungsmaßnahmen notwendig sind.
☐	☐	Ist der Einbau von Fugendichtungsbändern bei einem im Grundwasser stehenden Keller notwendig, muss der Unternehmer das Prüfzeugnis vorlegen. Auf jeden Fall die Ausführung kontrollieren und vom Fachmann abnehmen lassen.

Checkliste: Rohbauarbeiten – Gründung (Fortsetzung)

- [ ] Werden die Grund- und Versorgungsleitungen bereits vor den Fundamenten verlegt, unbedingt vor dem Betonieren vom Architekten/Bauleiter oder Tiefbauamt abnehmen lassen!
- [ ] Sollen Grund- oder Versorgungsleitungen durch Fundamente oder Bodenplatte geführt werden, ist vor dem Betonieren zu prüfen, ob alle dafür notwendigen Aussparungen in die Schalung eingelegt sind. Auch die Höhenlage der Aussparungen prüfen.
- [ ] Prüfen Sie den Durchmesser der Grundleitungen und klären Sie, ob alle Leitungen im Gefälle (mindestens zwei Prozent) liegen.
- [ ] Richtungsänderungen in Grundleitungen dürfen nur durch Bogenstücke erfolgen.
- [ ] Abzweige in Grundleitungen dürfen maximal im 45°-Winkel erfolgen.
- [ ] Doppelabzweige in Grundleitungen sind nicht zulässig.
- [ ] Steinzeugrohre unter Kellerfußböden mit mindestens 15 Zentimetern Erdüberdeckung verlegen.
- [ ] Bei möglicher Belastung der Rohre Grauguss oder Stahl verwenden.
- [ ] Verfüllung von Rohrgräben nur mit Sand oder Kies.
- [ ] Lassen Sie die Fundamente vor dem Betonieren vom Architekten, Bauleiter oder Statiker abnehmen (Breite, Tiefe, Lage, Bewehrung) und ein Protokoll anfertigen.
- [ ] Prüfen Sie, ob kapillarbrechende Schicht und PE-Folie ordnungsgemäß eingebracht wurden.
- [ ] Um die Bewehrung der Bodenplatte besser legen zu können, empfiehlt sich das Einbringen einer Sauberkeitsschicht (etwa fünf Zentimeter Magerbeton). Besprechen Sie diesen Punkt mit Ihrem Architekten/Bauleiter oder Statiker. Prüfen Sie, ob die Sohle um dieses Maß tiefergelegt wurde.
- [ ] Kontrollieren Sie vor dem Betonieren, ob ein Fundamenterder eingelegt wurde. Die Anschlussfahne ist im Hausanschlussraum vorzusehen. Der Fundamenterder wird mit metallenen Brauchwasserleitungen, metallenen Abwasserleitungen, der zentralen Heizungsanlage, Gasinstallation, Antennenanlage, Fernmeldeanlage und, wenn vorhanden, der Blitzschutzanlage verbunden.
- [ ] Ist eine Plattengründung vorgesehen, sollte die Bewehrung vom Statiker kontrolliert werden. Der Überstand der Platte über Außenkante Mauerwerk beträgt etwa 20 Zentimeter.
- [ ] Die Qualität des gelieferten Betons wird auf dem Lieferschein vermerkt. Lassen Sie sich vom Bauleiter eine Kopie dieser Lieferscheine geben. Besprechen Sie mit Ihrem Bauleiter, ob zur Ermittlung der Betongüte Probewürfel angefertigt werden müssen.
- [ ] Achten Sie auf ausreichende Verdichtung des Betons. Bei starker Sonneneinstrahlung muss die Oberfläche regelmäßig genässt werden, um Risse zu vermeiden.
- [ ] Kontrollieren Sie die Höhe der Oberkante Bodenplatte auf Übereinstimmung mit der Werkplanung. Stimmt die Plattendicke?
- [ ] Nach Fertigstellung der Fundamente prüfen, ob die Oberkante des Fundaments in der richtigen Höhe liegt. An mehreren Stellen prüfen!

13.6 Rohbauarbeiten: Kellergeschoss

Aufgrund seines direkten Erdkontakts und der besonderen statischen Anforderungen an das Fundament ist der Keller samt Bodenplatte vollkommen anders aufgebaut, als es die Obergeschosse sind. Deshalb werden die Rohbauarbeiten getrennt betrachtet.

Die Kellerwände

Kellerwände werden aus Stein oder Beton gebaut. Gebiete mit einem hohen Grundwasserstand oder mit Setzungsgefahren können beispielsweise einen Keller aus wasserundurchlässigem Beton (WU-Beton) erforderlich machen. Bei Kellerwänden aus Stein wird unter der und auf die erste Steinlage eine **Horizontalsperre** aufgebracht. Das ist in der Regel eine bituminierte Dachpappenbahn oder Folie, um aufsteigender Feuchtigkeit den Weg zu versperren. Wichtig ist hierbei, dass die Horizontalsperre nicht nur auf der ersten Steinschicht aufliegt: Sie muss auch nach innen um diese Steinschicht herumgezogen und bis auf die Absperrschichten des Kellerbodens eingebracht werden. Nur dann kann sie wirksamen Schutz leisten. Bei Reihenhäusern muss die Trennfuge zwischen den Gebäuden besonders sorgfältig ausgeführt werden. Mängel in der Ausführung lassen sich später so gut wie nicht mehr korrigieren! Die Trennfuge sollte durchgehend von der Dachdeckung bis zu den Fundamenten ausgeführt werden und mindestens vier Zentimeter breit sein. Durch Mörtelreste in der Trennfuge kann es sonst zum Beispiel zu einer Schallbrücke zwischen den Häusern kommen.

Ringanker, Stürze und Rollladenkästen

Beim Aufmauern der Kellerwände werden gleichzeitig Tür- und Fensteröffnungen angelegt. Über Türöffnungen werden als oberer Abschluss Betonstürze gelegt, über Fensteröffnungen je nach Vorgabe ebenfalls Betonstürze oder Rollladenkästen. Sind raumhohe Fenster und Türen geplant, muss gegebenenfalls eine zusätzliche Bewehrung in der Decke über der Tür eingebracht werden.

Wenn die Kelleraußenwände aufgemauert sind, erhalten sie als oberen Abschluss einen Ringanker. Das ist ein hausumlaufendes Betonband, das auf der oberen Kante der Außenwände aufliegt, in seinem Inneren mit einer Stahlbewehrung versehen ist und so den Wänden zusätzliche statische Stabilität verleiht. Meistens übernimmt die jeweilige Geschossdecke gleichzeitig die Funktion des Ringankers. Dann sind auch raumhohe Fenster und Außentüren möglich.

Die Kelleraußenwand-Abdichtung

Die Kelleraußenwände müssen vor Erdfeuchte und ablaufendem Regenwasser gut geschützt sein. Während es sich bei den Abdichtungen der Bodenplatte um horizontale Sperrschichten handelt, werden die Wände von außen mit vertikalen Sperrschichten versehen. Vertikale Sperrschichten haben zwei Bestandteile: die eigentliche Sperrschicht direkt an der Hauswand und eine Sickerschicht vor der Abdichtung. Für die Sperrschicht wird eine gemauerte Wand in der Regel mit einem Zementmörtel verputzt und anschließend mit einem bitumengebundenen Anstrich oder einer zementgebundenen Dichtungsschlämme versehen. Kelleraußenwände aus Beton werden meist mit bituminösen Anstrichen versehen oder ebenfalls mit Dichtungsschlämmen.

13.6 Rohbauarbeiten: Kellergeschoss

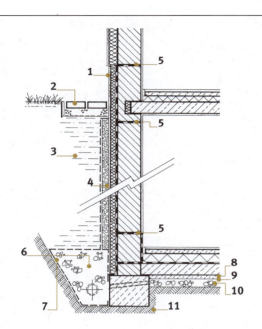

Abdichtung des Kellers
1 Im Sockelbereich Zementputz
2 Spritzschutz aus zwei Reihen Pflastersteinen im Splittbett
3 Sandiger Boden, schichtenweise verdichtet
4 Drain- sowie Dämmplatten (bei beheizten Räumen)
5 Horizontale Sperrschichten
6 Umlaufende Drainage als Kiesschüttung mit Drainrohr
7 Filtervlies
8 Sauberkeitsschicht aus Magerbeton
9 PE-Folie
10 Flächendrainage als Kiesschüttung
11 Erdreich

Wichtig ist in jedem Fall, dass die vertikalen Sperrschichten mit den horizontalen Sperrschichten gut und wasserundurchlässig verbunden werden. Auch die Hohlkehle, jener Bereich, in dem die Wände mit einem leichten Versprung nach innen auf der Bodenplatte aufsitzen, muss mit einer Abdichtungsbahn überzogen und möglichst gerundet ausgebildet werden, damit es hier nicht zu Wasserstauungen kommen kann. Vor die Kelleraußenwände wird häufig dann noch eine Kiesschüttung oder ein Filterkörper gesetzt. Sickerwasser kann so schneller in die tieferen Bodenschichten abfließen, wodurch ein Wasserstau vor den Kelleraußenwänden vermieden wird. Im Fall von drückendem Wasser müssen jedoch – je nach Situation – sehr viel aufwendigere Abdichtungsmaßnahmen ergriffen werden.

Die Kellerfensterschächte

Heutzutage sind die meisten Kellerfensterschächte Fertigbauteile aus Kunststoff, die komplett inklusive Abdeckrost auf die Baustelle geliefert und direkt an die abgedichteten Kelleraußenwände montiert werden. Wichtig ist hierbei, dass bei der Montage die bereits fertiggestellten Schutzschichten der Kelleraußenwand nicht beschädigt werden. Wohnraumkellerfenster benötigen andere Planungen. Häufig wird in diesem Bereich eine Modellierung des Außengeländes vorgenommen, um größere Geländeabsenkungen vor dem Fenster zu erreichen.

Die Kellerdecke

Die Kellerdecke unterscheidet sich nicht wesentlich von den anderen Decken des Hauses. Mitunter ist sie einfach stärker gedämmt als die anderen Decken, nämlich dann, wenn der Keller kein Wohnkeller ist und nicht gedämmt wird. Häufig werden Decken aus einer Kombination von Betonfertigteilen und Ortbeton hergestellt. Die Fertigteile sind relativ dünne Betonplatten, aus denen nach oben hin Gitterträger aus Metall herausragen. Auf diese Gitterträger wird dann vor Ort noch eine weitere Metallbewehrung aufgelegt, zumeist aus Gittermatten. Diese Bewehrung muss vor der Betonierung vom Statiker abgenommen werden. Schließlich wird der gelieferte Frischbeton (Ortbeton) auf die vorgefertigten Decken gegossen. Betondecken sollten nicht vollflächig auf der Kellerwandoberkante der Außenwände aufliegen, sondern an den Rändern gedämmt werden, um Wärmebrücken und Rissbildungen an den Stirnseiten zu vermeiden. Soweit Betondecken komplett vor Ort gefertigt werden, muss zunächst eine Unterschalung erstellt werden. Werden die Decken bei heißem Wetter betoniert, sollte der Beton für die gesamte Dauer des Abbindungsprozesses gut feucht gehalten werden, um bleibende Schäden wie Rissbildungen zu vermeiden. Bei Temperaturen unter 5 °C kann es ebenfalls zu Problemen kommen.

13 Checklisten für alle Gewerke

Checkliste: Rohbauarbeiten – Kellergeschoss (Beachten Sie zusätzlich die Rohbau-Prüfpunkte für die Obergeschosse; → Seite 285)

✓	erledigt am	
☐	_____	Werden die Kelleraußenwände gemauert, muss eine Absperrung gegen aufsteigende Feuchtigkeit vorgesehen werden (jeweils ein Sperrpappestreifen im Mauerwerk, etwa 15 Zentimeter über der Kellersohle, und eine Steinschicht unter der Kellerdecke sowie 30 Zentimeter über Gelände; bei Betonwänden keine Pappe zwischen Bodenplatte und Kellerwand; Sperrpappestreifen dann im Erdgeschoss verlegen).
☐	_____	Haustrennwände beispielsweise von Reihenhäusern müssen auch im Kellergeschoss durch eine Fuge getrennt werden (Schallschutz). Das fugenlose Einstellen der Schallschutzmatten muss kontrolliert werden.
☐	_____	Wenn bei beheizten Räumen im Keller die Dämmung direkt unter dem Estrich liegt, sollte die erste Steinreihe der Zwischenwände einen besseren Dämmwert haben als die darüberliegenden Steine.
☐	_____	Vor der Abdichtung der Kelleraußenwand alle Drahtenden, Betonnester und losen Teile entfernen. Die Verarbeitungsrichtlinien des Herstellers sind genau zu beachten.
☐	_____	Vor Ausführung der Abdichtung der Kelleraußenwand muss der Übergang von Bodenplatte und Wand mit einer Hohlkehle versehen werden.
☐	_____	Die Abdichtung der Wandflächen gegen seitliche Feuchtigkeit sollte etwa 30 Zentimeter über die Geländeoberfläche hinausführen.
☐	_____	Die Rohrdurchführungen für die Hausanschlüsse und die Abwasserleitung müssen sorgfältig abgedichtet werden. Dafür gibt es spezielle Dichtungssätze.
☐	_____	Kellerlichtschächte sollten generell eine Einbruchsicherung haben.
☐	_____	Die Höhe des Lichtschachts ist so zu wählen, dass zwischen Unterkante Kellerfenster und Lichtschachtboden mindestens 15 Zentimeter Abstand bleiben.
☐	_____	Nach Montage der Lichtschächte ist zu kontrollieren, ob die Abdichtung der Kelleraußenwand beschädigt wurde.
☐	_____	Bei Ausführung einer Drainage muss diese vor der Verfüllung des Arbeitsraums vom Bauleiter kontrolliert werden (→ Checkliste „Drainage", Seite 282).
☐	_____	Zusätzliche Fundamente am Haus (Eingangstreppe usw.) sollten erst nach der Abdichtung der Kellerwände hergestellt werden und sind mit Fuge zur Abdichtung auszuführen.
☐	_____	Vor dem Verfüllen des Arbeitsraums müssen Schutt und Bauabfälle entfernt werden.
☐	_____	Wird eine konventionelle Heizungsanlage im Keller aufgestellt, müssen die Zu- und Abluftöffnungen ausreichend dimensioniert sein. Eventuelle Heizraumvorschriften beachten.
☐	_____	Überprüfen Sie, ob die Querschnitte von Rauchzügen und Lüftern mit den Vorgaben des Fachingenieurs übereinstimmen.
☐	_____	Im Schornstein dürfen keine Dübel, Mauerhaken, Bandeisen usw. befestigt werden. Der Schornstein darf nicht für Leitungen geschlitzt werden.
☐	_____	Reinigungsöffnung im Schornstein so hoch einbauen, dass ein Eimer darunter passt.
☐	_____	Brennbare Bauteile müssen mindestens 50 Zentimeter entfernt von der Reinigungsöffnung angebracht werden.

Checkliste: Rohbauarbeiten – Kellergeschoss (Fortsetzung)

- [ ] [ ] Die Außenflächen von Schornsteinen müssen mindestens fünf Zentimeter von Konstruktionshölzern, Balken usw. entfernt sein, bei dünnwandigen Abgasschornsteinen zehn Zentimeter.
- [ ] [ ] Einbau und Höhe der Rauchrohranschlüsse beim Aufmauern mit berücksichtigen.
- [ ] [ ] An der Durchtrittsstelle zwischen Massivdecke und Schornsteinmauerwerk müssen Trennstreifen eingelegt werden.
- [ ] [ ] Fußbodenbeläge, Sockelleisten usw. müssen mindestens einen Zentimeter vom Schornstein entfernt sein.

13.7 Drainage

Bei vielen Feuchtigkeitsschäden in Kellern wird im Nachhinein eine mangelhaft ausgeführte Drainage festgestellt. Die Sanierung ist meist nur durch Freilegen der Kellerwände bis zur Sohle möglich und dadurch sehr teuer. Kragen im Erdgeschoss Gebäudeteile aus und stehen über der Drainageleitung, zum Beispiel eine betonierte Terrasse, wird die Sanierung noch aufwendiger.

Die Aufgabe der Drainage ist es, Sickerwasser vom Gebäude weg zu einer Sickergrube zu führen, wo es durch Kieslagen in tiefer liegende Bodenschichten versickern kann. In Höhe der Bodenplatte wird daher umlaufend ein gelochtes Kunststoffrohr in einer Kiespackung verlegt. Ein Filtervlies umgibt die Kiespackung vollständig und schützt diese vor Verunreinigungen durch das Erdreich. Die vor der Kellerabdichtung liegende Sickerplatte mündet ebenfalls in das Kiespaket. An jeder Gebäudeecke befinden sich kleine Kontrollschächte oder Reinigungsöffnungen zur Überprüfung und gegebenenfalls Reinigung der Drainageleitung (→ Grafik, Seite 279).

Wird das Gebäude nicht auf einer einheitlichen Bodenplatte gegründet, sondern auf Fundamentstreifen unter den Kellerwänden, sollten die unter dem Haus

liegenden Bereiche mit Fundamentdurchführungen ebenfalls mit der Drainage verbunden werden. Der restliche Arbeitsraum sollte mit versickerungsfähigem Material verfüllt werden, damit sich möglichst wenig Nässe vor der Kelleraußenwand stauen kann.

Bevor der Arbeitsraum verfüllt wird, sollten Sie sich unbedingt vom Bauleiter die ordnungsgemäße Ausführung der Drainage schriftlich bestätigen lassen. Zusätzlich sollten die Arbeiten durch Fotos dokumentiert werden.

Checkliste: Drainage

✓ erledigt am

- [ ] Besprechen Sie die Ausführung mit Ihrem Bauleiter, und lassen Sie Detailpläne anfertigen, nach denen der Unternehmer arbeiten muss.
- [ ] Drainageleitungen müssen ins Gefälle gelegt werden, mindestens eineinhalb Prozent.
- [ ] Die Leitungen dürfen nicht unter der Unterkante des Fundaments liegen.
- [ ] An den Gebäudeecken sind Reinigungsöffnungen vorzusehen.
- [ ] Vor der Verfüllung des Arbeitsraums die Ausführung vom Bauleiter abnehmen lassen.
- [ ] Zur Verfüllung geeignete, wasserdurchlässige Materialien verwenden. Vom Bauleiter abnehmen lassen!

13.8 Rohbauarbeiten: Obergeschosse

Bei den Außenwänden des Erdgeschosses und der Obergeschosse wird im Einfamilienhausbau kaum Beton verwendet. Feuchteschutzmaßnahmen der Außenwände sind hier nicht in derselben Weise wie im Kellergeschoss erforderlich. Dafür hat man es hier in der Regel mit innen oder außen liegenden Wand-Wärmedämmsystemen zu tun.

Wände

Man unterscheidet zwischen einschaligen und mehrschaligen Wandaufbauten.

Einschalige Außenwände sind meist 24 Zentimeter stark, erhalten dann aber später noch einen Wärmeschutz durch ein Wärmedämmverbundsystem. Oder aber sie sind gleich 36,5 Zentimeter stark, weil erst bei dieser Dicke ein guter Wärmeschutz erreicht werden kann. Sehr häufig werden dann großporige Hohlblocksteine verwendet, da sie die besten Wärmedämmeigenschaften mitbringen. Mittlerweile werden auch Steine mit bereits eingebrachter Kerndämmung verbaut. Einige Steinsysteme werden zudem nicht mehr vermörtelt, sondern nur noch ineinandergesteckt, mindestens im Bereich der Stoßfugen. Bei einschaligen Wänden kommt zur besseren Wärmedämmung oft noch ein außen liegender Vollwärmeschutz zum Einsatz (⟶ Seite 305).

Beim **mehrschaligen Aufbau** kann zwischen den Schalen entweder eine Kerndämmung oder ein Luftpolster angeordnet sein. In letzterem Fall handelt es sich um ein hinterlüftetes Mauerwerk. Dabei müssen unten und oben in der vorgemauerten Außenwand offene Stoßfugen als Lüftungsschlitze angelegt werden. Die innere der beiden Wände übernimmt die statisch tragende Wirkung, während die äußere Wand durch Drahtanker mit der Innenwand verbunden wird. Wenn die Außenschale in Sichtmauerwerk ausgeführt wird, müssen die verwendeten Steine frostbeständig sein (Verblendmauerwerk). Die Wände werden zunächst gemäß den Grundrissplänen mit einer Steinreihe angelegt. So kann festgestellt werden, ob alles stimmt, und bei Bedarf korrigiert werden, bevor nach oben aufgemauert wird.

Ringanker, Stürze und Rollladenkästen

Die Geschossdecken übernehmen in den Obergeschossen in der Regel die Funktion des Ringankers. Die Fenster- und Türstürze werden häufig direkt als Betonfertigteile in die entsprechenden Auflager der Wandaufmauerungen eingefügt. Beim Einsatz von Rollladenkästen werden diese oft statt der Stürze direkt unter die Geschossdecke gesetzt. Über dem Fenster sitzende Rollladenkästen sind trotz Dämmung Wärmebrücken. Eine Alternative sind Rollladenkästen, die außen vor der Fassade montiert werden. Diese sind aber ästhetisch mehr als fragwürdig. Bei raumhohen Fenstern, bei denen unterhalb der Decke kein Platz für einen Rollladenkasten bleibt, muss dieser unauffällig auf Höhe der Geschossdecke über dem Fenster eingefügt werden, ohne dass das sichtbar wird. Eine gute Detailplanung schafft das problemlos. Werden alternativ zu Rollläden Außenjalousien gesetzt, kann mit deren Kästen ebenso verfahren werden.

Decken

Die Betondecken der Obergeschosse werden entweder aus einer Kombination von Betonfertigteilen und Ortbeton hergestellt oder komplett vor Ort gefertigt. Herrschen beim Betonieren hohe Außentemperaturen, sollte der Beton für die gesamte Dauer des Abbindeprozesses gut feucht gehalten werden, um bleibende Schäden wie Rissbildungen zu vermeiden. Bei Temperaturen unter 5 °C sollte nicht betoniert werden.

Treppen

Der Schalungsaufwand für Treppen, vor allem für gewendelte Treppen, ist sehr hoch. Mit vorgefertigten

> **Tipp**
>
> **Lassen Sie sich die Konstruktionspläne einer gewendelten Treppe** unbedingt im Detail vorlegen! Legen Sie diese Pläne ruhig auch einmal einem Treppenbaubetrieb mit der Bitte um Gegenprüfung vor.

Elementen lässt sich in der Regel Geld sparen. Wenn Treppen im Zuge des Rohbaus massiv gebaut werden, sollten Sie auf folgende Dinge unbedingt achten:

› **Steigungsverhältnis**: Ein typisches Steigungsverhältnis ist zum Beispiel 17/29. Das bedeutet, dass der Höhenunterschied von einer Stufe zur nächsten 17 Zentimeter beträgt und die Auftrittstiefe auf einer Stufe 29 Zentimeter. Das Steigungsverhältnis muss in fertigem Zustand bei allen Stufen eines Geschosses gleich sein. Allerdings unterscheiden sich im Rohbauzustand die erste und die letzte Stufe voneinander. Die Antrittsstufe ist höher als alle anderen, die Austrittsstufe niedriger, weil der Bodenaufbau des jeweiligen Geschosses berücksichtigt werden muss.
› **Lauflinie**: Die Lauflinie einer Treppe definiert die Linie, die ein Nutzer nimmt, wenn er die Treppe begeht. Bei Treppen mit Kurven ist aus Sicherheitsgründen streng darauf zu achten, dass diese Lauflinie keine unterschiedlichen Auftrittstiefen hat. Auch am inneren Wendelpunkt einer Treppe muss jede Stufe eine Auftrittstiefe von mindestens zehn Zentimetern haben.
› **Treppenauflager**: Treppen erhalten an den Auflagerpunkten eine Trittschalldämmung, damit sie von den Geschossdecken oder begleitenden Wänden entkoppelt sind. Hierbei handelt es sich zum Beispiel um Neoprenlager. Viele Treppen im Wohnungsbau sind heute freitragend und müssen nicht mehr in parallel verlaufenden Wänden verankert werden.

Schornsteine und Schächte

Im Wohnhausbau werden Schornsteine nicht immer zwingend benötigt. Oft können stattdessen moderne Gasheizzentralen mit Brennwerttechnik platzsparend unter dem Dach eingebaut werden. Dann genügt ein direkt installiertes, kleines Abzugsrohr. Befindet sich eine konventionelle Heizungsanlage aber im Keller, ist aus Brandschutzgründen ein normaler Kaminzug notwendig. Dieser kann allerdings auch als Edelstahlrohr außen am Haus laufen. Im modernen Wohnhausbau hat man es in der Regel mit einfach belegten einzügigen Schornsteinen zu tun: An den Schornstein mit einem Rohr ist eine konventionelle Heizungsanlage angeschlossen. Die Schornsteine müssen eine gewisse Höhe und einen bestimmten Durchmesser beziehungsweise Querschnitt haben, um Rauchgase wirksam abführen zu können. Runde Abluftschächte ermöglichen es den Abgasen, wirbelfrei aufzusteigen. Quadratische Abluftschächte können in den Ecken Verwirbelungen erzeugen, die zu Ablagerungen führen. Bei den Abmessungen der lichten Schachtöffnungen hat man sich streng nach den zum Einsatz kommenden Brennstoffen (Holz, Gas, Kohle oder Öl usw.) sowie nach den einschlägigen Vorschriften zu richten. Schalten Sie in jedem Fall rechtzeitig Ihren zuständigen Bezirksschornsteinfegermeister ein. Schornsteine sind am Fuß mit einer Reinigungsöffnung zu versehen und müssen gemäß DIN 18160-1 einen Mindestabstand von fünf Zentimetern zu umliegenden brennbaren oder entflammbaren Stoffen haben. Schornsteine aus Formstücken müssen von angrenzenden Bauteilen getrennt sein. Die Durchstoßpunkte durch Decken müssen äußerst sorgfältig ausgeführt werden. Bei Massivdecken sind hier zum Beispiel Verwahrungen (Abgrenzungen aus nicht brennbaren Materialien) aus Mineralfaserplatten herzustellen.

Giebelwand und Kniestock

Nach oben hin wird der Hausrohbau bei geneigten Dächern stirnseitig mit der Giebelwand und längsseitig mit der Kniestockwand abgeschlossen. Beide Wände tragen später das Holztragwerk des Dachstuhls. Da diese Wände nicht durch eine aufliegende Decke ausgesteift sind, ist hier ein betonierter oberer Wandabschluss besonders wichtig – vor allem bei den Kniestockwänden, denn diese tragen die erheblichen Lasten der vom Dachfirst zur Dachtraufe laufenden Sparren. Aus welchem Material der Kniestock ausge-

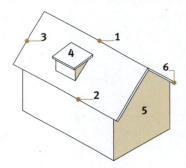

1 First, Firstlinie
2 Traufe
3 Ortgang
4 Gaube
5 Giebelwand
6 Dachüberstand

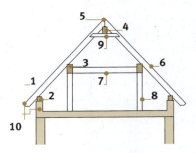

1 Dachüberstand
2 Fußpfette
3 Mittelpfette
4 Firstpfette
5 First
6 Sparren
7 Kehlbalkenlage
8 Pfosten
9 Firstlaschen
10 Kniestock

führt werden muss, bestimmt der Statiker. Die Giebelwände werden häufig stufig aufgemauert, um den Dachpfetten optimale Auflagerpunkte zu bieten. Erst später werden entstehende Zwischenräume mit Beton ausgegossen oder zugeschnittene Steine eingefügt. Wichtig ist, dass die Oberkante der Mauer etwa zehn bis 12 Zentimeter tiefer als die Oberkante der Sparren angelegt ist, damit dieser Bereich gedämmt werden kann. Die Dachpfetten müssen am Einbindepunkt in das Mauerwerk mit Bitumenpappe oder Folie gegen Feuchtigkeit geschützt werden.

Checkliste: Rohbauarbeiten – Obergeschosse

✓ erledigt am

- [ ] Wenn nicht alle Wände mit den gleichen Steinen gemauert werden, ist zu prüfen, ob das vorgesehene Material geliefert wurde. Entsprechende Angaben müssen die Werkpläne enthalten.

- [ ] Bei Temperaturen unter -3 °C darf nicht gemauert werden. Frisches Mauerwerk muss abgedeckt werden. Durch Frost beschädigtes Mauerwerk abreißen lassen.

- [ ] Bei starker Sonneneinstrahlung müssen die Steine vorgenässt werden. Frisch gemauerte Wände müssen feucht gehalten werden, damit der Mörtel abbinden kann.

- [ ] Wände und Decken zwischen beheizten und unbeheizten Räumen müssen gedämmt werden (auch zwischen beheizten und unbeheizten Kellerräumen). Anhand der Lieferscheine prüfen, ob die Dämmung den Vorgaben entspricht (Dicke, Material, Wärmeleitfähigkeitsgruppe).

- [ ] Kontrollieren Sie regelmäßig mit einer großen Wasserwaage, ob Ecken, Türlaibungen, Wände, Pfeilervorlagen sowie der Schornstein senkrecht gemauert sind. Durch Messen der Raumdiagonalen können Sie feststellen, ob die Wände rechtwinklig zueinander stehen.

- [ ] Prüfen Sie durch Vergleich mit den Werkplänen, ob alle Wandschlitze und Wanddurchbrüche vorhanden sind, sowie deren Lage und Größe.

- [ ] Prüfen Sie durch Vergleich mit den Werkplänen, ob die Wände in den vorgeschriebenen Dicken gemauert wurden.

- [ ] Vergleichen Sie regelmäßig alle Maße wie Wandlängen, Öffnungsmaße, Anschläge, Raumhöhen, Brüstungshöhen, Sturzhöhen, Lage von Fenstern und Türen, Deckendurchbrüche auf Übereinstimmung mit der Werkplanung.

- [ ] Alle tragenden Wände werden raumhoch gemauert. Alle nicht tragenden Wände werden bis auf die letzte Steinschicht gemauert, damit sie beim Betonieren der Decke nicht belastet werden.

- [ ] Stoßen Wände aneinander, müssen sie miteinander verzahnt oder Maueranker müssen eingebaut werden. Schlechte Wandverbindungen führen zu Rissbildung und Putzschäden.

- [ ] Giebel- und Zwischenwände im Dachgeschoss müssen auf der Oberseite (beim Anschluss an das Dach) gedämmt werden.

- [ ] Oberste Geschossdecken unter nicht begehbaren Dachräumen müssen wärmegedämmt werden.

- [ ] Haustrennwände bei Doppel- und Reihenhäusern müssen besonders sorgfältig hergestellt werden (Vermeidung von Schallbrücken). Die Fugen zwischen den Haustrennwänden müssen vollflächig mit Dämmung gefüllt werden.

- [ ] Brandwände und Haustrennwände müssen bis unmittelbar unter die Dachhaut geführt werden. Lassen Sie sich ein Ausführungsdetail zeigen, an dem Sie die Ausführung der Wärmedämmmaßnahmen in diesem Bereich sehen können.

- [ ] Schlitze und Durchbrüche erst schließen lassen, wenn die Installation der Haustechnik abgeschlossen und freigegeben wurde.

- [ ] Fensterbrüstungen müssen in einem Arbeitsgang mit dem Außenmauerwerk erstellt und dürfen nicht nachträglich aufgemauert werden (Gefahr der Rissbildung).

- [ ] Unter Fensterbänken muss eine Folie als Feuchtigkeitssperre eingebaut werden.

- [ ] Rollladenkästen müssen in wärmegedämmter Ausführung eingebaut werden. Vergleichen Sie mit den Werkplänen, ob die Gurtwicklerkästen auf der richtigen Seite eingebaut wurden.

Checkliste: Rohbauarbeiten – Obergeschosse (Fortsetzung)

- [ ] Lassen Sie nach dem Einschalen der Decke die Raumhöhe prüfen. Lassen Sie vor dem Betonieren vom Statiker oder Bauleiter prüfen, ob die Bewehrung ordnungsgemäß verlegt und ob alle Durchbrüche angelegt wurden.
- [ ] Zwischen der Oberseite des Mauerwerks und der Betondecke muss vor dem Betonieren eine Folie als Gleitlager ausgelegt werden.
- [ ] Werden im darüber liegenden Geschoss Stahlbetonstützen betoniert, müssen an diesen Stellen Anschlusseisen aus der Decke ragen.
- [ ] Bei der Ausführung von Sicht- oder Verblendmauerwerk müssen die Fugen vorn beim Aufmauern etwa eineinhalb Zentimeter ausgekratzt werden, damit ausreichend Platz für das spätere Verfugen mit Fugenmörtel bleibt. Vor dem Verfugen vornässen, auf steinbündiges Mauern achten!
- [ ] Bei Verblendmauerwerk kontrollieren, ob Dehnungsfugen vorgesehen wurden, und deren Lage mit dem Bauleiter besprechen.
- [ ] Bei Verblendmauerwerk müssen unten in der ersten Steinreihe offene Stoßfugen als Entwässerungsöffnung angelegt werden. Bei Wandaufbau mit Luftschicht untere und obere Lüftungsöffnungen anlegen, auch unter Brüstungen und über Stürzen.
- [ ] Ab sieben Zentimetern Schalenabstand ist das Verblendmauerwerk mit nicht rostenden Drahtankern zu verbinden.
- [ ] Vor dem Einsetzen der Innenfensterbänke unter den Fenstern etwa zwei Zentimeter dämmen, um Wärmebrücken zwischen Außen- und Innenfensterbank zu vermeiden.
- [ ] Werden Pfeiler nur in der zulässigen Mindestbreite ausgeführt, sind keine Aussparungen oder Schlitze zulässig (Steckdosen, Gurtroller). Sind solche Aussparungen notwendig, dann muss die Ausführung des Pfeilers in Stahlbeton erfolgen. Besprechen Sie diesen Punkt mit Ihrem Bauleiter.
- [ ] Besprechen Sie mit dem Bezirksschornsteinfegermeister, wie der Schornsteinkopf ausgebildet werden muss und wie der Zugang zum Reinigen des Kamins ermöglicht werden soll.
- [ ] Sparrenköpfe in Brandwänden sind, soweit überhaupt zulässig, mit Metall zu schützen.
- [ ] Binden Holzstützen des Dachtragwerks in das Mauerwerk ein, sind sie vorher mit Bitumenpappe zu umwickeln. Vor dem Verputzen mit Ölpapier überdecken und mit Streckmetall überspannen.

13.9 Zimmererarbeiten

Zum Rohbau gehört auch das Dachtragwerk, gemeinhin als Dachstuhl bekannt. Bei geneigten Dächern handelt es sich fast immer um ein Holztragwerk, das später die Dachhaut inklusive der Dachdeckung trägt. Nachdem der Rohbauunternehmer sämtliche notwendigen Auflager für den Dachstuhl hergestellt hat, macht der Zimmermann vor Ort ein Aufmaß und bestellt die notwendigen Holzmengen. Die genauen Sparrenlängen und Dachüberstände an Traufe und Ortgang sollten spätestens jetzt mit dem Dachdecker abgestimmt werden. Der gesamte Dachstuhl wird vom Zimmermann im Betrieb vorbereitet, alle Holzteile sind vor der Anlieferung auf die Baustelle zugeschnitten, bei Bedarf gehobelt und mit Holzschutz versehen. Je sorgfältiger der Zimmermann gearbeitet hat, desto weniger muss vor Ort angepasst und nachgeschnitten werden. Kontrollieren Sie, ob alle nachträglich hergestellten Schnitte mit Holzschutzmittel behandelt wurden, wenn das gewünscht und geplant war. Da die Mittelpfetten durchaus 30 Zentimeter hoch und 20 Zentimeter breit sein können, werden sie vom Zimmermann an den Enden profiliert und verjüngt. Bei manchen Dachkonstruktionen ragen sie auch gar nicht mehr über die Hauswand hinaus, sondern dort wird nur noch ein sehr leicht wirkender ungedämmter Dachüberstand gebaut. Manchmal werden die Dachpfetten auch nicht in die Sparren eingeschnitten, sondern leicht geneigt auf die Sparren gelegt. Das kann sehr leicht und schön aussehen (→ Bild Seite 195). Klobige, wulstige Dachüberstände sehen meist nicht schön aus, manchmal erdrücken sie das Haus förmlich unter sich.

Auf der Baustelle wird der Dachstuhl meist innerhalb eines Tages aufgerichtet. Alle Sparren müssen in einer Flucht liegen. Sie können das kontrollieren, indem Sie vom einen Giebel aus mit dem Auge knapp über der Oberseite der Sparren zum anderen Giebel peilen. Bei erheblichen Unterschieden entstehen später Wellen in der Dachdeckung. Wird der Dachüberstand mit gestrichenen Nut- und Federbrettern verschalt, ist es ganz wichtig, dass die Nuten und Federn der Bretter vorgestrichen werden. Sie werden sonst im Lauf der Zeit unschöne Streifen mit unbehandeltem Holz sehen, da das Holz arbeitet, das heißt, sich zusammenzieht und ausdehnt.

Wenn der Dachstuhl steht, haben Sie einen Meilenstein des Bauprozesses erreicht: Ihr Rohbau ist fertig erstellt, und Sie können Richtfest feiern.

Tipp

Klären Sie vorab, ob die Hölzer mit teilweise erheblichen Längen problemlos bis an die Baustelle transportiert werden können.

Hölzer, die beim Hausbau am häufigsten verwendet werden

	Sehr weiches Holz	Weiches Holz	Hartes Holz	Sehr hartes Holz
Nadelhölzer		Fichte Kiefer Lärche Tanne		
Laubhölzer	Pappel	Linde	Ahorn Birke Eiche Esche Rotbuche	Weißbuche

Checkliste: Zimmererarbeiten

✓ erledigt am

☐ ☐ Prüfen Sie bei der Anlieferung, ob Holzart, Oberflächenqualität (sägerau oder gehobelt) und Verarbeitung (lackiert, lasiert, Holzschutz usw.) stimmen. Lassen Sie sich bei Anlieferung das Zertifikat über die Art des Holzschutzes geben.

☐ ☐ Wird der Holzschutz bei Regen ausgewaschen (farbige Lachen auf der obersten Geschossdecke), verlangen Sie Nachbesserung durch Nachstreichen oder Nachspritzen.

☐ ☐ Kontrollieren Sie, ob die Holzquerschnitte mit den statischen Vorgaben in den Plänen des Statikers übereinstimmen.

☐ ☐ Die Kniestockhöhen müssen vor Ausführung der Zimmererarbeiten kontrolliert werden.

☐ ☐ Die Auflagerhöhen für Mittelpfette und Firstpfette müssen kontrolliert werden.

☐ ☐ Die genauen Sparrenlängen und Dachüberstände an Traufe und Ortgang müssen mit dem Dachdecker entsprechend der Größe der Dachpfannen abgestimmt werden.

☐ ☐ Der Dachstuhl muss fluchtgerecht ausgeführt werden (Firstlinie parallel zur Außenwand).

☐ ☐ Der Mindestabstand von Balken und Wechseln zum Schornstein beträgt fünf Zentimeter.

☐ ☐ Sind Antennen- und Satelliten-Empfangsanlagen auf dem Dach geplant, sollten im Dachstuhl Befestigungsmöglichkeiten vorgesehen werden. Bei Bedarf zusätzliche Konstruktionshölzer anbringen lassen.

☐ ☐ Die Ausführung der Kehlen muss zwischen dem Zimmermann und dem Klempner im Detail abgestimmt werden.

☐ ☐ Grundsätzlich sollten rostfreie Nägel aus Edelstahl verwendet werden. Verzinkte Nägel rosten, weil die Verzinkung durch den Hammerschlag beschädigt wird.

☐ ☐ Alle Metallteile müssen gegen Korrosion geschützt sein.

☐ ☐ Kontrollieren Sie, ob alle Holzverbindungen ordnungsgemäß eingebaut, alle Bolzen stramm angezogen und alle Ankerbolzen einbetoniert wurden.

☐ ☐ Die Länge der Nägel richtet sich nach der Statik. Um ein Herausschieben der Nägel durch Quellen und Schwinden des Holzes zu vermeiden, müssen die Nägel mindestens doppelt so lang sein wie die zu befestigenden Latten, gegebenenfalls auch Rispennägel.

☐ ☐ Kontrollieren Sie, ob die Schalung der Dachüberstände den Vorgaben der Leistungsbeschreibung entspricht (Material, Dicke, Oberflächenbehandlung). Die Befestigung erfolgt auf jedem Auflager mit mindestens zwei Nägeln.

☐ ☐ Es dürfen keine Schalbretter verwendet werden, die Astlöcher von mehr als zwei Zentimetern Durchmesser haben.

☐ ☐ Bei Verwendung von Spanplatten als Dachschalung vom Unternehmer den Nachweis über die Zulässigkeit des Materials geben lassen (zum Beispiel Verwendung von Spanplatten V 100 G).

☐ ☐ Nur getrocknetes und abgelagertes Bauholz verwenden. Dies gilt insbesondere für Verschalungen. Die relative Feuchte sollte bei maximal 12 bis 14 Prozent liegen. Lassen Sie sich das vom Lieferanten bestätigen.

13.10 Dachdeckerarbeiten: Steildach

Die Dachhaut bildet den oberen Abschluss eines Dachs. Sie muss vor allem der Witterung gut standhalten und Schaden von den unter ihr liegenden, empfindlicheren Dachschichten abhalten. Auf Durchstoßpunkte durch die Dachhaut müssen Sie besonders achten, denn hier wird die Dachhaut absichtlich verletzt und muss so gut wie möglich wieder angearbeitet werden.

Die häufigsten **Durchstoßpunkte** sind:
› Antennen,
› Entlüftungsanlagen (WC),
› Schornsteine,
› Photovoltaikanlagen,
› Oberlichter.

Die **Dachdeckung** kann aus vielen Materialien bestehen:
› Tondachziegeln,
› Betondachsteinen,
› Flachziegeln,
› Schiefer,
› verfalzten Blechen,
› Wellblechen,
› profilierten Tafeln.

Letztlich haben Sie die freie Wahl, sofern der Bebauungsplan keine Einschränkungen vorsieht. Allerdings gibt es gute Gründe, sich die Art der Deckung genau zu überlegen. Die Dachdeckung sollte sich nicht nur harmonisch in die Umgebung einfügen, die Entscheidung sollte auch unter ökonomischen Gesichtspunkten fallen. Schieferdachdeckungen sind teuer, dafür aber sehr haltbar. Auch Tondachziegel haben sich über viele Jahrhunderte bewährt. Sie können in den unterschiedlichsten Verlegarten geordert werden, zum Beispiel als Biberschwanzziegel, als Hohlpfannendeckung oder als „Mönch- und Nonnendeckung". Im Fall von Reparaturen sind Tondachziegel einfach und schnell auszutauschen. Gleiches gilt für Betondachsteine. Verzinkte Stahlbleche zum Beispiel haben nicht die Haltbarkeit von Tondachziegeln. Optisch angenehm sind Flachziegel, die eine sehr geringe Aufbauhöhe haben. Sie nehmen dem Dach Schwere und Wucht und lassen es sehr viel leichter wirken als die klassischen, schweren Dachziegeldeckungen. Falls Sie eine Dachdeckung mit Betondachsteinen oder Tonziegeln geplant haben, werden auf den Dachstuhl Unterspannbahn, Lattung und die Dachdeckung aufgebracht, damit die Holzkonstruktion des Dachstuhls zügig vor Regen geschützt ist. Die Sparrenlängen und der Lattenabstand müssen auf den jeweiligen Ziegeltyp abgestimmt sein, damit die Überdeckungen der einzelnen Ziegel gewährleistet sind. Wenn das Dachgeschoss nicht ausgebaut und nicht beheizt wird, kann auf eine Dämmung und Verkleidung von innen verzichtet werden. Die Unterspannbahn verhindert, dass Regenwasser bei einem beschädigten Ziegel in das Haus dringt und eine vorhandene Dämmung durchfeuchtet. Zum anderen ist sie durchlässig für Wasserdampf und gewährleistet so, dass gedämmte Dachstühle trocken bleiben. Die meisten Dachgeschosse werden heute für Wohnzwecke genutzt, sodass zusätzlich gedämmt wird. Ein ausgebautes Dach muss dabei insbesondere vor den bauphysikalischen Problemen der Wasserdampfdiffusion geschützt werden. Durch das Heizen und Bewohnen entsteht Was-

13 Checklisten für alle Gewerke

Checkliste: Dachdeckerarbeiten – Steildach

✓ erledigt am

- [ ] Prüfen Sie, ob es behördliche Auflagen zum Dachüberstand gibt.
- [ ] Prüfen Sie, ob im Bebauungsplan für die Dachdeckung ein bestimmtes Material oder eine bestimmte Farbgebung vorgeschrieben wird.
- [ ] Falls vertraglich nichts anderes vereinbart wurde, sollten Sie bei Ziegeldeckung nur Ziegel erster Wahl benutzen.
- [ ] Lassen Sie sich ausreichend Reservepfannen liefern, auch von den Sondersteinen am First und Ortgang (Sondersteine je etwa fünf bis sechs Stück, Reservepfannen etwa 20 bis 25 Stück).
- [ ] Alle Befestigungsmittel, Schneefanggitter, Dachhaken, Sturmklammern, Nägel usw., müssen korrosionsgeschützt sein.
- [ ] An Ortgang, First und Grat sollten zusätzlich Sturmsicherungen angebracht werden.
- [ ] Bei flach geneigten Dächern sollten die Ziegel zusätzlich gesichert werden.
- [ ] Von der Traufe bis zum First muss für genügend Belüftung des Dachstuhls gesorgt sein. Achten Sie darauf, dass ausreichend Lüftungsziegel eingebaut werden, wenn die Dachkonstruktion das erfordert.
- [ ] Die Lüftungsöffnungen müssen mit Lüftungsgittern versehen werden, damit keine Insekten eindringen können.
- [ ] Wenn an der Außenwand im Ortgangbereich noch Bekleidungen, Putze oder Bleche angebracht werden, muss der Überstand der Ortgangziegel darauf abgestimmt sein.
- [ ] Prüfen Sie, wie die Firste und Grate befestigt wurden (trocken oder im Mörtelbett). Lassen Sie sich bei trockener Verlegung die Herstellervorschrift zeigen und kontrollieren Sie die Ausführung.
- [ ] Achten Sie auf ordnungsgemäßen Einbau der Unterspannbahn. Die einzelnen Bahnen müssen etwa 15 Zentimeter überlappen. Lassen Sie diffusionsoffene Unterspannbahnen einbauen.
- [ ] Die letzte Bahn soll ungefähr 15 Zentimeter unterhalb des Firsts enden, damit das Dach ausreichend entlüften kann.
- [ ] Achten Sie darauf, dass die Unterspannbahn unbeschädigt ist.
- [ ] Die Unterspannbahn soll in die Dachrinne entwässern. Achten Sie besonders auf die sorgfältige Ausführung des Traufbereichs.
- [ ] Die Dachrinnen müssen von Pfannenresten gesäubert werden, wenn sie vorher montiert wurden.

serdampf, der nicht in die Dämmung gelangen darf, weil es sonst zu einer Durchfeuchtung der Dämmung käme. Gleichzeitig muss Feuchtigkeit, die dennoch in die Dämmung gelangt, nach außen hin verdunsten können. Aus diesen Gründen wird zwischen dem Innenraum und der Dämmung als Dampfbremse eine Folie eingebaut, die das Eindringen von Wasserdampf in die Dämmung verhindert. Es muss sehr genau darauf geachtet werden, dass diese Folie unbeschädigt ist. Risse oder Schnitte müssen sorgfältig abgeklebt werden. Auch die Anschlüsse an die Giebelwände, Dachflächenfenster oder Rohrdurchführungen sind mögliche Leckagen, die erhebliche Feuchtigkeitsschäden verursachen können. Im Unterkapitel „13.27 Trockenbauarbeiten" (→ Seite 333) wird genauer darauf eingegangen.

Belüftete Dächer (Kaltdächer), eigentlich hinterlüftete Dächer, haben unter der Dachhaut einen Luftzwischenraum, der eine Hinterlüftung der Dachhaut erlaubt. Der Lufteintritt erfolgt hier über die Traufe, der Austritt über den First (Lüftungsziegel). In der DIN 4108 werden die Mindestquerschnitte der Lufteintrittsöffnungen pro laufendem Meter Trauflänge festgelegt. Häufig sind Dächer von innen nach außen so aufgebaut: Verkleidung mit Gipskartonplatten oder Holz, Dampfsperre, Wärmedämmschicht zwischen den Sparren, Unterspannbahn, Konterlattung, Lattung und schließlich die Dachhaut.

Unbelüftete Dächer (Warmdächer) werden vorwiegend bei Flachdächern gebaut, kommen aber auch bei geneigten Dächern zum Einsatz. Bei ihnen gibt es keine Luftschicht im Dachaufbau. Typische Beispiele für den Aufbau unterschiedlicher Dacharten finden Sie auf Seite 293. Die Eindichtungen der Durchstoßpunkte werden häufig vom Klempner (in Süddeutschland auch Blechner genannt) ausgeführt, im Nachgang zu den Dachdeckungsarbeiten. Eine ordnungsgemäße und saubere Durchführung und Kontrolle der Arbeiten ist sehr wichtig. Die Klempnerarbeiten werden im Unterkapitel 13.12 (⟶ Seite 296) besprochen.

13.11 Dachdeckerarbeiten: Flachdach

Für die tragende Unterkonstruktion wird beim Flachdach in der Regel Holz oder Beton gewählt. Beim Aufbau unterscheidet man zwischen belüfteten Dächern (Kaltdach), unbelüfteten Dächern (Warmdach) und Umkehrdächern. Belüftete und unbelüftete Dachkonstruktionen wurden bereits beschrieben (siehe oben und Abbildungen ⟶ Seite 293).

Beim **Umkehrdach** handelt es sich vom Bauprinzip her um ein Warmdach, bei dem die Wärmedämmschicht oberhalb der Dichtungsbahnen aufgebracht wird.

Darüber liegen nur noch Schutzplatten beziehungsweise eine Kiesschüttung. Die Wärmedämmung solcher Dächer darf in keinem Fall Feuchtigkeit aufnehmen und speichern können. Flachdächer sollten innerhalb der sie umgebenden Attika eine leichte Neigung haben (mindestens zwei Prozent Gefälle), entweder zu einer Seite hin oder zur Mitte, um eine bessere Wasserabführung zu gewährleisten und das Entstehen von Pfützen zu verhindern. Bei gefällelosen Flachdächern müssen gemäß den Flachdachrichtlinien zusätzliche Maßnahmen zur Abdichtung ergriffen werden, da Regenwasser lange Zeit stehenbleibt. Die Eindichtungen der Durchstoßpunkte sollten beim Flachdach vom Dachdecker gleich mit ausgeführt werden. Alle Durchstoßpunkte müssen fest mit den Dichtungsfolien des Flachdachs verschweißt werden.

Wenn auf einem Flachdach mehrere Gewerke hintereinander arbeiten, zum Beispiel zunächst der Dachdecker und dann der Blechner oder Dachgärtner, ist es besonders wichtig, die bereits verlegten Dachhäute sorgfältig auf Schäden beziehungsweise Schaden verursachende Gegenstände zu kontrollieren. Dies gilt insbesondere für die abschließenden Schutzbahnen wie zum Beispiel Schweißbahn oder Wurzelschutzbahn. Hierbei muss auch die Verklebung an jedem Punkt, vor allem aber an Dichtungsstoßpunkten und Deckeneinlässen sowie Anschlusspunkten, genau geprüft werden, auch die Überlappung an den Stoßpunkten der Dichtungsbahnen. Umherliegende Nägel oder auch kleinste Blechteile können zum Beispiel nach Aufbringung einer Kiesschüttung in die Dichtungsbahnen gedrückt werden und diese beschädigen. Schon kleinste Löcher in den Dichtungsbahnen reichen, um große Schäden zu verursachen. Gelangt Wasser in das Innere des Flachdachs, wird die Wärmedämmung in Mitleidenschaft gezogen und verliert ihre Dämmwirkung. Besonders problematisch ist in einem solchen Fall immer die Lecksuche: Durch die vielen verbauten Dichtungsbahnen und Folien tritt das Wasser meist an ganz anderen Stellen an der Unterseite eines Flachdachs aus, als es oben eindringt. Und auch wenn Sie später den Schaden finden, wer zahlt dann, wenn zum Beispiel ein vergessener Nagel der Schadenverursacher war?

Die Attika

Die Attika ist der umlaufende, höher als das Flachdach ausgebildete Dachrand. Die Attika verhindert das seitliche Ablaufen von Wasseransammlungen auf dem Flachdach und sichert die oben aufliegende Kiesel- oder Substratschicht vor Absturz oder Abwehung. Die Attika kann zum Beispiel bereits bei der Betonierung der Deckenplatte durch eine entsprechende Schalung als umlaufende, leichte Deckenerhöhung mitbetoniert werden. Sie kann aber auch nachträglich auf eine ebene Beton- oder Holzdecke aufgesetzt werden. Der obere Abschluss der Attika besteht aus einer Blechabdeckung, die ein leichtes Gefälle nach innen haben sollte, damit angesammelter Schmutz nicht bei Regen die Fassade herunterläuft und Schlieren verursacht. Nach außen müssen ein Überstand von mindestens drei Zentimetern sowie eine Tropfkante vorhanden sein.

Dachdeckungen

Am geläufigsten sind im Wohnungsbau Flachdachdeckungen aus:

> einer lose gestreuten Kiesschüttung,
> einer Dachbegrünung auf Substratschicht,
> Dichtungsbahnen ohne weitere Schutzschicht,
> Dachterrassenplatten oder –belägen.

Kiesschüttung: Kiesschüttungen auf Flachdächern bestehen normalerweise aus gewaschenem Rundkorn. Wichtig ist, dass keine spitzen Kiesel verwendet werden und dass der Durchmesser der einzelnen Kiesel 16 bis 32 Millimeter beträgt. Kiesschüttungen bieten den unter ihnen liegenden Dichtungsbahnen einen guten Schutz gegen große Hitze und Hagelschlag. Außerdem sind Kiesschüttungen bei Reparaturarbeiten relativ einfach beiseitezuräumen.

Dachbegrünung: Gründächer können dem Wasserhaushalt der Grundstücksfläche und dem Innenraumklima des Hauses einen gewissen Ausgleich bieten. Wichtig bei einem Gründach ist vor allem der Einbau einer Wurzelschutzbahn, die verhindert, dass die Pflanzenwurzeln sich in die Abdichtung bohren können. Die Wurzelschutzbahn muss überlappend verlegt werden. Man unterscheidet zwischen extensiver Dachbegrünung, bei der eine wenige Zentimeter hohe Substratschicht aufgebracht wird, und intensiver Dachbegrünung, bei der 20 bis 40 Zentimeter Erdreich aufgebracht werden. Hier können durchaus kleinere Büsche und Bäume wachsen. Lassen Sie sich in jedem Fall von Fachleuten ausführlich beraten und Referenzen zeigen, um das für Ihr Flachdach passende System zu finden.

> **Tipp**
>
> **Sorgen Sie schriftlich dafür,** dass alle beteiligten Gewerke Ihr Flachdach nur nacheinander betreten. Jedes Gewerk sollte Ihnen oder Ihrem Architekten ein Zustandsprotokoll über die einwandfrei ausgeführten Vorarbeiten und den schadenfreien Zustand des Flachdachs schriftlich abliefern. Erst dann sollte mit den jeweiligen Arbeiten begonnen werden.

13.11 Dachdeckerarbeiten: Flachdach

Belüftetes Kaltdach als Holzkonstruktion

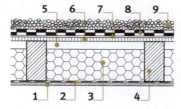

1 Verkleidung
  (z. B. Gipskartonplatten)
2 Dampfsperre
3 Wärmedämmung zwischen der Balkenlage
4 Balkenlage
5 Hinterlüftung der Dämmung
6 Dachschalung
7 Trennschicht
8 Schweißbahn
9 Oberbelag (z. B. Kieslage)

Belüftetes Kaltdach als Betonkonstruktion

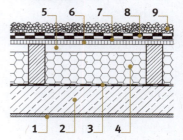

1 Innenputz
2 Betondecke
3 Dampfsperre
4 Wärmedämmung
5 Hinterlüftung
6 Dachschalung
7 Trennschicht
8 Schweißbahn
9 Oberbelag (z. B. Kieslage)

Unbelüftetes Warmdach als Holzkonstruktion

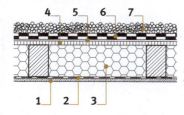

1 Verkleidung
  (z. B. Gipskartonplatten)
2 Dampfsperre
3 Wärmedämmung zwischen der Balkenlage
4 Dachschalung
  (evtl. zusätzliche Dämmung mit Gefällekeilen)
5 Trennschicht
6 Schweißbahn
7 Oberbelag (z. B. Kieslage)

Unbelüftetes Warmdach als Betonkonstruktion

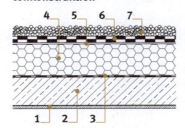

1 Innenputz
2 Betondecke
3 Dampfsperre
4 Wärmedämmung
5 Trennschicht
6 Schweißbahn
7 Oberbelag (z. B. Kieslage)

Umkehrdach als Betonkonstruktion

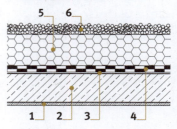

1 Innenputz
2 Betondecke
3 Trennschicht
4 Schweißbahn
5 Wärmedämmung
6 Oberbelag (z. B. Kieslage)

Dichtungsbahnen ohne weitere Schutzschicht: Es gibt viele Flachdächer, bei denen der obere Abschluss nur aus überlappend verlegten Schweißbahnen besteht. Sehr häufig ist diese Art der abschließenden Deckung vor allem bei kleinen Flachdächern wie auf Anbauten oder Garagen zu sehen. Das Problem bei solchen Ausführungen liegt darin, dass die Schweißbahn ein weiches Bauteil ist und keinen ausreichend harten Außenschutz gegen Beschädigung bietet. Hinzu kommt, dass Schweißbahnen unter Einwirkung von Hitze und direkter Bestrahlung thermoplastisch wirken, sich also verformen. Ein Dach sollte aber sowohl harte Einschläge (Hagelschlag) wie auch extreme Hitze (hochstehende Mittagssonne) unbeschadet überstehen können. Für Garagen mag diese Dichtungsart noch akzeptabel sein, für Wohngebäude ist sie es jedoch nicht.

Dachterrassen

Bei Dachterrassen, gerade auf Flachdächern, sind eine gute Planung und die sorgfältige Ausführung zwingend, sonst sind Wasserschäden programmiert. Als Gehbelag sind Platten geeignet, die auf Abstandhalter aus Kunststoff gesetzt werden, welche wiederum auf der Flachdachdichtung stehen. Verhindern Sie in jedem Fall, dass Handwerker hier mit Verschraubungen im Dach usw. arbeiten. Auch Holzdielenbeläge oder Gitterroste können Verwendung finden. Entscheidend ist nur, dass auch diese auf Abstandhaltern zum Flachdach sitzen, die die Dichtungen des Flachdachs keinesfalls verletzen oder durchstoßen. Außerdem sollte zwischen den Abstandhaltern und dem Bodenbelag der Dachterrasse ein Zwischenraum bleiben, um Wasser abführen zu können. Man kann auf Flachdächern auch einen verklebten Bodenfliesenbelag aufbringen, wenn ein geeigneter Unterbau geplant ist. Der Fliesenbelag wird allerdings bei Reparaturen zerstört, während bei lose verlegten Platten, Holzpaneelen oder Gitterrosten ein einfacher Zugriff auf das eigentliche Flachdach möglich ist. Achten Sie darauf, dass auch Geländerfüße nicht mit einer Bohrung durch die Dachdichtung montiert werden. Gegebenenfalls muss ein Geländer an der Attika montiert oder in selbsttragender Bauweise ausgeführt werden.

> **Tipp**
>
> **Da die Aufbauhöhen unterschiedlich sind,** sollte bereits in der Planungsphase die Entscheidung über die Art der Dachbegrünung fallen. Die notwendige Attikahöhe und die statische Belastbarkeit der Dachkonstruktion müssen danach ausgelegt sein.

Checkliste: Dachdeckerarbeiten – Flachdach

✓	erledigt am	
☐	☐	Besprechen Sie mit dem Unternehmer die Schichtenfolgen des Dachaufbaus.
☐	☐	Wird das Gefälle zu den Dachentwässerungsöffnungen durch Gefälle des Untergrunds erzeugt, sind die Richtung und ausreichende Neigung (zwei Prozent) zu prüfen.
☐	☐	Wird das Gefälle zu den Entwässerungsöffnungen durch Gefällekeile der Dämmung erzeugt, muss im Bereich des Einlaufs die Mindestdämmdicke vorhanden sein (etwa zehn Zentimeter) und von dort aus die Dämmschicht zu den Rändern dicker werden.
☐	☐	Es sollten mindestens zwei Einläufe oder ein Notüberlauf vorhanden sein.
☐	☐	Der Untergrund des Flachdachs muss vor dem Verlegen der Dampfsperre sorgfältig gesäubert werden.

Checkliste: Dachdeckerarbeiten – Flachdach (Fortsetzung)

☐	☐	Die sorgfältige Ausführung und Dichtigkeit der Dampfsperre unterhalb der Dämmung ist zu kontrollieren, damit die Dämmung nicht durch Kondensatbildung durchnässt wird.
☐	☐	Kontrollieren Sie anhand der Verpackungszettel und Lieferscheine, ob die Dämmung in Dicke und Wärmeleitfähigkeit den Vorgaben entspricht.
☐	☐	Die Dämmung muss passgenau und ohne Lücken verlegt werden.
☐	☐	Die Dämmung nur bei trockenem Wetter auf trockenem Untergrund verlegen.
☐	☐	Die Stöße der Dichtungsbahnen müssen sich ausreichend überdecken (etwa 15 Zentimeter), die Nähte sollten den Wasserablauf zu den Einläufen nicht behindern.
☐	☐	Bei Temperaturen um den Gefrierpunkt sollten keine Klebearbeiten ausgeführt werden.
☐	☐	Prüfen Sie, ob alle Dachdurchdringungen (Schornstein, Entlüftungsrohre usw.) sorgfältig abgeklebt wurden.
☐	☐	Kontrollieren Sie, ob nach Aufbringen der Abdichtung die Gefällerichtung zu den Einläufen vorhanden ist und ein ausreichendes Gefälle (zwei Prozent) besteht.
☐	☐	Beim Übergang zwischen Dachfläche und Attika muss ein Keil eingesetzt werden, damit die Abdichtungsbahn nicht geknickt wird.
☐	☐	Kontrollieren Sie, ob die Oberkante der Attika mindestens 15 bis 20 Zentimeter höher ist als die Oberkante der Dachabdichtung.
☐	☐	Wird eine Dachterrasse gebaut, ist darauf zu achten, dass die Belastung der Abdichtung nicht zu groß ist und die Abdichtung nicht verletzt werden kann.
☐	☐	Bei Dachbegrünung vor Auftragsvergabe den Statiker über das Begrünungssystem informieren und bestätigen lassen, dass dieser Dachaufbau bei der statischen Berechnung berücksichtigt wurde.
☐	☐	Bei Dachbegrünung von der ausführenden Firma bestätigen lassen, dass die Pflanzenauswahl auf das Begrünungssystem abgestimmt wurde.
☐	☐	Bei Dachbegrünungen muss eine Wurzelschutzbahn über der Abdichtung verlegt werden. Die einzelnen Bahnen müssen sich etwa 15 Zentimeter überlappen.
☐	☐	Kontrollieren Sie bei Kiesschüttungen anhand des Lieferscheins, ob die Körnung der Kiesschicht stimmt.
☐	☐	Kontrollieren Sie, ob die Dicke der Kiesschicht bei der statischen Berechnung berücksichtigt wurde.
☐	☐	Bei Schweißarbeiten an brennbaren Bauteilen müssen Brandschutzmaßnahmen getroffen werden, und nach Abschluss der Arbeiten muss für einige Stunden eine Feuerwache auf der Baustelle bleiben.
☐	☐	Wird die Arbeit längere Zeit unterbrochen, muss bei der Wiederaufnahme die Dachoberfläche auf Schäden untersucht werden.
☐	☐	Nach dem Ende der Arbeiten ist zu kontrollieren, ob die Dacheinläufe gereinigt wurden und ob Wasser ungehindert abfließen kann.

13.12 Klempner- oder Blechnerarbeiten

Die Klempnerarbeiten reichen von der Regenrinne bis zur Dachgaubenverkleidung. Klempner stellen zum Beispiel Verwahrungen, Eindichtungen mit Klemm- und Kappleisten, Wandanschlussbleche, Attikaverkleidungen, Ortgangbleche, Gaubeneindeckungen, Blechdacheinkleidungen und Regenrinnen her. Häufig übernimmt der Dachdecker diese Arbeiten mit. Die Metalle kommen beim Klempner oder Blechner in der Regel als Blechtafeln oder aufgerollte Blechbänder in die Werkstatt. Hier werden sie vorgearbeitet und auf der Baustelle angepasst. Häufig vorkommende Bauelemente wie Regenrinnen werden nicht extra hergestellt, sondern sind im Großhandel bereits vorgefertigt erhältlich.

Unterschiedliche Metalle dürfen niemals mit Kontakt verarbeitet werden (zum Beispiel Gaubenverkleidung aus Zink, Regenrohre der Gaube aus Kupfer), sonst besteht die Gefahr besonders aggressiver Kontaktkorrosion. Um Kontaktkorrosion zu vermeiden, müssen zwischen verschiedenen Metallen Zwischenlagen aus Kunststoff eingelegt werden. Bei Zinkarbeiten darf nur verzinktes Befestigungsmaterial, bei Kupferarbeiten nur Befestigungsmaterial aus Kupfer verwendet werden. Verwahrungen, Eindichtungen, Wandanschlüsse,

Attikaverkleidungen, Ortgang- und Kehlbleche sind die klassischen Arbeiten des Klempners bei Anpassungsarbeiten verschiedener Baustoffe und Konstruktionselemente eines Hauses. Dabei kommt es besonders auf das Herstellen von dichten Übergängen an.

› **Verwahrungen** dichten Lücken am Schnittpunkt zweier Bauteile, zum Beispiel Dachfläche und Schornstein, gegen Regenwasser ab. Eindichtungen sind zum Beispiel Metallformstücke aus Blei, die an sämtlichen Anschlusspunkten des Schrägdachfensters an die Dachfläche angepasst werden. Eindichtungen sollten durch Wassertests gut überprüft werden, bevor der kostspielige Innenausbau beginnt. Nehmen Sie einen Wasserschlauch und lassen Sie Wasser oberhalb des Dachfensters und direkt über das Dachfenster laufen, während eine Person im Gebäude unter dem Dachfenster steht und schaut, ob Wasser durchdringt.
› **Wandanschlussbleche**, auch Klemm- oder Kappleisten genannt, finden zum Beispiel beim Anschluss von Garagendächern an die Hauswand Verwendung. Auch bei Kappleisten ist es sehr wichtig, dass an keinem Punkt entlang der Anschlusslinie Wasser eindringen kann. Kappleisten gehören mit ihrem obersten Abschnitt unter Putz. Sie dürfen auf keinen Fall nur einfach oben auf den abschließenden Hausputz montiert werden. Das kann bei dahinter ziehendem Wasser zu erheblichen Schäden führen.
› **Attikaverkleidungen** bilden den oberen Abschluss von erhöhten Flachdachumrandungen. Oft wird auf die erhöhte Mauerung noch eine Holzbohle montiert, die dem abschließenden Blech als konstruktiver Unterbau dient. Wichtig bei Attikaverkleidungen ist, dass kein Regenwasser in das darunterliegende Mauerwerk oder den Beton eindringen kann. Sie müssen daher außen umlaufend mit einer Tropfkante versehen sein, die mindestens zwei Zenti-

meter von der Hausaußenwand entfernt ist. Attika- und Mauerwerkskronen-Bleche, die beim Hausbau am häufigsten verwendet werden, müssen stets mit einer Trennschicht unter dem Blech ausgeführt und absolut windfest verankert werden. Außerdem muss das Attika- oder Sockelblech auf der Innenseite einer Attika vollkommen wasserdicht mit den Dachbahnen verbunden sein.

› **Ortgangbleche** werden gebraucht, wenn herkömmliche Ortgangziegel keine Verwendung finden können, zum Beispiel bei einer sehr individuell geschnittenen Dachgeometrie ohne klaren seitlichen Abschluss des Dachs. Ortgangbleche werden entweder als Ergänzung auf Ebene der Ziegeldachhaut montiert oder seitlich darunter als Rinne.

Ein weiteres Arbeitsfeld des Klempners ist die komplette Verkleidung von Wand- und Dachflächen, zum Beispiel von Dachgauben. Bei der Blecheindeckung von Dächern unterscheidet man zwischen Falz-, Leisten- und Profilbanddächern.

› Beim **Falzdach** werden zur Dachdeckung einzelne Blechbahnen verwendet, die an den Längsseiten Stehfalze erhalten. Jeder Stehfalz wird mit dem Stehfalz des Nachbarblechs längsseitig überlappend verbunden. Die Falze dichten die Nahtstellen ab, stabilisieren die Dachhaut und tragen zur Profilierung der Dachfläche bei, was einen sicheren Abfluss des Wassers ermöglicht.

Bleche, die beim Hausbau am häufigsten verwendet werden

Blechart und Werkstoffbezeichnung	Eigenschaften
Verzinktes Stahlblech Sto2Z	Kein perfekter Schutz gegen Korrosion. Schneiden und Falzen auf der Baustelle sind problematisch, da es an den Schnittstellen sehr schnell zu Korrosionsbildung und Rostschäden kommen kann.
Aluminium AlMnF14 beziehungsweise 15	Lässt sich gut verarbeiten und hat eine hohe Korrosionsbeständigkeit. Schneiden und Falzen auf der Baustelle sind unproblematisch.
Mittelhartes Kupfer SF-Cu F24	Nicht allzu formstabil, aber besonders beständig; wird häufig für den Bau von Regenrinnen eingesetzt. Vor Ort angefertigte Schnittkanten und Falzungen sind unproblematisch.
Titanzink D-Znbd	Vorteile gegenüber verzinktem Stahlblech: weniger anfällig gegen Korrosion, geringere Wärmedehnfähigkeit, lässt sich besser löten.
Nicht rostender Stahl (Nirosta) NRS	Hauptvorteil gegenüber Titanzink, Aluminium und Kupfer: hohe Formstabilität. Nicht rostender Stahl kann weich und hart gelötet, aber auch geschweißt werden.
Blei Pb	Wird nach wie vor auf Baustellen eingesetzt. Wetterbeständige Oberfläche. Lässt sich sehr einfach formen. Wird häufig an schwierigen Anschlusspunkten verwendet.

› **Kehlbleche** werden am Schnittpunkt von zwei innengeneigten Dachflächen verwendet. Sie sitzen in der Regel tiefer als die beiden aneinanderstoßenden Dachflächen und führen das Wasser in einer flachen Rinne mit Kehlprofil zur Traufkante hin ab.

› Bei **Leistendächern** werden die Blechbahnen links und rechts an Leisten herangeführt und im Winkel noch ein Stück an der Leistenseite nach oben geknickt. Über die Leisten und die seitlich angefalzten Blechbahnen werden dann Deckleisten gestülpt und stabil befestigt.

> **Profilbanddächer** werden ähnlich wie Falzdächer verlegt, bestehen aber aus vorgefertigten Profilen.

Paradoxerweise ist ein großes Problem flach geneigter Dächer nicht so sehr die Windangriffs-, also die Druckkraft, sondern die Windabzugs-, also die Sogkraft. An der windabgewandten Seite entsteht ein Unterdruck, der so groß werden kann, dass das gesamte Dach losgerissen wird. Daher ist es sehr wichtig, dass neben Druckkräften (zum Beispiel durch Angriffswinde, Schnee- und Eislasten) auch die Sogkräfte Berücksichtigung finden. Blechflachdächer beziehungsweise deren Haftbügel sollten mindestens mit Rispennägeln in der Unterkonstruktion verankert werden, sehr viel besser aber geschraubt sein. Umherfliegende Flachdächer oder auch nur Flachdachteile sind lebensgefährliche Geschosse.

Regenrinne

Die meisten Regenrinnen sind heutzutage Industrieware, die der Handwerksbetrieb beim Großhändler bezieht. Der Klempner stellt auf der Baustelle dann nur noch individuelle Detailanschlüsse her und montiert das gesamte Regenrinnensystem an das Dachtragwerk. Wichtig ist, dass Rinnen- und Fallrohrquerschnitt für die zu entwässernde Dachfläche gemäß DIN EN 12056 Teil 3 (Dachentwässerung, Planung und Bemessung) und gegebenenfalls DIN 1986-100 ausreichend groß sind, sonst läuft später bei jedem kräftigen Regenfall das Wasser über die Rinne und an der Fassade entlang nach unten. Die DIN verlangt eine Berechnung zur Bemessung auch unter Zugrundelegung regionaler Wetterdaten des Deutschen Wetterdienstes. Angesichts aber ständig wechselnder Wetterverhältnisse ist das schon sehr fragwürdig. Die DIN ist daher teils auch kritisiert worden als zu kompliziert. Und in der Tat darf man die Frage stellen, warum nicht eine einfachere Lösung gefunden werden konnte. Für Sie als Bauherrn ist es wichtig, dass Sie zumindest ein strukturelles Verständnis für die richtige Rinnenmontage entwickeln. Die Rinne muss an ihrer hausabgewandten Längsseite, dem Wulst, immer mindestens einen Zentimeter niedriger sein als an ihrer hauszugewandten Längsseite, dem Wasserfalz.

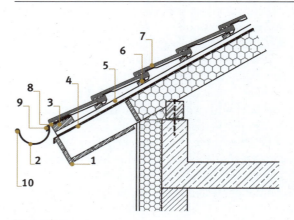

Regenrinne

1 Holzverschalung am Sparrenkopf
2 Rinne
3 Traufbohle
4 Unterspannbahn
5 Konterlattung
6 Lattung
7 Ziegel
8 Traufblech
9 Wasserfalz
10 Wulst

Die Rinnenhalter werden auf der Traufbohle befestigt. Auf der Traufbohle wird als Traufabschluss des Dachs häufig auch noch ein Traufblech eingesetzt, das erst in der Regenrinne mit einer Verfalzung endet. Die Unterspannbahn liegt direkt auf den Sparren auf. Wasser, das durch die Ziegeldeckung dringt, wird unterhalb der Rinne über ein Tropfblech entwässert. Eine weitere Möglichkeit ist die Entwässerung der Unterspannbahn direkt in die Regenrinne. Regenrinnen müssen Längenänderungen durch Temperaturschwankungen ungehindert ausgleichen können, sonst kommt es zu Schäden. Der Dehnungsausgleich kann zum Beispiel durch einfachen Rinnenüberhang im Rinneneinlaufkessel erfolgen. Der Einlaufkessel sollte am Übergang zum senkrechten Fallrohr ein Schutzgitter haben, damit es nicht durch Laub oder tote Vögel verstopft wird.

Bei Flachdächern kommen häufig Kastenrinnen zum Einsatz, entweder als umlaufende Dachentwässerung mit Abführung des Wassers durch die Attika hindurch auf die Außenseite, wo es über Rinnenkessel in die

Fallrohre geführt wird, oder als dachmittige Entwässerungen. Wichtig bei offenen Rinnen auf Flachdächern ist in jedem Fall, dass sie sehr gut abgedichtet sind, leicht auf Verstopfung kontrolliert und gereinigt werden können und dass sie ausreichend Gefälle aufweisen, um auch größere Regenwassermengen zügig abführen zu können.

Bei der Montage der Fallrohre sollten Sie darauf achten, dass die Montageanker Vollwärmeschutzschich-

Checkliste: Klempner- oder Blechnerarbeiten

✓ erledigt am

- [ ] Kontrollieren Sie die Blechstärken, wenn eine bestimmte Dicke vereinbart wurde.
- [ ] Werden verzinkte Eisenbleche auf der Baustelle geschnitten, müssen die Schnittkanten gegen Korrosion geschützt werden.
- [ ] Übergänge zu anderen Materialien (zum Beispiel verputzte Fassade) müssen sorgfältig hergestellt worden sein.
- [ ] Unterschiedliche Metalle dürfen niemals mit Kontakt verarbeitet werden, sonst besteht die Gefahr besonders aggressiver Kontaktkorrosion.
- [ ] Bei Zinkarbeiten darf nur verzinktes Befestigungsmaterial, bei Kupferarbeiten nur Befestigungsmaterial aus Kupfer verwendet werden. Kontrollieren Sie, ob die richtigen Schrauben und Nägel verwendet wurden.
- [ ] Bei Regenrinnen über sieben Metern Länge muss ein Dehnungsausgleich eingearbeitet sein.
- [ ] Wurden die Regenrinnen durchgehend mit Gefälle zu den Abläufen verlegt? Es darf kein Wasser in der Rinne stehen bleiben.
- [ ] Die Rinnenvorderkante sollte tiefer als die Rinnenhinterkante sein, damit bei Verstopfung das Wasser vorn überläuft und nicht in die Verschalung der Traufe.
- [ ] Steildach: Prüfen Sie, ob die Unterspannbahn auf das Traufblech geführt wird, ohne dass sie durchhängt. Dort kann sich sonst Wasser sammeln.
- [ ] Flachdach: Ist die Dämmung seitlich an der Attika hinaufgeführt, sollte auch die Oberkante der Attika gedämmt sein, um Wärmebrücken weitestgehend zu vermeiden.
- [ ] Sind Brüstungsabdeckungen und Attikaverwahrungen mit Gefälle nach innen ausgebildet, damit abgelagerter Schmutz nicht vom Regen auf die Fassade gespült wird?
- [ ] Abdeckungen müssen ausreichend überstehen (mindestens zwei Zentimeter) und eine ausgebildete Tropfkante haben.
- [ ] Walzbleianschlüsse an Dachflächen müssen der Dachform sorgfältig angepasst sein.
- [ ] Wenn die Dachentwässerung innerhalb des Hauses verläuft, müssen die Leitungen gegen Schwitzwasser gedämmt werden.
- [ ] Bevor die an der Wand hochgeführten Abdichtungsbahnen mit Blechen verkleidet werden, ist unbedingt zu kontrollieren, ob die Abdichtung unbeschädigt ist.
- [ ] Unter Fensterbänken mit Metallblechen sollte ebenfalls gedämmt werden, um Wärmebrücken zu vermeiden.
- [ ] Alle Blechverkleidungen müssen gegen Windangriff und Windsog gesichert werden.

ten an der Hauswand nicht einfach durchdringen, sondern dass sie mit einer thermischen Trennung eingebracht werden. Die metallenen Montageanker ziehen sonst später Kondenswasser an, das dann in die Wärmedämmung sickert. Außerdem sollte im Sinn des Wärmeschutzes bei einer sorgfältigen Außendämmung ohnehin jede potenzielle Wärmebrücke vermieden werden. Mittlerweile gibt es auch spezielle Montageplatten, die in der Ebene der Wärmedämmung eingelassen werden und in die dann Montageanker direkt mit Dübeln eingeschraubt werden können.

> **Tipp**
>
> **Überlegen Sie,** ob sich der Einbau von Regenrohrklappen mit Sieb in die Fallrohre lohnt, um das Regenwasser in Regenwassertonnen zu leiten und für den Garten zu nutzen, falls das zulässig ist und das Geld für eine aufwendigere Zisterne nicht mehr reicht

Diese Montageplatten bieten heute viele Dämmhersteller an.

13.13 Fensterarbeiten

Bevor Installation und Montage des Innenausbaus beginnen, muss der Rohbau komplett abgeschlossen sein: Der Mauerwerksrohbau der Außenwände muss fertiggestellt, der Dachstuhl gesetzt, Fenster und Außentüren müssen montiert sein. Das hat zwei Gründe: Zum einen können erst in einem geschlossenen Rohbau auch kälte- und feuchteempfindliche Gewerke ausgeführt werden, zum anderen schützt ein geschlossener Rohbau vor dem Diebstahl wertvoller Ausbauelemente, etwa einer teuren Lüftungszentrale. Bei Fenstern ist grundsätzlich auf gute Verfalzungen, Dichtungen und Wasserabführungen sowie stabile Bänder und Schließmechanismen zu achten. Bestehen Sie bei Holzfenstern immer auf den Güterichtlinien des Rosenheimer Instituts für Fenstertechnik e.V. (www.ift-rosenheim.de). Jeder gute Fensterbauer und Bauleiter in Deutschland kennt diese. Lassen Sie sich den Wärmedämmwert (U-Wert) sowie den Schalldämmwert für jedes einzelne Ihrer Fenster vom Fensterbauer schriftlich nachweisen. Ein guter U-Wert liegt bei 0,8, der schlechteste U-Wert, den die Energieeinsparverordnung (EnEV) noch zulässt, bei 1,3 beziehungsweise 1,4 (Dachfenster). Lassen Sie sich bei edelgasgefüllten Fenstern feste Garantiezeiten gegen vorzeitiges Erblinden Ihrer Fenster und Entweichen des Edelgases geben.

Fenstermontage

Erfahrene Fensterbauer richten sich bei der Fensterherstellung nicht nach Planangaben, sondern machen immer ein Aufmaß vor Ort. Wenn die Fenster angeliefert und gesetzt werden, sollte das Wetter nach Möglichkeit trocken sein. Zunächst setzt der Fensterbauer die Fenster durch Holzklötzchen gestützt in die Rohbauöffnungen ein und richtet sie lotrecht und waagerecht aus. Anschließend montiert er die Fenster über Metallverbinder fest mit der Rohbauwand. Dabei ist genau darauf zu achten, dass die Metallverbinder

nicht vom späteren Warmbereich (innen) in den späteren Kaltbereich (außen) laufen. Sie werden sonst zu kleinen Wärmebrücken, die an den Montagepunkten durch Kondenswasserbildung feuchte Flecken hervorrufen können. Wenn das Fenster so weit fixiert ist, wird der Raum zwischen Rohbauwand und Fenster oft mit PU-Schaum ausgefüllt, nicht selten aber auch mit Mineralwolle oder mit dauerelastischen Stoffen ausgestopft. Das ist nur bedingt sinnvoll. Besser ist eine sogenannte RAL-Fenstermontage, bei der die Andichtung über Passleisten erfolgt, das ist sicherer und stabiler. Sie sollten darauf achten, dass keine Stellen vorhanden sind, die undicht sind und wiederum Wärmebrücken bilden. Die Laibung des Mauerwerks sollte zusätzlich gedämmt werden, auch die Brüstungsoberseite unter den Fensterbänken. Wenn Mineralwolle verwendet wird, muss sie trocken sein. Eingeschlossene Feuchtstellen können zu Schimmelbildung führen. Grundsätzlich sinnvoll ist, eine RAL-Fenstermontage bereits vertraglich zu vereinbaren. Falls an das Fenster direkt Außenfensterbänke angeschlossen werden, ist darauf zu achten, dass dichte Übergänge entstehen, die nirgendwo Wasser eindringen lassen. Gleiches gilt für die seitlichen Fensterlaibungen, an denen die Fenster an die Rohbauwand anschließen. In keinem Fall darf an irgendeiner Stelle Wasser eintreten können. Auch die später noch zu setzende Rollladenschiene muss so eingefügt werden, dass keine feuchteanfälligen Stellen entstehen. Rollladenschienen sollten nicht direkt auf der Fensterbank aufsitzen, sondern oberhalb der seitlichen Aufkantung und Einputzschiene der Fensterbank montiert werden, damit das Wasser frei von der gesamten Fensterbank abfließen kann.

> **Tipp**
>
> **Ein großes Ärgernis auf Baustellen** ist das Beschädigen von Fensterglas durch Nachfolgegewerke. Überlegen Sie, ob der Fensterbauer die Fenster nach der Abnahme wieder schützen soll. Eine entsprechende Position können Sie in das Leistungsverzeichnis aufnehmen.

Checkliste: Fensterarbeiten

✓ erledigt am

- [ ] Kontrollieren Sie vor dem Aufmaßtermin mit dem Fensterbauer die Größen der vom Rohbauer erstellten Fensteröffnungen.
- [ ] Messen Sie die Brüstungshöhen nach, und prüfen Sie, ob die Öffnungen waagerecht und lotrecht gemauert sind.
- [ ] Beim Aufmaßtermin müssen Ansichtspläne (→ Seite 221 f.) vorliegen, in denen die Aufschlagrichtungen der einzelnen Fensterelemente eingezeichnet sind.
- [ ] Besprechen Sie detailliert jedes einzelne Fenster (zum Beispiel Öffnungsrichtung, wo feste Verglasung, Stulp oder Pfosten bei doppelflügeligen Fenstern usw.).
- [ ] Besprechen Sie, ob bei Fenstertüren die Türschwellen vom Maurer ausgeführt werden oder ob der Fensterbauer den Rahmen im unteren Bereich aufdoppelt.
- [ ] Wird beim Aufmaßtermin von der aktuellen Werkplanung abgewichen, lassen Sie sich zur Kontrolle nochmals Ansichtszeichnungen der einzelnen Fenster mit allen Eintragungen zukommen.
- [ ] Werden die Rahmen in Sonderfarben ausgeführt, lassen Sie sich schon bei Vertragsschluss ein Farbmuster geben, und vergleichen Sie den Farbton vor dem Einbau der Fenster.

Checkliste: Fensterarbeiten (Fortsetzung)

- [ ] Kontrollieren Sie jedes Fenster auf Übereinstimmung mit den Vorgaben (Öffnungsrichtung, Öffnungsart, Fensteraufteilung usw.).
- [ ] Für Glasfüllungen im Brüstungsbereich muss Sicherheitsglas verwendet werden.
- [ ] Lassen Sie sich das Prüfzeugnis der Verglasung vorlegen (Wärmedämmwert, Schallschutzklasse).
- [ ] Beim Einbau der Fenster ist darauf zu achten, dass alle Räume zwischen Fenster und Mauerwerk sorgfältig abgedichtet wurden.
- [ ] Prüfen Sie mit der Wasserwaage, ob die Fenster waagerecht und lotrecht eingebaut wurden.
- [ ] Die Öffnungsflügel müssen in jeder Position stehenbleiben (wenn sich das Fenster nach dem Öffnen von selbst wieder schließt, muss nachjustiert werden).
- [ ] Prüfen Sie, ob sich alle Öffnungsflügel ordnungsgemäß öffnen und schließen lassen, ohne dass der Schließmechanismus hakt oder der Flügel am Rahmen streift.
- [ ] Bei der Abnahme sollten die Scheiben gereinigt sein, damit Sie Beschädigungen am Glas erkennen können.
- [ ] Prüfen Sie die ordnungsgemäße Versiegelung aller Glasscheiben.
- [ ] Achten Sie auch darauf, dass der Scheibenzwischenraum weder beschlagen noch verschmutzt ist (Hinweis auf Schaden an der umlaufenden Verfugung oder Sprung im Glas).
- [ ] Kontrollieren Sie alle Rahmenteile auf Kratzer oder andere Beschädigungen.
- [ ] Werden abschließbare Fenstergriffe eingebaut, zählen Sie die Schlüssel nach.
- [ ] Achten Sie darauf, dass alle Lippendichtungen in die Öffnungsflügel eingebaut sind.

Zu guter Letzt sollte auch der Sonnenschutz berücksichtigt werden. Bei Dachflächenfenstern können das zum Beispiel außen angebrachte Verschattungssysteme sein (Außenjalousien oder Raffstoren), die im Sommer vor der hochstehenden Sonne schützen, im Winter jedoch das Licht ins Haus lassen.

13.14 Rollladenarbeiten/Raffstoren

Wenn die Fenster gesetzt sind, kann der Einbau der Rollläden erfolgen. Der Rohbauer hat in der Regel bereits wärmegedämmte Kästen über den Fensterausschnitten eingemauert oder bei raumhohen Fenstern die Rollladen- oder Raffstorekästen auf Geschossdeckenebene integriert, sodass der Rollladenbauer jetzt relativ einfach seine Rollläden in diese Kästen setzen kann. Immer öfter sitzen sie aber bereits auch schon fertig in den Kästen.

Rollladenelemente
Ein Rollladen besteht aus dem **Rollladenkasten**, aus der **Laufrolle** mit **Rollenlager** und eventueller **Kurbelübersetzung**, aus den **Lamellen**, die gemeinsam den

13.14 Rollladenarbeiten/Raffstoren

bedienen lassen, das heißt, insbesondere die Laufrolle des Rollladens sowie deren Übersetzung zu Gurtwickler oder Kurbelgestänge müssen gut gelagert und laufsicher eingebaut sein. Hier gibt es immer wieder

> **Tipp**
>
> **In Nassbereichen (Küchen, Bäder)** sollten keine Gurtbänder verwendet werden. Bereits die hohe Luftfeuchte in diesen Räumen kann dazu führen, dass Gurtbänder die Feuchtigkeit aufnehmen und im aufgewickelten Zustand nicht mehr abgeben können, was zu Schimmel führen kann. Verwenden Sie in diesen Räumen besser Kurbelstangen.

Rollladenpanzer ergeben, sowie aus den **Stoppern**, die an der untersten Lamelle befestigt sein sollten und den Rollladen an zu tiefem Einfahren in den Rollladenkasten hindern. Außerdem besteht ein Rollladensystem aus den außen an den Fensterlaibungen angebrachten **Laufschienen** und den innen angebrachten Bedienungsinstrumenten, wahlweise eine **Kurbelstange**, ein **Rollladengurt** mit **Gurtwickler** oder ein elektronischer **Rollladenmotor**.

Ärger wegen nicht sauber montierter Laufrollenlager, deren Schrauben dann die Drehbewegung der Laufrolle behindern. Wichtig ist auch, dass die Gurtbänder von der oberen Laufrolle bis hinunter zum Gurtwickler exakt senkrecht laufen. Tun sie das nicht, kommt es wegen der ungleichen Belastung des Bands früher oder später zu Materialermüdungen. Sorgen Sie auch dafür, dass der Gurtwicklerkasten innen in ausreichendem Abstand zur Fensterlaibung eingebaut wird, damit das seitliche Mauerwerk nicht ausbrechen kann. Ein Rollladen ist ein reparaturanfälliges Bauteil. Deshalb sollte er immer gut zugänglich bleiben. Achten Sie darauf, dass entsprechende Revisionselemente zum Öffnen vorhanden sind, die ebenfalls wärmegedämmt sein sollten.

Rollladenmontage

Bei der Rollladenmontage ist wichtig, dass der Rollladen sorgsam eingepasst wird. Er darf beim Laufen in den seitlichen Rollladenschienen weder zu wenig noch zu viel Spiel haben. Er klemmt sonst oder kann aus den Schienen laufen. Jede Lamelle muss absolut waagerecht laufen. Er muss sich ferner ohne Probleme

Checkliste: Rollladenarbeiten

✓	erledigt am	
☐		Der Rollladenkasten muss wärmegedämmt sein, wenn er nicht vor die Fassade gesetzt wird. Kontrollieren Sie den Wärmedämmwert (U-Wert) im Prüfzeugnis.
☐		Die Revisionsklappe muss ebenfalls gedämmt sein, wenn der Rollladenkasten im Mauerwerk montiert wird.
☐		Lassen Sie sich bei Kunststoffrollläden das Prüfzeugnis vorlegen.
☐		Prüfen Sie, ob die Lamellengröße mit den Vorgaben der Leistungsbeschreibung übereinstimmt.
☐		Achten Sie darauf, dass die Farbe des Rollladenpanzers mit der ausgewählten Farbe übereinstimmt.

Checkliste: Rollladenarbeiten (Fortsetzung)

- [ ] Prüfen Sie, ob das Gurtwicklerband beziehungsweise die Kurbel auf der richtigen Seite des Fensters ist (in den Werkplänen muss eine entsprechende Eintragung vorhanden sein).
- [ ] Kontrollieren Sie, ob alle Gurtwickler in der gleichen Höhe angebracht wurden.
- [ ] Das Gurtwicklerband muss lotrecht an der Fensterlaibung geführt werden. Klären Sie bei elektrischen Rollläden, ob ein Nothandbetrieb vorgesehen ist und wie er funktioniert.
- [ ] Der Rollladen muss sich vollständig öffnen und schließen lassen, ohne zu haken, und in jeder Stellung zu arretieren sein.
- [ ] Die Lamellen müssen waagerecht abgewickelt werden (Wasserwaagentest).
- [ ] Der Rollladen darf beim Aufwickeln nicht an der Dämmung streifen.
- [ ] Die Lamellen dürfen kein zu großes Spiel in den Rollladenführungsschienen haben, sonst klappern sie bei Wind.
- [ ] Die Lamellen müssen gegen seitliches Verschieben gesichert sein, damit sich der Rollladen bei Bedienung nicht verhakt.
- [ ] Kontrollieren Sie, ob die Einbruchsicherung (wenn vorhanden) funktioniert, indem Sie von außen die Lamellen im geschlossenen Zustand hochzuschieben versuchen.
- [ ] Die Revisionsklappe des Rollladenkastens sollte gut zugänglich sein, damit bei Reparaturen keine Anschlussbauteile beschädigt werden.

Raffstoren als Alternative

Rollläden haben das Fassadenbild in Deutschland seit den 1960er-Jahren ganz erheblich mitbestimmt. Ganz anders als ihre Vorgänger, die Fensterläden mit Lamelleneinsatz, die häufig aus Holz gefertigt waren, wirken Rollläden oft monoton und abweisend. Eine gute Alternative zu Rollläden sind Außenjalousien oder sogenannte Raffstoren. Sie greifen die Lamellenfunktion aus den alten Fensterläden wieder auf und bieten eine moderne Verschattungslösung. Sie schützen gegen Hitze, aber lassen zu jeder Zeit genug Licht ins Haus und ermöglichen den Blick nach draußen. Sie verschließen ein Fenster nicht monoton mit einer grauen Kunststoffwand, sondern tragen zu vielfältigen Sichtbeziehungen von außen nach innen und innen nach außen bei und unterstützen so ein lebendiges Fassadenbild. Sie sind üblicherweise teurer als Rollläden und sollten bei größeren Fensterflächen auch elektrisch gesteuert sein. Wer ihre Multifunktionalität und das lebendige Fassadenbild einmal erlebt hat, wird sie nicht missen wollen.

13.15 Fassade mit Wärmedämmverbundsystem

Bei einer Fassade mit Wärmedämmverbundsystem (WDVS) besteht die Außenwand aus mehreren Schichten. Für die tragende Mauer wird meist ein preiswerter Kalksandstein verwendet, der auch die Lasten aus dem Bauwerk trägt. Den Wärme- und Wetterschutz übernimmt ein davor befestigtes Dämmsystem aus aufeinander abgestimmten Komponenten, für die eine bauaufsichtliche Zulassung bestehen muss. Das Dämmsystem besteht aus Dämmmaterial, den Befestigungsmitteln, der Putzbewehrung, Anschlussschienen für die Fassadenelemente wie Fenster und Sockel sowie dem Außenputz. Wärmedämmverbundsysteme sind heute ausgereifte Konstruktionen zur Wärmedämmung von Außenwänden, wenn sie nach den Herstellervorschriften montiert werden. Lassen Sie sich die bauaufsichtliche Zulassung vorlegen, bevor mit den Arbeiten begonnen wird. Als **Dämmstoff** werden am häufigsten Mineralfaserplatten oder Polystyrolplatten eingesetzt. Beide Materialien sind fast gleichwertig und in der gleichen Wärmeleitfähigkeitsgruppe (WLG) lieferbar. Diese sagt aus, wie gut die Wärmedämmung eines Baustoffs ist. Eine Dämmplatte mit WLG 035 hat bei gleicher Dicke eine bessere Dämmwirkung als eine Dämmplatte mit WLG 040. Polystyrolplatten müssen in der Regel nur geklebt werden, wenn eine bestimmte Wandhöhe nicht überschritten wird. Mineralfaserplatten müssen dagegen geklebt und gedübelt werden. Genaue Informationen finden Sie in der Zulassung des WDVS. Eine gute – aber auch etwas teurere – Alternative sind Wärmedämmverbundsysteme aus Holzfaserplatten. Diese gibt es zwischenzeitlich in großer Vielfalt und für alle Einsatzarten. Je dicker die Dämmschicht wird, desto mehr fallen Wärmelecks (sogenannte Wärmebrücken) ins Gewicht und desto sorgfältiger müssen alle Details, zum Beispiel Fensteranschlüsse, ausgeführt werden.

Die häufigsten Ausführungsfehler bei Fassaden mit WDVS:
- fehlerhafte Befestigung der Platten auf dem Untergrund,
- keine versetzten Fugen bei der Montage der Dämmplatten,
- Wärmebrücken durch unsaubere Verarbeitung und Lücken,
- fehlerhafte Anschlüsse an Fenster und auskragende Bauteile,
- fehlende oder nicht ausreichende Gewebearmierung,
- keine diagonale Armierung an Fensterecken,
- zu dünner Putzauftrag.

Der **Sockelbereich** unterliegt einer besonderen Beanspruchung durch Spritzwasser. Hier kommen deshalb nur Dämmplatten zum Einsatz, die keine Feuchtigkeit aufnehmen können. Diese werden mit einem speziellen Sockelputz und wasserabweisendem Anstrich versehen, anders als die Wandflächen, bei denen ein diffusionsoffener mineralischer Putz oder Kunstharzputz zum Einsatz kommt. Ein Dachüberstand von mindestens 50 Zentimetern kann die Fassade zusätzlich vor Regen schützen.

Wenn die Fenster mittig im Mauerwerk sitzen, müssen die **Fensterlaibungen** ebenfalls gedämmt werden. Schließen die Fenster außen bündig mit dem Mauerwerk ab, kann man den Rahmen mit den Dämmplatten einige Zentimeter überdecken. Vor dem Verputzen der Fassade werden alle Dämmplattenstöße, Ecken und Übergänge mit Gewebeband verstärkt, damit Risse vermieden werden. Das Gewebeband muss ausreichend überlappen. Die Arbeiten sollten vor dem Verputzen unbedingt darauf kontrolliert werden, ob sie nach den Vorgaben des Herstellers ausgeführt wurden. Der Putz wird anschließend zweilagig aufgebracht. Wenn die Fassade in einzelnen Bereichen besonderen Druckbelastungen ausgesetzt ist, sollten diese auch mit Gewebeband armiert werden. Speziell auf der Nordseite von hochgedämmten Hausfassaden kann es zu Algenbildung kommen, weil sich Feuchtigkeit aus der Außenluft an der Fassade absetzt und langsamer trocknet als bei schlecht gedämmten Fassaden oder stärker von der Sonne beschienenen Wänden. Mineralische Putze sind aufgrund ihres pH-Werts (alkalisch) nicht so anfällig für Algenbewuchs wie Kunstharzputze. Diese können zwar mit algenwuchshemmenden Bindemitteln versehen werden, die langfristig aber ausgewaschen werden können.

Checkliste: Wärmedämmverbundsystem

✓ erledigt am

- [ ] [ ] Vor Beginn der Arbeiten sollte geprüft werden, ob der Untergrund eben und lotrecht hergestellt wurde und ob die Fenster lotrecht und parallel zur Außenwand eingebaut wurden.
- [ ] [ ] Lassen Sie ebenfalls noch vor Beginn der Arbeiten den Feuchtigkeitsgehalt der Wände messen und sich schriftlich bestätigen, dass dieser gemäß den Verarbeitungsrichtlinien nicht zu hoch ist.
- [ ] [ ] Klären Sie, ob dem Unternehmer zu allen besonderen Punkten am Gebäude Ausführungsdetails vorliegen.
- [ ] [ ] Bei sehr kalten Temperaturen sollte nicht geklebt werden. Herstellervorschrift beachten.
- [ ] [ ] Überprüfen Sie auf der Verpackung der Dämmung, ob die geforderten Eigenschaften vorliegen (Dicke, Wärmeleitfähigkeit, Material usw.).
- [ ] [ ] Klären Sie, ob an bestimmten Stellen Dehnungsfugen notwendig sind.
- [ ] [ ] Kontrollieren Sie, ob die Dämmplatten nach Herstellervorschrift befestigt wurden.
- [ ] [ ] Prüfen Sie, ob die Profile nach Herstellervorschrift befestigt wurden.
- [ ] [ ] Prüfen Sie, ob der vorgeschriebene Klebemörtel verwendet wurde.
- [ ] [ ] Wenn der Keller nicht gedämmt wird, sollte die Dämmung des Sockelbereichs mindestens 60 Zentimeter unter Bodenniveau reichen.
- [ ] [ ] Kontrollieren Sie, ob der Sockelbereich nach den Vorgaben des Leistungsverzeichnisses hergestellt wurde.
- [ ] [ ] Prüfen Sie, ob auch unter den Fensterbänken gedämmt wurde.
- [ ] [ ] Beim Anschluss der Dämmung an den Fensterrahmen ist auf luftdichte Ausführung nach den Herstellervorgaben zu achten.
- [ ] [ ] Achten Sie darauf, dass nirgendwo neue Wärmebrücken entstehen (zum Beispiel bei der Montage eines Vordachs).
- [ ] [ ] Vor dem Verputzen sollte kontrolliert werden, ob die erforderlichen Gewebebänder vorhanden sind und die Überlappung der Herstellervorschrift entspricht.
- [ ] [ ] Lassen Sie sich einige Putz- und Farbmuster anfertigen, bevor die ganze Fassade verputzt wird.

13.16 Putzfassade

Man unterscheidet Wandputze auf Kellerwänden, Außensockeln und Außenwänden. Für **normalen Wandputz** können Kalk- oder Kalkzementputze verwendet werden, für den **Sockelbereich** eignen sich aufgrund ihrer wasserabweisenden Eigenschaften Zementputze.

Grundsätzlich sollte der Putz nicht auf Mischmauerwerk (Mauerwerk aus unterschiedlichem Material) aufgebracht werden, da hier Spannungen im Untergrund entstehen können. Durch Ergänzungsprodukte wie Ziegelstürze bei Ziegelmauerwerk kann ein homogener Putzgrund geschaffen werden. An glatten Flächen wie etwa Beton haftet der Unterputz nicht, hier muss der Untergrund zunächst aufbereitet werden, etwa durch Aufbringen eines Spritzbewurfs, der ausreichend rau ist, oder durch Montage von Putzträgern wie Holzwolle-Leichtbauplatten. Spritzbewurf muss vor weiteren Arbeitsgängen ausreichend fest sein, was in der Regel mindestens zwölf Stunden dauert. An den Ecken des Gebäudes, an Fensterlaibungen und als unteres Abschlussprofil zum Sockelputz werden Putzprofile angebracht. Der Handwerker kann mit solchen Profilen leichte Abweichungen korrigieren, wenn das Mauerwerk nicht ganz lotrecht ist. Außerdem dienen diese Profile als Abziehhilfe beim Auftragen des Putzes und später als Kantenschutz. An allen Fensteröffnungen sowie an Materialübergängen des Untergrunds müssen Kunststoffgewebematten oder Rippenstreckmetalle eingeputzt werden, um Risse im Putz durch kleine Bewegungen des Untergrunds oder unterschiedliche Materialeigenschaften zu vermeiden. Die Fensterflächen und -rahmen müssen sorgfältig vor Beschmutzung mit Putz geschützt werden, da der Putz das Rahmenmaterial und Glas angreifen und schädigen kann. Optimal geht das mit Anputzleisten aus Kunststoff, die am Fensterrahmen aufgeklebt werden und gleichzeitig einen winddichten Anschluss des Laibungsputzes an das Fenster ermöglichen. Solche Anputzleisten haben einen mit Klebeband beschichteten Kunststoffstreifen, auf den die Schutzfolie des Fensters geklebt werden kann. Nach Fertigstellung des Außenputzes werden diese Kunststoffstreifen an der Sollbruchstelle geknickt und entfernt.

Außenputz wird heute in der Regel maschinell hergestellt und zweilagig aufgebracht. Bei der ersten Schicht handelt es sich um den Unterputz, der etwa 15 bis 20 Millimeter dick ist. Empfohlen wird zum Trocknen ein Tag Standzeit je Millimeter Unterputzdicke. Danach kann der Oberputz aufgetragen werden, der etwa fünf Millimeter dick ist. Die gesamte Außenputzstärke beträgt also 20 bis 25 Millimeter. Bei den meisten Putzsystemen sind Unter- und Oberputz aufeinander abgestimmt. Putze müssen diffusionsoffen sein, damit bei der Wasserdampfdiffusion von innen nach außen kein Feuchtigkeitsstau auf der Innenseite des Außenputzes entsteht. Außerdem muss der Putz auf den Untergrund abgestimmt sein. Bei stabilem Putzgrund gilt die Faustregel, dass zwischen Unter- und Oberputz ein Festigkeitsgefälle nach außen vorliegt. Das bedeutet: Der Oberputz muss weicher sein als der Unterputz, weil Klimaeinwirkungen von außen zu berücksichtigen sind. Bei wärmetechnisch optimiertem Außenmauerwerk aus großformatigen Poren- oder Leichtbetonsteinen oder aus großformatigen Leichthochlochziegeln haben sich Putzsysteme mit Leichtunterputzen bewährt, die in ihren Festigkeits- und Verformungseigenschaften auf dieses Mauerwerk abgestimmt sind. Die Putzoberfläche lässt sich unterschiedlich gestalten. Man unterscheidet zum Beispiel geriebenen Putz, Kratzputz, Spritzputz, Kellenwurfputz. Bevor die gesamte Fassade mit dem Oberputz versehen wird, sollten Sie zunächst mehrere jeweils etwa einen Quadratmeter große Putzmuster erstellen lassen.

Witterungseinflüsse

Bei Außenputzarbeiten muss besonders auf die Witterung geachtet werden. Zu hohe Temperaturen und extreme Trockenheit sind ebenso schädlich wie Frostgefahr. Auch bei drohendem Regen sollte keinesfalls mit den Putzarbeiten begonnen werden. So manches Tagewerk wurde schon durch einen Gewitterschauer von der Fassade gewaschen. Frisch aufgetragener Putz sollte vor direkter Sonneneinstrahlung, Zugluft und Regen geschützt werden. Das geschieht durch eine Folie, die am Gerüst befestigt wird.

Wärmedämmputzsysteme

Wenn der Außenputz zur Wärmedämmung der Außenfassade beitragen soll, kommen Wärmedämmputzsysteme zum Einsatz. Der wärmedämmende Unterputz enthält Zusatzstoffe wie expandiertes Polystyrol, durch die der wärmedämmende Effekt erreicht wird. Die Dicke des Unterputzes beträgt zwischen 20 und 100 Millimetern. Je nach Dicke muss eine ausreichende Trockenzeit eingehalten werden, mindestens jedoch sieben Tage. Danach kann der wasserabweisende Oberputz aufgetragen werden, der zehn bis 15 Millimeter dick ist.

Putzschäden

Werden nach Ausführung der Arbeiten Risse sichtbar oder löst sich gar der Putz von der Außenwand ab, müssen die Ursachen vor Ort von einem Sachverständigen untersucht werden. Risse im Fugenverlauf des Mauerwerks deuten zum Beispiel auf mangelhafte Mauerwerksfugen hin, können aber auch einen zu dünnen Putzauftrag als Ursache haben. Netzartige

---

Checkliste: Außenputzarbeiten

✓	erledigt am	
☐		Klären Sie mit dem Unternehmer, ob der Putzgrund (zum Beispiel porösite Leichtziegel oder Leichtbetonsteine) besondere Anforderungen an das Putzsystem stellt. Glatte Außenwandflächen, beispielsweise aus Beton, müssen vorbereitend mit einem Putzträger oder Spritzbewurf versehen werden.
☐		Bei Frostgefahr oder drohendem Regen sollte nicht mit den Putzarbeiten begonnen werden.
☐		Kontrollieren Sie den winddichten Anschluss an Fenster- und Türrahmen durch spezielle Profile.
☐		An allen Außenecken, Laibungen und unteren Abschlüssen zum Sockelputz müssen Profile gesetzt werden.
☐		Die Ecken von Wandöffnungen müssen mit Gewebeband oder Streckmetall gegen Rissbildung geschützt werden.
☐		Fenster- und Türelemente müssen sorgfältig vor Verschmutzungen geschützt werden.
☐		Lassen Sie ein oder mehrere Putzmuster anfertigen, bevor der Oberputz aufgetragen wird.
☐		Schützen Sie frisch verputzte Flächen vor zu schneller Austrocknung durch Zugluft oder direkte Sonneneinstrahlung.
☐		Lassen Sie nach dem Verputzen den Schutz entfernen, und kontrollieren Sie die Fenster und Türen auf Schäden.

Risse lassen darauf schließen, dass der Putz durch Sonnenbestrahlung oder Hitze zu schnell ausgetrocknet ist oder der Oberputz fester ist als der Unterputz. Ein Absanden der Putzfläche kann entstehen, wenn sie durch einen zu stark saugenden Putzgrund zu schnell austrocknet. Löst sich der Putz großflächig vom Untergrund, kann dies an zu großen Putzdicken in einem Arbeitsgang liegen oder an einem fehlenden Spritzbewurf.

13.17 Klinkerfassade

Als Alternative zu einer Putzfassade oder einer Holzverschalung kann vor die tragende Außenwand auch ein Verblendmauerwerk (Verblendschale) aus Ziegeln gesetzt werden. Das ist in weiten Teilen Norddeutschlands häufig das Mittel der Wahl, um eine sehr wetterbeständige und langlebige Fassadenverkleidung zu erhalten. Klinkerfassaden haben dort auch eine lange, regionale Tradition und fügen sich angenehm ins Umfeld ein. Dabei gibt es drei Ausführungsvarianten:

> mit Luftschicht,
> mit Luftschicht und Dämmung,
> mit Kerndämmung.

Das Verblendmauerwerk hat keine tragende Funktion, diese wird durch die innere Schale – also das innere Mauerwerk – gewährleistet, die in der Regel eine Dicke von 17,5 Zentimetern und mehr hat. Beide Schalen werden durch korrosionsbeständige Anker miteinander verbunden. Die Anker werden horizontal alle 75 Zentimeter und vertikal alle 25 Zentimeter gesetzt. Je Quadratmeter Wandfläche müssen fünf Anker vorhanden sein. Der Abstand zwischen Außenschale und tragender Innenschale darf maximal 150 Millimeter betragen. Die Anker müssen so ausgebildet sein, dass Wasser nicht auf die innere Wandschale geleitet werden kann. Das ist dann gewährleistet, wenn die Maueranker zum Beispiel leicht nach unten geneigt oder durch Tropfscheiben gesichert sind. Aufgrund des hohen Fugenanteils ist eine Verblendschale niemals völlig wasserdicht. Es kann davon ausgegangen werden, dass bei Schlagregen und Winddruck Wasser die Verblendschale durchdringt. Deshalb muss verhindert werden, dass dieses eindringende Wasser die Dämmung durchnässen und in die innere Schale eindringen kann.

Außerdem müssen die Fußpunkte so ausgebildet sein, dass eingedrungenes Wasser sicher abgeführt wird. Alle dazugehörenden Details müssen bereits in der Planungsphase geklärt und zeichnerisch dargestellt werden. Vor Beginn der Arbeiten sollten dem Unternehmen unbedingt folgende Detailpläne vorliegen:

> Ausbildung des Fußpunkts,
> Lage von Dehnungsfugen,
> Ausbildung der Fensterbänke und -stürze,
> Ausbildung des Traufpunkts beziehungsweise Anschluss an das Flachdach,

› gegebenenfalls zeichnerische Darstellung von Mauerwerksverbänden.

Fußpunkt

Im ersten Arbeitsgang wird die Fußpunktdichtung erstellt. Diese besteht meist aus einer selbstklebenden bitumenbeständigen Folie mit überdeckenden Stößen, die bis etwa 30 Zentimeter über Geländeniveau an der tragenden Innenschale hochgeführt wird. Auf dieser Abdichtung wird dann aufgemauert.

Verblendschale

Die erste Steinreihe sollte zunächst ausgelegt werden, um das Verlegemuster zu überprüfen und die Steine bei Bedarf auszumitteln. Die Ziegel sollten gleichzeitig aus verschiedenen Paletten verarbeitet werden, damit ein einheitliches Farbenspiel gewährleistet ist. Sollen die Fugen nachträglich endverfugt werden, müssen sie beim Aufmauern flankensauber eineinhalb bis zwei Zentimeter tief ausgekratzt werden. Lüftungsöffnungen müssen am Fußpunkt über der Feuchtigkeitsabdichtung, in der obersten Mauerschicht, unterhalb von Brüstungen und oberhalb von Stürzen zum Beispiel in Form von offenen Stoßfugen angelegt werden. Liegt die unterste Verblenderreihe unter Geländeniveau, müssen weitere Stoßfugen über Geländeniveau ausgespart werden. Auf 20 Quadratmetern Wandfläche werden etwa 75 Quadratzentimeter Öffnungen vorgesehen. Bei längeren Arbeitspausen oder Regen müssen die Oberseiten des Verblendmauerwerks abgedeckt werden.

Dämmung

An Kerndämmungen werden hohe Anforderungen gestellt, damit das Dämmmaterial auf keinen Fall durch Feuchtigkeit beschädigt wird. Wärmedämmplatten aus Mineralfasern müssen zum Beispiel eine wasserabweisende Imprägnierung haben. Bei Anlieferung der Dämmung sollte unbedingt geprüft werden, ob Dicke und Wärmeleitfähigkeit den Vorgaben entsprechen und ob sie als Kerndämmung geeignet ist. Die Dämmplatten müssen dicht gestoßen auf die Drahtanker der Innenschale geschoben und mit Klemmscheiben befestigt werden. Sofern eine Luftschicht geplant ist, werden danach die Abtropfscheiben aufgeschoben.

Die Drahtanker werden am vorderen Ende abgebogen und in die Lagerfugen eingemauert.

Fensterbänke

Werden die Fensterbänke ebenfalls gemauert, muss unterhalb der Verblendsteine eine Dichtungsbahn eingebaut und an den unteren Fensterrahmen angeschlossen werden. Auch diese besteht zum Beispiel aus einer selbstklebenden bitumenbeständigen Folie mit überdeckenden Stößen und ist mit Gefälle nach außen auszuführen. Oberhalb dieser Sperrschicht müssen Entwässerungsöffnungen vorgesehen werden, unterhalb zusätzlich Entlüftungsöffnungen für die darunterliegende Wandfläche.

Fensterstürze

Über dem Fenstersturz oder dem Rollladenkasten muss eine Feuchtigkeitssperrschicht in Form einer Folie eingebaut werden. Sie leitet Wasser, das oberhalb der Öffnung durch das Verblendmauerwerk in den Zwischenraum eingedrungen ist, über offene Fugen nach außen ab. Diese Sperrschicht muss mit Gefälle nach außen verlegt und an der inneren Schale etwa 15 Zentimeter senkrecht hochgeführt werden. Bei fehlender Unterfütterung der Folie kommt es zu einer Sackbildung: Wasser sammelt sich und kann in die Innenwandschale eindringen.

Verfugung der Sichtflächen

Nach Fertigstellung der Wandflächen können die Sichtflächen nachträglich verfugt werden. Hierzu werden zunächst die etwa zwei Zentimeter tief ausgekratzten Mauerwerksfugen gereinigt und vorgenässt. Anschließend wird der Fugenmörtel mit einer Fugenkelle hohlraumfrei eingebracht, verdichtet und außenbündig mit dem Mauerwerk glatt gestrichen.

Dehnungsfugen

Aufgrund der klimatischen Beanspruchungen müssen im Verblendmauerwerk in gewissen Abständen vertikale Dehnungsfugen vorgesehen werden. Bei Ziegel-Verblendmauerwerk mit Luftschicht müssen diese Dehnungsfugen alle zehn bis 12 Meter angelegt werden, bei Ziegel-Verblendmauerwerk mit Kerndämmung alle sechs bis acht Meter, da es wegen der fehlenden

Luftschicht größeren Temperaturbelastungen ausgesetzt ist. Idealerweise werden die Dehnungsfugen an den Hausecken platziert. In einem ersten Arbeitsschritt werden die Fugenflanken mit einer Grundierung vorbehandelt, damit die Dichtungsmasse später nicht abreißt. Dann werden eine weiche Schaumstoffschnur hinterfüllt und in einem dritten Arbeitsschritt die Dichtungsmasse leicht nach innen gewölbt eingebracht.

Checkliste: Klinkerarbeiten

✓ erledigt am

- [ ] Wenn es für die Ausführung der Klinkerarbeiten spezielle Detailpläne gibt, müssen diese vor Ausführungsbeginn in der aktuellen Version vorliegen.
- [ ] Lassen Sie sich eine ausreichende Menge Verblendsteine einer Charge beim Lieferanten zurücklegen, die Sie dann Zug um Zug abrufen können.
- [ ] Lassen Sie zunächst die erste Steinreihe auslegen. Dieses Verlegemuster muss anschließend kontrolliert werden.
- [ ] Beim Aufmauern der Verblendsteine müssen Steine aus unterschiedlichen Paletten gemischt werden, um ein einheitliches Farbbild zu erreichen.
- [ ] Kontrollieren Sie regelmäßig mit einer großen Wasserwaage, ob Ecken, Laibungen und Wandflächen lotrecht angelegt werden.
- [ ] Bei Temperaturen unter -3 °C darf nicht gemauert, frisches Mauerwerk muss abgedeckt werden. Durch Frost beschädigtes Mauerwerk abreißen lassen.
- [ ] Bei starker Sonneneinstrahlung müssen die Steine vorgenässt, frisch gemauerte Wände müssen feucht gehalten werden, damit der Mörtel abbinden kann.
- [ ] Bei der Ausführung von Sicht- oder Verblendmauerwerk müssen die Fugen vorn beim Aufmauern etwa eineinhalb bis zwei Zentimeter ausgekratzt werden, damit Platz für das spätere Verfugen mit Fugenmörtel bleibt. Vor dem Verfugen vornässen. Auf steinbündiges Verfugen achten.
- [ ] Bei Verblendmauerwerk müssen unten in der ersten Steinreihe offene Stoßfugen als Entwässerungsöffnungen angelegt werden. Bei Wandaufbau mit Luftschicht untere und obere Lüftungsöffnungen anlegen, auch unter Brüstungen und über Stürzen.
- [ ] Stoßfugen als Lüftungs- und Entwässerungsöffnungen müssen frei von Mörtelresten sein.
- [ ] Bei Verblendmauerwerk kontrollieren, ob Dehnungsfugen vorgesehen wurden, und deren Lage mit dem Bauleiter besprechen.
- [ ] Die vorgesehenen Dehnungsfugen müssen durchgehend ausgeführt werden.
- [ ] Das Verblendmauerwerk sollte grundsätzlich mit nicht rostenden Drahtankern mit dem tragenden Mauerwerk verbunden werden.
- [ ] Unter Fensterbänken muss eine Folie als Feuchtigkeitssperre eingebaut werden.
- [ ] Oberhalb von Fensteröffnungen müssen Feuchtigkeitssperren eingebaut und seitlich in der Stoßfuge hochgeführt werden.
- [ ] Achten Sie darauf, dass die Feuchtigkeitssperren unterfüttert sind, damit sie nicht durchhängen.
- [ ] Feuchtigkeitssperren müssen mit Gefälle nach außen verlegt werden.

13.18 Fassade mit Holzverschalung

Holzverschalungen können auf Holz- und Massivaußenwänden angebracht werden. Während bei Holzbauaußenwänden die Dämmung meist zwischen der Holzkonstruktion sitzt, wird bei Massivaußenwänden häufig zunächst eine Wärmedämmschicht, zum Beispiel Mineralwolleplatten zwischen Unterkonstruktionshölzern und Verschalung, aufgebracht. Darüber wird dann vom Fußpunkt bis zur Traufe eine dampfdurchlässige Folie als zusätzlicher Regenschutz aufgezogen. Grundsätzlich sollte vor Montage einer Holzfassadenverkleidung darauf geachtet werden, dass alle Untergründe absolut trocken sind. Die Montage einer Holzverschalung darf nur bei trockenem Wetter erfolgen. Auch das Holz muss vor Montage auf Feuchtigkeit hin überprüft werden. Zwar erlaubt die DIN 18334 bei Holz für Außenbekleidungen Feuchtegehalte von bis zu 30 Prozent, es sollte aber Holz verwendet werden, das keine höhere Feuche als 16 bis 18 Prozent hat. Durch das Schwinden des Holzes können sonst Risse entstehen, durch die Feuchtigkeit in unbehandelte Holzbereiche gelangt. Das kann zu Insekten- oder Pilzbefall führen. Im Sockelbereich sollten Holzverschalungen einen Abstand von mindestens 30 Zentimetern zum Erdreich haben. Bei einer Vertikalschalung, bei der die unteren Hirnholzflächen der Paneele offen zum Erdreich zeigen, müssen diese besonders geschützt werden. Wichtig ist die Holzbehandlung auch in diesem Bereich.

Es gibt heute eine Vielzahl möglicher Verschalungen mit Holz, geschlossene, aber auch offene. Geschlossene Schalungen sind zum Beispiel Stülpschalungen, offene zum Beispiel Rhombusschalungen. Bei geschlossenen Schalungen ist die Schalung auch die Wetterhaut. Bei offenen Schalungen ist zusätzlich eine hinter der Schalung liegende Wetterhaut notwendig. Häufig werden hier schwarze Fassadenbahnen gewählt, die dann den offenen Fugen sozusagen einen Schwarzton geben, der mit allen Farben gut harmoniert. Grundsätzlich gilt aber: Vorsicht mit Farben

bei Holzfassaden! Langfristig trägt Holz keine Farbe, ohne dass diese reißt, bleicht usw. Holz vergraut mit der Zeit, weshalb es deutlich sinnvoller sein kann, das Holz leicht vorzuvergrauen und so den Übergang zur späteren, natürlichen Vergrauung kaum sichtbar zu machen. Fassadenbereiche, die geschützt unter Dachüberständen liegen, können mit Holzwerkstoffplatten bekleidet werden. Lässt man an solchen Stellen die Holzfassade einfach durchlaufen, kann das nach einigen Jahren etwas unschön aussehen, weil sich das geschützte Holz deutlich weniger verfärbt als das ungeschützte. Die gewählten Holzwerkstoffplatten müssen für den Außeneinsatz geeignet sein, und man sollte sich speziell diese immer auch an Referenzobjekten ansehen, die bereits einige Jahre alt sind. Das gilt für die gesamte Fassade. Wirklich gute Holzfassaden, die durchdacht sind, mit dem Holz arbeiten, nicht gegen das Holz, leicht und fein wirken und nicht grob und klobig, sind gar nicht so einfach zu finden und zu bekommen. Dafür benötigt man schon einen erfahrenen Zimmermann oder Holzbauer, der einen zugleich ausführlich berät. Und auch die Kosten sind sehr unterschiedlich. Offene Fassaden sind meist teurer als geschlossene, haben aber dafür eine hohe Gestaltqualität. Auch bei den Holzarten, die man bei Außenverschalungen zum Einsatz bringt, sollte man

13.18 Fassade mit Holzverschalung

sich gut beraten lassen. Bei Weitem nicht jedes Holz ist für jede Fassade geeignet, und es gibt große Unterschiede. Recht widerstandsfähig ist Lärchenholz, nicht zuletzt sibirische Lärche, daher wird sie auch oft an Außenfassaden eingesetzt.

Checkliste: Holzverschalungsarbeiten

✓ erledigt am

- [ ] Schließen Sie eine Anlieferung von Schalungsholz bei Regen aus.
- [ ] Kontrollieren Sie, ob die richtige Holzart in der vereinbarten Oberflächenqualität (sägerau oder gehobelt) und Verarbeitung (lackiert, lasiert usw.) geliefert wurde.
- [ ] Lassen Sie sich eine Bescheinigung des Unternehmers zur Holzfeuchte des gelieferten Schalungsholzes aushändigen und diese durch Ihren Bauleiter überprüfen.
- [ ] Stellen Sie sicher, dass nur Edelstahlschrauben zur Montage verwendet werden. Lassen Sie sich gegebenenfalls ein Muster aushändigen.
- [ ] Bei Montage von Lattungen und etwaigen Konterlattungen muss der Untergrund absolut trocken sein.
- [ ] Bei offenen Holzschalungen sollte vor Fassadenmontage die Wetterhaut auf mögliche Schäden untersucht werden. Die Bahnen müssen auch gut überlappen und dicht sein.
- [ ] Die Verschraubung der Lattung und gegebenenfalls Konterlattung an Massivwänden sollte mit Dübeln erfolgen und darf keine Isolierungen oder Ähnliches beschädigen.
- [ ] Achten Sie darauf, dass bei Montage der Lattung und gegebenenfalls Konterlattung auf Holzkonstruktionen keine darunterliegenden Folien verletzt werden.
- [ ] Der Abstand der Lattungen und gegebenenfalls Konterlattungen untereinander darf nicht zu groß sein.
- [ ] Die Lattung und eventuell Konterlattung muss so angebracht sein, dass eine gute Hinterlüftung der Holzverschalung jederzeit gegeben ist (senkrechter, durchgängiger Luftzug mit Lufteintritts- und Luftaustrittsöffnungen, Mindestabstand zur Hauswand 20 Millimeter).
- [ ] Unterbinden Sie eine Montage von Holzverschalungen bei Regen.
- [ ] Bei Stülpschalungen müssen Schalungsbretter so montiert werden, dass sie um mindestens 12 Prozent ihrer Breite beziehungsweise mindestens zehn Millimeter überlappen.
- [ ] Fenster- und Türlaibungen müssen so ausgebildet sein, dass sich nirgendwo Wasser sammeln oder gar in die Holzverschalung eintreten kann. Brüstungs- und Schwellenoberflächen sollten mit einer Metallverkleidung mit Tropfkante versehen sein.
- [ ] Gebäudeecken müssen gut verkleidet sein, entweder durch eine Winkelstülpleiste oder durch eine Schattenfugen-Winkelleiste (→ Seite 314). Bei offenen Schalungen kann an dieser Stelle auch ein sauberer Gehrungsschnitt der Verschalungsleisten erfolgen.
- [ ] Im Sockelbereich sollte die Holzverschalung nicht näher als 30 Zentimeter an das Erdreich heranreichen.
- [ ] Prüfen Sie mit der Wasserwaage die lotrechte oder waagerechte Montage der Verschalungsbretter.
- [ ] Achten Sie darauf, dass bei den Luftein- und -auslässen Insektenschutzgitter aus Edelstahl oder Kunststoff montiert sind.
- [ ] Lassen Sie sich leere Dosen oder Restgebinde der verwendeten Behandlungsstoffe wie Lasuren, Lacke oder Ähnliches aushändigen, damit Sie später kleine Nachbesserungen ausführen können.

Geschlossene und offene Holzfassadenverkleidungen sollten gegebenenfalls zur optimalen Belüftung des Schalholzes hinterlüftet sein. Die Luft sollte hinter der Verschalung in vertikaler Richtung strömen können, also vom Sockel zur Traufe. Bei einer vertikalen Schalung muss also zunächst eine vertikal verlaufende Lattung, dann eine horizontal verlaufende Konterlattung angebracht werden. Bei einer Horizontalschalung reicht eine vertikale Lattung. Der Abstand zwischen Hauswand und Holzfassade sollte mindestens 20 Millimeter betragen, um eine ausreichende Lüftung zu ermöglichen. Übliche Konterlattungen haben ein Maß von 24 bis 48 Millimetern. Die Lüftungsöffnungen für die Zu- und Abluft sollten mindestens zwei Prozent der Wandfläche betragen. Besondere Aufmerksamkeit müssen Sie den Anschluss- und Eckdetails schenken, also Gebäudeecken, Fenster- und Türanschlüssen sowie Übergängen zu anderen Bauteilen wie Sockel, Dach oder Balkonen.

Bei Horizontalverschalungen müssen die Gebäudeecken besonders geschützt werden, da hier die Hirnholzseiten der Schalungsbretter aufeinanderstoßen. Die Gebäudeecken werden entweder mit einer **Winkelleiste** geschützt, die mit ihren beiden Schenkeln die offenen Hirnholzseiten überdeckt, oder es wird eine **Schattenwinkelfuge** hergestellt. Dazu wird eine Metallwinkelleiste so in die Gebäudeecke eingebracht, dass ihre beiden Schenkel aus der Ecke herauslaufen und jeweils die Hirnholzseiten der seitlich anstoßenden Schalungsbretter verdecken. Gute Zimmerleute bieten für dieses Detail auch den **Gehrungsschnitt**, bei dem die Schalungsbretter an den Hausecken auf Gehrung geschnitten sind und auf gleicher Höhe über Eck exakt und passgenau aneinander reichen. Fenster- und Türlaibungen müssen sauber gefasst werden. Mindestens der Laibungsbereich auf Fensterbrüstungen oder auf Türschwellen sollte durch eine eingefügte Metallfensterbank oder Türschwelle mit Tropfkante gegen Schlagregen geschützt sein. Es darf in diesem Bereich nirgendwo Wasser eintreten. Ferner muss alles Wasser in diesen Bereichen schnell abfließen können. Auch Wasser, das von oben die Fassade hinunterläuft, muss im Bereich des Fenstersturzes gut abtropfen oder abfließen können.

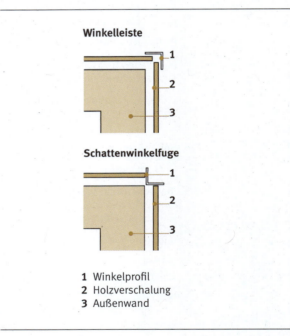

1 Winkelprofil
2 Holzverschalung
3 Außenwand

13.19 Heizungsinstallation

Mit der Montage der Haustechnik sollte nicht begonnen werden, bevor der Rohbau durch den Einbau der Fenster geschlossen ist. Die Haustechnik gliedert sich in die Bereiche:

› Heiztechnik,
› Lüftungstechnik,
› Sanitärtechnik sowie
› Elektronik.

Die Sanitär- und Heizungsarbeiten werden bei kleinen Bauvorhaben meist von einem Unternehmen zusammen ausgeführt.

Ausführung

Dem Heizungsbauer sollte vor Beginn der Arbeiten ein Raum zur Lagerung des Materials zur Verfügung gestellt werden, den er mit einer abschließbaren Bautür gegen Diebstahl sichern kann. Ideal sind dazu Kellerräume. Die Arbeiten an der Heizungsanlage unterteilen sich in Roh- und Fertigmontage. Unter **Rohmontage** versteht man die Verlegung sämtlicher Leitungssysteme vom Heizkessel/Brenner zu den Heizkörpern, bei Fußbodenheizungen die Montage des Heizkreisverteilers und die Verlegung der Heizkreise in den Räumen. Zur Fertigmontage gehören zum Beispiel die Endmontage von Heizkörpern und das Justieren der Heizungsanlage. Alle Rohrleitungen zwischen Heizkessel und -körper müssen entsprechend den gesetzlichen Richtlinien gedämmt werden. Vom Bauleiter ist sorgfältig zu prüfen, ob der Monteur die vorgeschriebenen Dämmstoffdicken (nach EnEV)

Tipp

Auch wenn die Heizkessel und Brenner heute ausgereift und betriebssicher sind, sollten Sie in der Nähe einer konventionellen Heizungszentrale dauerhaft einen Feuerlöscher installieren.

Dichtheitsprüfung

Vor der Einbringung des Estrichs muss unbedingt eine Dichtheitsprüfung sämtlicher Leitungen erfolgen, da diese später nur noch mit erheblichem Aufwand unter Zerstörung des Estrichs zugänglich sind. Zur Prüfung werden die Leitungen gefüllt und unter Druck gesetzt, nachdem ein Druckmesser eingebaut wurde. Sie sollten sich unbedingt das Protokoll über die bestandene Dichtheitsprüfung aushändigen lassen und bei Ihren Unterlagen abheften.

verwendet hat. Sämtliche Befestigungselemente müssen mit schallgedämmten Einlagen versehen werden, damit keine Schallübertragung auf die Wände erfolgen kann. Werden Leitungen durch Wände oder Decken verlegt, muss darauf geachtet werden, dass die Leitungen ummantelt sind und kein direkter Rohr-Wand-Kontakt besteht. Beim Schließen von Deckendurchstoßpunkten zwischen getrennten Wohneinheiten sind die Brandschutz- und Schallschutzrichtlinien zu beachten. Sämtliche Leitungen sollten an ihren Abzweigen von den Heizkreisverteilern eindeutig gekennzeichnet sein, damit eine Leitung im Bedarfsfall schnell gefunden und abgesperrt werden kann. Werden Heizkörper montiert, ist auf einen ausreichenden Abstand zwischen Fertigboden und Unterseite sowie zwischen Wand und Heizkörperrückseite zu achten. In den Montageanweisungen sind die genauen Angaben genannt. Lassen Sie sich auch diese Angaben aushändigen und legen Sie sie zu Ihren Unterlagen. In der Wärmebedarfsberechnung sind die erforderlichen Heizkörpergrößen (Länge, Höhe, Tiefe) benannt. Diese Angaben sollten mit den Maßen der montierten Heizkörper verglichen werden.

Der Zeitraum zwischen der Verlegung der Heizschleifen einer **Fußbodenheizung** und dem Einbringen des Estrichs erfordert besondere Achtsamkeit. Außer dem Heizungsbauer sollten keine weiteren Firmen auf der Baustelle tätig sein. Damit vermeiden Sie, dass die Leitungen durch andere beschädigt werden. Kommt es dann zu einem Schaden, haftet der Heizungsbauer. Wenn in einem Raum mehrere Heizkreise vorgesehen sind, muss geprüft werden, ob die Leitungen auch entsprechend den Vorgaben verlegt wurden. Dabei sollte auch der Abstand zwischen den Heizleitungen nachgemessen und mit den Vorgaben aus dem Leistungsverzeichnis überprüft werden. Vor Fenstertüren beispielsweise werden die Heizschlangen meist dichter verlegt als im übrigen Raum.

Bei der **Montage des Brenners** muss Ihr Bauleiter kontrollieren, ob das Gerät mit dem Leistungsverzeichnis übereinstimmt. Je nachdem, ob die Luftzufuhr raumluftabhängig oder -unabhängig erfolgen soll, muss der Installateur zu Beginn prüfen, ob die notwendigen Voraussetzungen geschaffen wurden (zum Beispiel spezieller Wanddurchbruch für die Zuluft). Nach der Montage sollte geprüft werden, ob das Gerät schallentkoppelt montiert wurde, soweit das bei der gewählten Anlage notwendig ist. Steht die Heizungsanlage im Hausanschlussraum, muss der zur Verfügung

Checkliste: Heizungsarbeiten

✓	erledigt am	
☐	☐	Besprechen Sie mit Ihrem Bauleiter, ob es besondere Auflagen für den Heizraum gibt (zum Beispiel Zuluft der Heizungsanlage, Beschaffenheit der Wandoberflächen bei Lagerraum für Heizöl usw.).
☐	☐	Besprechen Sie mit dem Unternehmer die Lage des Heizkreisverteilers.
☐	☐	Prüfen Sie, ob der Heizkessel auf einer schallgedämmten Unterlage steht.
☐	☐	Klären Sie, welche weiteren Maßnahmen notwendig sind, um eine Schallübertragung beim Betrieb der Heizungsanlage zu vermeiden.
☐	☐	Prüfen Sie, ob die Dämmstärke der Rohre den Vorgaben entspricht und nicht zu gering ist.
☐	☐	Kontrollieren Sie, ob alle Befestigungsteile mit Schalldämmeinlagen versehen sind.
☐	☐	Lassen Sie alle Leitungen und Ventile für spätere Wartungsarbeiten beschriften.
☐	☐	Vor dem Schließen von Wandschlitzen oder dem Einbringen des Estrichs wird eine Dichtheitsprüfung der Leitungen durchgeführt. Lassen Sie sich das Protokoll aushändigen.
☐	☐	Beim Schließen von Deckendurchstoßpunkten zwischen getrennten Wohneinheiten sind die Brandschutz- und Schallschutzrichtlinien zu beachten (wurden Rauchschellen eingesetzt?).
☐	☐	Bei Heizkörpermontage: Prüfen Sie, ob die Abstände der Heizkörper zu Wand und Boden mit den Vorgaben des Herstellers übereinstimmen (Rohbodenabstand/Fertigbodenabstand beachten).
☐	☐	Vergleichen Sie die Größe der Heizkörper mit den Vorgaben aus dem Leistungsverzeichnis.
☐	☐	Kontrollieren Sie die Funktionsfähigkeit der Heizkörperventile.
☐	☐	Bei Fußbodenheizung: Achten Sie darauf, dass nach der Rohrverlegung der Fußbodenheizung niemand auf den Rohren herumläuft, bis der Estrich eingebracht wurde.
☐	☐	Bei Verlegung der Fußbodenheizung darauf achten, dass die Räume einzeln geregelt werden können; in größeren Räumen ist eine zusätzliche Unterteilung sinnvoll (zum Beispiel Wohnbereich und Essbereich im Wohnzimmer trennen).
☐	☐	Vergleichen Sie spätestens bei der Abnahme die eingebaute Heizungsanlage mit allen Vorgaben aus der Leistungsbeschreibung (Hersteller, Typ, Leistung, Größe des Warmwasserspeichers usw.).
☐	☐	Lassen Sie die Heizungsanlage vom Schornsteinfeger abnehmen, bevor Sie die Schlussrechnung bezahlen.

stehende Platz an den Wänden so verteilt werden, dass alles untergebracht werden kann. Wurde bei der Planung ein Haustechnik-Ingenieur eingeschaltet, hat dieser neben den Grundrissplänen meist auch einen Ansichtsplan der Wände im Hausanschlussraum gezeichnet und die Lage aller Komponenten festgelegt. Klären Sie, ob dem Installateur vor Ort diese Pläne zur Verfügung stehen, und lassen Sie vom Bauleiter prüfen, ob er sich an die Vorgaben hält.

13.20 Zentrale Lüftungsanlage

Bei **zentralen Lüftungsanlagen** wird in Bädern oder Küchen Luft abgesaugt und nach außen geleitet, während in Wohnräumen über Außenwandöffnungen Frischluft nachgeführt wird. Der Installationsaufwand hierfür ist relativ gering, dafür geht die in der Innenluft gespeicherte Wärme ungenutzt verloren. Soll diese Wärme dem Gebäude erhalten bleiben, wird üblicherweise eine zentrale **Lüftungsanlage mit Wärmerückgewinnung** installiert. Bei diesen Systemen wird die Innenluft zentral angesaugt, in die Wohnräume eingeleitet, über Bäder und Küchen wieder ausgeleitet und zur Lüftungsanlage zurückgeführt, wo sie ihre Wärme über einen Wärmetauscher an die einströmende Frischluft abgibt. Im Gebäude werden also sowohl Zuluft- als auch Abluftleitungen verlegt. Dadurch erhöht sich die Komplexität der haustechnischen Installation erheblich. Das kann aber sehr sinnvoll sein und so weit gehen, dass man durch eine intelligente Lüftungsanlage ganz auf die Heizung verzichten kann (Passivhauskonzept). Lüftungsleitungen sollten möglichst geradlinig und auf kürzestem Weg verlegt werden, damit die Luftwiderstände innerhalb des Systems klein gehalten werden können. Sie haben aus diesem Grund auch einen größeren Durchmesser als andere Leitungssysteme und benötigen daher einen gewissen Raum für die Installation. Früh und klug geplant, kann man sie allerdings sehr unauffällig an alle benötigten Punkte im Haus führen. Soll eine Lüftungsanlage mit Wärmerückgewinnung zum Einsatz kommen, empfiehlt sich eine Planung der gesamten haustechnischen Installation durch ein Haustechnik-Ingenieurbüro.

Mit dem Einbau einer Lüftungsanlage wird häufig das Unternehmen beauftragt, das auch die Heizungs- und Sanitärarbeiten durchführt. Das ist ein Vorteil, weil dann die Leitungsführung der Gewerke Heizung, Sanitär und Lüftung in einer Hand liegt. Genauso wichtig ist jedoch, dass das Unternehmen ausreichende Erfahrung mit der Montage und Wartung von Lüftungsanlagen hat. Das gilt insbesondere für den Fall, dass eine Lüftungsanlage als alleiniges Heizsystem des Hauses installiert werden soll (Passivhauskonzept). Nur Unternehmen, die das schon des Öfteren umgesetzt haben, sollten hier die Ausführung übernehmen.

Montage der Kanäle
Vor Beginn der Arbeiten sollte gemeinsam mit dem Rohbauunternehmen und der Firma, die die Lüftungsanlage installiert, geprüft werden, ob alle notwendigen Decken- und Wanddurchlässe in der

richtigen Größe hergestellt wurden und ob diese an der richtigen Stelle sitzen. Im ersten Arbeitsschritt werden dann die Steigleitungen und die Abzweige für Zu- und Abluft in die einzelnen Räume verlegt. Dabei muss sehr genau darauf geachtet werden, dass die Kanäle keinen Kontakt zu anderen Bauteilen haben und dass sie mit Schallschutzhaltern befestigt sind. Eine Möglichkeit der Leitungsführung für die Zu- und Abluft der einzelnen Räume ist die Verlegung unter dem schwimmenden Estrich. Es gibt Systeme, bei denen die in den Leitungen notwendigen Schalldämpfer eine so geringe Aufbauhöhe haben, dass sie in der Dämmebene unter dem Estrich Platz finden. Das muss bei den Estrichaufbauhöhen und bei der Schallschutzplanung berücksichtigt werden, denn oberhalb und unterhalb dieser Leitungen ist dann kaum noch Platz für die Schalldämmung. Das Problem bei solchen Leitungsführungen – mit manchmal auch rechteckigen und kleinen Querschnitten – ist aber, dass sie von der Luft nicht optimal durchströmt werden können und nachträglich auch kaum mehr erreichbar sind, falls es doch einmal zum Reparaturfall kommt.

Zulufteinführungen befinden sich in der Regel in den Wohnräumen, die Abluft wird über Küchen, Bäder oder Flure abgesaugt. Der korrekte Anschluss von Zu- und Abluftleitungen sollte daher genauso geprüft werden wie die Schalldämpfer in den Kanälen. Die Deckenöffnungen und Wanddurchlässe müssen nach der Installation der Lüftungsanlage vom Rohbauunternehmer gegebenenfalls geschlossen werden. Auch hier muss genau kontrolliert werden, dass die Leitungen nicht direkt in Kontakt mit Putz oder Mörtel kommen, damit keine Schallbrücken entstehen. Bei Wand- und Deckendurchlässen ist darüber hinaus der Brandschutz zu beachten, beispielsweise durch Einsatz von Brandschutzschellen oder -mörtel.

Montage von Lüftungs- und Steuereinheit

Nachdem die Lüftungskanäle verlegt sind, wird als Nächstes die Lüftungseinheit montiert. Diese arbeiten heute meist sehr leise und benötigen keine weiteren Vorkehrungen zu Schallschutz, wenn sie zum Beispiel im Haustechnikraum im Keller stehen. An das Lüftungsgerät werden vier Leitungen angeschlossen: die Steigleitungen für Zu- und Abluft, die Zufuhrleitung für Außenluft und die Abluftleitung nach außen. Lüftungsanlagen mit Wärmerückgewinnung werden im Sommer ohne Wärmetauscher betrieben, da man ja keine erwärmte Luft in die Räume leiten will. Es gibt Anlagen, bei denen man sich sogar eine Kühlfunktion zunutze machen kann, wenn die Luftansaugung zum Beispiel über einen Erdwärmetauscher geführt wird.

Erdwärmetauscher zur Vorerwärmung beziehungsweise Vorkühlung der Außenluft

Wenn es die Situation vor Ort zulässt, kann die Zuluft über einen Erdwärmetauscher geführt werden, bevor sie ins Haus gelangt. Erdwärmetauscher sind Kunststoffrohre, in denen die Frischluft auf einer Länge von mindestens 15 Metern zum Gebäude geführt wird und die einen bis eineinhalb Meter tief im Erdreich liegen, wo die Temperatur auch im Winter bei konstant 5 bis 10 °C bleibt. Bei diesen Erdleitungen muss darauf geachtet werden, dass sie im Gefälle liegen und am tiefsten Punkt einen Wasserablauf haben: Im Sommer kühlt die warme Außenluft in den Rohren ab, Feuchtigkeit kondensiert an den kühlen Rohrinnenwänden und muss abgeführt werden.

Justieren der Anlage

Nach Inbetriebnahme muss die Anlage zunächst justiert werden. Dazu wird die Luftmenge eingestellt, die nach den Berechnungen des Haustechnik-Ingenieurs in jedem Raum ausgetauscht werden muss. Das erfolgt an den Luftauslässen in den einzelnen Räumen. Da sich die Räume gegenseitig beeinflussen (die Reduzierung der Luftmenge in einem Raum führt zu einer Erhöhung der Luftmenge in anderen Räumen), sollten Laien keinesfalls Veränderungen an den Luftauslässen vornehmen. In den ersten Monaten nach Inbetriebnahme müssen die Filter häufiger kontrolliert werden, da sich noch Reststaub in der Anlage befindet, der die Filter vielleicht zusetzt. Wenn sich die Zu- und Abluftöffnungen in unterschiedlichen Räumen befinden, muss bei den Folgegewerken darauf geachtet werden, dass die Luft auch zu den Abluftöffnungen strömen kann. Hierzu werden entweder Lüftungsgitter in die Türen eingebaut, oder der Abstand der unteren Türblattkante zum Bodenbelag wird ausreichend groß gelassen.

Soll außer einer Lüftungsanlage auch ein Kachelofen oder offener Kamin in Betrieb genommen werden, muss das im Vorfeld mit dem Haustechniker und eventuell dem zuständigen Bezirksschornsteinfeger besprochen werden. Der Ofen benötigt dann eigentlich immer eine eigene Außenluftzufuhr. Wer ein Passivhaus baut, sollte aber nicht noch zusätzlich Holz oder Pellets verbrennen. Das ist energetisch unnötig und wäre nur der „deutschen Gemütlichkeit" geschuldet, mit einem hohen Preis für die Umwelt. Auch Dunstabzugshauben in Küchen können nicht ohne Weiteres

> **Tipp**
>
> **Statt der relativ teuren Filterkassetten gibt es für viele Lüftungsanlagen günstiges Filtervlies** von der Rolle. Fragen Sie Ihren Installateur danach. Für Allergiker gibt es auch spezielle Pollenfiltermöglichkeiten an der zentralen Luftansaugung.

zum Einsatz kommen. Da diese Luft absaugen, können sie ein Lüftungssystem stören. In Passivhäusern muss ihr Einsatz daher sorgfältig geklärt werden und ist oft gar nicht möglich. Allerdings wird in Passivhäusern ja ohnehin die gesamte Küchenraumluft abgesaugt – und damit verflüchtigen sich alle Gerüche sehr rasch.

Checkliste: Lüftungsanlage

✓ erledigt am

- ☐ Die Dämmung der Rohre muss den Vorgaben entsprechen.
- ☐ Kontrollieren Sie, ob alle Befestigungsteile mit Schalldämmeinlagen versehen sind.
- ☐ Lassen Sie die Kanäle im Aufstellraum der Lüftungsanlage beschriften, um bei späteren Wartungsarbeiten leicht einen Überblick zu erhalten.
- ☐ Klären Sie, ob bei Leitungsführungen durch Wände und Decken Brandschutzbestimmungen berücksichtigt werden müssen.
- ☐ Vor dem Schließen von Mauerschlitzen oder dem Einbringen des Estrichs wird eine Dichtheitsprüfung der Leitungen durchgeführt. Lassen Sie sich das Protokoll aushändigen.
- ☐ Bei Verlegung unter dem Estrich: Achten Sie darauf, dass unter- und oberhalb der Kanäle eine Schalldämmmatte vorhanden ist.
- ☐ Bei Erdwärmetauschern: Leitungen im Erdreich müssen im Gefälle liegen und am tiefsten Punkt über eine Entwässerung verfügen.
- ☐ Vergleichen Sie die Lüftungszentralanlage bei der Anlieferung mit den Vorgaben aus der Leistungsbeschreibung (Hersteller, Typ, Leistung usw.).
- ☐ Kontrollieren Sie, ob in der Lüftungsanlage ein Filter eingesetzt wurde.
- ☐ Kontrollieren Sie, ob eine Kassette für den Sommerbetrieb vorhanden ist.
- ☐ Kontrollieren Sie die Funktionsfähigkeit der Steueranlage.
- ☐ Lassen Sie sich das Protokoll der Anlagenjustierung samt Justierung der Luftein- und -auslassdüsen vorlegen.
- ☐ Lassen Sie die Lüftungsanlage vom planenden Fachingenieur abnehmen, bevor Sie die Schlussrechnung bezahlen.
- ☐ Lassen Sie sich intensiv einweisen.

13.21 Sanitärinstallation

Zur **Rohinstallation** gehören bei der Sanitärtechnik:

› die Leitungsführung von Kalt- und Warmwasser zu den Verbrauchsstellen,
› die Leitungsführung für das Abwasser sowie eventuell
› die Montage eines von der Heizungsanlage unabhängigen Warmwasser-Speichererhitzers, zum Beispiel im Heizraum.

Zur **Fertigmontage** gehören

› die Sanitäranlagen wie Toiletten- und Waschbecken,
› die Armaturen und
› Zubehörteile wie etwa Handtuchhalter, soweit diese mit zum Leistungsumfang gehören, sowie
› die Montage von Durchlauferhitzern, zum Beispiel in Bad, Gäste-WC oder Küche.

Rohinstallation

Die Leitungsführung von Kalt- und Warmwasser
Bei der Installation der Kalt- und Warmwasserleitungen muss besonders auf Wärmedämmung und Schallschutzmaßnahmen geachtet werden. Nicht ausreichend gedämmte Warmwasserleitungen geben ihre Wärme an die umgebenden Räume ab und führen so zu Mehrkosten für die Warmwasserbereitung. Außerdem dauert es länger, bis warmes Wasser aus der Leitung kommt, was den Wasserverbrauch zusätzlich erhöht. Die vorgeschriebene Mindest-Dämmschichtdicke für Heiz- und Warmwasserleitungen wird durch die Energieeinsparverordnung (EnEV) vorgeschrieben, die Mindest-Dämmschichtdicke für Kaltwasserleitungen wird über eine DIN-Norm geregelt (DIN 1988-20 in Verbindung mit der DIN EN 806-2). Diese Werte werden üblicherweise bereits bei der Bauplanung festgelegt. Wichtig ist: Auch die Kaltwasserleitungen müssen gedämmt werden, weil sich sonst Feuchtigkeit aus der Raumluft als Kondensat an den Leitungen niederschlägt und Außenkorrosion verursacht. Um eine Schallübertragung von Leitungsgeräuschen auf Wände und Decken zu vermeiden, müssen alle Leitungen schallentkoppelt befestigt sein. Dies erfolgt über Gummieinlagen, die zwischen Halter und Leitung befestigt werden. Achten Sie auch darauf, dass die Leitungen im gesamten Verlauf keinen Kontakt zu Wänden und Decken haben. Bei größeren Leitungsquerschnitten sind die Fließgeräusche niedriger.

Nach Abschluss der Rohinstallation muss eine Dichtheitsprüfung erfolgen, bevor die Leitungen zum Beispiel durch Einbringung eines Estrichs nicht mehr zugänglich sind. Lassen Sie sich das Protokoll aushändigen und nehmen Sie es zu Ihren Unterlagen.

> **Tipp**
>
> **Lassen Sie vom Bauleiter sorgfältig prüfen,** ob der Monteur die nach der Energieeinsparverordnung (EnEV) vorgeschriebenen Dämmstoffdicken für Warmwasserleitungen eingehalten hat.

Das Abwassersystem (Schmutzwasser)
Bei den Abwasserrohren gibt es erhebliche Preisunterschiede, die vor allem durch das Material und die Schalldämmung begründet sind. Wenn Abwasserleitungen unter der Decke von Kellerwohnräumen verlaufen, sollten auf jeden Fall hochwertige Rohre mit guter Schalldämmung verwendet werden. Auch Abwasserrohre sollten mit schalldämmenden Materialien an Decken und Wänden befestigt werden, um die Schallübertragung aus den Leitungen ins Mauerwerk so weit wie möglich zu reduzieren. Wenn Badezimmer und Schlafzimmer eine gemeinsame Trennwand haben, sollte an dieser Wand nicht das WC montiert sein.

Die Erzeugung und Speicherung von Warmwasser
Bei der Montage eines Warmwasser-Speichererhitzers muss Ihr Bauleiter kontrollieren, ob das Gerät gemäß Leistungsverzeichnis geliefert wurde. Prüfen Sie anhand der Montage- und Betriebsanleitung des Herstellers, ob zum Beispiel Aufstellungsempfehlungen gegeben werden. Wird der Warmwasser-Speichererhitzer im Hausanschlussraum montiert, ist die festgelegte Planung zu beachten.

Fertigmontage

Die Sanitäreinrichtung
Prüfen Sie bereits bei Anlieferung, ob die Sanitärgegenstände den bestellten Artikeln in Typ und Farbe entsprechen und ohne Schäden sind. Selbst bei Markenartikeln kann es sein, dass Fehlstellen in der Glasur oder sonstige Schäden vorhanden sind. Waschbecken und WCs werden erst nach dem Verlegen der Fliesen montiert, Duschtassen und Badewannen müssen aber vor den Fliesenarbeiten eingebaut werden. Sie müssen vom Fliesenleger zunächst gesetzt und dann umfliest werden. Es ist besonders wichtig, dass sichtbare Flächen von Badewannen und Duschtassen nach der Montage sorgfältig geschützt und weder betreten noch als Werkzeugablage benutzt werden. Duschtassen und Wannenkörper werden heutzutage nur noch mit Schallentkopplung eingebaut, sonst hört man später über angrenzende Bauteile jeden Wassertropfen fallen. Die Schallentkopplungen erfolgen meist durch Hartschaumunterbauten, zum Beispiel aus Styropor, in die Duschtassen und Wannenkörper eingesetzt werden. Direkte Kontaktpunkte mit Wänden werden vermieden. Hier erfolgt nach der Verfliesung der Wände in der Regel eine dauerelastische Verfugung.

Bei bodentiefen Duschen muss üblicherweise auf Estrichebene bereits das notwendige Gefälle zu einem Entwässerungspunkt vorbereitet und dann sorgfältig gefliest werden. Sehr wichtig ist hier das Aufbringen der Wasserabdichtung auf dem Estrich.

Die Armaturen
Auch sehr ähnlich aussehende Armaturen bergen oft große Qualitätsunterschiede. Neben der geringeren Verarbeitungsqualität namenloser Imitate von Markenprodukten liegt ein wesentlicher Unterschied in der Geräuschentwicklung bei der Wasserentnahme. Besonders negativ kann sich eine Armatur minderer Qualität auswirken, wenn Badezimmer und Schlafräume Wand an Wand liegen. Prüfen Sie vor der Montage, ob die Armaturen dem bestellten Artikel in Typ und Farbe entsprechen, vom Originalhersteller kommen und ohne Schäden sind. Lassen Sie sich vor Montage der Armaturen das Prüfzeugnis vorlegen.

Zur **Gruppe I** zählen Armaturen, deren zulässiger Schallpegel 20 db(A) nicht überschreitet. Sie sind zu bevorzugen, wenn zum Beispiel Schlafzimmer und Bad nebeneinanderliegen und an der gemeinsamen Wand Sanitärgegenstände montiert werden sollen.
Zur **Gruppe II** zählen Armaturen, deren zulässiger Schallpegel 30 db(A) nicht überschreitet. Sie können verwendet werden, wenn keine Armaturen an Wänden zu Wohn- oder Schlafräumen liegen.

> **Tipp**
>
> **Lassen Sie sich grundsätzlich Armaturen der Gruppe I einbauen,** wenn Sie geräuscharme Armaturen wünschen. Ein Geräusch von 20 db(A) ist nur halb so laut wie ein Geräusch von 30 db(A).

Checkliste: Sanitärarbeiten

✓ erledigt am

- [ ] Wenn für die Ausführung der Fliesenarbeiten Fliesenspiegel gezeichnet werden, sollten diese jetzt vorliegen, damit die Lage der Unterputzventile (zum Absperren des Wassers) und Eckventile (zum Beispiel unter Waschbecken) darauf abgestimmt werden kann.

- [ ] Klären Sie, ob der Einbau des Wasserzählers, der Kanalanschluss sowie gegebenenfalls der Anschluss der Gasleitung bereits beantragt wurde.

- [ ] Besprechen Sie mit dem Sanitärinstallateur die Lage und Anzahl von Revisionsöffnungen.

- [ ] Wenn Bodeneinläufe nur selten genutzt werden, sollte mindestens ein häufig benutzter Ablauf über den Bodeneinlauf entwässern, damit der Geruchsverschluss nicht austrocknet (Geruchsbelästigung).

- [ ] Ein zweiter Außenanschluss zur Bewässerung des Vorgartens kann sehr sinnvoll sein.

- [ ] Alle Befestigungsteile müssen mit Schalldämmeinlagen versehen sein. Ihr Bauleiter muss die Dicke der Rohrdämmungen aller Leitungen im Fußbodenaufbau kontrollieren.

- [ ] Absperrventile müssen beschriftet sein, damit Sie bei Rohrbrüchen sofort den richtigen Absperrhahn finden.

- [ ] Rohrleitungen dürfen nicht in Kontakt mit Mauerwerk, Putz, Beton, Metall kommen (Korrosion sowie Schallübertragung).

- [ ] An den Hoch- und Tiefpunkten von Steigleitungen sollten Entlüftungsventile beziehungsweise Entleerungen vorgesehen werden. Jede Steigleitung sollte getrennt absperrbar sein.

- [ ] Zur Vermeidung von Schwitzwasser muss die Kaltwasserleitung unter oder neben der Warmwasserleitung liegen.

- [ ] Entwässerungsrohre müssen über das Dach entlüftet werden.

- [ ] Vor und nach dem Wasserzähler sollte vom Versorgungsunternehmen ein Absperrhahn gesetzt sein, damit der Wasserzähler jederzeit ohne größeren Aufwand gewechselt werden kann.

- [ ] Kontrollieren Sie die Höhen der Anschlüsse für Waschtisch, WC usw., und prüfen Sie, ob der Fußbodenaufbau berücksichtigt wurde.

- [ ] Vor dem Schließen von Schlitzen oder dem Einbringen des Estrichs muss eine Dichtheitsprüfung durchgeführt werden. Lassen Sie sich das Protokoll aushändigen. Durchstoßpunkte von Leitungen durch Fliesenbeläge sollten mit dauerelastischem Material abgedichtet werden.

- [ ] Beim Schließen von Deckendurchstoßpunkten zwischen getrennten Wohneinheiten sind die Brandschutz- und Schallschutzrichtlinien zu beachten (wurden Rauchschellen eingesetzt?).

- [ ] Wenn später Zubehörteile – wie Handtuchhalter, Badetuchstangen, Zahnglashalter, Seifenschalen – vom Unternehmer angebracht werden, sollte gemeinsam die genaue Lage festgelegt werden.

- [ ] Duschtassen und Badewannen aus Metall sowie das Leitungsnetz müssen geerdet werden, wenn Metallgegenstände beziehungsweise -rohre für die Leitungsführung verwendet werden.

- [ ] Alle Sanitärobjekte müssen schallentkoppelt montiert werden.

- [ ] Lassen Sie sich die Prüfzeugnisse von Armaturen vorlegen, und kontrollieren Sie, ob die jeweilige Schallschutzgruppe den Vorgaben entspricht. Bei Billigprodukten entstehen erheblich höhere Fließgeräusche als bei Markenartikeln.

		Checkliste: Sanitärarbeiten (Fortsetzung)
☐	☐	Achten Sie darauf, dass sämtliche Leitungen durchgespült wurden, auch die Entwässerungsleitungen.
☐	☐	Prüfen Sie, ob die Warmwasserleitung links und die Kaltwasserleitung rechts an der Mischbatterie angeschlossen wurde.
☐	☐	Sind die Außenanschlüsse für die Gartenbewässerung einzeln absperrbar?

13.22 Elektroinstallation

Dieses Gewerk lässt sich in mehrere Abschnitte unterteilen:

> Montage des Hausanschlusskastens durch die Stadtwerke beziehungsweise das Versorgungsunternehmen,
> Rohinstallation aller Leitungen von den Räumen zum Stromkreisverteilerkasten,
> Montage des Zählerschranks, Einbau der Sicherungen und des Zählers,
> Einbau der Schalter und Steckdosen,
> Montage der Abdeckungen nach den Malerarbeiten.

Von den Stadtwerken beziehungsweise Versorgungsunternehmen werden der Stromanschluss ins Haus gelegt und ein Hausanschlusskasten gesetzt. Von hier führt die Hauptleitung meist direkt in den Zählerschrank, in dem sich der Stromzähler und die Sicherungen der einzelnen Stromkreise befinden. Abgehend vom Zählerschrank führen die Leitungen der einzelnen Stromkreise in die verschiedenen Räume. Falls Sie eine Einliegerwohnung geplant haben, die Sie zu einem späteren Zeitpunkt fremdvermieten möchten, sollte der Stromkreisverteiler so bemessen sein, dass ein zweiter Zähler montiert werden kann. Außerdem sollten noch einige Steckplätze für weitere Sicherungen frei sein.

Bei der Verlegung der Leitungen ist darauf zu achten, dass diese gemäß DIN 18015-3 nur senkrecht und waagerecht an den Wänden geführt werden. Dabei müssen die festgelegten Installationszonen genutzt werden.

Sowohl für die Montage der Elektroinstallation als auch für die Kontrolle der Arbeiten ist es hilfreich, wenn Sie mit Ihrem Architekten oder Planer bereits bei der Planung festgelegt haben, wo Steckdosen, Lichtauslässe und Schalter sowie Telefon- und Antennenanschlüsse benötigt werden, ferner die Lage der Klingel- und der Gegensprechanlage. Diese Pläne, meist im Maßstab 1:50 angelegt, sollten Sie jetzt noch einmal mit dem Elektriker besprechen. Wenn Sie Rollläden oder Raffstoren zum Beispiel elektrisch betreiben möchten, müssen auch Zuleitungen zu den Rollladen- oder Raffstorenkästen vorgesehen werden. Steuerleitungen von einzelnen Wohnräumen zur Lüftungs- beziehungsweise Heizungsanlage sind zu berücksichtigen. Die notwendigen Informationen erhalten Sie vom Lüftungs- oder Heizungsinstallateur. Im Einfamilienhausbereich kommt zunehmend die sogenannte Bus-Technik zum Einsatz, bei der zu jeder Stromleitung eine Steuerleitung mitverlegt wird. Mit der Bus-Technik kann zum Beispiel die Zuordnung eines Schalters zu einer Lichtquelle verändert oder die Lüftungs- oder Heizungsanlage aus der Ferne bedient oder gewartet werden. Wenn Sie derzeit hierfür keinen Bedarf haben, aber vielleicht zu einem späteren Zeitpunkt nachrüsten möchten, sind schon heute einige Dinge zu beachten, zum Beispiel das Verlegen von Leerrohren oder die größere Abmessung für Stromverteilungskästen zur nachträglichen Aufnahme von Steuergeräten. Damit können Sie den Aufwand später gering halten.

Checkliste: Elektroarbeiten

✓ erledigt am

- [ ] Die Lage des Hausanschlusskastens sollte gemeinsam mit den Stadtwerken beziehungsweise dem Versorgungsunternehmen festgelegt werden.
- [ ] Bestimmen Sie gemeinsam mit dem Elektriker einen günstigen Platz für den Zählerschrank.
- [ ] Die Sicherungen im Stromkasten müssen beschriftet sein. Alle Räume sollten getrennt abgesichert sein. Unter Umständen auch Anschluss für Gefriertruhe oder Kühlschrank getrennt absichern lassen.
- [ ] Achten Sie darauf, dass das vereinbarte Kabelmaterial verwendet wird (Stegleitungen oder Mantelleitungen).
- [ ] Leitungen, die später verputzt werden, müssen gemäß DIN 18015-3 in festgelegten Laufkorridoren grundsätzlich senkrecht oder waagerecht verlegt werden, damit diese Bereiche leicht nachvollzogen werden können. Machen Sie vor dem Verputzen ein Foto von allen Elektroleitungen und Leerdosen.
- [ ] Prüfen Sie, ob Leitungen für die Steuerung der Heizungsanlage eingebaut wurden (zum Beispiel vom Heizkessel zum Thermostat im Wohnzimmer oder vom Außenfühler zum Schaltschrank des Heizraumes usw.). Verlangen Sie diese Angaben von der Heizungsinstallationsfirma möglichst vor Fertigstellung der gesamten Elektroinstallation.
- [ ] Achten Sie darauf, dass Starkstromleitungen und Fernmeldeleitungen einen Abstand von mindestens zehn Zentimetern haben, um Störungen in der Telefonleitung zu vermeiden. Schwachstromkabel am besten in Leerrohren verlegen.
- [ ] Alle Leitungen müssen ausreichend befestigt sein. Freie Kabelenden müssen durch Lüsterklemmen gesichert werden.
- [ ] Keine Kabel auf Bodenbereichen (zum Beispiel Flachdächern, Terrassen) verlegen, die noch mit Bitumenschweißbahnen verklebt werden.
- [ ] Lassen Sie Leitungen auf Rohbetondecken nur in Leerrohren verlegen.
- [ ] Leerdosen müssen vor dem Verputzen mit einem farbigen Deckel versehen oder mit Papier ausgestopft werden.
- [ ] Außensteckdosen sollten von innen schaltbar sein.
- [ ] Bei fest installierten Niedervolt-Beleuchtungsanlagen gemeinsam den Ort für den Trafo festlegen.

Checkliste: Elektroarbeiten (Fortsetzung)

- [ ] [ ] Beim Anschluss einer Dachantenne auf ordnungsgemäße Abdichtung der Dachdurchführung achten. Antennenstandrohre dürfen nicht am Kamin befestigt werden.
- [ ] [ ] Alle vom Elektriker hergestellten Durchbrüche und Aussparungen müssen von ihm auch wieder ordnungsgemäß verschlossen werden.
- [ ] [ ] Achten Sie darauf, dass im gefliesten Bereich Schalter und Steckdosen erst nach dem Fliesen montiert werden.
- [ ] [ ] Steckdosen und Schalter müssen in allen Räumen einheitlich hoch montiert werden: Steckdosenhöhe etwa 30 Zentimeter über Oberkante Fertigfußboden (OKFF), Schalterhöhe etwa 105 Zentimeter über OKFF. Steckdosenhöhe in der Küche mit der Höhe der Arbeitsplatte abstimmen.
- [ ] [ ] Vergleichen Sie anhand der Aufschlagrichtung der Türen im Plan, ob die Lichtschalter auf der richtigen Öffnungsseite angebracht wurden.
- [ ] [ ] Schalter sollten einen ausreichenden Abstand zu den Türlaibungen haben (etwa zehn Zentimeter).
- [ ] [ ] Zu prüfen ist, ob alle Badinstallationen geerdet wurden, ob die Sicherheitsabstände beachtet wurden und ob alle Elektroanschlüsse im Bad an eine Fehlerstrom-Schutzschaltung angeschlossen sind.
- [ ] [ ] Kontrollieren Sie raumweise die Lage und Anzahl aller Schalter und Steckdosen sowie die Lage und Anzahl der Antennenanschlüsse.

13.23 Blitzschutzanlage

Wenn Sie ein Gebäude in exponierter Lage errichten möchten, beispielsweise auf einer Hügelkuppe, werden Sie in der Regel eine Blitzschutzanlage installieren müssen. Das gilt auch für den Fall, dass Sie Ihr Haus mit einer weichen Bedachung in Form einer Reetdeckung versehen möchten. Außerdem kann die Bauaufsichtsbehörde eine Blitzschutzanlage vorschreiben. In allen anderen Fällen liegt es in Ihrem Ermessen, sich und Ihr Haus vor Blitzeinschlag zu schützen. Erkundigen Sie sich danach am besten bereits in der Planungsphase bei den Behörden. Wenn Sie eine Blitzschutzanlage montieren lassen, müssen Sie bei der Ausführung der Arbeiten auf den äußeren und inneren Blitzschutz achten. Der äußere Blitzschutz

bietet Schutz vor mechanischer Zerstörung und Brand durch direkten Blitzschlag. Der innere Blitzschutz schützt vor den Auswirkungen der gewaltigen Spannungen, die beim direkten oder indirekten Blitzeinschlag entstehen. Beim **äußeren Blitzschutz** müssen folgende Bestandteile kontrolliert werden:

› Fangeinrichtung,
› Ableitungen,
› Erdungsanlage.

Die Fangeinrichtung besteht meist aus Leitungen, die am First, an den Traufen und den Ortgängen verlaufen. Kein Punkt der Dachfläche darf mehr als fünf Meter von einer solchen Fangeinrichtung entfernt sein, bei Bedarf müssen mehr Leitungen gezogen werden. Alle Dachaufbauten und Antennen müssen mit einer Fangeinrichtung versehen werden. Unter den Ableitungen versteht man die Verbindungen zwischen Fangeinrichtung und Erdungsanlage. Bei Wohnhäusern sind in der Regel mehrere Ableitungen erforderlich.

Die Erdungsanlage stellt die elektrisch leitende Verbindung mit dem Erdreich her. Über diese Erder wird die elektrische Energie des Blitzschlags schließlich in die Erde abgeleitet. Die Ausführung der äußeren Blitzschutzanlage sollte unbedingt einer spezialisierten Fachfirma überlassen werden. Beim inneren Blitzschutz müssen folgende Bestandteile kontrolliert werden:

› Blitzschutz-Potenzialausgleich an allen metallischen Anlagen wie Rohrleitungen, Betonbewehrungen, Elektroleitungen,
› Überspannungsschutz für alle Elektrogeräte.

Ferneinschläge können eine Überspannung im Leitungsnetz hervorrufen, die in der Folge Haushaltsgeräte und Elektrik beschädigt. Überspannungsschutzgeräte sind daher eine sinnvolle Erstmaßnahme. Der innere Blitzschutz kann vom Elektroinstallateur installiert werden.

Checkliste: Blitzschutzanlage

✓	erledigt am	
☐	☐	Erkundigen Sie sich frühzeitig, ob eine Blitzschutzanlage (äußerer Blitzschutz) zwingend gefordert ist oder ob deren Einrichtung in Ihrem Ermessen liegt.
☐	☐	Die Montage einer Blitzschutzanlage sollte nur von einer spezialisierten Fachfirma ausgeführt werden.
☐	☐	Wenn eine Blitzschutzanlage installiert werden soll, ziehen Sie bereits in der Planungsphase die Fachfirma hinzu.
☐	☐	Prüfen Sie, ob alle Metallteile im Dachbereich an die Blitzschutzanlage angeschlossen sind (zum Beispiel Antenne, Regenrohre, Verwahrungen).
☐	☐	Bauteile, die mehr als 30 Zentimeter aus der Dachfläche herausragen, müssen ebenfalls mit einer Fangeinrichtung versehen werden.
☐	☐	Lassen Sie sich nach Fertigstellung das Messprotokoll aushändigen.
☐	☐	Prüfen Sie beim inneren Blitzschutz im Sicherungskasten, ob ein Überspannungsschutz für alle Elektrogeräte besteht.
☐	☐	Kontrollieren Sie, ob der Blitzschutz-Potenzialausgleich an allen metallischen Anlagen (Elektro- und Rohrleitungen, Betonbewehrungen) angeschlossen ist.

13.24 Schlosserarbeiten

Die Schlosserarbeiten gehören zu der Gruppe von Gewerken, bei denen ein sehr hoher Vorfertigungsgrad in der Werkstatt besteht. Auf der Baustelle werden die gefertigten Teile in der Regel nur noch montiert, gegebenenfalls geringfügig angepasst. Präzise Detailzeichnungen und ein genaues Aufmaß der örtlichen Gegebenheiten vor der Herstellung sind unbedingt notwendig. Bei Schlosserarbeiten handelt es sich zum einen um Anfertigungen für den baukonstruktiven

Einsatz. Das können spezielle Verbindungsstücke aus Stahl im Dachbereich sein oder Stützen und Unterzüge aus Stahl, die der Rohbauunternehmer benötigt. Diese Bauteile sind meist aus normalem Stahl gefertigt und verzinkt oder durch einen Anstrich gegen Rost geschützt. Die erforderlichen Abmessungen und Querschnitte werden in der Regel vom Statiker vorgegeben. Zum anderen gibt es Anfertigungen für den gestalterischen Einsatz: Vordachkonstruktionen aus Stahl und Glas, Treppengeländer, Stahlwangen von Treppen, Balkongeländer oder auch Türen und Tore. Hier kommt häufig nicht rostender Edelstahl zum Einsatz. Neben den reinen Materialkosten, die für Edelstahl etwa doppelt so hoch sind wie für herkömmlichen Stahl, kommen höhere Bearbeitungskosten hinzu: Edelstahlteile müssen mit einer speziellen Schweißtechnik miteinander verbunden werden.

Wichtig ist, dass Stahlteile für den Außenbereich, die fertig verzinkt auf die Baustelle geliefert werden, nicht mehr vor Ort angepasst oder geschnitten werden. Die hochwertige Qualität einer Feuerverzinkung wird dadurch zerstört und kann durch Zinksprays oder Ähnliches nicht mehr wiederhergestellt werden.

Vordachkonstruktionen aus Stahl und Glas

Speziell bei Vordachkonstruktionen aus Stahl und Glas kommt es häufig zu einer Reihe von Problemen, die bei vorausschauender Planung vermieden werden können. Viele Bauherren unterschätzen beispielsweise den Pflege- und Reinigungsaufwand bei der Verwendung von klarem, durchsichtigem Glas. Hier sollten mattierte Gläser verwendet werden, vor allem bei einer flachen Glasneigung. Da Stahl ein sehr guter Wärmeleiter ist, bilden nicht isolierte Verankerungen im Mauerwerk Wärmebrücken: Die Temperatur der Innenwand sinkt in diesen Bereichen ab und Raumfeuchtigkeit kondensiert an den Kältezonen zu Wasser, was Schimmelpilzen gute Bedingungen schafft.

Checkliste: Schlosserarbeiten

✓ erledigt am

☐ ☐ Prüfen Sie, ob detaillierte Ausführungszeichnungen vorliegen, aus denen die Materialquerschnitte, Anschlüsse der einzelnen Bauteile und Befestigungen mit dem Bauwerk genau zu ersehen sind.

☐ ☐ Kontrollieren Sie anhand der Detailzeichnungen, ob die Maße und Querschnitte der gelieferten Metallteile mit den Ausführungszeichnungen übereinstimmen.

Checkliste: Schlosserarbeiten (Fortsetzung)

- [ ] Achten Sie darauf, dass alle Metallteile sauber entgratet sind, um Verletzungen zu vermeiden.
- [ ] Wenn kein Edelstahl verwendet wird, sollten alle Metallteile bereits verzinkt oder mit Rostschutz versehen auf die Baustelle geliefert werden.
- [ ] Werden Metallteile auf der Baustelle mit Rostschutz behandelt, müssen diese vorher sorgfältig gereinigt werden.
- [ ] Werden grundierte Metallteile auf die Baustelle geliefert, sollten diese bald den Endanstrich erhalten. Die Grundierung stellt nur einen kurzfristigen Schutz dar.
- [ ] Um Kontaktkorrosion zu vermeiden, müssen zwischen verschiedenen Metallen Zwischenlagen aus Kunststoff eingelegt werden.
- [ ] Metallteile im Außenbereich sollten grundsätzlich feuerverzinkt geliefert werden oder aus Edelstahl bestehen.
- [ ] Metallteile, die fertig verzinkt auf die Baustelle geliefert werden, dürfen dort nicht mehr geschnitten werden, weil die hochwertige Schutzschicht nicht mehr wiederhergestellt werden kann.
- [ ] Kontrollieren Sie die Mindesthöhe von Geländern und Absturzsicherungen gemäß Bauvorschriften. Der lichte Abstand senkrechter Geländerstäbe muss kleiner als 12 Zentimeter sein.
- [ ] Biegungen an Geländerläufen dürfen keine Risse oder Querschnittsveränderungen aufweisen.
- [ ] Montagepunkte sollten Wärmedämmsysteme nicht durchstoßen, spezielle Montageplatten gibt es mittlerweile.

13.25 Innenputzarbeiten

Nach der Rohmontage der Haustechnik folgen die Innenputzarbeiten an Wänden und Decken. Bei Räumen mit üblicher Luftfeuchte wird überwiegend Gipsputz verarbeitet, der mit Maschinen einlagig auf Wände und Decken aufgespritzt und dann manuell geglättet wird. Für Feuchträume mit langzeitig einwirkender Feuchtigkeit wie Küche, Waschküche oder Bad ist Gipsputz ungeeignet; hier kommen üblicherweise Zementputze zum Einsatz. Aber Lehmputze können eine interessante Alternative sein.

Die **Vorarbeiten** beginnen mit dem Vorbehandeln der Wände und Decken. Da Putz auf glattem Beton schlecht haftet, wird zunächst ein Haftgrund aufgetragen. Stark saugende Wandflächen müssen ebenfalls mit einer Grundierung vorgestrichen werden, damit dem frischen Putz nicht zu viel Feuchtigkeit entzogen wird. Als Nächstes werden die Eckprofile an Fensterlaibungen, Ecken und Unterzügen angebracht. Mit dem Setzen der Profile gleicht der Putzer (in Süddeutschland auch Gipser genannt) Unebenheiten, nicht lotrechte Wände und Fensterlaibungen aus. Spätestens jetzt kann man sehr genau sehen, wie gut der Rohbauunternehmer gearbeitet hat und ob zum Ausgleich von Unebenheiten die Putzstärke in Teilbereichen erhöht werden muss. Da der Putzer Ihnen diese

Alle Vorarbeiten kontrollieren

Vor Beginn der Putzarbeiten sollten Sie gemeinsam mit Verantwortlichen der beauftragten Firma und Ihrem Bauleiter den Rohbau begehen und kontrollieren lassen, ob die Vorarbeiten mangelfrei ausgeführt sind. Falls notwendig, haben die Vorunternehmer dann noch die Möglichkeit, ihre Leistung nachzubessern. Machen Sie während der Begehung ein Protokoll, in dem alle Abweichungen von den Bautoleranzen aus der Sicht des Unternehmers aufgeführt sind, und lassen Sie ihn unterzeichnen. Das kann Sie vor zusätzlichen Nachforderungen nach Arbeitsbeginn wegen erhöhten Aufwands schützen.

Checkliste: Innenputzarbeiten

✓ erledigt am

☐ ☐ Klären Sie, ob die Qualität des Untergrunds für Putzarbeiten geeignet ist oder ob Vorarbeiten nötig sind, die bisher nicht vereinbart waren.

☐ ☐ Prüfen Sie, ob alle Fenster ausreichend mit Folie geschützt sind.

☐ ☐ Glatter Untergrund muss vor dem Verputzen gut aufgeraut werden.

☐ ☐ Stark saugende Materialien sind vor dem Putzen mit einer Grundierung zu überziehen.

☐ ☐ Betonteile sind mit einem Haftgrund zu versehen.

☐ ☐ Alle verwendeten Metallprofile müssen verzinkt und ausreichend befestigt sein.

☐ ☐ Wenn Wandanschlüsse nicht verzahnt gemauert wurden oder aus unterschiedlichen Materialien bestehen, sollte in den Ecken zusätzlich Gittergewebe eingearbeitet werden.

☐ ☐ Vorspringende Ecken sind mit Schutzschienen zu belegen. Achten Sie auf senkrechte und waagerechte Ausführung (Kontrolle mit der Wasserwaage).

☐ ☐ Werden Innenwände nach dem Putzen gefliest, sollten zusätzlich Einputzschienen auf der Wand aufgebracht werden.

☐ ☐ Bei Temperaturen um den Gefrierpunkt darf nicht verputzt werden.

☐ ☐ Wird ein Spritzbewurf zur Behandlung des Untergrunds verwendet, kann erst weitergearbeitet werden, wenn dieser fest ist.

☐ ☐ Kontrollieren Sie die verputzten Wandflächen mit Latte und Wasserwaage.

☐ ☐ Achten Sie darauf, dass Putze in Fensterlaibungen rechtwinklig zum Fenster angelegt sind.

☐ ☐ Nach Beendigung der Putzarbeiten Wandflächen auf Unebenheiten untersuchen (bei Kunstlicht und Tageslicht).

☐ ☐ Lassen Sie alle Schutzmaßnahmen wieder beseitigen und kontrollieren Sie alle Flächen, die verdeckt waren, auf Schäden (zum Beispiel Fenster).

☐ ☐ Sofern bereits funktionsfähige Abflüsse vorhanden sind, sollten diese vor Abnahme kontrolliert werden auf Verstopfung durch Restmaterialien vom Verputzen.

> **Tipp**
>
> **Achten Sie bei den Innenputzarbeiten darauf,** dass die Oberfläche besonders gleichmäßig und sauber ausgeführt wird, wenn Sie planen, später auf Tapeten oder andere Wandbeläge zu verzichten. Am einfachsten legen Sie die Oberflächenqualität schon vertraglich fest. Es gibt vier Qualitätsstufen, von Q 1 bis Q 4, je höher, desto besser. So bietet Q 1 zum Beispiel eine eher grobe Oberflächenqualität, ist aber zur Aufnahme von Fliesen geeignet, weil diese ja noch ein Mörtelbett unter sich haben, das Unebenheiten ausgleichen kann. Für Raufasertapeten ist aber bereits Q 2 erforderlich. Q 3 und Q 4 sind eher selten notwendig.

> **Tipp**
>
> **Bereits in den zusätzlichen technischen Vertragsbedingungen (ZTV)** sollte gefordert werden, dass nur sauberes Bauwasser verwendet werden darf. Des Weiteren ist der Bestandsschutz von Fenstern, Rohren, Installationen usw. sinnvollerweise bereits in den ZTV detailliert zu regeln. Damit werden diese Punkte Vertragsbestandteil und von Beginn an Kalkulationsgrundlage.

Mehrstärken in Rechnung stellt, obwohl die Ursache in der ungenauen Arbeit des Vorunternehmers liegt, ist die gemeinsame Begehung vor Beginn der Arbeiten wichtig: Sind die Wände erst einmal verputzt, ist der Nachweis eines Mangels des Vorunternehmers schwer zu führen. Vor dem Beginn der Putzarbeiten kann es zudem notwendig sein, bestimmte Bereiche, zum Beispiel an Materialübergängen von Rollladenkästen an das Mauerwerk, mit Streckmetall oder Kunststoffgewebe zu überziehen, um spätere Rissbildung zu vermeiden. Fenster und Türen müssen durch Abkleben mit Folie geschützt werden.

Sind die Vorarbeiten abgeschlossen, kann mit dem eigentlichen **Verputzen der Decken und Wände** begonnen werden. Der Putzer arbeitet von oben nach unten: Erst werden die Decken verputzt, danach die Wandflächen. Die Putzstärke beträgt durchschnittlich 15 Millimeter, kann aber je nach Ebenheit des Untergrunds in Teilbereichen auch drei bis vier Zentimeter stark werden. Nach Fertigstellung ist der frische Putz vor zu schneller Austrocknung durch übermäßiges Lüften oder direkte Sonneneinstrahlung zu schützen. Achten Sie außerdem darauf, dass der Boden gesäubert wird und sämtliche Abfälle vom Unternehmer entsorgt werden. Überschüssiger Putz wird häufig in einer stillen Grundstücksecke entsorgt. Reste und zur Reinigung der Geräte verwendetes Wasser dürfen keinesfalls durch die Kanalisation verschwinden, sondern müssen vom Unternehmer entsorgt werden.

13.26 Estricharbeiten

Der Estrich wird auf den Rohboden aufgebracht und dient als sauberer und glatter Untergrund für die Bodenbeläge wie Teppich, Fliesen oder Parkett.

Estricharten

Am häufigsten werden im Haus- und Wohnungsbau **Zementestriche** verwendet. Sie sind unempfindlich und preiswert, trocknen aber vergleichsweise langsam ab: Im Bauzeitplan sollten mindestens drei Wochen eingeplant werden, bevor mit dem Einbau der Bodenbeläge begonnen werden kann. Zementestriche bestehen aus Sand, Zement, Wasser und verschiedenen Zusatzmitteln. Für Heizestriche wird zum Beispiel ein Fließmittel zugesetzt, das den Zement geschmeidiger macht, damit er die Heizungsschlangen besser umfließt. Andere Zusatzmittel beschleunigen die Abtrocknung oder erhöhen die Festigkeit des Estrichs. Zementestrich wird erdfeucht mit der Pumpe einge-

13.26 Estricharbeiten

bracht, verteilt und abgerieben. Achten Sie darauf, dass er erst nach zwei Tagen begangen und frühestens nach einer Woche leicht belastet werden darf. Vor der Freigabe für die Bodenbelagsarbeiten sollte eine Messung des Restfeuchtegehalts im Estrich durchgeführt werden.

Anhydritestrich ist ein Fließestrich auf Gipsbasis, der für feuchte Räume wie Bäder oder Kellerräume eher ungeeignet ist, weil er sich unter länger einwirkender Feuchtigkeit zersetzt. Vorteil: Der dünnflüssig eingebrachte Anhydritestrich ist selbstnivellierend und trocknet sehr schnell ab. Bereits am nächsten Tag kann er begangen werden, doch erst nach frühestens zwei Wochen können die Bodenbelagsarbeiten beginnen. Die Freigabe sollte nur nach einer Messung des Restfeuchtegehalts erfolgen.

Gussasphaltestrich besteht aus einer Bitumenbasis und ist nur bei sehr hohen Temperaturen (zäh)flüssig. Beim Verarbeiten ist die Masse also heiß! Achten Sie während des Einbringens und danach unbedingt darauf, dass der Raum gut gelüftet und die Hitze zügig abgeführt wird. Vorteil: Es wird keine Feuchtigkeit in das Gebäude eingebracht, und bereits nach einigen Stunden ist Gussasphalt begehbar. Da Gussasphaltestrich dünner ausgeführt werden kann als andere Estriche, wird er häufig bei Altbausanierungen eingesetzt. Er ist unempfindlich gegen Nässe und wird deshalb auch gern in Feuchträumen verwendet.

Trockenestriche bestehen aus einzelnen Tafeln mit Nut und Feder an den Kanten, die im Raum zusammengesteckt, verklebt und/oder verschraubt werden. Sie bringen keine zusätzliche Feuchtigkeit ins Gebäude und sind nach dem Verlegen sofort begeh- und belegbar. Sie werden häufig bei Altbausanierungen eingesetzt und sind bei Selbstausbauern beliebt.

Estrichausführungen

Achten Sie darauf, ob die Verlegeart des Estrichs in allen Räumen in den Plänen richtig eingetragen ist! Das heißt:

Verbundestrich, der direkt auf den Rohboden aufgebracht wird, kommt heute eigentlich nur noch im industriellen Bereich vor, beim Wohnungsbau nur in Nebengebäuden, zum Beispiel in Garagen.

Estrich auf Trennlage eignet sich vorwiegend für Kellerräume, weil die Trennlage das Aufsteigen von Feuchtigkeit aus dem Rohboden verhindert. Bei Bedarf lässt sich dieser Estrich später auch leichter entfernen, weil er nicht fest mit dem Rohboden verbunden ist.

Im Wohnbereich wird fast immer **schwimmender Estrich** eingesetzt. Er liegt auf einer Wärme- und Schalldämmschicht und darf keinen direkten Kontakt mit dem Rohboden und den Seitenwänden haben. Vor dem Estrichgießen werden deshalb an den Wänden etwa einen Zentimeter dicke Randstreifen zum Beispiel aus aufgeschäumtem Polyethylen (PE) angebracht, die später noch mindestens drei Zentimeter über den Estrich hinausragen müssen. Wenn das Haus von unten – also unterhalb der Bodenplatte – gut gedämmt ist, kann man auf einen Estrich im Keller auch verzichten. Denn eine Trittschalldämmung, die in den Obergeschossen unter den Estrich gelegt wird, ist im Keller nicht notwendig und die Wärmedämmung, die in Kellern sonst unter dem Estrich liegt, ist in diesem Fall ja bereits unter der Bodenplatte verlegt. Es muss dann nur die Oberfläche des Kellerbodens maschinell geglättet und mit einem Schutzanstrich versehen werden.

Checkliste: Estricharbeiten

✓ erledigt am

- [ ] [ ] Kontrollieren Sie nach dem Anbringen der Meterrisse, ob die Türhöhen nach dem geplanten Estricheinbau noch ausreichend groß sind.
- [ ] [ ] Bei unterschiedlichen Estrichhöhen die Türanschlagseiten beachten.
- [ ] [ ] Sollen die Böden gefliest werden, sollte der Zementestrich vorher mit Kunststofffasern bewehrt werden.
- [ ] [ ] Kontrollieren Sie, ob bei schwimmendem Estrich überall entlang der Wände Randdämmstreifen angebracht wurden, um Schallbrücken zu vermeiden. Es dürfen keine Fehlstellen vorhanden sein.
- [ ] [ ] Bei schwimmendem Estrich muss die Dämmschicht mit Folie abgedeckt sein, damit der Estrich nicht in die Dämmung läuft.
- [ ] [ ] Wo im Boden Baukörper-Dehnungsfugen vorhanden sind, müssen diese im Estrich an gleicher Stelle übernommen werden.
- [ ] [ ] Bei Temperaturen unter 5 °C keinen Estrich verlegen, es sei denn, es handelt sich um Trocken- oder Gussasphaltestrich.
- [ ] [ ] Prüfen Sie mit der Wasserwaage, ob der Estrich waagerecht hergestellt wurde.
- [ ] [ ] Prüfen Sie anhand des Meterrisses, ob die Estrichhöhe überall eingehalten wurde.
- [ ] [ ] Schützen Sie Räume mit frisch verlegtem Estrich vor starker Sonneneinstrahlung und vermeiden Sie übermäßiges Lüften, außer bei Gussasphaltestrich. Aufgrund der hohen Temperaturen des Gussasphalts ist Lüften notwendig.
- [ ] [ ] Lassen Sie die Baustelle nach dem Verlegen des Estrichs schließen, um Schäden durch vorzeitiges Begehen zu vermeiden.
- [ ] [ ] Achten Sie darauf, dass bei Heizestrich der Aufheizvorgang nicht zu früh beginnt und genau nach Herstellervorschrift erfolgt.

Der Estrichleger zeichnet zunächst in allen Räumen sogenannte Meterrisse an, um eine einheitliche Fußbodenhöhe innerhalb der Räume zu gewährleisten. Danach werden in Wohnräumen die Randstreifen und die Trittschalldämmmatten verlegt und, wo notwendig, auch eine Ausgleichsschüttung eingebracht. Darüber kommt dann nochmals eine Plattenlage, damit die Ausgleichsschüttung sich nicht beim Einbringen des Estrichs verschiebt. Den oberen Abschluss bildet eine Folie oder eine Papplage, damit der darauf einzubringende Estrich nicht die Dämmung durchfeuchtet. Bei der Verlegung von schwimmendem Estrich in Kellerräumen muss zunächst auf dem Rohboden eine Folie als Dampfsperre verlegt werden, damit die Dämmung nicht aufgrund der Feuchtigkeit der Bodenplatte durchfeuchtet wird. Außerdem muss überall zwischen Dämmung und Estrich eine Folie als Dampfbremse

> **Tipp**
>
> **Achten Sie darauf,** dass die Aufbauhöhen der Bodenbeläge bei der Estrichhöhe berücksichtigt werden. Grenzt beispielsweise ein Fliesenbelag an Parkettboden, kann es sein, dass die Fliesen zehn Millimeter stark sind, das Parkett jedoch 25 Millimeter. Damit im Endzustand eine einheitliche Höhe besteht, muss der Estrich in den verschiedenen Räumen unterschiedlich hoch sein. Außerdem müssen die Türanschlagseiten festliegen, damit der Estrichleger weiß, wo der Höhenversatz verläuft (zum Beispiel exakt im Türfalz).

verlegt werden, damit keine Feuchtigkeit aus dem Estrich in der Dämmung kondensieren kann. Es ist vorteilhaft, Zement- oder Anhydritestrich beispielsweise donnerstags und freitags einbauen zu lassen, um dann über das Wochenende eine Grundfestigkeit des Estrichs zu erhalten.

13.27 Trockenbauarbeiten

Unter Trockenbauarbeiten versteht man das Verkleiden von Wand- und Deckenflächen mit Trockenbauplatten aus Gips oder Zellulosefasern, oft in Dachgeschossen. Auch Zwischenwände werden mitunter in Trockenbauweise erstellt.

Dachflächen in Trockenbauweise

Wärmedämmung von Dachflächen

Das in der Ausschreibung geforderte Material sowie die Dicke und Wärmeleitfähigkeit des Dämmstoffs sollten bei Anlieferung anhand des Übereinstimmungszertifikats auf der Dämmstoffverpackung überprüft werden. Es kommt nicht selten vor, dass zum Beispiel die Wärmeleitfähigkeit höher ist als in der Ausschreibung angegeben. Für Sie bedeutet das einen schlechteren Dämmwert und letztlich höhere Heizkosten. Die gängigste Form der Dachdämmung ist die Dämmung zwischen den Sparren, da hier bereits ein Hohlraum vorhanden ist. Weil die Sparren selten dicker als 18 Zentimeter sind, reicht dieser Zwischenraum bei Dämmstärken über 18 Zentimetern nicht aus, es muss dann also zusätzlich unterhalb oder oberhalb der Sparren gedämmt werden. Wenn das Dach bereits gedeckt ist, kann eine über die Abmessungen des Sparrenzwischenraums hinaus benötigte Dämmstärke nur noch unterhalb der Sparren eingebaut werden. Da die Sparren im Verhältnis zur dazwischenliegenden Dämmung schlechtere Dämmeigenschaften haben, kann die unterhalb der Sparren montierte Dämmung in horizontalen Bahnen verlaufen. Dadurch werden die Sparrenunterseiten mitgedämmt.

Winddichte Gebäudehülle im Dachbereich

Ein winddichte Gebäudehülle ist entscheidend, um erhebliche Bauschäden durch Feuchtigkeit in der Dämmung zu vermeiden: Gelangt im Winter warme, feuchte Raumluft durch Leckagen in die Dachkonstruktion, kühlt die Luft auf ihrem Weg nach draußen ab und kann weniger Feuchtigkeit speichern. Die Luftfeuchtigkeit kondensiert in der Dämmung aus und durchnässt sie, wodurch die Dämmwirkung entfällt, was einen noch größeren Feuchtigkeitseintrag bedeutet. Vermieden wird das durch eine sorgfältig montierte Folie innen vor der Dämmung. Diese Folie wird als **Dampfbremse** bezeichnet. Es dürfen keine Schäden in der Folie sein, und alle Wandabschlüsse müssen sorgfältig verklebt werden. Kontrollpunkte hierzu finden Sie im Abschnitt „Luftdichtigkeit allgemein" (⤳ Seite 348). Sinnvoll ist ein Blower-Door-Test, bei dem die Luftdichtigkeit der Gebäudehülle gemessen wird und Leckagen sichtbar gemacht werden können.

Checkliste: Trockenbauarbeiten

✓ erledigt am

- [ ] Kontrollieren Sie, ob Dämmmaterial, Wärmeleitfähigkeit und Dicke mit den Vorgaben übereinstimmen.
- [ ] Achten Sie darauf, dass auch über den Giebelwänden Dämmung vorgenommen wird.
- [ ] Achten Sie darauf, dass über Zwischenwänden Dämmung eingebaut wird.
- [ ] Lassen Sie auch dann den Bereich zwischen den Kehlbalken dämmen, wenn der darüber liegende Spitzboden gedämmt wird.
- [ ] Die Dampfbremse darf keine Risse haben und muss sorgfältig an das Mauerwerk oder die Fenster angeschlossen werden. Stöße müssen überlappen und sorgfältig verklebt werden.
- [ ] Durchdringungen wie zum Beispiel Lüftungsrohre müssen abgeklebt werden. Das gilt auch für Elektroleitungen.
- [ ] Veranlassen Sie vor der Montage der Trockenbauplatten einen Blower-Door-Test zur Kontrolle der Winddichtigkeit der Gebäudehülle.
- [ ] Klären Sie, ob die Trockenbauplatten ausreichend dick sind, um den erforderlichen Schallschutz zu gewährleisten.
- [ ] Achten Sie darauf, dass Trockenbauplatten keinen direkten Kontakt mit schwimmendem Estrich erhalten, also zum Beispiel nicht auf diesen gestellt werden, sondern etwa ein Zentimeter Abstand gelassen wird. Sonst entstehen Schallbrücken.
- [ ] Trockenbauwände sollten auf Estrich nur schwimmend fixiert (Kittmasse) und nicht geschraubt werden.
- [ ] Zwischen der Unterkonstruktion und angrenzenden Bauteilen müssen Dichtungsbänder oder muss eine Kittmasse als Schallschutz verwendet werden.
- [ ] Im Bereich von Plattenstößen sollte immer eine Dachlatte als Unterkonstruktion vorhanden sein, in die geschraubt werden kann. Kontrollieren Sie mit einer Richtlatte, ob die Verkleidung in einer Ebene hergestellt wurde.
- [ ] Kontrollieren Sie mit Kunstlicht (Streiflicht), ob die Plattenstöße plan gespachtelt wurden.
- [ ] Lassen Sie alle Schutzmaßnahmen wieder beseitigen und kontrollieren Sie alle Flächen, die verdeckt waren (zum Beispiel Fenster), auf Schäden.
- [ ] Falls funktionsfähige Abflüsse vorhanden sind, sollten diese vor Abnahme auf Verstopfung durch Restmaterialien der Putzer kontrolliert werden.
- [ ] Prüfen Sie bei Trockenbauwänden, ob das Material der Unterkonstruktion der Ausschreibung entspricht (Holz oder Metall).
- [ ] Im Bereich von Hängeschränken horizontale Fixierungsstreben in der Unterkonstruktion vorsehen.
- [ ] Die Hohlräume von Trockenbauwänden müssen vollständig mit Dämmmaterial gefüllt sein.
- [ ] Prüfen Sie, ob die Beplankung nach den Vorgaben ausgeführt wurde (ein-, zwei- oder dreilagig).

Wandverkleidung und Schallschutz

Der letzte Arbeitsgang ist die Verkleidung der Dachschrägen und Decken mit Trockenbauplatten aus Gipskarton oder Zellulosefasern. Prüfen Sie, ob die Trockenbauplatten in den in der Ausschreibung für den Schallschutz geforderten Dicken geliefert und eingebaut werden. In der Nähe von Hauptverkehrsstraßen oder Einflugschneisen für den Luftverkehr werden oft Werte gefordert, die mit nur einer Gipskartonplatte von 12,5 Millimetern Stärke nicht erreicht werden. Es kann durchaus sein, dass eine Stärke von 25 bis 30 Millimetern notwendig ist, um den erforderlichen Schallschutz zu gewährleisten. Dieses zusätzliche Gewicht hat natürlich Einfluss auf die Befestigung der Unterkonstruktion und eventuell auf die Sparrenquerschnitte der Dachkonstruktion.

Zwischenwände in Trockenbauweise

Für nicht tragende Innenwände können auch Wandkonstruktionen in Trockenbauweise eingesetzt werden. Dabei handelt es sich um Montagewände mit einer Unterkonstruktion aus vorgefertigten Metallprofilen oder Holzrahmen, die beidseitig beplankt werden, meist mit Gipskartonplatten. Bei Metallprofilen unterscheidet man zwischen den an Decken, Wänden und Böden montierten U-Wandprofilen (UW-Profile) und den darin im Raster von 62,5 Zentimetern eingestellten Ständern, den C-Wandprofilen (CW-Profile). Das Raster von 62,5 Zentimetern ergibt sich aus den Standardplattengrößen der Gipskartonplatten von 125 auf 250 Zentimeter. Meist werden Einfachständerwände erstellt, bei denen die Unterkonstruktion aus einer Ständerreihe besteht. Bei hohen Anforderungen an den Schallschutz kommen auch Doppelständerwände zum Einsatz, bei denen die Unterkonstruktion aus zwei Ständerreihen besteht, die sich nicht berühren dürfen.

Die Beplankung kann ein- oder mehrlagig sein. Der Schallschutz verbessert sich, wenn die Beplankung der Wand unterschiedlich dick ist, also zum Beispiel in einem Raum doppelt und im anderen dreifach beplankt. Die Hohlräume in den Wänden werden mit Dämmmaterial wie Mineralfasermatten gefüllt, um die Schallübertragung zu dämpfen. Trockenbauwände können auf den Rohboden oder Estrich gesetzt werden. Eine Montage auf dem Rohboden ist dann sinnvoll, wenn die Trennwände dauerhaft stehen bleiben sollen, da hierbei bessere Schallschutzwerte erreicht werden können. Soll die Trennwand jedoch nach einigen Jahren wieder entfernt werden, um zum Beispiel aus zwei kleineren Zimmern ein großes zu machen, ist die Montage auf dem Estrich günstiger, weil der Estrich dann nicht ausgebessert werden muss. Bevor die Unterkonstruktion mit angrenzenden Bauteilen verschraubt wird, wird ein Dichtungsband oder eine Kittmasse auf das Profil aufgetragen. Beides dient der akustischen Entkopplung der Unterkonstruktion. Verlaufen Leitungen innerhalb der Wand, müssen in den senkrecht stehenden Ständern entsprechend große Bohrungen vorgenommen werden. Bei Bohrungen in Holzständern sollten zum Rand des Ständers noch etwa zwei Zentimeter Platz gelassen werden. Bei Elektroleitungen ist das in der Regel kein Problem, bei der Leitungsführung von gedämmten Heizleitungen reichen schmale Ständer dann nicht immer aus.

13.28 Fliesenarbeiten

Gehen Sie vor Beginn der Arbeiten gemeinsam mit dem Fliesenleger die zu fliesenden Bereiche vor Ort durch, und überprüfen Sie nochmals die Angaben in den Plänen: Wo werden besondere Verlegemuster gewünscht? Wo sollen gegebenenfalls Bordüren oder Sonderfliesen verlegt werden? Nehmen Sie zu einem

solchen Termin die Musterfliesen mit, und vergleichen Sie diese mit den gelieferten Platten, um sicherzustellen, dass es sich auch um die gewünschten Fliesen handelt. Schließlich können alle Verlegearten auf kleiner Fläche raumweise lose als Muster verlegt und mit einem Foto festgehalten werden, damit man sich vergewissern kann, dass alle Missverständnisse ausgeräumt sind.

Innenbereich

Im Innenbereich werden Fliesen meistens im **Dünnbettverfahren** verlegt: Auf dem Wand- beziehungsweise Bodenuntergrund wird mit der Kammkelle ein Klebemörtel aufgezogen, der nicht stärker als zwei bis drei Millimeter ist. Auf diese Schicht werden die Fliesen gesetzt. Alle Fugen sollten gleichmäßig breit sein, wobei die Fugenbreite je nach Kacheltyp und -größe zwischen zwei und zehn Millimetern betragen kann. Sie werden später mit zementgebundenem Fugenmörtel ausgefüllt. Alle Eck-, Wand- und Bodenanschlusspunkte aber werden mit dauerelastischer Fugenmasse geschlossen. An den Übergängen zu anderen Bodenbelägen werden in den Fliesenboden meist Messingschienen eingelassen, um die Fliesenkanten vor Schäden zu schützen.

Geflieste Räume sollten unbedingt einen guten **Trittschallschutz** aufweisen, da Fliesen Schall besonders gut übertragen. Boden- und Wandfliesen müssen auch entkoppelt werden. In der Regel wird dazu im Anschlussbereich zwischen Boden und Wand ein Hohlkehlprofil aus Kunststoff verlegt. Dieses nimmt die Kanten der Wand- und Bodenfliesen auf und verbindet sie flexibel, sodass es wie ein Dämpfer wirkt, Vibrationen also nicht übertragen werden.

Gefliese Räume, die einen Bodenablauf haben, gelten als Nassräume. Bevor hier gefliest werden kann, müssen besondere Dichtungsmaßnahmen (Schutzanstrich oder Dichtungsfolien) ergriffen werden, damit später nicht auf dem Boden stehendes Wasser durch die Fugen dringt und tiefer liegende Bauteile durchfeuchtet. Besonders bei ebenerdig eingelassenen Duschtassen ist auf eine sorgfältige Abdichtung des Untergrunds zu achten. Die Wandauslässe für die Armaturen sind mit formgerecht ausgeschnittenen Fliesen zu umrahmen, nicht mit Fliesenresten anzustückeln. Eine interessante Alternative zu Fliesen im Innenbereich sind auch großflächige, zementgebundene Oberflächen, wie zum Beispiel Pandomo, die man fließend über Wand- und Bodenbereiche ziehen kann und die später eine einheitliche, großflächige Steinoberfläche vermitteln.

> **Tipp**
>
> **Sorgen Sie dafür,** dass Ihnen kleine Restbestände der Fliesen nach Abschluss der Arbeiten übergeben werden. Nach einigen Jahren könnten Sie sonst ein Problem bekommen, wenn sie einzelne Fliesen ersetzen müssen.

Außenbereich

Im Außenbereich werden Fliesen häufig als Balkon- oder Terrassenbelag eingesetzt. Wichtig ist hierbei, dass Fliesen und Zementmörtel frostbeständig sind. Wegen der Rutschgefahr sind raue oder geriffelte Oberflächen zu bevorzugen.

13.28 Fliesenarbeiten

Checkliste: Fliesenarbeiten

✓ erledigt am

- [ ] Klären Sie, ob Fliesenspiegel gezeichnet werden, aus denen Verlegerichtung, Lage von Bordüren, Ausrichtung des Fliesenrasters usw. hervorgehen. Wenn ja, müssen die Pläne bei Arbeitsbeginn vorliegen.
- [ ] Prüfen Sie vor Beginn der Arbeiten die gelieferten Fliesen auf Übereinstimmung mit den ausgesuchten Mustern (Farbigkeit, Oberflächenbeschaffenheit, Güteklasse).
- [ ] Klären Sie, ob vor dem Fliesen alle Konsolen, zum Beispiel für Heizkörper, montiert wurden.
- [ ] Achten Sie darauf, dass der Elektriker Badewannen und Duschtassen geerdet hat, bevor diese eingemauert werden.
- [ ] Lassen Sie Revisionsöffnungen bei Badewanne und Dusche vorsehen.
- [ ] Lassen Sie Installationsschächte mit schalldämmendem Material füllen.
- [ ] Im Bereich der Dusche und Badewanne müssen die Wandflächen mit einem zusätzlichen Feuchtigkeitsschutz versehen werden.
- [ ] Wassereinläufe in Fliesenböden müssen gut eingedichtet sein.
- [ ] Klären Sie die Aufschlagrichtung der Türen, damit die Messingschienen später unterhalb des Türblatts liegen.
- [ ] Achten Sie auf eine einheitliche Fugenbreite. Abweichungen in der Fugenbreite werden meist erst nach dem Verfugen sichtbar und sind dann nicht mehr zu korrigieren.
- [ ] In Raumecken, bei Anschlüssen an andere Materialien usw. muss dauerelastisch verfugt werden.
- [ ] Im Boden-Wand-Anschluss sollten zusätzlich Hohlkehlprofile zum Einsatz kommen.
- [ ] Für Außenecken sollten Eckprofile aus Metall oder Kunststoff eingesetzt werden, wenn das Fliesenprogramm keine speziellen Eckfliesen bietet.
- [ ] Lassen Sie die frisch verlegten Bereiche vor unbefugtem Begehen durch andere Handwerker schützen (mindestens zwei Tage).
- [ ] Bei der Lieferung prüfen, ob die Sanitärgegenstände unbeschädigt und ohne Kratzer sind.
- [ ] Die Löcher der Fliesendurchführungen für Armaturen müssen durch die Abdeckrosetten vollständig überdeckt sein.
- [ ] Lassen Sie alle Schutzmaßnahmen wieder beseitigen und kontrollieren Sie alle Flächen, die verdeckt waren, auf Schäden (zum Beispiel Fenster).

Da Fugen niemals völlig wasserdicht sind, kann im Lauf der Zeit Feuchtigkeit unter den Fliesenbelag dringen. Zur Entwässerung und Belüftung sowie zur Entkopplung des Fliesenbelags vom Untergrund gibt es **Drainsysteme**, die über der Abdichtung des Rohbodens eingezogen werden.

An den Rändern der gefliesten Fläche sollten **Randprofile** mit Tropfkanten aus rostfreiem Metall oder Kunststoff eingelassen werden, die das über den Fliesenbelag ablaufende Wasser in eine Entwässerungsrinne führen. Wird das nicht gemacht, steht das Wasser lange Zeit an der Terrassenkante oder Balkonbrüstung, was sich später durch Vermoosung und abblätternde Wandfarbe bemerkbar macht.

Ansonsten erfolgt die Verlegung der Fliesen wie im Innenbereich, entweder im erwähnten Dünnbett- oder auch im **Dickbettverfahren**. Hier werden die Fliesen auf einem etwa eineinhalb Zentimeter starken Mörtelbett verlegt. An allen Anschlusspunkten des Fliesenbodens, zum Beispiel an aufsteigenden Wänden und Brüstungsmauern, sind Trennfugen einzusetzen. Bei großen Flächen sind zusätzliche Trennfugen erforderlich, um spätere Rissbildungen zu vermeiden.

Als Alternative zu Fliesen können im Außenbereich auch sehr gut **Betonwerksteinplatten** verlegt werden. Diese müssen nicht fest in einem Mörtelbett verlegt werden, sondern können in ein Kiesbett oder über einer wasserabführenden Schicht auf Kunststoffstelzen gelegt werden. Vorteil hier: Ein Austausch einzelner Platten ist später leicht möglich, ohne dass man ein Betonbett aufbrechen muss. Auch Frostschäden sind beim losen Verlegen weniger zu befürchten als beim starr zementierten Fliesenbelag. Ein Kiesbett muss vor dem Verlegen der Platten so verdichtet werden, dass diese stabil aufliegen, die Kiesschicht einsickerndes Wasser aber noch gut abführen kann.

Auf Balkon oder Terrasse mit einem festen, ebenen Untergrund sind Kunststoffstelzen gut geeignet, mit denen die Betonwerksteinplatten auf Distanz zum Untergrund gehalten werden. Wasser läuft durch Fugen zwischen den Platten durch, sammelt sich auf der wasserabführenden Schicht (zum Beispiel Bitumenbahnen) und läuft in die Entwässerungsleitung ab.

Checkliste: Fliesenarbeiten im Freien

✓	erledigt am	
☐	☐	Lassen Sie sich vom Unternehmer den Nachweis erbringen, dass frostbeständige Fliesen verlegt wurden.
☐	☐	An allen Randbereichen von Terrassen oder Balkonen müssen Randprofile zur Wasserabführung angebracht sein.
☐	☐	Fliesenböden im Freien benötigen ein leichtes Gefälle zur wasserabführenden Kante hin (Kontrolle mit Wasserwaage).
☐	☐	Bei Verlegung von Betonwerksteinen im Kiesbett darauf achten, dass der Kies tragfähig ist, aber trotzdem Wasser abführt (Tritt- und Wassereimertest).
☐	☐	Bei Verlegung von Betonwerksteinen auf Kunststoffstelzen darauf achten, dass die untere wasserführende Schicht zur Aufnahme von Kunststoffstelzen geeignet ist und durch diese nicht verletzt wird.
☐	☐	Die Betonwerksteine müssen selbsttragend und für die Verlegung auf Kunststoffstelzen geeignet sein.
☐	☐	Fabrikat, Typ, Stärke und Maße der angelieferten Betonwerksteine überprüfen.
☐	☐	Wenn bereits funktionsfähige Abflüsse vorhanden sind, sollten diese vor Abnahme auf Verstopfung kontrolliert werden.

13.29 Malerarbeiten

Viele Bauherren entscheiden sich dafür, die Malerarbeiten selbst auszuführen. Während das im Innenbereich des Hauses kein Problem ist, sollten Sie es sich für den Außenbereich gut überlegen. Außer einem Außengerüst benötigen Sie dafür Fachkenntnisse, wenn der Farbauftrag gelingen soll.

Innenanstrich

Der Maler beginnt mit seiner Arbeit häufig, indem er zunächst den Untergrund für die Aufnahme von Tapetenbahnen vorbereitet. Nicht selten muss er zunächst noch nachschleifen und spachteln, damit der Untergrund wirklich eben ist. Danach trägt er einen Tiefengrund auf, der etwa einen Tag trocknen muss, um den dann mit Tapetenkleister verklebten Tapetenbahnen optimalen Halt auf Wand- oder Deckenflächen zu geben. Ist die Tapete in Bahnen auf Wand- und Deckenoberflächen verklebt, kann sie gestrichen werden. Wenn Sie sich für eine Tapete entschieden haben, die noch einen Deckanstrich benötigt, zum Beispiel eine Raufasertapete, muss die frisch tapezierte Tapete etwa einen Tag trocknen, bevor ein Farbanstrich aufgetragen werden kann.

Soll der Anstrich ohne Tapete direkt auf dem Putz erfolgen, muss der Untergrund meist besonders sorgfältig vorgespachtelt und geschliffen werden. Vor allem bei seitlich einfallendem Licht (Streiflicht) sieht man sonst jede noch so kleine Unebenheit des Untergrunds. Eine interessante Alternative zu Tapeten können auch leichte Putze sein und sogar Anstriche, die Quarzsand enthalten und eine ganz ähnliche Oberflächenstruktur ergeben wie Raufasertapeten – aber nicht deren etwas biedere Anmutung haben. Allerdings sind solche Anstriche in der Regel teurer als Raufaser.

Außenanstrich

Der Außenanstrich ist komplizierter als der Innenanstrich. Das hängt damit zusammen, dass der Außenputz eine sehr raue Oberfläche hat, also nicht gerade einen idealen Untergrund zum Streichen darstellt. Zudem ist die Farbe der Witterung ausgesetzt und die Außenwandflächen sind meist schwieriger zu erreichen als die Innenwandflächen. Fassadenfarben gibt es als **Acrylfarbe**, als **Kunstharzlatexfarbe** und als **Kunststoffdispersionsfarbe**. Fassadenflächen werden gestrichen oder gespritzt. Gerade bei sehr rauen Oberflächen eignet sich das Aufspritzen sehr viel besser als das Streichen. Wichtig ist, dass Sie bei den Farben auf Witterungsbeständigkeit achten und bei der Auswahl des Farbtons Probeflächen von zwei bis drei Quadratmetern anlegen und trocknen lassen. Vergewissern Sie sich anhand dieser Flächen

Tipp

Fassadenfarben sollten diffusionsoffener sein als der Putzgrund, damit Wasserdampf aus dem Mauerwerk und Putz nach außen dringen kann; sonst kommt es zu Durchfeuchtungen und Putzschäden.

noch einmal, ob Ihnen der Farbton auch für die gesamte Außenfassade zusagt. Allerdings ist es so, dass viele Außenputze heute längst durchgefärbt sind und nach Auftrag nicht noch einmal gestrichen werden müssen.

Wichtig ist, darauf zu achten, dass der Maler beim Gerüstbau nicht die Fassade beschädigt. Gerade bei Fassaden mit Vollwärmeschutz, Balkonvorbauten oder ungeschützten Regenfallleitungen passiert das immer wieder. Ungünstig ist auch, wenn Ihr Maler wahllos Gerüstanker durch den Vollwärmeschutz bohrt, um sein Gerüst zu verankern. Hier sollte Ihr Architekt oder Bauleiter die Verankerungsmöglichkeiten vorher klar

> **Tipp**
>
> **Falls Sie eine Holzverkleidung als Außenfassade gewählt haben,** sollten Sie diese nicht den Maler streichen lassen, sondern nur den Zimmereibetrieb, der die Holzverkleidung montiert hat. Dieses Vorgehen ist schon aus haftungsrechtlicher Sicht bei auftretenden Schäden wichtig.

festlegen. Und wenn Ihr Maler schon dabei ist, die Fassade zu streichen, ist es immer auch eine Überlegung wert auch gleich die Hausnummer mit einer kontrastreichen Farbe auf die Fassade malen zu lassen.

Checkliste: Malerarbeiten

✓	erledigt am	
☐	☐	Lassen Sie den Untergrund von der ausführenden Firma auf Eignung und ausreichende Trockenheit für Anstricharbeiten prüfen.
☐	☐	Bei starker Sonneneinstrahlung oder Regen keine Anstriche im Freien ausführen lassen.
☐	☐	Achten Sie darauf, dass fertige Oberflächen (zum Beispiel Geländer und Fenster) sorgfältig abgedeckt, abgeklebt oder anderweitig gegen Verschmutzung geschützt werden.
☐	☐	Auch die Unterseiten der Fensterbänke müssen abgeklebt sein.
☐	☐	Achten Sie darauf, dass Metallteile (zum Beispiel Geländer), die gestrichen werden sollen, vorher sorgfältig gereinigt, entfettet und, wenn nötig, abgesäuert werden.
☐	☐	Wählen Sie rechtzeitig die Farbgebung aller Räume aus und lassen Sie sich vom Maler Farbmuster erstellen.
☐	☐	Beim Streichen von Fenstern und Türen dürfen die Beschläge nicht überstrichen werden.
☐	☐	Alle Metallteile sind vor dem Anstrich ausreichend zu schützen.
☐	☐	Sind mehrere Anstriche nötig, darf der folgende Anstrich erst nach Durchtrocknung des ersten erfolgen. Achten Sie auf Trockenzeiten des Herstellers.
☐	☐	Der Anstrich muss gleichmäßig, glatt, ohne Blasen und Erhebungen ausgeführt werden. Kontrollieren Sie die Ebenheit durch Streiflicht.
☐	☐	Achten Sie darauf, dass der Maler nicht Sanitärgegenstände, die bereits montiert sind, zum Reinigen seines Handwerkszeugs benutzt (Gefahr der Verstopfung).

13.30 Schreinerarbeiten

Zu den klassischen Schreinerarbeiten gehört der Innenausbau mit Holz, zum Beispiel Innentüren, (Einbau-)Möbel, Holzdecken oder Kücheneinrichtungen sowie Holztreppen.

Innentüren

Die häufigste Tätigkeit von Schreinern am Bau ist das Einsetzen der Innentüren. Erster Schritt dabei ist immer, dass der Schreiner die Rohbaumaße der Türöffnungen vor Ort nochmals nachmisst und mit den Planmaßen auf Übereinstimmung überprüft. Es empfiehlt sich, bei diesem Termin auch die Aufschlagrichtung der einzelnen Türen vor Ort gemeinsam durchzusprechen und festzuhalten. Das kann mit Kreide auf der Roh- oder Estrichdecke geschehen. Von jeder Kreidezeichnung kann auch ein Foto gemacht werden. Nach Maßaufnahme vor Ort werden in der Werkstatt die Türrahmen und das Türblatt hergestellt. Häufig verwenden Schreiner vorgefertigte Elemente, die sie selbst von industriellen Fabrikanten beziehen und in der eigenen Werkstatt oder vor Ort nur noch zusammenfügen und, wenn nötig, nachschneiden.

Türblätter sollten nicht über längere Zeit auf der Baustelle gelagert werden, da sie sich schnell verziehen können. Sie sollten sehr zügig nach Anlieferung eingebaut werden. Generell ist es sinnvoll, Türrahmen erst nach der Verlegung des Bodenbelags zu setzen, dann läuft zum Beispiel der Teppich-, Fliesen- oder Parkettbelag nicht bis an den Türrahmen, sondern unter den Türrahmen. Das ist handwerklich einfacher umzusetzen und sieht auch besser aus. Bei guter Vorbereitung ist ein Innentürrahmen in kurzer Zeit gesetzt. Er muss stabil und absolut im Lot in den Wandlaibungen verankert werden. Da die Wand zu diesem Zeitpunkt bereits verputzt ist, muss darauf geachtet werden, dass keine Putzschäden eintreten. Auch vor der Türrahmenmontage sollte die Aufschlagrichtung jeder Tür nochmals überprüft werden. Das Türblatt muss ebenfalls absolut im Lot sitzen. Es darf nicht von

allein auf- oder zufallen, sondern muss in jeder Öffnungsposition verharren. Wird an den Türrahmen eine umlaufende Gummidichtung mit eingebaut, muss das Türblatt dicht an diese anschließen. Das Türschloss muss ohne Kraftaufwand verriegelbar sein. Soweit ein Schall- oder Wind-Ex-Element an der Unterkante des Türblatts angebracht wird oder in der Unterkante des Türblatts eingelassen ist, muss es sich im geschlossenen Zustand dicht auf den Boden absenken.

Raumhohe Türen, ohne Sturz, als Holztüren, ohne seitliche Umfassungszargen, sondern mit einer Blockzarge, die mit einer Schattenfuge an die angrenzende Wand gesetzt wird, können sehr schön wirken. Sie sind einige Hundert Euro teurer als Standardtüren, haben aber eine ganze andere Raumwirkung. Ein Gespräch dazu mit dem Schreiner kann sich lohnen. Denn Türen sind in einem Haus prägende Gestaltungselemente – das wussten unsere Vorfahren. Einfache Kunststofftüren, möglicherweise kombiniert mit Laminatböden und Kunststoffsockelleisten, erwecken schnell einen unangenehmen „Plastik-Wohn-Effekt".

Bei Passivhäusern benötigen Türen einen Luftdurchlass im Türblatt oder einen sogenannten Unterschnitt, sodass unterhalb des Türblatts Luft in den Raum ein-

Checkliste: Schreinerarbeiten

✓ erledigt am

- [ ] Lassen Sie vor Beginn der Arbeiten vom Unternehmer die Rohbauabmessungen aller Türöffnungen auf Übereinstimmung mit den Vorgaben prüfen.
- [ ] Prüfen Sie bei Holztüren, ob die gelieferte Holzart richtig ist.
- [ ] Prüfen Sie, ob der gelieferte Farbton richtig ist und ob der Farbton von Zarge und Türblatt übereinstimmt.
- [ ] Vergleichen Sie die Türbänder, Beschläge und Schlösser auf Übereinstimmung mit den Vorgaben.
- [ ] Lassen Sie sich bei Schallschutztüren das Prüfzeugnis vorlegen.
- [ ] Lassen Sie den Zwischenraum zwischen Mauerwerk und Zargen nicht nur punktweise, sondern komplett ausstopfen oder ausschäumen. Damit verringern Sie die Schallübertragung.
- [ ] Kellertüren von beheizten Fluren in unbeheizte Räume müssen wärmegedämmt sein.
- [ ] Kontrollieren Sie, ob die Türen in die richtige Richtung aufschlagen und das Türblatt auf der richtigen Seite montiert ist.
- [ ] In Räumen ohne Fenster muss bei den Türen zur ausreichenden Belüftung entweder im unteren Bereich ein Gitter eingebaut sein, oder die Tür muss einen ausreichend großen Abstand (eineinhalb bis zwei Zentimeter) zum Boden haben.
- [ ] Prüfen Sie mit der Wasserwaage, ob die Rahmen und Türen waagerecht und lotrecht eingebaut sind.
- [ ] In der Wohnungseingangstür sollte ein unteres Dichtband (Schall-Ex) eingebaut werden.
- [ ] Prüfen Sie die Oberflächen von Türblatt und Rahmen auf Kratzer.
- [ ] Die Türen müssen sich vollständig öffnen und schließen lassen, ohne am Rahmen oder Boden zu streifen.
- [ ] Prüfen Sie, ob die Türen in jeder beliebigen Position stehen bleiben, ohne sich von selbst weiter zu öffnen oder zu schließen.
- [ ] Prüfen Sie, ob sich die Türen abschließen lassen und ob Sie alle Schlüssel ausgehändigt bekommen haben.
- [ ] Achten Sie darauf, dass Wandflächen und Böden nicht durch Bauschaum verunreinigt wurden.
- [ ] Achten Sie darauf, dass Akustikdecken überall schallentkoppelt sind.
- [ ] Achten Sie darauf, dass bei der Montage von Holzverkleidungen im Dachraum keine darunterliegenden Folien verletzt werden.
- [ ] Die Dachluke in dem unbeheizten Dachboden sollte wärmegedämmt sein.
- [ ] Achten Sie darauf, dass sich das Deckenholz ausreichend bewegen kann (mindestens eineinhalb Zentimeter Abstand zur Wand lassen).
- [ ] Abschlussleisten von Deckenverkleidungen sollten entweder an der Decke oder an der Wand befestigt werden, keinesfalls an beiden.
- [ ] Bei der Montage von Einbaustrahlern ist darauf zu achten, dass die elektrischen Systeme gut gesichert sind und keine verdeckten Brände entfachen können. Am besten ist die Abnahme durch einen Elektriker.
- [ ] Berücksichtigen Sie Lichtauslassstellen.

beziehungsweise aus dem Raum ausströmen kann. Das Türblatt läuft dann etwa eineinhalb Zentimeter oberhalb des Bodens.

Fest eingebaute Holztreppen

Meistens kommen heute Fertigteiltreppen aus Beton oder Stahl-Holz-Kombinationen zum Einsatz. Sie sind preiswerter und schneller einzubauen als Maßanfertigungen. Besteht aber der Wunsch nach einer individuell gestalteten Holztreppe, ist das ein Auftrag für den Schreiner. Er muss zunächst vor Ort exakt Maß nehmen. Wenn das noch im Rohbau geschieht, muss er spätere Bodenaufbaustärken (Trittschall, Estrich, Oberbelag usw.) berücksichtigen, genauso zusätzliche Wandschichten wie Putz- oder Holzverkleidungen. Der Schreiner wird dann eine Werk- und Detailplanung der Treppe anfertigen, nach der er das Holz zuschneidet. Bei der Anlieferung des Holzes vor Ort sollte nochmals überprüft werden, ob es sich um die bestellte Holzart handelt. Erst dann sollte der Schreiner mit dem Einbau beginnen.

Der Einbau kann entweder auf dem Rohboden erfolgen, bevor Trittschallschutz, Estrich und Bodenoberbelag aufgebracht sind, oder auf dem schwimmenden Estrich. Spindeltreppen sollten aufgrund der hohen Punktlast allerdings grundsätzlich auf dem Rohboden stehen. Wird die Treppe auf den Estrich gestellt, muss dieser im Auflagerbereich zusätzlich bewehrt werden, um Rissbildungen durch zu hohe Punktbelastungen zu vermeiden.

Als Erstes wird bei einer reinen Holztreppe das Holztraggerüst eingesetzt. Achten Sie hierbei darauf, dass die Treppenkonstruktion (ob Unterbau oder Wangenkonstruktion) schallentkoppelt eingesetzt wird. Als Puffer dienen zum Beispiel Neoprenscheiben, die unter die Metallauflagerwinkel am unteren und oberen Treppenauflager gelegt werden. Die Stufenmontage erfolgt am besten von unten nach oben, weil dann die bereits gesetzten Stufen als Arbeitsplattform für die nächsthöhere Stufe genutzt werden können. Nach der Montage aller Stufen sollte überprüft werden, ob die Auftrittstiefen auf der Lauflinie der Treppe, also in der Mitte jeder Stufe, einheitlich sind. Ist alles in Ordnung, wird zum Schluss das Geländer montiert. Abschließend muss die gesamte Treppe geschützt werden, wenn sie noch von Handwerkern und Bauarbeitern genutzt wird. Einfache Folien oder Ähnliches würden sofort reißen, es müssen mindestens Pressspanholzauflagen gesetzt werden, die am besten vom Schreiner, der die Treppe einbaut, gleich mit angefertigt werden. Der Stufenschutz muss rutschfest, aber beschädigungsfrei auf die Stufen montiert werden. Manche Schreiner helfen sich mit Stellstufen, die den Trittstufenschutz von zwei Seiten halten und mit ihnen verschraubt werden. Verbreitet ist auch die Methode, die Stufen zunächst gar nicht zu montieren, sondern Ersatzstufen. Das sind einfache Hölzer, die erst ganz zum Schluss der Bauphase durch die eigentlichen Stufen ersetzt werden. Holzwangentreppen mit begleitenden, seitlichen Holzwangen, in die die Stufen gesetzt werden, sind zwar sehr weit verbreitet, wirken aber recht schwer. Es gibt heute auch sehr schöne, leicht wirkende Holztreppenkonstruktionen, deren tragende Holzkonstruktion unterhalb der Stufen läuft und deren Stufen von der Wand gelöst sind, was der Treppe noch einmal eine gewisse Leichtigkeit gibt. Sprechen Sie Ihren Planer und/oder Schreiner ruhig auf solche Alternativen an. Ähnlich wie Türen sind Treppen ein wesentliches Gestaltungswerkzeug von Innenräumen.

Einschubtreppen

Dachbodentreppen zum Ausziehen können vom Zimmerer (⸺▸ Seite 286) oder Schreiner gesetzt werden. In der Regel bezieht er die fertigen Treppen oder Leitern im Einschubkasten vom Fabrikanten oder Großhändler und übernimmt nur noch Lieferung und Einbau. Wichtig für die Montage ist der luftdichte Anschluss an die Geschossdecke. Dieser erfolgt meistens durch eine Kombination aus Dichtband und einem Schaumstoff-Dämmzopf, die zwischen Futterkasten und Geschossdecke gesetzt werden. Auch zwischen Futterrahmen und Deckel sollte so eine Dichtung vorhanden, der Futterdeckel selbst sollte unbedingt vollflächig gedämmt sein. Der Wärmedämmwert (U-Wert) der Boden-Einschubtreppe sollte bei Anlieferung anhand des Lieferscheins oder der Verpackungsbeilage geprüft werden.

Holzdecken

Eine Holzdecke kann direkt unter der Rohdecke oder auf einer verputzten Decke montiert werden. Meist werden sie aber vor allem im Bereich von Dachschrägen eingesetzt, weil man hier leichte und bewegungstolerante Konstruktionen benötigt. Wie alle Holzkonstruktionen arbeiten Deckenverkleidungen, wenn das Holz auf wechselnde Temperaturen und Luftfeuchten reagiert. Die Einzelelemente sollten deshalb bereits vor der Montage gestrichen oder behandelt sein. So wird vermieden, dass sich das Holz durch die einseitige (nur deckenunterseitige) Behandlung verzieht und dabei die verdeckten und daher ungestrichenen Bereiche (zum Beispiel bei einer Nut- und Federschalung) sichtbar werden.

> **Tipp**
>
> **Lösemittelarme Produkte,** also Dispersionslacke und -farben mit Wasser als Hauptlösemittel, sind vor allem in Innenräumen immer zu bevorzugen. Hinweise dazu gibt das Umweltzeichen „Blauer Engel" in Verbindung mit der Bezeichnung „weil emissionsarm". Schreiben Sie schon in den Auftrag für alle Holzarbeiten, dass grundsätzlich umweltschonende Behandlungsmittel zu verwenden sind. Lassen Sie sich vom Schreiner vor der Behandlung der Hölzer die GISCODE-Einstufungen (→ Seite 253) aller verwendeten Anstrichmittel aushändigen und besprechen Sie diese mit Ihrem Planer oder Bauleiter. Stimmen Sie die Anstrichmittel dann mit dem Schreiner ab. Lassen Sie sich mindestens eine Leerdose jedes Anstrichs vom Schreiner aushändigen.

Bei der Montage ist besonders darauf zu achten, dass sich das Holz spannungsfrei ausdehnen und wieder zusammenziehen kann. Das wird durch flexible Montageelemente und ausreichende Wandabstände (mindestens eineinhalb Zentimeter) der Holzverkleidung unterhalb der Abschlussleisten erreicht.

Akustikdecken sind abgehängte Unterdecken mit schallabsorbierenden Eigenschaften. Sie vermindern die Nachhallzeit (Halligkeit) eines Raums und damit den Geräuschpegel. Typische deckenbekleidende Elemente für Akustikdecken sind Mineralfaserplatten, Lochplatten beziehungsweise Loch-Kassettenplatten (mit schallschluckenden Materialien hinterlegt) und geschlitzte Holzverkleidungen. Falls in Ihrem Haus Akustikdecken zum Einsatz kommen, ist auf die schalltechnische Entkopplung der gesamten Unterkonstruktion und der Verkleidung von der Decke und den Wänden allerhöchste Aufmerksamkeit zu legen.

Holzanstriche

Nur selten wird Holz ohne vorherigen Anstrich oder Behandlung eingebaut. Wie das Holz zu schützen ist, hängt vor allem von der künftigen Belastung ab: Eine Holztreppenstufe wird mechanisch viel stärker beansprucht, als Holzdeckenpaneele oder Wandverkleidungen beansprucht werden. **Wachsen oder Ölen** schützt die Holzoberfläche nur bedingt und muss in regelmäßigen Abständen wiederholt werden. **Lasuren** haben den Vorteil, dass sie das Holz einerseits schützen, es andererseits aber nicht vollständig versiegeln. Man spricht deshalb auch von offenporigen Anstrichen. Eine vollständige Versiegelung und der beständigste Schutz erfolgen mit dem **Lackieren** des Holzes. Alle Anstrichlösungen enthalten mehr oder weniger giftige oder allergene Inhaltsstoffe. Das Beste ist, sie so weit wie möglich zu vermeiden. Verwenden Sie außerdem im Innenraum niemals Lasuren oder Lacke, die für den Außeneinsatz vorgesehen sind.

13.31 Parkettarbeiten

Fertigparkett besteht aus einer stärkeren Tragschicht und der Nutzschicht, die nur einige Millimeter dick ist. Es kann freitragend auf Lagerhölzern oder schwimmend auf Estrich verlegt oder mit ihm verklebt werden. Die einzelnen Elemente haben eine umlaufende Nut-Feder-Verbindung, sodass die Platten beim Verlegen dicht ineinanderschließen. Fertigparkett ist in der Regel fertig abgeschliffen und versiegelt und kann direkt nach dem Verlegen begangen werden.

Klassischer Parkettboden aus einzelnen Parkettstäben ist in der Montage aufwendiger und teurer. Der Parkettleger verlegt das von Ihnen gewünschte Muster vor Ort. Klassisches Stabparkett können Sie noch nach Jahren abschleifen und frisch versiegeln lassen. Dann sieht es wieder wie neu aus. Bei Fertigparkett ist das nur möglich, wenn die Nutzschicht mindestens vier Millimeter dick ist. Der Parkettleger sollte an einem zentralen Ort, zum Beispiel im Flur, beginnen und zunächst einen durchgängigen Streifen Parkett durch das gesamte Haus legen, wenn Sie das Parkett als durchgängigen Bodenbelag wünschen. Vom Flur aus arbeitet er sich dann gleichmäßig in die Zimmer vor, sodass an den Türdurchgängen keine unschönen Übergänge entstehen. Achten Sie beim Parkettlegen darauf, dass nach Möglichkeit lösungsmittelfreier

> **Tipp**
>
> **Prüfen Sie bei der Anlieferung,** ob das in der Ausschreibung geforderte Material geliefert wurde. Wenn das Parkett mit dem Estrich verklebt werden soll, ist vor dem Verlegen der Restfeuchtegehalt des Estrichs zu prüfen. Lassen Sie diese Überprüfung vom Parkettleger vornehmen und die Eignung schriftlich bestätigen.

Kleber verwendet wird (GISCODE-Check ⟶ Seite 253). Dieser ist oftmals zwar teurer als herkömmlicher Parkettkleber, aber diese Investition lohnt sich. Parkett ist ein Naturbaustoff und braucht Raum zum Arbeiten – es muss sich ausdehnen und wieder zusammenziehen können. Ein falsch verlegtes Buchenparkett ist zum Beispiel in der Lage, Wände einzudrücken, oder es löst sich von der Klebeschicht ab und wölbt sich großflächig auf. Bei einem ausreichenden Wandabstand gibt es damit keine Probleme. An sichtbaren Randabschlüssen, an denen später keine Bodenleiste montiert wird, ist es sinnvoll, einen Streifen Kork einzulegen. Dieser ist elastisch und markiert einen sauberen Übergang. Man kann mit dieser Lösung sogar an allen Stellen, auch vor Wänden, auf Bodenleisten generell verzichten. Der Boden läuft dann optisch direkt vor die Wand. Das kennen Sie aus Museen. Zusammen mit raumhohen Türen haben Wände dann eher die Wirkung einer leichten Wandscheibe und nicht die Wirkung einer Wand mit einem Loch für die Tür und einer raumumlaufenden Bodenleiste am Fußpunkt.

Wenn der Parkettboden verlegt ist, wird er zunächst abgeschliffen. Die einzelnen Stabelemente werden dadurch auf eine gleichmäßige Oberfläche gebracht. Nach dem ersten Schleifgang wird der Boden versiegelt. Ist die erste Versiegelung trocken, wird der Boden nochmals abgeschliffen und anschließend endversiegelt. Ist die Endversiegelung trocken, kann der Boden begangen werden. Alternativ wird der Boden gewachst

oder geölt. Nun werden an den Rändern des Parkettbodens noch die Sockelleisten gesetzt, wenn diese gewünscht sind. Sonst kann alternativ die Lösung mit den Korkstreifen gewählt werden. Achten Sie vor allem darauf, dass die Sockelleisten nur an der Wand befestigt werden! Sonst können durch das Arbeiten des Parketts die Sockelleisten abgerissen werden, oder das Parkett selbst kann an den Befestigungspunkten einreißen.

> **Tipp**
>
> **Achten Sie bei der Oberflächenbehandlung des Parketts** auf umweltfreundliche Produkte. Sie können das Parkett auch wachsen oder ölen lassen. Das kann sehr schön aussehen, schützt aber das Parketholz nicht so sicher wie eine Versiegelung. Wenn nach dem Versiegeln oder Ölen des Parkettbodens weitere Arbeiten im Haus erfolgen, sollte das Parkett vor dem Abdecken der Böden zwei bis drei Tage lang offen aushärten können.

Checkliste: Parkettarbeiten

✓	erledigt am	
☐	☐	Prüfen Sie, ob das gelieferte Material in Holzart und Dicke mit den Vorgaben übereinstimmt.
☐	☐	Bestimmen Sie gemeinsam mit dem Parkettleger nochmals das Verlegemuster der Parkettstäbe.
☐	☐	Prüfen Sie, ob der von Ihnen gewählte Kleber verwendet wird.
☐	☐	Achten Sie darauf, dass das Parkett nirgends mit der Wand in Berührung kommt.
☐	☐	Klären Sie, dass Sockelleisten an der Wand und nicht am Boden befestigt werden.
☐	☐	Vor dem stark staubenden Parkettschliff angrenzende Bereiche gut abdichten lassen.
☐	☐	Prüfen Sie die fertige Parkettoberfläche nach dem Schleifen und Versiegeln auf Unebenheiten (Streiflicht).
☐	☐	Achten Sie darauf, dass das Parkett auch in den Raumecken sauber geschliffen wurde.
☐	☐	Lassen Sie sich eine Pflegeanleitung aushändigen.
☐	☐	Kontrollieren Sie, ob Wandflächen, Balkontüren usw. gesäubert wurden, falls diese versehentlich mit Kleber verunreinigt wurden.

13.32 Teppich- und Linoleumbelagsarbeiten

Wenn alle anderen Handwerker das Haus verlassen haben, kann als Letzter der Bodenleger den gewünschten Bodenbelag legen. Teppichboden beziehen Sie vom Raumausstatter beziehungsweise Teppichleger. PVC- und Linoleumbeläge erhalten Sie in der Regel bei Bodenbelagsbetrieben. PVC sollte allerdings wegen seiner schlechten Umweltverträglichkeit heute nicht mehr in Betracht gezogen werden. Hochwertige Teppichböden sind zwar teuer, halten aber auch wesentlich länger als sehr preiswerte Ware. Es gibt mittlerweile zudem Teppichsiegel, die sicherstellen, dass bei der Herstellung keine Kinderarbeit im Spiel war. Das Bekannteste ist das ehemalige Rugmark- und heutige Goodweave-Siegel (www.goodweave.de).

13.32 Teppich- und Linoleumbelagsarbeiten

> **Tipp**
>
> **Überlegen Sie sich grundsätzlich genau,** ob Sie einen Teppichboden flächendeckend verkleben lassen wollen oder ob Sie ihn nur punktuell mit Doppelklebeband fixieren und mit den seitlichen Bodenleisten festklemmen lassen. Das hat den Vorteil, dass Sie ihn viel leichter und schneller auswechseln können.

Wenn Sie Ihren Teppichboden flächendeckend verkleben wollen, sollten Sie auf lösungsmittelfreie Teppichkleber achten, um die Innenraumluftbelastung zu minimieren (GISCODE-Check, ⟶ Seite 253). Teppichbahnen sind in Richtung auf die Hauptfensterwand zu verlegen, in Fluren in Längsrichtung. Ist mehr als eine Bahn notwendig, müssen die Teppichstöße sehr exakt gearbeitet werden, damit man die Übergänge möglichst nicht sieht. An Übergängen zu anderen Bodenbelägen sollten die Teppichböden mit Abschlussleisten, zum Beispiel aus Messing, gefasst sein. Leider gibt es noch immer Bauherren, die auf **PVC-Böden** nicht verzichten möchten. PVC ist in der Herstellung und Entsorgung hochgradig umweltschädlich. Eine gute Alternative hierzu ist **Linoleum**, ein leinöl- und harzgebundener Bodenbelag, der in Aussehen und Charakter dem PVC stark ähnelt. Verlegt wird er in Bahnen und dann in der Regel flächig verklebt. Auch hier gilt die Empfehlung, einen lösungsmittelfreien Kleber zu wählen (GISCODE-Check, ⟶ Seite 253). Achten Sie darauf, dass die Bahnen in Längsrichtung des Raumes laufen, sauber gestoßen sind und Abschlussleisten haben.

> **Tipp**
>
> **Heben Sie Typenbezeichnungsschilder von Teppichböden** gut auf, für den Fall, dass Sie etwas nachkaufen müssen.

Checkliste: Teppichböden, Linoleumböden

✓	erledigt am	
☐	☐	Das Verlegen von Teppich- und Linoleumböden sollte erst nach Fertigstellung aller anderen Arbeiten erfolgen, um die Oberflächen vor späteren Verunreinigungen zu schützen.
☐	☐	Prüfen Sie, ob die gelieferten Beläge den ausgesuchten Mustern in Farbe, Material und Qualität entsprechen.
☐	☐	Kontrollieren Sie, ob der Untergrund gereinigt und für das Verlegen vorbereitet wurde (zum Beispiel Risse im Estrich ausgebessert, Unebenheiten durch Spachteln ausgeglichen).
☐	☐	Prüfen Sie die Höhen der Übergänge zu den einzelnen Räumen.
☐	☐	Teppichbahnen sind in Richtung auf die Hauptfensterwand zu verlegen, in Fluren in Längsrichtung. Die Bahnen sollten nur in einer Richtung verlegt werden, da sich sonst an Stößen Farbunterschiede zeigen können.
☐	☐	Klebstoffreste sind sofort zu entfernen.
☐	☐	Lassen Sie sich eine Pflegeanleitung für den Bodenbelag geben.
☐	☐	Größere Materialreste sollten Sie für spätere Ausbesserungsarbeiten aufbewahren.

13.33 Luftdichtigkeit allgemein

Die Luftdichtigkeit der Gebäudehülle hat heute einen besonderen Stellenwert. Viele Bauschäden, beispielsweise im Dachbereich, entstehen durch Leckagen in der Dampfbremse, durch die feuchte Raumluft in die Dämmung eindringen kann und diese unbrauchbar macht. Durch Leckagen in der Abdichtung kann es in den betroffenen Räumen auch unangenehm ziehen, was die Wohnqualität mindert. Beim **Blower-Door-Test** wird nur eine Tür oder ein Fenster geöffnet und dann mit einem winddichten Stoff- oder Kunststoffrahmen ausgefüllt. In dem Rahmen ist ein starker Ventilator eingebaut, der eine Druckdifferenz zwischen dem Inneren des Hauses und der Umgebung aufbaut. Je nach Dichtheit des Hauses muss der Ventilator mehr oder weniger stark arbeiten, um die Druckdifferenz über

Checkliste: Luftdichtigkeit

✓ erledigt am

- [ ] Lassen Sie einen Blower-Door-Test durchführen.
- [ ] Die Revisionsöffnungen von Rollladenkästen und der Auslass der Gurtbänder sollten gut abgedichtet sein.
- [ ] Für Schalter und Steckdosen in Außenwänden müssen besondere Unterputzdosen montiert werden.
- [ ] Stehende Hochlochziegel bei Fensterbrüstungen sollten vor Montage der Fensterbänke verputzt werden.
- [ ] Risse in Holzpfosten der Dachkonstruktion sind Luftöffnungen und sollten geschlossen werden.
- [ ] Lassen Sie alle Wandflächen verputzen, auch die Giebel im Spitzboden.
- [ ] Lassen Sie alle Kamine verputzen, auch im Spitzboden.
- [ ] Achten Sie auf eine sorgfältige Verklebung der Stöße der Dampfbremse sowie den Anschluss der Folie an Wandflächen.
- [ ] Für eine luftdichte Verklebung von Rohrdurchführungen gibt es teilweise fertige Passstücke.
- [ ] Achten Sie auf sorgfältige Abklebung der Dachflächenfenster.
- [ ] Die Haustür muss in geschlossenem Zustand luftdicht sein.
- [ ] Der Anschluss der Fensterrahmen an die Mauerwerkslaibung muss mit speziellen Profilen luftdicht hergestellt werden. Klären Sie, ob diese Arbeiten beim Einbau der Fenster oder beim Verputzen der Wände durchgeführt werden.

Die kritischen Stellen für Undichtigkeiten der Gebäudehülle:
- Stöße der Dampfbremse im Dachgeschoss,
- Anschluss der Dampfbremse an Wandflächen,
- Durchdringungen der Dampfbremse durch Leitungsrohre,
- Anschluss der Dampfbremse an Dachflächenfenster,
- unverputzte Kamine,
- Revisionsklappen der Rollläden,
- unverputzte Wandflächen,
- Steckdosen und Schalter in der Außenwand,
- unterer Anschluss der Haustür,
- Oberseite von Hochlochziegeln an Fensterbrüstungen,
- Fensteranschluss an seitlichen Laibungen.

> **Tipp**
>
> **Alle Gewerke-Checklisten und weitere Dokumente** finden Sie auch im „Praxis-Set Bauen!" ⟶ Seite 354.

Allgemeiner Hinweis zu Gewerkeschnittpunkten

An anderen Stellen des Buches wurde schon darauf hingewiesen, dass Gewerkeschnittpunkte eine große Herausforderung sind, wenn die Gewerke einzeln koordiniert und durch unterschiedliche Firmen ausgeführt werden.

Aber selbst wenn man ein schlüsselfertiges Haus erwirbt, heißt das noch lange nicht, dass alle Leistungen zur Erstellung eines Hauses auch aus einer Hand kommen. Es kann sein, dass Sie trotzdem größere Schnittstellen haben, zum Beispiel, wenn ein Fertighauslieferant nur ab „Oberkante Bodenplatte" liefert, Sie also die Bodenplatte von einem anderen Unternehmen bauen lassen müssen. Das gleiche kann gelten, wenn Sie einen Keller wollen, den ein Fertighausunternehmen nicht mit anbietet.

Sie haben bereits erfahren, wie sinnvoll es ist, die technischen Voraussetzungen für solche Gewerkeschnittpunkte auch vertraglich klar zu regeln, so dass der Keller technisch in der Lage ist, das Haus aufzunehmen und das Haus umgekehrt technisch auf den Keller passt.

Auch beim klassischem gewerkeweisen Bauen setzt man voraus, dass ein Gewerk dem anderen problemlos folgen kann. Das ist aber häufig gar nicht ohne Weiteres der Fall. Nicht selten sieht die Firma eines Gewerks Probleme darin, die eigenen Leistungen auf Basis der Arbeit eines vorlaufenden Gewerkes umzusetzen.

Daher ist es sehr sinnvoll und wichtig, dass vor Abnahme jedes Gewerks (alles zur Abnahme siehe

eine Stunde hinweg zu halten. Hieraus wird das Maß der Undichtigkeit (die Luftwechselrate) bestimmt. Ein guter Wert für die Luftwechselrate ist bei Einfamilienhäusern das ein- bis eineinhalbfache Luftvolumen des Innenraums pro Stunde. Schlechte Werte haben das zwei- bis dreifache Luftvolumen. Um Leckagen genau zu lokalisieren, können auch kleine Mengen ungiftiger Prüfnebel versprüht werden, die zu den undichten Stellen ziehen. Es empfiehlt sich, den Test nicht erst bei Fertigstellung des Hauses durchzuführen, weil Nachbesserungen dann nur noch mit großem Aufwand möglich sind. Ein guter Zeitpunkt ist nach der Montage der Dampfsperre im Dachgeschoss. Der Innenputz muss aufgebracht und der Estrich verlegt sein. Alle Fenster und Fensterbänke sollten ebenfalls schon montiert sein.

Legen Sie bereits in den zusätzlichen technischen Vertragsbedingungen (⟶ Seite 230) fest, dass ein Blower-Door-Test durchgeführt wird und dass die Kosten hierfür (rund 400 Euro) zwischen den Firmen aufgeteilt werden, bei denen Mängel in der Ausführung festgestellt werden. Eine luftdichte Gebäudehülle ist im Übrigen seit Jahren Stand der Technik und gehört damit eigentlich längst ohnehin zum Leistungsumfang des Handwerks.

Kapitel 15) ein Termin mit dem Folgegewerk auf der Baustelle angesetzt wird, damit das Folgegewerk die Arbeiten des Vorgewerks ansehen und mögliche Probleme benennen kann. Diese sollten dann mit ins Abnahmeprotokoll des Vorgewerks aufgenommen und nötigenfalls vorbehalten werden, damit sie noch nachgearbeitet werden können, bevor das Folgegewerk startet. So kann eine möglichst reibungslose Schnittstelle zum Folgegewerk sichergestellt werden. Zwar sind Unternehmen ohnehin dazu verpflichtet, vor Arbeitsbeginn Bedenken zu den Arbeiten vorlaufender Gewerke anzumelden, wenn sie solche haben, das Problem ist nur, dass dann die Abnahme der Leistungen des Vorgewerks oft schon gelaufen ist, ohne dass die vom Folgegewerk später benannten Mängel im Abnahmeprotokoll vorbehalten wurden und ein Recht auf Nachbesserung besteht. Dieses Problem umgehen Sie, indem Sie erst das Folgegewerk zur Beurteilung der Arbeiten des Vorgewerks auf die Baustelle holen und dann die Arbeiten des Vorgewerks abnehmen.

Beispiel:
Der Rohbauer hat seine Arbeiten abgeschlossen. Auf den Rohboden sollen nun durch den Heizungsbauer Heizschleifen für eine Fußbodenheizung verlegt werden. Der Heizungsbauer wird vor Rohbauabnahme auf die Baustelle gebeten, um zu beurteilen, ob er auf den Beton-Rohböden aller Geschosse problemlos die Heizschleifen verlegen kann. Der Heizungsbauer moniert verschiedene grobe Betonrückstände, die noch beseitigt werden müssen. Dies wird im Protokoll bei der Abnahme der Rohbauarbeiten vermerkt. Nachdem der Heizungsbauer die Heizschleifen verlegt hat, kommt der Estrichleger auf die Baustelle, um die Heizschleifen zu beurteilen. An mehreren Stellen sieht er Nachbesserungsprobleme, damit der Estrich eben und in der notwendigen Aufbauhöhe vergossen werden kann. Dies wird im Abnahmeprotokoll der Heizungsarbeiten vermerkt. Nachdem der Estrichleger den Estrich eingebracht hat, kommt der Parkettleger auf die Baustelle und beurteilt den Estrich. Der Estrich weist an einigen Stellen Unebenheiten auf, die noch nachgearbeitet werden müssen, damit der Parkettboden exakt verlegt werden kann. Dies wird im Abnahmeprotokoll des Estrichlegers vermerkt.

Auf diese Weise schaffen Sie zumindest die Voraussetzung um Schnittstellenprobleme zwischen den einzelnen Gewerken am Bau besser in den Griff zu bekommen.

14 Mängel, Behinderungsanzeigen, Abschlagsrechnungen, Kostenkontrolle, Nachtragsforderungen

Keine Baustelle läuft glatt durch. Praktisch immer tauchen unvorhergesehene Probleme auf, nicht selten auch Mängel und unterschiedliche Sichtweisen dazu. Hinzu kommen fortlaufende Rechnungen, deren Berechtigung die Beteiligten ebenfalls nicht immer identisch sehen. Kurzum: Planung trifft auf Wirklichkeit. Solche Probleme gehören zu jedem Bauvorhaben, und es hat keinen Sinn, die Augen davor zu verschließen.

Je nachdem, wie gut Ihre Baustelle vorbereitet ist, werden Sie während der Durchführung mehr oder weniger viele Probleme bekommen. Allerdings gilt auch: Fast keine Baustelle kann so gut vorbereitet werden, dass sich nicht früher oder später Probleme ergeben. Dann kommt es auf eine gute Baustellensteuerung an. Einerseits muss man das Baurecht und den Bauvertrag mit den Vertragsanlagen sorgfältig im Blick haben, andererseits den Baustellenablauf und die Baustellenwirklichkeit. Denn nicht alles, was nach der reinen juristischen Lehre gilt, ist auch ohne Weiteres in der Baustellenwirklichkeit und der Praxis des Bauablaufs sinnvoll und zeitgerecht umzusetzen. Gute Bauleiter entwickeln über die Jahre ein sehr gutes Gespür für eine ausgewogene, rechtssichere, aber auch praxisgerechte Führung einer Baustelle. Eine solche Bauleitung, kombiniert mit der Fähigkeit, wichtige Gestaltungsdetails wirksam durchzusetzen, ist die eigentliche Königsdisziplin des Bauens.

14.1 Mängel während der Bauphase

Rechtliche Grundlagen

Während der Bauphase können verschiedene Arten von Mängeln auftreten. Im Vordergrund stehen Sachmängel, also Leistungen, die eine vereinbarte Beschaffenheit nicht haben (§ 633 BGB). Soweit keine Beschaffenheiten vereinbart waren, muss das Werk eine Beschaffenheit aufweisen, die bei Werken der gleichen Art üblich ist und die der Besteller nach der Art des Werks erwarten kann. Die VOB/B regelt sozusagen automatisch bestimmte Beschaffenheiten für die Gewerke, die in den allgemeinen technischen Vertragsbedingungen (ATV) der VOB/C beschrieben sind. Hierbei handelt es sich im Wesentlichen um DIN-Normen (⟶ Seite 113.). Eine bestimmte Beschaffenheit liegt zum Beispiel dann nicht vor, wenn Fliesen mit großer Unebenheit oder zu unregelmäßigen Fugenbreiten und -tiefen verlegt wurden, aber auch wenn die falschen Fliesen verlegt wurden. Selbst wenn die falschen Fliesen einwandfrei verlegt wurden, liegt eine nicht vereinbarte Beschaffenheit vor, also ein Sachmangel. Unabhängig von der Vereinbarung der VOB/B macht auch der Verstoß gegen allgemein anerkannte Regeln der Technik eine erbrachte Leistung mangelhaft. Stellen Sie oder Ihr Bauleiter einen Mangel fest, hängen die weiteren Schritte davon ab, ob Sie mit dem betreffenden Unternehmer einen Bauvertrag nach BGB abgeschlossen haben oder ob die VOB/B vereinbart wurde.

Bauvertrag nach BGB

§ 633 BGB verpflichtet den Unternehmer, sein Werk so herzustellen, dass es frei von Sachmängeln ist, also die vereinbarte Beschaffenheit hat. Kommt der Unternehmer dieser Verpflichtung zur mangelfreien Leistung nicht nach, hat der Bauherr ähnliche Gewährleistungsansprüche wie auch sonst im Kaufrecht (§ 634 BGB): Er kann zunächst **Nachbesserung** verlangen, auch wenn das unter Umständen die Neuherstellung der Werkleistung bedeutet (Nacherfüllung). Dafür sollte er dem Unternehmer eine angemessene Frist setzen. Was angemessen ist, bestimmt sich nach dem jeweiligen Einzelfall. Hier kann Ihnen der Bauleiter konkreten Rat geben. Die Pflicht zur Nachbesserung umfasst auch Transport-, Arbeits- und Materialkosten (§ 635 Abs. 2 BGB), ebenso die Kosten für Vor- und Nacharbeiten. Dies ist beim Bau wichtig, weil ein Gewerk oft auf einem anderen aufbaut: Wenn zum Beispiel die Wasserleitung im Bad undicht ist, muss der Installateur auch die Kacheln auf eigene Kosten erneuern lassen, falls diese zur Mangelbeseitigung entfernt werden müssen. Einer Fristsetzung bedarf es nicht, wenn der Unternehmer die Nachbesserung von vornherein unmissverständlich verweigert, weil sie wirtschaftlich

14.1 Mängel während der Bauphase

unsinnig ist (§ 275 Abs. 2 und 3 BGB) oder wenn unverhältnismäßig hohe Kosten entstehen würden (§ 635 Abs. 3 BGB). Bessert der Unternehmer innerhalb der gesetzten Frist nicht in der Qualität nach, wie es vertraglich vereinbart war, kann der Bauherr die Sache selbst in die Hand nehmen **(Selbstvornahme)**: Er kann den Mangel durch eine andere Firma beseitigen lassen und sich die Kosten vom ursprünglichen Auftragnehmer ersetzen lassen (§ 637 BGB). Er kann dafür auch einen Vorschuss verlangen. Alternativ zur Mangelbeseitigung durch ein anderes Unternehmen kann der Bauherr **Preisminderung** verlangen. Eine Wandelung, die grundsätzlich auch möglich wäre, wird beim Bau kaum in Betracht kommen. Entsteht aus dem Mangel ein weiterer Schaden, kann der Bauherr **Schadenersatz** verlangen und hat darüber hinaus weitere Ansprüche wegen eines **Mangelfolgeschadens**, wenn sich zum Beispiel der Bauablauf deshalb verzögert. Die Fälligkeit der kompletten Abschlagszahlung an ein Handwerksunternehmen tritt nach BGB nur dann ein, wenn eine Leistung vollständig und *mangelfrei* erbracht wurde. Wenn der Unternehmer Abschlagszahlungen in Höhe des Wertes der von ihm erbrachten und nach dem Vertrag geschuldeten Leistungen gemäß § 632a BGB fordert, muss er vorhandene Mängel zuvor beseitigen, um einen Anspruch auf die Abschlagszahlung zu erhalten. Hier sollten Sie bei Differenzen mit dem Unternehmer vor Bezahlung einer Rechnung Ihren Anwalt hinzuziehen.

Bauvertrag nach VOB/B
Die VOB/B ermöglicht weiterreichende Schritte und Maßnahmen. Gemäß § 4 Nr. 6 VOB/B kann man vertragswidrige Baustoffe oder Bauteile von der Baustelle entfernen lassen und damit verhindern, dass vertragswidrige Leistungen überhaupt erst entstehen. Nach § 4 Nr. 7 VOB/B kann man schon während der Bauzeit vertragswidrige beziehungsweise mangelhafte Leistungen durch vertragsgemäße beziehungsweise mangelfreie Leistungen ersetzen lassen. Außerdem steht einem ein Schadenersatzanspruch zum Ausgleich für Schäden zu, die nicht mit der Nachbesserung behoben werden können. Beseitigt der Unternehmer den Mangel innerhalb einer gesetzten angemessenen Frist und Nachfrist nicht, kann ihm der Auftrag entzogen werden. Die VOB/B bietet damit sehr spezifische Handlungsmöglichkeiten für den Auftraggeber.

Mängelrüge
Stellen Sie oder stellt Ihr Bauleiter in der Bauphase fest, dass eine Leistung mangelhaft oder ein Schaden entstanden ist, ist es zunächst wichtig, den Sachverhalt zu fotografieren. Danach ist es Aufgabe des Bauleiters, den Unternehmer unverzüglich schriftlich zu informieren und aufzufordern, die mangelhafte Leistung zu ersetzen beziehungsweise den Schaden zu beheben. Das erfolgt mit einer Mängelrüge (→ Hinweis, Seite 354). Um einem solchen Schreiben die Schärfe zu nehmen, kann der Bauleiter die Zusendung in einem Telefonat ankündigen. Die Schriftform, am besten per Einschreiben/Rückschein, ist jedoch aus Gründen der Nachweisbarkeit die Voraussetzung, um die Arbeiten notfalls auf Kosten des Unternehmers durch eine andere Firma ausführen zu lassen, wenn die Leistung nicht vom Unternehmer nachgebessert wird. Bei BGB und VOB/B-Verträgen ist für Mängelrügen die gesetzliche Schriftform, also ausdrücklich

---

Betreten der Baustelle
Viele Bauträgerverträge verbieten dem Hauskäufer das Betreten der Baustelle während der Bauzeit. Das heißt, dass Sie die Bauqualität des Bauträgers nicht unabhängig überprüfen können. Solche Regelungen sollten Sie keinesfalls akzeptieren. Vor jeder Abschlagszahlung müssen Sie die Möglichkeit haben, das Gebäude zu begehen, auch mit einem unabhängigen Sachverständigen, um Einsicht in die Bauqualität zu erhalten.

> **Tipp**
>
> **Lassen Sie sich grundsätzlich alle Mängelrügen,** die Ihr Bauleiter schriftlich erteilt, in Kopie schicken. Legen Sie diese gewerke- und datumsweise geordnet ab. So haben Sie eine unabhängige Kontrolle, dass Ihren Beanstandungen auch nachgegangen wird, und einen unabhängigen Überblick über Nachbesserungen.

nicht E-Mail, sondern Brief, dringend zu empfehlen. Denn sonst kann die Mängelrüge unwirksam sein. Zur Durchsetzung Ihrer Ansprüche aus Mängeln ist eine sorgfältige und rechtlich einwandfreie Vorgehensweise unbedingt erforderlich. So kann beispielsweise die Frage, was eine angemessene Frist zur Beseitigung des Mangels ist, nur im Einzelfall entschieden werden. Zu empfehlen ist daher, bei der Mängelrüge einen Anwalt einzuschalten, wenn es sich um größere Mängel handelt oder wenn sich Schwierigkeiten mit dem Unternehmer abzeichnen, bei denen einige Tausend Euro auf dem Spiel stehen.

Allgemein anerkannte Regeln der Technik und DIN-Normen als Ausführungsgrundlage

Da ein Haus bis heute individuell gebaut wird, ist es kein Wunder, dass es bei der Herstellung zu Abweichungen von der optimalen Art der Ausführung kommt. Oftmals besteht zwischen Auftraggeber und Auftragnehmer Uneinigkeit darüber, ob es sich nun um einen Mangel handelt oder nicht.

Beispiel: Nachdem der Fliesenleger die Wandfliesen aus trockengepressten, keramischen Fliesen der Größe 30 x 20 Zentimeter verfugt hat, fällt Ihnen auf, dass die Fugen unregelmäßig breit sind. Teilweise beträgt die Fugenbreite einen Millimeter, teilweise neun Millimeter. Da die Fliesenkanten geradlinig sind, bemängeln Sie diese Ausführung. Der Fliesenleger steht auf dem Standpunkt, dass er die Leistung innerhalb des zulässigen Toleranzrahmens erbracht hat und somit kein Mangel vorliegt.

Vor der Abnahme liegt die Beweispflicht beim Unternehmer. Er muss beweisen, dass er die Arbeiten mangelfrei ausgeführt hat. Hierzu kann er – neben den allgemein anerkannten Regeln der Technik je nach Fall (bei VOB/B-Verträgen fast durchgängig) – auf Normen zurückgreifen, die das Deutsche Institut für Normung (DIN) für viele Gewerke herausgegeben hat. Diese DIN-Normen beschreiben genau, wie der Unternehmer seine Leistung auszuführen hat. Gibt es also Uneinigkeit über die Ausführung von Arbeiten, ist ein erster Schritt zur Klärung der Blick in die entsprechende

---

Mängelrüge

- Datum, Gewerk, Auftrag des Unternehmers vom …,
- Beschreibung des Mangels, wobei die Angabe des Mangelsymptoms ausreicht.
- eine angemessene Frist zur Behebung des Mangels,
- bei zusätzlichen Schäden eine genaue Beschreibung des Schadens,
- Schadenersatzansprüche vorbehalten,
- bei **VOB/B-Vertrag**: Ankündigung des Auftragsentzugs bei Nichteinhaltung der Frist,
- bei **BGB-Vertrag**: Fristsetzung zur Mängelbeseitigung; nach Fristablauf wählen zwischen Selbstvornahme mit Aufwendungsersatz, Ankündigung des Rücktritts vom Vertrag oder Ankündigung der Minderung der Vergütung.

DIN-Norm beziehungsweise in eine aktuelle Kommentierung. Die meisten gängigen DIN-Normen finden Sie im Teil C der VOB unter den Allgemeinen Technischen Vertragsbedingungen (ATV). Nicht immer werden Sie die Qualität der Ausführung persönlich überwachen und einschätzen müssen. Soweit er hiermit beauftragt ist, wird das Ihr Architekt oder Bauleiter für Sie übernehmen. Spätestens im Zuge einer (Teil-) Abnahme werden Sie aber mit der Ausführungsqualität von Baugewerken konfrontiert, selbst wenn Sie mit einem Bauträger oder Generalübernehmer bauen. Um dann sachlich argumentieren zu können, sollten Sie den strukturellen Hintergrund von DIN-Normen kennen und wissen, wo Sie die wichtigsten DIN-Normen finden. Bei oben genanntem Beispiel gilt die DIN 18352 für Fliesen- und Plattenarbeiten. Unter Punkt 3.5 ist dort die Ausführung der Fugen beschrieben. Nach Punkt 3.5.1 müssen diese gleichmäßig breit angelegt werden, was in dem Beispiel nicht der Fall ist. Außerdem sind bei trockengepressten, keramischen Fliesen mit einer Seitenlänge über zehn Zentimetern als Fugenbreiten zwei bis acht Millimeter festgelegt. Die Arbeiten sind daher nicht nach DIN ausgeführt worden und damit mangelhaft. Da Abweichungen von vorgegebenen Maßen in einer gewissen Größenordnung bei der Ausführung der Leistungen vor Ort generell öfter vorkommen, wurden zur Festlegung zulässiger Maßabweichungen folgende DIN-Normen eingeführt:

> **DIN 18201:** „Toleranzen im Bauwesen; Begriffe, Grundsätze, Anwendung, Prüfung",
> **DIN 18202:** „Toleranzen im Hochbau; Bauwerke",
> **DIN 18203:** „Toleranzen im Hochbau; vorgefertigte Teile aus Beton, Stahlbeton und Spannbeton; vorgefertigte Teile aus Stahl; Bauteile aus Holz und Holzwerkstoffen".

Die in der DIN 18202 und der DIN 18203 angegebenen Toleranzmaße gelten nur für herstellungsbedingte Maßabweichungen. Zeit- und lastabhängige Verformungen wie zum Beispiel belastungsbedingte Durchbiegungen von Stahlbetondecken sind in diesen Toleranzen nicht enthalten und müssen bei der Ausführung mit berücksichtigt werden. In dem überwiegenden Teil der Allgemeinen Technischen Vertragsbedingungen von Teil C der VOB wird für die Ausführung auf die DIN 18202 verwiesen. Es empfiehlt sich also, zur Beurteilung der ausgeführten Arbeiten auch diese DIN-Normen einzusehen, um bei Bedarf klären zu können, ob die erbrachten Leistungen innerhalb der festgelegten Grenzabmaße, Winkeltoleranzen und Ebenheitstoleranzen liegen.

Beispiel: Vor dem Verlegen des Parketts bemängelt der Parkettleger, dass im Estrich unterschiedliche Wölbungen und Vertiefungen vorhanden sind, die angeblich außerhalb des Toleranzrahmens liegen. Er kündigt Mehrkosten für die Ausgleichsspachtelung des Estrichs an. Anhand der DIN 18202, Tabelle 3, lässt sich prüfen, ob die Abweichungen im Toleranzrahmen liegen oder nicht. In Zeile drei werden Maßtoleranzen „flächenfertiger Böden, zum Beispiel Estriche als Nutzestriche, Estriche zur Aufnahme von Bodenbelägen, Bodenbeläge, Fliesenbeläge sowie gespachtelte und geklebte Beläge" festgelegt. Nach dieser Tabelle darf bei Messpunktabständen von bis zu vier Metern die Ebenheitsabweichung maximal 10 Millimeter betragen. Das lässt sich vor Ort überprüfen, indem eine Richtlatte von vier Metern Länge mit ihrem jeweiligen Ende auf zwei Hochpunkte des Estrichs gelegt wird. Mit einem Messkeil oder auch einem Zollstock misst man dann an der Stelle des größten Abstands zwischen Oberkante Estrich und Unterkante Richtlatte, ob dieser Abstand größer ist als zehn Millimeter. Ist dies der Fall, ist die DIN-Norm nicht erfüllt und die Ebenheit des Estrichs genügt nicht den Anforderungen der DIN.

> **Tipp**
>
> **Der Bezug von DIN-Normen ist leider sehr teuer.** Das ist wenig verständlich, weil das ihre Verbreitung auch unter Verbrauchern stark behindert. Den Verkauf der DIN-Normen hat der Beuth Verlag übernommen. Über dessen Internetseite kann man aber auch die öffentlichen Auslagestellen von DIN-Normen in Deutschland recherchieren. Dort können Sie alle Normen kostenfrei einsehen. Sie müssen dann allerdings möglicherweise einen längeren Anfahrtsweg in Kauf nehmen. Brauchen sie Einsicht in mehrere Normen, kann sich der Aufwand allerdings schnell lohnen gegenüber den hohen Kosten des Bezugs von DIN-Normen.
>
> www.beuth.de/de/regelwerke/auslegestellen
>
> Fragen Sie aber zunächst einfach Ihren Architekten oder Bauleiter, ob er Ihnen eine Kopie der betreffenden DIN-Norm aushändigen kann.

Es kann jedoch auch durchaus sein, dass höhere Genauigkeiten erforderlich sind als in der DIN 18202 beziehungsweise der DIN 18203 vorgesehen, zum Beispiel bei der Herstellung eines gewünschten, besonders glatten Wandputzes im Innenbereich. In einem solchen Fall ist es unbedingt notwendig, auf die höheren Anforderungen genau einzugehen und diese bereits im Bauvertrag schriftlich zu vereinbaren.

14.2 Behinderungsanzeigen der Unternehmer

Meist werden für die Ausführung von Arbeiten feste Anfangs- und Fertigstellungstermine vertraglich vereinbart, teilweise unter Androhung einer Vertragsstrafe bei Fristüberschreitung. Kann der Unternehmer aus Gründen, die er nicht zu vertreten hat, vereinbarte Fristen nicht einhalten, wird er das Ihnen oder dem von Ihnen beauftragten Bauleiter in Form einer Behinderungsanzeige unverzüglich schriftlich mitteilen – zum Beispiel, wenn ein Baum auf Ihrem Grundstück umgestürzt ist und am nächsten Morgen ein Betontransport dadurch behindert wird. Wenn Sie auf einem fremden Grundstück mit dem Bauträger bauen, werden Behinderungsanzeigen von Unternehmern für Sie hingegen keine Rolle spielen.

Die VOB/B setzt enge Grenzen für eine rechtmäßige Behinderungsanzeige. Nach § 6 Abs. 2 VOB/B werden Ausführungsfristen unter folgenden Umständen verlängert:

> durch einen Umstand, den der Auftraggeber zu vertreten hat,
> durch Streik oder eine von der Berufsvertretung der Arbeitgeber angeordnete Aussperrung im Betrieb des Auftragnehmers oder eines seiner Subunternehmer,
> durch höhere Gewalt oder andere für den Unternehmer unabwendbare Umstände.

Wenn Sie eine schriftliche Behinderungsanzeige des Unternehmers erhalten, muss geprüft werden, ob der genannte Grund als Behinderung gilt oder nicht. Häufig ist das nämlich nicht der Fall. Witterungseinflüsse, mit denen normalerweise während der Ausführungszeit gerechnet werden muss, gelten beispielsweise nicht als Behinderung. Ist die Behinderungsanzeige unbegründet, sollten Sie von Ihrem Bauleiter ein entsprechendes Antwortschreiben verfassen lassen und gegebenenfalls Ihrem Anwalt zur Prüfung vorlegen. Dieser Schriftverkehr kann sehr bedeutsam sein, wenn es später zu einem Rechtsstreit kommt.

Ist die Behinderungsanzeige berechtigt, empfiehlt es sich, dem Unternehmer die genaue Fristverlängerung schriftlich mitzuteilen. Nur um diese Frist dürfen dann die vereinbarten Vertragstermine überschritten werden. Der Unternehmer ist verpflichtet, alles Zumutbare zu tun, um die Weiterführung der Arbeiten zu ermöglichen, und er muss die Arbeiten nach Wegfall der Behinderung unverzüglich wieder aufnehmen. Die Fristverlängerung berechnet sich nach der Dauer der Unterbrechung mit einem Zuschlag für die Wiederaufnahme der Arbeiten.

Bei manchen Gewerken (zum Beispiel Maurerarbeiten) kann es passieren, dass nach einer durch den Auftraggeber verschuldeten Verzögerung zusätzliche Verzögerungen entstehen, die dem Unternehmer zugestanden werden müssen, zum Beispiel durch eine plötzliche, ungewöhnliche Schlechtwetterperiode, in der nicht gearbeitet werden kann.

14.3 Rechnungsprüfung von Abschlagszahlungen

Je nachdem, mit welchem Baupartner Sie bauen, werden unterschiedliche Zahlungsmodalitäten auf Sie zukommen: Entweder frei vereinbarte Zahlungspläne oder solche nach der Makler- und Bauträgerverordnung (MaBV). Abschlagszahlungen sind grundsätzlich zulässig; sie sollten aber nicht gegen den Grundsatz „Erst die Leistung, dann das Geld!" verstoßen. Der Unternehmer hat in Vorleistung zu treten. Die Höhe der einzelnen Abschlagszahlungen muss daher mit dem jeweils erreichten Baufortschritt in Einklang stehen. Sonst würde der Auftraggeber das Risiko tragen, dass der Unternehmer zwischenzeitlich insolvent wird und das vorgestreckte Geld unwiederbringlich verloren ist (→ Kapitel 6.2).

BGB
Das Recht der Abschlagszahlungen regelt § 632a BGB (→ Kapitel 6.2). Hier ist klar geregelt, dass der Auftragnehmer grundsätzlich einen Anspruch auf Abrechnung einer Teilleistung hat, und zwar in der Höhe der tatsächlich erbrachten und geschuldeten Leistungen. Geregelt ist auch, dass Verbrauchern schon bei Stellung der ersten Abschlagsrechnung fünf Prozent der Auftragssumme als Sicherheit für rechtzeitige und weitgehend mangelfreie Herstellung des Werks zu stellen sind. Das heißt, der Unternehmer muss Ihnen schon mit der ersten Abschlagsrechnung fünf Prozent der Auftragssumme in irgendeiner Form als Sicherheit übergeben oder hinterlegen. Wählt er eine Bankbürgschaft, müssen Sie sehr darauf achten, dass die Bürgschaft auch ausreichend Sicherheiten bietet (→ Seite 114 ff.). Kommen Zusatzkosten hinzu, sind auch von diesen durch den Unternehmer nochmals fünf Prozent als Sicherheit zu stellen.

Wenn Firmen über einen längeren Zeitraum auf der Baustelle tätig sind, wie zum Beispiel der Rohbauunternehmer, ist es im Interesse einer guten Zusammenarbeit sinnvoll, bei Vertragsabschluss einen Zahlungsplan zu vereinbaren, der genaue

Deckblatt für Abschlagsrechnung	
Name des Bauvorhabens:	
Datum der Prüfung	
Laufende Nummer der Rechnung	
Gewerk, Name der Firma	
Auftragsdatum	
Eingangsdatum der Rechnung	
Datum der Rechnung	
Rechnungsnummer des Unternehmers	
Evtl. Skontofrist bis	
Gesamte Auftragssumme netto (inkl. evtl. Nachträge)	EUR
Rechnungssumme vorliegende Rechnung	EUR
Rechnungssumme vorliegende Rechnung **nach Prüfung**	EUR
Evtl. vereinbarte Abzüge	EUR
Rechnungssumme geprüft netto	**EUR**
Mehrwertsteuer	**EUR**
Rechnungssumme geprüft brutto	**EUR**
Evtl. vereinbarter Sicherheitseinbehalt	EUR
Sonstige Abzüge	EUR
Gesamtbetrag nach Abzügen (brutto)	EUR
Bisher bezahlte AZ-Summe (brutto)	EUR
Freigegebener Betrag	**EUR**
Datum / Unterschrift des Bauleiters	

Deckblatt Abschlagsrechnung

Regelungen über den Zeitpunkt und die Höhe etwaiger Abschlagszahlungen sowie die maximale Gesamtsumme der Abschlagszahlungen vor Fertigstellung bein-haltet.

VOB/B
In der VOB/B regelt § 16 die Zahlungsmodalitäten. Er besagt, dass Abschlagszahlungen auf Antrag in Höhe des Werts der jeweils nachgewiesenen Leistungen in möglichst kurzen Zeitabständen gewährt werden sollten. Ein klarer Zahlungsplan als Alternative und

die Fälligkeitsvoraussetzungen für Zahlungen, zum Beispiel die *mangelfreie* Erstellung einer *exakt definierten* Teilleistung, können bereits Bestandteile der Ausschreibung sein.

MaBV

Ratenzahlungen gemäß der MaBV werden Sie vor allem dann entrichten, wenn Sie mit einem Bauträger bauen. Auch hier sollten diese Zahlungen an Fälligkeitsvoraussetzungen geknüpft sein, die zwei ganz wesentliche Kernpunkte beinhalten müssen, erstens eine sehr *exakte Definition* der Teilleistung: „...nach Beginn der Erdarbeiten" reicht als Definition bei Weitem nicht aus – dann schon eher: „...nach vollständiger Fertigstellung aller Erdarbeiten inklusive Abtransports allen überschüssigen Erdreichs auf die Deponie und seitlicher Lagerung des Mutterbodens". Zweitens muss die Fälligkeit einer Abschlagszahlung an eine mangelfrei erbrachte Leistung geknüpft werden. Vor Bezahlung einer Abschlagsrechnung, egal, ob nach BGB oder VOB/B, sind die in der Checkliste genannten Punkte zu beachten.

In der Abschlagsrechnung des Unternehmers sollten immer die Gesamtauftragssumme sowie alle bisher gestellten Abschlagsrechnungen und die erhaltenen Abschlagszahlungen aufgelistet sein, außerdem ein prüfbarer Nachweis über die bisher erbrachten Leistungen. Gibt es bereits in der Bauphase Streitigkeiten mit dem Unternehmer wegen Mängeln bei dessen Leistung, sollten Sie sich vor Bezahlung einer Abschlagsrechnung von Ihrem Anwalt über die weitere Vorgehensweise beraten lassen. Vielleicht kommt aufgrund der Streitigkeiten eine Ersatzvornahme in Betracht, das heißt, gemäß § 8 VOB/B wird einem Unternehmer der Auftrag entzogen. In einem solchen Fall kann es durchaus sein, dass der Folgehandwerker, der die Arbeiten zulasten des Vorunternehmers ausführt und abschließt, teurer ist als der ursprünglich tätige Unternehmer. Die sofortige Bezahlung der Abschlagszahlung ohne Rücksprache kann Ihnen dann einen finanziellen Nachteil bringen. Soweit Abschlagsrechnungen bezahlt werden, sollte immer darauf geachtet werden, dass die fünf Prozent Sicherheitseinbehalt für das Gesamtvorhaben, die das BGB festlegt, auch tatsächlich von Anfang an einbehalten werden.

Die Prüfung der Rechtmäßigkeit einer Abschlagsrechnung und die Freigabe der Rechnung zur Zahlung liegen im Verantwortungsbereich des Bauleiters. Prüfen Sie vor Bezahlung einer Rechnung, ob sie den Freigabevermerk des Bauleiters trägt. Manche Bauleiter verwenden für die Freigabe von Abschlagszahlungen ein Formblatt, das bei jeder Abschlagszahlung ausgefüllt und dazu geheftet wird. Ein

---

Rechtmäßigkeit einer Abschlagsrechnung

✓

Ja	Nein	
☐	☐	Besteht ein Anspruch auf Abschlagszahlungen per Gesetz oder Vertrag (§ 632a BGB beziehungsweise § 16 VOB/B)?
☐	☐	Wenn ja, sind die entsprechenden Voraussetzungen erfüllt?
☐	☐	Wenn ja, bleibt der maximal vereinbarte Gesamtbetrag für Abschlagszahlungen unterschritten?
☐	☐	Wenn ja, ist eine dem Betrag entsprechende Leistung erbracht worden?
☐	☐	Wenn ja, ist die bisherige Leistung mangelfrei erbracht worden?
☐	☐	Wenn nicht, besteht Anspruch auf einen Teilbetrag?

Zahlungsvorgaben nach § 3 Abs. 2 der Makler- und Bauträgerverordnung (MaBV)

Rate	Zahlungszeitpunkt		In Prozent der gesamten Kosten
1	Nach Beginn der Erdarbeiten (zur Abgeltung des Grundstücksanteils)		30,0
	Nach Baufortschritt festgelegte Teilzahlungen in Prozent	**bezogen auf 70 Prozent der gesamten Kosten**	**In Prozent der gesamten Kosten**
2	Nach Rohbaufertigstellung einschließlich Zimmerarbeiten	40,0	28,0
3	Nach Herstellung der Dachflächen und Dachrinnen	8,0	5,6
4	Nach Rohinstallation der Heizungsanlagen	3,0	2,1
5	Nach Rohinstallation der Sanitäranlagen	3,0	2,1
6	Nach Rohinstallation der Elektroanlagen	3,0	2,1
7	Nach Einbau der Fenster (einschließlich Verglasung)	10,0	7,0
8	Nach Einbringen des Innenputzes (ausgenommen Beiputzarbeiten)	6,0	4,2
9	Nach Estricharbeiten	3,0	2,1
10	Nach Fliesenarbeiten im Sanitärbereich	4,0	2,8
11	Nach Bezugsfertigkeit und Zug um Zug gegen Besitzübergabe	12,0	8,4
12	Nach Fassadenarbeiten	3,0	2,1
13	Nach vollständiger Fertigstellung	5,0	3,5
		100,00	100,00

solches Formblatt ist sehr zu empfehlen, denn es schafft vor allem eine gute Übersicht. Die Beträge der einzelnen Rechnungen tragen Sie dann in die Tabellen ein, die nachfolgend erläutert werden.

14.4 Kostenkontrolle und Kostensteuerung

Kaufen Sie zu einem Festpreis eine Komplettleistung bei einem Generalübernehmer ein, ist es einfacher, den Kostenüberblick zu behalten, als wenn Sie individuell mit dem Architekten bauen und alle Bauleistungen gesondert beauftragen. Sie werden dann beim Bau eines Einfamilienhauses Vertragspartner von etwa 20 Unternehmen, schnell auch mehr, plus Fachingenieuren, die je nach Vertragsgestaltung mehrere Abschlagsrechnungen stellen, bis jeweils die Schlusszahlung nach Abnahme erfolgt. Dadurch erhalten Sie während des Bauablaufs beim Bau eines Hauses leicht über 150 Rechnungen. Da dies ein sehr komplexer Fall von Kostenkontrolle und Kostensteuerung ist, geht dieses Kapitel gesondert darauf ein. Sie

14 Mängel, Behinderungsanzeigen, Abschlagsrechnungen, Kostenkontrolle, Nachtragsforderungen

müssen darauf achten, dass die Gesamtkosten nicht Ihr geplantes Budget sprengen. Außerdem sollten Sie zu jedem Zeitpunkt genau wissen, wie hoch die bisherigen Ausgaben sind, ob die einzelnen Gewerke teurer oder billiger sind als in der Kostenberechnung vorgesehen und ob sich bereits Kostenüberschreitungen abzeichnen.

Ferner ist ein Überblick über die Teilzahlungen der jeweiligen Gewerke wichtig, damit Sie den einzelnen Firmen nicht versehentlich zu viel bezahlen. Nicht jede Abschlagszahlung oder Schlussrechnung ist in ihrer Höhe berechtigt. Zwar ist die Kostenkontrolle eine der Grundleistungen der Leistungsphase 8 der HOAI, das heißt, Ihr Architekt oder Bauleiter muss sich dezidiert darum kümmern, dass die veranschlagten Kosten auch eingehalten werden, trotzdem ist es wichtig, dass auch Sie selbst informiert sind. Es nützt Ihnen zunächst nichts, wenn Sie plötzlich mit hohen Mehrkosten konfrontiert sind – auch wenn die Ursache kein Fehler von Ihnen, sondern von Ihrem Architekten ist. Wenn Sie aus Zeitgründen die nachfolgend beschriebenen Kostensteuerungsmaßnahmen und Kontrollen nicht durchführen können, sollten Sie sich diese Informationen regelmäßig, zum Beispiel monatlich von Ihrem Bauleiter, vorlegen lassen. Der Einsatz von EDV-Tabellenkalkulationsprogrammen macht es leicht, einen guten Überblick zu behalten. Es geht aber auch von Hand, wenngleich etwas mühsamer.

Tabelle 1: Übersicht Rechnungen

Bauherr: Franz Meier
Objekt: Musterstr.5 Musterhausen

Nr.	Datum	Betrag	Firma	Titel	KG	Datum	Bezahlt	Grund der Abweichung
1	(Datum)	3.400,00 €	Architekt	1. AZ	700	(Datum)	3.400,00 €	
2	(Datum)	1.200,00 €	Baugrund	Schlussrechnung	700	(Datum)	1.164,00 €	Skonto 3 %
3	(Datum)	800,00 €	Vermessungsing.	1. AZ	200	(Datum)	800,00 €	
4	(Datum)	750,00 €	Stadtverwaltung	Baugenehmigung	700	(Datum)	750,00 €	
5	(Datum)	2.500,00 €	Fa. Schmitz	1. AZ	200	(Datum)	2.000,00 €	Rechnung höher als bisherige Leistung
6	(Datum)	3.500,00 €	Fa. Müller	1. AZ	300	(Datum)	3.500,00 €	
7								
8								
9								
10								
11								
12								
13								
14								
15								
16								
17								
18								
19								
20								
21								
22								
23								
24								
25								
26								
27								
28								
				Zwischensumme			11.614,00 €	

Tabelle 1

14.4 Kostenkontrolle und Kostensteuerung

Übersicht über die Rechnungen

Vereinbaren Sie, dass Sie Rechnungen immer in doppelter Ausfertigung sowie im Format DIN A4 (Kopiergröße) erhalten. Ein Exemplar legen Sie nach Bezahlung bei den Unterlagen des jeweiligen Unternehmers ab, das andere Exemplar kommt in einen Rechnungsordner und erhält eine laufende Nummerierung. So haben Sie einen Überblick über alle bereits bezahlten Rechnungen. Tabelle 1 – „Übersicht Rechnungen" – liegt als Deckblatt im Rechnungsordner. Jede Rechnung wird in diese Liste mit folgenden Informationen eingetragen:

› laufende Nummerierung,
› Datum der Rechnung,
› Rechnungsbetrag,
› Name des Rechnungstellers oder das jeweilige Gewerk,
› Art der Rechnung (Abschlagszahlung mit Nummer, Schlussrechnung),
› Zuordnung zur Kostengruppe nach Kostenberechnung,
› Datum der Bezahlung,
› Höhe des bezahlten Betrags,
› Vermerk über Begründung bei Abweichung vom Rechnungsbetrag.

Tabelle 2: Kostensteuerung / Kostenkontrolle

Gewerk	Herrichten	Wasserhaltung	Aushub	Rohbauarb.	Zimmererarb.
Auftragnehmer	Fa. Meier	Fa. Müller	Fa. Schmitz	Fa. Schulze	
Kostenberechnung	1.500,00 €	10.000,00 €	6.000,00 €	120.000,00 €	13.000,00 €
Vertragssumme	2.000,00 €	8.700,00 €	6.000,00 €	118.000,00 €	
Nachtrag 01	900,00 €		2.000,00 €	4.000,00 €	
Nachtrag 02					
Nachtrag 03					
Nachtrag 04					
Nachtrag 05					
Nachtrag 06					
Nachtrag 07					
Nachtrag 08					
Gesamtsumme/Aktuell	2.900,00 €	8.700,00 €	8.000,00 €	122.000,00 €	
Differenzsumme zur Kostenberechnung	1.400,00 €	-1.300,00 €	2.000,00 €	2.000,00 €	
Arbeiten abgeschlossen	ja	nein	nein	nein	

Kostenkontrolle aktuell: Kostenüberschreitung / Kostenunterschreitung bezogen auf die Kostenberechnung	4.100,00 €	[x] Kostenüberschreitung [ ] Kostenunterschreitung

Tabelle 2

Beispiel: Mit Rechnungsdatum vom 15. Januar stellt die mit den Baugrunduntersuchungen beauftragte Firma die Schlussrechnung in Höhe von 1.200 Euro für ihre Leistungen. Nach Prüfung und Abzug des vereinbarten Skontos bezahlen Sie am 18. Januar einen Betrag von 1.164 Euro. All das vermerken Sie in der Tabelle.

Kostensteuerung und Kostenkontrolle

Die zweite Tabelle dient der Kostenkontrolle und -steuerung. Ziel ist es, einen ständigen Vergleich zwischen den veranschlagten Summen der einzelnen Positionen aus der Kostenberechnung des Architekten und den vertraglich vereinbarten Preisen mit den Unternehmen zu haben. Außerdem ist für die Auftragsvergabe weiterer Gewerke wichtig, ob die veranschlagten Kosten ausreichend sind oder nicht. Hierzu sollten Sie folgende Informationen ständig im Blick haben:

› Welche Gewerke sind bereits vergeben?
› Welche Summe war in der Kostenberechnung kalkuliert?
› Zu welchem Preis wurden die Leistungen vergeben?
› Gibt es Nachträge wegen zusätzlicher Leistungen?
› Wie groß ist die Abweichung zur Kostenberechnung des jeweiligen Gewerks?

Tabelle 3: Übersicht Abschlagszahlungen

Gewerk	Herrichten	Wasserhaltung	Aushub	Rohbauarb.	Zimmererarb.	Dachdeckerarb.
Auftragnehmer	Fa. Meier	Fa. Müller	Fa. Schmitz	Fa. Schulze	Fa. Peters	Fa. Heinz
Vertragssumme	2.000,00 €	8.700,00 €	6.000,00 €	118.000,00 €	12.000,00 €	15.500,00 €
Nachtrag 01	900,00 €		2.000,00 €	4.000,00 €		
Nachtrag 02						
Nachtrag 03						
Nachtrag 04						
Vertragssumme aktuell	2.900,00 €	8.700,00 €	8.000,00 €	122.000,00 €	12.000,00 €	15.500,00 €
Vereinbarte Einbehalte						
Sicherheitseinbehalt	0,00 €	1.000,00 €		6.100,00 €		
Anteil Bauleistungsvers.	0,00 €	0,00 €		50,00 €	50,00 €	50,00 €
Anteil Baustrom	0,00 €	0,00 €		150,00 €		
Anteil Bauwasser	0,00 €	0,00 €		150,00 €		
Summe Einbehalte	0,00 €	1.000,00 €	0,00 €	6.450,00 €	50,00 €	50,00 €
max. Auszahlung vor Abnahme bis 90%	2.610,00 €	6.930,00 €	7.200,00 €	103.995,00 €	10.755,00 €	13.905,00 €
01. AZ	1.000,00 €	5.000,00 €	5.000,00 €	25.000,00 €		
02. AZ	1.000,00 €	1.500,00 €		25.000,00 €		
03. AZ						
04. AZ						
05. AZ						
06. AZ						
07. AZ						
08. AZ						
09. AZ						
10. AZ						
Gesamtsumme AZ	2.000,00 €	6.500,00 €	5.000,00 €	50.000,00 €	0,00 €	0,00 €
Noch maximal mögliche AZ (bis 90%)	610,00 €	430,00 €	2.200,00 €	53.995,00 €	10.755,00 €	13.905,00 €
zusätzliche Abzüge	50,00 €					
Skonto	87,00 €					
Schlussrechnung	763,00 €					
Endbetrag nach Fertigstellung	2.763,00 €					

Tabelle 3

- Wie groß ist die Abweichung zur Kostenberechnung gesamt?
- Sind die Arbeiten abgeschlossen/Schlussrechnung erhalten?

Beispiel: Nach Tabelle 2 sind bereits vier Gewerke beauftragt. Bei der Firma Meier wurde neben der Vertragssumme noch ein Nachtrag vereinbart. Die Gesamtvertragssumme liegt mit 2.900 Euro um 1.400 Euro höher als die entsprechende Position in der Kostenberechnung des Architekten. Die Firma Meier hat ihre Arbeiten bereits abgeschlossen. In der Gesamtbilanz besteht zurzeit eine Kostenüberschreitung von 1.400 Euro gegenüber der Kostenberechnung des Architekten.

Übersicht über die Abschlagszahlungen

Damit einzelne Gewerke nicht versehentlich überbezahlt werden, informiert Sie die dritte Tabelle „Übersicht Abschlagszahlungen" über die geleisteten Zahlungen bei den einzelnen Gewerken. Dadurch haben Sie stets im Blick, welche Summen Sie bei vereinbarten Abschlagszahlungen noch leisten können. Folgende Informationen sollten eingetragen werden:

- Sind Einbehalte vereinbart worden?
- Welche Summe darf vor der Schlussabnahme maximal bezahlt werden?
- Wie viele Abschlagszahlungen in welcher Höhe sind bereits erfolgt?
- Welcher Betrag kann vor Abnahme höchstens in Rechnung gestellt werden?
- Erfolgen zusätzliche Abzüge wegen Mängeln?
- Erfolgen Skonto-Abzüge?

14.5 Nachtragsforderungen der Unternehmer

Nachtragsforderungen von Unternehmen können dann auf Sie zukommen, wenn Sie ein Haus nicht zum Festpreis von einem Bauträger kaufen. Etwa wenn Sie ein Haus von einem Generalunternehmer zu einem Festpreis erstellen lassen, kann es passieren, dass dieser mit Nachforderungen auf Sie zukommt, weil er zum Beispiel Mehrleistungen von über zehn Prozent erbracht hat. Das ist möglich, wenn vom Unternehmer zusätzliche oder geänderte Leistungen verlangt werden, oder auch aufgrund eines unvollständigen Leistungsverzeichnisses.

Bauen Sie individuell mit einem Architekten, kommen Nachforderungen in aller Regel sehr schnell auf Sie zu, zum Beispiel dann, wenn Sie einen Einheitspreisvertrag (⟶ Seite 233) abgeschlossen haben, einen Vertrag also, der für jede einzelne Bauleistung einen Einheitspreis festlegt, und diese Bauleistung später häufiger anfiel als ursprünglich gedacht. Nachforderungen der Unternehmer über den vereinbarten Werklohn hinaus gehören neben Mängeln und Terminüberschreitungen zu den häufigsten Streitthemen am Bau. Mit überhöhten Preisen bei Nachtragsforderungen versuchen Unternehmer mitunter, Preisnachlässe, die sie bei der Vertragsverhandlung eingeräumt haben, wieder auszugleichen. Nach **§ 2 VOB/B** sind Nachforderungen im Wesentlichen für folgende Anspruchsgrundlagen zulässig:

- Preisänderungen aufgrund von Mengenänderungen von mehr als zehn Prozent,
- Vergütungsansprüche durch Wegfall von Positionen im Leistungsverzeichnis,
- Vergütungsansprüche wegen Zusatzleistungen,
    a) nachträgliche Änderung des Vertrags,
    b) nachträgliche Änderung der Arbeitsweise,
    c) Zusatzleistung aufgrund technischer Notwendigkeit.

> **Tipp**
>
> **Lassen Sie sämtliche Nachtragsforderungen** vom Bauleiter auf inhaltliche Richtigkeit prüfen. Im Zweifelsfall empfiehlt es sich, zusätzlich Rücksprache mit Ihrem Anwalt zu halten.

Vergütungsansprüche können auch entstehen, wenn in den Vertragsbedingungen entsprechende Regelungen getroffen wurden wie Preisgleitklauseln, Preisbemessungsklauseln, Abrechnungsklauseln oder Sonderregelungen nach VOB/C.

Eine weitere Möglichkeit sind Schadenersatzansprüche des Unternehmers wegen Bauzeitverzögerungen (§ 6 Abs. 6 VOB/B) oder wegen versteckter Ausschreibungsmängel bis hin zu unwirksamen Klauseln im VOB/B-Vertrag. Beispiel: Es wird ein Sicherheitseinbehalt von sechs Prozent vereinbart. Nach BGH-Rechtsprechung ist ein maximaler Sicherheitseinbehalt von fünf Prozent zulässig. Höher liegende Einbehalte führen zur Unwirksamkeit der Regelung. Das heißt, dann wären sofort die gesamten sechs Prozent des Sicherheitseinbehalts an den Unternehmer auszuzahlen.

Auch nach dem **BGB** können zusätzliche Zahlungsansprüche berechtigt sein, zum Beispiel:

› Preisänderung nach Preisanfechtung wegen Irrtums (§§ 119 ff. BGB),
› Vergütungsanspruch durch Vertragsauslegung (§§ 133, 157 BGB),
› Vergütungsanspruch wegen versteckten Einigungsmangels (§ 155 BGB).

Es gibt jedoch viele Fälle, in denen die Nachtragsforderung des Handwerkers unberechtigt ist. Kein Anspruch auf Vergütung von Nachforderungen besteht bei:

› Nebenleistungen gemäß DIN,
› vom Auftragnehmer gewünschten Abweichungen von den vertraglichen Leistungen,
› bloßen Erschwernissen,
› Sammelpositionen,
› offenen vertraglichen Risikoverlagerungen in der Leistungsbeschreibung,
› vom Auftragnehmer eigenmächtig erbrachten Leistungen.

Falls eine Nachtragsforderung dem Grund nach berechtigt ist, muss als Nächstes deren Höhe geprüft werden. Oftmals sind die Preise des Nachtragsangebots völlig überzogen. Zur Einschätzung des Preises kann Ihr Bauleiter Vergleichsangebote einholen. Bei umfangreichen Gewerken wie den Maurer- und Betonarbeiten kann bereits in der Ausschreibung verlangt werden, dass der Unternehmer bei Vertragsschluss seine **Urkalkulation** für das Angebot in einem geschlossenen Umschlag hinterlegt. Bei der Urkalkulation handelt es sich um die Zeit- und Materialansätze, mit denen der Unternehmer die einzelnen Positionen kalkuliert hat. Erscheint der Preis bei Nachtragsangeboten überhöht, kann gemeinsam mit dem Unternehmer der Umschlag geöffnet, ein Preisvergleich vorgenommen und über den Preis verhandelt werden. Danach wird der Umschlag wieder verschlossen. Nach Abschluss der Arbeiten erhält der Unternehmer seine Urkalkulation zurück.

15 Fertigstellung, Abnahme und Schlussrechnungen

Die Fertigstellung einzelner Gewerke oder auch eines ganzen Bauwerks zieht wichtige Rechtshandlungen nach sich, bei denen Sie sehr aufpassen müssen. Nun nämlich hat der Unternehmer Anspruch auf Abnahme seines Werks und Bezahlung seiner Schlussrechnung. Machen Sie hierbei Fehler, kann Sie das teuer zu stehen kommen und Ihre Gewährleistungsansprüche gefährden.

Bauen Sie in Eigenregie, werden Sie Abnahme und Rechnungsprüfung komplett allein durchführen oder sich nach Bedarf externen fachlichen Rat hinzuziehen. Bauen Sie mit einem Architekten oder Bauleiter, werden Sie alle handwerklichen Leistungen einzeln abnehmen, es sei denn, Sie haben mit allen handwerklichen Leistungen nur einen Generalunternehmer beauftragt. Die Abnahme der handwerklichen Leistungen übernimmt Ihr Architekt nur dann, wenn er eine gesonderte Vollmacht von Ihnen hat, was aber selten ist. Meist ist er bei der Abnahme zwar dabei, da aber Bauherr und Handwerker die Vertragspartner sind, muss der Bauherr selbst die Abnahme gegenüber dem Handwerker erklären. Bauen Sie mit dem Bauträger oder Generalübernehmer, ist es üblich, dass Sie nur eine Abnahme für das gesamte Haus haben. Egal, mit welchem Baupartner Sie bauen und ob Sie einzelne Handwerkerleistungen oder ein ganzes Haus abnehmen: Die Rahmenbedingungen und Auswirkungen einer Abnahme sind identisch. Wesentliche Unterschiede resultieren nur daraus, ob Sie einen BGB- oder einen VOB/B-Vertrag mit Ihrem Baupartner abgeschlossen haben (---> Kapitel 6.2).

15.1 Fertigstellung und Abnahme

Hat der Unternehmer seine Arbeiten fertiggestellt, folgt die Übergabe an Sie als Auftraggeber, meist in Form einer Abnahme. Mit der Abnahme erkennen Sie die Leistungen des Unternehmers als im Wesentlichen vertragsgemäß erbracht an. Die Abnahme der Unternehmerleistung gehört zu Ihren vertraglichen Pflichten. Kleinere Mängel stehen der Abnahme nicht entgegen. Bei der Einzelabnahme von Gewerken, wie zum Beispiel der Sanitärinstallation, haben Sie Einblick in die Qualität der handwerklichen Arbeitsausführung. Nehmen Sie ein komplettes Haus ab, sind viele Gewerke, etwa die Sanitärinstallation, schon unter Putz oder unter anderen Bauteilen verlegt. Bei einer solchen Abnahme geht es dann nur noch um die sichtbaren Gewerke.

Für sichtbare und auch für verdeckte Mängel haben Sie eine Gewährleistungsfrist von fünf (BGB-Vertrag) beziehungsweise vier Jahren (VOB/B-Vertrag). Zur Vorbereitung der Abnahme sollten Sie das Bauwerk einige Tage vor dem Abnahmetermin gründlich prüfen. Sie können es beispielsweise mit Ihrem Architekten oder einem Bausachverständigen durchgehen und sich alle problematischen Punkte notieren. Als Auftraggeber müssen Sie bei der förmlichen Abnahme anwesend sein. Auch Ihr Bauleiter beziehungsweise Architekt sollte anwesend sein und die ordnungsgemäße technische Ausführung und Vollständigkeit der erbrachten Leistungen prüfen. Nach der Abnahme hat der Unternehmer Anspruch auf **Bezahlung** seiner Leistung und wird Ihnen die **Schlussrechnung** stellen. Mit dem Tag der Abnahme beginnt auch die **Gewährleistungszeit**. In diesem Zeitraum muss der Unternehmer auftretende Mängel kostenfrei nachbessern. Werden bereits bei der Abnahme **Mängel** festgestellt, müssen diese im Abnahmeprotokoll vermerkt werden, sonst besteht kein Anspruch auf Nachbesserung. Auch die Geltendmachung einer **Vertragsstrafe** oder ein even-

---

Auswirkungen der Abnahme
- Der Unternehmer hat Anspruch auf Bezahlung seiner Leistung,
- die Gewährleistungszeit beginnt,
- Mängelbeseitigung bestehender Mängel nur bei Vorbehalt im Abnahmeprotokoll,
- vereinbarte Vertragsstrafe nur bei Vorbehalt im Abnahmeprotokoll,
- Umkehr der Beweislast,
- Gefahrenübergang.

tueller Geldeinbehalt muss im Abnahmeprotokoll vermerkt werden, sonst kann der Anspruch darauf verlorengehen. Mit der erfolgten Abnahme kommt es außerdem zur **Umkehr der Beweislast**: Ab dem Tag der Abnahme müssen Sie dem Unternehmer im Zweifelsfall nachweisen, dass ein Mangel vorliegt. Außerdem tragen Sie nun das Risiko für Beschädigungen an der ausgeführten Leistung **(Gefahrenübergang)**.

Abnahme nach BGB
Das BGB sieht in § 640 zwar eine Abnahmeregelung vor. Kommen Sie Ihrer Abnahmepflicht allerdings nicht nach, kann das Werk auch als abgenommen gelten, wenn Sie eine vom Unternehmer gesetzte Abnahmefrist unbegründet verstreichen lassen. Daher ist zur Sicherheit zu empfehlen, eine förmliche Abnahme und auch die Regelungen für eine mögliche Terminverschiebung der Abnahme vertraglich detailliert zu vereinbaren. Auftraggeber und Unternehmer begutachten bei einer Abnahme gemeinsam vor Ort die erbrachten Arbeiten und protokollieren das. Vorbehalte gegen Mängel, die Sie noch haben, werden im Protokoll vermerkt. Das Protokoll wird von allen Beteiligten unterzeichnet. Wenn der Unternehmer Sie mit einer angemessenen Frist zur Abnahme auffordert, müssen Sie dem nachkommen, es sei denn, wesentliche Mängel des Werks stehen dem entgegen. Verweigern Sie die Abnahme, sind Sie nach dem neuen Werkvertragsrecht zumindest zur Mitwirkung an der Zustandsfeststellung des Werks verpflichtet. Dies regelt der neue § 650 f des BGB. Zur Erinnerung:

§ 650f Zustandsfeststellung nach Verweigerung der Abnahme; Gefahrtragung

(1) Verweigert der Besteller die Abnahme unter Angabe von Mängeln, kann der Unternehmer verlangen, dass der Besteller an einer Feststellung des Zustands des Werks mitwirkt.

(2) Ist das Werk dem Besteller verschafft worden und ist in der Zustandsfeststellung nach Absatz 1 ein offenkundiger Mangel nicht angegeben, wird vermutet, dass dieser nach der Zustandsfeststellung entstanden ist. Die Vermutung gilt nicht, wenn der Mangel nach seiner Art nicht vom Besteller verursacht sein kann.

Aber auch bei der Zustandsfeststellung müssen Sie sehr aufpassen, dass alle Mängel, die Sie erkennen können, im Zustandsprotokoll sorgfältig dokumentiert werden.

Es gibt übrigens immer noch BGB-Bauverträge, die hinsichtlich der Abnahme auch auf den alten § 641a des BGB hinweisen. Nach diesem war es dem Unternehmer möglich, durch einen Gutachter eine sogenannte Fertigstellungsbescheinigung erstellen zu lassen, die der Abnahme durch den Auftraggeber gleichstand. Der § 641a wurde allerdings schon durch die BGB-Novellierung im Jahr 2009 ersatzlos gestrichen.

Abnahme nach VOB
Auch wenn VOB/B-Verträge zwischenzeitlich der Inhaltskontrolle nach dem BGB unterliegen (→ Kapitel 6.2), werden nachfolgend die Abnahmeregelungen der VOB/B erläutert, damit Sie einen Überblick über diese Regelungen haben. § 12 der VOB/B regelt die möglichen Abnahmeformen. Eine förmliche Abnahme findet statt, wenn sie im Bauvertrag vereinbart wurde oder wenn einer der Vertragspartner sie verlangt. Der Auftragnehmer kann die Abnahme mit einer Frist von 12 Werktagen verlangen, wenn keine andere Frist vereinbart wurde. Der Auftraggeber kann eine Abnahme nur ablehnen, wenn dem wesentliche Mängel entgegenstehen. Es ist bei der förmlichen Abnahme nicht zwingend notwendig, dass der Auftragnehmer anwesend ist, wenn der Termin zur Abnahme schon lange feststand oder ihm der Termin zur förmlichen Abnahme mit ausreichender Frist mitgeteilt wurde. Hierfür sollte der Auftraggeber mindestens 14 Tage ansetzen, sonst kann es sein, dass der Termin angefochten wird. Das Protokoll der Abnahme ist dem Auftragnehmer anschließend zuzustellen. Ist keine förmliche Abnahme vereinbart, gilt die Leistung 12 Werktage nach schriftlicher Mitteilung der Fertigstellung als automatisch abgenommen. Das ist natürlich sehr gefährlich für den Auftraggeber, da er in diesen 12 Tagen alle Vorbehalte gegenüber dem Unternehmer schriftlich

> **Tipp**
>
> **Wichtige Tipps zur Abnahme:**
>
> 1. Lassen Sie sich beim Abnahmetermin nicht unter Druck setzen, zum Beispiel wenn ein Unternehmer auf Eile drängt, weil er Folgetermine wahrnehmen möchte. Bieten Sie ihm an, den Abnahmetermin abzubrechen und zu einem anderen Zeitpunkt zu wiederholen. Kommt es wegen Mängeln zu Streit, kann es ebenfalls sinnvoll sein, die Abnahme abzubrechen und bei einem neuen Termin einen Gutachter oder Anwalt dabeizuhaben.
>
> 2. Nicht der Unternehmer erklärt Ihnen die Abnahme, sondern Sie dem Unternehmer. Droht also ein Unternehmer, dass er ein Abnahmeprotokoll nicht unterzeichnen werde, läuft seine Drohung ins Leere, denn seine Unterschrift ist letztlich nicht notwendig. Nur Ihre Unterschrift ist notwendig.
>
> 3. Mit seiner Unterschrift unter ein Abnahmeprotokoll erkennt ein Unternehmer von Ihnen benannte Mängel nicht an, sondern er unterzeichnet zunächst nur die Auflistung der Mängel – mehr nicht. Und nun müssen Sie sehr aufpassen: Damit Sie die Beweislastumkehr nicht auslösen (vor der Abnahme muss der Unternehmer Ihnen nachweisen, dass kein Baumangel vorliegt, nach der Abnahme müssen Sie ihm nachweisen, dass ein Mangel vorliegt), müssen Sie den Unternehmer mit der richtigen Formulierung über die Abnahme hinaus in der Beweislast halten. Das kann zum Beispiel so aussehen, dass Sie schreiben: „Es gibt Streit darüber, ob ein Mangel des Öffnungsmechanismus an der Terrassentür vorliegt oder nicht. Bis zum Nachweis durch den Bauunternehmer, dass kein Mangel vorliegt, bleibt der Mangel vorbehalten und wird ein Sicherungsbetrag einbehalten." Mit einer solchen Formulierung im Abnahmeprotokoll halten Sie den Unternehmer über den Abnahmetermin hinaus in der Beweislast. Das ist nicht unfair, sondern wichtig, um nicht selber bereits zu einem Zeitpunkt in die Beweislast zu geraten, an dem der Unternehmer nach dem Gesetz ja gerade erst ein mangelfreies Werk übergeben soll.
>
> 4. Wenn Sie im Abnahmeprotokoll einfach nur einen Mangel vorbehalten, aber nicht im Abnahmeprotokoll auch fixieren, dass Sie – bis zum Nachweis durch den Unternehmer, dass kein Mangel vorliegt beziehungsweise bis zur Beseitigung des Mangels durch den Unternehmer – auch einen Geldeinbehalt vornehmen, können Sie einer Schlussrechnungsforderung des Unternehmers unter Umständen nicht mehr mit Kürzungen entgegentreten. Denn Sie haben dann zwar einen Mangel vorbehalten, aber gegebenenfalls ohne Konsequenz für die Schlussrechnung des Unternehmers.
>
> 5. Wenn Sie einen Bauleiter oder Architekten haben, kann dieser das Abnahmeprotokoll nicht unterzeichnen. Es sei denn, er hat dafür eine ausdrückliche schriftliche Vollmacht von Ihnen, die zuvor auch dem Unternehmer vorgelegt wurde. Üblicherweise sind aber Sie Vertragspartner des Unternehmens, nicht Ihr Bauleiter oder Architekt. Daher ist auch eine rechtsgeschäftliche Abnahmeerklärung von Ihnen notwendig.

geltend machen muss. Versäumt er das, gehen ihm Ansprüche aus bekannten Mängeln verloren. Daher sollte bei VOB/B-Verträgen schon im Bauvertrag eine förmliche Abnahme unbedingt vereinbart sein. Ist vom Auftraggeber keine Abnahme verlangt worden und der Auftraggeber bezieht das Gebäude einfach, gilt die Abnahme sechs Werktage nach dem Bezug als erfolgt.

Wenn Sie bereits vor der Abnahme die **Schlussrechnung** bezahlen, können Ihnen Nachteile entstehen, bis hin dazu, dass die Leistung des Unternehmers als abgenommen gilt. Schlussrechnungen sollten daher nicht vor der Abnahme bezahlt werden, da erst im Rahmen der Abnahme festgestellt wird, ob der Unternehmer seine Arbeiten vollständig und mangelfrei erbracht hat. Es ist wichtig, dass Sie oder Ihr Bauleiter zum **Abnahmetermin** die Ausschreibungsunterlagen beziehungsweise den Bauvertrag und, falls Vertragsbestandteil, die Baubeschreibung dabeihaben, gegebenenfalls auch Angaben über die DIN-Normen für die Gewerke (VOB/C), damit neben der Qualitätsprüfung der erbrachten Leistung die folgenden Punkte kontrolliert werden können:

- Sind die vereinbarten Fristen eingehalten worden?
- Wurden die vereinbarten Materialien verwendet?
- Gibt es Mängel in der Ausführung?
- Wurde die Leistung vollständig erbracht?
- Wurden zusätzliche Leistungen erbracht?
- Wurden Leistungen anderer Unternehmer beschädigt?
- Wurde die Baustelle geräumt und wurden alle Abfälle beseitigt?
- Wurden erforderliche Betriebsanleitungen übergeben?
- Wurden alle zusätzlichen Vertragsbedingungen erfüllt (zum Beispiel Durchführung eines Blower-Door-Tests)?

Vollständiges Abnahmeprotokoll
- Datum, Ort, Namen der Teilnehmer,
- Gewerk, Datum des Vertrags,
- Beginn, Fertigstellung der Leistung,
- vereinbarter Fertigstellungstermin, gegebenenfalls genaue Angabe der Terminüberschreitung,
- Vorbehalt vereinbarter Vertragsstrafe, sofern vereinbart,
- Übergabe von Unterlagen, Schlüsseln,
- detaillierte Auflistung der festgestellten Mängel,
- bei Mängeln: Frist zur Beseitigung der Mängel und Höhe des Geldeinbehalts bis zur Mängelbeseitigung,
- ausdrückliche Erklärung oder Verweigerung der Abnahme,
- Gewährleistungsdauer,
- Unterschriften aller Beteiligten.

Wesentlicher Bestandteil einer förmlichen Abnahme ist das **Abnahmeprotokoll**, das von allen Beteiligten unterzeichnet wird und das jeder in Kopie erhält. Falls Sie wegen Fristüberschreitungen des Unternehmers einen Anspruch auf Zahlung einer Vertragsstrafe haben, muss das im Protokoll vorbehalten werden. Sie verlieren sonst möglicherweise Ihren Anspruch darauf. Das Gleiche gilt für alle Mängel, die zum Zeitpunkt der Abnahme bekannt sind. Stehen diese nicht im Protokoll, verlieren Sie unter Umständen den Anspruch auf eine kostenfreie Behebung. Halten Sie im Abnahmeprotokoll zu den einzelnen Mängeln und Schäden sowohl eine Frist für die Beseitigung als auch den Geldbetrag fest, der bis dahin einbehalten wird. Die Höhe des Einbehalts sollte gemäß BGB § 648 Absatz 3 das Doppelte der Kosten betragen, die zur Beseitigung dieser Mängel oder Schäden notwendig sind. Ist der Betrag zu gering, kann es passieren, dass der Unternehmer lieber auf das Geld verzichtet, um sich die Arbeit zu sparen. Sie haben dann den Ärger und den Aufwand, um die Dinge in Ordnung bringen zu lassen.

Bedenkt man das hohe Maß an Handarbeit beim Bau, ist es nicht ungewöhnlich, wenn bei der Abnahme kleinere Mängel festgestellt werden, die ohne großen Aufwand behoben werden können. Nicht immer sind sich Unternehmer und Auftraggeber aber darüber einig, ob eine Beanstandung der Leistung rechtmäßig ist. Manchmal bringt schon ein Blick in DIN-Normen Klarheit (→ Seite 355). Lässt sich beim Abnahmetermin keine Einigkeit erzielen, können Sie den Sachverhalt ins Abnahmeprotokoll aufnehmen. Der Text könnte so lauten:

„Folgende Leistung wird als mangelhaft beanstandet: (Beschreibung des Mangels). Der Auftragnehmer widerspricht mit folgender Begründung: (Stellungnahme des Handwerkers). Der Auftragnehmer wird innerhalb von fünf Werktagen einen schriftlichen Nachweis der Mängelfreiheit erbringen. Der Mangel gilt so lange als vorbehalten, bis der Sachverhalt geklärt ist. Bis zur Klärung wird folgender Geldbetrag vom Auftraggeber einbehalten: (zweifache Summe der geschätzten Kosten für die Mängelbeseitigung)."

Anschließend können Sie mit der Abnahme fortfahren.

15.2 Prüfung der Schlussrechnungen

Wenn Sie mit einem Architekten oder Bauleiter bauen, wird dieser die Rechnungsprüfung der Handwerkerrechnungen für Sie übernehmen. Das gehört nach Leistungsphase 8 der HOAI zu seinen Grundleistungen (---> Kapitel 4.1). Bauen Sie hingegen mit einem Bauträger, werden Sie Ihre Rechnungen in aller Regel nach der Makler- und Bauträgerverordnung (MaBV) bezahlen (---> Seite 34). Beim Bauen mit dem Generalübernehmer hingegen werden Sie unter Umständen nach individueller Vereinbarung zahlen.

In diesem Kapitel geht es zunächst um die Rechnungsprüfung und Schlussrechnung klassischer Handwerkerrechnungen.

Nach der Abnahme und Beseitigung restlicher Mängel stellt der Unternehmer seine Schlussrechnung. Mit der vollständigen Bezahlung dieser Rechnung sind bis auf die Gewährleistungsansprüche alle gegenseitigen Ansprüche ausgeglichen. Die Schlussrechnung sollte von Ihrem Bauleiter sachlich, inhaltlich und rechnerisch geprüft und freigegeben werden, da nur er genau überblicken kann, ob der Unternehmer auch wirklich alle vertraglich vereinbarten Arbeiten fristgerecht und mangelfrei ausgeführt hat.

Ablauf einer Rechnungsprüfung

Bei der Schlussrechnung wird zunächst geprüft, ob überhaupt die Voraussetzungen für die **Fälligkeit** gegeben sind. Wurde beispielsweise eine förmliche Abnahme vereinbart und hat diese noch nicht stattgefunden, kann noch keine Schlussrechnung gestellt werden. Anschließend muss kontrolliert werden, ob die Rechnung überhaupt **prüffähig** ist. Prüffähig ist eine Rechnung dann, wenn sie übersichtlich gestaltet ist und eine Vergleichbarkeit von Angebot und Abrechnung ermöglicht. Zum Nachweis des Leistungsumfangs sind ein prüfbares Aufmaß beziehungsweise Mengenberechnungen beizulegen. Änderungen oder Ergänzungen müssen besonders gekennzeichnet sein und auf Verlangen des Auftraggebers getrennt abgerechnet werden. Der Unternehmer ist verpflichtet, prüffähige Abschlags- und Schlussrechnungen vorzulegen. Tauchen in der Rechnung Nachtragsforderungen auf, muss kontrolliert werden, ob der Unternehmer vor der Ausführung dieser zusätzlichen Leistungen über deren Erfordernis informiert hat, ein Nachtragsangebot vorliegt und er auf dieser Basis beauftragt wurde. Erscheinen diese zusätzlichen

---

Prüffähige Rechnung

✓ geprüft

Generell

- [ ] Bezeichnung der Rechnung (Abschlagsrechnung, Schlussrechnung)
- [ ] Gliederung der Rechnung wie Gliederung der Vertragsunterlagen
- [ ] Verwendung der Texte des Angebots
- [ ] Unterscheidung zwischen vereinbarten, geänderten und zusätzlichen Leistungen
- [ ] Nachweis der erbrachten Leistungen

Bei Stundenlohnarbeiten beachten

- [ ] Vom Bauleiter unterschriebene Stundenlohnzettel liegen vor

Zusätzlich bei Einheitspreisvertrag beachten

- [ ] Aufmaß beziehungsweise Mengenermittlung liegt bei
- [ ] Abweichungen von vereinbarten Mengen sind erkennbar
- [ ] Einheitspreise und Menge jeder Position sind nachvollziehbar

Zusätzlich bei Pauschalpreis beachten

- [ ] Kennzeichnung von Änderungen und Ergänzungen

Forderungen jedoch ohne Ankündigung auf der Schlussrechnung, muss zunächst geprüft werden, ob die Nachtragsforderungen überhaupt berechtigt sind, bevor in einem zweiten Schritt die Höhe der Forderungen beurteilt werden kann.

Danach folgt die **inhaltliche Prüfung**, indem die Einheitspreise der Rechnung mit den Einheitspreisen des Angebots und eventuell beauftragter Nachträge verglichen werden. Klären Sie zunächst, ob die in Rechnung gestellten Leistungen tatsächlich erbracht worden sind. Danach wird das Aufmaß beziehungsweise die Mengenermittlung geprüft. Als Nächstes muss die Multiplikation von Einheitspreis und Mengenansatz der einzelnen Positionen rechnerisch geprüft werden. Besteht die Rechnung aus mehreren Seiten, muss kontrolliert werden, ob die Zwischensummen und Überträge korrekt sind. Wurde ein sogenanntes Abgebot auf die Einheitspreise vereinbart, muss dieses an den entsprechenden Positionen abgezogen werden. Wenn bereits **Abschlagszahlungen** geleistet wurden, müssen diese einzeln aufgeführt sein und die Beträge mit den tatsächlich gezahlten Beträgen verglichen werden. Diese Beträge sind vom Betrag der Schlussrechnung abzuziehen.

Es kann sein, dass die Leistung des Unternehmers noch mit Mängeln behaftet ist und bei der Abnahme ein **Einbehalt** bis zur Mängelbeseitigung vereinbart wurde. Dieser Betrag muss abgezogen werden, ebenso Beträge für eventuelle **Vertragsstrafen**. Falls für die Gewährleistungszeit ein **Sicherheitseinbehalt** (⇢ Seite 375) vereinbart wurde, muss auch diese Summe abgezogen werden, sofern der Unternehmer das nicht schon getan hat. Wenn **Skonto-Vereinbarungen** bestehen, müssen diese beim Endbetrag berücksichtigt werden. Achten Sie darauf, dass für die Einräumung des Skontos der vereinbarte Zeitraum nicht überschritten wird. Hat der Bauleiter die Zeitüberschreitung zu vertreten und können Sie das Skonto nicht mehr geltend machen, besteht ihm gegenüber ein Schadenersatzanspruch. Lassen Sie sich vor Bezahlung der Schlussrechnung von Ihrem Anwalt beraten, wenn es während der Ausführung oder Abnahme zu Streitigkeiten mit dem Unternehmer gekommen ist, zum Beispiel weil eine Mängelbeseitigung unklar ist.

Schlussrechnung des Generalunternehmers
Die letzte Rechnung aus dem Zahlungsplan mit dem Generalunternehmer ist faktisch dessen Schlussrechnung, und sie wird ähnlich geprüft wie die Schlussrechnung eines Handwerkers. Auch sie ist vertraglich oft an Besonderheiten geknüpft, also zum Beispiel die Tatsache, dass vor Zahlung alle Restarbeiten und Mängel erledigt beziehungsweise beseitigt sein müssen. Außerdem muss vorher natürlich die Abnahme erfolgt sein, und Sie sollen darauf achten, dass Sie auch alle Dokumente und Unterlagen wie vereinbart erhalten haben.

15.3 Honorarschlussrechnung des Architekten, Bauleiters oder Fachingenieurs

Wenn Sie mit einem Architekten, Fachingenieur oder Bauleiter zusammengearbeitet haben, werden Sie auch von ihm eine Honorarschlussrechnung erhalten. Je nach Vertragsform und Art der Zusammenarbeit handelt es sich um eine Abrechnung nach Stundensatz, zum Beispiel wenn Sie einen Sachverständigen nur tageweise eingeschaltet haben, oder aber um die Komplettabrechnung ganzer Leistungsphasen aus der HOAI (⇢ Kapitel 4.1). Voraussetzungen für die Fälligkeit seiner Honorarschlussrechnung sind die vertragsgemäß erbrachte, abgeschlossene Leistung und die Prüfbarkeit der Rechnung. Hat der Architekt oder Bauleiter die Leistungsphase 9 der HOAI mit Ihnen vereinbart, endet seine vertragsgemäße Leistung erst mit dem Ablauf der letzten Verjährungsfrist der am Bau beteiligten Unternehmer. Eine Honorarschlussrechnung kann er in diesem Fall erst etwa fünf Jahre nach Fertigstellung des Gebäudes stellen. Viele Architekten und Bauleiter vereinbaren diese Leistungsphase daher gesondert von den anderen Leistungen. Der Architekt, der Bauleiter oder die Fachingenieure sind wie die Handwerker dazu verpflichtet, **prüffähige Schlussrechnungen** vorzulegen. Prüffähig ist eine Rechnung dann, wenn sie vom Auftraggeber sachlich und rechnerisch kontrolliert werden kann. Eine Honorarschlussrechnung sollte daher mindestens folgende Punkte beinhalten:

> Objektbezeichnung und Vertragsgrundlage,
> Aufschlüsselung der anrechenbaren Kosten nach den jeweiligen Leistungsphasen gemäß HOAI (---> Kapitel 4.1),
> Honorarzone und -satz (---> Kapitel 4.1),
> erbrachte Grundleistungen,
> gegebenenfalls besondere Leistungen,
> Honorarberechnung nach HOAI unter Berücksichtigung der Differenzen innerhalb der Gebührenstufen (Interpolation),
> Zusatzhonorar für besondere Leistungen,
> Ermittlung des Erfolgshonorars, falls vereinbart,
> Nebenkostenermittlung,
> Abzug von Abschlagszahlungen,
> Mehrwertsteuer.

Die Honorarordnung für Architekten und Ingenieure (HOAI) wurde 2013 umfassend überarbeitet. Die Änderungen haben erhebliche Auswirkungen auf die Honorarrechnungen von Architekten. Den vollständigen Wortlaut der HOAI mit den Honorartabellen finden Sie unter www.gesetze-im-internet.de. Nachfolgend die wichtigsten Änderungen im Überblick:

Das bisherige Architektenhonorar nach den Honorartabellen wurde pauschal um zehn Prozent angehoben. Das Honorar wird neu nur noch auf Grundlage der Kostenschätzung beziehungsweise der Kostenberechnung der Planungsphase ermittelt, nicht mehr nach dem Kostenanschlag und der Kostenfeststellung der Ausschreibungs- und Bauausführungsphase. Das heißt, mit Abschluss der Planungsphase stehen auch die Honorarkosten fest. Während der Bauzeit auftretende Mehrkosten, die nicht vom Bauherrn verursacht werden, fließen nicht mehr in die Honorarberechnung ein und führen nicht mehr zu Honorarerhöhungen, was früher häufig der Fall war. Mit dem Architekten kann ein Bonus-Malus-System vereinbart werden. Bei einer Unterschreitung der vereinbarten Baukosten kann ein Honoraraufschlag von bis zu 20 Prozent, bei einer Überschreitung ein Malus von bis zu fünf Prozent vereinbart werden. Beides kann, muss aber nicht vereinbart werden. Für Verbraucher ist das allerdings nicht ganz ohne Risiko, denn der Planer kann natürlich auch dazu verleitet werden, von vornherein mit einer zu hohen Kostenschätzung oder -berechnung zu arbeiten, um später einen Bonus zu erhalten. Neu kann ein Modernisierungs- und Umbauzuschlag von bis zu 80 Prozent des Honorars vereinbart werden, wenn Modernisierungen oder Umbauten Teil des Bauprojektes sind (dieser Zuschlag lag früher bei 20 bis 33 Prozent.) Wird kein Umbauzuschlag vereinbart, gilt automatisch ein Zuschlag von 20 Prozent auf das Honorar. Bei Instandhaltungen und -setzungen kann der anteilige Prozentsatz am Gesamthonorar für die Bauüberwachungsleistung um 50 Prozent erhöht vereinbart werden. Ist nichts vereinbart, entfällt diese Erhöhung. Die Anrechnung der „mitverarbeiteten Bausubstanz" (also etwa von angrenzenden Bestandsbauteilen bei An- oder Umbauten) entfällt bei der Berechnung des Honorars ersatzlos. Wird mit einem Architekten ein Stundenhonorar vereinbart, ist der Stundensatz nun frei vereinbar (früher durfte der Stundensatz zwischen 38 und 82 Euro betragen). Auch das Honorar sogenannter besonderer Leistungen, wie etwa Mitwirkung bei nachbarschaftlichen Zustimmungen oder Bauvoranfragen, die nicht durch die Grundleistungen abgedeckt sind, ist nicht mehr festgelegt und muss individuell vereinbart werden, falls solche Leistungen gewünscht sind oder anfallen.

Ist die Honorarrechnung des Architekten nicht prüffähig, müssen Sie dies dem Architekten binnen zwei Monaten mitteilen, sonst kann sie nach neuerer BGH-Rechtsprechung danach als prüffähig gelten.

16 Mängel und Gewährleistungssicherung nach der Abnahme

Das Ende des Bauens ist noch nicht das Ende des Bauvorhabens. Denn auch nach der Abnahme können Mängel auftreten. Solange die Gewährleistungszeit läuft, haben Sie für Mängel auch Nachbesserungsrechte. Erst wenn die Gewährleistungszeit endgültig ausgelaufen ist, enden im Wesentlichen auch Ihre Nachbesserungsrechte. Wie Sie sich im Fall auftretender Mängel während der Gewährleistungszeit verhalten und wie Sie Ihre Gewährleistungsansprüche auch rechtlich sichern, erfahren Sie im nachfolgenden, abschließenden Kapitel.

16.1 Mängel nach Abnahme

Nach der Abnahme beginnt die Gewährleistungszeit. Bei der Gewährleistungszeit handelt es sich um einen Zeitraum von fünf Jahren nach dem BGB und vier Jahren nach der VOB/B. Treten in dieser Zeit Mängel auf, muss der Unternehmer kostenfrei nachbessern. Entstehen durch den Mangel zusätzliche Schäden, muss er auch für die Beseitigung dieser Folgeschäden die Kosten tragen.

Beispiel: Im Mauerwerk wird ein Verbindungsstück der Trinkwasserleitungen undicht. Die Wand muss geöffnet werden, um das Leitungsstück austauschen zu können. Kommt es innerhalb der Gewährleistungszeit zu diesem Schaden, muss der Unternehmer nicht nur die Trinkwasserleitungen kostenfrei nachbessern, sondern auch die Kosten für den Handwerker tragen, der die Wandflächen nachher wieder schließt, verputzt, tapeziert und streicht.

Bauen Sie mit dem Generalübernehmer, Bauträger oder Fertighausanbieter, sollten Sie vor Ablauf der Gewährleistung einen gründlichen Rundgang durch das Gebäude machen, eventuell in Begleitung Ihres Architekten oder eines Bausachverständigen (---> Seite 378). Zeigen sich am Bauwerk Mängel, sollten Sie diese zunächst mit Ihrem Architekten oder Bauleiter gemeinsam besichtigen und die weitere Vorgehensweise besprechen. Danach wird er für Sie die Mängelrüge formulieren und dem Unternehmer zusenden. Bestehen Sie auf der Schriftform und lassen Sie sich eine Kopie geben. In der Mängelrüge müssen der Mangel genau beschrieben und eine Frist für die Beseitigung gesetzt werden. Die Frist sollte ausreichend bemessen sein. Zur Beweissicherung sollte die Mängelrüge per Einschreiben/Rückschein versendet werden. Meist folgt ein gemeinsamer Ortstermin mit dem Unternehmer und Ihrem Architekten beziehungsweise Bauleiter, damit der Sachverhalt geprüft werden kann. Nicht immer besteht Einigkeit darüber, ob es sich um eine mangelhafte Leistung handelt oder nicht. Hier gilt die Regel: Der Auftraggeber muss nach erfolgter Abnahme beweisen, dass es sich um einen Mangel handelt. Vor der Abnahme ist Ihre Position besser, denn bis zur Abnahme muss der Unternehmer beweisen, dass es sich nicht um einen Mangel handelt. Ist der Unternehmer der Ansicht, dass seine Leistung keine Mängel aufweist oder ihn kein Verschulden trifft, wird er die Frist zur Nachbesserung vermutlich verstreichen lassen. In diesem Fall sollten Sie die weitere Vorgehensweise mit Ihrem Anwalt besprechen. Bei einem **Bauvertrag nach BGB** führt eine Mängelrüge nicht zur Aussetzung der Verjährung. Erst wenn der Unternehmer den Mangel anerkennt oder Sie ein selbstständiges Beweisverfahren einleiten, wird die Verjährung unterbrochen und beginnt für dieses Bauteil nach der Mängelbeseitigung neu.

> **Tipp**
>
> **Wenn Sie mit Ihrem Architekten beziehungsweise Bauleiter die Leistungsphase 9 der HOAI (---> Kapitel 6.1) vereinbart haben,** muss er sich auch um Ihre Gewährleistungsansprüche kümmern. Er ist sogar dazu verpflichtet, vor Ablauf der Gewährleistungsfristen eine Begehung Ihres Gebäudes durchzuführen, um festzustellen, ob an irgendeiner Stelle Nachbesserungen aus der Gewährleistung erfolgen müssen. Nur die allerwenigsten Architekten oder Bauleiter sind sich jedoch dieser Tatsache bewusst oder setzen sie gar um.

Bei einem **VOB/B-Vertrag** wird die Verjährung schon durch eine schriftliche Mängelrüge unterbrochen. Vor allem zum Ende der Gewährleistungszeit ist das ein großer Unterschied zu BGB-Verträgen. Läuft die Gewährleistungsfrist bei einem Bauvertrag nach BGB ab, bevor der Unternehmer den Mangel anerkannt hat, verfällt Ihr Anspruch auf kostenlose Nachbesserung, auch wenn Sie ihn noch innerhalb der Gewährleistungsfrist auf diesen Mangel aufmerksam gemacht haben. Nicht so bei einem VOB/B-Vertrag.

Wenn Sie nicht mit einem Architekten gebaut haben, sondern mit einem Bauträger oder Generalunternehmer und glauben, einen Mangel erkannt zu haben, können Sie direkt an das Unternehmen herantreten. Wenn die Zusammenarbeit gut war, wird das Unternehmen den Mangel vielleicht auch problemlos beheben. Falls sich die Behebung allerdings hinzieht, sollten Sie die Schriftform wählen – keine E-Mails, sondern Briefe – und nötigenfalls auch einen Bausachverständigen und einen Anwalt hinzuziehen, rechtzeitig bevor die Gewährleistungsfrist ausläuft. Vor allem dann, wenn es sich um einen potenziell kostenintensiven Mangel handelt.

16.2 Gewährleistungssicherung

Zur Sicherung von Gewährleistungsansprüchen kann im Bauvertrag eine Sicherheitsleistung vereinbart werden. In der VOB/B werden in §17 die generellen Rahmenbedingungen für alle Sicherheitsleistungen geregelt. Im BGB gibt es bis heute keine Regelung zur finanziellen Gewährleistungssicherung nach Abnahme für die Gewährleistungszeit. Die Rechtsprechung gewährt allerdings bis zu fünf Prozent der Bausumme. Das muss dann allerdings von Anfang an sowohl in einem VOB/B- als auch in einem BGB-Vertrag fixiert sein. Dieser Betrag wird zum Beispiel sukzessive von den Abschlagsrechnungen einbehalten oder komplett von der Schlussrechnung abgezogen (geht aber natürlich nur, wenn diese überhaupt die Höhe von fünf Prozent hat) und erst nach Ablauf der Gewährleistungsfrist an den Unternehmer gezahlt. Gehen Sie bei der Gewährleistungssicherung über fünf Prozent der Auftragssumme hinaus, können Ihre gesamten vertraglichen Regelungen zu den Sicherheitsleistungen unwirksam sein, weil die Rechtsprechung Sicherheitsleistungen von mehr als fünf Prozent als nicht zulässig ansieht.

> **Tipp**
>
> **Bei Auftragssummen ab 25.000 Euro** sollten Sicherheitsleistungen auf jeden Fall vereinbart werden.

Sie müssen diese Summe auf ein Konto einzahlen und verwalten. Nach der VOB sogar auf ein spezielles Sperrkonto. Meistens wird die vereinbarte Sicherheit vom Unternehmer durch Hinterlegung einer Bankbürgschaft gestellt. Diese ist für den Unternehmer mit Kosten verbunden. Da kleinere Mängel meist ohne großes Aufhebens von den Firmen beseitigt werden, lohnt sich der Aufwand für eine Gewährleistungssicherung bei kleineren Aufträgen kaum. Ihr Architekt wird Sie bei der Gewährleistungssicherung unterstützen, wenn Sie mit ihm die Leistungsphase 9 der HOAI „Objektbetreuung und Dokumentation" (→ Kapitel 4.1) vereinbart haben. Bauen Sie in Eigenregie, mit dem Bauträger oder Generalübernehmer, müssen Sie sich um die Gewährleistungssicherung selbst kümmern.

Zum Schluss

Sie haben es beim Lesen des Buches gemerkt: Bauen ist ein sehr komplexer Prozess. Er umfasst umfangreiche finanzielle, rechtliche und technische Wissensgebiete, die man nach Möglichkeit zumindest strukturell verstehen sollte.

Fragen Sie sich ehrlich, ob Bauen für Sie das richtige ist und ob Sie das wirklich wollen. Wenn Sie bauen wollen, hoffen wir, dass Ihnen das Buch hilfreiche Informationen und Werkzeuge an die Hand geben konnte, damit Sie finanziell, rechtlich und technisch möglichst sicher durch Ihr Bauvorhaben kommen.

Und wir hoffen nicht zuletzt auch, dass Sie – neben allen anderen Herausforderungen – auch das ökologische Bauen und die regionale Baukultur der Region, in der Sie bauen und leben wollen, bei Ihrem Vorhaben nicht vergessen und beidem vielleicht zumindest eine Chance einräumen.

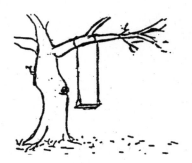

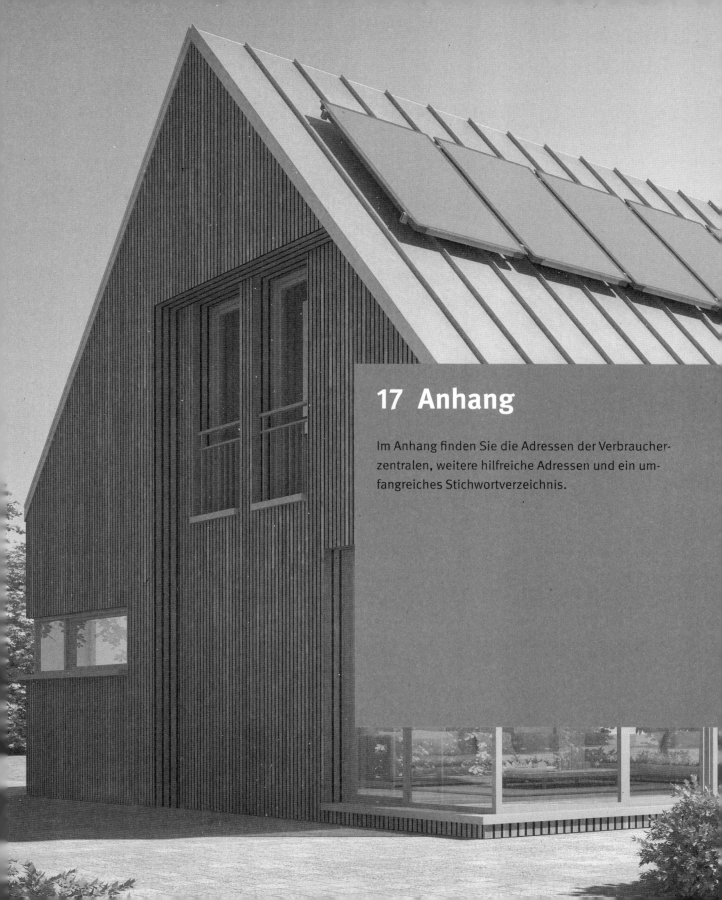

17 Anhang

Im Anhang finden Sie die Adressen der Verbraucherzentralen, weitere hilfreiche Adressen und ein umfangreiches Stichwortverzeichnis.

Stichwortverzeichnis

A

Abnahme 366
Abrechnung 370 ff.
Abschlagsrechnung 48, 77, 112, 351 ff.
Abschlagszahlung 83, 95, 103, 357 f., 371
Abwasserleitung 276 f., 321
Aktennotiz 262 ff.
Allgemeine Technische Vertragsbedingungen (ATV)
    113, 352, 354
Altlast 132, 269 f.
Angebote 236 ff.
Anhydritestrich 165, 331
Ansichtsplan 216, 224
Antennenanschluss 204, 323
Anträge bei Behörden 246 ff.
Anzeigen bei Behörden 246 ff.
Arbeitsschutz 253 ff.
Architekt 40 ff., 61
Armaturen 321 ff.
Attika 291 ff.
Auftragserteilung 238 f.
Ausführungsplanung 220 ff.
Aushubarbeiten 273 ff.
Ausschreibung 228 f.
Außenanlage 20, 72, 207
Außenwand 150, 339
    – Dämmung 162

B

Bankbürgschaft 95, 357, 375
Barrierefreiheit 136 f.
    – DIN-Normen 137
Bauabzugsteuer 229, 234 f.
Bauantrag 70, 212 ff.
    – Antrag auf Vorbescheid 213
    – Bestandteile des 217
    – Genehmigungsfreistellung 213
    – vereinfachtes Genehmigungsverfahren 213
Bauaufsichtsamt 247 f., 270
Baubeginnanzeige 247, 273
Bauberatung 208, 378
Bauberufsgenossenschaft (Bau-BG) 50, 253 f.
Baubetreuer 52 ff.
Baubeschreibung 109 ff., 198 ff.
    – Checkliste 201 ff.
    – Musterbaubeschreibung 207
Baufertigstellungsversicherung 34
Baufinanzierung 12 ff.
Baufreigabe 272
Baugenehmigung 117 f., 210 ff.
Baugesetzbuch 132, 210, 212
Baugrundstück 131

Baugruppe 52 ff.
Bauherren-Haftpflichtversicherung 258
Baulast 76, 96, 132
Bauleistungsversicherung 258 f.
Bauleiter 260 ff.
Baustelle
    – Absicherung 251
    – Baustelleneinrichtung 199, 201, 250
    – Baustellenordnung 231, 250
    – Begehung 250, 265 f.
    – Versicherungsschutz 257 ff.
Baustraße 254, 272
Baustrom 127, 248 f., 272
Bautagebuch 260, 262 ff.
Bauträger 30 ff.
Bauüberwachung 41, 88
Bauunterlagen 262
Bauwagen 242, 272
Bauwasser 19, 119, 127, 248
Bauzaun 251 f., 272 f.
Bauzeitenplan 68, 231, 244 f.
Bebauungsplan 132 f., 210 ff.
Bedarfsermittlung 135 f.
Behinderungsanzeige 356
Behörden 239, 249 ff.
Belüftung 155 f.
Bestandsschutz 230
Betondachstein 160
Betondecke 164, 283
Betonwerksteinplatten 338
Bewehrung 147, 279, 305
Beweislast, Umkehr der 367
BGB-Vertrag 233, 352 ff., 366, 374 f.
Biberschwanz 160
Bimsstein 149, 152
Bitumendach 161
Blechnerarbeiten 296 ff.
Blitzschutz 180, 325 f.
Blower-Door-Test 348
Bodenarten 274
Bodenbelag 162 ff., 330 ff., 345 ff.
Bodengutachter 43
Bodenplatte 127, 275 ff.
Bodenversiegelung 186
Brennstoffzelle 190 f.
BUS-System 179
Bus-Technik 324

C

Chemie-WC 127

D

Dach
    – Dachdeckungen 159 ff., 289 ff.
    – Dachterrasse 294
    – Dämmung 333

Dachstuhl 284, 286 f.
Dämmung 150 f., 305 f., 310, 333, 348
Dampfbremse 333, 348 f.
Decken 162 ff.
Darlehenssumme 14 f.
Dickbettverfahren 338
DIN-Normen 113, 354 f.
Drainage 281 f.
Dünnbettverfahren 336

E

Eigenkapitalermittlung 14
Eigenleistung 72, 121 f.
Einbehalt 371
Eindichtung 291, 296
Einheitspreis 230 f., 363
Einheitspreisvertrag 233, 370
Einzug 72
Elektroinstallation 177 ff., 323 ff.
Elementarschadenversicherung 259
Energiebedarfsausweis 182, 199
Energiebedarfsberechnung 183
Energieeinsparverordnung (EnEV) 182 ff., 320
Entwurfsplanung 18, 41, 135
Erdarbeiten 127
Erneuerbare-Energien-Gesetz (EEG) 174
Erneuerbare-Energien-Wärmegesetz (EEWärmeG) 182 ff.
Erschließung 18 f., 213, 249
Estrich 164 f., 331 ff.
Eventualposition 231

F

Fachingenieure 43, 221, 239
Fällen von Bäumen 246
Fenster 155 ff., 300 ff.
  – Fensterbänke 203, 310
  – Fensterstürze 310
  – Einbruchschutz 157
  – Laibung 301, 303
  – Montage 300 ff.
  – Öffnungsarten 156
  – Rahmen 157 f.
  – Verglasung 158
Fernwärme 175 f., 249
Fertighaus 44 ff.
Fertighausanbieter 44 ff., 62, 66
Fertigparkett 345
Fertigstellungsbürgschaft 30, 33 f.
Feuerlöscher 254
Feuerrohbauversicherung 258
First 213, 221, 284
Flächennutzungsplan 131
Flächenplanung 242 f.
Fliesenarbeiten 335 ff.
Förderprogramme 67
Freistellungsbescheinigung 235

Frischbeton 276
Fundament 145 f., 274 ff.
Fundamenterder 180
Funktionsbereiche 136
Fußbodenheizung 163, 315
Fußpfette 284

G

Gasheizung 174 f., 188
Gaube 284, 296 f.
Gebäudeeinmessung 248
Gebäudefeuerversicherung 259
Gefahrenübergang 367
Gefahrstoffe 252
Gefahrstoff-Informationssystem CODE (GISCODE) 253
Gefahrstoffverordnung (GefStoffV) 252
Geländer 168, 256, 327 f.
Genehmigungsplanung 18, 42, 212
Generalunternehmer 47 ff., 66, 74 ff., 116 ff., 371
Geothermie 190 ff.
Gesamtpreis 35 f., 231
Geschossdecke 162 ff., 283
Gewährleistungsfrist 82, 114, 262, 366, 374 f.
Gewährleistungssicherung 375
Gewässerschaden-Haftpflichtversicherung 259
Gerüst 251, 256 f., 272
Giebelwand 284
Gipsbaustein 170
Gipsputz 171, 328
Grundleistung 41, 77, 81
Grundrissplan 214, 221 f.
Grundstück 18, 37, 40, 131 ff., 269
Grundstücksgrenze 132 ff., 211
Grundwasser 146, 149, 247, 271
Gussasphaltestrich 165, 331

H

Handwerker 100, 107, 228 ff.
  – Auswahl 235
  – Versicherung 258
Hausanschluss 127, 178 ff., 249, 275, 323
Haussprechanlage 180
Heizkörper 173 ff., 315
Heizung 173 ff.
Heizungsanlage 174 ff., 182, 284, 315
Holz 45, 62, 151 ff., 170, 173, 175, 287, 341 ff.
Holzanstriche 344
Holzdecke 164, 291 ff., 344
Holzfenster 157, 300
Holzdielen 166
Holzfassadenverkleidung 305, 312 ff.
Holzpelletheizung 175
Holz-Stahl-Kombination 169
Holztreppen 169, 342
Honorarordnung für Architekten und Ingenieure (HOAI) 40 ff., 89
Honorarschlussrechnung 371

Honorarzonen 42, 77, 82, 90
Horizontalsperre 278

I

Innenwand 169, 335
Installationsbereich 178
Installationszone 178, 323
Internetanschluss 181

J

Jahres-Primärenergiebedarf 182
Jour fixe 263 f.

K

Kabelanschluss 181
Kachelofen 175, 319
Kalkputz 171
Kalksandstein 149, 151
Kaltdach 291
Kanalanschluss 249
Kaufpreissammlung 132
Kehlbalkenlage 284
Kehlblech 297
Keller 44, 127 f., 147 ff., 278 ff.
Kellerdecke 279
Kellerfensterschacht 279
Kelleraußenwand 148 f., 278 ff.
Klempnerarbeiten 296 f.
Klingelanlage 180
Klinkerfassade 309 ff.
Kniestock 284
Kork 166
Kostenermittlung 66, 68,
Kostenkontrolle 261, 359 ff.
Kostensteuerung 359 ff.
Kunststoff 173
Kunststoffrahmen 157

L

Laminat 166
Lehm 153
Lehmputz 171
Leistungsphasen 40 ff., 81, 89, 371 f.
Leistungsverzeichnis 228 ff.
Liapor-Baustein 152
Linoleum 166, 346 f.
Luftdichtigkeit 348 f.
Lüftungsanlage 173 f., 176, 317 ff.
Luftwechselrate 349

M

Magnesiaestrich 165
Makler- und Bauträgerverordnung (MaBV) 30, 34 ff., 359
Malerarbeiten 339 f.
Mangel 78, 95 ff., 352 ff., 366, 374 f.
 – Mangelfolgeschaden 353

Mängelrüge 261, 353 ff., 374
Mantelleitung 179
Maschinensicherheit 255
Maschinenstandpunkte 254
Mauerwerk 150, 170, 282, 309 ff.
Mengenansatz 231
Mittelpfette 284

N

Nachbesserung 352 f., 374
Nacherfüllung 96, 352
Nachtragsforderung 363 f.
Nebenkosten 21, 77, 90
Nebenleistung 82

O

Oberbelag 163
Oberputz 307 f.
Ölheizung 175
Ortgang 284, 286
 – Ortgangblech 296 f.

P

Parkett 163, 166, 344 f.
Passivhaus 187 f.
Pauschalpreisvertrag 233
Photovoltaikanlage 189
Planunterlagen 84, 220 f.
Plattenfundament 146
Porenbetonstein 149, 152
Positionsplan 43
Potenzialausgleich 180
Preisminderung 353
Preisspiegel 237 f.
Preisverhandlung 238
Projektzeitenplan 68, 244
Punktfundament 146
Putzfassade 307
 – Putzschäden 308 f.
 – Witterungseinflüsse 308
PVC 166, 347

R

Ratenzahlung 109, 358
Rauchmelder 181
Raumbedarf 135
Rechnungsprüfung 261, 357 f., 370 f.
Regenrinne 296, 298 f.
Reihenhaus 139 ff.
Reihenhausgrundriss 139 f.
Richtfest 71
Ringanker 278, 283
Risikolebensversicherung 12, 17
Rohbauabnahme 247
Rohbauarbeiten
 – Gründung 275 ff.

– Kellergeschoss 278 ff.
– Obergeschosse 282 ff.
Rollladen 157, 278, 283, 302 ff.
Ruhezeiten 253

S

Sanitäreinrichtungen 255
Sanitärinstallation 320 ff.
Schadenersatz 353
Schallschutz 44, 165, 163, 170, 335
Schiebetür 157, 171
Schieferdach 160
Schlosserarbeiten 372
Schlussabnahme 248, 261
Schlussrechnung 108, 370 ff.
Schnittentwicklung 135, 139
Schnittplan 215, 221, 223
Schnurgerüst 275
Schornstein 127, 283 f.
Schreinerarbeiten 341 ff.
Schutzausrüstung 254
Schutzdach 252
Selbstbauanbieter 49 ff.
Selbstvornahme 97, 353
Sicherheit auf Baustellen 251
Sicherheits- und Gesundheitsschutzkoordinator (SIGEKO) 250
Sicherheitseinbehalt 371
Sicherheitseinrichtungen 254
Sickerwasser 279, 281
Solarkollektoren 190
Sparren 159, 287, 333
Stahl 147, 169
Statiker 43
Steckdosen 177 ff., 323
Stegleitung 179
Streifenfundament 146
Stromkreise 178 ff.

T

Technische Regeln für Gefahrstoffe (TRGS) 252
Teillos 230
Telefonliste 236
Teppich 166, 346
Tilgung 12 ff., 21 f.
Toiletten 255
Toleranzmaße 335
Tondachziegel 160, 298
Traufe 284
Treppen 139, 167
– Holztreppen 169
– Treppensicherheit 167
Trockenbauarbeiten 333 ff.
– Dachflächen 333
– Zwischenwände 335
Trockenbauwand 170

Trockenestrich 175, 331
Tür 171

U

Überspannungsschutz 180, 326
Umbauzuschlag 82, 372
Umkehrdach 291
Umweltschutz 251
Unfallversicherung 258
Unterputz 307
Urkalkulation 364

V

Verblendschale 310
Verbundestrich 331
Vergabe- und Vertragsordnung für Bauleistungen (VOB) 48
Verkehrsplan 132
Vermessungsingenieur 43
Vertragsabschluss 67
Vertragsstrafe 366, 371
Verwahrung 296
Vordach 327

W

Wand
– Außenwand 150
– Innenwand 169
Wandanschlussblech 296
Wandputz 307
Warmdach 291
Wärmedämmung 170
– Fassade mit Wärmedämmverbundsystem 151, 305
– Flachdach 291
– Putzfassade 150
– Rohbauarbeiten 282
– Trockenbauarbeiten 333
– Wärmedämmwert 300, 343
Wärmepumpe 176, 185
Warmwasserversorgung 175
Waschräume 255
Wasserhaltung 270
Werkvertrag 48, 94, 102
Wohngebäudeversicherung 258

Z

Zählermontage 249
Zahlungsansprüche, zusätzliche 364
Zeitbedarf 68 ff.
Zement 147
Ziegeldecke 164
Ziegelstein 152
Zimmererarbeiten 286 ff.
Zuschlagsschreiben 239
Zusätzliche Vertragsbedingungen 126, 229

Adressen

Bauberatung und -information

Bauherren-Schutzbund e.V.
Tel. 0 30/400 339 500
office@bsb-ev.de
www.bsb-ev.de

Institut Bauen und Wohnen
Tel. 07 61/15 62 400
info@institut-bauen-und-wohnen.de
www.institut-bauen-und-wohnen.de

Verband privater Bauherren e.V.
Tel. 0 30/27 89 01-0
info@vpb.de
www.vpb.de

Wohnen im Eigentum. Die Wohneigentümer e.V.
Tel. 02 28/30 41 26 70
info@wohnen-im-eigentum.de
www.wohnen-im-eigentum.de

Verbraucherzentralen

Verbraucherzentrale Baden-Württemberg e.V.
Tel. 07 11/66 91-10
www.verbraucherzentrale-bawue.de

Verbraucherzentrale Bayern e.V.
Tel. 0 89/5 52 79 4-0
www.verbraucherzentrale-bayern.de

Verbraucherzentrale Berlin e.V.
Tel. 0 30/2 14 85-0
www.verbraucherzentrale-berlin.de

Verbraucherzentrale Brandenburg e.V.
Tel. 03 31/2 98 71-0
www.verbraucherzentrale-brandenburg.de

Verbraucherzentrale Bremen e.V.
Tel. 04 21/1 60 77-7
www.verbraucherzentrale-bremen.de

Verbraucherzentrale Hamburg e.V.
Tel. 0 40/2 48 32-0
www.vzhh.de

Verbraucherzentrale Hessen e.V.
Tel. 0 69/97 20 10-900
www.verbraucherzentrale-hessen.de

Verbraucherzentrale in Mecklenburg-Vorpommern e.V.
Tel. 03 81/208 70 50
www.verbraucherzentrale-mv.eu

Verbraucherzentrale Niedersachsen e.V.
Tel. 05 11/9 11 96-0
www.verbraucherzentrale-niedersachsen.de

Verbraucherzentrale Nordrhein-Westfalen e.V.
Tel. 02 11/38 09-0
www.verbraucherzentrale.nrw

Verbraucherzentrale Rheinland-Pfalz e.V.
Tel. 0 61 31/28 48-0
www.verbraucherzentrale-rlp.de

Verbraucherzentrale des Saarlandes e.V.
Tel. 06 81/5 00 89-0
www.verbraucherzentrale-saarland.de

Verbraucherzentrale Sachsen e.V.
Tel. 03 41/69 62 90
www.verbraucherzentrale-sachsen.de

Verbraucherzentrale Sachsen-Anhalt e.V.
Tel. 03 45/2 98 03-29
www.verbraucherzentrale-sachsen-anhalt.de

Verbraucherzentrale Schleswig-Holstein e.V.
Tel. 04 31/5 90 99-0
www.verbraucherzentrale.sh

Verbraucherzentrale Thüringen e.V.
Tel. 03 61/5 55 14-0
www.vzth.de

Verbraucherzentrale Bundesverband e. V.
Tel. 0 30/2 58 00-0
www.vzbv.de

Pflichtlektüre für alle Immobilienkäufer

Der Ratgeber bündelt die Beratungskompetenz der Verbraucherzentralen rund um das Thema Kosten- und Vertragsfallen beim Immobilienkauf – egal ob Sie ein Haus oder eine Wohnung kaufen möchten, ob neu oder gebraucht. Über 120 Checkblätter helfen, alle wichtigen Kostenrisiken und die typischen Vertragsfallen auszuschalten. Wir zeigen, wo die Kosten steigen können, nennen realistische Beträge und schlagen Alternativen vor.

2. Auflage 2017 | 272 Seiten | 17,1 x 23,1 cm | Hardcover | 978-3-86336-075-7 | 19,90 Euro

Kosten- und Vertragsfallen finden und ausschalten

Fast jeder, der bauen will, hat ein mulmiges Gefühl beim Thema Kosten. Zu viel hat man schon gehört von Kostensteigerungen auf Baustellen. Und nur selten im Leben schließt man so weitreichende Verträge wie beim Bauen. Beides zusammen birgt hohe Risiken: Kosten- und Vertragsfallen können für ganz erhebliche Schwierigkeiten sorgen oder sogar das gesamte Bauprojekt gefährden. Dieser Ratgeber richtet sich an alle Bauherren, die ein Fertighaus kaufen, ein schlüsselfertiges Massivhaus bauen oder mit einem Architekten planen. Über 160 Checkblätter helfen, gezielt teure Kosten- und Vertragsfallen beim Bauen auszuschalten.

1. Auflage 2019 | 352 Seiten | 20 x 25 cm | Hardcover | 978-3-86336-097-9 | 34,90 Euro

Praxis-Know-how für Bauherren –
In der Bauphase den Überblick behalten

Checklisten mit über 500 Prüfpunkten, Registerblättern und Praxis-Informationen helfen, auf der Baustelle den Überblick zu behalten. Für alle Bauherren, die auf eigenem Grundstück ein Haus errichten wollen – zum Beispiel mit einem Fertig- oder Massivhausanbieter oder mit einem Architekten. Mit einem Ablagesystem für alle wichtigen Unterlagen. Ideale Ergänzung zum Ratgeber „Bauen!".

1. Auflage 2018 | ca. 35 Registerkarten und ca. 100 Dokumentenseiten | DIN A4 mit Blockklebung und Lochung | kartoniert mit Schutzumschlag | 978-3-86336-104-4 | 19,90 Euro

Mehr Informationen und Leseproben:
www.ratgeber-verbraucherzentrale.de

Bildnachweise (Fotos und Zeichnungen)

Peter Burk, Freiburg
Seite 6, 7, 26, 27, 28, 133, 134, 147, 149, 152, 154, 155, 156, 160, 162, 168, 175, 179, 189, 190, 191, 240, 241, 242, 249, 252, 253, 254, 255, 262, 263, 267, 268, 270, 271, 273, 276, 277, 279, 282, 289, 291, 296, 302, 307, 310, 312, 313, 315, 318, 321, 323, 325, 326, 329, 331, 339, 343, 345, 346, 355, 358, 359, 360, 367

Fotolia
Seite 4, 25: ©rido; Seite 4, 131: ©stockWERK; Seite 5: ©Gina Sanders; Seite 5: ©nmann77; Seite 6, 280, 294: ©Ingo Bartussek; Seite 7, 285: ©schulzie; Seite 17: ©grafikplusfoto; Seite 11, 23, 29, 31, 39, 59, 73, 129, 197, 209, 219, 227, 241, 267, 351, 365, 373: ©KB3; Seite 45: ©Franz Pfluegel; Seite 46: ©myfoto7; Seite 69: ©RRF; Seite 213: ©nmann77; Seite 218: ©JFsPic; Seite 287: ©sivivolk; Seite 298: ©srki66; Seite 301: ©auremar; Seite 303: ©mitifoto; Seite 305: ©akf; Seite 334: ©sonnee101; Seite 337: ©VRD

Helmut Hagmüller, Allensbach
Seite 196

Stefan Melchior, Berlin
Seite 194

Klaus Noichl, Oberstdorf
Seite 195

Umschlagfoto
© Schlierner/fotolia

---

2. Auflage, März 2019

© Verbraucherzentrale NRW, Düsseldorf
Das Werk einschließlich aller seiner Teile ist urheberrechtlich geschützt. Jede Verwertung, die nicht ausdrücklich vom Urheberrechtsgesetz zugelassen ist, bedarf der vorherigen Zustimmung der Verbraucherzentrale NRW. Das gilt insbesondere für Vervielfältigungen, Bearbeitungen, Übersetzungen, Mikroverfilmungen und die Einspeicherung und Verarbeitung in elektronischen Systemen. Das Buch darf ohne Genehmigung der Verbraucherzentrale NRW auch nicht mit (Werbe-)Aufklebern o. Ä. versehen werden. Die Verwendung des Buches durch Dritte darf nicht zu absatzfördernden Zwecken geschehen oder den Eindruck einer Zusammenarbeit mit der Verbraucherzentrale NRW erwecken.

ISBN 978-3-86336-117-4
Printed in Germany

Impressum

Herausgeber
Verbraucherzentrale
Nordrhein-Westfalen e. V.
Mintropstraße 27, 40215 Düsseldorf
Telefon: 02 11/38 09-555
Telefax: 02 11/38 09-235
ratgeber@verbraucherzentrale.nrw
www.verbraucherzentrale.nrw

Mitherausgeber
Verbraucherzentrale Baden-Württemberg e.V.
(→ Seite 382)

Autor
Dipl.-Ing. Peter Burk
Institut Bauen und Wohnen, Freiburg
www.institut-bauen-und-wohnen.de

Lektorat
Dr. Diethelm Krull, Berlin

Fachliche Betreuung
Thomas Hentschel, Düsseldorf
Philipp Mahler, Düsseldorf
RA Claus Mundorf, Erkrath

Koordination
Frank Wolsiffer

Layout und Satz
Petra Soeltzer Kommunikationsdesign,
Düsseldorf
www.petrasoeltzer.de

Umschlaggestaltung
Ute Lübbeke, Köln
www.LNT-design.de

Druck
Himmer GmbH, Augsburg

Gedruckt auf 100 Prozent Recyclingpapier
Redaktionsschluss: Februar 2019